TITRES, ANOBLISSEMENTS

ET

PAIRIES

DE LA RESTAURATION

Exᵗ de remplacement. l'exᵗ de D. L. est aux Doubles.

CHALON-SUR-SAÔNE, IMP. FRANÇAISE ET ORIENTALE, E. BERTRAND

TITRES, ANOBLISSEMENTS

ET

PAIRIES

DE LA RESTAURATION

1814-1830

PAR LE

Vᵗᵉ A. RÉVÉREND

AUTEUR DE L'ARMORIAL DU Iᵉʳ EMPIRE
ET DIRECTEUR DE L'ANNUAIRE DE LA NOBLESSE DE FRANCE

TOME TROISIÈME

PARIS

CHEZ L'AUTEUR, RUE FONTAINE, 25
ET CHEZ HONORÉ CHAMPION, LIBRAIRE, 9, QUAI VOLTAIRE

1903
Tous droits réservés

ÉCOSSE (d')

= Titre de baron, sur promesse d'institution de majorat, par ordonnance du 8 août 1825, en faveur d'Antoine, baron d'Écosse, officier.

*
* *

Cette famille est originaire de Savoie; elle venue en France avec Charles Descosse, ou Décosse, né à Saint-Genis-d'Aoste, qui épousa à Saint-Quentin-les-Grenoble, le 20 septembre 1620, Gabrielle de Beaumont-Saint-Quentin, et dont la descendance était représentée au quatrième degré par Pierre-Claude, qui suit:

IV. Pierre-Claude d'Écosse, seigneur du Favry, fut confirmé dans sa noblesse par arrêt du Conseil du 23 avril 1757 et sur arrêt de la chambre des comptes de Chambéry du 15 février 1757. Né à Verdun le 7 février 1713, † audit lieu le 25 janvier 1765, il épousa à Talsac, le 28 janvier 1749, Marie-Louise-Françoise Julien, dont:

1° Antoine, qui suivra;

2° Jean-Baptiste, officier au régiment de Bresse, chevalier de Saint-Louis, né à Esné, en Clermontois, le 13 janvier 1765;

3° Marie-Anne, mariée en 1772 à Philippe-François-Edmond de Boutteville, sgr de Casnières;

4° Marie-Jeanne, née en 1752.

V. Antoine d'Écosse, baron d'Écosse, officier au régiment de Poitou (5 novembre 1775), chevalier de Saint-Louis, fut créé baron, sur promesse d'institution de majorat, par ordonnance du 8 août 1825. Né à Saint-Flour (Cantal) le 8 octobre 1756, † au château de Mercy, près Metz, le 20 janvier 1842, il épousa le 22 mars 1782 Marie-Joséphine-Donatille Le Hardy de Famars, fille de Charles-Alexandre et de Marie-Thérèse Le Boucq, dont un fils:

Abel-François d'Écosse, mousquetaire, né le 26 octobre 1793 [mort jeune et sans alliance à Mercy.

[M. d'Écosse adopta (?) un des neveux de Mᵐᵉ d'Écosse, née Le Hardy: Philippe-François-Honoré-Romuald de Mandell, né vers 1803, fils du colonel Guillaume-Just de Mandell et de Marie-Joséphine-Louise Le Hardy de Famars, qui a relevé le nom d'Écosse, et dont le petit-fils a lui-même relevé le nom de la Tour-Maubourg (v. ce nom).]

Cette famille porte pour armes: *écartelé : aux 1ᵉʳ et 4ᵉ d'azur, au cœur d'or, sommé d'un faucon d'argent et accompagné de trois larmes du même, 2, 1 ; qui est d'Écosse; aux 2ᵉ et 3ᵉ d'azur, à la fasce d'argent accompagnée en chef de deux éperviers d'or, et en pointe d'une molette d'éperon du même, qui est de Gondrecourt.*

ECKMÜHL — v. DAVOUT

ECQUEVILLY — v. HENNEQUIN

1

ÉDOUARD DE LA MORLIÈRE

= Titre de chevalier héréditaire en faveur de Joseph-Marie ÉDOUARD DE LA MORLIÈRE, capitaine, par lettres patentes du 17 avril 1819, avec règlement d'armoiries : *d'or, à trois fasces de sinople ; au chef de gueules chargé d'un cœur d'or, entouré de neuf flammes du même et chargé en abyme d'un casque de sable, surmonté d'un panache d'argent.*

**

I. Henri-Joachim ÉDOUARD, *alias* Audouard, écuyer, docteur en médecine à Gordes, épousa Magdeleine Bonard, dont un fils, qui suit.

II. Joseph-Marie ÉDOUARD, chevalier Audouard de la Morlière, capitaine-brigadier aux gardes du corps (1814), chevalier de Saint-Louis, ✠, fut autorisé à substituer à son nom d'Édouard, celui d' « Audouard », par ordonnance du 19 mars 1817 et créé chevalier héréditaire par lettres patentes du 17 avril 1819. Né à Gordes (Vaucluse) le 17 mars 1762, †... [après 1820].

ÉLIAS [DE NAVRY]

= Titre de baron, sur autorisation d'institution de majorat, avec anoblissement, par ordonnance du 21 février 1830 (sans lettres patentes), en faveur de Sébastien ÉLIAS, adjoint aux intendants.

**

I. Étienne-François ÉLIAS, marié à Marie-Jeanne Martin du Radier, fut père d'un fils, qui suit.

II. Sébastien ÉLIAS, baron Élias, dit le baron de Navry, sous-intendant militaire, ✠, fut autorisé à instituer un majorat au titre de baron, avec anoblissement, par ordonnance du 21 février 1830. Né à Rennes le 13 janvier 1785, † au château de la Victoire, près de Senlis (Oise), le 5 mars 1867, il épousa Marie-Anne Lamaignière, † à Paris le 9 mars 1873, veuve en premier mariage de Henri-Constantin, baron Mazeau de la Tannière.

EFFIAT — *v.* RUZÉ

ELBEUF — *v.* LORRAINE

ELCHINGEN — *v.* NEY

ÉMERIAU

= Titre de comte héréditaire, confirmé en faveur de Maurice-Julien ÉMERIAU, comte de l'Empire, vice-amiral, par lettres patentes du 25 novembre 1814, avec règlement d'armoiries : *écartelé : au 1er d'azur, au sénestrochère de carnation, mouvant du flanc dextre et tenant une épée haute d'argent, montée d'or, surmontée d'un chef retrait et cousu de gueules chargé de trois étoiles d'argent ; au 2e de gueules, à la tour d'argent, sénestrée d'un avant-mur du même ; au 3e de gueules, au chevron d'argent, accompagné en chef de deux besants du même, et en pointe d'un if arraché de sinople, le sommet taillé en triangle ; au 4e d'azur, à l'ancre d'or surmontée deux étoiles du même.*

I. Louis-François ÉMERIAU, receveur des devoirs à Carhaix, fils de N... Émeriau et de Julienne Piedfort, épousa Françoise-Suzanne Pourcelet [de Beauverger], dont un fils, qui suit.

II. Maurice-Julien ÉMERIAU, comte Émeriau et de l'Empire (lettres patentes du 3 mai 1810), donataire de l'Empire, lieutenant de vaisseau (1786), capitaine de vaisseau (1786), contre-amiral (1800), vice-amiral (1811), préfet maritime, premier inspecteur général de la marine, pair de France (Cent-Jours et 19 novembre 1831), G. G. ✳, chevalier de Saint-Louis, fut confirmé dans le titre de comte héréditaire par lettres patentes du 25 novembre 1814. Né à Carhaix le 20 octobre 1762, † à Toulon le 2 février 1845, il épousa le 23 novembre 1809 Marie-Anne-Victoire Le Maistre [d'Escombettes], † à Toulon le 30 novembre 1855, dont une fille unique :

Suzanne-Baptistine-Victoire-Louise Émeriau, née à Toulon le 20 mars 1815, †...; mariée, le 11 février 1833, à Paul-Henri Belvèze, capitaine de vaisseau, C. ✳, né le 31 mars 1803, † à Toulon en février 1876, dont une fille unique, qui suit :

Marie Belvèze, née en 1837, † le... 1869; mariée à Henri Delacoux-Marivault-Émeriau, capitaine de vaisseau, C. ✳, né le 22 juin 1821, « qui s'est fait autoriser, par décret du 15 janvier 1867, à ajouter à son nom celui d'Émeriau. »

[M. Delacoux-Marivault a eu une fille naturelle reconnue : Henriette Amédée, née à Nice le 30 décembre 1857; mariée, le 12 juillet 1880, à Fernand, baron Fouant de la Tombelle, et s'est lui-même remarié, le 25 janvier 1876, à Amélie-Mathilde Campredon-Périer, veuve du colonel Gustave-Jean-Jacques-Louis Coste de Champéron].

ÉMERY [DE FONTANILLE]

═Lettres de noblesse en faveur d'Édouard-Joseph ÉMERY, par lettres patentes du 9 novembre 1819, avec règlement d'armoiries : *tiercé en fasce : de gueules ; d'argent, chargé d'une mâcle de gueules, et de sable.*

I. Pierre ÉMERY, docteur en médecine, fils et petit-fils de médecins, épousa à Nîmes, le 3 février 1750, Catherine Malane, dont entre autres enfants un fils, qui suit.

II. Joseph-Antoine-Xavier ÉMERY, conseiller du roi, conseiller maître en la chambre des comptes de Nîmes, président du tribunal du district de Beaucaire (1790); né à Beaucaire le 5 mars 1757, † à Nîmes le 30 juillet 1794; épousa Marthe Lhoyer, dont :

1° Édouard-Joseph, qui suivra;

2° Marie-Adélaïde, née à Beaucaire le 10 janvier 1790, mariée, le 14 mai 1809, à Jean d'Angles de Malherbe, garde à cheval de la Cie de Roussy.

III. Édouard-Joseph ÉMERY, puis Émery de Fontanille, né à Tarascon (Bouches-du-Rhône) le 24 mai 1792, † à Nîmes le 28 juin 1884, fut anobli par lettres patentes du 9 novembre 1819; il épousa à Nîmes, le 25 décembre 1822, Marie-Claudine-Émilie de Surville, † à Nîmes le 26 janvier 1877, fille de Jean-Louis-Charles, receveur général, et de Catherine-Joséphine de Lattier, dont trois enfants :

1° Marie-Joseph, né à Nîmes le 14 novembre 1823 ;
2° François-Albert, né à Nîmes le 15 octobre 1825 ;
3° Marie-Félicie, mariée à Octave-Louis-Victor Viviez de Châtelard.

EMMERY [DE SEPTFONTAINES]

= Lettres de noblesse en faveur de Henri-Charles EMMERY, ingénieur des ponts et chaussées, par lettres patentes du 18 mai 1825, avec règlement d'armoiries: *d'azur, au chevron d'or, accompagné en chef de deux étoiles d'argent, et en pointe d'un carreau du même.*

***

I. Frédéric-Jean-Arnould EMMERY, conseiller du roi de Suède et consul de Suède à Calais, épousa Madeleine-Étiennette-Henriette Blanquart, dont au moins un fils, qui suit.

II. Henry-Charles EMMERY, puis Emmery de Septfontaines, ingénieur en chef, puis inspecteur des ponts et chaussées, ✳, fut anobli par lettres patentes du 8 mai 1825. Né à Calais (Pas-de-Calais) le 19 avril 1789, † à Paris le 26 mai 1842, il épousa Marie-Françoise Périer, dont un fils, qui suit.

III. Henry-Charles-Léopold EMMERY DE SEPTFONTAINES, ingénieur, puis inspecteur général des mines, O. ✳, né à Saint-Maur (Seine) le 2 décembre 1815, † au château de Septfontaines le 25 juin 1879; épousa Catherine-Eudoxie Le Boucher, † à Paris le 20 avril 1899, dont :

1° Henri-Nicolas-Emmanuel, qui suit ;
2° Marie-Henriette-Mathilde, religieuse ;
3° Marie-Angèle.

IV. Henri-Nicolas-Emmanuel EMMERY DE SEPTFONTAINES, capitaine d'artillerie, né le 12 mai 1850, a épousé en mai 1878 Berthe-Virginie-Marie Lefebvre-Delattre d'Hailly, dont cinq enfants :

1° Henri ; 2° André ; 3° Robert ; 4° Marguerite ; 5° Angèle.

EMMERY DE GROZYEULX

= Titre de pair à vie, par ordonnance du 4 juin 1814, en faveur de Jean-Louis-Claude EMMERY, comte DE GROZYEULX, confirmé à titre héréditaire par l'ordonnance du 16 août 1815.

= Titre de comte pair en faveur du même, par ordonnance du 31 août 1817; confirmé (sans institution de majorat de pairie) par lettres patentes du 18 février 1818, avec règlement d'armoiries: *d'or, à trois chevrons d'azur; à la bordure componée de sable et d'argent de vingt pièces.*

***

II. Léon EMMERICH, *alias* Emmery, marchand à Metz, fils de Nathan, juif, et de Genon Halphen, fut baptisé à la cathédrale de Metz le 15 août 1698 et reçut les prénoms de Jean-Baptiste ; il épousa à Metz, le 6 juin 1702, Madeleine Perin, dont entre autres enfants, Claude, qui suit, et Nicolas, huissier priseur à Metz, marié, le 28 avril 1744, à Marie Henry, dont postérité[1].

III. Claude EMMERY, procureur au bailliage de Metz, † à Metz le 31 mai 1782 ; épousa : 1° le 16 février 1734, Nicole Cloppe, dont une fille morte jeune ; 2° le 16 mars 1741, Jeanne Marc, † à Metz le 4 novembre 1767, dont dix autres enfants :

[*du 2° lit*] : 1° Jean-Louis-Claude, qui suivra ;

2° Louis-Maximin, conseiller du roi, secrétaire en chef de l'hôtel de ville de Verdun et receveur de l'hôtel de ville de Metz (1782), né à Metz le 25 mars 1752 ;

3° Claudine-Françoise, née à Metz le 10 décembre 1743 ; mariée à René-François Jacquinot ;

4° Marguerite, née le 6 mai 1745 ;

5° Marie, née le 5 mai 1746 ;

6° Jeanne, née le 2 septembre 1747 ;

7° Claude, né le 3 août 1749 ;

8° Philippe, né le 23 février 1753, † le 31 octobre 1754 ;

9° Marie-Catherine, née le 14 octobre 1754, mariée à Alexis Villeroy ;

10° Élisabeth, mariée à Claude Rémy.

IV. Jean-Louis-Claude EMMERY, comte Emmery de Grozyeulx et de l'Empire[2] (22 mai 1808), avocat au parlement, conseiller-échevin de Metz, député du bailliage de Metz aux États généraux (1789) et au Conseil des Cinq-Cents, conseiller d'État, sénateur de la République et de l'Empire (20 août 1802), pair de France (4 juin 1814), C. ✳, fut créé comte-pair héréditaire par lettres patentes du 18 février 1815. Né à Metz le 26 avril 1742, † à Grozyeulx, près Metz, le 15 juillet 1823, il épousa à Metz, le 19 novembre 1782, Marie-Jeanne-Sophie de la Salle de Han, † en 1793, fille de Jean-Gédéon, directeur des vivres du Hainault et de l'armée du roi sur le Rhin, et de Marie-Françoise Casbat, dont deux fils :

1° Jacques-Nicolas-Jean-Claude, qui suit ;

2° Jean-Claude-Maximin, lieutenant au 8° d'artillerie, né à Metz le 13 mars 1785, † à Pampelune le 13 septembre 1813, sans alliance.

V. Jacques-Nicolas-Jean-Claude EMMERY, comte Emmery de Grozieulx, pair de France (17 avril 1824), sous-intendant militaire, ✳ ; né à Metz le 27 août 1783, † à Paris le 5 décembre 1839 ; épousa le 10 mars 1823 Amélie-Charlotte de la Haye de Cormenin, † au château de Valenches (Loire) le 17 juin 1865, fille de Marie-François-Joseph et de Victoire-Henriette Foacier, dont trois enfants :

1° Louis-Maximin, né à Paris le 22 février 1824, † le 6 janvier 1826 ;

2° Cécile-Julie-Henriette, née en février 1827, † au château de la Pommeraye (Seine-Inférieure), le 7 septembre 1891 ; mariée en 1849 à Emmanuel-Victor d'Assier de Valenches ;

3° Christine-Pauline, née en 1830, † au château de Merona (Jura), le 10 juillet 1877 ; mariée le... 1853 à Henri-Charles-Nicolas Tissot de Merona.

---

1. C'est un de leurs fils, Louis-Henri Emmery, baptisé à Metz le 8 février 1760, † à la Rochelle le 12 octobre 1843, et non *un frère* du comte de l'Empire (*Armorial du I*er *Empire*, t. II), qui a laissé postérité, dont le représentant a été créé comte romain en 1878.

2. Cf. Révérend, *Armorial du I*er *Empire*, t. II, p. 131.

ÉMOND D'ÉCLEVIN

= Lettres de noblesse en faveur de Charles-Félix EMOND D'ÉCLEVIN, commis des guerres, par lettres patentes du 20 décembre 1817, avec règlement d'armoiries : *de gueules, à deux clefs d'or, posées en sautoir, surmontées d'un soleil rayonnant du même, et cantonnées en chef d'un croissant versé, en flancs et en pointe d'une étoile d'or.*

***

I. Joseph ÉMOND, capitaine d'une compagnie d'invalides au château de Guise, épousa le 26 mai 1732 Marie-Barbe de Terme, dont un fils, qui suit.

II. Michel-Joseph ÉMOND, dit Esclevin-Emond, puis¹ Emond d'Esclevin, lieutenant d'infanterie (15 avril 1746), maire d'Antibes et contrôleur de l'hôpital militaire de cette ville; né le 20 septembre 1734, épousa à Antibes, le 5 juillet 1762, Bartholomée Boyer de Choisy, veuve en premier mariage de Joseph de Riouffe de Thorenc, commissaire ordonnateur des guerres, et fille de François-Clément, officier, et de Magdeleine-Élisabeth de Provançal, dont :

1° Charles-Félix, qui suivra ;

2° Joseph-Balthazar, chevalier, puis baron Émond d'Esclevin et de l'Empire (lettres patentes des 2 février 1809 et 11 novembre 1813), colonel d'artillerie de marine, général de brigade, O. ✳ ; né à Antibes le 20 mars 1765, † à Culm le 21 décembre 1813² ; marié à Charlotte-Catherine Barberet, dont un fils, qui suit :

Charles-Joseph, baron Émond d'Esclevin, confirmé dans le titre de baron héréditaire par décret impérial du 28 juillet 1868, avec transmission à son petit-fils; lieutenant d'artillerie de marine (17 février 1811), colonel (17 avril 1847), général de brigade (18 juin 1855), C. ✳ ; né à Toulon le 4 septembre 1794, † à Paris le 18 septembre 1883 ; marié et père d'une fille, mariée au vice-amiral Roze ;

3° Claude-Rose-Sophie, né à Antibes le 1ᵉʳ janvier 1767 ;

4° Marie-Barthélemy-Prosper, né à Antibes, marié à Nice, à Radegonde Suissi, dont postérité.

II. Charles-Félix ÉMOND D'ESCLEVIN, officier, commissaire des guerres (1814), membre du collège électoral du Var, chevalier de Saint-Louis, fut anobli par lettres patentes du 20 décembre 1817. Né à Antibes le 7 octobre 1762, † à Antibes le 4 mai 1842, il épousa le 1ᵉʳ mai 1794 Blanche Giraud, fille de Jean, maire d'Antibes, dont un fils, qui suit.

IV. Jean-Baptiste-Félix ÉMOND D'ESCLEVIN, né à Antibes le 4 février 1797. Il épousa Camille Glanjon, dont au moins un fils, qui suit.

V. Henry ÉMOND D'ESCLEVIN, général de brigade (26 décembre 1887), général de division (28 septembre 1793), G. O. ✳ ; né à Antibes le 10 février 1883, † à Nice le 14 janvier 1900, sans alliance.

---

1. D'après un jugement rectificatif du tribunal civil de Grasse, du 4 janvier 1821.

2. Blessé le 30 août à la bataille de Culm. Cf. *Armorial du Iᵉʳ Empire*, t. II, p. 132.

ENGELMANN (D')

≡ Titre de chevalier héréditaire, confirmé en faveur d'Antoine-Augustin D'ENGELMANN, conseiller de préfecture, par lettres patentes du 25 novembre 1814, avec règlement d'armoiries : *d'argent, à la fasce ondée d'azur, accompagnée de deux étoiles de gueules.*

La famille Engelmann appartient à l'ancienne bourgeoisie de Strasbourg et a donné un ammeistre régent de cette ville ; une branche fixée à Mulhouse a donné des bourgmestres de Mulhouse, et Geoffroi Engelmann, l'inventeur de la lithographie.

I. François-Joseph ENGELMANN, licencié en droit, sénateur de Strasbourg (1768), ammeistre régent (1770-76-82), né en 1720, † en 1787 ; épousa Marie-Anne-Louise Vogel, dont :

1° Antoine-Augustin, qui suit ;
2° Marie-Françoise, née à Strasbourg le 2 décembre 1754, † à Strasbourg le 27 août 1818 ; mariée, même ville, en 1787, à Joseph-Maurice Hatry, membre du Sénat conservateur français.

II. Antoine-Augustin ENGELMANN, chevalier d'Engelmann, chancelier de la 5ᵉ cohorte de la Légion d'honneur (1810), conseiller et secrétaire général de préfecture du Bas-Rhin, O. ✠, né à Strasbourg le 28 mars 1757, † à Strasbourg le 31 octobre 1819 ; fut créé chevalier héréditaire par lettres patentes du 25 novembre 1814, et avait épousé Marie-Anne Mounet, dont au moins une fille :

N..., Engelmann, mariée à Auguste-Léopold Molter, chef de bataillon, ✠.

ÉPRON DES JARDINS

≡ Lettres de noblesse en faveur de Jacques ÉPRON-DESJARDINS, par lettres patentes du 16 décembre 1815 avec règlement d'armoiries : *d'azur, au mât alaisé d'argent, à la voile du même, chargée de la lettre M de sable et accosté de deux étoiles d'or.*

I. Jacques ÉPRON, sieur des Jardins, constructeur de navires à Granville, épousa Rosalie-Françoise-Bernardine Le Marquand, dont deux fils :

1° Jacques, qui suit ;
2° Louis-Jacques, qui sera rapporté après son frère ;
[Et ! Marie-Marguerite-Victoire, née à Granville le 17 octobre 1777 ; mariée le 30 mars 1802 à Jean Tripe, colonel].

II. Jacques ÉPRON-DESJARDINS, *alias* des Jardins, capitaine de vaisseau, chevalier de Saint-Louis, O. ✠, fut anobli avec son frère par lettres patentes du 16 décembre 1815. Né à Granville le 29 décembre 1766, † à Saint-Servan le 16 novembre 1837, il épousa le 22 février 1792 Michelle Thomazeau.

ÉPRON [DE LA HORIE]

═ Lettres de noblesse en faveur de Louis-Jacques ÉPRON, capitaine de vaisseau, par lettres patentes du 16 décembre 1815, avec règlement d'armoiries : *d'azur, au mât alaisé d'argent, à la voile du même chargée de la lettre M de sable et accosté de deux étoiles d'or.*

**

II *bis*. Louis-Jacques ÉPRON, puis Épron de la Horie, capitaine de vaisseau, O. ✳, chevalier de Saint-Louis, fut anobli en même temps que son frère, qui précède, par lettres patentes du 16 décembre 1815 et autorisé à ajouter à son nom « La Horie », par ordonnance du 25 juin 1817. Né à Granville le 19 décembre 1768, † à Saint-Nicolas-Granville, le 27 avril 1841, il épousa Rosalie Lucas-Desaulnais, dont deux enfants :

1° Louis-Jacques, qui suit ;
2° Élisa, née en 1804, † à Granville le 15 août 1872 ; mariée à Pierre Le Rond de Gévrie.

III. Louis-Jacques ÉPRON DE LA HORIE, né à Granville, le 4 octobre 1811, † au château de la Horie (Manche) le 24 janvier 1864 ; épousa le 21 février 1843 Mathilde-Marguerite-Léocadie Couraye du Parc, dont une fille :

Marie-Julie-Mathilde, née à Granville le 8 juin 1850 ; mariée à Granville, le 19 juillet 1870, à Louis-Marie-Sébastien de Lomas.

ERNOUF

═ Titre de comte héréditaire, par ordonnance royale du 16 décembre 1816, en faveur de Jean-Augustin ERNOUF, lieutenant général.

═ Titre de baron héréditaire en faveur de Gaspard-Augustin ERNOUF, fils du précédent, par lettres patentes du 30 juin 1830, avec règlement d'armoiries : *coupé : au I d'azur, au léopard d'or, surmonté d'une croisette d'argent : au II d'argent, à l'ancre de sable, surmontée d'une épée du même, rangée en fasce.*

**

I. Jean-Charles ERNOUF, marchand à Alençon, épousa Renée-Jeanne Mulevin, dont un fils, qui suit.

II. Jean-Augustin ERNOUF, comte Ernouf, lieutenant d'infanterie (1791), capitaine (22 mai 1792), chef de bataillon (30 juin 1793), général de brigade (20 septembre 1793), capitaine général de la Guadeloupe, lieutenant général (12 novembre 1793), député de l'Orne (1815), G. O. ✳, commandant de Saint-Louis; fut créé comte par ordonnance royale du 16 décembre 1816. Né à Alençon (Orne), le 29 août 1753, † à Forest-Moustier (Somme), le 22 septembre 1827, il épousa¹ Madeleine-Françoise Ricroc, †... (divorcée vers 1794), dont un fils, qui suit.

1. C'est à tort et par erreur que plusieurs historiens l'ont dit marié en secondes noces avec Louise-Sophie Poitrineau, † à Paris le 7 juillet 1810, veuve de M. Phiffaut de Neuilly (voir le *Moniteur Universel*, 14 août 1818).

III. Gaspard-Augustin ERNOUF, baron Ernouf, donataire de l'Empire (Mont-de Milan, décret du 8 septembre 1808), volontaire (1791), chef d'escadron (17 mars 1807), adjudant-commandant (1814), maréchal de camp (19 mai 1824), O. ✳, fut créé baron héréditaire, par lettres patentes du 30 juin 1830. Né à Alençon le 8 décembre 1777, † à Paris le 24 octobre 1848, il épousa Adèle Guesdon, † le 17 mars 1847, dont un fils, qui suit.

IV. Alfred-Auguste ERNOUF, baron Ernouf, littérateur, ✳, né le 21 septembre 1818, † à Paris le 25 février 1889, épousa vers 1845 Adrienne-Caroline Bignon, † à Paris le 26 février 1887, fille de Louis-Édouard, baron Bignon et de l'Empire, et de Caroline-Charlotte Asselin, dont trois enfants :

1° Camille-Marie-Édouard, qui suivra;
2° Adeline-Marie-Félicité, née le 6 juin 1845, mariée à Louis-Édouard Chevalier, capitaine de vaisseau ;
3° Alice-Marie-Angélique, née le 22 janvier 1856, † au château de Vervlives le 2 juin 1901.

V. Camille-Marie Édouard ERNOUF, baron Ernouf-Bignon, ancien sous-préfet, fut autorisé par décret du 4 juillet 1892 à ajouter son nom « Bignon »; né à Yvetot le 31 décembre 1857, il a épousé Marie-Adèle-Hélène Delamarre.

ESCLIGNAC — ν. PREISSAC

ESCLAN — ν. BARON ET VERRION

ESNOU DE SAINT-CÉRAN

⚊ Titre de baron, sur promesse d'institution de majorat, avec anoblissement, par ordonnance du 21 janvier 1829, en faveur de Jean-Joseph-Aimé ESNOU DE SAINT-CÉRAN.

* *

I. Jean-Joseph-Aimé ESNOU DE SAINT-CÉRAN, sous-préfet, fut créé baron à titre personnel, sur promesse d'institution de majorat, par ordonnance du 21 janvier 1829 ; né à Rennes vers 1787, † à Paris le 17 décembre 1849, il épousa Anne-Marie-Rodrigue de Morvan de Marne, dont un fils, qui suit.

II. Édouard-Ferdinand-Paul ESNOU DE SAINT-CÉRAN, né en 1814, † à Paris le 19 décembre 1855; épousa Athalie-Victoire Debrou, † à Paris le 2 janvier 1891, fille de Mᴹᵉ Marie-Geneviève Debrou.

ESPARRON (D')

⚊ Maintenue de noblesse en faveur de Jean-Charles D'ESPARRON (comme fils d'Alexandre d'Esparron, maintenu le 8 décembre 1789), par lettres patentes du 17 mars 1815, avec règlement d'armoiries : *d'or, au pal de gueules chargé d'une épée d'argent dans son fourreau de sable, posée en pal et la pointe basse, et entortillée d'un serpent aussi de sable.*

* *

La famille Sparron, *alias* Esparron, obtint le 5 décembre 1789 un arrêt du Conseil d'État, constatant sa noblesse, malgré une dérogeance et établissant sa filiation depuis noble Étienne d'Esparon, fils d'Anthoine et de Dulceline de Raymond[1], qui épousa par contrat devant Michaut, notaire à Aigues-Mortes, le 5 décembre 1516, Jeanne de Vernède, fille d'Henry, mestre ès arts.

Leur descendance était représentée au neuvième degré par :

IX. Jean SPARRON, *alias* ESPARRON, capitaine au régiment de Piémont (16 octobre 1707), puis gardien pour le roi aux salins de Peccais, fils d'Alexandre, maître apothicaire, et d'Anne Gaillard-Merle ; il épousa le 25 avril 1716 (contrat devant Dassas, notaire à Aigues-Mortes), Marianne Martinon, fille de François, garde pour le roi aux salins de Peccais, et d'Élisabeth Monat, dont un fils, qui suit.

X. Alexandre D'ESPARRON, avocat et garde pour le roi aux salins de Peccais, procureur du roi en l'amirauté d'Aigues-Mortes (5 mars 1755), puis conseiller, lieutenant général en la même amirauté (2 mars 1768), obtint l'arrêt de maintenue cité plus haut ; il épousa le 10 mars 1745 Marguerite Deydier, fille de Guillaume, avocat, et de Marguerite Gilly, dont un fils, qui suit.

XI. Jean-Charles D'ESPARRON, avocat, fut maintenu dans sa noblesse en conséquence de l'arrêt du Conseil d'État de 1789, par lettres du 17 mars 1815. Né à Aigues-Mortes le 15 septembre 1746, † à Beaucaire le 8 mars 1835, il se maria deux fois : 1° à Louise Guy, † à Aigues-Mortes, le 2 décembre 1779, dont une fille ; 2° à Aigues-Mortes, le 22 septembre 1784, à Marie-Mélanie de Conseil, dont six autres enfants :

[*du 1er lit*] : 1° Marie-Françoise, née le 16 juillet 1772, † le 18 octobre 1775 ;
[*du 2e lit*] : 2° Marc-Antoine-Césaire, qui suivra ;
3° Jean-Baptiste-Augustin-Camille, né en 1790, † jeune ;
4° Marie-Antoinette, née le 23 juillet 1785 ;
5° Marguerite-Émilienne, née le 17 janvier 1787 ;
6° Adélaïde-Rosalie-Joséphine, née en 1793, † jeune ;
7° Marie-Ursule-Henriette, née le 21 octobre 1797.

XII. Marc-Antoine-Césaire D'ESPARRON, lieutenant dans l'armée du duc d'Angoulême (1815), ✠, né à Aigues-Mortes le 26 août 1792, † à Beaucaire le 6 avril 1869 ; épousa le 18 novembre 1812 Françoise-Adélaïde-Victoire Rey, dont quatre enfants :

1° Charles-Auguste, qui suivra ;
2° Marie-Eugénie, née le 16 novembre 1818 ;
3° Marie-Caroline, née le 23 mars 1824 ;
4° Marie-Olympe, née le 29 octobre 1825.

XIII. Charles-Auguste D'ESPARRON, né à Beaucaire le 17 juillet 1821, † même ville le 5 juin 1882, épousa (contrat du 16 mai 1858) Aurélie du Puy de Podio, dont trois fils :

1° Marie-Antoine-Georges, lieutenant d'infanterie, né le 23 juin 1859, † le 3 janvier 1883 ;
2° Marie-Vincent-Joseph, qui suivra ;

1. Cf. Bibl. nationale, *Dossiers Chérin*.

3° Marie-Albin, né le 15 novembre 1868; marié le 27 septembre 1893 à Marie-Thérèse Garnier des Garets, dont trois enfants, qui suivent :
  a) Reynaud, né en 1898;
  b) Yolande, née en 1894;
  c) Solange, née en 1896.

XIV. Marie-Vincent-Joseph d'Esparron, né à Beaucaire le 20 mars 1861, a
épousé le 12 février 1885 Blanche-Eugénie Blanquet de Rouville, dont deux fils :

  1° Charles, né le 2 avril 1886;
  2° Xavier, né le 6 septembre 1893.

ESPERT

== Titre de baron héréditaire, confirmé en faveur de Pierre Espert, baron de
l'Empire, maréchal de camp, par lettres patentes du 1er juin 1816, avec règlement
d'armoiries : *coupé : au I de sinople, semé d'étoiles d'argent ; au II d'argent, au lion
léopardé de sable, accompagné de trois croix pattées du même.*

== Titre de vicomte héréditaire en faveur du même, par nouvelles lettres
patentes du 16 août 1823, avec le même règlement d'armoiries.

****

I. Jean-Ménager Espert [de Sibra], épousa Jeanneton Autié, dont au moins
trois enfants :

  1° Jean-Baptiste, baron Espert de la Tour et de l'Empire (lettres patentes du 1er juin 1808)[1],
    donataire de l'Empire, capitaine d'une compagnie franche (1792), colonel (21 juin 1807),
    général de brigade (6 août 1811), C. ✳, chevalier de Saint-Louis ; né à Lagarde (Ariège),
    le 1er juillet 1764, † à Saint-Quentin (Ariège), le 13 octobre 1815 ; marié à Émilie
    Domain, dont deux filles : a) N..., mariée à Joseph-Élisabeth de Rouraud ; b) N...;
  2° Jean-Marc, donataire de l'Empire, colonel d'état-major (13 janvier 1814), retraité maréchal
    de camp honoraire (21 avril 1815), † à Sibra le 11 mars 1835 ; marié le 25 février 1819
    à Clorinde-Magdeleine Gervais-Delmas;
  3° Pierre, qui suit.

II. Pierre Espert, baron Espert de Sibra et de l'Empire (lettres patentes du
12 novembre 1809), puis vicomte Espert de Sibra, donataire de l'Empire[1], colonel,
général de brigade (6 août 1811), C. ✳, chevalier de Saint-Louis, fut confirmé dans
le titre de baron héréditaire par lettres patentes du 1er juin 1816, puis créé vicomte
héréditaire par nouvelles lettres patentes du 16 août 1823 ; né à Lagarde (Ariège)
le 25 février 1771, † à Saint-Quentin (Ariège) le... 1836.

ESPINAY [Saint-Denis] (d')

== Titre de marquis héréditaire en faveur de Pierre-Marie d'Espinay, colonel
d'état-major par lettres patentes du 25 novembre 1814, avec règlement d'armoiries : *écartelé : aux 1er et 4° de gueules, à un écusson d'argent, chargé d'une croix
de gueules et à une divise en chef d'argent; au 2° d'azur, à la fasce d'argent, accompagnée de deux losanges d'or ; au 3° d'or, à l'ancre de sable. Sur le tout : d'argent,*

---

1. Cf. *Armorial du Ier Empire*, t. II, p. 186.

*au lion coupé de sinople et de gueules, couronné et lampassé de gueules ; l'écu bordé
d'argent.*

*

La famille Despinay, *alias* d'Espinay, est originaire de Villefranche en Beaujolais, où ses membres ont rempli des charges de judicatures et fait enregistrer leurs
armes à l'Armorial général de 1696 (Reg. de Lyon).

Elle a donné[1] :

I. Léonard DESPINAY, seigneur de la Terrasse et de Laye, né le 4 mai 1677 ;
épousa le 24 juillet 1717 Élisabeth Feypon, dont un fils, qui suit.

II. Charles, *alias* Jean-Marie D'ESPINAY DE LAYE, chevalier, seigneur de Laye,
Espinay, Champcenay et Blacey, né le 2 août 1729 ; épousa le 26 avril 1753
Marie-Magdeleine Mogniat de l'Écluse, dont :

1º Louis-Marie, né à Lyon le 9 février 1761 ;
2º Pierre-Marie, qui suivra ;
3º Claudine-Élisabeth, née à Lyon le 20 septembre 1758 ;
4º Anne-Marie-Victoire-Gabrielle, née à Lyon le 20 septembre 1758, jumelle de la précédente ;
4º Anne-Marie-Victoire-Gabrielle, née à Lyon le 6 février 1760, † à Montréal (Ain), le 8 décembre 1797 ; mariée à Lyon, le 19 février 1783, à Louis-Archambault Douglas, comte
de Montréal ;
5º Félicité-Marie-Jeanne-Louise, née à Lyon le 19 avril 1761, mariée à Lyon (Ainay), le
1er août 1780, à Pierre-Louis Dervieu de Vilieu.

III. Pierre-Marie D'ESPINAY, marquis d'Espinay de Saint-Denis, colonel d'état-
major, chevalier de Saint-Louis et de Saint-Jean-de-Jérusalem, fut créé marquis héréditaire par lettres patentes du 25 novembre 1815, puis autorisé à ajouter à son
nom « de Saint-Denis » par ordonnance royale du 23 août 1826 ; né à Lyon le
22 novembre 1764, † à Paris le 30 novembre 1835 ; il se maria deux fois : 1º à Adé-
laïde-Marie-Antoinette de Regnault de Parcieu, † le 28 janvier 1827, dont une fille
qui suit ; 2º à Paris, le 8 septembre 1830, à Sophie-Herminie Robert de Lespinay,
† le 4 mars 1862, chanoinesse de Sainte-Anne de Munich (remariée en secondes noces à Jules-Marie-Alphonse-Georges Hardy-Pallet de Blanzay), fille de
François-Marie et de Françoise-Mélanie-Agathe-Émilie-Joseph Taverne de Long-
champ, sans postérité :

[du Ier lit]: Marie-Rose-Alexandrine d'Espinay-Saint-Denis, mariée à Louis-Ferdinand-Claude-
Joseph Le Roy de la Tournelle.

ESTAVE [DE VALSERY]

═ Titre de baron héréditaire, sur institution de majorat (domaine de Valsery
Aisne), en faveur de Mathieu-Charles ESTAVE, par lettres patentes du
12 avril 1823, avec règlement d'armoiries : *coupé : au I d'azur, à la fasce d'argent,
accompagnée de trois étoiles d'or ; au II d'or, chargé d'une ruche accompagnée vers le*

---

1. Les preuves qu'elle fit, devant Chérin, pour l'admission dans les écoles militaires, en 1776,
de Pierre-Marie d'Espinay de Laye, ne furent pas jugées suffisantes (Cf. Bibl. Nat. Pièces origi-
nales, vol. 1068).

sommet de deux abeilles et adextrée d'un arbre, le tout au naturel, soutenu d'une terrasse de sinople.

** **

I. Paul ESTAVE, bourgeois de Paris, marié à Esther Quinault, fut père d'un fils, qui suit.

II. Charles-Laurent ESTAVE, avocat en parlement, conseiller du roi, garde-marteau de la maîtrise des eaux et forêts de Compiègne, épousa à Paris, en 1772, Marie-Louise-Adrienne Pottier, fille de Nicolas, seigneur de Sacy-le-Petit, et de Marie-Antoinette-Françoise Le Brasseur, dont deux fils :

1° Mathieu-Charles, qui suit;
2° N..., né à Compiègne, marié à Tours et père de Léopold, marié à Mlle Salmon de la Maisonrouge et père lui-même de deux fils, sans alliance.

III. Mathieu-Charles ESTAVE, baron Estave de Valsery, fut créé baron héréditaire, sur institution de majorat, par lettres patentes du 12 avril 1823. Né à Compiègne (Orne) le 10 janvier 1775, † à Valsery (Aisne) le 13 janvier 1848, il épousa en 1800 Anne-Luglienne-Alexandrine Duclozel, fille de Jacques-Alexandre, seigneur de Waripont, Crépigny, etc., et d'Anne-Catherine de Fourment, dont un fils, qui suit, et une fille morte à Paris à 17 ans.

IV. Charles-Mathieu ESTAVE, baron Estave de Valsery, maire de Cœuvres (Aisne), gentilhomme ordinaire de la Chambre du roi, ✠, né à Sainte-Perrine, commune de Saint-Jean-aux-Bois (Oise) le 31 mai (1er juillet) 1801, † au château de Valsery le 24 décembre 1873 ; épousa en 1823, Thérèse-Louise-Émilienne d'André, † à Valsery le 28 avril 1871, fille d'Antoine-Balthazard-Joseph, baron d'André, ministre de la maison du roi, et de Thérèse-Émilie-Fortunée Mignard, dont quatre enfants :

1° Joseph-Maurice-Alexandre, qui suivra;
2° Pauline-Émilie-Mathilde, née à Paris, mariée en 1851 à Adrien Boitel de Dienval, dont quatre enfants;
3° Marie-Alexandrine-Emma, religieuse de Saint-Vincent-de-Paul, † à Alger;
4° Caroline-Thérèse, mariée en 1861 à Esprit-Victor de Malglaive, lieutenant-colonel du génie, O. ✠.

V. Joseph-Maurice-Alexandre ESTAVE, baron Estave de Valsery, capitaine d'infanterie, ✠, né en 1825, † à Marseille en 1881, sans alliance.

ESTIENNE-MONTLUC DE LA RIVIÈRE

═ Titre de baron héréditaire, confirmé en faveur de Jean-Baptiste-Hippolyte ESTIENNE-MONTLUC DE LA RIVIÈRE, baron de l'Empire, premier président à la cour royale de Limoges, par lettres patentes du 20 juillet 1816, avec règlement d'armoiries : *parti : au I de sable, au rocher de six coupeaux d'or, 1, 2, 3, sommé de trois épis de blé du même : au II d'azur, à la fasce ondée d'argent.*

** **

La famille Estienne est originaire de Limoges et paraît y avoir tenu un rang important au commencement du XVIIe siècle.

I. Jean-Baptiste Estienne, sieur de la Rivière, notaire royal, puis conseiller du roi et président en l'élection de Limoges, né en 1701, † à Limoges le 13 mars 1767, épousa Louise Descordes, dont :

1° Louis-Joseph, qui suivra ;
2° Joseph-Louis, secrétaire du roi en la cour du Parlement de Grenoble (1775), conseiller général de la Haute-Vienne, né en 1736, marié à Élisabeth Dartigaux ;
3° Jean-Baptiste, conseiller du roi, avocat, marié à Marguerite Tranche du Puychâteau, dont postérité ;
4° Christophe-Henri, marié à Catherine-Alexandrine Villestivaux, dont postérité ;
5° Antoine-Catherine, marchand épicier à Paris, né vers 1765, marié à Sourdun (Seine-et-Oise), le 12 décembre 1799, à Cécile-Savine Prévost, dont postérité.

II. Louis-Joseph Estienne de Montlug, sieur de la Rivière, avocat, échevin de Limoges, (1767), président en l'élection de Limoges et du conseil général de la Haute-Vienne (1808), épousa Marie-Geneviève Bessonneau Desgorces, dont un fils, qui suit.

III. Jean-Baptiste-Hippolyte Estienne de Montluc de la Rivière, chevalier, puis baron Estienne de la Rivière et de l'Empire[1] (lettres patentes du 20 janvier 1809 et 22 octobre 1810), avocat, conseiller à la cour d'appel, puis président et premier président de la cour d'appel de Limoges, O. ✠, né à Limoges, le 13 août 1764, † …; fut confirmé dans le titre de baron héréditaire, par lettres patentes du 20 juillet 1816 ; il épousa Anne-Marguerite Nouallier, dont :

1° Nicolas-Joseph-Hippolyte, qui suivra ;
2° Georges-Pascal, né à Limoges le 4 mars 1801 ;
3° François-Louis-Georges-Napoléon, né à Limoges le 15 août 1808 ;
4° Jean-Baptiste-Georges-Octave, né à Limoges le 27 octobre 1812, marié à Charlotte-Jeanne-Adélaïde de Beaune de la Frongue, dont un fils, qui suit :
Maurice-Georges, marié à Paris le 16 février 1868, à Henriette-Ernestine Regnault, dont : Henri et Germaine ;
5° Marie-Claire-Antoinette-Clarisse, mariée à François-Maurice Nouallier-Marbatte.

IV. Nicolas-Joseph-Hippolyte Estienne de Montluc de la Rivière, baron de la Rivière, né à Limoges le 26 novembre 1791, † …; épousa Louise-Clémentine Estourneau de Tersannes, fille de Sylvain et de D^lle Chilland de la Varenne, dont :

V. Antoine-Hippolyte-Alphonse Estienne de Montluc de la Rivière, baron de la Rivière, marié à Eugénie-Nelly Bergeron-Danguy, dont :

Marie-Claire-Antoinette-Joséphine-Germaine, mariée à Montmorillon, le 22 août 1887, à Marie-Félix-Roger Augier de Moussac.

ESTUTT DE TRACY — ϑ. Destutt

ETCHEGOYEN-O'CONNELL (d')

⸗ Titre personnel de vicomte par ordonnance du 27 décembre 1829, en faveur de Louis-Charles-Daniel d'Etchegoyen-O'Connell, comme héritier du majorat

---

1. Cf. *Armorial du Ier Empire*, t. III, p. 259, où la notice est portée, par erreur de l'orthographe des patentes, au surnom de Monluc au lieu de Estienne-Montluc.

O'Connell, et petit-fils adoptif du comte O'Connell [ce titre personnel de vicomte a été confirmé par lettres patentes du 30 octobre 1830].

**

Le nom d'Etchegoyen [1] est fort répandu au pays basque et commun à de nombreuses familles, qui n'ont aucun rapport d'origine entre elles.

I. Pierre de Sourourt, sieur des maisons de Labiaguerrre de Hasparren, d'Etchegoyen de Cambo et du Petit-Saint-Jean de Hasparren, mourut avant 1711, et épousa Jeanne de Lacoste, dont :

1° Sauvat, ou Salvador, décédé avant 1713, sans postérité;

2° Pierre, dit d'Etchegoyen-Labiaguerre, qui suivra;

3° Jeanne, dite d'Etchegoyen-Labiaguerre, mariée à Cambo le 21 décembre 1711, à Jean-Louis de Belça, sgr de la Salle d'Eliçabelar d'Iholdy.

II. Pierre d'Etchegoyen-Labiaguerre, sieur des maisons d'Etchegoyen et de Labiaguerre, épousa Marie-Michelle de Bousty (*alias* d'Husty), dame de la salle [2] d'Etchegoyen, dont au moins deux fils :

1° N..., marié et père d'une fille, Suzanne, mariée à Jean-Baptiste de Lample, sgr de Soeix.

2° Jean-Louis, qui suit.

III. Jean-Louis d'Etchegoyen, capitaine de cavalerie, prévôt de l'armée de France en Portugal, lieutenant de la maréchaussée de la généralité d'Auch et de Béarn, en résidence à Bayonne (1774), épousa Suzanne de Neurisse, dont au moins :

1° Jean-Louis-Bernard, qui suivra;

2° Sauvat, *alias* Benjamin, membre du collège électoral des Basses-Pyrénées, né en 1773, † en 1840; marié à Suzanne-Louise Gouraud de Bellevue, dont deux enfants, qui suivent:

a) Sauveur-Louis-Henri, marié à Victoire-Lucie Avenant (remariée à Paul-François-Marie Victor Le Gendre, vicomte d'Onzenbray), dont un fils : Benjamin-Sauveur-Charles-Albert-Guillaume, marié en juin 1872 à Marie-Clémence de Montault;

b) Suzanne-Charlotte-Céline, mariée à M. Dary, marquis de Sénarpont;

4° Sophie, née à Bayonne le 12 mars 1774; mariée à Marie-Armand-Mendi de Joantho, receveur de l'enregistrement.

IV. Jean-Louis-Bernard d'Etchegoyen, dit le baron d'Etchegoyen, garde du corps du roi d'Espagne, officier au régiment des gardes wallonnes, gentilhomme honoraire de la chambre du roi, banquier à Paris, membre du collège électoral de la Seine (1804), né en 1762, † à Paris le 27 février 1741; se maria deux fois : 1° à Marie [de] Goyénèche, † à Paris le 22 mai 1801, sans postérité; 2° à Marie-Caroline-Céline Gouraud de Bellevue, sœur de la précédente et fille de M. Gouraud de Bellevue et de Marie-Suzanne-Marthe Drouillard (remariée à Daniel, comte O'Connell, lieutenant général), dont au moins cinq enfants :

[*du 2e lit*] : 1° Louis-Charles-Daniel, qui suivra;

2° Louis-Eugène, officier de cavalerie, marié à Pascalie Dibarrart d'Etchegoyen; sans postérité;

1. Etchegoyen signifie « maison sur la hauteur ».

2. C'est le seul acte où la terre d'Etchegoyen soit dite noble et qualifiée « salle » et nous n'avons pas trouvé trace des lettres de noblesse que la famille de ce nom aurait reçues en 1660, d'après des notes communiquées (v. *Armorial des Landes*, t. I, du baron de Cauna).

3° Vincent-Charles-Henri, dit le vicomte d'Etchegoyen, député du Loir-et-Cher (1850-51), né à Paris le 3 février 1818, † à Richmond (Angleterre) le 5 février 1885 ; marié, le 25 mars 1852, à Valentine de Talleyrand-Périgord, dont trois fils, qui suivent :

    a) Valentin, marié ;

    b) Armand-Albert-Jean, marié le 29 janvier 1886 à Anna Le Monnier de Lorière ;

    c) Paul ;

4° Marie-Suzanne-Marthe, née en 1809, † le 29 août 1861, mariée à Armand-Édouard Jonglu, baron de Parazza ;

5° Anne-Suzanne-Zoé, mariée à Louis-Philippe-Isidore Dibarrart, député (remarié à sa belle-sœur Mlle de Louvencourt), connu lui et sa postérité sous le nom de Dibarrart d'Etchegoyen.

V. Louis-Charles-Daniel D'ETCHEGOYEN, vicomte d'Etchegoyen-O'Connell, fut héritier des biens et noms de son parrain et grand beau-père maternel, le comte O'Connell, dont il avait été autorisé à ajouter le nom par ordonnance du 28 septembre 1825 ; né à Paris le 25 novembre 1807, † le 19 juillet 1835, il fut créé vicomte, à titre personnel, comme héritier des biens ci-dessus (?) par ordonnance royale du 27 décembre 1829, puis confirmé par lettres patentes du 30 octobre 1830 ; il épousa Alphonsine-Blanche-Charlotte-Félicité de Louvencourt, dont il n'eut pas d'enfant et qui s'est remariée à son beau-frère Louis-Philippe-Isidore Dibarrart.

La famille Etchegoyen porte, d'après des armoriaux récents : *d'azur, à une tour d'argent accostée à dextre d'un lion d'or, et à senestre d'un lion d'argent.*

La branche des Etchegoyen-O'Connell reçut pour armoiries, d'après les lettres patentes de 1830 : *coupé d'argent et de sinople, au cerf d'or brochant et accompagné de trois treffles de l'un en l'autre 2, 1,* qui sont les armes des O'Connell.

ÉVEN [DE VINCÉ]

= Titre de chevalier héréditaire confirmé en faveur de François-Ange-Stanislas ÉVEN, commissaire général de la marine, par lettres patentes du 13 janvier 1815, avec règlement d'armoiries : *d'or, à une ancre en pal de gueules, chargée d'un chevron de sinople ; à la bordure de gueules.*

I. André-Thomas ÉVEN, avocat bâtonnier à Rennes, † à Rennes en mai 1773 ; épousa Renée-Pélagie Le Masson, † à Rennes en octobre 1771, dont :

1° Benoît-Augustin, sgr de la Tremblaye, capitaine de navire de la Cie des Indes, marié à Saint-Servan, le 25 juin 1776, à Anne-Thérèse Legentil, dont postérité ;

3° François-Ange-Stanislas, qui suit.

II. François-Ange-Stanislas ÉVEN, dit Éven de Vincé, chevalier Éven et de l'Empire (lettres patentes du 10 septembre 1810)[1], sous-commissaire de la marine (30 mai 1773), chef de l'administration de la marine (1er octobre 1792), commissaire général de la marine, chevalier de Saint-Louis, ✠, né à Rennes le 13 novembre 1738, † à Mantes le 21 juillet 1825 ; fut confirmé dans le titre de chevalier héréditaire par lettres patentes du 13 janvier 1815 ; il épousa à Rennes, le 8 juin 1784, Pélagie-Jeanne Guillemaut de Beaulieu, fille de Paul-Julien, officier de la Compagnie des Indes, et de Pélagie-Jacquemine Éven.

[Ils auraient eu un fils : Félix-Marie Éven de Vincé, chef de bataillon d'artillerie (en 1830), chevalier de Saint-Louis, ✱].

1. Cf. *Armorial du 1er Empire*, t. II, p. 141.

FABRE

= Titre personnel de baron en faveur de François-Xavier-Pascal FABRE, peintre d'histoire, par lettres patentes du 8 mai 1830, avec règlement d'armoiries : *d'azur, à l'enclume d'argent, sommée d'un cœur enflammé de gueules, surmonté d'un soleil rayonnant d'or, mouvant du chef de l'écu.*

* *

I. Joseph FABRE, peintre à Montpellier, marié à Catherine Flori, fut père d'un fils, qui suit.

II. François-Xavier-Pascal FABRE, baron Favre, peintre d'histoire, membre correpondant de l'Institut royal de France, professeur à l'Académie des Beaux-Arts de Florence, ✳, né à Montpellier le 1ᵉʳ avril 1676, fut créé baron à titre personnel par lettres patentes du 8 mai 1830 et mourut sans alliance à Montpellier le 16 mars 1837

FABRE [DE ROUSSAC]

= Titre de baron héréditaire, confirmé en faveur de Jean-Marie-Noël FABRE, baron de l'Empire, procureur général, par lettres patentes du 13 avril 1816, avec règlement d'armoiries : *de gueules, au chevron d'or, accompagné en chef de deux quintefeuilles d'argent et, en pointe, d'un lion rampant du même.*

* *

I. Jean FABRE, marié à Élisabeth Poitevin, fut père d'un fils, qui suit.

II. Jean-Marie-Noël FABRE, chevalier, puis baron Fabre et de l'Empire [1], (lettres patentes des 12 novembre 1809 et 6 octobre 1810) ; procureur général à la cour d'appel de Montpellier (1802-17), ✳, fut confirmé dans le titre de baron héréditaire par lettres patentes du 13 avril 1816. Né à Florensac (Hérault) le 28 décembre 1750, † même ville le 28 février 1819, il épousa, le 25 août 1778, Jeanne-Marie Barral, † en 1817, dont il a eu quatre enfants :

1° Jean-Marie-Élisabeth-Antoine, qui suivra ;
2° Antoine-Élisabeth, dit M. Fabre-Barral des Plos, capitaine de chasseurs à cheval, juge au tribunal des douanes de Cette, ✳ ; né en 1781, † en 1846, sans postérité ;
3° Marie-Joséphine, née en 1784, †... ; mariée en 1809 à Marc-Antoine, baron de Gaujal, député, conseiller à la Cour de cassation ;
4° Eugénie, née en 1787 ; mariée en 1813 à Louis-François-Sylvain Brondel, baron de Roquevaire, conseiller à la cour d'appel de Montpellier.

III. Jean-Marie-Élisabeth-Antoine FABRE, baron Fabre, maire de Florensac, conseiller général de l'Hérault, ✳, né à Florensac en 1779, † en 1844 ; épousa, en 1803, Marie-Rose-Sophie de Roussac, † en 1854, dont un fils, qui suit.

III. Jean-Isidore FAVRE, baron Favre de Roussac, fut autorisé avec ses deux fils, par décret du 29 mai 1867, à ajouter au nom de Fabre celui de « de Roussac » ; il a été confirmé dans le titre de baron héréditaire par décret impérial du 2 jan-

---

1. Cf. *Armorial du Iᵉʳ Empire*, t. II, p. 143.

vier 1869 ; né à Florensac le 12 février 1804, † à Florensac le 26 janvier 1894, il a épousé, en 1827, Marie-Marguerite Mandeville, † en 1870, dont quatre enfants :

1° Jean-Antoine-Isidore, qui suivra ;
2° Jean-Joseph-François-Félix-Élisabeth-Albert, né à Florensac le 8 février 1842, † en 1890, sans postérité ;
3° Louise, née en 1828, † en 1840 ;
4° Hélène, née en 1831, † en 1832.

V. Jean-Antoine-Isidore FABRE DE ROUSSAC, baron Fabre de Roussac, né à Florensac le 9 décembre 1833, a épousé, en 1867, Valérie Barral d'Estève, dont trois enfants :

1° Charles, né en 1867 ;
2° Pierre, né en 1880 ;
3° Marie, née en 1873, † en 1876.

FABRE

= Titre de baron héréditaire en faveur de François FABRE, maréchal de camp, par lettres patentes du 16 juin 1818, avec règlement d'armoiries : *d'argent, au sautoir d'azur, cantonné de quatre lions de gueules. Sur le tout : d'or, chargé d'une grenade éclatée et enflammée de pourpre.*

* * *

I. Charles FABRE, marié à Françoise Boileau (*alias* de Boileau), fut père d'un fils, qui suit.

II. François FABRE, baron Fabre, maréchal de camp (11 décembre 1816), C. ✠, chevalier de Saint-Louis, né à Monaco le 17 décembre 1754, † [à Soissons] le 31 décembre 1837, fut créé baron héréditaire par lettres patentes du 16 juin 1818 ; il épousa N..., dont trois enfants :

1° Albin-Camille-François, qui suivra ;
2° Camille-Clémentine, mariée à Claude-François Demonnerot, docteur en médecine à la Fère ;
3° Louise-Idalie, mariée à Prosper-Louis Pignet, notaire à Mony.

III. Albin-Camille-François FABRE, baron Fabre, capitaine d'infanterie (19 février 1823) [en retrait d'emploi, 21 septembre 1838], né vers 1792 ou 1795.

FABRE [DE L'AUDE]

= Titre de pair à vie en faveur de Jean-Pierre, comte FABRE DE L'AUDE et de l'Empire, procureur général, par l'ordonnance du 4 juin 1814 ; annulé par l'ordonnance du 24 juillet 1815 et rétabli à nouveau à titre héréditaire par l'ordonnance du 19 novembre 1819.

= Titre de vicomte héréditaire en faveur du même, par lettres patentes du 13 janvier 1818, avec règlement d'armoiries : *de gueules, à la bande d'or, accompagnée de deux besants du même,* et confirmé sur institution de majorat (terres du Roux, arrondissement de Carcassonne) par nouvelles patentes du 29 mai 1818, avec même règlement d'armoiries.

= Titre de baron-pair héréditaire établi sur le majorat ci-dessus en faveur du même, par lettres patentes du 13 mars 1820.

**

I. Jean-Pierre FABRE, maître perruquier à Carcassone, épousa Catherine Estève, dont au moins un fils, qui suit :

II. Jean-Pierre FABRE, comte Fabre [de l'Aude] et de l'Empire[1] (lettres patentes du 26 avril 1808), avocat et procureur général syndic, député au Conseil des Cinq-Cents et au Tribunat, procureur général à la cour d'appel de Montpellier (1807), sénateur de l'Empire (14 août 1807) et pair des Cent-Jours, pair de France (4 juin 1814-21 novembre 1819), C. ✠, fut créé vicomte héréditaire par lettres patentes du 12 janvier 1818, et confirmé, sur institution de majorat, par autres lettres du 29 mai 1818; il établit sa pairie héréditaire aux rang, titre et dignité de baron-pair sur le majorat ci-dessus par nouvelles lettres patentes du 13 mai 1820. Né à Carcassonne le 8 décembre 1755, † à Paris le 6 juillet 1832, il épousa le 12 juin 1781 Rose-Marguerite Moffre, † à Carcassonne le 2 octobre 1823, dont il eut entre autres enfants :

1° Fidèle-Désiré-Achille, qui suivra;
2° Catherine-Anne-Rosalie, née..., † vers 1868; mariée à Charles Frances, commissaire des guerres;
3° Justine, † à Carcassonne en 1833; mariée en 1803 à Étienne Debosque;
4° Jeanne-Françoise-Cardine, † à Paris le 31 décembre 1849; mariée à M. Guy;
5° Victoire-Chantale-Rosalie, née..., †...; mariée en 1812 à Jean-Baptiste-Mathiou Gallini, sénateur du royaume de Sardaigne.
6° Marie-Thérèse-Lucrèce-Josèphe-Béatrix, mariée à M. Cagniard.

III. Fidèle-Désiré-Achille FABRE, comte Fabre de l'Aude, né à Paris le 26 avril 1801, † à Figuières (Espagne), le 11 septembre 1856; épousa à Paris, le 27 mai 1829, Marie-Antoinette-Zéphyrine de Maussion, † à... le... décembre 1888, fille du comte Alfred-Augustin-Joseph et de Mlle de Saint-Simon de Courtomer, dont :

1° Anatole-Gaston, comte Fabre de l'Aude; né le 28 novembre 1833, †...;
2° Charles-Ferdinand, qui suivra;
3° Ferdinand-Gaston-Léon, né en 1838, † à Caldas de Malavella (Espagne), le 28 mars 1869; marié à D^lle Carrion-Lafuente, dont deux filles.

IV. Charles-Ferdinand FABRE, comte Fabre de l'Aude, artiste-peintre, né en 1836, † le 30 novembre 1894.

FABRE DE LAMARTILLIÈRE

= Titre de pair à vie, par ordonnance du 4 juin 1814, en faveur de Jean FABRE DE LAMARTILLIÈRE, comte de l'Empire; confirmé à titre héréditaire par l'ordonnance du 19 août 1815.

= Titre de comte-pair héréditaire attaché à ladite pairie par l'ordonnance du 31 août 1817 et confirmé par lettres patentes du 20 décembre 1817, sans institution de majorat de pairie, mais avec règlement d'armoiries : *parti : au I d'azur, à une tour*

1. Cf. *Armorial du 1er Empire*, t. II, p. 144.

donjonnée d'argent, ajourée de sable ; au II d'argent, à une vache de sable, surmontée d'une étoile du même.

La famille Fabre de la Millardière et la Martillière est originaire de Beaucaire, où Antoine Fabre fut consul de 1646 à 1666.

II. Josias, *alias* Jacques FABRE, notaire à Beaucaire, puis procureur en la cour royale de la même ville, fils de Josias, et de Jeanne Barette, épousa à Beaucaire, le 14 février 1683, Marguerite Goubier, dont un fils, qui suit.

III. Jean FABRE, avocat en parlement, né en 1683, † à Nîmes le 13 octobre 1732, épousa Magdeleine-Louise-Ursule de Chabert, dont deux enfants :

1° Jean, qui suivra ;
2° Catherine, née à Nîmes le 27 février 1730.

IV. Jean FABRE, comte de la Martillière et de l'Empire[1] (lettres patentes du 11 juillet 1810) ; lieutenant d'artillerie (1757), capitaine attaché à la fonderie royale de Douai (1770), colonel directeur d'artillerie (1789), général de brigade (14 août 1793), général de division (1er avril 1795), membre du Sénat conservateur (4 juin 1802), pair de France (4 juin 1814) ; G. ✠, établit sa pairie aux rang, titre et dignité de comte-pair héréditaire, sur institution de majorat, par lettres patentes du 20 décembre 1817. Né à Nîmes le 10 mars 1732, il est décédé à Paris le 27 mars 1819, sans alliance.

Il avait eu une fille naturelle, qu'il reconnut et qui suit :
Isabelle-Joséphine, dite Mlle Fabre de la Martillière, née à Douai le... 1782, † à Vincennes le 31 décembre 1862 ; mariée deux fois : 1° à Jean-Louis Chamberland ; 2° à Jean-Michel Murat.

FABRY (DE)

= Titre de baron héréditaire confirmé en faveur de Pierre-Marc-Antoine-Bruno DE FABRY, baron de l'Empire, député et président de chambre à la cour royale d'Aix, par lettres patentes du 30 mars 1816, avec règlement d'armoiries : *d'or, au lion rampant au naturel, chargé d'une fasce d'azur, surchargée de trois cœurs d'argent.*

I. Marc-Antoine DE FABRY, officier et chevalier de Saint-Louis, épousa Rose de Bellon, dont un fils, qui suit.

II. Antoine DE FABRY, officier d'infanterie, chevalier de Saint-Louis, † vers 1777, épousa à Aix, le 26 novembre 1776, Marie-Thérèse Andier, dont un fils, qui suit.

III. Pierre-Marc-Antoine-Bruno FABRY, baron de Fabry et de l'Empire[1] (lettres patentes du 2 mai 1811), juge à la cour d'appel d'Aix, membre du collège électoral et député du Var (1815-16 et 1821-24), premier président à la cour d'appe. d'Aix, (29 février 1816), ✠, né à Brignolles (Var) le 19 octobre 1777, † à Marseille le 5 juin 1824, il épousa Constance Braquety, dont au moins quatre fils :

1° Jean-Baptiste Toussaint, qui suivra ;

1. Cf. *Armorial du Ier Empire*, t. II, p. 145.

2° Alphonse-Augustin, inspecteur des douanes, né en 1806, † le 14 avril 1880 ;

3° Léopold, officier d'artillerie, ✻ ;

4° Justin, né..., †...; marié à N... de Sainte-Margueritte, dont trois enfants :

a) Roger; b) Alix; c) Constance.

IV. Jean-Baptiste-Toussaint DE FABRY, baron de Fabry, né à Brignolles en 1810, † à Paris le 3 mars 1858; épousa Georgina-Augustine-Françoise Laget de Bardelin, † en 1882, dont deux fils ;

1° Georges, qui suivra ;

2° Edmond, marié, le 12 septembre 1871, à Marie de la Jaille, dont trois enfants, qui suivent :

a) Joseph; b) Georges; c) Anne-Marie.

V. Georges DE FABRY, ancien sous-officier aux zouaves pontificaux, né en 1840, a épousé, en juillet 1872, Marie-Henriette-Mathilde d'Estienne, † au château de Bourgogne, près d'Aix, le 9 novembre 1892, dont :

1° Pierre; 2° André; 3° Louis; 4° Marc; 5° Henri; 6° Élisabeth; 7° Hélène.

FAGET DE RENOL

== Lettres de noblesse en faveur de Jacques-Joseph FAGET DE RENOL, colonel de cavalerie en retraite, par lettres patentes du 16 juin 1818, avec règlement d'armoiries : *d'argent, au chevron de gueules, accompagné de trois alérions du même ; au chef aussi de gueules chargé de trois étoiles d'or.*

== Titre de chevalier héréditaire confirmé en faveur de Pierre-Abdon FAGET DE RENOL, chef d'escadron, par lettres patentes du 25 octobre 1817, avec règlement d'armoiries : *d'argent, au chevron de gueules, accompagné de trois alérions du même; au chef aussi de gueules, chargé de trois étoiles d'or; à la filière d'or.*

** **

I. Jean-Jacques FAGET, sieur de Renol, épousa Marie-Thérèse Terme, dont cinq enfants, entre autres :

1° Jacques-Joseph, qui suivra ;

2° Pierre-Abdon, qui sera rapporté après son frère ;

3°-4° Deux filles.

II. Jacques-Joseph FAGET DE RENOL, colonel de cavalerie, chevalier de Saint-Louis, né à Marmande (Lot-et-Garonne) le 1er octobre 1753, † après 1817, fut anobli par lettres patentes du 16 juin 1818.

II bis. Pierre-Abdon FAGET DE RENOL, chevalier Faget de Renol et de l'Empire (lettres patentes du 3 mai 1809), donataire de l'Empire[1], chef d'escadron, ✻, né à Marmande le 30 juillet 1768, †...; fut confirmé dans le titre de chevalier héréditaire par lettres patentes du 25 octobre 1817.

FAJAC — v. DESOMBS

1. Cf. *Armorial du Iᵉʳ Empire*, t. II, p. 146.

FALATIEU

⚌ Titre de baron héréditaire, sur institution de majorat (maison à Paris) en faveur de Joseph FALATIEU, député, par lettres patentes, du 14 février 1827, avec règlement d'armoiries : *d'azur, à une tierce d'or posée en bande, accompagnée en chef d'un soleil d'argent et, en pointe, d'un lion léopardé aussi d'argent.*

* *

I. Claude-Thomas FALATIEU, marchand de fers à Lyon, épousa Marie Moynier et fut père de deux fils :

    1º Joseph, qui suivra ;
    2º Louis-Joseph, maître de forges, marié et ayant laissé postérité (entre autres un fils, député
      des Vosges en 1848).

II. Joseph, *alias* Joseph-Louis-François-Xavier, FALATIEU, baron. Falatieu, maître de forges, député des Vosges (1815-23 et 1829-30), conseiller général des Vosges et membre du conseil général des manufactures, ✻, né à Lyon le 26 janvier 1761, † à Bains (Vosges) le 23 octobre 1840 ; fut créé baron héréditaire, sur institution de majorat, par lettres patentes du 14 février 1827 ; il épousa, à Bains, Marie-Anne-Françoise-Catherine-Émerantine-Sophie Laurent, dont trois filles :

    1º Françoise-Virginie, née..., † en 1865 ; mariée à Jean-Baptiste-Alexandre, baron Villatte,
      général de brigade ;
    2º Victoire-Marie-Anne, mariée à François-Xavier-Joseph Chavane ;
    3º Jeanne-Marie-Françoise-Joséphine, mariée à André-Auguste Demazure.

FALENTIN DE SAINTENAC (DE)

⚌ Titre de vicomte héréditaire, sur institution de majorat (domaine de Laffitte, Ariège), en faveur de César-Jean-Baptiste DE FALENTIN DE SAINTENAC DE LAFFITTE, maire de Pamiers, par lettres patentes du 25 octobre 1825, avec règlement d'armoiries : *d'argent, au pin de sinople, portant de chaque côté une pomme d'or.*

* *

La famille Falentin, originaire du comté de Foix, était représentée à la fin du XVIIᵉ siècle par Salomon de Falentin, seigneur de Sentenac, capitaine au régiment de Touraine et gouverneur du Mas-d'Azil (20 novembre 1710), et par son frère, Charles, seigneur de Gabe, qui furent condamnés comme usurpateurs de noblesse en 1666 et puis maintenus dans leur noblesse, à la généralité de Montauban, sur rappel de cette décision, le 13 août 1701.

I. Jean-François FALENTIN DE SAINTENAC, seigneur de Laffitte et Encousse, capitaine aide-major au régiment du roi, puis colonel d'infanterie, lieutenant des maréchaux de France, épousa Jeanne-Marguerite de Baylé de Laffitte, dont un fils, qui suit.

II. César-Jean-Baptiste FALENTIN DE SAINTENAC DE LAFFITTE, vicomte de Falentin de Saintenac, juge de paix au Mas-d'Azil, maire de Pamiers, conseiller de préfecture, député de l'Ariège (15 mars 1821-30), conseiller et président du conseil général de l'Ariège, ✠, né à Pamiers le 4 novembre 1757, † à Toulouse le 2 janvier 1831, fut créé vicomte héréditaire, sur institution de majorat, par lettres patentes du 25 octobre 1825 ; il épousa sa cousine Marie-Françoise-Ursule de Falentin, dont :

> 1° Timoléon, qui fut parrain de son frère ;
> 2° Joseph, qui suit.

III. Joseph DE FALENTIN DE SAINTENAC, vicomte de Falentin de Saintenac, avocat, conseiller de préfecture (1823), gentilhomme honoraire de la chambre du roi (1829), député de l'Ariège (1831-34-1837-42), ✠ ; né au Mas-d'Azil le 8 juillet 1793, † à Toulouse le 27 novembre 1847 ; épousa Élisabeth-Marie-Étienne Orillard de Villemanzy, fille du comte de Villemanzy, sénateur de l'Empire et pair de France, et de Mlle Baudon, dont deux enfants :

> 1° Pierre-Victor-César-Isidore-Henri, qui suivra ;
> 2° Marie-Jeanne-Élisabeth-Noémi, née en 1838, † à Ligny le 9 février 1889, mariée à Fernand, comte de Rességuier, secrétaire d'ambassade.

IV. Pierre-Victor-César-Isidore-Henri DE FALENTIN DE SAINTENAC, vicomte de Falentin de Saintenac, officier de l'armée territoriale, représentant de l'Ariège à l'Assemblée nationale en 1871, né à Paris le 4 mai 1828, s'est marié deux fois : 1° à Marie-Caroline-Léopoldine de Pérignon, † à Rome le 21 janvier 1866, fille du marquis François-Henri et de Mlle de Preissac, dont une fille ; 2° le 20 août 1874, à Marie-Louise-Raymonde de Bertier, † à Pamiers le 25 septembre 1881, dont quatre autres enfants :

> [du 1er lit] : 1° Marc-Joseph-Pierre, capitaine d'état-major, marié le 20 avril 1895 à Louise-Madeleine de Laistre ;
> [du 2e lit] : 2° Marie-Jean, né le 21 août 1881 ;
> 3° Marie-Jeanne-Fernande, née le 2 janvier 1876 ;
> 4° Marie-Catherine-Josèphe, née le 6 janvier 1878 ;
> 5° Marie-Nathaline-Caroline-Isabelle, née le 6 août 1879.

FALGUIÈRES (DE)

═ Titre de baron héréditaire en faveur de Jean-Marie-Alban DE FALGUIÈRES, brigadier des gardes du corps, par lettres patentes du 28 juin 1822, avec règlement d'armoiries : *d'or, à une branche de fougère de sinople, posée en pal.*

* *

La famille Falguières, originaire de Rabastens, y est très anciennement connue et assez nombreuse ; une de ses branches a donné :

I. Étienne FALGUIÈRES qui épousa vers 1720 Antoinette Brun, dont un fils, qui suit.

II. Jean-Antoine FALGUIÈRES, né en 1721, épousa Catherine Cassagnol, dont :

> 1° Jean-Marie-Alban, qui suivra ;
> 2° Marguerite, mariée à M. Delpas de Péduraud ;
> 3° Cécile, mariée à M. de Fleyres ;
> 4° Blanche, mariée à M. Rimailh de la Salle.

III. Jean-Marie-Alban FALGUIÈRES, baron de Falguières, brigadier des gardes du corps, chevalier de Saint-Louis, ✳, fut créé baron héréditaire par lettres patentes du 28 juin 1822 ; né à Rabastens (Tarn) le 12 mars 1762, †..., il épousa en 1784 Catherine-Sophie Tholozani de la Sesquière, fille de Jean-François, seigneur de la Sesquière, et de Marie-Anne Clavel, dont quatre enfants :

    1° Jean-Marie-Alban-Michel, qui suivra ;

    2° Victorine, née en 1785, sans alliance ;

    3° Claire-Anne-Marie, sœur jumelle de la précédente ; mariée, le 5 novembre 1803, à son cousin Jean-Pierre-Joseph André, *alias* d'André[1] ;

    4° Amélie, sans alliance.

IV. Jean-Marie-Alban-Michel DE FALGUIÈRES, baron de Falguières, lieutenant-colonel d'artillerie (1830), chevalier de Saint-Louis, ✳, né en 1790, †... ; épousa en 1829 Joséphine de Moysset, fille d'Esprit et de Pétronille-Marguerite Falguières, dont trois enfants :

    1° Jean-Marie-Armand-Albert, qui suivra ;

    2° Marie-Édouard, né le 2 septembre 1837 ; marié à Mlle de Pratviel, dont deux enfants, qui suivent :

        a) N..., né...

        b) N..., mariée à M. Castagnet ;

    3° Marie-Catherine-Pétronille, née en 1831 ; mariée, le 5 juin 1854, à Henri de Finance.

V. Jean-Marie-Armand-Albert DE FALGUIÈRES, baron de Falguières, maire de Rabastens, conseiller général du Tarn, né le 7 avril 1835 ; épousa Élisabeth d'Esquien, dont :

    1° Henri, qui suivra ;

    2° Marie, mariée à Antoine de Tholosany ;

    3° Marguerite, mariée à Jean de Gorsse.

VI. Henri DE FALGUIÈRES, baron de Falguières, né à Malves (Aude) en 1866, † à Dijon le 9 août 1898 ; épousa à Dijon, en 1892, Mlle Gaulin-Dunoyer, dont un fils et une fille.

FALLOT

= Titre de chevalier héréditaire en faveur de François-Simon FALLOT, médecin des hôpitaux civils et militaires de la Haute-Saône, par lettres patentes du 6 juillet 1819, avec règlement d'armoiries : *d'azur, au chevron d'or, accompagné en chef de deux étoiles d'argent et, en pointe, d'un croissant du même.*

⁂

Cette famille est originaire du Grand-Magny, près de Lure.

I. Charles-Henri FALLOT, docteur en médecine, épousa Agnès Barbier, dont François-Simon, qui suit, et un autre fils, officier d'artillerie, tué à l'armée de Condé.

II. François-Simon FALLOT, chevalier Fallot, puis Fallot de Levrecey, médecin des hôpitaux civils et militaires de la Haute-Saône, ✳, fut créé chevalier hérédi-

---

1. Voir t. I, p. 38 notice *André.*

taire, par lettres patentes du 6 juillet 1819. Né à Vesoul (Haute-Saône), le 19 sep-
tembre 1760, † à Vesoul le 16 janvier 1828, il se maria deux fois : 1° à Adrienne-
Gasparine Baugey, †..., dont une fille ; 2° à Vesoul, le 14 mars 1796, à Gabrielle-
Françoise-Marguerite Demongenet, fille de Joseph-François, et de Marguerite-
Bernardine Dagnet, et sœur du baron de l'Empire, dont deux autres enfants :

[*du 1er lit*] : 1° Françoise-Louise, née à Vesoul le 1er juin 1784, † même ville en 1852 ; sans
alliance ;
[*du 2e lit*] : 2° Charles-François-Bruno-Marie, qui suivra ;
3° Caroline-Ferdinande, née à Vesoul le 23 janvier 1797 ; marié à Vesoul, le 16 décembre 1830,
à Marie-Alexandre-Paul Demont de Lavalette, garde du corps, colonel de cavalerie, dont
postérité.

III. Charles-François-Bruno-Marie FALLOT, chevalier Fallot, avocat, puis
maître de forges, né à Vesoul le 28 mars 1801, † à Vesoul le 3 mars 1864, marié à
Vesoul, le 28 octobre 1862, à N..., sans postérité.

FALLOUX (DE)

= Titre de comte héréditaire, sur promesse d'institution de majorat, en faveur
de Guillaume-Frédéric DE FALLOUX, par ordonnance du 2 mai 1830 [majorat
réalisé par lettres patentes du 30 octobre 1830, avec règlement d'armoiries : *d'or, au
chevron de sable, accompagné de trois trèfles du même*].

***
** **

La famille Falloux est originaire du Bas-Anjou et citée, dès le commencement
du XVIe siècle, à Montreuil-Bellay et à Thouars, où ses membres occupaient des
charges de judicature ou dans la recette des tailles et ont donné un maire d'Angers en
1711. Ils ont possédé les terres ou seigneuries du Coudray, du Lys, de Châteaufort, etc., et leur filiation s'établit depuis Louis Falloux, dont le fils, Antoine, élu en
l'élection de Montreuil-Bellay, épousa le 2 mai 1604 Jeanne Garnier ; leur postérité s'est divisée en quatre branches, dites du Coudray, qui suivra, du Lys et de
Châteaufort, qui sera rapportée ci-après, etc.

Celle du Coudray était représentée au cinquième degré par :

V. François FALLOUX, seigneur du Coudray, conseiller en l'élection d'Angers,
marié le 23 mars 1722 à Marie-Madeleine Chevaye, dont un fils, qui suit.

VI. Guillaume-Claude FALLOUX, seigneur du Coudray, conseiller au présidial
d'Angers, puis en la chambre des comptes de Bretagne ; marié : 1° le 30 juin 1769,
à Geneviève-Marie Destriché, † au château de Montreuil-Bellay en 1794, fille de
Pierre, seigneur de Baracé, dont deux enfants, qui suivent ; 2° le 11 mars 1800,
à Marie Desmars, † sans postérité :

[*du 1er lit*] : 1° Guillaume-Frédéric, qui suit :
2° Marie-Céleste, baptisée à Saint-Aignan le 9 mars 1772.

VII. Guillaume-Frédéric FALLOUX DU COUDRAY, comte de Falloux, émigré, puis
capitaine d'infanterie (1805), maire du Bourg-d'Iré (1808-26), chevalier de Saint-
Louis, fut créé comte héréditaire, par ordonnance du 2 mai 1830, sur promesse
d'institution d'un majorat qui fut régularisé par lettres patentes du 30 octobre 1830

suivant. Né à Saint-Aignan le 17 mai 1774, † à Angers le 8 février 1850, il épousa en 1806 Loyde-Philiberte-Renée de Fitte de Soucy, † le 8 décembre 1850, fille de François, marquis de Soucy, et de la marquise, née de Mackau, sous-gouvernante des enfants de France, dont il eut deux enfants :

1° Alfred-Pierre-Frédéric, qui suivra;

2° Alfred-Frédéric-Pierre, prélat de la maison du Saint-Père, cardinal du titre de Sainte-Agathe, puis de San Angelo in Peschiera (12 mars 1877), né à Angers le 15 août 1807, † à Tivoli près Rome le 21 juin 1884.

VIII. Alfred-Pierre-Frédéric DE FALLOUX DU COUDRAY, comte de Falloux, maire du Bourg-d'Iré, conseiller général de Maine-et-Loire, député de Maine-et-Loire (1846) et à l'Assemblée constituante, ministre de l'instruction publique (1850), membre de l'Académie française. Né à Angers le 7 mai 1811, † au Bourg-d'Iré le 6 janvier 1886, il épousa, en 1841, Marie de Caradeuc de la Chalotais, fille unique du marquis de la Chalotais et de la marquise, née de Martel, dont une fille unique :

Loyde-Marie-Sophie de Falloux, née en mai 1842, † au Bourg-d'Iré le 9 juin 1881 ; sans alliance.

FALLOUX (DE)

= Titre personnel de baron en faveur de René-Louis DE FALLOUX, capitaine de cavalerie, par lettres patentes du 30 août 1825, avec règlement d'armoiries : *d'argent, au chevron de gueules, surmonté de trois étoiles de sable, rangées en chef, et accompagné, en pointe, d'une rose de gueules.*

***

La branche des seigneurs de Châteaufort, (voir ci-dessus p. 25), était représenté au cinquième degré par René-Paul, qui suit, neveu de Michel, maire d'Angers (1er mai 1711) et chef de la branche des seigneurs du Lys.

V. René-Paul FALLOUX, écuyer, seigneur de Changé, conseiller du roi, auditeur de la chambre des comptes de Bretagne, épousa le 12 août 1739, Marie-Anne Caillard, dont deux fils :

1° Paul-Antoine-Édouard, sgr. de la Pontonnière, conseiller du roi, auditeur en la chambre des comptes de Bretagne (1772), maire de Charcé (1799-1809), marié : 1° à Marie-Anne-Françoise Le Moine de la Guichardière; 2° le 7 avril 1778 à Angélique-Sophie Poictevin et père d'un fils et d'une fille, morts sans alliance.

2° René-Louis, qui suit.

VI. René-Louis DE FALLOUX, écuyer, seigneur de Chateaufort, avocat en parlement, conseiller auditeur en la Chambre des comptes de Bretagne (1775), épousa, le 26 avril 1774 Louise-Marguerite de la Crenne de Pichard, dont :

1° Louis-René, qui suivra;

2° Louise-Renée, née en 1777, † au château des Belles-Ruries le 29 mai 1851, mariée à Adrien-Marie-Antoine de Lonlay.

VII. Louis-René DE FALLOUX, baron de Falloux, capitaine commandant de carabiniers (1818), chevalier de Saint-Louis, ✠, fut créé baron, à titre personnel, par lettres patentes du 30 août 1825. Né à Tours le 20 janvier 1782, † à Châteaufort le 26 décembre 1866, il épousa, le 31 décembre 1845, Marguerite-Charlotte-Émilie du Rousseau de Fayolle, fille de Pierre-Théodore, marquis de Fayolle, et d'Honorine-Maixente Janvre de Bernay, dont il n'eut pas d'enfants.

FARCONNET

= Lettres de noblesse en faveur de Laurent-Rodolphe FARCONNET, chef de bataillon, par lettres patentes du 10 mai 1819, avec règlement d'armoiries : *d'argent, au faucon au naturel poursuivant une colombe du même, l'un et l'autre essorant en bande ; au chef d'azur chargé de trois besants d'or.*

= Maintenue de noblesse en faveur du même, sur rappel par nouvelles lettres patentes du 16 août 1821.

* *
*

La famille Farconnet, originaire de Saint-Laurent-du-Pont et des Échelles, établit sa filiation suivie[1] depuis:

I. Jean-Baptiste FARCONNET, commissaire principal des guerres (29 janvier 1749), marié à Marie-Magdeleine Coste, dont:

1° Jean-Pierre, commissaire ordonnateur de l'armée des Pyrénées-Orientales, † à Perpignan le 11 février 1803 ;

2° Maximin, officier de l'armée de Condé, massacré à Dunkerque en 1793 ;

3° Florentin, capitaine du génie, né en 1761, † à Arras le 6 décembre 1793 ;

4° Laurent-Rodolphe, qui suivra ;

5° Casimir, lieutenant d'artillerie, en France, puis en Prusse ;

6°-7° Adrien et Ferdinand, chanoines honoraires de Viviers ;

8° Marie-Camille, mariée, le 16 septembre 1799, à François-Antoine de Rossi, lieutenant général, chevalier de Saint-Louis ;

9° Célie, mariée à Michel Botu de Verchères, procureur du roi ;

10° Adélaïde, mariée à Nicolas-Antoine de Mornas, officier d'infanterie, chevalier de Saint-Louis.

II. Laurent-Rodolphe FARCONNET, puis de Farconnet, lieutenant au premier régiment des Cévennes (24 septembre 1784), officier de l'armée de Condé, chef de bataillon (5 juin 1816), chevalier de Saint-Louis, fut anobli par lettres patentes du 10 mai 1819, puis obtint une maintenue et reconnaissance de noblesse par nouvelles lettres patentes du 16 août 1822. Né à Tournon (Ardèche) le 10 août 1762, † le 22 février 1845, il épousa, le 12 avril 1803, Jeanne-Marie-Louise de Nolhac, dont deux fils :

1° Marie-Amédée, magistrat, démissionnaire en 1830, † le 17 octobre 1847, marié, le 9 juin 1840, à Clarisse-Léonie de Biliotti, dont deux enfants, qui suivent :

    a) Louis-Pacôme, religieux chartreux ;

    b) Jeanne, sœur de Saint-Vincent-de-Paul ;

2° Louis-Marie-Fernand, qui suit.

III. Louis-Marie-Fernand DE FARCONNET, † à Tournon, épousa, le 14 mai 1857, Louise-Andrée de Charières, † à Tournon le 16 février 1898, dont trois enfants :

1° Henri, qui suivra ;

1. Cf. L. de la Roque, *Armorial du Languedoc*, t. II.

2° Marie-Rodolphe ;

3° Magdeleine, mariée à Louis de la Chaise.

IV. Henri de Farçonnet, marié à Mlle Rondel, et père de : Guy.

FARINCOURT — *v.* Veron de Farincourt

FARINE

= Titre de baron héréditaire confirmé en faveur de Pierre-Joseph Farine, baron de l'Empire, maréchal de camp, par lettres patentes du 17 août 1816, avec règlement d'armoiries : *coupé : au I parti : d'azur, au casque antique d'or, taré de profil, et de gueules, au badelaire, en bande, d'argent ; au II d'or, au sabre de dragon de gueules, posé en pal, flanqué de deux dragons affrontés de sinople, soutenus chacun d'une molette de gueules.*

= Titre de vicomte héréditaire par lettres patentes du 22 novembre 1821, en faveur du même, avec même règlement d'armoiries que ci-dessous.

****

I. Jacques-Ignace Farine, sieur du Creux, épousa Marie-Agnès Parens, dont un fils, qui suit.

II. Pierre-Joseph Farine, chevalier, puis baron Farine et de l'Empire (lettres patentes des 28 janvier 1809 et 12 février 1812), et enfin vicomte Farine, donataire de l'Empire[1], sous-lieutenant de cavalerie (1791), major de dragons (1809), colonel (1809), général de brigade (26 juin 1813), C. ✻, chevalier de Saint-Louis, fut confirmé dans le titre de baron héréditaire par lettres patentes du 17 août 1816, puis créé vicomte héréditaire par nouvelles lettres patentes du 22 novembre 1821. Né à Damprichard (Doubs) le 2 octobre 1772, † à Santeny (Seine-et-Oise) le 11 octobre 1883, il épousa, le 19 janvier 1799, Constance-Jeanne-Angélique-Adélaïde Sougé, dont quatre enfants :

1° Louis-Édouard, qui suivra ;

2° Victor-Amédée-Timoléon, capitaine d'infanterie (29 mars 1845), ✻ ; né le 7 janvier 1817 ;

3° Claude-Françoise-Angélique-Louise, née à Pontivy le 20 août 1800, marié, en novembre 1821, à Auguste-Jean Delmotte, colonel ;

4° Constance-Stéphanie, née le 20 juillet 1809, † le 25 juillet 1870 ; mariée deux fois : 1° à M. Brack ; 2° à Frédéric-Georges Cuvier, conseiller d'État.

III. Louis-Édouard Farine, vicomte Farine, né à Paris le 14 octobre 1812 †…

FARRADESCHE DE GROMONT

= Lettres de noblesse en faveur d'Antoine Farradesche de Gromont, conseiller à la Cour royale de Riom, par lettres patentes du 17 février 1816, avec règlement d'armoiries : *d'azur, à la fasce d'or, accompagnée en chef d'un croissant d'argent et, en pointe, d'un pot de fleurs du même.*

****

1. Cf. *Armorial du Ier Empire*, t. II, p. 147-48.

I. Gabriel FARRADESCHE, sieur de Gromont, bourgeois de Riom, épousa Marie Treilhard, dont:

1° Antoine, qui suivra;
2° Pierre, sieur de la Vuyssière.

II. Antoine FARRADESCHE DE GROMONT, conseiller à la cour d'appel de Riom, né à Allanches (Cantal), le 16 novembre 1747, †...; fut anobli par lettres patentes du 17 février 1816; il épousa à Riom, le 16 janvier 1769, Amable-Magdeleine-Perette Soubrany de Bénistant, fille d'Amable, et de Marie-Antoinette Faradesche de Lingeyrade, dont au moins deux fils :

1° Amable, né en 1776;
2° Guillaume-Pierre, qui suit.

III. Guillaume-Pierre FARRADESCHE DE GROMONT, né à Riom le 13 avril 1782, †...; épousa à Riom, Amable Bertin.

[LE] FAUCHEUX [DES AULNOIS]

= Titre de baron héréditaire en faveur de Jean-Baptiste-Antoine FAUCHEUX, ancien préfet et député, par lettres patentes du 22 juin 1816, avec règlement d'armoiries : *d'argent, à deux chevrons d'azur, accompagnés de trois merlettes de sable, 2, 1.*

* * *

I. Jean-Pierre FAUCHEUX, épousa Jeanne-Marie Collinet, dont un fils, qui suit:

II. Jean-Baptiste-Antoine FAUCHEUX, baron Faucheux, puis Le Faucheux des Aulnois, sous-lieutenant au régiment de Bouillon (1789), administrateur des poudres et salpêtres à Vesoul (1791), préfet des Vosges (1801-3), député des Vosges (1803-15), ✳; fut autorisé par ordonnance du 4 mai 1815, avec rectification par nouvelle ordonnance du 5 juin 1816, à faire précéder son nom de « Le » et à y ajouter « des Aulnois », pour s'appeler « Le Faucheux des Aulnois »; puis il fut créé baron héréditaire par lettres patentes du 22 juin 1816. Né à Verdun (Meuse), le 12 juillet 1752, † à Pontamousson le 23 mai 1834, il épousa Marie-Clotilde-Adélaïde Le Massif-Doynel, remariée à Joseph-Michel Dutens, ingénieur en chef des ponts et chaussées, dont une fille unique :

Marie-Claire Le Faucheux des Aulnois, née à Paris le 20 mai 1789, † à Paris vers le 7 janvier 1863; mariée à Louviers, le 18 juin 1810, à André-Benjamin Frigard, créé baron sur transmission du titre de son beau-père (v. ci-après FRIGARD).

FAUCIGNY-LUCINGE (DE)

= Autorisation de port du titre étranger de prince de Lucinge par ordonnance du 27 janvier 1828, en faveur de Ferdinand-Victoire-Amédée, comte DE FAUCIGNY, LUCINGE ET COLIGNY, lieutenant-colonel.

* * *

La maison des seigneurs de Lucinge et d'Arenthon, en Faucigny, est assurément un ramage des sires de Faucigny.

Rodolphe, dit de Grezier, seigneur de Lucinge et d'Arenthon, sénéchal du

Faucigny, qui fit une donation en janvier 1221 au monastère du Reposoir[1], est déclaré par Aymon II, sire de Faucigny, comme fils de Rodolphe de Faucigny, dit l'Allemand, ou le Teutonique, qui était frère d'Aymon Ier.

Sa descendance[2] a formé plusieurs branches principales :

1° L'aînée, celle des seigneurs de Lucinge, éteinte au XVe siècle ;

2° Celle des seigneurs d'Arenthon, et son rameau des marquis de Lucinge, éteinte au XIXe siècle ;

3° Celle des seigneurs d'Arcine et des Alymes, qui n'est plus représentée que par un seul rameau qui suit.

Ce dernier rameau avait pour représentant au vingtième degré :

XX. Joseph-Pomponne DE LUCINGE, chevalier, comte de Lucinge, vicomte de Montberthod, baron de Saint-Christophe, etc., premier syndic de la noblesse de Bresse(1714-39), qui se maria deux fois : 1° le 27 novembre 1697, à Claudine Trocu de la Crose, † sans postérité; 2° le 22 juillet 1717, à Madeleine de Boesse, fille du baron de Saint-Nectaire, dont un fils unique, qui suit.

XXI. Jean-Louis-Christophe DE LUCINGE, comte de Lucinge, seigneur de la Motte, né le 4 août 1731, † à Coligny en 1781; épousa à Montbéliard, le 4 avril 1752, Éléonore-Charlotte de Saudersleben, fille de Charles-Léopold, comte de Sandersleben, et de Léopoldine-Éberhardine de Wurtemberg-Montbéliard, et héritière[3] pour moitié des biens allodiaux de la maison de Coligny-Chastillon; il en eut deux enfants, qui reprirent le nom de « Faucigny » :

1° Louis-Charles-Amédée, qui suit;

2° Louise-Charlotte, mariée à Louis-Gaspard, vicomte de Seyturier, comte de Béost.

XXII. Louis-Charles-Amédée DE LUCINGE, dit le comte de Faucigny-Lucinge, comte et marquis de Coligny, seigneur de la Motte, Cuysat, etc., major au régiment de Roussillon, député suppléant de la noblesse de Bourg aux États généraux (1789), reprit le nom de Faucigny. Né au château de la Motte-en-Bresse (Ain), le 25 août 1755, † à Londres le 26 décembre 1801, il épousa le 21 février 1781 Judith-Pauline-Zoé de Bernard de Sassenay, † en 1829, fille de François, vicomte de Sassenay, et d'Henriette Feydeau de Brou, dont trois enfants :

1° Ferdinand-Victoire-Amédée, qui suivra ;

2° Gaspard-Reine-François, comte de Faucigny-Lucinge, né le 8 janvier 1792, † à Ambilly (Haute-Savoie). le 31 octobre 1860 ; marié, en 1830, à Louise de Durfort-Léobard, † à Commennaille le 4 novembre 1861, sans postérité;

3° Étienne-Zoé, † en 1823, mariée à Gaspard de Bernard, vicomte de Sassenay.

XXIII. Ferdinand-Victoire-Amédée DE LUCINGE, dit le comte de Faucigny-Lucinge et Coligny, puis le prince de Lucinge, lieutenant-colonel de cavalerie, aide de camp du duc de Berry, chevalier de Malte et de Saint-Louis, O. ✳, né le

1. Cette charte de donation se trouve aux Archives royales de Turin.

2. Cf. cte de Foras, *Armorial de Savoie*, in-f°, t. II, et l'*Annuaire de la Noblesse*, année 1894, pp. 373 et suivantes.

3. Cet héritage des biens de la maison de Coligny résultait des lettres patentes données à Paris le 5 février 1718, enregistrées en 1719 à Besançon, à Strasbourg et à Dijon, en faveur des enfants à naître du mariage de M. de Sandersleben et de Mlle de Wurtemberg-Montbéliard.

8 septembre 1789, † à Paris le 18 mars 1866, fut autorisé par ordonnance royale du 27 janvier 1828 à porter le titre étranger[1] de prince de Lucinge et obtint par brevet du 13 mars 1829 le titre de cousin du roi avec les honneurs et les entrées du Louvre. Il épousa à Paris, le 27 septembre 1828, Charlotte-Marie-Augustine, comtesse d'Yssoudun, † à la Vigne-Faucigny, près Turin le 13 juillet 1886, fille d'Amy Brown et du duc de Berry (*voir* Bourbon-Yssoudun, t. I, p. 304), dont il a eu cinq enfants :

1° Charles-Marie, qui suivra ;

2° Louis-Charles-Marie-Rodolphe, capitaine au régiment de Savoie-Carignan-cavalerie, né le 28 février 1828 ; marié, le 18 mars 1860, à Amanda-Henriette-Marie de Mailly-Nesle, dont un fils, qui suit :

Aymon-Jean-Baptiste-Marie, né le 30 mai 1862 ;

3° Henri-Louis, officier au régiment de Savoie-cavalerie, né le 26 novembre 1831 ; † au château de Saint-Maure (Aube) le 19 avril 1899, marié, le 8 janvier 1859, à Noémi-Gabrielle-Antoinette Charlotte Guillaume de Chavaudon, dont une fille unique, qui suit :

Agnès-Marie-Charlotte, née 1859 ;

4° René-Marie-Charles, officier de la marine italienne, ✳, né le 4 novembre 1841 ;

5° Marguerite-Louise, née le 11 avril 1833 ; mariée, le 8 juin 1853, à Louis, marquis Pallavicini-Mossi, sénateur du royaume d'Italie.

XXIV. **Charles-Marie** DE FAUCIGNY-LUCINGE, prince de Lucinge, député des Côtes-du-Nord (1876-77-78), né à Paris le 16 août 1824 ; a épousé, le 1er août 1859, Françoise-Marie-Raphaëlle de Sesmaisons, † au château de Coat-an-Nos (Côtes-du-Nord), le 1er juin 1901, fille de Louis-Charles-Robert, comte de Sesmaisons, et de la comtesse, née de Kergorlay, dont huit enfants :

1° Henri-Rogatien-Marie-Rodolphe, né le 30 août 1860, † jeune ;

2° Robert-Marie-Charles-Pons-Florian, né en décembre 1861, † le 24 avril 1862 ;

3° Aymerard-Gaspard-Marie-Robert, né en mars 1863, † à Paris le 19 novembre 1864 ;

4° Rodolphe-Marie-Rogatien-Charles-François, dit le prince de Cystria, chevalier de Saint-

1. C'est sans doute pour appuyer ce titre étranger de prince, qui ne put être confirmé par des lettres patentes, que fut inventée l'histoire d'une branche italienne, ayant hérité par mariage de la fantastique principauté de Cystria et de titres non moins extraordinaires, despotes de Cor-cus, etc., dont il est impossible de découvrir la situation historique et géographique.

Cette histoire paraît avoir été préparée à l'aide d'une notice sur la maison de Faucigny-Lucinge (cf. Bibl. nat., cote Lm., $\frac{3}{359-359\,x}$), publiée à Paris, impr. de Cosson, rue Saint-Germain-l'Auxerrois, et qui eut deux éditions, l'une sans la mention de la branche italienne, l'autre avec cette pompeuse addition. Elle fut depuis reprise et amplifiée, mais également sans documents historiques à l'appui dans une histoire de la maison d'Ornano (Borel d'Hauterive, *Revue historique de la Noblesse*, 1843).

On y lit, pp. 82 et 83 de la seconde :

« Le chef de la maison de Faucigny, Don Gaëtan-Marie, prince de Lucinge et de Cystria, » marquis et comte de Ronegliona et San Marco, baron de Vedullia, prince du Saint-Empire et » duc romain, grand d'Espagne de 1re classe, etc., étant décédé sans postérité à Cherasque, en » Ombrie, le 17 avril 1779, son héritage revint à la branche française, etc. »

Et plus loin, p. 86 :

« La branche établie dans les États de l'Église et en Toscane au XVIIe siècle, par l'alliance » de Charles, prince de Lucinge et Cystria, fils de Jean VI du nom, et de Catherine d'Ornano, » avec Constance d'Aquino, des ducs d'Agrigente, grande d'Espagne, etc... »

L'*Annuaire de la Noblesse*, année 1894, p. 264, a aussi mentionné le point possible de jonction de cette branche italienne (p. 391), sans pouvoir arriver à établir son existence, et les documents qui lui avaient été promis alors pour l'affirmer, ne lui avaient pas encore été fournis en 1902.

Jean-de-Jérusalem, né le 23 mai 1864; marié, le 24 avril 1888, à Marie-Léonie Mortier de Trévise, sans postérité;

5° Ferdinand-Gaspard-Marie-François, né le 25 mars 1868; marié deux fois : 1° le 11 juillet 1891, à Élisa-Marie-Raphaela Cahen d'Anvers, † à Paris le 5 décembre 1899, dont un fils qui suit; 2° à Paris, le 5 juillet 1901, à Marie-Juliette-Élisabeth-Amélie Ephrussi : [du 1er lit] : 1° Raphaël, né le 3 décembre 1898;

6° Gérard-Marie-René-Joseph, sous-lieutenant de réserve de cavalerie, né le 18 décembre 1870; marié, le 27 juin 1897, à Elvire-Marie-Hélène de Montesquiou-Fézensac, dont deux fils, qui suivent :

    a) Rodolphe-Marie-Charles-Gérard, né le 18 juillet 1898;

    b) Humbert-Jean-Marie-Georges, né le 31 mai 1899;

7° Rogatien-Marie-Charles-Joseph, lieutenant d'infanterie, né le 20 avril 1871; marié à Paris, le 28 avril 1898, à Marguerite de Chastenet de Puységur, dont un fils, qui suit :

    Henry-Aymon-Marie-Rodolphe, né à Paris le 29 décembre 1901;

8° Guy-Charles-Marie-François, né le 10 décembre 1875.

La maison de Lucinge porte pour armes : *parti : au I palé d'or et de gueules, qui est de Faucigny ; au II bandé de gueules et d'argent, qui est de Lucinge.*

FAULCON

= Titre de chevalier héréditaire confirmé en faveur de Félix Faulcon, membre du collège électoral de la Vienne, par lettres patentes du 25 mai 1816, avec règlement d'armoiries : *d'argent, au faucon longé et perché de sable, becqué et membré de gueules, allumé du champ et soutenu de deux palmes de sinople, posées en sautoir.*

La famille Faulcon est une famille de libraires et d'imprimeurs de Poitiers, qui y est connue dès la fin du XVI° siècle et qui a possédé les terres de la Fenestre et de la Parisière.

II. Jean-Félix Faulcon, seigneur de la Fenestre, avocat en parlement, imprimeur du roi (20 juin 1777) et juge-consul de Poitiers, né le 21 novembre 1713, † le 8 octobre 1782, fils de Jacques, libraire et imprimeur du roi, et de Marie-Alix Fleuriau ; épousa à Civray, le 3 avril 1742, Jeanne Barbier, dont il eut neuf enfants, cinq morts en bas âge ou sans alliance et quatre qui suivent :

1° Marie-Félix, qui suivra ;

2° Jeanne-Marie, née le 1er juillet 1744, † le 28 décembre 1830; marié, le 10 février 1768, à Charles-Hilaire Prieur-Chauveau, inspecteur des forêts;

3° Marie-Geneviève, religieuse, née le 16 avril 1748, † le 6 janvier 1819 ;

4° Radegonde-Marguerite, née le 30 septembre 1749, † le 3 octobre 1828; mariée, le 9 mars 1778, à François Barbier, sénéchal de Couhé.

III. Marie-Félix Faulcon, chevalier de la Parisière et de l'Empire[1] (lettres patentes du 21 décembre 1808), avocat en parlement, conseiller au présidial de Poitiers (10 décembre 1782), député suppléant du tiers de la sénéchaussée du Poitou aux États généraux (1789), de la Vienne à l'Assemblée constituante, au Conseil des Cinq-Cents et au Corps législatif, vice-président de cette assemblée (1803 à 1812), O. ✳ fut confirmé dans le titre de chevalier héréditaire par lettres

---

1. Cf. *Armorial du Ier Empire*, t. II, p. 150.

patentes du 25 mai 1816. Né à Poitiers le 14 août 1758, † même ville le 31 janvier 1843, il avait épousé, également à Poitiers le 13 avril 1783, Marie-Françoise Coullaud, dont il n'eut pas d'enfants.

FAULTRIER

☰ Titre de baron héréditaire confirmé en faveur de Simon FAULTRIER, baron de l'Empire, maréchal de camp en retraite, par lettres patentes du 4 mai 1816, avec règlement d'armoiries : *d'argent, au lion de gueules, chargé d'une fasce de sable, surchargée d'une étoile du champ, posée à sénestre ; à la bordure componée de gueules et d'or.*

* *

Cette famille Faultrier serait originaire du Nivernais et fixée en Lorraine ; mais nous n'avons pu retrouver la trace de cette origine, ni même l'inscription de ses armes à l'Armorial général de 1696, et nous donnons seulement[1] la filiation connue d'une façon certaine par les actes d'état civil.

I. Joachim-Michel-Eusèbe DE FAULTRIER, écuyer (baron de Colvol ?), se maria deux fois : : 1º à Madeleine de la Porte, dont trois enfants qui suivent ; 2º à Marie-Catherine Deschamps, sans postérité.

[*du 1er lit*] : 1º Jean-Claude-Joachim, qui suit ;

2º Benjamin-Simon-François, parrain d'un neveu en 1770 ;

3º Jeanne-Marthe-Madeleine, mariée à Jacques-Antoine de Ridouet de Sancé, directeur de l'artillerie à Verdun.

II. Jean-Claude-Joachim DE FAULTRIER, écuyer, commissaire ordinaire de l'artillerie, maréchal de camp (9 mars 1788), épousa à Metz, le 22 mars 1753, Marie Fort, fille de Simon, lieutenant de la maréchaussée, et de Catherine Willotte, dont treize enfants :

1º Joachim-Jacques-Philippe, retraité chef de bataillon d'artillerie, puis conseiller de préfecture de la Moselle (1812-23), ✳ ; né à Metz le 1er mai 1755, † le 9 juillet 1839 ; marié à Lydie de Curel, fille d'un colonel, dont il eut cinq enfants qui suivent :

  a) Émile, intendant militaire, C. ✳ ; né à Metz le 7 juillet 1804, † à Troyes le 2 janvier 1890 ; marié en février 1832 à Adélaïde Noël de Buchères, † en 1878 ; dont deux fils et une fille, qui ont postérité ;

  b) Alfred, avocat général à la cour d'appel de Metz, député de la Moselle en 1849, avocat à la cour de Metz, ✳ ; né à Metz le 8 octobre 1808, † au château de Xonville le 29 avril 1882 ; marié, le 9 mai 1837, à Jeanne-Louise Pierre d'Hayondange, † le 17 décembre 1877, dont deux fils et deux filles, qui ont postérité ;

  c) Alphonse-Louis, chef de bataillon du génie, O. ✳ ; né le 29 janvier 1810, † à Arbois le 17 janvier 1882 ; marié, le 21 octobre 1838, à Victoire-Aimée Jadelot, † au château de Vaux (Lorraine), le 7 novembre 1900, dont deux filles ;

  d) Pierre-Charles, chef d'escadron d'artillerie en retraite, ✳ ; né à Metz le 7 septembre 1814, † à Nancy le 17 décembre 1879 ; marié en juillet 1847 à Marie-Armande Du Vidal de Montferrier, dont six enfants, quatre morts jeunes ;

  e) Marie-Sophie, née en 1799, mariée en 1827 à Léopold-Georges des Aulnois ;

2º François-Claude-Joachim, lieutenant général d'artillerie, directeur général des parcs de la Grande-Armée ; né à Metz le 15 août 1760, † à Nordlingen en 1805, sans postérité ;

3º Simon, qui suivra ;

1. Cf. l'*Annuaire de la Noblesse de France*, année 1902.

4° Alexandre, baptisé à Metz le 26 septembre 1764 ;

5° Casimir, baptisé même ville le 5 décembre 1765 ;

6° Benjamin-François-Simon, baptisé à Metz le 12 juin 1770 ;

7° Louise-Charlotte, baptisée le 31 décembre 1753 ; mariée à Gabriel-Éléonor Pottier du Fresnoy ;

8° Madeleine-Jeanne-Barbe, baptisée le 5 juin 1756 ; mariée à Charles-Guillaume de Cabanes ;

9° à 13° Cinq autres filles, mortes jeunes.

III. Simon DE FAULTRIER[1], baron de Faultrier et de l'Empire (lettres patentes du 2 mai 1811), lieutenant d'artillerie (1781), colonel en 1794, général de brigade (1802), O. ✠, retraité en 1812 ; il fut confirmé dans le titre de baron héréditaire, par lettres patentes du mai 1816. Né à Metz le 22 août 1763, † en la même ville le 4 novembre 1832, il épousa en décembre 1824, Marguerite-Charlotte de Bony de Lavergne, † à Metz le 17 décembre 1863, dont il eut une fille, morte en bas âge.

FAURE

= Lettres de noblesse en faveur de Pierre-Joseph-Denis-Guillaume FAURE, ancien avocat au parlement de Rouen, maire-échevin et lieutenant général de police du Havre, ancien député, par lettres patentes du 9 décembre 1814, avec règlement d'armoiries : *de sable, à la salamandre d'argent, posée sur des flammes de gueules, la tête contournée ; à la champagne de gueules.*

* *

II. Pierre FAURE, imprimeur au Havre, né aux Sept-Saints à Brest, vers 1694, † au Havre en 1751, fils de Jean, et de Madeleine Lelièvre, épousa au Havre, en 1724, Marie-Louise-Josèphe Gruchet, dont :

1° Pierre-François-Amour, né au Havre en 1725 ;

2° Pierre-Joseph-Denis-Guillaume, qui suivra ;

3° Louis-François-Bonaventure, né au Havre en 1727.

III. Pierre-Joseph-Denis-Guillaume FAURE, avocat au parlement de Rouen, maire-échevin et lieutenant général de police du Havre, député de la Seine-Inférieure, à la Convention, en 1792 ; fut anobli par lettres patentes du 9 décembre 1814. Né au Havre le 17 août 1726 † même ville le 7 octobre 1818, il épousa au Havre, en 1753, Charlotte-Françoise Plaimpel des Marnières, † au Havre en 1818, dont six enfants :

1° Pierre-Charles, né au Havre en 1754 ;

2° Louis-Joseph, qui suivra ;

3° Guillaume-Stanislas, négociant et imprimeur, sous-préfet du Havre, député de la Seine-Inférieure (1814), né au Havre le 1er mars 1765, † même ville le 30 mars 1826, marié au Havre à Monique-Julie Boucherot ;

4° Victoire, née au Havre en 1758 ;

5° Marie-Victoire-Félicité, née au Havre en 1761 ;

6° Adélaïde-Sophie, née au Havre en 1755, mariée, au Havre en 1777, à Jean-Charles-Marie Costé (Cf. t. II, p. 212, notice *Costé*).

IV. Louis-Joseph FAURE, chevalier Faure et de l'Empire[1] (lettres patentes de mai 1808), donataire de l'Empire ; avocat, conseiller d'État (1807), député de la Seine-Inférieur au Conseil des Cinq-Cents et au Tribunat et de 1824 à 1827, C. ✠, né au Havre le 5 mars 1760, † à Paris le 13 juin 1837, épousa Marie-Françoise-Perpétue Danjan, dont au moins un fils, qui suit.

1. Cf. *Armorial du Ier Empire*, t. II, p. 151.

IV. Louis-François-Joseph Faure, né le 15 août 1793.

FAURE.

= Titre de baron héréditaire en faveur de Julien-Élie Faure, par lettres patentes du 12 février 1820, avec règlement d'armoiries : *de gueules, à une roue à huit rais d'or, accompagnée de trois roses du même, 2, 1.*

* *

Julien-Élie Faure, baron Faure, lieutenant au régiment de la Martinique (1er septembre 1774), capitaine (2 octobre 1784), chef de bataillon (20 juin 1804), lieutenant-colonel honoraire (15 octobre 1817) et commandant de la place de Saint-Pierre (Martinique) (1817-30), chevalier de Saint-Louis, O. ✠ ; né à la Martinique le 22 mars 1757, †..., fut créé baron héréditaire par lettres patentes du 12 février 1820.

FAURE DE GIÈRE

= Titre de baron héréditaire et transmission de majorat par ordonnance du 26 mai 1820, en faveur d'Eugène-Napoléon Faure de Gière, fils du baron de l'Empire.

* *

I. Jean-Antoine Faure de Gière, chef de brigade d'artillerie, maréchal de camp (9 mars 1788), chevalier de Saint-Louis, O. ✠, épousa Claire-Angélique-Constance de Surmont de Filgart, dont :

1° François-Antoine ;
2° Chrétien-François-Antoine, qui suivra ;
3° Pierre-Antoine-Henri, qui sera rapportée ci-après ;
4° Henriette-Claire-Constance, mariée vers 1800 à Antoine-Jean Martin de Boulancy-Bussy, officier aux chasseurs du Dauphiné.

II. Chrétien-François-Antoine Faure, chevalier, puis baron Faure de Gière et de l'Empire (lettres patentes de mai 1808 et du 13 août 1810), donataire de l'Empire[1], lieutenant d'artillerie (1er septembre 1785), capitaine (6 février 1792), chef de bataillon (24 juillet 1798), chef de brigade (30 avril 1800), général de brigade (23 juin 1811), O. ✠, né à Lille le 20 janvier 1769, † à Berlin le 2 février 1813; épousa à Moulins, en avril 1808, Marguerite-Sophie-Élisabeth-Françoise de Gueriot, † le 19 mai 1861 (remariée en secondes noces, le 4 décembre 1820, à Jean-Baptiste-Louis-Philippe Gombaud de Séréville), dont un fils, qui suit.

III. Eugène-Napoléon Faure, baron Faure de Gière, né à Moulins, le 10 juin 1811, fut confirmé dans le titre de baron par ordonnance du 26 mai 1820.

FAURE DE LILATE

= Titre de chevalier héréditaire confirmé en faveur de Pierre-Antoine-Henri Faure de Lilate, major en retraite, par lettres patentes du 9 novembre 1819, avec

---

1. Cf. *Armorial du Ier Empire*, t. II, p. 152, pour les armes et dotations de l'Empire.

règlement d'armoiries : *de sable, chapé d'argent, au chevron d'or brochant, chargé d'une étoile de gueules, et accompagné en chef à dextre d'une fasce contrebretessée d'argent, à senestre d'un pélican avec sa piété d'or et, en pointe, d'un cheval cabré et contourné d'argent.*

= Titre de baron héréditaire, sur institution de majorat (terres, arrondissement de Béthune, et rentes), en faveur du même, par nouvelles lettres patentes du 27 décembre 1828, avec nouveau règlement d'armoiries : *d'azur, à la fasce contrebretessée d'argent, accompagnée en chef d'un pélican, avec sa Piété d'or, et en pointe, d'un cheval cabré et contourné d'argent.*

II. *bis.* Pierre-Antoine-Henri Faure, chevalier Faure de Lilate et de l'Empire¹ (lettres patentes du 9 mai 1811), puis baron Fauré de Lilate, officier d'artillerie, retraité lieutenant-colonel, chevalier de Saint-Louis, ✳, fut confirmé dans le titre de chevalier héréditaire par lettres patentes du 9 novembre 1819, puis créé baron héréditaire, sur institution de majorat, par autres lettres patentes du 27 décembre 1828. Né à Gière (Isère) le 11 juillet 1772, †..., frère du baron qui précède, il épousa Marie-Dominique-Ursule [de] Fouler, † au château de Bennes le 28 octobre 1846, dont deux fils :

1° Alfred, baron Faure de Lilate, capitaine d'artillerie, marié à Marie-Camille de Ponsort, sans postérité;

2° Edmond, qui suit.

III. Edmond Faure, baron Faure de Lilate, garde du corps, capitaine de cuirassiers, né en 1810, † au château de Belhante (Loiret) le 24 février 1894; épousa Marie-Blanche-Adeline de la Haye d'Ommoy, † le 17 décembre 1874, dont deux enfants :

1° Fernand, qui suivra;

2° N..., mariée à Marie-Étienne-Arthur du Chesne.

IV. Fernand Faure de Lilate, baron Faure de Lilate, a épousé le 22 avril 1873 Claire Le Rebours.

FAUVEAU DE FRÉNILLY

= Titre de pair héréditaire, en faveur d'Auguste-François Fauveau de Frénilly, par ordonnance du 5 novembre 1827; confirmé au titre de baron-pair héréditaire, sur institution de majorat de pairie, par lettres patentes du 18 octobre 1828, avec règlement d'armoiries : *de sable, au lion d'or, couronné de gueules, regardant une étoile d'or posée à l'angle dextre du chef de l'écu.*

I. Jean Fauveau, marié, à Senan, à Élisabeth Babault, fille de Josué Babault², fut père d'un fils, qui suit.

II. François Fauveau, écuyer, conseiller secrétaire du roi, maison et cou-

---

1. Cf. *Armorial du Iᵉʳ Empire*, t. II, p. 132.

2. Il abjura la religion protestante avec sa femme et ses enfants dans l'église de Senan le 24 novembre 1681 (Cf. Arch. dép. de l'Yonne).

ronne de France (2 mars 1740), né à Senan (Yonne), le 8 mars 1697, † à Paris, 19 décembre 1769, épousa Marie-Thérèse Passerat, † à Paris en décembre 1772, dont au moins quatre enfants :

    1° André-François, recoveur général des domaines et bois du duché de Valois, payeur des rentes de l'Hôtel de Ville de Paris, marié à D^{lle} Couvret;

    2° Frédéric-Auguste, qui suivra ;

    3° Anne-Félicité, mariée à René-Balthazar Alissan de Chazet, payeur de rentes de l'Hôtel de Ville (cf. t. I, notice *Alissan de Chazet*);

    4° Catherine-Flore, mariée à Armand-Denis-Léonard Domilliers de Thésigny, conseiller secrétaire du roi.

III. Frédéric-Auguste FAUVEAU, écuyer, seigneur de Frenilly, receveur général des bois et domaines du Poitou, maître d'hôtel du roi, épousa, par contrat du 21 septembre 1766, Charlotte-Pauline-Victoire Chastelain, fille de Charles, et de Anne-Pauline Modeux, † à Paris, le 12 juin 1798, dont deux enfants :

    1° Auguste-François, qui suivra ;

    2° Alexandrine-Claire-Thérèse, née à Paris le 17 avril 1771, † à Paris le 17 janvier 1800 ; mariée en 1797 à Christophe-Olympe baron Norvo et de l'Empire.

IV. Auguste-François FAUVEAU, baron de Frenilly, pair de France (5 novembre 1827), député de la Loire-Inférieure (1821-27), conseiller d'État (1824), ✠, établit sa pairie aux titre, rang et dignité de baron-pair héréditaire, sur institution de majorat, par lettres patentes du 18 octobre 1828. Né à Paris le 14 novembre 1768, † à Gratz (Autriche) le 1er août 1848, il épousa à Marolles (Oise), le 30 mai 1800, Alexandrine-Louise-Perette Mullon de Saint-Preux, † à Paris le 15 février 1864, veuve en premier mariage d'Eugène-Claude de Preaudeau de Chemilly et fille de Pierre-René, seigneur de Saint-Preux, conseiller du roi, commissaire des guerres, et d'Alexandrine-Marthe Fortier, dont deux enfants :

    1° René-Christian-Olivier, qui suivra ;

    2° Alexandrine-Claire-Simplicie, née à Paris le 15 mars 1801, † à Vichy le 30 juin 1858 ; mariée, le 6 juillet 1819, à Camille-Louis-Charles de Rarécourt de la Vallée, marquis de Pimodan, gentilhomme honoraire de la chambre du roi.

V. René-Christian-Olivier FAUVEAU, baron de Frenilly, né au château de Bourneville (Oise) en 1804, † à Venise le 13 janvier 1857, épousa à Swittau (Autriche), le 10 août 1852, Sophie-Rosalie, comtesse Larisch-Moenich (remariée le 26 janvier 1861 à Vincent-Joseph Charles, baron von der Trenck-Premschutz von Schützenau), dont il n'a pas laissé d'enfants.

FAVARD DE LANGLADE

= Titre héréditaire de baron de Langlande, confirmé en faveur de Guillaume-Jean FAVARD DE LANGLADE, baron de l'Empire, maître des requêtes, par lettres patentes du 13 avril 1816, avec règlement d'armoiries : *écartelé : au I d'azur, à trois étoiles d'or, 2, 1 ; aux 2° et 3° de gueules, au ramier contourné, posé sur une terrasse, le tout d'argent ; au 4° d'azur, au triangle d'or.*

*
* *

I. Jean FAVARD, notaire royal et procureur du marquisat de Tourzel, épousa Marie Fayet, dont un fils, qui suit.

II. Guillaume-Jean FAVARD, chevalier (lettres patentes du 16 septembre 1808), puis baron de Langlade et de l'Empire[1] (sur institution de majorat, par lettres patentes du 25 juillet 1811), avocat au parlement de Paris (1785), commissaire national du tribunal d'Issoire (1792), membre du Conseil des Cinq-Cents (1795-99) et du Tribunat, président du Tribunat, conseiller à la Cour de cassation (1800), maître des requêtes (1813), député du Puy-de-Dôme (1815 31), conseiller d'État (1817), président de la Cour de cassation (1828), C. ✳ ; fut confirmé dans le titre de baron héréditaire, par lettres patentes du 13 avril 1816. Né à Saint-Floret (Puy-de-Dôme) le 3 avril 1762, † à Paris le 14 novembre 1831, il épousa Marie-Antoinette Salomon, dont une fille unique :

> Julie-Pauline, née à Périer en 1792, † à Issoire le 27 novembre 1836 ; mariée en 1812 à Joseph-Henri Girot-de Langlade, qui a ajouté à son nom celui de « de Langlade », et créé baron et pair de France (voir ci-après, notice GIROT).

FAVEROT [DE KERBRECH]

= Titre de baron héréditaire confirmé en faveur de François-Jacques-Guy FAVEROT, baron de l'Empire, colonel, par lettres patentes du 10 mars, avec règlement d'armoiries : *coupé : au I d'or, au chevron de gueules, accompagné en chef de deux têtes de cheval coupées de sable et, en pointe, d'une épée d'azur posée en pal ; au II de sinople, à deux sabres courbes, adossés et croisés en sautoir d'argent.*

** **

I. François-Yves FAVEROT, dit de Kerbrech, bourgeois de Pontivy, épousa à Pontivy, en décembre 1772, Pétronille Bourdonnay, dont un fils, qui suit.

II. François-Jacques-Guy FAVEROT, chevalier (lettres patentes du 18 mars 1809); puis baron Faverot et de l'Empire (lettres patentes du 14 août 1813), donataire de l'Empire [1], grenadier (1791), sous-lieutenant (décembre 1791), capitaine de cavalerie (29 octobre 1800), chef d'escadron (30 avril 1801), major (29 octobre 1804), colonel (14 octobre 1811), maréchal de camp (3 octobre 1821), C. ✳, chevalier de Saint-Louis ; fut confirmé dans le titre de baron héréditaire par lettres patentes du 10 mars 1815. Né à Pontivy (Morbihan) le 7 octobre 1773, † le 5 novembre 1853, il épousa Eugénie Fririon, † le 5 octobre 1855, fille du général, baron Fririon et de l'Empire, dont deux enfants :

> 1° François-Nicolas-Guy-Napoléon, qui suivra ;
>
> 2° Françoise-Louise-Guyonne, née le 28 août 1827, † en 1861 ; mariée, en 1844, à Félix-Marie Victor de la Hubaudière.

III. François-Nicolas-Guy-Napoléon FAVEROT, baron Faverot DE KERBRECH, général de brigade, C. ✳, né le 24 février 1837, a épousé, le 29 août 1872, Adèle-Fanny Seymour, dont un fils :

> Maurice-François-Guy-Seymour-Napoléon, né en 1876.

---

1. Cf. *Armorial du Ier Empire*, t. II, p. 154.

FAVRE

= Lettres de noblesse par ordonnance du 31 décembre 1814, en faveur de Benoît-Pierre FAVRE, chef d'escadron.

**

I. Benoît-Pierre FAVRE, chevalier Favre et de l'Empire[1] (lettres patentes du 9 septembre 1810), donataire de l'Empire, capitaine (1804), major de dragons, ✠, fut confirmé dans le titre de chevalier héréditaire par ordonnance du 31 décembre 1814. Né à Paris le 31 décembre 1768 † le 21 décembre 1856, il épousa Marie-Sophie Reignier, dont quatre enfants :

1° Alexandre-Jules, qui suivra ;
2° Christine-Barbe, née le 5 août 1809 ;
3° Sophie-Gabrielle, née le 21 mai 1812 ; mariée à M. François ;
4° Marie-Joséphine, née le 25 mai 1814 ; mariée à M. Fallot.

II. Alexandre Jules FAVRE, chevalier Favre, directeur de l'octroi de Nantes, né à Blangy-Trouville (Somme) le 26 juin 1804, †... ; fut confirmé dans le titre de chevalier héréditaire par décret impérial du 18 mars 1870 ; il a épousé N..., dont deux fils.

FAY DE LA TOUR-MAUBOURG (DE)

= Titre de pair à vie en faveur de Marie-Charles-César DE FAY, comte DE LA TOUR-MAUBOURG, par l'ordonnance du 4 juin 1814 ; annulé par l'ordonnance du 24 juillet 1815.

= Titre de pair héréditaire rétabli en faveur du même, par l'ordonnance du 5 mars 1817 et confirmé au titre de baron-pair héréditaire sur instution de majorat de pairie, par lettres patentes du 23 septembre 1820, avec règlement d'armoiries: *de gueules, à la bande d'or, chargée d'une fouine d'azur.*

= Titre de pair à vie en faveur de Marie-Victor-Nicolas DE FAY, comte DE LA TOUR-MAUBOURG, frère cadet du précédent, par l'ordonnance du 4 juin 1814 ; confirmé à titre héréditaire par l'ordonnance du 19 août 1815.

= Titre de marquis-pair héréditaire attaché à ladite pairie, en faveur du même, par l'ordonnance du 31 août 1817, et confirmé, sur promesse d'institution de majorat de pairie, par lettres patentes du 20 décembre 1817, portant aussi règlement d'armoiries : *de gueules, à la bande d'or, chargée d'une fouine d'azur ;* puis ramené comme préséance aux rang, titre et dignité, de baron-pair héréditaire seulement sur l'institution d'un majorat de pairie, par nouvelles lettres patentes du 25 février 1830, sans nouveau règlement d'armoiries.

= Autorisation de transmission des rang, titre et dignité de pair héréditaire en faveur du même, par l'ordonnance du 6 novembre 1829.

**

La maison de Fay, d'ancienne chevalerie, est originaire du Vivarais et connue

1. Cf. *Armorial du Ier Empire*, t. II, p. 155, pour les dotations et armoiries de l'Empire.

depuis Pierre, seigneur de Fay et Capdeuil, paroisse de Fay-le-Froid, cité en 1100 par une fondation à l'église de Chanac, en Gévaudan. Sa filiation authentique s'établit depuis Pons, seigneur de Capdeuil, père de : 1° Artaud, qui fut père d'Audemard, sénéchal de Beaucaire et de Nîmes en 1349, et dont la postérité a formé de nombreuses branches ci-après rapportées ; 2° Pons, chevalier de Saint-Jean-de-Jérusalem et grand prieur d'Auvergne en 1294 ; 3° Armand ; 4° Eustache.

1° Celle des seigneurs de Peyraud, éteinte en 1722.

2° Celle des seigneurs de la Chèze et de la Gibotière en Poitou, éteinte au XVIII° siècle ;

3° Celle des seigneurs de Solignac, en Auvergne, encore représentée de nos jours ;

4° Celle des marquis de la Tour-Maubourg, en Velay, qui a donné un maréchal de France en 1757, et formé plusieurs rameaux : celui des seigneurs de la Bastie, éteints en 1711, celui des seigneurs de Gerlande, éteints au XVIII° siècle, et enfin celui des seigneurs de Coisse, éteints de nos jours, et qui a recueilli les biens et titres de la branche aînée de la Tour-Maubourg.

Ce rameau des seigneurs de Coisse était représenté au quatorzième degré depuis Pons, par Florimond, qui suit.

XIV. Florimond DE FAY, seigneur de Coisse et de Mazel, capitaine au régiment de Ponthieu, épousa en 1710 Claudine-Huguette de Bonlieu, dont :

1° Claude-Florimond, qui suit ;
2° Marie-Anne-Huguette, mariée, 1er mars 1745, à Damien-Louis-Antoine Matharel, sgr du Chéry ;
3° Catherine, abbesse de Saint-Paul-de-Beaurepaire (1772) ;
4° Marie-Julienne, chanoinesse de Marcigny.

XV. Claude-Florimond DE FAY, dit le comte de la Tour-Maubourg, seigneur de Coisse, du Mazel, et de Pleine, baron de Dunières et des États du Velay, capitaine au régiment de Bezons ; hérita des biens de son beau-père le marquis de Gerlande, baron de Boulogne, à la charge de rendre cette hérédité à son fils César, et il entra le 5 mars 1764 aux États de Languedoc pour la baronnie de Boulogne ; il se maria deux fois : 1° en septembre 1752, à Marie-Agnès-Césariette de Fay de Gerlande, † en 1753, fille unique et héritière de Charles-Louis-César, dit le marquis de Gerlande, et de Marie-Marguerite-Éléonore de Fay, dame de La Tour-Maubourg et petite-fille du maréchal de France, dont il n'eut pas d'enfants ; 2° le 3 mars 1756, à Marie-Françoise Vachon de Belmont, dont trois enfants :

[*du 2e lit*] : 1° Marie-Charles-César, qui suivra ;
2° Marie-Victor-Nicolas, qui sera rapporté après la postérité de son frère aîné ;
3° Jules-Charles-César, comte de la Tour-Maubourg, lieutenant aux gardes du corps (1816), colonel de cavalerie, O. ✳, chevalier de Saint-Louis, né à... le... 1775, † à Paris le 17 février 1846 ; marié, le 12 mai 1798, à Anastasie-Louise-Pauline Motier de la Fayette, † à Turin le 24 février 1862, dont quatre filles, qui suivent :
a) Célestine-Louise-Henriette, née le 10 février 1799, † à Annappes (Nord) le 15 juillet 1893 ; mariée, le 13 juin 1820, à Romain-Joseph, baron de Brigode, pair de France ;
b) Louise, née en 1805, † le 10 février 1828 ; mariée, le 9 juillet 1827, à Charles-Joseph-Maurice-Hector, baron de Perron de Saint-Martin, lieutenant général italien ;

  c) Jenny, née le 6 septembre 1812, † à Turin le 15 avril 1897 ; mariée, le 2 février 1833,
à son beau-frère, le baron de Perron de Saint-Martin ;

  d) Marie, née..., †...; mariée à... de Maisonneuve.

  XVI. Marie-Charles-César-Florimond DE FAY, comte de la Tour-Maubourg, et
de l'Empire[1] (lettres patentes de mai 1808), dit le marquis de la Tour-Maubourg, capitaine au régiment de Noailles-dragons, colonel du régiment de Soissonnais (1780),
député de la noblesse du Velay aux États généraux (1789), général de brigade (6 février 1792), lieutenant général, (19 août 1814), sénateur de l'Empire (28 mars 1806),
pair de France (4 juin 1814-5 mars 1817), C. ✻, chevalier de Saint-Louis ; établit sa
pairie au titre de baron-pair héréditaire sur institution de majorat par lettres patentes
du 23 septembre 1820. Né à Grenoble le 11 février 1758, † à Paris le 28 mai 1831,
il épousa le 26 janvier 1778, Marie-Charlotte-Hippolyte Pinault de Thenelles, † à
Mello (Oise) le 17 janvier 1837, fille de Charles-Adrien-Joseph, maître des requêtes,
et de Marie-Madeleine-Henriette Dunoyer, dont huit enfants :

  1° Marie-Charles-César, né à Paris le 22 septembre 1780, mort jeune ;

  2° Just-Pons-Florimond, qui suivra ;

  3° Alfred-Marie-Florimond, né le 29 mars 1784, † le 2 février 1809 ;

  4° Rodolphe, vicomte de la Tour-Maubourg, maréchal de camp (13 décembre 1821), lieutenant
   général (31 décembre 1835), pair de France (19 avril 1845), C. ✻ ; né à Paris le 8 octobre
   1787, † à Boisfise-la-Bertrande (Seine-et-Marne), le 31 mai 1871, sans alliance ;

  5° Armand-Charles-Septime, comte de la Tour-Maubourg, ambassadeur de France (1832-45),
   pair de France (20 juillet 1841), O. ✻, né à Paris-Passy le 21 juillet 1801, † à Marseille le
   18 avril 1845 ; marié deux fois : 1° le 18 mai 1833, à Adèle-Octavie Daru, † à Bruxelles le
   18 avril 1834, dont un fils, qui suit ; 2° à Paris, le 18 août 1836, à Marie-Louise-Charlotte-
   Gabrielle Thomas de Pange, † à Pau le 4 novembre 1850, dont deux filles, qui suivent :

   [*du 1er lit*] *a)* Alfred-Étienne-Marie, vicomte de la Tour-Maubourg, secrétaire d'ambassade,
    né à Bruxelles en avril 1834, † à Paris le 1er mai 1891, sans alliance, et dernier
    représentant mâle de sa maison ;

   [*du 2e lit*] : *b)* Gabrielle-Marie-Charlotte, née le 27 décembre 1839 ; mariée, le 28 oc-
    tobre 1859, à Gustave, baron de Mandell d'Écosse, dont six enfants, entre autres un
    fils : Fernand-Guillaume de Mandell, autorisé à relever le nom de la Tour-Maubourg,
    par décret du 12 janvier 1892. Né le 7 septembre 1863, † à Alençon, le 27 no-
    vembre 1900, il avait épousé Mlle de Perrien, dont il a des enfants ;

   c) Jeanne-Marie-Victorine, née le 13 octobre 1841 ; mariée, le 27 septembre 1862, à
    Joseph-Ernest Roussel, comte de Courcy ;

  6° Éléonore-Marie-Florimonde, née à Paris le 13 janvier 1779, † le 9 avril 1831 ; mariée, vers
   1802, à Charles Pinkeney-Horry ;

  7° Adèle, née le 22 septembre 1782, † le 27 juillet 1811 ; mariée, le 20 septembre 1801, à
   François-Timoléon Stellaye de Baignoux, marquis de Courcival ;

  8° Marie-Stéphanie-Florimonde, née le 13 septembre 1790, † le 21 février 1868 ; mariée à
   Antoine-François, comte Andréossi et de l'Empire.

  XVII. Just-Pons-Florimond DE FAY, baron de la Tour-Maubourg, et de
l'Empire (lettres patentes du 13 janvier 1813), puis marquis de la Tour-Maubourg,
ambassadeur de France, pair de France par hérédité (16 août 1831), G. O. ✻ ; né à
Paris le 9 octobre 1781, † à Rome le 23 mai 1837, il épousa à Paris le 11 octobre
1815, Marie-Béatrice-Caroline de Perron de Saint-Martin, † à Paris le 20 juin 1855,
veuve en premier mariage d'Étienne Vincent, chevalier de Margnolas et de l'Empire, dont quatre enfants :

  1. Cf. *Armorial du 1er Empire*, t. II, p. 155.

1° Just-Antoine-Florimond, marquis de la Tour-Maubourg, secrétaire d'ambassade, ✳, né le
2 octobre 1818, † à Stuttgard le 18 janvier 1849, sans alliance;

2° César-Florimond, qui suivra;

3° Pauline-Marie-Florimonde, née le 7 août 1816, † le 29 août 1839; mariée, le 9 décembre
1835, à Barthélemy, comte de Basterot, † le 18 décembre 1887;

4° Marguerite-Marie-Augustine, chanoinesse de Sainte-Anne de Munich, née le 26 septembre
1824, † à Paris le 30 décembre 1892.

XVIII. César-Florimond DE FAY, marquis de la Tour-Maubourg, officier de
hussards, député de la Haute-Loire (1852-70) et conseiller général; O. ✳; né à
Dresde le 14 juillet 1820, † à Paris le 26 février 1886; marié, le 21 juin 1849, à
Nancy-Anne-Eugénie-Eve-Adolphine Mortier de Trévise, † au château de Mau-
bourg le 26 octobre 1900, fille du duc de Trévise et de Mlle Lecomte-Stuart, dont
deux enfants:

1° Just-Hector-Florimond-Adolphe, officier de mobiles, né le 27 juillet 1850, † au combat
de Montargis le 24 novembre 1870;

2° Anne-Marie-Caroline, née le 27 mai 1852, † à Cannes le 19 janvier 1875; mariée, le 11 août
1873, à Louis-Ernest-Marie-Pierre-Alain, comte de Kergorlay.

* *
*

XVI. *bis.* Marie-Victor-Nicolas DE FAY, baron, puis comte de la Tour-Maubourg et
de l'Empire (lettres patentes des mai 1808 et 22 mars 1814), puis marquis de la
Tour-Maubourg, donataire de l'Empire [1], sous-lieutenant au régiment de Beaujolais
(1782), puis aux gardes du corps (1788), colonel de chasseurs à cheval 1791, et
aide de camp de Kléber, général de brigade (24 décembre 1805), général de
division (14 mai 1807), ambassadeur de France, ministre de la guerre (1819-1821),
gouverneur de l'hôtel des Invalides, pair de France, (4 juin 1814), chevalier
commandeur de l'Ordre du Saint-Esprit, grand croix de Saint-Louis, G. O. ✳; fut
créé marquis-pair héréditaire, sur promesse d'institution de majorat de pairie, par
lettres patentes du 20 décembre 1817, mais n'institua ce majorat qu'aux rang et titre
de baron-pair héréditaire, par autres lettres patentes du 25 février 1830. Né au
château de la Motte-Galaure (Drome) le 22 mai 1768, † au château du Lys, commune de Dammarie-lès-Lys (Seine-et-Marne), le 8 novembre 1850; il épousa Pé-
tronille-Jacoba Van Ryssel, † au château du Lys le 17 juillet 1844, dont il n'eut
pas d'enfants.

FAYAU [DE VILGRUY]

⚌ Titre de baron héréditaire sur institution de majorat (rentes sur l'État), en
faveur d'André-Jean-Baptiste FAYAU, par lettres patentes du 21 février 1818, avec
règlement d'armoiries: *d'azur, au coq d'argent, armé, crété et barbé de gueules,
soutenu d'un rocher d'or, et surmonté d'une étoile d'argent.*

⚌ Titre de baron héréditaire confirmé en faveur du même, sous le nom de
« FAYAU DE VILGRUY » et sur annulation des précédentes, par nouvelles lettres
patentes du 9 mars 1818, avec nouveau règlement d'armoiries: *écartelé: aux 1er et 4{e}
d'azur, au chevron d'argent rompu à dextre, accompagné en chef de deux coqs affrontés*

1. Cf. *Armorial du Ier Empire*, t. II, p. 156.

d'argent, crêtés et barbés de gueules, et, en pointe, d'une foi d'argent ; au 2° de gueules, à l'épi en pal d'argent ; au 3° de gueules, à trois roses d'or.

** **

I. Nicolas-François **Fayau**, marchand bourgeois de Paris, épousa Marie-Geneviève Nugenest, dont un fils, qui suit.

II. André-Jean-Baptiste **Fayau**, baron Fayau et de l'Empire (décret impérial du 2 janvier 1814[1]), puis baron Fayau de Vilgruy, avocat, fut créé baron héréditaire par lettres patentes du 21 février 1818, annulées et confirmées avec addition du nom de « de Vilgruy » par nouvelles lettres du 9 mars suivant. Né à Paris le 11 juillet 1757, †..., il épousa à Paris, en janvier 1790, Blanche-Charlotte Désescouttes, dont deux fils :

1° Alexandre-Jean-Baptiste, baron Fayau de Vilgruy, autorisé avec son frère à ajouter à son nom « de Vilgruy », par ordonnance du 9 janvier 1843 ; né à Paris en 1793, † à Paris le 22 mars 1867, sans alliance ;

2° Ernestan-Charles-Adrien, qui suit.

III. Ernestan-Charles-Adrien **Fayau**, baron Fayau de Vilgruy, né à Paris le 8 janvier 1799, † à Paris le 28 avril 1879 ; épousa Blanche-Ernestine Rémond, † à Paris le 5 décembre 1835, dont deux filles :

a) Anne-Marie, née en 1828, † le 26 mai 1857 ; mariée, le 4 juillet 1847, à Louis-Désiré-Adrien-Joseph, comte de Franqueville-Bourlon ;

b) Maxence-Amélie, née à Paris le 29 mai 1829, †... ; mariée, à Paris le 3 mai 1851, à Louis-Alexandre, comte Foucher de Careil, ambassadeur de France.

FAYDEL

= Lettres de noblesse en faveur de Jean-Félix **Faydel**, député, par lettres patentes du 13 février 1815, avec règlement d'armoiries : *de gueules, au lévrier d'argent passant sur une terrasse de sinople ; au chef d'azur, chargé de trois tiges de lis d'or.*

** **

I. Guillaume **Faydel**, huissier à Cahors, épousa Antoinette Berbier, dont un fils, qui suit.

II. Antoine **Faydel**, huissier à Cahors, épousa à Cahors, le 28 juin 1740, Isabeau Gensac, fille de Pierre, et de Marie Trébouil, dont au moins trois enfants :

1° Jean-Félix, qui suivra ;

2° Pierre, curé de Dieuze, près de Cahors, né à Cahors le 9 mai 1741 ;

3° Guillaume, huissier à Cahors, né le 1er décembre 1748 ; marié à Catherine Bosrodon, dont postérité.

III. Jean-Félix **Faydel**, puis de Faydel, avocat, conseiller à la cour de Toulouse (2 juillet 1808), président de chambre à la même cour (31 mars 1819), député aux États généraux en 1789, et député du Lot (1810-15; 1815-10), O. ✳ ; fut anobli par lettres patentes du 13 février 1815 ; Né à Cahors (Lot) le 9 septembre 1744, † à Cahors le 26 juin 1827 ; il épousa Marianne Marconnic, dont au moins un fils, qui suit.

1. Cf. *Armorial du Ier Empire*, t. II, pp. 157 et 371.

IV. Antoine-Joseph DE FAYDEL, conseiller à la cour d'appel, puis président de chambre (31 mars 1819), ✠, né à Cahors le 16 septembre 1780, † à Toulouse le 30 avril 1853, épousa Caroline Passama de la Busquière, dont deux enfants.

1° Félix, magistrat, né en 1824, †... (noyé);
2° Céline, née en 1825, † en 1869; mariée à Toulouse, à Paul de Sahuqué.

FEISTHAMEL

= Titre personnel de baron, en faveur de Joachim-François-Philibert-Julien FEISTHAMEL, major d'infanterie, par lettres patentes du 17 mai 1827, avec règlement d'armoiries: *d'azur, à une tour crénelée de quatre pièces d'argent, posée sur le dos d'un mouton d'or, tenant de la patte dextre une épée d'argent et passant sur une terrasse d'or.*

* *

I. Philibert-François FEISTHAMEL, chef de bataillon, ✠, né à Paris le 2 juillet 1753, † à Arnaville (Meurthe) le 6 octobre 1821; épousa, le 7 novembre 1790, Marie-Catherine Cosson, dont deux enfants, entre autres le fils, qui suit :

II. Joachim-François-Philibert-Julien FEISTHAMEL, baron Feisthamel, major d'infanterie, colonel, maréchal de camp (12 août 1839), C. ✠, chevalier de Saint-Louis; fut créé baron à titre personnel, par lettres patentes du 17 mai 1827. Né à Dieuze (Meurthe) le 15 février 1791, † à Paris le 10 janvier 1850, il épousa, le 23 mai 1826, Geneviève-Apolline Aclocque de Saint-André, † à Paris le 27 novembre 1845, fille du baron André-Gabriel, et de Mlle Roth.

FÉLIX-BEAUJOUR

= Titre de baron héréditaire en faveur de Louis FÉLIX-BEAUJOUR, consul général de France, par lettres patentes du 16 avril 1830, avec règlement d'armoiries: *fascé d'argent et d'azur de huit pièces, au soleil d'or brochant.*

* *

I. François FÉLIX, commerçant à Callas, épousa Anne Giraud, dont au moins un fils, qui suit.

II. Louis-[Auguste] FÉLIX, puis Félix-Beaujour, baron Félix de Beaujour, prêtre et chapelain de l'hôtel Bentheim à Paris (1790), employé aux bureaux de la Commune à Paris, commissaire des relations commerciales à Salonique (1799), membre du Tribunat et président de cette assemblée en 1800, consul de France aux États-Unis (1810), conseiller d'État (1815), député des Bouches-du-Rhône (1831), pair de France (11 septembre 1835), membre de l'Institut (18 mars 1836), O. ✠; né à Callas (Var) le 28 décembre 1765, † à Paris le 1er juillet 1836, sans alliance; fut autorisé par ordonnance du 4 octobre 1829 à ajouter à son nom celui de « Beaujour », puis créé baron héréditaire par lettres patentes du 16 avril 1830 (l'ordonnance royale était du 24 septembre 1818).

FÉLIX DU MUY (DE)

= Titre de pair héréditaire, par ordonnance du 17 août 1815, en faveur de Jean-Baptiste-Louis-Philippe DE FÉLIX D'OLLIÈRES, comte DU MUY.

= Titre de comte-pair attaché à la dite pairie en faveur du même, par l'ordonnance du 31 août 1817 (sans lettres patentes).

*
* *

La famille Félix de Muy est originaire d'Avignon et a pour auteur Claude Félix, fixé à Marseille vers la fin du XVe siècle et marié par contrat du 6 mai 1493 à Isoarde Peruzzi. Sa descendance a donné des lieutenants généraux d'Aix, un maréchal de France, des généraux, etc.; elle a formé plusieurs branches :

1º L'aînée, qui a hérité de nos jours de la branche d'Ollières, et repris le nom de du Muy et qui est seule représentée actuellement;

2º Celle des seigneurs de la Ferratière, éteinte au XVIIe siècle ;

3º Celle des seigneurs de Villarfouchart, fondue en 1751 dans la maison de Forbin-Gardane ;

4º Celle des seigneurs du Muy, en faveur de laquelle cette seigneurie fut érigée en marquisat par lettres patentes de mai 1697 et qui s'est éteinte dans la maison de Créquy ;

5º Celle des barons d'Ollières, qui était représentée au sixième degré par Philippe, qui suit.

VI. Philippe DE FÉLIX, baron d'Ollières, épousa vers 1703 Marie Salomon, dont :

1º Philippe-Louis, qui suivra ;

2º Lazare, chevalier de Saint-Jean-de-Jérusalem ;

3º Anne, mariée en 1743 à Jean-André Monier de Mélan, sgr de Châteaudeuil.

VII. Philippe-Louis DE FÉLIX, baron d'Ollières, seigneur de Dauphin, Saint-Maime, etc., premier consul d'Aix (1754), se maria deux fois : 1º en 1742, à Diane d'Albert de Sillans, † sans postérité ; 2º le 22 septembre 1750, à Madeleine de Tressemanes de Brunet, fille de Gaspard, seigneur de Brunet, et de Madeleine Bellier, dont un fils, qui suit.

VIII. Jean-Baptiste-Louis-Philippe DE FÉLIX D'OLLIÈRES, dit le comte de Saint-Maime, puis baron du Muy et de l'Empire[1] (lettres patentes du 30 août 1811) et enfin comte du Muy, colonel du régiment de Soissonnais (1775), maréchal de camp (9 mars 1788), lieutenant général (6 février 1792), gouverneur de Silésie, pair de France (17 août 1815), G. C. ✠, commandeur de Saint-Louis, fut créé comte-pair héréditaire sur promesse d'institution de majorat de pairie, par l'ordonnance du 31 août 1817. Né au château d'Ollières (Var) le 25 décembre 1751, † à Paris le 3 juin 1820, il avait épousé, à Paris le 24 décembre 1788, Candide-Dorothée-Louise de Vintimille du Luc, † à Paris le 6 octobre 1825, fille de Charles-Emmanuel-

1. Cf. *Armorial du Ier Empire*, t. II, p. 158.

Marie-Magdelon, marquis du Luc, maréchal de camp, et de Marie-Madeleine-Marguerite-Adélaïde de Castellane, dont il n'eut pas d'enfants.

La maison de Félix de Muy porte pour armes : *écartelé : aux 1er et 4e de gueules, à une bande d'argent, chargée de trois F de sable ; aux 2e et 3e de gueules, à un lion d'or, à la bande d'azur brochante.*

FELTRE — v. Clarke

FERAPORTE DE GARCINIÈRES

= Titre personnel de baron, avec anoblissement, en faveur d'André-Charles-Xavier Feraporte de Garcinières, par lettres patentes du 18 mai 1830, avec règlement d'armoiries : *d'azur, au portique d'argent, maçonné de sable, et au cerf contourné d'argent, passant au bas du portique, surmonté d'un croissant et soutenu de deux étoiles, le tout d'argent.*

⁎⁎

I. Louis-Thomas-André Feraporte, épousa Charlotte-Suzanne Morain, dont un fils, qui suit.

II. André-Charles-Xavier Feraporte, baron Feraporte des Garcinières, fui anobli et créé baron à titre personnel par lettres patentes du 18 mai 1830. Né à Cogolin (Var) le 21 décembre 1782, † au château des Garcinières (Var) le 1er mai 1852, il avait épousé à Bargemon, le 24 janvier 1813, Alexandrine-Marie de Villeneuve-Bargemon, † au château des Garcinières le 25 mars 1854, fille de Joseph, marquis de Villeneuve-Bargemon, et de Sophie de Bausset-Roquefort, dont deux enfants morts jeunes :

1° N..., né ⚭, † le 30 août 1830 ;
2° Marie, née en 1825, † à Sauveterre; mariée en août 1845 à Alfred, marquis de Cambis.

FERAUD

= Titre de chevalier héréditaire confirmé en faveur d'Antoine-André Feraud, inspecteur aux revues par lettres patentes du 25 novembre 1814, avec règlement d'armoiries : *d'or, à la colombe essorée au naturel, tenant dans son bec un rameau d'olivier de sinople.*

⁎⁎

I. Jacques-Philippe Feraud, procureur au bailliage de Grenoble, épousa Justine Bonnefoy, dont au moins un fils, qui suit.

II. Antoine-André Feraud, chevalier Feraud et de l'Empire[1] (lettres patentes du 10 avril 1811), commis aux bureaux du Ministère de la guerre (1771), commissaire des guerres (1780), secrétaire de Monsieur, frère du roi (1785-1791), commissaire ordinaire des guerres (1792), commissaire en chef (1800), inspecteur en chef honoraire, O. ✠, chevalier de Saint-Louis ; né à Grenoble le 30 novembre 1750, † à Caen le 18 février 1829, il fut confirmé dans le titre de chevalier héréditaire par lettres patentes du 25 octobre 1814.

1. Cf. *Armorial du Ier Empire*, t. II, p. 159.

FÉRAUDY

═ Titre de comte héréditaire (accordé par le roi de Sardaigne par lettres du 24 novembre 1826), confirmé en faveur d'Antoine-Daniel FÉRAUDY, lieutenant-colonel, par lettres patentes du 17 mai 1828, avec règlement d'armoiries : *fascé d'or et de gueules de six pièces, à l'étoile à six rais d'azur chargeant la première, et au sautoir de gueules brochant sur le tout.*

**

Cette famille, originaire de la province de Nice, serait d'ancienne noblesse et s'est divisée à la fin du XVIIe siècle en deux branches représentées de nos jours : l'aînée, qui a donné un consul et à laquelle appartient le sociétaire actuel de la Comédie-Française, et la cadette, qui a pour auteur Honoré, qui suit :

II. Honoré FÉRAUDI, *alias* Feraudy, maintenu dans sa noblesse par jugement de Le Bret, intendant d'Aix, le 10 décembre 1732; né à Rigaud le 16 mai 1689, fils de Jean Féraud où Féraudi, et de Françoise Ribotty ; épousa le 7 juin 1726 Marianne Champossin, dont un fils, qui suit :

III. Jean-Antoine FÉRAUDY, avocat au parlement de Rouen, trésorier de France au bureau des finances d'Orléans, né le 10 juin 1728 † le 11 septembre 1786 ; épousa à Châteaudun, le 15 juin 1776, Marie-Anne Brachet, fille d'Étienne Henri, seigneur du Bouchet, et de Marie-Louis Colas de Malmusse, dont Rosine, morte jeune, et un fils, qui suit.

IV. Antoine-Daniel FÉRAUDY, comte de Féraudy, lieutenant du génie (8 janvier 1800), lieutenant-colonel (26 juillet 1820), inspecteur général des bâtiments civils, chevalier de Saint-Louis, O. ✳, fut créé comte héréditaire par lettres patentes du roi de Sardaigne du 24 novembre 1826 et confirmé dans ce titre par autres lettres du roi de France du 17 mai 1828. Né à Rouen le 13 juillet 1778, † le 9 février 1859, il épousa en 1815 Angélique-Catherine-Henriette Berthelin de Mauroy, dont deux fils :

1° Antoine-Ange-Auguste, comte de Féraudy, ✳, né à Paris le 13 février 1816, † à Paris le 5 novembre 1866; marié à Marthe-Marie de Brachet, † en 1876, dont un fils unique : Raymond-Christian, sous-lieutenant de dragons, né le 7 août 1842, † à Verdun le 23 avril 1875, sans alliance;

2° Philippe-Henry, qui suit.

V. Philippe-Henri DE FÉRAUDY, vicomte de Féraudy, né le 2 octobre 1817, † le 20 juin 1873 ; a épousé Mⁱˡᵉ de Brachet, dont deux fils :

1° Christian;

2° Étienne.

FERDASNE DE LÉPINE

═ Lettres de noblesse en faveur de Philippe-André FERDASNE DE LÉPINE, capitaine d'infanterie, par lettres patentes du 28 juin 1821, avec règlement d'armoiriés : *de gueules, à l'épée haute d'argent, montée d'or; au chef aussi d'or, chargé de trois croix fleuronnées de gueules.*

.

I. André-François **Ferdasne** [sieur de Lépine], avocat au siège royal de Falaise, épousa Angélique-Françoise-Jeanne Gourdel des Vallées, dont un fils, qui suit.

II. Philippe-André **Ferdasne de Lépine**, capitaine d'infanterie, chevalier de Saint-Louis, fut anobli par lettres patentes du 28 juin 1821. Né à Falaise le 25 mars 1766, †..., il épousa Marie-Madeleine-Charlotte-Alexandrine Moullin.

FERNIG (de)

⚌ Titre de baron, par ordonnance du 31 décembre 1814, en faveur de Jean-Louis-Joseph-César **de Fernig**, maréchal de camp.

.

I. François-Louis, *alias* Louis-Joseph **Fernig**, greffier de la haute cour de Mortagne-sur-l'Escaut, né le 3 octobre 1735, fils d'un notaire de Strasbourg; épousa Madeleine-Joseph Bussy (*alias* Busset), dont :

1° Auguste, officier au service français ;
2° Louis-Alexandre-Désiré, né à Château-l'Abbaye (Nord), le 12 juin 1772 ;
3° Jean-Louis-Joseph-César, qui suivra ;
4° Marie-Théophile Françoise-Norbertine, officier et poète, né à Château-l'Abbé le 17 juillet 1775 ;
5° Louise, mariée à N..., négociant à Amsterdam ;
6° Adrienne-Élisabeth-Aimée-Joséphine, mariée à Armand-Charles Guilleminot, comte Guilleminot et de l'Empire, pair de France, général de division ;
7° Marie-Félicité-Louise, officier, née à Mortagne 10 mai 1770 ; mariée à M. Van der Wallen, officier belge.

II. Jean-Louis-Joseph-César **Fernig**, baron de Fernig, donataire de l'Empire[1], (1789), sous-lieutenant au 12° d'infanterie-Auxerrois (18 janvier 1772), capitaine adjoint (13 novembre 1792), lieutenant-colonel (18 mars 1793), émigré, puis chef de bataillon à la 2° brigade helvétique (27 mars 1801), major d'infanterie (31 décembre 1804), colonel du 1er provisoire (22 janvier 1810), adjudant-commandant (12 mars 1812), général de brigade (14 juin 1813), retraité le 11 juin 1835; G. O. ⚜, chevalier de Saint-Louis; fut créé baron, par ordonnance du 31 décembre 1814. Né à Mortagne (Nord), le 12 août 1772, † au Caire (Égypte) le 24 août 1847, il épousa Marie-Julie-Aimée de Pestre, † à Bruxelles le 23 avril 1844, fille d'Hyacinthe-Julien-Joseph, comte de Pestre de Bertinchamp, et de Louise-Anne-Geneviève Le Blanc.

FERRAND

⚌ Titre de comte héréditaire, par ordonnance du 27 septembre 1814, en faveur d'Antoine-François-Claude **Ferrand**, ministre d'État.

---

1. Il aurait reçu, par décret impérial du 11 octobre 1812, une dotation de 10.000 francs de rente sur les biens libres de Westphalie.

= Titre de pair héréditaire en faveur du même, par l'ordonnance royale du 17 août 1815 ; confirmé au titre de comte-pair héréditaire, par l'ordonnance royale du 31 août 1817, puis par lettres patentes du 20 décembre 1817, sans institution du majorat de pairie et avec règlement d'armoiries : *d'azur, à trois épées d'argent, rangées en pal, celles de dextre et de sénestre renversées et chargées d'une fasce d'or brochante.*

* *

Cette famille Ferrand, est originaire de Châtellerault et a pour auteur Jean Ferrand, médecin ordinaire de la reine Éléonore d'Autriche, épouse de François Ier, dont la postérité a formé plusieurs branches qui ont donné des conseillers d'État et de nombreux membres à la Cour des comptes et au parlement de Paris. Deux branches se sont perpétuées jusqu'à nos jours : celle des seigneurs du Vernay, encore représentée, et celle des seigneurs de Méré, qui était représentée au sixième degré depuis Jean, ci-dessus rapporté, par :

VI. Michel-Antoine-Ignace FERRAND, chevalier, seigneur de Méré, conseiller au parlement de Paris, né en 1700 ; marié le 9 novembre 1729 à Françoise-Lucie Le Febvre de la Faluère, fille d'Antoine, président à mortier au parlement, et de Mlle du Plessis de Genouville, dont un fils, qui suit.

VII. Michel-Antoine-Germanique FERRAND, chevalier, seigneur de Méré, conseiller au parlement de Paris (1746) ; né à Paris le 5 août 1720 ; épousa le 27 mai 1748 Élisabeth-Catherine Nouet, fille de Jean-Jacques, conseiller au parlement de Paris, et d'Élisabeth Bruant, dont trois enfants :

1° Antoine-François-Claude, qui suivra ;

2° Élisabeth-Michelle-Charlotte, mariée, le 22 août 1775, à Louis-Christophe Héricart, vicomte de Thury ;

3° Michelle-Françoise-Jacques, chanoinesse de l'Ordre de Malte.

VIII. Antoine-François-Claude FERRAND, comte Ferrand, conseiller au parlement de Paris (1769), ministre d'État et directeur général des postes (1814-15), pair de France (17 août 1815), membre du conseil privé, membre de l'Académie française (1816) ; fut créé comte, par ordonnance du 27 septembre 1814 et institua sa pairie héréditaire sur un majorat au titre de comte-pair, par lettres patentes du 20 décembre 1817. Né à Paris le 14 juillet 1747, † à Paris le 17 janvier 1825, il épousa à Paris, le 27 juin 1780, Marie-Denise Rolland, fille de Gabriel Barthélemy, président au parlement, et de Françoise Blondeau, dont quatre enfants :

1° Antoine-Mathieu-Barthélemy, chevalier de Malte (1796) ; né à Paris le 7 mai 1781, † à Ratisbonne le 2 juin 1797 ;

2° Agathe-Jeanne-Marie, née à Paris le 20 septembre 1784 ; mariée à Jean-Antoine Palierne de Chassenay, maître des comptes ;

3° Constance-Simonne-Marie-Claudine, née à Constance le 1er septembre 1793, †... ; mariée deux fois : 1° le 29 avril 1823, à Amable-Jérôme-Louis-Jean-Baptiste de Goujon, comte de Thuisy ; 2° à Alexandre-Antoine, comte de Ligniville ;

4° Caroline-Eugénie-Marie, née le 2 juin 1799 ; mariée, le 23 mai 1819, à son cousin Louis-Élisabeth Héricart, vicomte de Thury, puis vicomte Héricart-Ferrand, par lettres patentes du 28 mai 1819 (voir ci-après, t. IV, notice HÉRICART-FERRAND).

FERRAND DE SALIGNY

= Titre de baron en faveur d'Armand-François-Gabriel FERRAND DE SA-
LIGNY, chef de bataillon d'état-major, par ordonnance du 12 février 1817.

**

Cette famille paraît avoir pour auteur Humbert Ferrand, bourgeois de Vit-
teaux en Bourgogne, qui épousa Marceline Le Rouge ; il fut père de Salomon Ferrand, maître en la Chambre des comptes de Bourgogne (1595-1624), † à Dijon le
15 mars 1638, qui a laissé postérité et dont les armes étaient : *d'azur, à la fasce d'or,
accompagnée de trois épées d'argent, posées en pal, les pointes en haut.*

I. Jacques-Gabriel FERRAND, seigneur de Saligny et des Chardonnières, avocat
en parlement, conseiller maître en la chambre des comptes de Bourgogne, commissaire du roi à l'administration provinciale du Berry, se maria deux fois : 1° à
Catherine Le Blanc, fille de Sylvain Le Blanc, prévôt général de la connétablie et
de la maréchaussée de France, dont un fils, qui suit ; 2° à Marie-Anne Lauverjat,
autre dont un fils, qui suivra :

[*du 1er lit*] : 1° Sylvain-Gabriel, directeur des contributions indirectes, né à Bourges le
17 mars 1768, † à Corbeil le 17 mai 1831 ; marié à Adélaïde-Thérèse-Louise Gau des
Voves, dont un fils, qui suit :

Charles-Gustave-Adolphe-Gabriel, né à Beauvais le 14 avril 1806, † à Paris le 16 mars
1849 ; marié à Clermont-Ferrand, le 7 novembre 1831, à Louise-Antoinette-Zoé Ter-
reyre, fille du baron de l'Empire ;

[*du 2e lit*] : 2° Armand-François-Gabriel, qui suivra ;

3° Fulgence-Maurice, né à Bengy-sur-Craon le 25 septembre 1787, † à Paris le 24 avril
1853, sans alliance.

II. Armand-François-Gabriel FERRAND DE SALIGNY, chevalier Ferrand de Saligny et de l'Empire[1] (lettres patentes du 11 novembre 1813), puis baron Ferrand de
Saligny, lieutenant de cavalerie, capitaine, chef de bataillon d'état-major (3 avril
1814), lieutenant-colonel, retraité en 1841, ✠, chevalier de Saint-Louis ; fut créé
baron par ordonnance du 12 février 1817. Né à Bengy-sur-Craon (Cher), le 28 novembre 1781.

FERRON DE LA FERRONNAYS

= Titre de pair héréditaire par ordonnance du 17 août 1815, en faveur d'Au-
guste-Pierre-Marie FERRON, comte DE LA FERRONNAYS.

= Titre de comte-pair attaché à ladite pairie en faveur du même, par ordonnance du 31 août 1817, et confirmé par lettres patentes du 20 décembre 1817 (sans
institution de majorat de pairie) avec règlement d'armoiries : *d'azur, à six billettes
d'argent, 3, 2, 1 ; au chef cousu de gueules, chargé de trois annelets aussi d'argent.*

**

La maison de Ferron, originaire de l'évêché de Saint-Malo, est d'ancienne chevalerie ; elle a été maintenue dans sa noblesse par arrêt du parlement de Bretagne du 4 avril

1. Cf. *Armorial du Ier Empire*, t. II, p. 160.

1670 et a prouvé sa filiation suivie depuis Olivier Ferron, chevalier, vivant en 1478, dont la postérité a formé deux branches principales, qui se sont perpétuées jusqu'à nos jours : celle des seigneurs de la Ferronnays, et celle des seigneurs du Quengo.

Celle des seigneurs de la Ferronnays a donné des maréchaux de camp, un évêque, un ambassadeur de France, etc. ; elle était représentée au neuvième degré par Pierre-Jacques-Louis-Augustin, qui suit.

IX. Pierre-Jacques-Louis-Auguste DE FERRON, comte de la Ferronnays, mestre de camp du régiment de dragons de la Ferronnays (1749), brigadier de cavalerie, maréchal de camp (20 février 1743), chevalier de Saint-Louis, † au château de Saint-Mars (en Anjou) le 11 février 1753; fils du comte Pierre-Jacques, mestre de camp, et de Marie de Constantin, épousa à Angers, le 14 décembre 1722 Françoise-Renée Le Clerc des Émeraux, † au château de Saint-Mars le 25 juillet 1786, dont huit enfants :

  1° Pierre-Jacques-François-Louis-Auguste, marquis de la Ferronnays, maréchal de camp (25 juillet 1762), lieutenant général (5 décembre 1781), chevalier de Saint-Louis, né en 1724, † au château de Saint-Mars-la-Jaille le 5 novembre 1786; marié à Paris, le 29 janvier 1754, à Charlotte-Jacqueline-Josèphe Marnays de Saint-Mars, dont trois enfants, qui suivent :

    a) Pierre-Jacques-François-Joseph-Auguste, marquis de la Ferronnays, émigré et officier de l'armée de Condé, maréchal de camp (23 août 1814), O. ✳, chevalier de Saint-Louis; né à Paris le 7 juillet 1757, †...; marié à Louise-Julia-Charlotte de Lostanges de Saint-Alvère, dont une fille unique : Louise-Charlotte, née à Paris le 6 septembre 1785 ;

    b) Charlotte-Perette, née à Paris le 20 mars 1755, †... ; mariée à Marie-Yves des Brosses, baron du Goulet ;

    c) Adélaïde-Jacqueline, née à Paris le 2 avril 1756;

  2° Pierre-René-Joseph-François-Louis-Auguste, vicomte de la Ferronnays, brigadier de cavalerie (1er mars 1780), maréchal de camp (1er février 1784) ; marié en 1765 à Mlle Lenoir ;

  3° Gabriel-Amédée, dit le chevalier de la Ferronnays, lieutenant-colonel de cavalerie ;

  4° Jules-[Basile], évêque de Saint-Brieuc (24 décembre 1769), de Bayonne (1774), puis de Lisieux (1783) ; né à Angers le 14 juin 1736, † en Angleterre en 1802 ;

  5° Étienne-Louis, dit le marquis de la Ferronnays, colonel du régiment de Forez, brigadier de cavalerie (18 juin 1768), maréchal de camp (1er mars 1780), né..., † avant 1788; marié, le 12 mai 1772, à Marie-Élisabeth-Timothée Bineau, sans postérité ;

  6° Paul, dit chevalier, puis le baron de la Ferronnays, brigadier de dragons (1784), maréchal de camp (9 mars 1788), lieutenant général (22 juin 1814); né à Angers le 25 septembre 1740, † après 1817 ;

  7° Emmanuel-Henri-Eugène, qui suivra ;

  8° Françoise, mariée à François-Louis Jaillard de la Maronnière.

X. Emmanuel-Henri-Eugène FERRON, dit le chevalier de la Ferronnays, mestre de camp de cavalerie, né en 1743, épousa à Saint-Malo, le 11 février 1777, Marie-Anne-Perrine-Adélaïde Fournier de Bellevue, fille de Pierre, seigneur de Bellevue et de Marie Dugas, dont :

  1° Pierre-Louis-Auguste, qui suit ;
  2° Antoinette.

XI. Pierre-Louis-Auguste FERRON, comte DE LA FERRONNAYS, officier de l'armée de Condé, maréchal de camp (4 juin 1814), ambassadeur de France et plénipotentiaire (1817-1830), ministre des affaires étrangères (4 janvier 1828), lieutenant général (16 novembre 1828), pair de France (17 août 1815), G. O. ✳, chevalier de Saint-Louis ; fut créé comte-pair héréditaire par lettres patentes du 20 décembre 1817. Né à Saint-Malo, le 4 décembre 1777, † à Rome le 17 janvier 1842, il épousa à Klagenfurth en 1802, Henriette-Marie-Félicité du Bouchet de Sourches de Montsoreau, † à Bade le 18 novembre 1848, fille du comte de Montsoreau et de Mlle de Damas-Crux, dont sept enfants :

1° Charles-Auguste-Marie, comte de la Ferronnays, officier de cavalerie, député du Gers (1847-48), O. ✳, né à Brunswick le 2 juin 1805, † à Dangu (Eure), le 6 juillet 1868 ; marié à Paris, le 3 janvier 1829, à Émilie-Augustine-Marie de Lagrange, † à Paris le 15 février 1876, fille du comte de l'Empire et de Mlle de Talhouët, dont trois enfants, qui suivent :

   a) Alfred-Marie-Joseph, marquis de la Ferronnays, capitaine de chasseurs d'Afrique, O. ✳ ; né à Dangu le 1er juin 1833, † à Paris le 3 février 1875 ; marié en juillet 1862 à Michelle-Françoise-Laurence-Catherine-Claire de Nogué, † à Paris le 21 janvier 1873, dont trois enfants, qui suivent :

      aa) Charles-Marie-Michel, né à Paris le 10 mai 1865, † à Paris le 25 avril 1870 ;

      bb) Cécile-Marie-Laurence, mariée, le 8 juillet 1889, à Paul-Jacques-Marie-René-Guigues de Moreton, comte de Chabrillan ;

      cc) Eugénie-Marie-Pauline, mariée, le 5 avril 1888, à Louis-Armand-Marie, comte de Rougé ;

   b) Marie-Mathilde, née à Dangu le 25 juin 1831, † le 9 août 1832 ;

   c) Berthe-Marie-Caroline, née en 1837, † à Versailles le 23 janvier 1895 ; mariée le 19 août 1856 à Eugène-Philippe-Marie-Joseph, vicomte de Dreux-Brézé ;

   3° Adolphe-Ferdinand-Marie, qui suivra ;

2° Albert-Marie, né à Londres le 21 janvier 1812, † à Paris le 26 juin 1836 ; marié à Rome, le 17 avril 1834, à Alexandrine-Marie d'Alopeus, † à Paris le 9 février 1848, fille d'un ambassadeur de Russie, sans postérité ;

4° Pauline-Armande-Aglaé, née à Londres le 12 avril 1808, † à Paris le 1er avril 1891 ; mariée à..., le..., à Augustus Craven ;

5° Antoinette-Eugénie-Charlotte-Anne, née à Londres le 25 juillet 1813, † à Palerme le 8 avril 1842 ; mariée, vers 1835, à Adrien-Alexandre-Adélaïde-Henri, marquis de Mun ;

6° Albertine-Alexandrine, mariée, le 4 juillet 1850, à Jacques-Alexandre-César, comte de la Panouse ;

7° Olga-Marie, née à Saint-Pétersbourg le 20 septembre 1820, † à Bruxelles le 10 février 1843.

XII. Adolphe-Ferdinand-Marie FERRON, comte DE LA FERRONNAYS, né à Londres le 20 août 1814, † à Froshdorff le 21 décembre 1866 ; épousa à Paris, le 3 août 1841, Guillelmine-Marie-Lucie Gibert, fille d'Arthur-Louis et de Marie-Élisa Orry, dont un fils unique, qui suit.

XIII. Henri-Marie-Auguste FERRON, comte, puis marquis DE LA FERRONNAYS, capitaine de cuirassiers, démissionnaire en 1880, maire de Saint-Mars-la-Jaille et conseiller général de la Loire-Inférieure, député de la Loire-Inférieure (depuis 1885), ✳, est né à Paris le 12 septembre 1842 il a épousé le 27 mai 1868 Marie-Thérèse de Pérusse des Cars, fille du duc des Cars et de Mlle de Bastard d'Estang ; dont quatre enfants :

1° Fernand, né le 2 février 1872, † le 3 mai 1881 ;

2° Henri, né le 8 avril 1875 ;

3° Élisabeth-Françoise-Chantale-Marie-Anne, née en 1870 ; mariée, le 12 juin 1889, à Armand-Aimé-Louis-Marie-Jehan de Gontaut-Biron, comte de Gontaut ;

4° Yvonne, née en 1878.

FEUCHÈRES

= Titre de baron héréditaire en faveur d'Adrien-Victor Feuchères, lieutenant-colonel, par lettres patentes du 30 août 1819, avec règlement d'armoiries : *d'azur, au chevron d'or, accompagné en chef de deux étoiles d'argent et, en pointe, d'un lion tenant une épée de la patte sénestre, le tout d'argent.*

***

I. Jean-Nicolas [de] Feuchères, bourgeois de Paris, épousa Jeanne Thomas, † à Paris le 10 juin 1849, fille de Jean-Baptiste, organiste du duc d'Orléans, dont un fils, qui suit.

II. Jean-Adrien-Victor Feuchères, baron de Feuchères, lieutenant-colonel et gentilhomme du duc de Bourbon (1818), colonel d'infanterie (1823), maréchal de camp (13 décembre 1830), lieutenant général (9 avril 1843), député du Gard (1846-48), C. ✠; fut créé baron héréditaire par lettres patentes du 30 août 1819. Né à Paris le 20 novembre 1785, il se maria deux fois : 1° à Londres, les 6 août et 25 septembre 1818 (contrat devant Me Champfort, notaire à Vincennes, le 26 juin 1818), à Sophie Dawes, † à Londres le 14 décembre 1840, sœur du baron Dawes (*voir* t. II, notice Dawes) ; 2° le 22 février 1851, à Marie-Amélie-Héloïse Gide, † à Paris en avril 1895, et mourut lui-même à Paris le 22 novembre 1857, sans laisser d'enfants.

FEUILLET

= Lettres de noblesse en faveur d'Antoine-François Feuillet, sous-intendant militaire, par lettres patentes du 30 août 1825 avec règlement d'armoiries : *d'argent, à la fasce d'azur, accompagnée en chef de trois étoiles de gueules et, en pointe, d'une tour de sable ouverte du champ.*

***

I. Antoine Feuillet, concierge du château de Villeroy, à Mennecy, épousa Marie Rifaud, dont :

1° Antoine-François, qui suivra ;
2° Charles-François, soldat, né à Mennecy le 1er avril 1777, † à Paris le 20 octobre 1849.

II. Antoine-François Feuillet, commissaire des guerres, sous-intendant militaire de 3e classe (1830), attaché à la maison militaire du roi et sous-intendant des gardes du corps du roi, chevalier de Saint-Louis, ✠, fut anobli par lettres patentes du 30 août 1825. Né à Mennecy (Seine-et-Oise) le 27 septembre 1775, † vers 1833.

FEUTRIER

= Titre de baron héréditaire, sur institution de majorat (terres dans l'arrondissement de Ruffec-Charente), en faveur d'Alexandre-Jean Feutrier, maître des requêtes, par lettres patentes du 15 octobre 1825, avec règlement d'armoiries : *d'or, à l'olivier arraché de sinople, accosté de deux dauphins adossés de gueules.*

=Règlement d'armoiries : *d'or, à l'olivier arraché de sinople, accosté de deux dauphins adossés de gueules*, en faveur de François-Jean-Hyacinthe FEUTRIER, évêque de Beauvais, frère aîné du précédent par lettres patentes du 18 mai 1825.

= Titre de pair en faveur du même par ordonnance du 2 janvier 1828 ; confirmé aux rang, titre et dignité de comte-pair, par lettres patentes du 11 décembre 1829 sans obligation de majorat, avec même règlement d'armoiries que ci-dessus.

*
* *

I. Jean FEUTRIER, commissaire général des impositions de la généralité de Paris, épousa Marie-Catherine Dauphin, dont deux enfants :

> 1° François-Jean-Hyacinthe, qui suivra ;
>
> 2° Alexandre-Jean, qui sera rapporté après son frère aîné.

II. François-Jean-Hyacinthe FEUTRIER, comte Feutrier, curé de la Madeleine à Paris, vicaire général de Paris, secrétaire de la grande aumônerie de France (1806), évêque de Béauvais (sacré le 24 avril 1825), chanoine honoraire du chapitre de Saint-Denis, ministre des affaires ecclésiastiques (1828-29), président du collège électoral de l'Oise, pair de France (4 janvier 1828), O. ✳ ; fut créé comte pair par lettres patentes du 11 décembre 1829. Né à Paris le 2 avril 1785, il est décédé à Paris le 27 juin 1830.

II *bis*. Alexandre-Jean FEUTRIER, baron Feutrier, auditeur (1810), maître des requêtes, puis conseiller d'État, préfet (1815), pair de France (11 septembre 1835), C. ✳ ; fut créé baron héréditaire par lettres patentes du 15 octobre 1825. Né à Paris le 3 juillet 1787, † à Paris le 21 juin 1861, il épousa (contrat du 31 juillet 1814) Anne-Marie-Joséphine Cabal, † à Paris le 30 décembre 1878, dont :

> 1° Émilie-Marie-Françoise, mariée, le 11 juin 1838, à Aimé-Alphonse-Charles Bourrée, baron de Corberon, député de l'Oise ;
>
> 3° Pauline, mariée, le 20 décembre 1847, à Charles-Marie-(Alphonse), comte d'Aoust.
>
> 2° Henriette-Marie, née en 1826 † à Douai le 29 avril 1884 ; mariée, le 10 mai 1845, à Romain-Ignace, comte Maloteau de Guerne, président de cour d'appel.

FIERECK

= Titre de baron confirmé par ordonnance du 2 mars 1816, en faveur de Jean-Henri FIERECK, lieutenant de roi à Antibes, colonel.

*
* *

I. André FIERECK, épousa Anne-Marie Feslerin, dont un fils, qui suit.

II. Jean-Henri FIERECK, baron Fiereck et de l'Empire (lettres patentes du 16 décembre 1810), donataire de l'Empire [1], canonnier (1779), lieutenant d'artillerie (1794), colonel directeur d'artillerie, lieutenant de roi à Antibes (31 janvier 1815, O. ✳) ; fut confirmé dans le titre de baron héréditaire, par ordonnance royale du 2 mars 1816. Né à Strasbourg, le 17 février 1759, † à Grenoble, le 6 avril 1842, il épousa Louise Molin, dont quatre enfants :

> 1° Yves-Louis-Hercule, qui suivra ;
>
> 2° Noël-Auguste-Henri, conseiller de cour d'appel, ✳, né à Turin le 22 octobre 1806, † … ; marié à Antoinette-Marie-Caroline Courtin, dont une fille :

1, Cf. *Armorial du Ier Empire*, t. II, p. 163.

Delphine-Julie-Sophie, née à Grenoble le 6 janvier 1843; mariée à Grenoble, le 29 septembre 1863, à Henri-Félix-Lucien Jocteur-Montrozier;

3° Jean-Arthur-Dauphin, capitaine de frégate (1848), O. ✳, né à Vérone le 9 avril 1811, †...;

4° Marie-Henriette-Caroline, née à Turin le 26 novembre 1803, † (après 1879) sans alliance.

III. Yves-Louis-Hercule FIERECK, baron Fiereck, colonel d'artillerie, général de brigade (24 décembre 1858), général de division (12 août 1866), C. ✳, né à Turin le 13 mars 1805, † à la Rochais, le 18 septembre 1879, sans postérité.

FILHOL DE CAMAS

= Titre de baron héréditaire confirmé en faveur de Jean-Edmond FILHOL DE CAMAS, baron de l'Empire, maréchal de camp, par lettres patentes du 25 octobre 1817, avec règlement d'armoiries: *d'argent, à la bande de gueules, chargée sur l'arête d'une bécasse de sable et accompagnée en chef d'un croissant de gueules, et en pointe d'une étoile du même.*

* *

Cette famille a pour auteur Bernard Filhol, marchand, puis procureur fiscal de la justice de Saint-Front, en Périgord, en 1706.

I. François FILHOL, seigneur de Camas, épousa Claire de Coussines, dont au moins un fils, qui suit.

II. Ambroise FILHOL DE CAMAS, cadet, puis sous-lieutenant d'artillerie (1750), lieutenant en premier (1762), capitaine (1765), chef de brigade (1780), commandant d'artillerie à Port-Louis, chevalier de Saint-Louis, né à [Saint-Front de] Monsempron, en 1729, †...; épousa à Port-Louis, le 9 février 1763, Jeanne-Thérèse Béard de Bussières, dont au moins :

1° Jean-Edmond, qui suit :
2° Eugène-Jean-Ambroise, lieutenant de vaisseau (1825), ✳.

III. Jean-Edmond FILHOL DE CAMAS, baron Filhol de Camas et de l'Empire (lettres patentes du 15 juin 1808), donataire de l'Empire [1], lieutenant d'artillerie (1er septembre 1784), capitaine (1er avril 1791), chef de bataillon (27 avril 1802), major (23 mai 1803), colonel directeur d'artillerie (24 mars 1804), général de brigade (23 juin 1811), G. O. ✳, chevalier de Saint-Louis ; fut confirmé dans le titre de baron héréditaire, par lettres patentes du 25 octobre 1817. Né à Port-Louis (Morbihan) le 2 juillet 1767 (1777), † à Rennes le 29 mars 1854, il épousa le 5 avril 1806 Marie-Hyacinthe-Jeanne Dargence, fille de Philippe-Sylvain, seigneur des Ruisseaux, et de Marie de la Cropte de Saint-Abre, dont:

1° Edmond-Jean-Armand, sous-lieutenant, colonel, O. ✳, né à Paris le 8 juillet 1807, † à Inkermann le 5 novembre 1854; marié, le 17 août 1846, à Marie-Célestine Cartier, † le 17 décembre 1897, dont une fille, qui suit :
N... Filhol de Camas, née..., mariée à M. Paul Malivoiré, † en 1885, dont quatre enfants, qui ont été autorisés, par décret du 25 juillet 1889, à ajouter à leur nom « Filhol de Camas », et à s'appeler Malivoire-Filhol de Camas : 1° Jean-Pierre, né à Arpajon le 24 mai 1877; 2° Paul-René, né le 13 octobre 1879; 3° Geneviève-Marie-Joséphine, née le 24 juin 1874; 4° Adèle-Joséphine-Charlotte, née le 30 janvier 1876;
2° Ambroise, qui suivra;

1. Cf. *Armorial du Ier Empire*, t. II, p. 164.

3° Armand, colonel d'infanterie, O. ✳, né à Rennes le 25 octobre 1814, † le 9 novembre 1889 ; marié à N..., dont deux enfants :

    a) Edmond-Jean-Joseph, lieutenant au 62° régiment d'infanterie, né le 16 décembre 1866; marié à Brest, le 26 avril 1899, à Amélie Le Bescond de Coatpont;

    b) N..., mariée à M. Gimelle:

4° Hippolyte, chef de bataillon d'infanterie, ✳, né à Rennes le 17 décembre 1815, sans alliance ;

5° Eugène, receveur de l'enregistrement, né à Douai le 18 octobre 1821, sans alliance.

IV. Ambroise FILHOL DE CAMAS, baron Filhol de Camas, intendant militaire, ✳, né à Vannes le 26 décembre 1808, † le 12 octobre 1856, marié en 1836, à Louise-Françoise Dussault de Saint-Monthan, dont deux enfants :

    1° Jules-Charles-Louis, qui suivra ;

    2° Laure.

V. Jules-Charles-Louis FILHOL DE CAMAS, baron Filhol de Camas, ancien percepteur, né à Châteauneuf-du-Rhône, le 11 juillet 1845, a épousé à Grenoble, le 12 juillet 1890, Adèle Peloux, veuve de Joseph-Claude Girard.

FIMARCON — *v.* PREISSAC D'ESCLIGNAC

FIRMAS-PERIÈS (DE)

═ Titre de comte, par ordonnance du 30 mars 1816, en faveur d'Armand-Charles-Daniel DE FIRMAS-PERIÈS, maréchal de camp.

*
* *

La famille Firmas est originaire de la ville d'Alais, à laquelle elle a fourni des consuls ; mais elle n'a jamais comparu aux manifestations de la noblesse, ni lors de la réformation en 1666, ni à l'armorial général de 1696.

II. Pierre-Antoine DE FIRMAS, seigneur de Periès, capitaine au régiment de Berwick, colonel de milices (1694) et consul-maire d'Alais, fils lui-même d'un consul d'Alais, épousa le 25 décembre 1704 Marthe-Daniel de Saint-Ravy, † le 8 mai 1766 (remariée à Jean Faucon-la-Vabré), dont :

    1° Abraham-François, mort jeune ;

    2° Louis, sgr de Periès, né le 29 mars 1707, † le 27 janvier 1758 ; marié à Louise du Cairon, † le 13 octobre 1806, dont : Jean-Louis, marié en premières noces à sa tante ci-après, et qui a laissé postérité représentée de nos jours, et Mᵐᵉ de Petit de la Barrière ;

    3° François-Joseph, mort jeune ;

    4° Charles, qui suit.

III. Charles DE FIRMAS-PERIÈS, lieutenant au régiment de Gâtinais-infanterie (1730), capitaine (2 mars 1742), commandant de l'hôtel royal des Invalides (2 décembre 1758), chevalier de Saint-Louis, né le 2 décembre 1711, † à Alais le 19 novembre 1773 ; épousa le 21 juin 1769 Victoire-Félicité de la Condamine de Serves, † le 4 mars 1778, (remariée à son neveu Jean-Louis de Firmas-Periès, ci-dessus rapporté), fille de Pierre, capitaine au régiment de Piémont, et de Marie de Lafond-Guy, dont :

1° Armand-Charles-Daniel, qui suit ;
2° Jean-Casimir-Édouard-Gaspard, mort jeune.

IV. Armand-Charles-Daniel DE FIRMAS-PERIÈS, comte de Firmas-Periès, seigneur de Cappel-sur-le-Rhin, sous-lieutenant au régiment de Piémont-infanterie (23 septembre 1785), capitaine de chasseurs à cheval à l'armée de Condé (1er juin 1792), colonel du régiment de Hohenlohe (14 février 1792), grand maître des cuisines et chambellan du roi de Wurtemberg (5 décembre 1817), maréchal de camp (30 mai 1814), lieutenant général (31 mars 1819), chevalier de Saint-Louis, etc.; fut créé comte par ordonnance du 30 mars 1816. Né le 4 août 1770, †..., il épousa, en novembre 1798, Marie-Joséphine, comtesse de Waldbourg-Wolfegg et Waldsee, veuve en premier mariage du comte Charles-Emmanuel de Lentrum-Ertingen, lieutenant général en Sardaigne, et fille du comte Gebhard-Xavier de Wolfegg-Waldsee et Fridberg, et de Claire, comtesse de Kenigsegg-Aulendorff, dont il n'eut pas d'enfants.

Cette branche portait pour armoiries : *écartelé : aux 1er et 4o d'argent, à trois poiriers arrachés de sinople, qui est de Periès ; aux 2e et 3e d'argent, à l'aigle éployée de sable, l'argent chappé parti d'azur et de gueules, à une fleur de néflier à cinq feuilles d'or et d'argent, brochant sur le parti, qui est de Cappel. Sur le tout : d'argent, à trois mouchetures d'hermine de sable, qui est de Firmas [au chef cousu du champ, à une fleur de lis d'or, par ordonnance du 30 mars 1816 (?)]*

FITREMANN

= Titre de chevalier héréditaire confirmé en faveur de Nicolas-Thadée-Joseph FITREMANN, chef d'escadron de gendarmerie, par lettres patentes du 12 octobre 1816, avec règlement d'armoiries : *de sable, à l'éperon soutenu de deux molettes, le tout d'argent ; au chef d'or, chargé d'un sabre d'azur, posé en fasce, la pointe à dextre : à la bordure de gueules, chargée d'une étoile d'argent.*

**

I. Jacob-Michel FITREMANN, épousa Marie-Claire Bonat, dont au moins un fils, qui suit :

II. Nicolas-Thadée-Joseph FITREMANN, chevalier Fitremann et de l'Empire (lettres patentes du 14 septembre 1810), donataire de l'Empire[2], chef d'escadron de gendarmerie (21 juin 1811), lieutenant-colonel (1820), colonel de gendarmerie (30 août 1824), maréchal de camp (13 août 1830), chevalier de Saint-Louis, O. ✳ ; fut confirmé dans le titre de chevalier héréditaire, par lettres patentes du 12 octobre 1816. Né à Colmar le 6 décembre 1770, † à... le... 1841.

1. Les lettres patentes confirmant ce titre et ces armoiries n'ont pas été délivrées.
2. Cf. *Armorial du Ier Empire*, t. II, p. 166.

FITZ-JAMES (de)

= Titre de pair à vie en faveur d'Édouard, duc DE FITZ-JAMES, par l'ordonnance du 4 juin 1814 ; confirmé à titre héréditaire par l'ordonnance du 19 août 1815.

= Titre de duc-pair héréditaire attaché à ladite pairie, en faveur du même, par l'ordonnance du 31 août 1817 (sans lettres patentes, ni majorat de pairie).

La famille de Fitz-James a pour auteur Jacques Fitz-James, duc de Berwick et de Fitz-James, pair et maréchal de France (15 février 1706), qui était fils de Jacques II, roi d'Angleterre, et d'Isabelle Churchill, et qui fut créé duc de Berwick en 1687 et duc et pair sous le nom de Fitz-James, par érection de la seigneurie de Warty en duché-pairie par lettres patentes de mai 1710 ; il se maria deux fois :
1° à Honorée de Burgh, dont un fils aîné, Jacques-François, qui a fait la branche des ducs de Berwick, d'Albe, de Liria, de Xerica, d'Huescar, etc., fixée en Espagne ;
2° à Anne Bulkeley, dont six fils, entre autres, Charles, qui suit, et trois filles.

II. Charles FITZ-JAMES, duc de Fitz-James, pair de France par démission de son frère aîné en 1736, maréchal de France (1775), chevalier commandeur de l'Ordre du Saint-Esprit (2 février 1756), né à Saint-Germain-en-Laye le 4 novembre 1712, † à Paris le 22 mars 1787 ; épousa à Paris, le 1er février 1741, Victoire-Louise-Josèphe de Gouyon de Gacé, dame du palais de la reine, fille de Marie-Thomas-Auguste, marquis de Matignon, et d'Edme-Charlotte de Brenne, dont :

1° Jacques-Charles, qui suivra ;
2° Charles-Ferdinand, né à Paris le 7 septembre 1747 ;
3° Édouard-Henri, comte de Fitz-James, chevalier de Malte de minorité, puis commandeur de l'Ordre, colonel du régiment de Berwick, brigadier d'infanterie (1784), maréchal de camp (9 mars 1788), lieutenant général (20 février 1815) ; né à Paris le 28 septembre 1750, † à Saint-Germain-en-Laye le 1er décembre 1828 ;
4° Anne-Marie-Félicité-Joseph, née en 1741, † à Paris le 21 février 1742 ;
5° Laure-Auguste, née à Paris le 7 décembre 1744, † à Paris le 26 septembre 1804 ; mariée le 28 septembre 1762 à Philippe-Gabriel-Maurice-Joseph de Hénin-Liétard, prince de Chimay ;
6° Adélaïde, née à Paris le 17 février 1746, † le 25 août 1747 ;
7° Émilie, née à Paris le 23 décembre 1758.

III. Jacques-Charles FITZ-JAMES, duc de Fitz-James, pair de France, colonel du régiment de Berwick, maréchal de camp, gouverneur du Limousin ; né à Paris le 26 novembre 1743, † à..., en émigration ; épousa, le 26 décembre 1768, Marie-Claudine-Sylvie de Thiard de Bissy, fille d'Henri-Charles-Gabriel, comte de Bissy, lieutenant général, et d'Anne-Élisabeth-Marie-Marthe-Rose Brissart, dont quatre enfants :

1° Charles-Jean, né à Paris le 25 juin 1773 ;
2° Édouard, qui suivra ;
3° Henriette-Victoire, née à Paris le 11 octobre 1770, † le 26 juillet 1809 ; mariée, le 23 août 1784, à Charles-François-Armand, duc de Maillé, pair de France ;
4° N..., née et décédée le 26 décembre 1771.

IV. Édouard FITZ-JAMES, duc de Fitz-James, pair de France (4 juin 1814), chevalier de Malte de minorité, officier de l'armée de Condé, colonel, maréchal de camp (30 juillet 1823), chevalier commandeur du Saint-Esprit, O. ✳, chevalier de Saint-Louis ; fut créé duc-pair héréditaire sur promesse d'institution de majorat de pairie, par l'ordonnance du 31 août 1817. Né à Versailles le 10 janvier 1776, † à Paris le 11 novembre 1833, il se maria deux fois : 1° en Angleterre, en 1798, à Élisabeth-Alexandrine Le Vassor de la Touche, † à Paris vers janvier 1810, fille de François-Alexandre, et d'Anne-Laure Girardin de Montgérald, dont deux fils ; 2° à Paris, le 6 décembre 1819, à Antoinette-Françoise-Sidonie de Choiseul-Gouffier, † à Quevillon le 4 mars 1862, veuve en premier mariage d'Alexandre-Marie du Moncel, marquis de Torcy, † à Quevillon le 22 février 1818, et fille du comte de Choiseul-Daillecourt, et de Mlle Gouffier d'Heilly, dont il n'eut pas d'enfants :

[*du 1er lit*] : 1° Jacques-Marie-Emmanuel, qui suivra ;

2° Charles-François-Henri, comte de Fitz-James, né à... le... 1801, † à Paris le 28 mars 1882, marié, le 12 mai 1832, à Cécile-Marie-Émilie-Charlotte de Poilly, † à Marly-le-Roi le 24 octobre 1856, dont trois fils et une fille, qui suivent :

   a) Robert-Charles-Henri, comte de Fitz-James, capitaine de frégate, ✳, né le 25 juin 1835, † à Montreux (Suisse), le 23 septembre 1900 ; marié, le 5 mai 1886, à Rosalie Gutmann, sans postérité ;

   b) Jacques-Charles-Édouard, comte de Fitz-James, chef de bataillon d'infanterie, né le 8 février 1839 ; marié, le 26 avril 1866, à Marie-Adèle-Madeleine Dulong de Rosnay ; dont deux fils, qui suivent :

     aa) Étienne, né en 1868 ;

     bb) Édouard, né en 1870 ;

   c) David-Henri, comte de Fitz-James, né le 1er février 1840, † à Paris le 21 juin 1891 ; marié en janvier 1887 à Charlotte-Emmeline Doyon, veuve en premier mariage d'Auguste Dumont, sans postérité ;

   d) Charles-François-Henri, né en 1843 ;

   e) Élisabeth-Marie, née en 1834, † en 1866 ; mariée, en janvier 1859, à Charles-Marie-Christian, marquis de Biencourt.

V. Jacques-Marie-Emmanuel FITZ-JAMES, duc de Fitz-James, né à... le... 1799, † à Paris le 8 juin 1846 ; épousa (contrat des 13 et 14 mars 1826), Marguerite-Claire-Stéphanie de Marmier, † à Brooklands Weybridge (Angleterre) le 15 octobre 1888, fille du duc de Marmier et de Mlle de Choiseul-Daillecourt, dont huit enfants :

1° Édouard-Antoine-Sidoine, qui suivra ;

2° Henri-Pierre-Charles, né en 1829 ;

3° Jacques-Louis, né en..., † le 6 septembre 1846 ;

4° Gaston-Charles, comte de Fitz-James, lieutenant de vaisseau, ✳, né le 13 avril 1840, † à Paris le 18 novembre 1894 ; marié, le 22 avril 1885, à Fanny Barron, † à Paris le 18 novembre 1894, dont un fils unique, qui suit :

   Jacques-Louis, né le 2 avril 1886 ;

5° Jacqueline-Arabella, née à Paris le 25 février 1827 ; mariée, le 10 mai 1847, à Scipion-Marie-Jean-Baptiste Borghèse, duc de Salviati ;

6° Marie-Charlotte, née en 1828 ; mariée, le 8 mai 1849, à Étienne-Charles, comte de Gontaut-Biron ;

7° Marie-Antoinette, née en 1837, † à Rome le 22 janvier 1865 ; mariée, le 19 juillet 1862, à Athanase-Charles-Marie, baron de Charette de la Contrie, général de brigade ;

VI. Édouard-Antoine-Sidoine Fitz-James, duc de Fitz-James, né à Paris le
21 juin 1828, a épousé le 17 mai 1831 Marguerite-Augusta-Marie de Lœvenhielm,
fille de Gustave-Charles-Frédéric, comte de Lœvenhielm, ministre plénipotentiaire
de Suède, dont quatre enfants :

1° Jacques-Gustave-Sidoine, marquis de Fitz-James, lieutenant-colonel d'infanterie de marine, O. ✳, né le 18 février 1852 ;

2° Henri-Marie, comte de Fitz-James, ancien lieutenant de cavalerie, né en 1855 ; marié, le
16 mai 1884, à Adèle-Marie-Viane de Goutaut-Biron ;

3° Françoise, née en 1853 ; mariée, le 14 décembre 1883, à Léonor, comte de Turenne
d'Aynac ;

4° Marie-Yolande, née en 1854, mariée deux fois : 1° le 25 juin 1874, à Henri de Cassaigne
de Beaufort, comte de Miramon, † le 23 juin 1878 ; 2° le 12 janvier 1890, à Georges, vicomte
de Vaulchier, officier de cavalerie.

La maison de Fitz-James porte pour armes : *écartelé : aux 1 et 4 contre-écar-
telé de* France *et d'*Angleterre *; à la bordure componée d'azur et de gueules de seize
pièces, les compons d'azur chargés d'une fleur de lis d'or, et les compons de gueules
chargés d'un léopard d'or.*

FITZ-JAMES (de)

= Titre personnel de vicomte par ordonnance du 17 février 1828, en faveur
de Jacques-Charles-René de Fitz-James, colonel.

* *

Le duc Jacques-Charles de Fitz-James, pair de France, maréchal de camp,
né à Paris le 26 novembre 1743, avait eu plusieurs enfants naturels. Il eut d'Anne-
Bibiane Beauvaland, un fils, Jacques-Charles-René [1], qui suit.

I. Jacques-Charles-René Fitz-James, vicomte de Fitz-James, vélite de la garde
(15 juillet 1806), sous-lieutenant d'infanterie (23 avril 1808), capitaine (16 juin
1813), chef de bataillon (18 juillet 1815), lieutenant-colonel (1819), colonel (19 juillet 1823) maréchal de camp (16 juin 1834), O. ✳, chevalier de Saint-Louis, fut créé
vicomte à titre personnel par ordonnance royale du 17 février 1828 ; né à Paris le
16 juillet 1788, † à Oran (Algérie) le 30 novembre 1834 ; il épousa à Paris, le
25 janvier 1819, N... de Cormack.

FLEMING

Titre de baron héréditaire, sur institution de majorat (rentes), en faveur de
Jean-Louis Fleming, par lettres patentes du 29 novembre 1821, avec règlement
d'armoiries : *écartelé aux 1° et 4° d'hermine, au double trescheur de gueules et au chevron
alaisé du même, aux 2° et 3° d'or, au chevron de sable, acompagné de trois molettes du*

---

1. Il est dit dans son acte de baptême « fils du duc Jacques-Charles de Fitz-James et d'Anne-
Bibiane Beauvaland, *sa mère* (*sic*), demeurant rue de Tracy, en la paroisse Saint-Laurent ». Son
parrain fut haut et puissant seigneur Pierre-Claude-Charles, chevalier, marquis de Genlis
(Cf. état civil de Paris). Le duc de Fitz-James paraît avoir eu plusieurs autres enfants naturels,
dont l'un d'eux a lui-même laissé des enfants naturels.

même. Sur le tout : d'hermine, au double trescheur de gueules et au chevron alaisé du même.

* *

I. Jacob-Louis CUCHET, marié à Françoise-Andriane Deleyderrier, fut père d'un fils, qui suit.

II. Jean-Louis CUCHET, puis FLEMING, baron de Fleming, fut autorisé par le roi d'Angleterre, par licence du 28 février 1806, à substituer à son nom celui de « Fleming » et naturalisé Anglais ; puis il fut ensuite créé baron héréditaire, sur institution de majorat, par lettres patentes du roi de France du 29 novembre 1821. Né à Genève le 15 novembre 1779, †..., il se maria deux fois : 1º à Seymour-Dorothea Worsley, † à Paris-Passy le 9 septembre 1818, veuve en premier mariage de M. Fleming ; 2º le 27 avril 1820, à Ernestine-Jeanne-Marie d'Houdetot, † le 22 septembre 1836, fille de César-Louis-Marie-François-Ange, comte d'Houdetot, et de sa seconde femme, Constance-Joséphine de Céré, dont au moins une fille :

> Césarine-Amable-Louise Fleming, née..., †...; mariée vers 1840 à Denis-Bernard-Frédéric baron de Graffenried-Villars.

FLEURY — *v.* ROSSET DE ROSCOZEL

FLURY

= Titre de chevalier héréditaire confirmé en faveur de Jean-Baptiste-Charles FLURY, consul général de France, par lettres patentes du 25 novembre 1814, avec règlement d'armoiries : *d'azur, au chevron cousu de gueules, chargé d'une étoile d'argent, accompagné en chef à dextre, d'une tour crénelée de quatre pièces, surmontée d'une croix, et à sénestre de trois trèfles, le tout d'or, et en pointe, d'une épée haute en pal d'argent, surmontée d'une coquille du même.*

* *

I. Joseph-Léonard FLURY, garçon du château de Versailles, épousa Marie-Charlotte Chauvelle, dont :

1º Jean-Baptiste-Charles, qui suivra ;

2º Louis-Noël, chef de division au Ministère des affaires étrangères, conseiller d'État, O. ✳, né à Versailles le 29 novembre 1771, † à Versailles le 7 avril 1836; marié à Paris, le 6 février 1794, à Marie-Louise-Adélaïde Larsonneux, dont un fils : Émile, né le 31 octobre 1794, qui a laissé postérité représentée de nos jours par un ministre plénipotentiaire.

II. Jean-Baptiste-Charles FLURY, chevalier Flury et de l'Empire[1] (lettres patentes du 29 janvier 1811), secrétaire d'ambassade (1785), consul général de France (1805), administrateur des postes (1817), ✳; fut confirmé dans le titre de chevalier héréditaire par lettres patentes du 25 novembre 1814. Né à Versailles le 6 septembre 1775, † même ville le 2 mars 1842, il épousa à Paris, en 1804 (3º arrondissement), Marie-Adélaïde Vaillant, dont :

1º Jean-Baptiste-Charles-Prosper, qui suivra ;

1. Cf. *Armorial du Ier Empire*, t. II, p. 168.

2° Pierre-Hippolyte, consul général, O. ✳, né à Paris le 29 avril 1814, † le 28 février 1876; marié à Paris, le 8 janvier 1846, à Blanche Saulnier, dont :

    a) Roger, marié à Mlle Huto, et père d'un fils : Xavier.

    b) N..., mariée à Léon Germeau.

    c) Anne-Marie-Adèle, mariée à son cousin Paul-Luce-Hippolyte Flury-Hérard;

3° Jean-Noël-Ferdinand, né en 1811 (vivant en 1836).

III. Jean-Baptiste-Charles-Prosper FLURY, puis Fleury-Hérard, chevalier Flury-Hérard, consul général, puis banquier, O. ✳; fut confirmé dans le titre de chevalier héréditaire par décret impérial du 23 mai 1866. Né à Paris le 20 décembre 1804, † en 1872, il épousa à Paris, le 20 août 1831, Anne-Joséphine-Jenny Hérard [de Villiers], † à Paris le 19 février 1894, dont :

1° Paul-Luce-Hippolyte, qui suivra;

2° Caroline-Marie-Louise, mariée, le 4 septembre 1855, à Pierre-Eugène Trubert.

IV. Paul-Luce-Hippolyte FLURY, chevalier Flury-Hérard, banquier, ✳, né le 31 janvier 1836; marié : 1° à sa cousine Anne-Marie-Adèle Flury, dont quatre enfants, qui suivent; 2° le 25 juillet 1885, à Jeanne de Louvières, fille de Louis-Henri-Oscar, et de Célestine Dulac, dont deux fils, qui suivront :

[*du 1er lit*] : 1° Jean-Louis-Maxime, lieutenant de dragons, né à Paris le 13 novembre 1866; marié en novembre 1895 à Léonore Suberviclle;

2° Marthe, mariée, le 2 février 1886, à Edmond Hudelist, secrétaire d'ambassade;

3° Marie-Eugénie-Mathilde, mariée, le 2 août 1890, à Henri-Charles-François Chappe d'Auteroche, officier;

4° Marie;

[*du 2e lit*] : 5° Marcel;

6° Robert.

FOACHE

= Titre de baron héréditaire en faveur de Charles-Arthur FOACHE, sous-préfet, par lettres patentes du 29 mars 1823, avec règlement d'armoiries : *d'azur, au badelaire d'argent.*

*
* *

I. Martin-Pierre FOACHE, marchand-armateur au Havre, épousa Catherine Jorre, dont six enfants :

1° Martin-Pierre, secrétaire du roi, payeur des gages en la chancellerie du parlement de Rouen, marié à Mlle Chaussée, dont trois enfants, qui suivent :

    a) Martin, marié à Julie Begouen de Meaux, dont un fils, qui a laissé postérité représentée de nos jours;

    b) Jules, marié à Françoise Begouen de Meaux, dont une fille;

    c) Louise, mariée à Barthélemy Le Couteulx de Verdives;

2° Pierre-Stanislas, qui suivra;

3° Marie, mariée à M. de Rumare;

4° Marguerite, mariée à M. Clouet;

5° Catherine, mariée à M. de Meaux;

6° Julie, mariée à Augustin-Charles Legendre, chevalier de Montcnol, lieutenant-colonel et chevalier de Saint-Louis.

II. Pierre-Stanislas FOACHE, conseiller secrétaire du roi au Grand-Conseil (19 août 1776), notaire, juge-consul à Rouen et négociant au Cap-Français (Saint-

Domingue), né au Havre le 12 novembre 1737, épousa en juillet 1780 Henriette-Agathe-Rose de Mondion, dont :

1° Charles-Arthur, qui suivra ;
2° Flore, mariée en 1804 à André Begouen de Meaux, maire du Havre ;
3° Marie-Rose, née le 29 août 1781, † à Versailles le 19 avril 1859 ; mariée à Alphonse-Charles Poret, comte de Blosseville.

III. Charles-Arthur FOACHE, baron Foache, sous-préfet, O. ✳, fut créé baron héréditaire par lettres patentes du 29 mars 1823. Né à Montivilliers (Seine-Inférieure), le 29 mai 1788, †..., il épousa, en 1816, Alexandrine Begouen, fille du comte, conseiller d'État, et de Mlle Mathieu, dont quatre enfants :

1° Stanislas, qui suivra ;
2° Ferdinand, lieutenant colonel (31 décembre 1874, colonel de cuirassiers (1880), O. ✳, né à Sainte-Adresse (Seine-Inférieure) le 26 août 1832, marié et père de trois enfants, entre autres :
   Maurice-Adrien, capitaine de dragons, né à Givet le 15 juin 1857 ; marié, le 4 janvier 1883, à Marthe Dumoustier ;
3° Gaston, marié et père d'une fille ;
4° Henriette, mariée, le 25 février 1849, à Henri-Ernest de Martrin-Donos, officier d'infanterie.

IV. Ferdinand FOACHE, baron Foache, percepteur des contributions directes, né..., marié à sa nièce Alix de Martrin-Donos, dont trois enfants.

FOISSAC-LATOUR (DE)

⚌ Titre de vicomte héréditaire en faveur d'Antoine-Henri-Armand-Jules DE FOISSAC-LATOUR, maréchal de camp, par lettres patentes du 16 juin 1818, avec règlement d'armoiries : *parti : au I d'azur, à une rose d'argent accompagnée en chef et en pointe d'une molette du même ; au II parti d'or, au lion de sable.*

⚌ Titre de baron héréditaire en faveur de François-Marie-Louis-Victor LA-TOUR-FOISSAC, colonel de cuirassiers, frère du précédent, par lettres patentes du 6 octobre 1819, avec règlement d'armoiries : *parti : au I d'azur, à la rose d'argent accompagnée en chef et en pointe d'une molette du même ; au II d'or, au lion de sable.*

*_**

Cette famille Foissac paraît originaire d'Agenais, où elle a possédé les fiefs de Carbonnac, de la Tour ; elle établit sa filiation depuis un Armand de Foissac, seigneur de Carbonnac, marié à Catherine Bap, dont le fils, Antoine, épousa le 12 novembre 1631, Charlotte Pravard de l'Isle ; Antoine, fils de ces derniers, épousa le 26 novembre 1667 Jeanne Hallet et fut père de Jean-François[1], qui suit.

IV. Jean-François DE FOISSAC, dit M. de la Tour, capitaine au régiment de Champagne et chevalier de Saint-Louis, épousa le 27 avril 1701 Jeanne-Claire Misserel, dont :

1° Philippe-François, qui suivra ;
2° Louise-Armand-Gaston, née à Phalsbourg le 6 mai 1725.

1. Une note de la main de d'Hozier (Cf. Bibl. nat. carrés d'Hozier, article *Foissac*) dit que ce Jean-François ne put établir ses preuves de noblesse en février 1760, pour l'admission de son fils aux écoles militaires.

V. Philippe-François DE FOISSAC, dit de la Tour-Foissac, commandant du bataillon du régiment d'Alsace, épousa vers 1749 Dorothée de Wimpffen, dont :

1° Philippe-François, qui suivra ;
2° Christian, officier du génie, né en 1761 ;
3° Charles, officier du génie, né en 1764.

VI. Philippe-François DE FOISSAC-LATOUR, capitaine du corps du génie (1780), général de brigade (15 mars 1793), général de division (13 juin 1795), né le 11 juillet 1750, † à Acqueville près Poissy en 1806, il épousa Marie-Élizabeth-Rosalie Mathis, † à Paris le 13 août 1816, dont deux fils :

1° Antoine-Henri-Armand-Jules-Élisabeth, qui suivra ;
2° François-Marie-Louis-Victor, qui sera rapporté après son frère.

VII. Antoine-Henri-Armand-Jules-Élisabeth DE FOISSAC-LATOUR, vicomte de Foissac-Latour, volontaire aux chasseurs à cheval (1795), chef d'escadron (1808), colonel de chasseurs à cheval (1812), général de brigade (15 mars 1814), lieutenant général (8 août 1823), retraité en 1830, G. O. ✠, commandeur de Saint-Louis ; fut créé baron par ordonnance du 2 mars 1816, puis créé vicomte héréditaire par lettres patentes du 16 juin 1818 ; né à Molshein (Alsace) le 3 février 1782, † à Rouge-Maison (Aisne) le 23 mars 1855, sans postérité.

VII *bis*. François-Marie-Louis-Victor DE FOISSAC-LATOUR, dit Latour de Foissac, baron de Latour-Foissac, colonel de cuirassiers (1er juillet 1818), chevalier de Saint-Louis, O. ✠, fut créé baron héréditaire, sous le nom de Latour-Foissac, par lettres patentes du 6 octobre 1819. Né à Phalsbourg (Lorraine) le 6 décembre 1784, † au château d'Acqueville (Seine-et-Oise) le 19 octobre 1851, il épousa Hélène-Éléonore Champy, †..., dont une fille unique :

Marie-Gabrielle-Éléonore, née..., † au château d'Acqueville, sans alliance.

Le baron de Latour-Foissac avait eu de Marie-Augustine Berger, une fille naturelle, Victorine-Madeleine-Mathilde, dite de la Tour de Foissac, née à Strasbourg le 29 juillet 1832 ; mariée à Acqueville le 31 mai 1852, à Jean-Camille-Eugène Ducourthial de Lassuchette, capitaine de frégate.

FONTAINE

= Titre personnel de comte en faveur de Charles-François FONTAINE, colonel, par lettres patentes du 15 avril 1829, avec règlement d'armoiries : *d'azur, au chevron d'or, accompagné en chef de deux trèfles et, en pointe, d'une gerbe, le tout du même.*

***

Cette famille Fontaine, originaire de la Flèche, où elle est citée dès le XVI° siècle, a donné des grenetiers du grenier à sel et des officiers de judicature. Elle a formé plusieurs branches connues sous les noms de la Crochinière, de Mervé, Biré, etc. L'une d'elles a donné :

I. René-François FONTAINE, sieur de la Crochinière, qui épousa Marguerite Fromageau, dont entre autres enfants :

1° Christophe, secrétaire du roi (?) retiré aux Oratoriens ;
2° Christophe-Henri, qui suivra ;
3° Damien, sieur de la Crochinière, receveur des tailles à la Flèche ; marié en mai 1705 à Marie Orceau.

II. Christophe-Henri FONTAINE, écuyer, seigneur de Mervé et de la Bonnerie, conseiller secrétaire du roi en la grande chancellerie (24 septembre 1713), épousa le 11 mai 1707 sa cousine germaine, Louise-Anne Fontaine, fille de Louis, procureur du roi au siège présidial de la Flèche, et d'Anne Marsollier, dont :

1° Marie-Michel, sgr de Mervé et de la Bonnerie, lieutenant des vaisseaux du roi, chevalier de Saint-Louis; marié, le 3 juillet 1742, à Renée-Catherine Le Mercier de Beaurepos, dont postérité;

2° Christophe-Henri-Damien, sgr de Mervé, marié à Suzanne Richer;

3° François, qui suivra.

III. François FONTAINE DE MERVÉ, écuyer, seigneur de Marigné, officier au régiment de Bourgogne-cavalerie, chevalier de Saint-Louis, † en 1784; épousa le 13 août 1764 Marie-Michelle-Aimée Le Febvre de Chasle, fille de Charles, seigneur de la Lande, Chasle, etc., et de Marie-Anne-Aimée Boislève, dont un fils, qui suit.

IV. Charles-François FONTAINE, comte Fontaine, colonel, chevalier de Saint-Louis, né à la Flèche, le 2 juillet 1765, †... ; fut créé comte héréditaire par lettres patentes du 15 avril 1829.

FONTANE

= Titre de baron héréditaire en faveur de Jean-François FONTANE, colonel d'état-major, par lettres patentes du 16 janvier 1818, avec règlement d'armoiries : *de gueules, à l'épée en pal d'argent, montée d'or.*

* *

I. Antoine FONTANE épousa Jeanne Vieuille, dont au moins un fils, qui suit.

II. Jean-François FONTANE, baron de Fontane, officier de l'armée des princes, colonel d'état-major, chevalier de Saint-Louis, ✠, fut créé baron héréditaire par lettres patentes du 16 janvier 1818. Né à Saintes le 20 septembre 1758, † le 12 août 1834, il épousa le 11 février 1826 Marie-Jeanne-Euphrosine Folliot.

FONTANE

= Titre de baron héréditaire confirmé en faveur de Jacques FONTANE, baron de l'Empire, lieutenant général, par lettres patentes du 23 mars 1816, avec règlement d'armoiries : *coupé : au I d'or, au dextrochère de sable tenant une épée du même, mouvant du flanc senestre et à une tête de Borée de carnation mourante, de l'angle dextre du chef; au II d'azur, à une montagne de trois coupeaux d'argent, surmontée de trois étoiles du même rangées en fasce.*

* *

II. Gabriel FONTANE, fils de M. et de Mme, née Jeanne Fesquet, épousa Marie Gilles, dont un fils, qui suit.

III. Jacques FONTANE, baron Fontane et de l'Empire (lettres patentes du 26 avril 1810), donataire de l'Empire[1], major (25 février 1797), colonel d'infanterie (17 mars 1799), général de brigade (7 octobre 1807), général d'escadron (12 décembre 1813), confirmé lieutenant général (12 septembre 1814), O. ✠, chevalier de

1. Cf. *Armorial du Iᵉʳ Empire*, t. II, p. 170, pour les armoiries, dotations et titres de l'Empire.

Saint-Louis ; fut confirmé dans le titre de baron héréditaire par lettres patentes du 23 mars 1816. Né à Montpellier (Hérault) le 20 mai 1765, † à Paris le 5 décembre 1839, il épousa, le 17 février 1798, Anne-Victoire-Madeleine Ceccopieri, fille du comte Albério, capitaine des gardes de la duchesse de Massa et Carrare, dont :

1º Gabriel-Natalis-Pierre-Marie, qui suivra ;

2º Marie-Anne-Thérèse-Françoise-Louise, née le 15 mars 1802, † en 1880 ; mariée, en 1821, à Amand-Joseph-Antoine Guilliot de Saint-Amand, vérificateur de l'enregistrement ;

3º Marie-Latina, née le 24 juillet 1800, † à Paris en 1880, sans alliance ;

IV. Gabriel-Natalis-Pierre-Marie FONTANE, baron de Fontane, chef d'escadron d'état-major, ✻, né à Massa (Italie) le 25 décembre 1798, † en 1855, se maria deux fois : 1º le 20 mai 1835, à Marie-Julie-Camille Marchand [d'Epinay], † en 1839 ; 2º à Paris le 5 mai 1842, à Marie-Françoise-Charlotte Frogier de Pontlevoy, fille de Louis-Marie-César et de Sophie-Françoise Panichot, dont deux enfants :

[du 1er lit] : 1º Richarde-Julie-Marie, née à Paris le 14 avril 1836, † en 1838 ;

2º Albéric-Théodore-Marie, né à Paris le 20 août 1838, † en 1838 ;

[du 2e lit] : 3º Albéric-François-Marie, qui suivra ;

4º Marie-Thérèse-Victoire, née au château d'Antigny (Vosges) le 11 juillet 1845, mariée, le 30 avril 1872, à Gaston, comte de la Conassaye.

V. Albéric-François-Marie DE FONTANE, baron de Fontane, capitaine de cavalerie, démissionnaire en 1875. Né à Paris le 26 février 1843, a épousé à Paris, le 26 avril 1873, Caroline-Marguerite-Marie de la Boutinière, fille de Charles-Jacques et de Marie-Félicie-Joséphine Tarbé des Sablons, † au château de la Gardelle le 13 octobre 1902, dont quatre enfants :

1º Charles-Paul-Marie-Joseph, né à la Gardelle (Haute-Vienne), le 9 septembre en 1875, † le 9 avril 1901 ;

2º Jacques-Jules-Marie-Joseph, né à Paris le 28 mars 1878 ;

3º Jean-Jules-Marie-Joseph, né à la Gardelle le 6 septembre 1880 ;

4º Gabrielle-Latina-Marie-Joséphine, née à Paris le 24 mars 1876.

FONTANES (DE)

⚌ Titre de pair à vie, par ordonnance du 4 juin 1814, en faveur de Jean-Pierre-Louis, comte DE FONTANES.

⚌ Confirmation de pairie à titre héréditaire, en faveur du même, par l'ordonnance du 19 août 1815.

⚌ Titre de marquis-pair héréditaire attaché à ladite pairie en faveur du même par ordonnance du 31 août 1817 et confirmé par lettres patentes du 20 décembre 1817 (sans institution de majorat de pairie), avec règlement d'armoiries : *de sable, à la fontaine d'argent terrassée du même ; au chef d'or chargée de trois pommes de pin d'azur.*

La famille Fontanes, serait originaire d'Alais et passée en Suisse, pour cause de religion.

I. Pierre-Marcellin FONTANES, *alias* de Fontanes, inspecteur des manufactures en Languedoc, puis en Poitou, né à Genève en 1721, † à Nantes en septembre 1774, fils d'un inspecteur des manufactures en Languedoc, épousa à Saint-Gaudens,

Jeanne-Baptiste-Dominiquette-Raymonde de Sède, † à Niort le 3 février 1776, dont au moins :

1° N..., né en 1750, † à Niort en 1773;
2° Jean-Pierre-Louis, qui suit.

II. Jean-Pierre-Louis FONTANES, comte Fontanes et de l'Empire (lettres patentes de mai 1808), puis marquis de Fontanes, donataire de l'Empire[1], professeur de littérature à l'École centrale (1706) et membre de l'Institut, député (1802-10), et président de la Chambre des députés (1804-8), grand maître de l'Université de France (1808), sénateur de l'Empire (7 février 1810), pair de France (4 juin 1814), membre du conseil privé (19 septembre 1815), G. C. ✳; fut créé marquis pair héréditaire par l'ordonnance royale du 31 août 1817 et confirmé dans ce titre, par lettres patentes du 20 décembre 1817. Né à Niort, le 6 mars 1751, † à Paris le 17 mars 1821, il épousa Marie-Geneviève-Faustine Cathelin, † le 24 novembre 1820, dont il eut plusieurs filles mortes jeunes, et :

Christine-Louise de Fontanes, chanoinesse (?) née à Paris le 4 août 1804, † à Genève le 12 novembre 1874.

FONTENAY (DE)

═ Titre personnel de vicomte en faveur d'Anne-Louis-Gabriel DE FONTENAY, ministre plénipotentiaire, par lettres patentes du 12 juillet 1830, avec règlement d'armoiries : *d'azur, au cheval passant d'argent; au chef d'or, chargé de trois étoiles de gueules.*

***

Cette famille connue autrefois sous le nom de Cheval, est originaire de Perrecy en Charollais, où elle est très anciennement citée ; elle établit sa filiation suivie depuis Humbert Cheval, marié vers 1550 à Pierrette Janvier; leur postérité a donné des officiers et magistrats au bailliage du Montcenis, un trésorier perpétuel des États de Bourgogne vers 1780, etc., et était représentée au sixième degré par André, qui suit.

VI. André CHEVAL, receveur du grenier à sel de Montcenis, avocat en parlement, vierg d'Autun (1713-40), secrétaire au parlement de Metz, obtint en 1725 l'autorisation de changer son nom en celui de FONTENAY, il se maria deux fois : 1° le 21 janvier 1703, à Marguerite Charlent, dont six enfants; 2° en 1731, à Pierrette Machereau, dont trois autres enfants :

[du 1er lit] : 1° Lazare, sgr de Chavannes, receveur des impositions des bailliages d'Autun, de Montcenis et de Bourbon-Lancy; marié, le 2 avril 1739, à Marie-Huguette de Lagoutte, dont postérité représentée de nos jours par deux branches;
2° Jean-Baptiste, chanoine d'Autun;
3° Charles-Lazare, dit M. de Marangé, capitaine au régiment de Soissonnais, chevalier de Saint-Louis; marié à Chesley, le 23 juin 1775, à Denise Rabiot du Seuil, veuve de François Cochet de Trelogue;
4° André, dit M. de Marigny, lieutenant au régiment de Soissonnais, † à Huningue en 1730;
5° François-Étienne, prieur de Droiteval en Lorraine;
6° Claire-Thérèse, religieuse;
[du 2e lit] : 7° Anne-Paul, qui suivra;

1. *Armorial du Ier Empire*, t. II, p. 171, pour les armoiries, dotations et titres de l'Empire

8° Jean-Éléonore, capitaine au régiment de Soissonnais, marié à Antoinette Garchery;
9° Anne-Reine-Hectorine-Charlotte, sans alliance.

VII. Anne-Paul DE FONTENAY, écuyer, seigneur de Sommant, Noiron, Frangey, etc., mousquetaire du roi, puis lieutenant général au bailliage et présidial d'Autun, député suppléant de la noblesse de ce bailliage aux États généraux (1789), né en 1732, † en 1790; se maria deux fois : 1° en 1760, Claude Mollerat, dont une fille; 2° en 1769, à Antoinette Dareste de Mazier, dont quatre autres enfants :

[*du 1er lit*] : 1° Claude-Pierrette, mariée en 1781 à Edme-Barthélemy, comte de Foudras, capitaine au régiment de Forez, chevalier de Saint-Louis;
[*du 2e lit*] : 2° Jean-Paul-Andoche, officier aux chasseurs des Vosges (1787-91), maire de Sommant, conseiller général de Saône-et-Loire, député du même département (1834-30), chevalier de Saint-Louis; né à Autun le 24 novembre 1771, † à Beaune le 22 avril 1849; marié vers 1809 à Pétronille-Agathe-Jeanne-Madeleine Gagnare de Joursanvault, dont deux fils, qui suivent :
    a) Anne-Paul-Gabriel-Roger, capitaine d'artillerie, peintre et littérateur, né en 1809, † à Paris avril 1891; sans alliance;
    b) Paul-Alexandre-Gabriel, marié, le 19 juin 1855, à Augustine-Marie-Herminie de Bèze, dont : 1° Roger, né le 12 juin 1855; 2° Jeanne, née le 2 octobre 1857, mariée à M. de Ladmirault; 3° Guillaume, né le 2 octobre 1861;
3° Anne-Louis-Gabriel, qui suivra;
4° Geneviève-Charlotte-Pauline, mariée à Léonard Berthault de Noiron, officier et chevalier de Saint-Louis;
5° Hortense-Antoinette-Ludivine, mariée à François-Clément, comte de Rochefort.

VII. Anne-Louis-Gabriel DE FONTENAY, vicomte de Fontenay, consul général, ministre plénipotentiaire, G. O. ✠; fut créé vicomte à titre personnel, par lettres patentes du 12 juillet 1830. Né à Autun le 16 septembre 1784, † à... le... 1856, il épousa Nathalie Sumter, fille d'un ambassadeur des États-Unis, dont deux enfants :

1° François-Gabriel-Antoine, qui suivra;
2° Nathalie, mariée à Ernest de Champeaux, sous-préfet.

IX. François-Gabriel-Antoine DE FONTENAY, appelé le vicomte de Fontenay, consul général de France, O. ✠, né le 24 septembre 1829, † avant 1891; a épousé sa cousine, Marie-Madeleine de Fontenay, fille de Joseph-Étienne et de Mlle Guyton, dont quatre enfants :

1° Louis-Antoine-Joseph, qui suivra;
2° Antoine, né à Autun en 1860, † en 1866;
3° Marie-Jeanne-Françoise, née à Brême en 1868, mariée...;
4° Marie, née à Gibraltar en 1870, † en 1871;
5° Marie.

X. Louis-Antoine-Joseph DE FONTENAY, né à Cassel en 1864, marié à Mlle Pichon et père d'un fils, Charles.

FORBIN DES ISSARTS (DE)

═ Titre de pair héréditaire en faveur de Joseph-Henri-Charles Louis, marquis DE FORBIN DES ISSARTS, par ordonnance du 5 novembre 1827, confirmé sur institution de majorat de pairie, au titre de baron-pair héréditaire, en faveur du même, par lettres patentes du 18 mars 1829, avec règlement d'armoiries : *d'or, au chevron d'azur, accompagné de trois têtes de léopard de sable, lampassées de gueules.*

Cette antique maison de Provence établit sa filiation suivie depuis Pierre Forbin, qui testa à Avignon le 26 janvier 1362, et avait épousé Françoise d'Agoult; leur postérité a formé de très nombreuses branches :

1° Celle des seigneurs de Janson, marquis de Janson, par érection et lettres patentes de mai 1626, éteinte récemment;

2° Celle des seigneurs de la Roque, éteinte vers 1692;

3° Celle des seigneurs de la Barben, barons de l'Empire par lettres patentes du 31 janvier 1810, éteinte de nos jours ;

4° Celle des seigneurs de la Fare, barons et marquis d'Oppède, par héritage de la famille de Mainier, qui compte actuellement un seul représentant mâle;

5° Celle des seigneurs des Issarts et de Sainte-Croix, appelée à la pairie et qui suivra;

6° Celle des seigneurs de Solliers, marquis de Pont-à-Mousson, éteinte en 1743;

7° Celle des seigneurs de Gardanne, qui paraît s'être éteinte pendant la Révolution ;

8° Et enfin une branche naturelle fixée à Lambesc et éteinte au XVII° siècle.

La branche des Issarts était représentée au douzième degré par :

XII. François-Palamède DE FORBIN, seigneur des des Sainte-Croix, des Issarts et des Angles, mousquetaire de la garde du roi, né en 1703, marié à Avignon, le 10 juin 1724, à Marie-Françoise Amai, fille d'Ignace, seigneur de Graveson, et de Françoise Salvador; dont :

1° Marie-Antoine-François, capitaine au régiment de Septimanie, † sans alliance;

2° Jean-Baptiste-Isidore-Ignace, qui suivra;

3° Marie-Césarée, mariée, le 28 janvier 1726, à Alexandre-Auguste de Vintimille-Lascaris, comte de Castellar.

XIII. Jean-Baptite-Isidore DE FORBIN, seigneur de Sainte-Croix, des Issarts, des Angles et de Saint-Romain, capitaine au régiment de Septimanie-dragons (1744), colonel des chevau-légers de Berry (1747), né le 26 mars 1726, †..., épousa à Marseille le 8 décembre 1767, Madeleine-Léontine d'Arcussia, fille de Charles-Michel-Anne, baron de Fos, et de Suzanne-Gabrielle de Belzunce, dont :

1° Palamède, officier au service du Piémont, † à Vérone en 1799;

2° Charles-Joseph-Louis-Henri, qui suivra ;

3° Joseph-Augustin-Amédée, dit le comte de Forbin, officier, né le 4 avril 1791, † au château de la Barben le 1er décembre 1860; marié à sa cousine, Marie-Charlotte-Élisabeth de Forbin-la-Barben, † à Aix le 7 février 1857, fille de Claude-Melchior-Joseph, dit le marquis de la Barben, et de Marie-Pauline-Véronique de Creep de Saint-Césaire, dont un fils, qui a relevé le nom de la Barben, et a laissé postérité représentée de nos jours, et deux filles, les comtesses de Castillon et de Saporta;

4° Marie-Charlotte-Alexandrine, chanoinesse de Troarn;

5° Marie-Agricole-Julienne, mariée à Octave-Louis-Frédéric de Corvesy-Lascaris;

6° Charlotte-Marie-Sabine, mariée [vers 1800] à Charles-Isidore de Faudoas d'Averton, dit le comte de Bonnevaux.

XIV. Charles-Isidore-Louis-Henri DE FORBIN, dit le marquis de Forbin des Issarts, émigré et officier de la marine espagnole (1798), lieutenant des gardes du corps (1814), colonel d'état-major (1815), député du Vaucluse (1815-16 et 1820-

27), conseiller général du même département, maréchal de camp (17 août 1822), pair de France (5 novembre 1827), chevalier de Saint-Louis, établit sa pairie sur institution de majorat, au titre de baron-pair héréditaire, par lettres patentes du 18 mars 1820. Né à Avignon le 24 août 1775, † au château des Issarts (Bouches-du-Rhône) le 12 février 1851, il épousa à Avignon, le 20 janvier 1802, Adélaïde-Marie-Gabrielle de Fogasse de la Bastie, † à Avignon, le 12 février 1860, fille de Paul-André, seigneur de la Bastie, et de Christine-Césarine-Gabrielle Benault de Lubières, dont :

1° Gabriel-Joseph-Palamède, qui suivra ;
2° Joseph-Roger-Odon, officier de marine, né en 1810, † à Avignon le 18 février 1872 ; marié en 1836 à Gabrielle de Cazal, sans postérité [Elle adopta (?) Paulin Malosse de Saint-Gervasy, marié, le 5 décembre 1878, à Marie-Françoise Dessarsins de Gotte].

XVI. Gabriel-Joseph-Palamède DE FORBIN, marquis de Forbin des Issarts, garde du corps ; né le 20 décembre 1802, † au château des Issarts le 28 octobre 1868 ; épousa le 20 février 1832, Joséphine-Gabrielle-Marie de Joannis de Verclos, † à Paris le 12 mars 1855, fille de César-Auguste et de Charlotte-Adélaïde-Caroline Perrin de Vertz, dont :

1° Claude-Henri-Joseph-Palamède, qui suivra ;
2° Joseph-Gabriel-Arthur, né le 3 septembre 1831, † à Avignon le 28 octobre 1867 ;
3° Gabrielle-Marguerite, née le 23 juillet 1834 ; mariée, le 25 mai 1853, à Victor du Mesnil du Buisson.

XVI. Charles-Henri-Joseph-Palamède DE FORBIN, marquis de Forbin des Issarts, né le 8 janvier 1833, a épousé, le 31 juillet 1858, Anne-Marie-Pauline-Marguerite Piscatory de Vaufreland, dont :

1° Georges-Palamède ;
2° Valentin, † en octobre 1865 ;
3° Georgina, née le 5 août 1859 ;
4° Marie-Odette, mariée en février 1880 à Louis de Martin du Tyrac, vicomte de Marcellus ;
5° Louise-Marie, mariée, le 27 mai 1889, à Anne-Augustin-Marie, comte de Chévigné ;
6° Renée-Marie.

FOREAU DE TRIZAY

= Lettres de noblesse en faveur de Jacques-Julien-Nicolas FOREAU DE TRIZAY, inspecteur des forêts du duc d'Orléans, par lettres patentes du 25 octobre 1821, avec règlement d'armoiries : *d'azur, au chevron d'or, accompagné en chef de deux croix potencées du même et, en pointe, d'une tour d'argent, maçonnée de sable, terrassée de sinople.*

* *

II. Nicolas FOREAU, notaire royal à Chartres, fils de Jacques et de Marie Badereau ; épousa Geneviève Touraille, dont :

1° Germain-Nicolas, † le 20 mars 1837 ; marié à Anne-Victoire Feuillet, dont quatre enfants :
   a) Germain, né le 17 février 1782, † le 5 juillet 1823 ; marié à Marie-Anne-Victoire Aubry d'Arancey, dont : Germain-Gabriel-Gaston-Charles, et Mᵐᵉ Davy de Boisroger ;
   b) Nicolas-Guy, né le 22 novembre 1775 ;
   c) Geneviève-Victoire-Tursile, † le 26 novembre 1833 ; mariée à Jacques Haudos de Possesse ;

d) Anne-Charlotte-Furcy, née le 6 juin 1777, † le 31 mai 1868; mariée à Pierre-Antoine Jolly des Huyes;

2° Jacques, qui suivra;

3° Jean-Constantin, dit M. Foreau de Saint-Loup;

4° Marie-Geneviève, mariée à Chartres, le 30 décembre 1765, à Jean-Baptiste-Dominique Billard, avocat en parlement.

III. Jacques Foreau, dit M. Foreau de Trizay, avocat en parlement, conseiller auditeur en la chambre des comptes de Normandie (1783), né à Chartres le 4 avril 1751, †...; épousa à Chartres, le 9 septembre 1777, Marie-Thérèse-Pulchérie Coubré, † à Paris le 24 novembre 1841, fille de Jean-Julien, conseiller du roi au grand bailliage de Chartres, et de Marie-Marguerite Bertin, dont :

1° Jacques-Julien-Nicolas, qui suivra;

2° Geneviève-Gélinie, née en 1782, † à Paris le 2 avril 1861; mariée à Étienne-François Simonneau, conseiller à la Cour de cassation; O. ✻, † le 21 mars 1860;

3° Marie-Athénaïs, mariée à Charles Masson, président en l'élection de Chartres;

4° Marie-Arthémise, née en 1786, † à Paris le 31 juillet 1849; mariée à M. Périgny.

IV. Jacques-Julien-Nicolas Foreau de Trizay, inspecteur des forêts du duc d'Orléans, ✻, fut anobli par lettres patentes du 25 octobre 1821. Né à Chartres le 10 octobre 1778, †...., il épousa à Paris Mlle Marie-de-Chantal Lhermitte, dont au moins un fils, qui suit.

V. Marie-Jacques-Ernest Foreau de Trizay, inspecteur des forêts, né à Rouen le 6 mai 1806, † à Paris le 17 juin 1865, marié à D^lle Delorme, dont deux enfants :

1° Gaëtan ; 2° Denise.

FORESTA DE LA ROQUETTE (DE)

= Titre de marquis héréditaire, sous la dénomination de marquis DE LA RO-QUETTE, confirmé en faveur de Marie-Joseph DE FORESTA, préfet, par lettres patentes du 25 octobre 1821, avec règlement d'armoiries : *palé d'or et de gueules, à la bande de gueules, brochant sur le tout.*

.˙.

La maison de Foresta, originaire de Diano près Gênes, est citée en Provence depuis Christophe Foresta, fils d'Antoine; il vint se fixer en Provence sous le règne de François Ier et acquit, en 1519, la baronnie de Trets et les seigneuries de Lançon et Mimet; puis il devint maître d'hôtel du roi, épousa Pelègre de Gandulfis et testa le 14 mai 1552. Cette famille paraît très vraisemblablement être un rameau de l'antique maison italienne de ce nom, dont les branches se sont répandues à Venise, à Bergame, à Gênes et à Nice, et dont l'une a reçu le titre de comte, par décret du 23 novembre 1862, en la personne de Jean de Foresta, ministre de la justice et sénateur du royaume de Sardaigne.

La branche française a donné de nombreux conseillers et présidents au parlement et à la chambre des comptes de Provence et formé plusieurs rameaux :

1° Celui de Moissac et de Collongue, éteint en 1775;

2° Celui des seigneurs de Venel, qui suivra;

3° Celui des seigneurs du Castellar, marquis de la Roquette, en faveur duquel la terre de la Roquette a été érigée en marquisat par lettres patentes de décembre 1651.

Les seigneurs de Venel étaient représentés au septième degré par :

VII. Marie-Joseph-Maffée DE FORESTA, lieutenant de vaisseau du roi (17 avril 1757), chevalier de Saint-Louis, marié le 7 mai 1769 à Claire-Julie de Remusat, fille de Charles et de Marie-Anne de Candolle, dont entre autres enfants, deux fils :

1° Marie-Paul-Augustin, conseiller doyen à la cour d'Aix, né à Marseille le 1er juin 1777, † le 7 septembre 1851 ; marié, le 9 avril 1799, à Louise-Rose-Thérèse de Tuffet de Vaux, dont trois enfants, qui suivent :
    a) Louis-Marie-Maffée, sous-lieutenant de la garde royale, réformé en 1824, puis prêtre et chanoine de Digne, né le 26 janvier 1800. † à Digne en juillet 1869.
    b) Marie-Claire-Thérèse, née le 19 avril 1801 ;
    c) Marie-Thérèsa-Laurence, née le 7 mai 1813 ; mariée, le 28 avril 1834, à Hippolyte-Bonaventure-Joseph de Blacas-Carros ;
2° Marie-Joseph, qui suit.

VIII. Marie-Joseph DE FORESTA, marquis de la Roquette, dit le marquis de Foresta ; préfet, gentilhomme de la chambre du roi Charles X, O. ✠, chevalier de Saint-Jean-de-Jérusalem ; fut confirmé, par lettres patentes du 25 octobre 1821, dans le titre de marquis de la Roquette qui appartenait à la branche éteinte des seigneurs de Castellar. Né à Marseille le 28 mars 1783, † à Aix le 11 février 1858, il se maria deux fois : 1° le 9 décembre 1812 à Marie-Joséphine-Constance de Chalvet-Souville, † le 4 février 1823, sous-gouvernante des enfants de France, dont trois enfants : 2° le 8 février 1825, à Marie-Charlotte-Léon-Suzanne-Thècle-Sosthènes d'Ourches, † à Aix le 30 mai 1871, fille de Pierre-Didier-François, marquis d'Ourches, chambellan du comte de Provence, et de Mlle de la Vallée-Rarécourt de Pimodan, dont six autres enfants :

[*du 1er lit*] : 1° Marie-Maxence, qui suivra ;
2° Marie-Albéric, religieux de la Cie de Jésus, né à Aix le 8 janvier 1818 ;
3° Marie-Nathalie, dame du palais de la duchesse de Parme, née le 15 juin 1820, † le 26 août 1859 ;
[*du 2e lit*] : 4° Marie-François-Galéas-Léon, né à Nancy le 26 août 1827, † à Nancy le 11 avril 1838 ;
5° Marie-Joseph-Léon, né le 10 octobre 1830, † le 22 octobre 1834 ;
6° Marie-Euphrosius-Maffée-Charles, comte de Foresta, né le 5 février 1836 ; marié, en décembre 1867, à Marie Parks, dont une fille : Léontine ;
7° Marie-Gabriel-Paul, né le 7 mai 1838 ;
8° Marie-Septime-Ferdinand, baron de Foresta, zouave pontifical, né le 18 décembre 1841 ; marié à Montélimar, le 4 novembre 1872, à Louise de Geoffre de Chabrignac, † au château des Roches en octobre 1899, dont quatre enfants, qui suivent :
    a) Jean ;
    b) Marie-Madeleine, mariée, le 1er juillet 1902, à Jules Urvoy de Closmadeuc ;
    c) Louise ;
    d) Charlotte ;
9° Marie-Joséphine, née le 30 mai 1832 ; mariée à Aix, le 19 janvier 1875, à Henri, comte de Reynaud-Villeverd, capitaine de spahis.

IX. Marie-Maxence DE FORESTA, marquis de Foresta et de la Roquette, chevalier de Saint-Jean-de-Jérusalem, né à Aix le 5 février 1817, † au château des Tours, près Marseille le 11 mai 1888; épousa, le 30 janvier 1843, Eugénie-Sophie-Caroline-Mathilde de Bully, † décédé au château des Tours le 14 février 1902, dont :

1° Henri-Marie-Joseph, qui suivra ;
2° Pierre-Marie-Joseph, comte de Foresta, né le 7 septembre 1863, † au château de Tours le... 1884 ;
3° Marie-Thérèse-Charlotte, née le 8 janvier 1857, mariée, le 29 octobre 1881, à Jacques-Marie Gaston, marquis de Clapiers-Collongue.

X. Henri-Marie-Joseph DE FORESTA, marquis de Foresta et de la Roquette, né le 23 juillet 1855, a épousé le 20 novembre 1888 Mlle de Bonet d'Oléon, dont quatre enfants :

1° Maxence; 2° Albéric; 3° Henriette; 4° Sibylle.

FORESTIER (DE)

= Titre de vicomte héréditaire en faveur de Joseph-Jean-Marie DE FORESTIER, commissaire général des troupes suisses, par lettres patentes du 20 juin 1822, avec règlement d'armoiries : *coupé : au I parti de sinople et de gueules ; au II d'azur, au dextrochère de carnation, armé d'argent, orné d'or, mouvant de l'angle senestre du chef et tenant une pique posée en bande, avec sa banderole du même, brochant sur le tout.*

= Titre de baron héréditaire en faveur d'Augustin-Jean-François DE FORESTIER, secrétaire général des troupes suisses, frère cadet du précédent, par lettres patentes du 28 juin 1822, avec le même règlement d'armoiries que ci-dessus.

** **

Cette famille Forestier se dit[1] originaire de Flandre, puis fixée en Nivernais, et enfin en Genevois. Quoi qu'il en soit, elle n'établit sa filiation d'une façon certaine que depuis Claude-François Forestier, marié à Françoise Roll, dont Augustin, qui suit.

II. Augustin FORESTIER, bourgmestre de Fribourg, banquier à Paris, quartier-maître des gardes suisses, né à Saint-Laurent (Savoie) le 16 mai 1729 (*alias* baptisé à Rumilly, diocèse de Genève); épousa à Paris, le 26 novembre 1761, Élisabeth-Angélique Godin, fille de Jean-Baptiste et de Marie-Anne Viot, dont :

1° Joseph-Jean-Marie, qui suivra ;
2° Augustin-Jean-François, qui sera rapporté après la postérité de son frère aîné ;
3° Louis-Auguste, enseigne dans la compagnie générale des gardes suisses, maître de la garde-robe de Mme Victoire, † au château de Versailles le 10 août 1792.

III. Joseph-Jean-Marie FORESTIER, vicomte de Forestier, trésorier quartier-maître d'un régiment suisse (1815), puis commissaire général des troupes suisses, chevalier de Saint-Louis, fut créé vicomte héréditaire par lettres patentes du 28 juin 1822; né à Paris le 6 juin 1765, †..., il épousa à Londres, le 12 juin 1792, Marie-Olive-Fortunée Bernard de Coubert, fille de Jacques-Samuel-Olivier, comte

---

1. Ces renseignements sont donnés par des publications très modernes, mais qui ne fournissent à l'appui aucun document historique sérieux ni des qualités de contrôle suffisantes.

de Coubert, et de Céleste-Marie-Fortunée Fortebraci, et petite-fille du célèbre financier Samuel Bernard, dont il eut :

1° Louis-Augustin-Saint-Venant, qui suivra ;
2° Olivier-Alcide, capitaine de la garde suisse, né..., †...; marié à Louise-Françoise-Joséphine Schwing, dont au moins deux filles, qui suivent :
    a) Joséphine-Fortunée-Estelle, mariée, en 1866, à Napoléon de Bosson ;
    b) Alice ;
3° Louis-Félix, comte de Forestier de Coubert, créé comte par les lettres patentes du 12 octobre 1846, portant confirmation avec autorisation de transmission en sa faveur du titre de comte de Coubert, accordée à son oncle, Mathieu-Olivier-Samuel Bernard, comte de Coubert ; il est né à Paris le 12 janvier 1807, † à Paris le 28 mars 1878, sans alliance ;
4° Philippe-Edmond, né le 12 septembre 1813, †...; marié, le 25 septembre 1845, à Anne-Clotilde Duval, † à Paris le 9 avril 1902, dont deux fils, qui suivent :
    a) Charles-Edmond, né en avril 1850, marié à Carquefou, le 20 mai 1883, à Marie-Julie-Eudoxie Boucher d'Argis de Guillerville, dont : Marthe, née en avril 1884 ;
    b) Félix-Henri, dit de Forestier de Coubert, ancien officier de cavalerie, né à Mâcon le 13 septembre 1850, qui a demandé, le 19 mars 1880, à ajouter à son nom celui de « de Coubert » ; il a épousé, le 7 mai 1883, Marie Clausse, † à la Boisnière le 26 décembre 1898, dont un fils : Jacques, né le 22 mai 1885 ;
5° Aimé [marié et décédé avant 1864].

IV. Louis-Augustin-Saint-Venant DE FORESSTIER, vicomte de Forestier, chambellan de l'empereur d'Autriche, né à Fribourg en Suisse le 10 juin 1793, † au château de Coubert en juin 1852, épousa à Paris, le 22 février 1830, Marie-Joséphine-Alexandrine Roch, dont trois enfants :

1° Ferdinand, qui suivra ;
2° Gustave, capitaine, puis lieutenant-colonel au service de l'Autriche, né à Gratz (Styrie), le 19 janvier 1844, † à Gratz le 29 janvier 1894 ; marié, le 1ᵉʳ septembre 1868, à Paula, comtesse de Lodron-Laterano, dont sept enfants :
    a) Félix, lieutenant de dragons au service de l'Autriche, né à Innsbrück le 22 septembre 1875 ;
    b) Désirée, née le 17 mai 1870, † le 29 décembre 1880 ;
    c) Blanche, née à Gratz le 11 mai 1871 ;
    d) Marie, née le 15 août 1872, † à Méran le 29 avril 1881 ;
    e) Caroline, née le 2 février 1874 ; mariée à Gratz, le 7 février 1896, à Adolphe de Pereira ;
    f) Clotilde, née à Innsbrück le 22 décembre 1875 ;
    g) Alexandrine, née à Bregenz le 24 octobre 1882 ;
3° Olive-Marie-Henriette-Caroline, née à Versailles le 20 avril 1832, mariée à Gratz, le 15 janvier 1853, à José-Maria de Villavicencio, comte de la Constancia.

V. Ferdinand DE FORESTIER, vicomte de Forestier, ancien capitaine de cavalerie au service de l'Autriche, né à Versailles le 27 novembre 1830.

* *

III *bis*. Augustin-Jean-François FOERSTIER, baron de Forestier, chef de bataillon honoraire et secrétaire général des troupes suisses, aide de camp du duc de Bordeaux, chevalier de Saint-Louis, fut créé baron héréditaire par lettres patentes du 28 juin 1822 ; né à Vitry le 27 août 1768, épousa Renée-Justine Sarrazin de Maraize, dont un fils, qui suit.

IV. Édouard DE FORESTIER, baron de Forestier, officier d'ordonnance du duc de Bordeaux, ✳, né vers 1799, † au château de Soupiseau (Oise) le 17 janvier 1864, sans alliance.

FORGEMOL DU COUDER

= Titre personnel de vicomte en faveur d'André-Sylvain FORGEMOL DU COUDER, par lettres patentes du 4 septembre 1829, avec règlement d'armoiries : *d'azur, à une fasce d'argent, chargée de deux molettes de gueules et accompagnée en pointe d'un vol d'épervier d'argent.*

**

La famille Forgemol est très anciennement citée à la Souterraine, où elle a formé de nombreux rameaux, dont l'un qui n'a pas été anobli, s'est perpétué jusqu'à nos jours sous le surnom de Bostquenard et dont un autre, qui suit, a été anobli en 1775.

I. François FORGEMOL DUCOUDER, laissa au moins trois enfants :

1° Léonard, dit M. des Fougères, capitaine de cavalerie, chevalier de Saint-Louis, † en 1788;
2° André, dit M. du Cros, capitaine de cavalerie et chevalier de Saint-Louis, † en 1769;
3° François, qui suivra;

II. François FORGEMOL, dit M. du Couder, seigneur de Commarteau-lès-Poiriers, lieutenant-colonel de cavalerie (1772), brigadier des gardes du corps du roi, mestre de camp (1775), chevalier de Saint-Louis; fut anobli par lettres patentes de mai 1775, en récompense de ses services et de ceux de ses frères; né..., † en 1788, il épousa Anne-Marguerite Betaulaud de Lascoux, dont un fils, qui suit.

III. André-Sylvain FORGEMOL DU COUDER, vicomte Forgemol du Couder, émigré; major de brigade aux Indes-Orientales, né à la Souterraine (Creuse), le 15 octobre 1772, † à Copenhague en 1836, sans alliance; fut créé vicomte à titre personnel, par lettres patentes du 4 septembre 1829.

FORNIER DE CLAUZELLES

= Titre de vicomte héréditaire, sur institution de majorat (terres dans les communes d'Alayrac d'Arsens, Aude), en faveur de Jean-François-Gaspard FORNIER DE CLAUZELLES, député, avec transmission à son neveu, Joseph-Gaspard FORNIER DE BOURGES DE CLAUZELLES, par lettres patentes du 15 avril 1829, portant règlement d'armoiries : *d'argent, au chevron de gueules, accompagné en chef de deux croissants du même et, en pointe, d'une quintefeuille aussi de gueules ; au chef d'azur, chargé d'un croissant d'argent, accosté de deux étoiles du même.*

**

I. Joseph FORNIER, sieur de Clauzelles, décédé en 1783, laissa deux fils :

1° Joseph-Basile, qui suivra;
2° Jean, avocat, cité avec son frère, dans un acte d'hommage du 15 juin 1733.

II. Joseph-Basile FORNIER DE CLAUZELLES, seigneur d'Artigues, le Pla, Rouze, et Mijanès, testa le 25 octobre 1787, et épousa Marie-Anne de Bourges, dont entre autres enfants :

1° Pierre-Joseph ;
2° Jean-François-Gaspard, qui suit ;

3° Jérôme-Hilarion, qui sera rapporté après son frère.

III. Jean-François-Gaspard FORNIER DE CLAUZELLES, vicomte Fornier de Clauzelles, conseiller général de l'Ariège (1820-30), député de l'Ariège (1815-1824), ✠, né à Ax (Ariège), le 5 janvier 1763, † à Toulouse le 18 avril 1843, sans postérité; fut créé vicomte héréditaire sur institution de majorat, par lettres patentes du 15 avril 1829, portant transmission à son neveu Joseph-Gaspard, qui suit.

III bis. Jérôme-Hilarion FORNIER DE CLAUZELLES-BOURGES, conseiller général de l'Ariège (1821-31 et 1832-33), né en septembre 1770, †..., épousa Élisabeth Galaton, dont trois enfants:

1° Joseph-Gaspard, qui suivra;
2° Anna, née en 1808, † au château du Caloué (Gers), le 27 janvier 1891; mariée à Bernard-Jules, marquis de Bon;
3° Rosa, née en 1807, † à Pamiers le 4 janvier 1886; mariée à Théophile de Pons d'Arnave.

III. Joseph-Gaspard FORNIER DE BOURGES DE CLAUZELLES, vicomte de Clauzelles, fut créé vicomte héréditaire par transmission du titre de son oncle, en vertu des lettres patentes du 15 avril 1829. Né à Pamiers 10 mars 1815, † à Toulouse le 29 mars 1877, il a épousé à Toulouse, le 19 février 1855, Marie-Suzanne de Lafue de Marignac, fille de Joseph-Jean-Hippolyte, dont deux filles:

1° Jeanne, mariée, le 20 janvier 1880, à André, marquis de Suffren (veuf de sa sœur cadette);
2° Marie-Madeleine-Joséphine-Julie-Geneviève, née en 1858, † au château de Bagent (Ariège), le 26 septembre 1878; mariée à Toulouse, le 15 juillet 1878, à André, marquis de Suffren.

FORNIER DE SAINT-LARY

= Maintenue de noblesse en faveur de Bertrand-Pierre-Dominique FORNIER DE SAINT-LARY, député et questeur de la Chambre, par lettres patentes du 12 septembre 1817, avec règlement d'armoiries: *d'azur, à cinq fasces d'or.*

I. Barthélemy FORNIER, seigneur de Montourte et Saint-Lary, épousa Claire-Françoise de Lassus, dont un fils, qui suit.

II. Bertrand-Pierre-Dominique FORNIER DE SAINT-LARY, administrateur du département des Hautes-Pyrénées (1790), député des Hautes-Pyrénées (1791-1811-15-1824) et vice-président de la Chambre des députés, O. ✠; fut autorisé à ajouter à son nom celui « de Saint-Lary », par ordonnance du 17 janvier 1815, et fut maintenu dans sa noblesse par lettres patentes du 12 septembre 1817. Né à Saint-Lary (Hautes-Pyrénées) le 11 mars 1763, † à Montrejeau le 25 novembre 1847, il épousa Marie-Rose Salles, dont un fils, qui suit.

III. Gustave-Joseph-Claire DE FORNIER DE SAINT-LARY, garde du corps, colonel d'état-major et officier d'ordonnance du duc d'Angoulême, directeur du personnel au Ministère de la guerre, représentant des Hautes-Pyrénées (1849-51), C. ✠, né à Tarbes le 4 février 1796, † au château de Bellèze (Haute-Garonne) le 27 octobre 1870; il épousa le 31 décembre 1838 Marie-Baptistine de Méritens de Rosès, † à Souès, près Tarbes, le 3 novembre 1881, dont:

1° Bertrand-Marie-Gaudens-Arthur, qui suivra;
2° N..., mariée à Joseph de Salles de Ilys.

IV. Bertrand-Marie-Gaudens-Arthur DE FORNIER DE SAINT-LARY, sous-préfet (1865), né à Bordeaux le 9 juillet 1841, a épousé à Toulouse le 5 août 1866, Claude-Françoise Gaubert, dont trois filles :

1° Mathilde ; 2° Jane ; 3° Marguerite.

FORTON (DE)

= Titre de marquis héréditaire en faveur de Jean-Antoine DE FORTON, premier président à la cour de Montpellier, par lettres patentes du 8 mars 1817, avec règlement d'armoiries : *d'azur, à deux colonnes d'argent.*

*****

La famille de Forton est citée à Beaucaire depuis noble Jean de Forton, commissaire député du roi à Beaucaire, le 10 mai 1476, pour faire reconnaître les emphytéotes de Sa Majesté ; elle établit sa filiation suivie depuis Gérard de Forton, marié à Beaucaire, le 21 septembre 1495, à Jeanne de Las Albènes, dont la postérité était représentée au sixième degré par :

VI. Claude DE FORTON, marié le 19 novembre 1726, à Marie de Virgile, veuve de Jean de Narbonne-Pelet, dont un fils, qui suit.

VII. Jean-Louis DE FORTON, épousa sa cousine Marie de Virgile, dont :

1° Jean-Antoine, qui suivra ;
2° Marie-Jacques-François-Louis-Isidore, aspirant de marine (1781), lieutenant de vaisseau (1790), émigré et officier de l'armée des princes, capitaine de frégate (1815), chevalier de Saint-Louis, † vers 1835 à Beaucaire.

VIII. Jean-Antoine DE FORTON, marquis de Forton, mousquetaire du roi (1771), président de la chambre des comptes de Montpellier (1785), premier président à la cour royale de Montpellier (1815), O. ✻, chevalier de Saint-Louis ; fut créé marquis héréditaire par lettres patentes du 8 mars 1817. Né à Beaucaire le 26 juillet 1756, † même ville le 14 décembre 1823, il épousa, le 24 octobre 1786, Henriette de Fabre de Montvaillant, fille de Jean-Louis, et d'Agathe de Faventines, dont :

1° Maurice-Marie, marquis de Forton, né..., †...; marié à Césarée de Meyran de Lagoy, dont quatre enfants, qui suivent :
    a) Henri, marquis de Forton, page de Charles X, colonel, général de brigade, G. O. ✻, né en 1809, † à... le... 1876, sans alliance ;
    b) Albertine, mariée à M. Court de Fontmichel ;
    c) Clémentine, mariée à M. de Rocher ;
    d) Louis-Marie, comte, puis marquis de Forton, né en 1813, † à Fontchâteau, près de Tarascon, le 8 janvier 1882 ; marié à sa cousine, Mathilde de Guibert, dont une fille unique, qui suit :
    Clémentine, mariée, le 4 février 1861, à Ferdinand de Greling ;
2° Agathe-Isidore, qui suivra ;
3° Clémentine, mariée à Augustin, marquis de Guibert de la Roslide ;
4° Henriette, mariée, le 24 novembre 1818, à Sébastien-Prosper de Fesquet.

IX. Agathe-Isidore DE FORTON, comte de Forton, officier, ✻, né en 1788, † le 19 février 1876 ; marié vers 1820, à Pauline-Françoise-Zélia Durand, † à Montpellier le 27 janvier 1882, fille du baron, député de l'Hérault, et de Mⁿᵉ Fajon, dont cinq enfants :

1° Marie-Prosper-René, qui suivra ;

2° Gabrielle-Marguerite-Louise, née en 1829, † le 22 avril 1871; mariée en 1848 à Claude-Léon-Antoine-Alexandre, baron de Rivière;

3° Amélie-Marie, née en 1835, † à Montpellier le 22 juillet 1856; mariée à Adrien Copin de Miribel, lieutenant-colonel d'artillerie;

4° Marguerite-Lucie, mariée, à Paris le 20-27 juillet 1862, à Jean-Baptiste-Théobald-Égide, baron de Moracin de Ramousin;

5° Joséphine-Thérèse, mariée, le 29 décembre 1858, à Léon Claret de Fleurieu.

X. Marie-Prosper-René DE FORTON, comte, puis marquis de Forton, né en 1833, † Montpellier le 12 décembre 1883; épousa Marguerite Broussonnet, fille du chevalier Louis-Raymond et de Mlle René, dont neuf enfants :

1° Henri, mort jeune;

2° Jean, qui suivra;

3° Léon-François-Michel, marié, le 18 octobre 1900, à Marie-Eugénie-Cécile Morès;

4° Achille-Auguste-Claude, né en 1877, † le 17 avril 1892;

5° Pierre;

6° Valentine, morte jeune;

7° Caroline, religieuse du Sacré-Cœur;

8° Adrienne, morte jeune;

9° Marie.

XI. Jean DE FORTON, marquis de Forton, marié le 24 avril 1901, à Jeanne de Rovira de Roquevaire.

FOUAN

= Lettres de noblesse en faveur de Jacques-Joseph FOUAN, capitaine de cavalerie, par lettres patentes du 28 janvier 1826, avec règlement d'armoiries : *de gueules, au dextrochère d'or, paré du même, tenant une épée d'argent, montée d'or, et une branche de lis au naturel.*

* * *

I. Jacques FOUAN, laboureur à Rocquigny, épousa Charlotte-Eugénie Lermuzeaux, dont :

1° Jean-Baptiste, marié à Adélaïde Huet, dont un fils, qui suit :
Alphonse-César-Benjamin, conseiller à la cour d'appel de Rouen, né à Rocquigny le 8 octobre 1819, † à Rouen le 20 mars 1871; marié à Paris, le 3 septembre 1851, à Anne-Charlotte-Désirée Patel, dont postérité.
[2° Charles-Antoine, prêtre, né à Rocquigny le 17 juin 1770; vivant à la Fère en 1817];
3° Jacques-Joseph, qui suit;

II. Jacques-Joseph FOUAN, capitaine de cavalerie, maire de Rocquigny (Aisne), chevalier de Saint-Louis, ✻, fut anobli par lettres patentes du 28 janvier 1828; né à Rocquigny (Aisne) le 26 mai 1773, †,..

FOUBERT DE BIZY

= Lettre de noblesse en faveur de Jean-Baptiste-Louis-Bruno FOUBERT DE BIZY, par lettres patentes du 21 septembre 1819, avec règlement d'armoiries : *d'or, au palmier de sinople, terrassé du même, accosté de deux lions contre-rampants de sable, armés et lampassés de gueules.*

= Maintenue de noblesse, sur rappel, en faveur du même, chef de bataillon, en vertu de la noblesse acquise par son père, Bruno-Nicolas FOUBERT DE BIZY, « décédé lieutenant général des armées du roi » *(sic)*, par nouvelles lettres patentes du 11 septembre 1820.

****

Cette famille Foubert aurait pour auteur Jean Foubert, marié à Pierrette Maignien, qui lui apporta la terre de Bizy, vers 1622 ; leur fils, Jean, marié à Marie Sabot, laissa lui-même un fils, Claude, qui suit :

III. Claude FOUBERT, sieur de Bizy et de l'Isle, marié vers 1678 à Catherine Courty, dont :

1° Nicolas-Louis, qui suivra ;

2° Jean-Baptiste, secrétaire de l'ambassade du marquis de Bonnac, né vers 1688, † en septembre 1730.

IV. Nicolas-Louis FOUBERT DE BIZY, bourgeois de Paris, puis secrétaire d'ambassade, † à Paris le 4 janvier 1742 ; avait épousé, le 22 avril 1730, Marie-Anne Pietre, † à Paris le 28 octobre 1766, fille de François et de Perrine de la Saudraye, dont un fils, qui suit.

V. Bruno-Nicolas FOUBERT DE BIZY, lieutenant au régiment de Bourbonnais (26 mars 1755), lieutenant en premier d'artillerie (16 avril 1756), capitaine (28 avril 1763), major du génie (8 avril 1779), lieutenant-colonel (23 mars 1786), colonel d'artillerie (6 août 1791), maréchal de camp (8 mars 1793), général de division (13 juin 1795), chevalier de Saint-Louis ; né à Paris le 10 octobre 1733, † à Stockheim le 8 novembre 1818 ; épousa à Dunkerque, le 26 novembre 1783, Isabelle-Jeanne-Barbe Carpeau de Maricourt, fille de Joachim-Jean, négociant armateur, et de Jeanne-Françoise Blanckemann, dont :

1° Jean-Baptiste-Louis-Bruno, qui suivra ;

2° Charles-Louis-Bruno, chef de bataillon, né le 8 octobre 1791, † à Paris le 10 juillet 1840 ; marié, le 11 juin 1827, à Françoise-Christine-Jean-Baptiste Lange ;

3° Eulalie.

VI. Jean-Baptiste-Louis-Bruno FOUBERT DE BIZY, sous-lieutenant (27 janvier 1787), capitaine (22 juin 1814), chef de bataillon (23 octobre 1815), sous-intendant militaire, retraité en 1845, chevalier de Saint-Louis, O. ✳ ; fut anobli par lettres patentes du 21 septembre 1819, puis maintenu, sur rappel, dans sa noblesse acquise par son père, en vertu de nouvelles lettres du 11 septembre 1820 ; né à Dunkerque le 24 février 1785, † à Versailles le 13 avril 1851 ; il épousa le 3 février 1824 Azélie-Mirta-Constance Dumesnil [sans postérité].

FOUGY (DE)

═ Lettres de noblesse en faveur d'Alexandre-Maximilien-Louis DE FOUGY, conseiller général de l'Eure, par lettres patentes du 12 juillet 1830, avec règlement d'armoiries : *d'or, à la bande de gueules chargée d'une palme d'or et de deux étoiles d'argent posées aux pointes de la palme, et accompagnée en chef d'un lion de sable, et en pointe d'une tour du même.*

****

I. Maximilien Defougy, *alias* DE FOUGY, épousa Catherine-Françoise Le Prestre, dont au moins un fils, qui suit [et (?) Marie-Anne-Élisabeth, mariée à Philippe-Louis-Hervé d'Espaigne].

II. Alexandre-Maximilien-Louis DE FOUGY, maire de Conches (1822-31), conseiller général de l'Eure, ✳. Né à Conches (Eure), le 14 septembre 1745, †...; fut anobli par lettres patentes du 12 juillet 1830.

FOULLON DE DOUÉ

═ Titre de vicomte héréditaire en faveur de Joseph-Julien FOULLON DE DOUÉ, colonel de la première légion de la Seine-Inférieure (petit-fils d'un conseiller d'État massacré à Paris), par lettres patentes du 20 janvier 1820, avec règlement d'armoiries : *de gueules, à la croix haussée d'argent, accostée de deux lions affrontés d'or, lampassés et armés de sable, et soutenue d'une terrasse de sinople.*

* *

La famille Foullon, ou Foulon, est originaire du Bas-Anjou, où elle a possédé des charges de judicatures : Joseph Foullon, lieutenant général en la sénéchaussée de Saumur, fit enregistrer en 1698 à l'Armorial général[1] les armes ci-dessus décrites et épousa Renée Colas, dont un fils, qui suit.

II. Joseph-Honoré FOULLON, seigneur de Chaintre, conseiller au présidial de Saumur, juge ordinaire civil et criminel en la prévôté royale de cette ville, conseiller honoraire (5 juillet 1734), aurait obtenu des lettres de noblesse datées du 31 août 1739 et épousa Anne Fouyer, dont un fils, qui suit.

III. Joseph-François FOULLON, seigneur de Chaintre, d'Écottier, de la baronnie de Doué, etc., comte de Morangiès, commissaire des guerres (1740-48), intendant de l'armée de Sambre (1752), intendant de la guerre et de la marine (1760-71), conseiller d'État et secrétaire ordinaire de l'Ordre de Saint-Louis ; acquit en 1765 la baronnie de Doué, près Saumur; né à Saumur le 25 juin 1715, massacré à Paris le 22 juillet 1789, il épousa à Ath, en 1744, Isabelle-Eugénie-Joséphine Van der Dussen, dont quatre enfants :

    1° Jean-Pierre-François-Xavier, qui suivra ;

    2° Eugène-Joseph-Stanislas, dit M. Foullon d'Écottier, maître des requêtes, intendant de la Martinique et de la Guadeloupe, conseiller d'État, chevalier de Saint-Louis, ✳ ; né à Valenciennes le 20 octobre 1753, † le 5 mai 1835; marié à Mlle de Perrinelle du May, sans postérité ;

    3° Honoré-Charles-Ignace, prêtre, conseiller-clerc en la grand'chambre du Parlement de Paris ;

    4° Marie-Josèphe, mariée, le 21 janvier 1764, à Louis-Bénigne-François Berthier, comte de Sauvigny, ministre d'État, massacré à Paris avec son beau-père (V. t. I, p. 207 et suiv.).

IV. Joseph-Pierre-Xavier FOULLON DE DOUÉ, baron de Doué, intendant du Bourbonnais, conseiller d'État, O. ✳, † à Mantes le 14 juillet 1828, épousa en

---

1. Son père, M. François Foulon, maître des requêtes de la reine en 1667, s'est désisté, en 1667, lors de la réformation de la noblesse, de toutes prétentions à la noblesse. Cf. Chambois et Farcy, *Recherches de la noblesse de la généralité de Tours.* Mamers, 1895, p. 316.

1774 Isabelle-Jacqueline-Joséphine de Pestre, dame du marquisat de la Tournelle
dont sept enfants :

1° Joseph-Julien, qui suivra ;
2° Louis-Joseph, né..., † sans alliance ;
3° Isabelle-Joséphine, née à Paris le 18 décembre 1771 ; mariée à François-Marie-Thérèse, comte de Toustain-Viray, colonel ;
4° Bénigne-Eugénie, née à Paris le 9 février 1774 ;
5° Adélaïde-Charlotte, mariée vers 1800 à Marie-Frédéric-Louis-Melchior, baron Chartier de Coussay et de l'Empire ;
6° Amélie-Joséphine, née à Paris le 10 janvier 1779, † au château d'Ancise le 30 juillet 1837 ; mariée à Jacques-Marie-François de Réviers de Mauny ;
7° Apolline-Fortunée, née à Paris le 13 août 1780, † à Paris le 13 janvier 1854 ; mariée, le 30 janvier 1815, à Louis-Marie, comte Levesque de la Ferrière et de l'Empire, général de division et pair de France.

V. Joseph-Julien FOULLON DE DOUÉ, vicomte Foullon de Doué, colonel de la 1re légion de la Seine-Inférieure, maréchal de camp, C. ✠, chevalier de Saint-Louis, fut créé vicomte héréditaire par lettres patentes du 20 janvier 1820. Né à Paris le 11 mars 1775, † à Nancy le 13 août 1859, il épousa, le 9 janvier 1820 Zénobie-Marie-Louise Doncker de T'Serrsloffs, † au château de la Tournelle le 20 avril 1884, fille d'Honoré-Hippolyte et de Marie-Rosalie-Yves de Kerguelen, dont il n'eut pas d'enfants.

FOULQUIER (DE)

= Titre de baron héréditaire, avec anoblissement, en faveur de Jean-Baptiste-Thérèse DE FOULQUIER, chef d'escadron d'artillerie, par lettres patentes du 7 juillet 1825, avec règlement d'armoiries : *de gueules, à un foulque d'or, posé sur des ondes d'argent ; au chef aussi d'argent, chargé d'un croissant d'azur, accosté de deux étoiles du même.*

***

I. Gabriel-Antoine-Daniel-Louis-Alexis DE FOULQUIER, avocat en parlement, épousa Louise-Henriette de Borrel, dont au moins un fils, qui suit.

II. Jean-Baptiste-Thérèse DE FOULQUIER, baron de Foulquier, lieutenant d'artillerie (14 mai 1813), lieutenant-colonel (17 décembre 1823), O. ✠, chevalier de Saint-Louis ; fut anobli et créé baron héréditaire par lettres patentes du 7 juillet 1825 ; né à Réalmont (Tarn) le 24 juin 1781, † vers 1849, il se maria deux fois : 1° vers 1821 à Antoinette-Hermine du Cos de la Hitte, fille de Jean-Benoît, vicomte de la Hitte, et de Mlle de Gineste, dont une fille ; 2° à N... de la Fitte de Pelleport, sans postérité :

[*du 1er lit*] : Thérèse-Édouard-Louise de Foulquier, mariée à Jules, marquis de la Fitte de Pelleport, officier de marine.

FOUQUET DE FLAMARE

= Titre de baron héréditaire, confirmé en faveur de Guillaume-Armand FOUQUET DE FLAMARE, baron de l'Empire, par lettres patentes du 12 octobre 1816, avec règlement d'armoiries : *d'azur, à deux lions affrontés et contre-rampants d'argent.*

*
**

La famille Fouquet est originaire du Havre et a pour auteur :

I. Guillaume-Richard-François Fouquet, avocat aux sièges royaux du Havre, échevin de la ville du Havre, bailli de la haute justice de Graville et président des traites foraines; il fut anobli par lettres patentes du 7 février 1750, avec règlement d'armoiries : *d'azur, à deux lions contre-rampants d'or et affrontés, armés et lampassés de gueules*, et épousa Marie-Jeanne Duncpveu, dont entre autres enfants[1] :

> 1° Guillaume-Armand, qui suivra ;
> 2° N..., marié et père de :
>> Françoise, mariée vers 1805 à François-Charles-Joseph Hubert, conseiller à la cour d'appel de Rouen.

II. Guillaume-Armand Fouquet, baron Fouquet de Flamare et de l'Empire[2] (lettres patentes du 6 octobre 1810), avocat général à la cour des comptes de Normandie (1786), conseiller, puis procureur général à la cour d'appel de Rouen, O. ✻; né au Havre le 31 juillet 1748, † à Rouen, le 4 février 1827; fut confirmé dans le titre de baron héréditaire par lettres patentes du 12 octobre 1816.

FOURCHENT [de Montrond]

= Lettres de noblesse en faveur de François Fourchent, ancien conseiller correcteur en la cour des comptes de Montpellier, par lettres patentes du 16 octobre 1817, avec règlement d'armoiries : *d'azur, au chevron d'or, et au lion brochant d'argent, armé et lampassé de gueules.*

*
**

I. François Fourchent, docteur en médecine à Bagnols, puis conseiller correcteur à la cour des comptes de Montpellier (1757-1780), † vers 1780 ; épousa à Bagnols, en mars 1734, Élisabeth Grasset, dont un fils, qui suit.

II. François-Joseph Fourchent, puis de Fourchent, conseiller correcteur à la Cour des comptes de Montpellier (1780-89), après son père, fut anobli par lettres patentes du 16 octobre 1817. Né à Bagnols (Gard) le 23 janvier 1736, †...., il se maria deux fois : 1° en 1767, à Marie-Louise de Brueys d'Aygaliers, sœur de l'amiral, dont deux enfants; 2° en novembre 1774, à Marthe-Justine du Parquet, dont deux autres enfants :

> [du 1er lit] : 1° François-Gabriel, ✻, né en 1768, † à Bagnols le 17 septembre 1841; marié à Bagnols à Marie-Antoinette-Joséphine Bruneau de Saint-Auban, dont deux fils, qui suivent :
>> a) André-François-Albert, né en 1809, † à Bagnols le 3 octobre 1826;
>> b) Charles-Auguste-François-Léon, né en 1813, † à Bagnols le 6 avril 1828 ;

1. Parmi ses autres enfants deux furent lieutenants des vaisseaux du roi, et un de ses petits-fils, officier aux gardes françaises.
2. Cf. *Armorial du Ier Empire*, t. II, p. 177.

2° N..., mariée à M. de Giry;

[*du 2° lit*] : 3° François-Joseph-André, qui suivra;

4° Jean-Baptiste-Bonaventure-Hippolyte, baptisé à Bagnols le 14 juillet 1785, † à Nîmes le 22 janvier 1858.

III. François-Joseph-André FOURCHENT, puis de Fourchent de Montrond, contrôleur, puis directeur des contributions indirectes, fut autorisé à ajouter à son nom celui de « Montrond » par ordonnance du 11 août 1824. Né à Bagnols le 11 mars 1776, il épousa à Bagnols, vers 1804, Amélie Blanchard, † à Bagnols le 23 juillet 1856, dont cinq enfants :

1° Clément-Casimir-Ernest, qui suivra;

2° Clément-Justin-Melchior-Maxime, archiviste paléographe, né à Bagnols le 4 septembre 1807, frère jumeau du précédent, † à Paris le 27 juin 1879; marié à Étampes en 1836 à Jeanne-Amélie Rouillon, † le 12 septembre 1868. dont deux enfants, qui suivent :

    a) André, né en 1854, † à Paris le 13 juillet 1872;

    b) Marie;

3° François-Victor-Isidore, chef d'escadron d'artillerie, O. ✳, né en 1809, † à Bagnols le 9 décembre 1876; marié à Isabelle de Giry, † le 30 juin 1877;

4° Scipion, chef d'escadron en retraite, O. ✳, lieutenant-colonel de la territoriale;

5° Clémentine-Adrienne-Jeanne, mariée, le 9 novembre 1842, à Charles-François de la Gorce.

IV. Clément-Casimir-Ernest DE FOURCHENT DE MONTROND, ingénieur en chef des ponts et chaussées, O. ✳; né à Bagnols le 4 septembre 1805, †...; épousa Augustine-Valérie de Senovert, † à Avignon le 6 janvier 1890, dont :

1° Armand, qui suivra;

2° Blanche-Valentine-Noémie, née à Grenoble le 27 juillet 1839; mariée à Charles Joleaud de Saint-Maurice, conseiller à la cour d'appel de Grenoble.

V. Armand DE FOURCHENT DE MONTROND.

FOURMENT (DE)

☰ Titre de baron héréditaire sur institution de majorat (hôtel à Montdidier), en faveur de Louis-François-Luglien DE FOURMENT, par lettres patentes du 29 mars 1817, portant règlement d'armoiries : *de gueules, à la bande d'argent, chargée d'une macle d'azur.*

*
* *

I. Jacques-Louis FOURMENT, prévôt royal de Montdidier et doyen des conseillers au bailliage de cette ville, épousa Anne-Catherine de Saint-Fuscien, dont :

1° Jacques-Luque-Luglien, qui suivra;

2° N..., mariée à Robert-Michel Fouchel du Hamel, capitaine d'infanterie;

3° N..., mariée à Louis-Joseph de Bertin, sgr d'Inneville, lieutenant du sénéchal de Montdidier.

II. Jacques-Luque-Luglien DE FOURMENT, conseiller du roi, lieutenant particulier au bailliage et gouvernement de Montdidier, conseiller secrétaire du roi, maison et couronne de France (25 janvier 1751), puis dernier prévôt royal et prévôt du bailliage de Montdidier; né en 1687, † le 2 octobre 1759; épousa Marie-Anne-Renée Aubert de Rosainville, dont un fils, qui suit.

III. Louis-François-Luglien DE FOURMENT, baron de Fourment et de l'Empire[1], chevalier, seigneur de Montorillier et l'Étoile, maître en la chambre des comptes de Paris ; fut autorisé par décret impérial du 2 janvier 1814, à instituer un majorat au titre de baron et fut créé baron héréditaire, sur institution dudit majorat, par lettres patentes du 20 mars 1817. Né à Montdidier, le 13 septembre 1750, † le 24 avril 1840, il épousa Geneviève-Thérèse-Olympiade Caron, dont un fils, qui suit.

IV. Louis-Luglien DE FOURMENT, baron de Fourment, auditeur au Conseil d'État (1811), intendant de province (1812-13), sous-préfet (1814-22), député de la Somme (1848-49), conseiller général de la Somme, sénateur de l'Empire (26 janvier 1862), ✳ ; fut confirmé dans le titre de baron, par ordonnance du 8 juillet 1843. Né à Roye (Ardennes) le 18 janvier 1788, il mourut à Cercamps-lès-Frévent, le 14 novembre 1864, sans alliance.

Il avait eu de Mlle Alexandrine-Louise-Élisabeth-Aimée-Pierre Daguisy, née en 1788, un fils naturel, Auguste-Antoine-François, qui suit, et qu'il reconnut par acte devant Mes Lehon et son collègue, notaires à Paris, du 14 avril 1829.

V. Auguste-Antoine-François DE FOURMENT, baron de Fourment, maire de Frévent et député du Pas-de-Calais (1867-70), ✳, fut confirmé dans le titre de baron héréditaire de son père adoptif, par décret impérial du 14 juillet 1865. Né à Paris le 18 janvier 1821, † au château de Cercamps le 1er novembre 1891, sans postérité ; il s'était marié deux fois : 1° le 8 janvier 1852, à Mlle Franck-Carré, † à Paris le 19 avril 1884, fille du pair de France ; 2° le 27 mai 1885, à Clara-Marie Allart, veuve de M. Vatteau.

FOURNIER

⚊ Titre de chevalier héréditaire confirmé en faveur de Jean-Louis FOURNIER, maréchal de camp, par lettres patentes du 3 août 1816, avec règlement d'armoiries : *d'or, au lion rampant de sable, armé et lampassé de gueules, tenant de la patte dextre une épée haute aussi de gueules.*

I. Jean-Louis FOURNIER, docteur en médecine, épousa Marie Caré, dont au moins un fils, qui suit.

II. Jean-Louis FOURNIER, chevalier Fournier et de l'Empire (lettres patentes du 12 novembre 1809), donataire de l'Empire[2], colonel d'infanterie, général de brigade (30 août 1813), lieutenant général (1er novembre 1826), C. ✳, chevalier de Saint-Louis, fut confirmé dans le titre de chevalier héréditaire, par lettres patentes du 3 août 1816. Né à Melle (Deux-Sèvres) le 2 juillet 1774, † à... le 11 octobre 1847, il épousa le 3 octobre 1814 Flore Thiébault, dont quatre filles :

1° Désirée-Françoise-Louise, née le 4 janvier 1816, mariée à M. Perrain.

2° Élisa-Sophie-Françoise, née le 6 juillet 1817, mariée à M. Gélot ;

3° Anaïs-Joséphine, née le 6 mai 1821 ;

4° Emma-Charlotte-Désirée, née le 25 septembre 1826.

1. Cf. *Armorial du Ier Empire*, t. II, p. 179.
2. *Ibid.*, p. 181.

FOURNIER DE BOISAYRAULT

= Titre de baron héréditaire sur institution de majorat (domaine de Tersaix, à Oyron), en faveur de Pierre-Auguste FOURNIER DE BOISAYRAULT, chevalier de Saint-Louis, par lettres patentes du 14 mai 1818, avec règlement d'armoiries : *d'azur, à la bande dentelée d'or, accompagnée de deux étoiles du même.*

Cette famille Fournier est originaire du Bas-Anjou et a donné des avocats et officiers au grenier à sel et à la sénéchaussée de Saumur. Bien qu'elle porte dans ses armes les mêmes pièces que celles des armoiries des maires d'Angers et de Nantes de ce nom, la communauté d'origine avec eux ne paraît pas avoir été jamais établie d'une façon sérieuse et authentique.

II. Pierre FOURNIER, sieur de Baisayrault, conseiller du roi en la sénéchaussée de Saumur, fils de François Fournier, président du grenier à sel de Saumur, né le 4 janvier 1637, acquit une des lettres de noblesse créées par l'ordonnance de mars 1702 et révoquées par celles de 1715, et reçut comme règlement d'armoiries : *d'azur, à la bande dentelée d'or, accompagnée de deux étoiles du même, l'une en chef, l'autre en pointe ;* il avait épousé Anne Milocheau, dont un fils, qui suit.

III. Pierre FOURNIER, sgr de Boisayrault, juge, puis président et lieutenant général de police en la sénéchaussée de Saumur (8 août 1706), né le 27 août 1662, † le 5 juin 1710, épousa le 30 août 1694 Catherine Lepagneul, dont René, qui suit.

IV. René FOURNIER, écuyer, sgr de Boisayrault, lieutenant général civil et criminel en la sénéchaussée de Saumur, après son père, puis président trésorier de France au bureau des finances de Poitiers (12 juillet 1724), † le 1er décembre 1733, épousa le 19 mai 1725 Catherine Valette dont :

1° Pierre-Jacques, qui suivra ;
2° René-Jacques ;

V. Pierre-Jacques FOURNIER, sgr de Boisayrault, Oyron, etc., mousquetaire du roi, capitaine au régiment commissaire général, chevalier de Saint-Louis, fut confirmé dans la noblesse acquise en vertu des lettres de 1702, par arrêt du Conseil d'État du 10 octobre 1755, né le 14 mai 1734, † en août 1800, il épousa à Saumur, le 28 décembre 1764, Louise-Geneviève Ciret de Brou, dont :

1° Pierre-Auguste, qui suivra ;
2° Marie-Renée-Sophie, mariée à Charles-Marie-Jean-Baptiste, marquis d'Aubéry.

VI. Pierre-Auguste FOURNIER, baron Fournier de Boisayrault et de l'Empire (décret impérial du 27 janvier 1814), émigré et officier de l'armée de Condé, chevalier de Saint-Louis, fut autorisé par Napoléon Ier à instituer un majorat au titre de baron, et puis ensuite créé baron héréditaire, sur institution dudit majorat, par lettres patentes du 14 mai 1818. Né à Saumur le 1er juillet 1768, † au château d'Oyron (Vienne) le 23 janvier 1837, il épousa Amélie-Constance Lefèvre de la Faluère, fille de Claude et d'Anne-Marguerite de la Boninnière de Beaumont, dont quatre enfants :

1° Pierre-René-Gustave, dit le marquis d'Oyron, né à Oyron le 11 mars 1808, † en 1864; marié, le 6 septembre 1827, à Élisabeth de Voyer d'Argenson, † le 16 octobre 1847, fille du marquis d'Argenson, dont trois enfants, qui suivent :

    a) Auguste, dit le marquis d'Oyron, né au château d'Oyron le 22 août 1828, † au château de Paulmy le 5 août 1877; marié, le 20 mai 1858, à Gertrude-Winifred Stackpole, † au château de Paulmy en novembre 1899, dont un fils unique :
    Gustave-Marie-Georges, né en 1858, † en 1883, sans alliance;

    b) Élisabeth-Mélanie, née à Angers le 28 décembre 1830, † au château de Saint-Senoch le 28 février 1881; mariée à Jules-Octave Luce de Trémont;

    c) Marie-Aimée, née le 7 janvier 1840, mariée à son cousin, Ernest Fournier de Boisayrault, ci-après rapporté;

2° Auguste-Paul, qui suivra;

3° René-Albert, né le 8 août 1806, †...; marié en mai 1837 à Charlotte-Armande-Ulicka de Wall, † le 26 février 1876, dont deux fils :

    a) René-Pierre-Angélique, né le 26 juin 1838, † à Boisayrault le 9 juin 1888; marié en février 1879 à Marie de la Porte-Lalanne, dont une fille : Germaine;

    b) Alfred-Louis, officier de chasseurs d'Afrique, né le 31 août 1845, † à la bataille de Sedan le 1er septembre 1870;

4° Louise-Stéphanie, née le 17 mars 1804, † à Tours le 20 mars 1866; mariée, le 27 décembre 1831, à Alphonse, baron de Gassin, officier de cavalerie.

VIII. Auguste-Paul DE FOURNIER DE BOISAYRAULT D'OYRON, né à Oyron le 20 mars 1804, † en 1876; épousa en 1833 Alexandrine de Lamote-Baracé de Senonnes, fille du marquis de Senonnes, dont deux enfants :

    1° Pierre-François-Ernest, qui suivra;
    2° Pauline, née en 1838, † en 1868; mariée en 1861 à Henri de Banyuls, marquis de Montferré.

VIII. Pierre-François-Ernest DE FOURNIER, baron de Fournier de Boisayrault, dit le comte d'Oyron, né en 1833, a épousé sa cousine germaine Marie Fournier de Boisayrault d'Oyron, dont quatre enfants :

    1° Louis-Pierre, marié à Paris en février 1892 à Marie-Antoinette-Marguerite Laigre-Lessart;
    2° Élisabeth-Marie-Gertrude, mariée, le 28 septembre 1887, à Daniel-Jérôme Robineau, marquis de Rochequairie;
    3° Marie-Marguerite, mariée en novembre 1896, à Ludovic Guérineau de Lamérie;
    4° Jeanne.

FOURNIER DE LA POMMERAYE

= Lettres de noblesse en faveur de Joseph-Marie FOURNIER DE LA POMMERAYE, par lettres patentes du 6 janvier 1815, avec règlement d'armoiries : *d'azur, au chevron d'or, accompagné en pointe d'une levrette rampante d'argent, et en chef de deux tourteaux d'hermine.*

***

La famille Fournier est originaire de Levaré au Maine et connue par des charges de procureur et de judicature.

I. François FOURNIER, sieur de la Pommeraye, procureur au présidial de Fougères, † à Fougères le 15 mars 1759; fils d'un procureur, épousa Perrine-Marie Chauvel; dont un fils, qui suit :

II. Jean-François Fournier, sieur de la Pommeraye, avocat au parlement, procureur du roi en la sénéchaussée de Fougères, puis député de la sénéchaussée aux États généraux en 1789, né ..., † en 1791 ; épousa à Fougères, le 16 juin 1777, Anne-Lucie-Pauline Goret, fille de Claude-Julien, maître particulier des eaux et forêts, et de Françoise Dubois, dont :

1° Joseph-Marie, qui suivra ;

2° Anne-Perrette-Joseph, née le 12 mars 1778, mariée en 1800 à Valentin Dubois de la Cotardière ;

3° Jeanne-Marguerite, née le 14 novembre 1780, mariée à Joseph-Marie Dubois de Québriac frère du précédent ;

4° Thérèse, née le 8 janvier 1783, mariée à Robert-Jean Danjou de la Garenne.

III. Joseph-Marie Fournier de la Pommeraye, avocat, conseiller auditeur (7 février 1812), puis conseiller à la cour d'appel d'Angers (16 août 1814), démissionnaire en 1830, né à Fougères le 24 mai 1785, †..., fut anobli par lettres patentes du 6 janvier 1815.

FRACHON

= Titre de chevalier héréditaire confirmé en faveur de Charles-Louis-André Frachon, adjudant-commandant, par lettres patentes du 25 novembre 1814, avec règlement d'armoiries : *d'azur, au chevron d'or, accompagné en chef de deux molettes d'argent, et en pointe d'une épée haute du même ; à la champagne de gueules, chargée d'une étoile d'argent.*

* *

I. Charles-Louis-André Frachon, chevalier Frachon et de l'Empire[1] (lettres patentes du 1er janvier 1813), donataire de l'Empire, chef d'escadron, colonel d'état-major (29 décembre 1814), O. ✳ ; fut confirmé dans le titre de chevalier héréditaire par lettres patentes du 25 novembre 1814. Né à Annonay (Ardèche) le 18 mars 1779, † à Cardesse (Hautes-Pyrénées) le 19 août 1830, il épousa le 8 octobre 1811 Zoé-Joséphine-Gratiane-Clémentine de Laussat, fille du baron, député, dont :

1° Ferdinand-Constant-Louis, qui suivra ;

2° Émile, marié ;

3° Louis ;

4° N..., mariée à M. Darcet.

II. Alfred-Clément-Louis Frachon, sous-préfet, né à Mons (Belgique) le 2 décembre 1813, † le 13 mars 1857, épousa Louise-Camille Mocquard, dont un fils qui suit.

III. Ferdinand-Constant-Louis Frachon, né à Oloron le 29 janvier 1837.

FRAIN DE LA VILLEGONTIER

= Titre de pair héréditaire par ordonnance du 5 mars 1819, en faveur de Louis-Spiridion Frain, comte de la Villegontier, confirmé sur institution de major a de pairie (domaine de la Villegontier) au titre de baron-pair héréditaire, par lettres patentes du 30 avril 1822, avec règlement d'armoiries : *d'azur, au chevron d'argent*

1. Cf. *Armorial du 1er Empire*, t. II, p. 183.

accompagné de deux rencontres de bœuf en chef, et en pointe d'un croissant, le tout d'argent.

* *

La famille Frain de la Villegontier paraît originaire de Rennes, où elle était fort nombreuse; une de ses branches qui a possédé les terres de la Gaudais et de la Margueraye a donné Guy Frain, seigneur de la Margueraye, conseiller au présidial de Nantes, puis échevin et sous-maire de cette ville (1631 à 1636), dont la descendance a été maintenue dans sa noblesse en vertu du privilège de l'échevinage de Nantes, par arrêt des 15 janvier et 8 avril 1669; une autre branche a formé plusieurs rameaux, et l'un d'eux serait celui qui a possédé les seigneuries d'Iffer et de la Villegontier et était représenté au quatrième degré par Sébastien, qui suit.

IV. Sébastien FRAIN, chevalier, seigneur de la Villegontier et autres lieux, conseiller du roi, sénéchal de Fougères après son père, né à Fougères le 26 avril 1663, † même ville le 11 mai 1738; y épousa le 31 mars 1696 Perrine de Bregel, dont entre autres enfants :

1° Charles, capitaine au régiment de Souvré-infanterie, né à Fougères le 1ᵉʳ septembre 1701, † le 16 septembre 1734;

2° Maurice-Gabriel, sgr de la Tendrais, docteur en Sorbonne, prieur du château de Fougères en 1739, né le 22 septembre 1706, † le 12 juillet 1773;

3° René-Joseph-François, qui suivra;

4° Marie-Thérèse, née le 7 janvier 1704, mariée, le 21 avril 1727, à Armand-Magdelon de la Belinaye;

5° Louise-Edmée, dite Mˡˡᵉ des Guyonnières, née le 9 août 1711, † le 17 décembre 1784;

6° Perrine-Clarisse, née le 10 février 1714, † le 13 novembre 1768; mariée en mai 1748 à Annibal-Marie-Auguste de Farcy.

V. René-Joseph-François FRAIN, seigneur de la Villegontier, la Tendrais et la Barrais, conseiller du roi, sénéchal de Fougères, né à Fougères le 31 août 1715, † le 22 septembre 1782; épousa à Rennes, le 23 février 1775, Marie-Louise Fournier de Pellan, fille de Guillaume-François, seigneur de Pellan, et de Marie-Mélanie Morvan, dont :

1° Louis-Spiridion, qui suivra;

2° Charles-Marie, né à Fougères le 20 mars 1777;

3° Jean-René, né à Fougères le 23 février 1779;

4° Mélanie-Désirée, née le 14 septembre 1781, mariée à M. Le Fournier d'Yanville.

VI. Louis-Spiridion FRAIN, dit le comte DE LA VILLEGONTIER, sous-préfet (1815), préfet (1816), premier gentilhomme du duc de Bourbon, pair de France (5 mars 1819) C. ✠, établit sa pairie aux rang et titre de baron-pair héréditaire, sur institution de majorat, par lettres patentes du 30 avril 1822; né à Fougères le 25 janvier 1776, † au château la Villegontier (Ille-et-Vilaine) le 3 juin 1849, il épousa en 1806, Adélaïde-Marie-Claire de la Viefville de Boisgelin-Kerdu, † à la Villegontier le 20 novembre 1875, fille de M. et de Mᵐᵉ, née de Boisgelin de Kerdu, dont trois enfants :

1° Marie-Louis-François-Ferdinand, qui suivra;

2° Édouard, né en 1829, † à Fougères le 3 janvier 1854;

3° Cécile, mariée à Louis-Mériadec-Frumence-Gabriel-Joseph de Froment, baron de Castillé.

VII. Marie-Louis-François-Ferdinand FRAIN, comte DE LA VILLEGONTIER, page des rois Louis XVIII et Charles X, né..., †..., épousa Louise-Noémi Malboz, † à la Villegontier le 17 novembre 1880, dont :

1° Pierre-Marie-Sébastien-Girard, qui suit ;

2° Louis-Antoine-Ferdinand, né en 1846, † au château de la Villegontier le 13 mars 1878, sans alliance.

VIII. Pierre-Marie-Sébastien-Girard FRAIN, comte DE LA VILLEGONTIER, officier de mobiles en 1870, conseiller général, député d'Ille-et-Vilaine (1871-82), sénateur d'Ille-et-Vilaine (1888), né à la Villegontier le 10 janvier 1841, a épousé Marie de la Belinaye, dont une fille :

Noëmi, mariée, le 2 octobre 1899, à Pierre-Marie-Joseph-Léon Frotier de Bagneux.

FRANCQ

☰ Titre de baron héréditaire confirmé en faveur de Louis-Bernard FRANCQ, baron de l'Empire, colonel, par lettres patentes du 27 février 1819, avec règlement d'armoiries : *tiercé en fasce : d'argent, à deux têtes de cheval de sable ; de gueules, à l'épée haute d'argent, et d'or, au dextrochère de carnation, habillé de sinople, tenant un sabre d'argent.*

I. Claude FRANC, *alias* Francq [1], ouvrier d'État à l'arsenal d'Auxonne, épousa Bernarde Canot, dont au moins un fils, qui suit.

II. Louis-Bernard FRANCQ, chevalier, puis baron Francq et de l'Empire (lettres patentes du 26 avril 1810), donataire de l'Empire [2], soldat (1782), sous-lieutenant (1793), chef d'escadron, colonel, O. ✳ ; fut confirmé dans le titre de baron héréditaire, par lettres patentes du 27 février 1819. Né à Auxonne (Côte-d'Or), le 25 août 1766, † à Corbeil le 14 décembre 1818, il épousa Agathe-Clémence Pipelet, fille de Jean-Baptiste, docteur en médecine, et de Constance-Marie de Theis, en 1845 (remariée au prince Joseph de Salm-Dyck), dont deux fils :

1° Constant-Louis-Marie-Joseph ;

2° Alexandre-Bernard-Démétrius, qui suit.

III. Alexandre-Bernard-Démétrius FRANCQ, baron de Francq, colonel du 4° chasseurs à cheval, O. ✳, né à Paris, le 19 octobre 1815, † le 24 mars 1865 ; épousa le... janvier 1861 Honorine-Marie-Clémence de Saint-Quentin, dont :

1° Joseph-Ange-Constant-Maurice, qui suivra ;

2° Louis-Marie-Saint-Ange, lieutenant de vaisseau, ✳, né le 10 mai 1864, † à Paris le 31 octobre 1901.

IV. Joseph-Ange-Constant-Maurice DE FRANCQ, baron de Francq, ancien officier de marine, né le 24 septembre 1862, fut confirmé dans le titre de baron héréditaire, par décret impérial du 1er septembre 1866.

1. C'est ainsi qu'il signe à l'acte de baptême de son fils.

2. Cf. *Armorial du 1er Empire*, t. II, p. 185, pour les titres et dotations et armoiries de l'Empire.

FRANQUETOT DE COIGNY (DE)

= Titre de pair à vie en faveur du maréchal de France, Marie-François-Henri DE FRANQUETOT, duc DE COIGNY, par ordonnance du 4 juin 1814; confirmation de pairie à titre héréditaire, par l'ordonnance du 19 août 1815.

= Titre de duc-pair héréditaire attaché à ladite pairie en faveur du même, par l'ordonnance du 31 août 1817 (sans lettres patentes ni institution de majorat de pairie).

***

La famille Franquetot, anciennement Guillotte, a pour auteur Robert Guillotte, seigneur de Franquetot, paroisse de Cretteville, au bailliage de Carentan, qui fut anobli par lettres patentes de septembre 1542 : il se maria à Marie d'Auxais, dont il eut deux fils, le cadet, qui a fait la branche des seigneurs d'Auxais, éteinte à la fin du XVIII° siècle, et l'aîné, qui a continué la branche dite de Coigny.

Cette branche, qui a donné de nombreux officiers généraux et deux maréchaux de France, a reçu le titre de duc de Coigny (sans pairie), par lettres patentes de février 1747 et était représentée au huitième degré par le fils du maréchal, Jean-Antoine-François, qui suit.

VIII. Jean-Antoine-François DE FRANQUETOT, dit le marquis DE COIGNY, baron de Varanguébec, seigneur de Vindefontaine et de Pretot, etc., colonel général des dragons (1734), par démission de son père, grand bailli d'épée de la ville et du château de Caen, lieutenant général des armées du roi (1733), chevalier commandeur de l'Ordre du Saint-Esprit; né le 27 septembre 1702, † à Paris (en duel) le 4 mars 1748, il épousa en novembre 1729 Marie-Thérèse-Joséphe-Corentine de Nevet, † le 19 août 1778, fille de Malo, marquis de Nevet, et de Corentine de Gouzillon, dont trois fils :

1° Marie-François-Henri, qui suivra ;

2° Augustin-Gabriel, comte de Coigny, brigadier de dragons (1768), maréchal de camp (1er mars 1780), lieutenant général (14 novembre 1815), chevalier commandeur du Saint-Esprit (4 janvier 1786) et de Saint-Louis ; né à Paris le 23 août 1740, † à Paris le 6 janvier 1817; marié, le 18 mars 1767, à Anne-Josèphe Michel de Roissy, † en octobre 1775, dont une fille, qui suit :

Anne-Françoise-Aimée, née à Paris le 12 octobre 1769, † à Paris le 17 janvier 1820[1]; mariée deux fois : 1° le 3 décembre 1784, à André-Hercule de Rosset, duc de Fleury, pair de France, † le 16 janvier 1815 (divorcée à Mareil-en-Brie le 7 mai 1793); 2° vers 1794, à Claude-Philibert-Hippolyte Mouret de Montrond, † à Paris le 18 octobre 1843 (divorcée à nouveau le 27 mars 1802;

3° Jean-Philippe, dit le chevalier de Coigny, guidon de dragons, maréchal de camp (1er janvier 1784) ; né à Paris le 14 décembre 1748, † à Dusseldorf vers 1806.

IX. Marie-François-Henri DE FRANQUETOT, marquis, puis duc DE COIGNY, marquis du Bordage et de la Moussaye, colonel général des dragons en 1754, après son père, gouverneur et grand bailli d'épée de la ville de Caen, maréchal de camp

---

1. Elle fut célèbre par ses aventures avec lord Malmesbury, Mailla-Garat, André Chénier, etc.

(20 février 1761), lieutenant général (1ᵉʳ mars 1780), député de la noblesse du bailliage de Caen aux États généraux en 1789, émigré et capitaine général au service de Portugal, maréchal de France (6 juillet 1816), et gouverneur de l'hôtel des Invalides, chevalier commandeur de l'Ordre du Saint-Esprit (1ᵉʳ janvier 1777), fut créé pair de France en 1787, puis rappelé à la pairie le 4 juin 1814, et enfin créé duc-pair héréditaire, par l'ordonnance du 31 août 1817. Né à Paris le 28 mars 1737, † à Paris le 18 mai 1821, il se maria deux fois : 1º à Paris le 21 avril 1755, à Marie-Jeanne-Olympe de Bonnevie, † à Paris le 27 septembre 1757, veuve en premier mariage de Louis-Auguste, vicomte de Chabot, et fille de Joseph-Charles de Bonnevie, marquis de Vervins, commissaire aux requêtes du palais, et de Marie Moreau, dont deux fils ; 2º le 16 septembre 1785, à Jeanne-Françoise-Aglaé d'Andlau, † à Paris le 10 juillet 1825, veuve de Hardouin, comte de Châlon, et fille d'Antoine-Henri, comte d'Andlau, et de Geneviève-Adélaïde Helvétius, sans postérité.

[du 1ᵉʳ lit] : 1º François-Marie-Casimir, qui suivra ;
2º Pierre-Auguste, dit le marquis du Bordage, officier au régiment, colonel-général-dragons ; né le 9 septembre 1757, †... sans alliance.

X. **François-Marie-Casimir** DE FRANQUETOT, marquis DE COIGNY, mestre de camp du régiment, colonel-général-dragons, premier écuyer du roi, maréchal de camp (9 mars 1788), lieutenant général (23 août 1814) ; né à Paris le 2 septembre 1756, †... le 22 janvier 1816 ; épousa le 21 février 1775 Louise-Marthe de Conflans d'Armentières, † à Paris le 12 septembre 1832, fille de Louis-Henri-Gabriel, marquis d'Armentières, maréchal de camp, et d'Antoinette-Madeleine-Jeanne Portail, dont trois enfants :

1ᵉ Auguste-Louis-Joseph-Casimir-Gustave, qui suivra ;
2º Antoinette-Françoise-Jeanne, née le 23 juin 1778, † à Constantinople le 8 mai 1807 ; mariée, le 2 mai 1806, à Horace-François-Bastien, comte Sebastiani della Porta et de l'Empire, maréchal de France ; dont elle a eu une fille unique :
    Altarice-Rosalba Sebastiani della Porta, née à Constantinople le 14 avril 1807, † à Paris le 17 août 1847 ; mariée, le 18 octobre 1824, à Charles-Laure-Hugues-Théobald de Choiseul, duc de Praslin et pair de France, dont la deuxième fille, qui suit :
        Charlotte-Louise-Cécile de Choiseul-Praslin, née à Paris le 13 juin 1828, † à Paris le 10 mars 1902 ; mariée, le 21 novembre 1848, à Antoine-Alfred-Amérius-Théophile, comte de Gramont, général de brigade, a laissé un fils unique : Antoine-Alfred-Armand-Xavier-Louis de Gramont, comte de Gramont de Coigny, né à Paris le 21 avril 1861, a été autorisé, par décret du... juin 1901, à ajouter à son nom celui de « de Coigny » ;
3º Louise-Rose-Albe, née le 24 décembre 1786.

XI. **Auguste-Louis-Joseph-Casimir-Gustave** DE FRANQUETOT, comte, puis duc DE COIGNY, pair de France (par hérédité, le 24 juin 1821), colonel de cavalerie (1814), aide de camp du duc de Bordeaux, maréchal de camp (22 janvier 1843), chevalier d'honneur de la duchesse d'Orléans (1837), G. O. ✳ ; né à Paris le 4 septembre 1788, † à Paris le 1ᵉʳ mai 1865, épousa à Paris, le 16 juin 1822, Henriette Dalrymple-Hamilton, † à Paris le 19 décembre 1869, fille de sir Hew, et de Jeanne Dusseau, dont quatre filles :

1º Jeanne-Henriette-Louise, née en 1824, †... [? mariée, le... 1847, à John, vicomte Dalrymple Hamilton] ;

2° Georgina-Jeanne-Élisabeth-Fanny, née en 1826; mariée, le 15 juin 1852, à Charles-Sidney-William-Herbert Pierrepont, comte Mauvers, vicomte Newark;

3° Evelina, née en 1828, † à... le... 1857 ;

4° Marie, née en 1840, † à... le 23 août 1858.

FRAYSSINOUS

≡ Titre de pair, par ordonnance du 31 octobre 1822, en faveur de Denis-Antoine-Luc, comte FRAYSSINOUS, évêque d'Hermopolis.

*
* *

La famille Frayssinous, originaire de Rouergue, y a possédé depuis le XV° siècle le domaine de Puech, paroisse de Curières.

I. Étienne FRAYSSINOUS, épousa, le 22 septembre 1732, Marie-Anne Flandrin, dont :

1° Jean-Antoine, qui suivra ;

2° Jean-Baptiste, marié à Marie Malet, dont postérité représentée de nos jours.

II. Jean-Antoine FRAYSSINOUS, avocat en parlement, épousa le 15 février 1762 Marguerite Pons du Cros, dont six enfants :

1° Denis-Antoine-Luc, qui suivra ;

2° Jean-Étienne-Aynard, marié à Benoîte de la Salle, sans postérité ;

3° Jean-Amable-François-David, sous-préfet, né le 17 octobre 1779, † à Saint-Côme le 4 octobre 1836; marié à Antoinette-Victoire Lemore, dont une fille unique :
  Victoire-Laurence-Mathilde, mariée : 1° à Claude Desjoyaux, docteur en médecine; 2° à son cousin, Jean-Marie-François-Amable Frayssinous ;

4° Marie-Jeanne, mariée à M. Jaoul ;

5° Jeanne-Antoinette, mariée à M. Lavinhac ;

6° Marianne-Louise, mariée à M. Seguret.

III. Denis-Antoine-Luc FRAYSSINOUS, comte Frayssinous, prêtre de Saint-Sulpice, inspecteur d'Académie (1810), vicaire général honoraire de Paris, premier aumônier du roi (1821), évêque d'Hermopolis in partibus (1822), grand maître de l'Université de France (1er juin 1823), membre de l'Académie française, ministre des affaires ecclésiastiques (26 août 1824-28), pair de France (31 octobre 1822), précepteur du duc de Bordeaux, ✠; né à Curières (Aveyron) le 9 mai 1765, † à Saint-Geniès (Aveyron) le 12 décembre 1841; fut appelé à la pairie avec rang et titre de comte-pair, par l'ordonnance du 31 octobre 1822.

La famille Frayssinous, porte pour armoiries : *écartelé : aux 1er et 4e d'or, au lion de sable, armé et lampassé de gueules; aux 2e et 3e d'argent, au frêne arraché de sinople.*

FRÉDY DE COUBERTIN

≡ Titre de baron héréditaire, en faveur de Bonaventure-Julien FRÉDY DE COUBERTIN, capitaine, par lettres patentes du 2 avril 1822, avec règlement d'armoiries : *d'azur, à neuf coquilles d'argent, 3, 3, 2, 1.*

*
* *

La famille Frédy établit sa filiation depuis Alphonse Frédy, avocat du roi au bailliage de Montfort, qui fut déchargé de la taxe aux francs-fiefs par ordonnance du 1er mai 1519 et épousa Marie Bluté. Son fils Jean Frédy, marchand bourgeois de Paris, acquit les seigneuries de Coubertin et de la Verrie et épousa : 1o le 9 octobre 1547, Radegonde Plastrier, fille de Nicolas, marchand drapier à Paris ; 2o le 23 octobre 1589, Catherine Boisdin. Leur postérité a donné des avocats, un contrôleur des rentes de l'hôtel de ville de Paris, des officiers, un commissaire des guerres, etc., et s'est divisée en trois branches principales : 1o celle des seigneurs de Coubertin, qui sera rapporté ci-après ; 2o le rameau de Juilly, aujourd'hui connu sous le titre de comte de Frédy ; 3o la branche des seigneurs du May, éteinte.

La branche des seigneurs de Coubertin, maintenue dans sa noblesse par arrêt du Conseil d'État du 30 décembre 1717, était représentée au quatrième degré par :

IV. François FRÉDY, seigneur de Coubertin, Juilly, les-Mollèts, etc., major de troupes à la Rochelle, lieutenant de vaisseau, chevalier de Saint-Louis ; né le 11 avril 1668, † à Paris le 11 novembre 1742 ; épousa le 15 juin 1711 Marie Morel, dont :

1o Pierre, qui suivra ;

2o Nicolas, colonel d'artillerie, chevalier de Saint-Louis, marié, le 19 décembre 1758, à Élisabeth-Éléonore Le Roy de Jumelle, dont une fille ;

3o Henri-Louis, conseiller au Parlement de Paris, marié, le 26 décembre 1757, à Geneviève Philippes, dont postérité représentée de nos jours par la branche cadette dite des comtes de Frédy.

V. Pierre FRÉDY, seigneur de Coubertin, conseiller à la cour des aides de Paris, né en 1716, marié le 27 avril 1744 à Marie-Louise-Marguerite Chambault, fille de François-Jacques, lieutenant d'artillerie, et de Marie-Louise Felvise, dont deux fils, qui suivent, et sept autres morts au berceau :

1o Louis-François, qui suivra ;

2o Pierre-Alphonse, dit M. de Favreuse, né le 21 octobre 1757.

VI. Louis-François FRÉDY, écuyer, seigneur de Coubertin, conseiller en la cour des aides de Paris ; né en 1752, épousa Jeanne-Geneviève Saudrier, dont un fils, qui suit.

VI. Bonaventure-Julien DE FRÉDY DE COUBERTIN, baron Frédy de Coubertin, capitaine, ✵, né à Paris le 24 mai 1788, †...; fut créé baron héréditaire par lettres patentes du 2 avril 1822. Il épousa en 1821, Caroline de Pardieu, † à Saint-Rémy-lès-Chevreuse, le 1er septembre 1887, fille de Louis-Joseph-Élisabeth-Centurion, marquis de Pardieu, et d'Antoinette-Bernardine de Berthier de Sauvigny, dont un fils, qui suit.

VII. Louis-Charles DE FRÉDY, baron DE COUBERTIN, artiste peintre, ✵, né le 22 avril 1822, a épousé le 16 mars 1846 Agathe-Marie-Gabrielle Gigault de Crisenoy, fille du baron Étienne-Charles et de Marie-Euphrosine Eudes de Mirville, dont :

1o Louis-Paul, qui suivra ;

2o Frédéric-Albert, officier de dragons, né le 21 octobre 1848 ; marié, le 17 juin 1876, à Marie-Caroline-Louise Collinet de la Salle ;

3o Charles-Pierre, né le 1er juin 1863, marié, le 12 mars 1895, à Christa-Anna-Maria Rothan ;

4° Adèle-Stéphanie-Aline-Marie, née le 21 novembre 1854, mariée, le 10 avril 1877, à Célestin-Frédéric-Albert-David de Madre.

VIII. Louis-Paul de Fredy, baron de Coubertin, né le 17 février 1847 ; a épousé le 10 janvier 1883 Violette-Jeanne-Constance Machiels ; sans postérité.

FRÉMIN DE BEAUMONT ET DU MESNIL

= Titre de baron héréditaire confirmé en faveur de Nicolas Frémin de Beaumont, baron de l'Empire, préfet, par lettres patentes du 20 novembre 1814, avec règlement d'armoiries : *d'azur, à la fasce d'or, accompagnée en chef de trois étoiles d'argent, rangées en fasce, et en pointe d'une fourmi du même.*

= Titre de baron héréditaire, confirmé en faveur de Gabriel-François Frémin du Mesnil, baron de l'Empire, député, frère cadet du précédent, par lettres patentes du 11 novembre 1814, avec règlement d'armoiries : *d'azur, à la fasce d'or, accompagnée en chef de trois étoiles rangées en fasce, et en pointe d'une fourmi, le tout d'argent.*

** **

Cette famille Frémin établit sa filiation connue depuis Pierre Frémin de la Tangardière, seigneur de Lingreville, marié à Colette Amoignard et père de : 1° Pierre-Isaac, qui suit ; 2° N... dit M. de la Conterie, capitaine de frégate, † en 1711.

II. Pierre-Isaac Frémin, seigneur du Mesnil, capitaine au régiment de Bretagne-infanterie, puis conseiller-secrétaire du roi, maison et couronne de France, près le parlement de Rouen (18 novembre 1750), colonel des milices bourgeoises de Coutances, † à Coutances le 9 décembre 1771 ; épousa au Cap-Français, le 26 janvier 1733, Marguerite Pasquier, dont :

> 1° Pierre-Jacques, écuyer, sgr de Lingreville, officier au régiment de Quercy, marié au château de Montastruc en Bigorre, le 18 mars 1768, à Marie-Sophie Faubeau de Mallet, fille de Jean-Anne-Bernard, dit le marquis de Castelbajac, et de Marie-Anne-Élisabeth Le Longs, dont un fils, qui suit :
> Jean-Anne-Bernard-Marguerite, né à Montastruc le 22 juin 1768 ;
> 2° Nicolas, qui suivra ;
> 3° Gabriel-Charles-François, qui sera rapporté après son frère ;
> 4° Marguerite-Henriette, mariée à M. Bourdon ;
> 5° Renée-Françoise-Gabrielle, mariée à M. Michel d'Anoville ;
> 6° Marie-Anne-Marguerite.

III. Nicolas Frémin, chevalier, puis baron Frémin de Beaumont et de l'Empire[1] (lettres patentes des 25 mars 1810 et 17 mai 1819), maire de Coutances, commissaire près le tribunal criminel de la Manche (1792), sous-préfet de Coutances (1802), député de la Manche (1802-15) et membre du collège électoral, O. ✳ ; fut confirmé dans le titre de baron héréditaire par lettres patentes du 25 novembre 1814. Né à Coutances le 10 avril 1744, il est décédé à Annoville le 21 décembre 1820, sans laisser de postérité.

III *bis*. Gabriel-François-[Charles] Frémin, baron Frémin du Mesnil et de

---

1. Cf. *Armorial du Ier Empire*, t. II, p. 186.

l'Empire[1] (lettres patentes du 13 août 1811), capitaine de cavalerie, maire de Coutances après son frère, membre du collège électoral et député de la Manche (1813-16), chevalier de Saint-Louis, ✳, fut confirmé dans le titre de baron héréditaire par lettres patentes du 11 novembre 1814 et par nouvelles lettres du 12 juillet 1830. Né à Coutances le 6 septembre 1750, † à Coutances le 28 juillet 1844, il épousa Henriette Le Courtois de Sainte-Colombe, dont un fils, qui suit.

IV. Pierre-Ernest FRÉMIN, baron FRÉMIN DU MESNIL, officier d'artillerie, conseiller général de la Manche, né en 1803, † à... le 6 décembre 1882 ; épousa le 3 septembre 1846 Anne Desmares, veuve en premier mariage de M. Quesnel de la Morinière, dont un fils, qui suit.

V. Gabriel-Alfred-Ernest FRÉMIN, baron FRÉMIN DU MESNIL, né le 4 juillet 1848, † le 20 juillet 1885, sans alliance.

FRÉMIOT

⚊ Titre personnel de baron, en faveur de Joseph-Marie FRÉMIOT, capitaine d'infanterie, par lettres patentes du 18 mai 1825, avec règlement d'armoiries : *d'azur, à une merlette d'or, posée en abyme et accompagnée de trois étoiles d'argent, 2, 1.*

* *

I. François FRÉMIOT, musicien au régiment premier (*sic*), né à Besançon, vers 1751, épousa, à Bastia en Corse, Marie-Josèphe Lopis, dont :

1° Louis-André, musicien, né à Bastia, marié à Louise-Henriette Drouillard, dont une fille qui suit :
> Caroline-Françoise-Henriette, née à Dunkerque le 24 février 1806 ; mariée le 22 décembre 1830 à Martin-Joseph-Gaspard Bilco, officier d'administration ;

2° Joseph-Marie, qui suit.

II. Joseph-Marie FRÉMIOT, baron de Frémiot, capitaine d'infanterie, ✳, fut créé baron, à titre personnel, par lettres patentes du 18 mai 1825. Né à Dunkerque le 9 novembre 1791, † à Paris le 1er mai 1872, il épousa en 1825 Félicité-Louise-Julie-Constance de Durfort, † à Paris le 7 février 1870, veuve en premier mariage de Pierre Riel, marquis de Beurnonville, maréchal et pair de France, et fille de Félicité-Jean-Louis-Étienne, de Durfort, ambassadeur, et d'Armande-Jeanne-Claude de Béthune, dont un fils :

> Henri, né en 1827, † à Paris le 21 avril 1868.

FRÈRE DE VILLEFRANÇON

⚊ Titre de pair, par ordonnance du 23 décembre 1823, en faveur de l'archevêque Paul-Ambroise FRÈRE DE VILLLEFRANÇON, archevêque de Besançon.

* *

La famille Frère a pour auteur Claude Frère, châtelain de Rochejean en Franche-Comté avant 1650, qui laissa deux fils : l'aîné, Claude, chef d'une branche établie à Pontarlier et éteinte au XIXe siècle, et autre Claude, qui a fait celle des seigneurs de Villefrançon, éteinte en 1869 et anoblie par Joseph-Auguste Frère, seigneur de Vil-

1. Cf. *Armorial du 1er Empire*, t. II, p. 186.

lefrançon, conseiller maître en la chambre des comptes de Dôle (7 septembre 1704), † le 14 octobre 1735, qui épousa le 17 septembre 1702 Jeanne-Charlotte Daguet, † le 17 octobre 1750, dont quatre enfants, entre autres un fils, qui suit.

III. Claude-François FRÈRE, chevalier, seigneur de Villefrançon et Angirey, conseiller au parlement de Franche-Comté (15 octobre 1731). Né à Besançon le 9 novembre 1705, † même ville le 29 février 1780 ; épousa le 6 janvier 1738 Thérèse-Madeleine Boudret, fille de Philibert-Joseph, conseiller au parlement, et d'Antoinette-Gabriel Camus, dont dix enfants, entre autres :

  1° Charles-Auguste, sgr de Villefrançon, conseiller au parlement de Franche-Comté (17 juillet 1761), né le 4 juin 1743, † le 2 juillet 1784 ; marié à Jeanne-Baptiste-Odette Beuverand de la Loyère, fille de Marie-Jacques, chevalier de Saint-Louis, et de Françoise-Gutherine Champion de Nansouty, dont un fils, qui suit :

    François-Ambroise-Xavier, marié, le 18 août 1811, à Louise-Alphonse Destut d'Assay, dont au moins une fille, marquise de Terrier-Santans ;

  2° Paul-Ambroise, qui suivra.

IV. Paul-Ambroise FRÈRE DE VILLEFRANÇON, comte Frère de Villefrançon, chanoine de Saint-Jean de Besançon (1781), archevêque de Besançon (12 août 1821), pair de France (23 décembre 1823). Né à Besançon le 20 juin 1754, † même ville le 27 mars 1828, fut appelé à la pairie avec rang et dignité de comte-pair, par l'ordonnance du 23 décembre 1823.

FRÉVILLE. — v. VILLOT

FRIGARD

⚊ Titre de baron héréditaire (sur transmission du titre de baron accordé à son beau-père Jean-Antoine LE FAUCHEUX, le 22 juin 1816), en faveur d'André-Benjamin FRIGARD, négociant manufacturier, par lettres patentes du 12 février 1820, avec règlement d'armoiries : *d'argent, à deux chevrons d'azur, accompagnés de trois merlettes de sable, 2, 1.*

I. Pierre-Benjamin FRIGARD, négociant à Louviers, † à Louviers le 23 janvier 1821 ; épousa Marie-Anne-Honoré Petou, dont au moins un fils, qui suit.

II. André-Benjamin FRIGARD, baron Frigard, négociant et manufacturier à Louviers, puis percepteur des finances ; fut créé baron héréditaire, sur reversion du titre de son beau-père, par lettres patentes du 12 février 1820. Né à Louviers le 21 septembre 1783, † à Louviers le 14 avril 1854, il épousa, même ville, le 18 juin 1840, Jeanne-Marie-Claire Le Faucheux des Aulnois, fille du baron Jean-Baptiste-Antoine, député, et de Louise-Charlotte du Hantoy.

FRIGIÈRE DE BRUL

⚊ Lettres de noblesse en faveur de Jean FRIGIÈRE DE BRUL, inspecteur en chef de la loterie, par lettres patentes du 29 mai 1826, avec règlement d'armoiries :

d'argent, au chevron d'azur, accompagné en chef de deux roses de gueules et, en pointe, d'un peuplier de France de sinople ; au chef de gueules, chargé de trois étoiles d'argent.

**

I. Roch FRIGIÈRE, capitaine de cavalerie, puis garde du corps, épousa : 1º Angélique de Bruly, dont il n'eut pas d'enfants ; 2º Jeanne-Marie Dutasta, dont un fils, qui suit.

II. Jean FRIGIÈRE, dit de Brul, inspecteur en chef de la loterie royale, à Lyon, ✳, né à Léognan (Gironde) le 26 novembre 1786, †...; fut anobli par lettres patentes du 29 mai 1826.

FRIGNET

= Lettres de noblesse en faveur de Claude-François FRIGNET, receveur principal des douanes, par lettres patentes du 11 juillet 1830, avec règlement d'armoiries : *d'argent, au pal de gueules, chargé en pointe d'un cœur enflammé d'or, couronné du même et surmonté d'une tige de lis d'argent, adextré de trois têtes de béliers arrachées d'azur et senestré de trois lettres Y gothiques aussi d'azur.*

**

I. Jean-Étienne FRIGNET, avocat en parlement, notaire royal, contrôleur et receveur des domaines et fermes du roi à Autry, épousa Marie-Magdeleine-Victoire Marguet, dont au moins un fils, qui suit.

II. Claude-François FRIGNET, receveur principal des douanes, fut anobli par lettres patentes du 11 juillet 1830, né à Autry (Ardennes), le 11 mars 1785, †... épousa Marie-Victoire-Pauline Legoix, dont un fils, qui suit.

III. Marie-Auguste-Ernest FRIGNET, né à Autry (Ardennes), le 4 octobre 1822.

FRIGOULT [de Liesville]

= Lettres de noblesse en faveur de Thomas-René-Alexandre FRIGOULT, maire d'Houesville, par lettres patentes du 11 juin 1819, avec règlement d'armoiries : *de gueules, au chevron d'or, accompagné en chef de deux coquilles du même et, en pointe, d'un croissant d'argent.*

**

I. René-Nicolas FRIGOULT, marguillier de l'église de Cherbourg, épousa Jacqueline Le Perchoir, dont un fils, qui suit.

II. Thomas-René-Alexandre FRIGOULT, puis Frigoult de Liesville, avocat au parlement de Normandie, chef de légion de la garde nationale (1792), maire d'Houesville (1800-32), fut anobli par lettres patentes du 11 juin 1819. Né à Cherbourg le 9 octobre 1765, † même ville en 1832, il épousa, le 12 avril 1795, Marie-Éléonore-Sophie Le Cartier, fille d'Antoine, sieur de Laval, et de Marguerite-Éléonore-Madeleine Revel de Bretteville, dont deux enfants :

1° Alfred, qui suivra;

2° Alphonse, né le 1er décembre 1799, † le 20 juin 1844, marié, le 16 janvier 1824, à Alina-Louise-Joséphine Le Harivel de Gonneville, † le 24 mars 1844, dont deux enfants, qui suivent :

    a) Alfred-Robert, né le 4 juin 1830, †... sans postérité;

    b) Octavie-Louise-Alexandrine, née le 16 février 1825, † au château de Saint-Paterne (Sarthe) le 13 janvier 1885 ; mariée, le 18 novembre 1845, à Thomas-Louis-Paterne Poullain de Martené.

III. Alfred FRIGOULT DE LIESVILLE, maire de Liesville (1826), puis d'Houesville (1832-1850), né le 16 septembre 1796, † en 1850 ; épousa, le 8 juin 1819, Antoinette-Joséphine-Hyacinthe Levasseur d'Hiesville, dont trois enfants :

1° Alfred-Alexandre-Anicet, qui suivra;

2° Antoinette-Marie-Claire, née le 18 décembre 1834 [? mariée à M. de Traynel];

3° Marie-Alexandrine-Édith, née le 25 août 1837 [? mariée à M. des Essars].

IV. Alfred-Alexandre-Anicet FRIGOULT DE LIESVILLE, conservateur-adjoint du Musée Carnavalet, né le 2 juin 1820, † le 13 janvier 1885, marié et père de deux fils.

FRIOL

= Lettre de noblesse en faveur de Joseph FRIOL, chef de bataillon, par lettres patentes du 17 août 1820, avec règlement d'armoiries : *d'or, au pal de gueules, chargé d'une épée d'argent.*

⁂

I. Joseph FRIOL, entrepreneur des fortifications du fort Barraux, épousa Marie Cornier, dont au moins deux fils :

1° Joseph, qui suivra;

2° Pierre, chef de bataillon, O. ✻, retraité en 1839, né à Barraux le 23 octobre 1789, † à Barraux le 10 juillet 1855, marié à Euphrosine Guion [il paraît avoir laissé un fils se faisant appeler le baron de Friol, et une fille, Zoé-Béatrix, † à Theys (Isère) le 18 mai 1880; mariée à Clément Drier de Laforte].

II. Joseph FRIOL, capitaine d'infanterie, chef de bataillon (23 octobre 1833), O. ✻, chevalier de Saint-Louis, né à Barraux (Isère) le 26 décembre 1781, †...; fut anobli par lettres patentes du 17 août 1820.

FROISSARD (DE)

= Titre de marquis héréditaire, sur institution de majorat (biens dans le canton de Poligny, Jura), en faveur d'Alexandre-Bernard-Pierre DE FROISSARD, par lettres patentes du 22 janvier 1825, avec règlement d'armoiries : *d'azur, au cerf passant d'or.*

= Titre de pair héréditaire en faveur du même, par ordonnance du 5 novembre 1827; confirmé, au titre de baron-pair héréditaire, sur institution de majorat de pairie, par lettres patentes du 3 mai 1838, avec même règlement d'armoiries que ci-dessus.

⁂

La maison de Froissard, originaire du comté de Bourgogne, établit sa filiation suivie depuis Jean Froissard, écuyer, sgr de la Verre, marié vers 1447 à Jeanne de Saix, dont la postérité a formé deux branches principales : l'aînée, celle des seigneurs de Bersaillin, qui suivra, et la cadette, celle des seigneurs de Froissia et Fontenay, qui a obtenu l'érection des seigneuries de Broissia et autres en marquisat par lettres patentes d'octobre 1691, et qui compte de nos jours de nombreux représentants.

La branche aînée était représentée au dixième degré par :

X. Claude-François-Joseph-Ignace DE FROISSARD, marquis de Bersaillin, sgr du Bouchaud, etc., capitaine au régiment de Santerre et chevalier de Saint-Louis, chevalier d'honneur en la chambre des comptes de Dôle (4 février 1747), après son père; il obtint l'érection des terres et seigneuries de Bersaillin et autres en marquisat par lettres patentes d'août 1748; né à Dôle en 1710, il épousa le 7 mars 1737, sa cousine, Louise-Antoinette-Gabrielle de Froissard-Broissia, fille de Joseph-Ignace-François, marquis de Broissia, et de Claude-Bonaventure de Belot-Vilette, dont :

1° Claude-Bernard-Flavien, qui suivra ;
2° Louis-Marguerite Victorin, chevalier de Malte de minorité, mort jeune;
3° Claude-Françoise-Simonne, chanoinesse-comtesse de Neuville;
4° Marie-Bernardine-Justine, chanoinesse-comtesse de Neuville.

XI. Claude-Bertrand-Flavien DE FROISSARD, marquis de Froissard de Bersaillin, capitaine aux gardes-françaises, chevalier de Saint-Louis; né à Dôle en 1739, †...; épousa le 1er avril 1763, Claude-François-Gabrielle de Mailly de Châteaurenaud, fille de Joseph-François-Gabriel-Raphaël, marquis de Châteaurenaud, et de Barbe-Marguerite Henrion de Francheville, dont:

1° Alexis-Louis-Florian, enseigne aux gardes-françaises, né le 10 mai 1767, † en 1792;
2° Alexandre-Bernard-Pierre, qui suivra ;
3° Françoise-Marguerite-Césaire, née le 27 août 1764, † à Dôle le 17 décembre 1849; mariée en 1788 à Aimé-Louis-François, marquis de Balay ;
4° Alexandrine-Désirée-Melchiorine, chanoinesse-comtesse de Neuville.

XII. Alexandre-Bernard-Pierre DE FROISSARD, marquis de Froissard de Bersaillin, cadet aux gardes-françaises (1784), émigré et officier de l'armée des princes, lieutenant-colonel (1814), conseiller général et député du Jura (1824-27), gentilhomme honoraire de la chambre du roi, pair de France (5 novembre 1827), chevalier de Saint-Louis; fut confirmé dans le titre de marquis héréditaire, sur institution de majorat, par lettres patentes du 22 janvier 1825, et institua sa pairie aux rang, titre et dignité de baron-pair héréditaire seulement sur institution de majorat de pairie par nouvelles lettres patentes du 3 mai 1828. Né à Dôle le 29 juin 1769, † à Paris le 5 mars 1847, il épousa, en 1800, Agathe-Claude-Pierre de Pracomtal, † à Bersaillin le 15 novembre 1857, fille de Léonor-Claude, marquis de Pracomtal, et de Claude-Gabrielle de Pertuis, dont cinq enfants :

1° Just-Louis-Bernard-Magdeleine, qui suivra;
2° Bernard-Louis-Césaire, né le 24 février 1808, † le 7 octobre 1824 ;
3° Anne-Bernarde-Flavie, née le 19 juin 1801, † le 10 mars 1835 ; mariée à Charles-Amédée-Ghislain de la Motte-Ango, vicomte de Flers;

4° Marie-Gabrielle-Éléonore, née le 10 avril 1803, † à Nice le 10 mars 1844 ; mariée deux fois : 1° à Charles-Mathieu-Hippolyte Hébert, marquis de Beauvoir ; 2° le 23 mai 1839, à Charles-Napoléon-Albert de Chassepot, marquis de Pissy ;

5° Madeleine-Bernarde-Marie, née le 3 mai 1808, † le 10 mai 1828.

XIII. Just-Louis-Bernard-Madeleine de Froissard, marquis de Froissard, sous-lieutenant de chasseurs à cheval (1823-30), ✻ ; né en 1805, † à Paris le 13 avril 1869 ; épousa le 22 avril 1835 Marie-Maxime-Hippolyte de Choiseul-Daillecourt, † au château d'Oizans (Jura) le 15 octobre 1878, dont :

1° Bernard-Eugène-François-Marie-Albéric, qui suivra ;

2° Bernard-François-de-Sales-Marie-Gabriel, comte de Froissard, officier d'état-major (1870), ✻, né le 12 mars 1840 ; marié, le 6 juillet 1875, à Pauline-Charlotte-Noélie Le Brun de Sassevalle, † à Aïzans le 25 février 1884, dont quatre enfants, qui suivent :

a) Bernard, né le 5 février 1844 ;

b) Louise, née en juin 1876 ; mariée, le 8 juillet 1897, à Maurice-Bernard-Ignace-Marie, comte de Maistre, officier de cavalerie.

c) Jeanne, née en septembre 1877 ; mariée, le 30 septembre 1898, à Louis de Colbert-Turgis, lieutenant au 13° chasseurs à cheval ;

d) Thérèse, née en octobre 1881 ; mariée, en 1902, à Adalbert-Marie-François-Timoléon de Chassepot, comte de Pissy ;

3° Marie-Maxime-Agathe-Suzanne, née en 1836, † au château de Bersaillin le 13 octobre 1892 ; mariée, en 1860, à Charles-Alexandre-Gaston, comte de Toulongeon, chef de bataillon d'infanterie.

XIV. Bernard-Eugène-François-Marie-Albéric de Froissard, marquis de Froissard, ancien officier de cavalerie, maire de Bersaillin, ✻, né le 16 juin 1839, a épousé le 10 février 1879 Adèle-Valérie-Camille de Chabrol-Chaméane, † à Pau le 10 mars 1875, fille du vicomte et de Mlle Guillaume, dont deux filles :

1° Marie-Justine-Armande-Adèle, née le 1er novembre 1870, † à Montreux le 21 février 1887 ;

2° Marie-Léonie-Gabrielle-Simonne, née le 18 novembre 1872, mariée, le 6 juin 1894, à Adrien-Gaston-Gabriel-Hélion de Villeneuve-Bargemon.

FROMENT (DE)

═ Titre de baron héréditaire en faveur de François-Marie de Froment, lieutenant-colonel, par lettres patentes du 4 novembre 1815, avec règlement d'armoiries : *d'azur, au chevron d'argent, accompagné de trois épis, liés par la tige d'or, et soutenu de trois merlettes du même ; au chef de gueules, chargé de trois étoiles d'or.*

* *

La famille Froment, originaire de la Marche, établit sa filiation depuis Léonet de Froment, seigneur de Saillant, marié à Vic par contrat du 3 août 1557, à Françoise de Pompadour, fille du sgr de Châteauboucher et d'Anne de Monthrun, dont la postérité était représentée au sixième degré par :

VI. Fiacre de Froment, sgr de Champdumont, capitaine (1er janvier 1734), mort à Longwy en 1748 ; il épousa le 24 février 1732, Marie Legriel, fille de Jacques, sgr des Douleaux et de Ladenesche, et d'Hélène de George, dont :

1° François-Marie, qui suivra ;

2° André-Louis, capitaine au régiment d'Orléans-infanterie, chevalier de Saint-Louis, sans alliance ;

3° Françoise, mariée à Claude-Gilbert Augier de Ghézaud, lieutenant général au bailliage de Combrailles ;

4°-5° Anne et Georgette, sans alliance.

VII. François-Marie DE FROMENT, baron de Froment, lieutenant au bataillon de Montluçon (15 janvier 1746), capitaine (1771), lieutenant colonel (1791), chevalier de Saint-Louis, fut créé baron héréditaire par lettres patentes du 4 novembre 1815. Né à Évaux (Creuse) le 21 août 1737, †..., il épousa à Moulins (contrat du 8 février 1773) Marie-Dorothée Alarose, fille de Gilbert, président trésorier de France de la généralité de Moulins, et de Jeanne Farjonnel, dont :

1° Jean-Baptiste-Alexandre, qui suivra ;

2° André-Louis, marié à Pétronille Viard de Fontpeaux, dont des enfants morts sans postérité ;

3° Gilberte-Françoise-Dorothée, mariée à François, baron Le Cler du Rivaud, lieutenant-colonel.

VII. Jean-Baptiste-Alexandre DU FROMENT, baron de Froment, sous-lieutenant au régiment de la marine (1er juin 1790), capitaine quartier-maître au bataillon de la Creuse (1793), garde du corps du roi (1er septembre 1814), ✳, épousa à Moulins, le 8 février 1801, Gabrielle de Rogier, fille de Pierre, capitaine et chevalier de Saint-Louis, et de Jeanne L'Hermite, dont neuf enfants :

1° Michel-Dorothée, qui suivra ;

2° Gabriel-Alexandre, né le 30 mai 1805, † en 1825 ;

3° André-Louis, officier d'infanterie, démissionnaire en 1830, né le 4 avril 1807 ; marié à Louise Garnier des Bruières, dont sept enfants, qui suivent :

a) Eugène-François, marié deux fois : 1° à sa cousine Pauline de Froment ; 2° en avril 1877, à Émilie-Sommerset Porot de Morvan, et père de trois enfants : *aa* Jean-Charles, marié au Canada à D^{lle} Roy-Moreau ; *bb* Yves ; *cc* Pauline ;

b) Emmanuel, marié à Marguerite Fayolle de Chapt, dont : Pierre, Yvonne et Marie-Antoinette ;

c) Philiberte, mariée à M. Loursé de Larac ;

d) Camille, mariée à M. Peyre ;

e) Gabrielle, mariée à Joseph Moilheurat des Petlots ;

f) Clotilde, mariée à son cousin Henri de Froment ;

g) Marie-Louise, mariée à Adrien Garnier des Garets ;

4° André-François, officier de cavalerie, né le 19 février 1809 ; marié, le 16 mars 1832, à Marie Le Clerc du Clos, † le 18 janvier 1891, dont six enfants, qui suivent :

a) Jean-Baptiste-Clodoald, † sans alliance ;

b) Marie-Dorothée, marié à sa cousine Aimée-Caroline-Marie de Froment ;

c) Léon, inspecteur de compagnie d'assurances, marié à Marie Aladasne de Paraize, dont : Guy, Anne-Marie, Marie-Thérèse et Germaine ;

d) Herminie, mariée à Anatole Bourdillon ;

e) Mathilde, †... ;

f) Marie ;

5° François-Marie-Philibert, né le 17 avril 1811, † le 11 janvier 1869 ; marié, le 16 janvier 1838, à Marie-Louise-Lina de Palierne de Chassenay, dont cinq enfants, qui suivent :

a) Ennerand-Marie, né le 23 février 1848, marié, le 3 mai 1872, à Anne-Marie Luscas ; dont : *aa* Joseph-Robert-Marie, né le 6 janvier 1873 ; *bb* Frumons-Guillaume-Marie-Joseph, né le 7 avril 1874 ; *cc* René-Théodule-Marie-Joseph, né le 30 septembre 1876 ; *dd* Daniel-Théodule-Marie-Joseph, né le 20 février 1877, † le 29 juillet 1885 ;

b) Joséphine-Marie, née le 27 octobre 1838 ; † le 26 juillet 1897 ; mariée deux fois : 1° le 27 avril 1858, à Charles-Claude Sermage ; 2° à Edmond Aubry, président du tribunal civil de Moulins ;

    c) Jeanne-Gabrielle, née le 18 mai 1841, mariée, le 27 décembre 1864, à Pierre-Ernest Humery de la Boissière;

    d) Anne-Marie-Caroline, née le 6 mars 1848, mariée, le 15 avril 1872, à son cousin Dorothée de Froment;

    e) Marie-Eugénie, née le 3 septembre 1853, mariée, le 1er décembre 1869, à Georges-Barthélemy Gandoulf;

6° Charles-Stanislas, né le 14 avril 1814, marié à Nicole-Emmanuelle-Catherine Morel de Villiers, dont trois enfants, qui suivent :

    a) Gaston, officier, marié à Jeanne de Laire, sans postérité;

    b) Berthe, mariée à Stanislas Delacour, capitaine de gendarmerie;

    c) Pauline, mariée à son cousin Eugène de Froment;

7° Charles, mort jeune;

8° Jeanne, née le 16 mai 1801, morte à 6 ans;

9° Marie-Aimée, née en 1818, mariée à Fernand Aladasuc de Paraize.

IX. Michel-Dorothée DE FROMENT, baron de Froment, surnuméraire aux gardes du corps (1815), né le 21 novembre 1801, épousa Joséphine de Villedieu de Saint-Paul, fille d'un chef de bataillon, chevalier de Saint-Louis, et de Mlle Roy de la Chaise, dont :

1° Henry, qui suivra;

2° Gabrielle, mariée à Emmanuel Gaultier de Claubry;

3° Marie-Madeleine-Alexandrine, née en 1834, † en 1887; mariée à Xavier Gaultier de Claubry.

X. Henry DE FROMENT, baron de Froment, a épousé sa cousine Clotilde de Froment, dont un fils et une fille :

1° Maurice; 2° Alice.

FROMENT

= Maintenue de noblesse (comme fils de François Froment, receveur du clergé de Nîmes, anobli par lettre du 19 décembre 1788 et décédé en 1810, sans avoir obtenu de lettres patentes), en faveur de Pierre FROMENT, secrétaire du cabinet du roi, par lettres patentes du 9 novembre 1816, avec règlement d'armoiries : *d'azur, au lion monstrueux d'or, à la tête humaine de carnation posée de front.*

= Anoblissement par ordonnance du 22 août 1816, en faveur de Pierre-Isidore FROMENT, Pierre-Auguste FROMENT, et César FROMENT, neveux du secrétaire du cabinet du roi, qui précède.

I. Jean FROMENT, facturier en laines à Nîmes, épousa Marie Guivel, dont entre autres enfants, Mathieu, qui suit.

II. Mathieu FROMENT, facturier en laines, né en 1670, † à Nîmes le 4 février 1771; épousa à Nîmes, le 29 mai 1707, Marguerite Bouvier, fille de François et de Bernardine Bertram, dont :

1° François, né à Nîmes le 22 décembre 1709;

2° Étienne, né le 22 octobre 1713;

3° Jacques, curé de Rouvière, né en 1715, † à Nîmes le 18 septembre 1763;

4° Matthieu, né le 26 mai 1719, marié à Nîmes, le 10 avril 1741, à Marie Cavallier, dont un fils, François, et trois filles;

5° Thomas, né le 16 mars 1722;

6° Antoine, né le 22 décembre 1723;

7° Pierre, qui suivra;

8° Joseph, né le 7 mars 1720, marié à Nîmes, le 3 février 1750, à Marie-Antoinette Castan, dont postérité;

9° Marie, née le 12 juin 1712.

III. Pierre FROMENT, praticien, greffier en chef de Nîmes et receveur du clergé de Nîmes, fut anobli, mais sans recevoir de lettres patentes; né le 21 juin 1726, † le 15 janvier 1810, il épousa à Nîmes, le 7 novembre 1747, Élisabeth Domergue, fille de Jacques, et d'Honorée Jacob, dont:

1° Mathieu, qui suivra;

2° Louis, né le 9 janvier 1751;

3° Pierre, qui sera rapporté après la postérité de son frère aîné;

4° François, né le 9 juin 1756;

5° Élisabeth, née le 26 novembre 1757, mariée, le 16 février 1789, à Paul Gaussard, avocat;

6° Marie-Adélaïde, mariée, le 12 mars 1782, à François Folacher, procureur au présidial.

IV. Mathieu FROMENT, né à Nîmes le 19 août 1748, † à Nîmes le 31 octobre 1809; épousa en cette ville le 9 mai 1769 Marie-Anne Durand, † le 11 juillet 1812, dont:

1° Pierre, né le 15 décembre 1769;

2° Autre Pierre, né le 22 octobre 1770;

3° Pierre-Isidore, anobli avec son frère et son cousin par l'ordonnance du 21 août 1816, né à Nîmes le 20 juin 1781, marié à Nîmes, le 24 mai 1809, à Marguerite Chirol [sans postérité];

4° André, né le 19 août 1782;

5° Pierre-Auguste, né le 7 août 1784;

6° Autre Pierre-Auguste, qui suivra;

7° Élisabeth-Henriette, née le 11 décembre 1789.

V. Pierre-Auguste FROMENT, puis de Froment, docteur en médecine, chirurgien en chef des hospices de Nîmes, fut anobli avec son frère par l'ordonnance du 21 août 1816. Né à Nîmes le 25 avril 1786, † ..., il se maria deux fois: 1° le 6 mai 1829, à Geneviève Roussel, dont une fille; 2° à Marie-Julie Sastre, dont trois autres enfants:

[du 1er lit]: 1° Mathilde-Marie-Claudine, née le 21 février 1833, † le 11 mars 1834;

[du 2e lit]: 2° René-François, qui suivra;

3° Caroline-Marie, née le 18 janvier 1843;

4° Marie-Antoinette-Léopoldine-Aglaé, née le 26 novembre 1844.

IV. René-François DE FROMENT, né le 29 août 1840.

*
* *

IV bis. Pierre FROMENT, secrétaire du cabinet du roi, né à Nîmes le 9 juin 1756 (alias le 22 août 1752), † ...; fut maintenu dans sa noblesse par lettres patentes du 9 novembre 1816.

* *
*

III bis. Joseph FROMENT, marchand facturier, né à Nîmes le 7 mars 1719, épousa à Nîmes, le 2 février 1750, Marie-Antoinette Castan, dont entre autres enfants:

1° Pierre-Joseph, qui suivra;

2° Marie-Adélaïde, née le 8 avril 1768, mariée, le 21 juin 1788, à Vincent-Balthasard Maignon;

3° Émilie, † le 21 octobre 1810.

IV. Pierre-Joseph FROMENT, marchand facturier, épousa Jeanne Folge, dont entre autres :

> 1° Pierre-Antoine, dit M. de Froment, né à Nîmes le 22 juillet 1780, † vers 1867; marié à Marie-Gabrielle Bougarel, dont trois enfants, qui suivent :
>> a) Marie-Joseph-Benoît-Hilarion, dit M. de Froment, né à Nîmes le 23 octobre 1806, † le 2 octobre 1849; marié à Fernande-Aglaé-Aimée-Adélaïde Chambon;
>> b) Marie-Joséphine-Clémentine, née en 1800;
>> c) Jeanne-Angélique-Pierrette;
>
> 2° Pierre-Joseph-Casimir, né le 8 mars 1786;
> 3° Pierre-Aimé-Casimir, né le 21 décembre 1788;
> 4° Antoine-Auguste-Philippe, né le 6 mai 1790;
> 5° Joseph-César-Bienvenu, né le 22 mars 1792 (peut-être le César Froment porté sur l'ordonnance d'anoblissement du 22 août 1816, comme neveu du secrétaire du cabinet du roi?).

FROMENT-FROMENTÈS DE CASTILLE (DE)

= Titre de baron héréditaire et majorat confirmés (sur remplacement de titres) par lettres patentes du 15 octobre 1825, en faveur de Gabriel-Joseph DE FROMENT-FROMENTÈS, baron DE CASTILLE [sans règlement d'armoiries].

= Titre de baron héréditaire et transmission de majorat par ordonnance du 7 juillet 1827, en faveur de Louis-Mériadec-Frumence-Gabriel-Joseph DE FROMENT D'ARGILLIERS DE CASTILLE, fils du précédent.

**

La famille Froment, originaire du diocèse d'Uzès, établit sa filiation depuis Gabriel de Froment, docteur en droit, commandant dans Saint-Siffred vers 1610; il était fils d'un Jean de Froment, écuyer, qui épousa le 20 avril 1600 Louise de Rossel et sa postérité a été maintenue dans sa noblesse par lettres du 4 juin 1673, enregistrées à la cour des aides de Montpellier, et a possédé la baronnie de Castille.

I. Joseph DE FROMENT, écuyer, seigneur de Vaquières (Vaquiès), fils de Gabriel, trésorier de France à la Rochelle et frère de Gabriel, en faveur duquel la seigneurie de Castille fut érigée en baronnie par lettres patentes du mois d'avril 1748; il épousa le 19 novembre 1745 Marie de la Vergne de Tressan, dont trois enfants :

> 1° Gabriel-Joseph, qui suivra;
> 2° N..., né en 1748;
> 3° Antoinette-Marie, née en 1750.

II. Gabriel-Joseph DE FROMENT DE CASTILLE DE FROMENTÈS, baron de Froment de Castille et de l'Empire (majorat, lettres patentes du 9 décembre 1809)[1], page du roi (1762), lieutenant de roi de la province de Languedoc (5 septembre 1786), lieutenant de louveterie, maire d'Argilliers, membre du collège électoral du Gard, chevalier de Saint-Louis; fut autorisé à ajouter à son nom « de Fromentès » par ordonnance du 19 août 1818 et confirmé dans le titre de baron héréditaire

---

1. Cf. *Armorial du Ier Empire*, t. II, p. 193.

par lettres patentes du 15 octobre 1825. Né à Uzès (Gard) le 3 février 1747, † en 1826, il se maria deux fois : 1° à Épiphanie de Long du Longue, dont deux enfants, qui suivent ; 2° le 8 novembre 1809, à Hermine-Aline-Dorothée de Rohan-Rochefort, † le 27 mai 1843, fille de Charles-Louis-Gaspard prince de Rohan-Rochefort, et de Louise-Joséphine de Rohan-Guémené, dont quatre autres enfants :

[*du 1er lit*] ; 1° Édouard, officier de cavalerie, né..., † à la bataille d'Essling le 22 mai 1809 ;
2° Constance, née en 1787, † au château de Barbegal, près d'Aix, le 10 mai 1871 ; mariée en 1805 à Charles-Joseph, baron du Roure ;
[*du 2e lit*] : 3° Louis-Mériadec-Frumence-Gabriel-Joseph, qui suivra ;
4° Marie-Louise-Thérèse-Mériadec, née en novembre 1811, mariée en 1830 à Édouard, comte de Saint-Cricq ;
5° Blanche, née en février 1813, †... ;
6° Berthe, née en janvier 1816, †... ;
7° Charlotte-Louise-Constance, née à Castille, près Uzès, en 1822, †... ; mariée en 1838 à Auguste-Edmond de Seguins, marquis de Vassieux.

III. Louis-Mériadec-Frumence-Gabriel-Joseph de Froment de Fromentès, baron de Castille, né le 1er septembre 1818, † au château de Castille (Gard) le 8 juillet 1874 ; épousa vers 1847 Cécile Frain de la Villegontier, fille du comte de la Villegontier, pair de France, et de Mlle de Boisgelin-Kerdu, dont un fils unique :

Joseph-Louis-Marie-Armand, né en 1848, † à Marseille le 11 mars 1862.

FRONDEVILLE — *v.* Lambert

FRONTIN [des Buffards]

═ Titre de chevalier héréditaire en faveur de Jean-Marie-Alexandre Frontin, capitaine d'infanterie en retraite, par lettres patentes du 17 novembre 1818, avec règlement d'armoiries : *d'or, au chevron de gueules, accompagné en chef à dextre d'un lion de sable, tenant de la patte dextre une épée en pal du même, et à sénestre d'une tour ruinée aussi de sable, ouverte d'or, et en pointe d'une étoile d'azur accostée de deux grenades allumées de gueules.*

La famille Frontin originaire d'Avranches se fixa à Fougères par Jean Frontin, sieur du Bugle, qui s'y maria le 5 octobre 1695 à Marie Perrier, laissant un fils, qui suit.

II. Julien-Guillaume-Louis Frontin, sieur du Bugle, né à Fougères le 8 septembre 1706, † le 13 janvier 1789, épousa, le 12 avril 1732, Louise Longuet, dame des Buffards, dont trois enfants, qui suivent, et six autres morts au berceau :

1° Jean-Baptiste-François, qui suivra ;
2° Gillette-Anne, religieuse, née à Antrain vers 1737, † à Fougères le 4 janvier 1804 ;
3° Marie-Anne-Françoise, née à Fougères le 13 mars 1741, † le 24 janvier 1810 ; mariée le 9 novembre 1758, à Charles Besnard de la Martinière.

III. Jean-Baptiste-François Frontin, sieur du Bugle et des Buffards, né vers 1734, † le 4 juin 1795 ; épousa à Fougères, le 29 mai 1759, Catherine-Perrine Dauguet de la Porte, † le 2 août 1767, dont quatre enfants morts jeunes et Alexandre-Jean, qui suit.

IV. Alexandre-Jean FRONTIN, sieur des Buffards, avocat en parlement, né à Fougères le 1er septembre 1766, † le 2 juin 1790; épousa, le 24 décembre 1787, Émilie-Bonne de Ruan, † le 5 juin 1844 (remariée à Joseph-Pierre-François-Gilles Le Pays du Teilleul), dont un fils, qui suit.

V. Jean-Marie-Alexandre-Émile FRONTIN, chevalier Frontin, puis Frontin des Buffards, capitaine d'infanterie, ✳, fut créé chevalier héréditaires par lettres patentes du 17 novembre 1818. Né à Fougères le 5 décembre 1788, † à la Foltière près de Fougères le 18 mars 1837, il se maria deux fois : 1o le 26 mai 1823, à Bonne-Claire-Françoise Le Jeune de Lagrée, dont un fils, qui suit ; 2o à Mélanie-Marie de Boulleuc, sans postérité.

III. Gustave-Marie FRONTIN DES BUFFARDS, né le 18 février 1824, † ..., a épousé, le 18 avril 1854, Amanda-Marie-Adèle-Marguerite-Philomène Carron, dont trois enfants :

1o Paul-Marie-Armand, qui suivra ;
2o Guy-Marie-Pierre-Hippolyte, né à la Foltière le 29 juin 1858, marié à Dlle Grandin de Mansigny;
3o Marie-Marguerite-Anne-Augustine-Cécile, née à la Foltière le 22 novembre 1863, † à Rennes le 1er mars 1864.

VII. Paul-Marie-Armand FRONTIN DES BUFFARDS, né à Fougères le 25 janvier 1855; a épousé au château de la Ronde (Allier), le 6 novembre 1893, Marie Le Febvre, dont au moins une fille :

Yvonne, née en 1894.

FUZY

= Titre de chevalier héréditaire confirmé en faveur de Louis FUZY, colonel d'état-major, par lettres patentes du 22 juin 1816, avec règlement d'armoiries : *d'azur, au château d'argent, surmonté d'une étoile du même.*

* * *

I. Jean FUZY, metteur en œuvres, épousa Marie-Jeanne Ruille, dont un fils, qui suit.

II. Nicolas FUZY, metteur en œuvres, épousa Marie-Charlotte Gillet, dont un fils, qui suit.

III. Louis FUZY, chevalier Fuzy et de l'Empire[1] (lettres patentes du 20 août 1808), soldat (1762), sergent et chevalier de Saint-Louis en 1790, colonel d'état-major, C. ✳; né à Paris le 24 octobre 1746, † à Paris le 23 février 1832, il épousa Marie-Anne Trognon, dont une fille :

Anne-Narcisse Fuzy, née à Paris le 19 octobre 1782; mariée le 15 mars 1803 à Étienne-Pierre Fournier, colonel, O. ✳.

1. Cf. *Armorial du Ier Empire*, t. II, p. 195.

GABILLARD

= Lettres de noblesse en faveur de Jean-Julien GABILLARD, lieutenant-colonel, par lettres patentes du 23 mars 1816, avec règlement d'armoiries : *d'argent, à une chouette d'azur, allumée, becquée et membrée de gueules, accostée à dextre d'un lis au naturel et à sénestre d'une épée de gueules, montée d'or, le lis et l'épée posés en pal ; au chef d'hermine.*

I. Charles GABILLARD, marié à Jeanne Journeaux, laissa un fils, qui suit.

II. Jean-Julien GABILLARD, capitaine des armées vendéennes en 1793, chef de canton de la division de Bécherel en 1795, chef de bataillon à la légion de Saint-Méen en 1799, retraité lieutenant-colonel en 1815, chevalier de Saint-Louis, fut anobli par lettres patentes du 23 mars 1816; né à Merdréac, ou Quérier (Ille-et-Vilaine) le 26 août 1768, † au Breil-Samin, en Langan, le 21 mai 1861, il épousa, le 11 novembre 1799, Émilie-Joséphine de Benazé, † au Breil-Samin le 13 septembre 1855, dont il n'eut pas d'enfants.

GAFFARD

= Anoblissement par ordonnance du 9 novembre 1811, en faveur de Jean-Alexis GAFFARD, ancien conseiller au Conseil souverain de Roussillon.

I. Joseph GAFFARD, avocat, docteur en droit, épousa Toinette Viguier, et fut père d'un fils, qui suit.

II. Jean-Alexis GAFFARD, puis de Gaffard, avocat, conseiller au Conseil souverain du Roussillon (1783-89), député du tiers pour Perpignan aux États généraux en 1789, fut anobli par ordonnance du 9 novembre 1814; né à Perpignan le 17 juillet 1741, † à Perpignan en 1816, il épousa : 1° Marie-Angélique Boussac, fille de Raymond, avocat en la cour, dont un fils, qui suit : 2° Marie-Émerantienne-Jeanne de Laboissière, † à Perpignan le 23 octobre 1831, sans postérité.

III. Pierre-Joseph-Jean-Jacques, *alias* Jean-Antoine-Arsène DE GAFFARD, né à Perpignan le 20 juillet 1778, † ...; épousa Clémence-Marie-Modeste Després, dont une fille unique :

Louise-Marie-Eugénie-Charlotte, † à Perpignan le 19 juillet 1897, mariée le 30 avril 1862 à Louis-Pierre-Robert de Gratet, vicomte du Bouchage.

Cette famille a porté pour armoiries: *d'argent, au chevron d'azur, accompagné en chef de deux perroquets de sinople et, en pointe, de trois roses de gueules.*

GAIGNERON-JOLLIMON DE MAROLLES

= Titre de comte héréditaire en faveur de Marie-Jacques GAIGNERON-JOLLIMON

DE MAROLLES, conseiller général du Loir-et-Cher, par lettres patentes du 1er juin 1816, avec règlement d'armoiries : *d'argent, au chevron d'azur, accompagné de trois têtes de coqs du même, arrachées, barbées et crêtées de gueules, 2, 1.*

La famille Gaigneron, fixée aux Antilles, est originaire de Touraine et établit sa filiation depuis Jean Gaigneron, procureur du roi en l'élection de Loches, marié à Jeanne Darispe et cité au contrat de mariage de sa fille, le 27 septembre 1589, avec Abel de Brémont ; sa descendance a formé de nombreuses branches et rameaux, connus sous les surnoms de Marolles, Mornays, Jollimont, Vallons, Morin, la Guillotière, etc.

Une de ses branches fixées à la Martinique était représentée au commencement du XVIIIe siècle par Joseph, qui suit.

I. Joseph GAIGNERON-JOLLIMON, capitaine de cavalerie, né en 1700 ; épousa, en 1726, Charlotte-Augustine Papin-Dupont, dont dix enfants, entre autres :

1º Joseph-Charles, qui suivra ;
2º Nicolas-Christian, marié, en 1773, à Françoise Papin des Barrières, dont postérité ;
3º Philippe, dit M. du Marais, officier, marié le 13 février 1786 à Rose-Camille Platelet de la Grange de la Thuilerie, dont postérité ;
4º Marie-Rose, mariée à François-Nicolas Bence de Sainte-Catherine.

II. Joseph-Charles GAIGNERON-JOLLIMON dit DE MAROLLES, né en 1747, † en 1785 ; épousa, le 20 juillet 1772, Louise-Élisabeth Desvergers de Maupertuis, dont au moins sept enfants :

1º Joseph-Nicolas-Michel, né le 22 juin 1773 ;
2º Marie-Jacques, qui suivra ;
3º Rose-Nicolas, né en 1770 ;
4º Marie-Joseph-Nicolas, né en 1781, † en 1850 ; marié à Louise-Césarine de Perrinelle, dont trois enfants, qui suivent :
    a) Alphonse, conseiller de cour d'appel, † le 13 mars 1889 ; marié à Marie-Madeleine-Gabrielle Gilbert-Desmarais, dont un fils et deux filles ;
    b) Louis-Adolphe, marié à sa cousine Amélie de Perrinelle du May, † le 29 décembre 1895, dont quatre enfants ;
    c) Léon, capitaine au long cours, ✳, né en 1825, marié à sa cousine Inès Gaigneron de Marolles, dont un fils et deux filles ;
    d) Louise-Octavie, † en 1876 ; mariée à Ludovic Nicolazzo de Barmon, capitaine de frégate, O. ✳ ;
5º Joseph-Paul-Célinie-Sophie, né en 1786 ;
6º Marie-Élisabeth-Roberte, née le 15 juillet 1776, † en 1860, mariée deux fois : 1º en 1795, à son cousin Léon Papin du Pont ; 2º à M. d'Arnaud ;
7º Marie-Louise-Philippine, née le 21 décembre 1779.

III. Marie-Jacques GAIGNERON-JOLLIMON DE MAROLLES, comte de Marolles, conseiller général du Loir-et-Cher, fut créé comte héréditaire par lettres patentes du 1er juin 1816 ; né à la Martinique le 21 mai 1775, † à Tours le 26 mars 1855, il épousa Élisabeth Hussey, † à Tours le 29 janvier 1865, dont trois enfants :

1º Alfred-Casimir-Louis, qui suivra ;
2º Charles-Édouard-Rose-Camille, comte de Marolles, page du roi Louis XVIII, capitaine de cavalerie ; né en 1807, † à Paris le 23 décembre 1895 ; marié à Marie-Caroline Juteau, dont une fille unique, qui suit :

Charlotte-Marie-Jacqueline, née en 1831, † à Paris le 28 mars 1881; mariée le 4 juillet 1864, à Joseph, marquis de Piolenc ;

3°. Robertine-Charlotte-Émilie-Roxane, né en 1800, † au château de Barbantane le 16 mars 1881, mariée à Marc-Auguste-Hyacinthe de Puget, comte de Barbantane.

IV. Alfred-Casimir-Louis DE GAIGNERON-JOLLIMON, comte de Marolles, capitaine de cavalerie, ✠ ; né le 18 septembre 1801, † à Tours le 9 avril 1873 ; épousa Élisabeth Lawton, dont trois enfants :

1° Jacques-Édouard, qui suivra ;
2° Anna, née... †... ; mariée à William Johnston.
3° Aline, née... †...

V. Jacques-Édouard DE GAIGNERON, comte de Marolles, lieutenant de cavalerie, né le 10 septembre 1834, † à Royan le 1er août 1879, sans alliance.

GAILHARD

═ Lettres de noblesse en faveur de Charles-Antoine-André-Marie GAILHARD, ancien avocat en parlement, député et conseiller général de la Drôme, par lettres patentes du 17 juin 1816, avec règlement d'armoiries : *d'argent, à la croix ancrée d'azur, chargée d'un écusson d'or, surchargé d'un palmier terrassé de sinople.*

⁎ ⁎

I. Jean-Charles GAILHARD, procureur en la juridiction de Crest-en-Diois, épousa Françoise Bovet d'Arier, dont :

1° Antoine-Pompone, avocat ;
2° Jean-Antoine, qui suivra ;
3° Jeanne, mariée en 1750, à Antoine Curnier.

II. Jean-Antoine, *alias* Charles, GAILHARD, avocat, conseiller du roi en la sénéchaussée de Crest, représentant du tiers aux assemblées de 1789, épousa Anne de Voisin, dont :

1° Auguste, marié à Mlle Belle, sans postérité ;
2° Charles-Antoine-André-Marie, qui suivra ;
3° Marie-Madeleine, mariée à M. des Essarts ;
4° Marie-Anne, mariée à M. Atliénor.

III. Charles-Antoine-André-Marie GAILHARD, puis de Gailhard, avocat en parlement, procureur au district de Valence (1790), député de la Drôme au Conseil des Cinq-Cents, conseiller général et président du conseil général de la Drôme, fut anobli par lettres patentes du 17 juin 1816; né à Crest (Drôme) le 5 novembre 1763, † à Valence le 30 mars 1842, il épousa Marie-Thérèse Bancel, dont deux fils :

1° N..., qui suivra ;
2° Louis-Henri, dit de Gailhard-Bancel ; marié vers 1825, Marie-Françoise-Émilie de la Bruyère, † à Allex (Drôme) le 13 mars 1878 ; dont trois enfants, qui suivent :
    a). Hyacinthe, avocat, conseiller général (1901) et député de l'Ardèche (31 décembre 1899), né à Allex (Drôme) le 1er novembre 1849, marié deux fois : 1° à Thérèse-Henriette Marey, † à Dijon le 24 juin 1879, dont deux enfants; 2° à Mlle Bergasse, dont quatre autres enfants !
    [*du 1er lit*] : *aa*) Louis ; *bb*) Marie, religieuse ;

[*du 2° lit*] : *cc*) Henry, élève de l'École navale; *dd*) Maurice ; *ee*) André ; *ff*) Pierre;
  b) N... mariée à Henri de Cautel de la Mauduite, directeur des télégraphes ;
  c) N..., mariée à M. Bolland.

IV. N..., DE GAILHARD, né..., †...; épousa Mlle Béranger, dont trois enfants :

  1° Charles, sans alliance ;
  2° Albert-Louis-Henri, qui suivra ;
  3° N..., mariée à Arthur Berryer.

V. Albert-Louis-Henri DE GAILHARD, capitaine de frégate (29 janvier 1879), en
retraite, O. ✠ ; né à Montélimar le 13 janvier 1836, a épousé, en avril 1884, Marie-
Élisa de Barruel-Saint-Pons, veuve de Louis-Hippolyte Doyon.

GAILLARD

= Lettres de noblesse en faveur d'Armand-Nicolas GAILLARD, colonel, par
lettres patentes du 13 avril 1816, avec règlement d'armoiries : *d'or, au chevron de
gueules, chargé de cinq sautoirs d'argent et accompagné en chef de deux chouettes
d'azur, becquées, membrées et allumées de gueules, et, en pointe, d'une épée de sable
en pal.*

= Lettres de noblesse en faveur de Vincent-Benjamin-Édouard GAILLARD,
colonel d'infanterie, frère du précédent, par lettres patentes du 13 avril 1816, avec
règlement d'armoiries : *d'or, au chevron de gueules, chargé de cinq sautoirs d'argent,
et accompagné en chef de deux chouettes d'azur, allumées, becquées et membrées
de gueules et, en pointe, d'une épée de sable, en pal, soutenue d'une étoile d'azur.*

I. Guillaume GAILLARD, laboureur à Quévreville-la-Milon (aujourd'hui Saint-
Jacques-sur-Darnetal, Seine-Inférieure), épousa Geneviève Taupin, dont au
moins :

  1° Armand-[Nicolas], qui suivra ;
  2° Vincent-Benjamin-Édouard, qui sera rapporté après son frère aîné ;
  3° Pierre-Amable, capitaine d'infanterie, né à Quévreville-la-Milon, le 10 mars 1790, † audit
    lieu après 1817.

II. Armand-[Nicolas] GAILLARD, puis de Gaillard, colonel d'état-major,
lieutenant de roi à Oléron, puis à Brest (1830), ✠, chevalier de Saint-Louis, né à
Quévreville-la-Milon (Seine-Inférieure) le 3 février 1775, † à Paris le 7 janvier
1852, sans alliance ; fut anobli par lettres patentes du 13 avril 1816.

II *bis*. Vincent-Benjamin-Édouard GAILLARD, puis de Gaillard, colonel
d'infanterie, retraité en 1828, gouverneur de Boulogne-sur-Mer, ✠, chevalier de
Saint-Louis, fut anobli par lettres patentes du 13 avril 1816. Né à Quévreville
(Seine-Inférieure) le 22 juillet 1788, † à Rouen le 13 mars 1844, il épousa le
21 novembre 1809 Bénédite-Jeanne-Pauline-Clémentine Hanet-Cléry, fille de
Jean-Baptiste-Antoine, valet de chambre du roi Louis XVI, et de Mlle Duverger,
dont trois filles :

1° Louise-Thérèse-Françoise, née en 1810, † en 1895 ; mariée à M. Le Besnier ;

2° Élisabeth-Louise-Jeanne ; née vers 1813 ;

3° Charlotte-Adélaïde, née vers 1814.

GAILLARD [Longjumeau] (de)

= Anoblissement[1], par ordonnance du 14 novembre 1814, en faveur d'Antoine-Marie-Jules-Joseph-Jean-Baptiste-François-Marseille Gaillard, adjoint au maire de Marseille.

La famille Gaillard, fixée à Ventabren, en Provence, est originaire de Blois et connue depuis Mathurin Gaillard, qui est cité dans un partage avec son frère Guillaume en 1453 et acquit la terre de Villemorand; son fils Michel Gaillard fut général des finances du roi Louis XI, et son petit-fils, Michel II, seigneur de Longjumeau, Chailly et du Fay, panetier ordinaire du roi François Ier, épousa en 1512 Souveraine d'Angoulême, sœur naturelle du roi, fille de Jeanne Comte et de Charles d'Orléans, comte d'Angoulême.

Leur descendance a donné des magistrats au parlement de Provence, des officiers de marine, un évêque d'Apt, etc., et s'est divisée en trois branches principales :

1° Celle des seigneurs de Longjumeau, éteinte ;

2° Celle fixée en Provence, qui a possédé les seigneuries de Ventabren, la Bourdonnière, etc., et s'est éteinte au XVIIIe siècle.

3° Et celle fixée à Aix, qui a donné des officiers, des conseillers et présidents au parlement d'Aix et s'est divisée en deux rameaux, dont un seul, fixé à Marseille, est représenté de nos jours.

Ce rameau était représenté au dixième degré par Pierre, qui suit :

X. Pierre de Gaillard, dit le marquis de Gaillard, officier des galères du roi, † à Albertas le 3 septembre 1778, épousa Marie-Madeleine-Louise-Élisabeth Dumont, dont :

1° Joachim-Antoine-Gabriel, qui suivra ;

2° Félix-Marie-Joseph, prêtre ;

3° Antoine-Alphonse, capitaine des vaisseaux du roi, chevalier de Saint-Louis et de Saint-Jean-de-Jérusalem, né à Marseille le 21 mars 1765, † le 18 août 1849 ; marié à Aix, le 22 mars 1830, à Alexandrine-Geneviève-Marie-Joséphine d'Estienne de Bourguet-Gauffridy.

XI. Joachim-Antoine-Gabriel de Gaillard, premier consul de Marseille (1783), conseiller de préfecture des Bouches-du-Rhône, ✱, né à Marseille le 9 avril 1753, † à Saint-Barnabé le 5 décembre 1837, épousa Catherine-Magdeleine Desjacques de la Chassaigne, dont deux fils :

1° Antoine-Marie-Jules-Joseph-Jean-Baptiste-François-Marseille, qui suivra ;

2° Antoine-François-Frédéric, né à Hyères le 28 mai 1797, † même ville le 24 juillet 1835 ;

---

1. Cette ordonnance n'eut pas de sanction et les lettres patentes ne furent pas délivrées, la famille étant d'ancienne noblesse.

marié à Aix, le 5 juillet 1826, à Césarée-Gabrielle Benault de Lubières, dont cinq enfants, qui suivent :

a) Henri-Paul-Eugène, marquis de Gaillard-Longjumeau, maire d'Hyères, né le 7 janvier 1833, † à Hyères le 9 mars 1882 ; marié le 31 juillet 1861 à Philomèle-Marie de Labeau de Bréard de Maclas, dont un fils, Joachim ;

b) Marie-Alphonsine-Gabrielle, née en 1827, † le 10 avril 1841 ;

c) Alix-Alphonsine-Madeleine, née le 19 août 1858 ; mariée le 28 juin 1854, à Claude-Louis-Jules de la Poix de Fréminville ;

d) Joséphine-Lucie, née à Marseille le 30 septembre 1830 ; marié le 23 juin 1854 à Gabriel-Pierre-Marie de Bonnecorse ;

e) Eugène-Alexandrine-Henriette, née à Hyères le 20 juillet 1835, † à Aix le 13 août 1846.

XII. Antoine-Marie-Jules-Joseph-Jean-Baptiste-Marseille DE GAILLARD, marquis de Gaillard de Longjumeau, négociant, conseiller municipal et adjoint au maire de Marseille (1812-16), sous-préfet de Forcalquier (1827-30); fut anobli par une ordonnance royale du 14 novembre 1814. Né à Marseille le 1er avril 1788, † à Saint-Barnabé le 6 octobre 1866, il épousa le 17 novembre 1849 Euloge-Pierrette Angélique Facio, dont il n'eut pas d'enfants.

Cette famille porte pour armes : *d'argent, semé de treffles de sinople, à deux taux de gueules en chef, surmontant deux perroquets de sinople.*

GALARD DE BÉARN (DE)

= Transmission des rang, titre et dignité de pair de France du comte DE DURFORT, en faveur de son petits-fils Étienne DE BÉARN, par l'ordonnance du 21 décembre 1825, après justification d'institution d'un majorat de 10.000 francs de revenus nets (Voir t. II, p. 500).

*
* *

Cette illustre maison, sortie des vicomtes de Lomage, issus eux-mêmes en ligne directe des ducs de Gascogne, a pris son nom de la terre de Goalard, en Condomois ; elle a formé de nombreuses branches et rameaux[1], dont les principales sont celles de Terraube, de Brassac-Béarn, de Saldebru, d'Argentines, etc.

Celle des seigneurs de Brassac-Béarn était représentée au dix-neuvième degré par Alexandre-Guillaume, qui suit.

XIX. Alexandre-Guillaume DE GALARD DE BÉARN, marquis de Cugnac et de Brassac, comte de Béarn, baron de la Roche-Beaucourt, sgr du Boisse, etc., capitaine au régiment de Chartres (1766); colonel du régiment de Bresse (1779), né à Paris le 26 janvier 1741, † . . . ; épousa, le 15 janvier 1768, Anne-Marie-Gabrielle Potier de Novion, fille d'André, marquis de Novion, et de Marie-Philippe Taschereau, dont :

1° Alexandre-Léon-Luce, comte de Béarn et de l'Empire[2] (lettres patentes du 13 janvier 1811), chargé d'affaires et ministre plénipotentiaire, chambellan de Napoléon Ier, né à Paris le

1. Voir Noulens, *Documents historiques sur la maison de Galard*, 1871-76. J. de Jourgain, *Notice héraldique sur les maisons de Galard et de Béarn*, 1886, et *Annuaire de la Noblesse de France*, année 1894.

2. Cf. *Armorial du Ier Empire*, t. II, p. 19.

11 juin 1771, † à Paris le 12 novembre 1844 ; marié en 1795 à Marie-Charlotte-Pauline-
Joséphine du Bouchet de Sourches de Tourzel, † le 17 juillet 1839, dont postérité représentée de nos jours par les princes de Béarn ;

2° Alexandre-Louis-René-Toussaint, comte de Béarn et de l'Empire[1] (lettres patentes du
18 juin 1809), lieutenant aux gardes du corps, né à Paris le 29 juin 1776, † à Versailles le
29 octobre 1837 ; marié à Catherine-Victoire Chapelle de Jumilhac, † à Paris le 4 janvier
1858, veuve en premier mariage de Marie-Pierre-Antoine-Augustin-César, vicomte d'Her-
villy de Montcanisy), dont quatre filles ;

3° Louis, chevalier de Malte, mort jeune ;

4° André-Hector, qui suivra ;

5° Anne-Marie, née à Paris le 1er décembre 1768, † en 1808 ; mariée le 21 janvier 1790 à
Alphonse Droullin de Mesnilglaise, maréchal de camp ;

6° Alexandrine-Aymardine-Renée-Léontine, née à Paris le 7 juillet 1770, †..., mariée à M. Gajot
de Montfleury ;

6° Agathe-Marie-Josèphe-Olympe, née à Paris le 22 novembre 1773, †...;

8° Adélaïde-Françoise-Joséphine, née à Paris le 4 mars 1775, †...;

9° Anne-Marie-Jacqueline, née à Paris le 6 décembre 1779, †...; mariée, le 10 juin 1802, à Jean
Baptiste de Couëtus, officier au régiment de la Reine.

XX. André-Hector-Marie DE GALARD, comte de Béarn, né..., † à Clermont-
Ferrand en septembre 1806 ; épousa, le 12 janvier 1804, Antoinette-Louise de
Durfort, † le 17 septembre 1842 (remariée, le 10 juin 1816, à Jacques-Auguste-
Anne-Léon Le Clerc, comte de Juigné), fille et héritière d'Étienne-Narcisse, comte
de Durfort, lieutenant général et pair de France, et d'Henriette-Étiennette-Claude-
Denise Thiroux de Montsauge, dont un fils unique, qui suit.

XXI. Étienne-Alexandre-Hector DE GALARD DE BÉARN, comte de Béarn, lieutenant aux hussards de la garde, fut déclaré héritier des titre, rang et dignité de
comte-pair héréditaire de son aïeul maternel le comte de Durfort, par l'ordonnance
du 21 décembre 1825, mais cette hérédité n'eut pas de suite, parce que le premier
titulaire n'a plus siégé après 1830, n'ayant pas prêté le serment constitutionnel ; né
à Paris le 24 décembre 1805, † à Paris le 10 décembre 1881 ; il épousa à Paris, le
25 avril 1832, Camille-Louise-Denise Le Sage d'Hauteroche d'Hulst, † à Saint-
Cloud (Seine-et-Oise), le 7 juillet 1894, fille d'Anne-Marie-François-Alexandre-
Thomas-Scipion et de Claudine-Anne-Pauline de Grimoard de Beauvoir du Roure,
dont il a eu trois fils et trois filles.

Cette branche porte pour armes : *écartelé, aux 1er et 4° d'or, à trois corneilles
de sable, becquées et membrées de gueules ; aux 2e et 3° d'or, à deux vaches de gueules,
passant l'un sur l'autre.*

GALARD DE SALDEBRU (DE)

= Autorisation de transmission du majorat au titre de baron héréditaire institué
le 6 octobre 1820, par M. Pierre CAÏLA, en faveur de sa petite-nièce, Élisabeth-
Éléonore GAUDUCQUE, mariée à Jean-Baptiste-Hector DE GALARD DE SALDEBRU, par
lettres patentes du 3 juillet 1824 (majorat déclaré dissous le 10 juillet 1859).

*
* *

1. Cf. *Armorial du Ier Empire*, t. II, p. 201.

La branche des seigneurs de Saldebru, détachée de la branche aînée des seigneurs de Terraube, par Galhard de Galard, sgr de Balarin, en Condomois, marié, le 15 juillet 1579, à Françoise de Lézir, a formé aussi un rameau, dit de Balarin et de Paulhac, éteint au XVIII⁰ siècle.

Elle était représentée au seizième degré par :

XVI. Jean-Baptiste DE GALARD, sgr de la Garde et de Saldebru, capitaine au régiment de la Fère; marié à Bordeaux, le 4 juin 1778, à Jeanne du Périer de Larsan, fille de Marc-Antoine, grand sénéchal de Guyenne, et de Marie de Verthamon, dont :

    1° Jean-Baptiste-Charles-Hector, qui suivra ;
    2° Anne-Marie-Antoinette, née à Bordeaux le 25 mars 1779 ; mariée à Jean-Joseph-René de Guyonnet ;
    3° Louise-Sirène, née à Bordeaux le 27 juillet 1781, † en 1801 ; mariée à son cousin Jean-Baptiste de Galard de Béarn.

XVII. Jean-Baptiste-Charles-Hector DE GALARD DE SALDEBRU, commandant de grenadiers de la garde royale, chevalier de Saint-Louis ; né le 30 décembre 1785, † le 27 juillet 1830; épousa en 1824 Élisabeth-Éléonore Gauducque (remariée à M. Dumas de Laroque), fille de Pierre Gauducque et d'Élisabeth-Rosalie Caïla, et héritière du majorat du baron Pierre Caïla, par les lettres patentes du 3 juillet 1824[1], dont il eut :

    1° Louis-François-Hector, qui suivra ;
    2° Marie-Thérèse-Joséphine-Léontine, † en 1849 ; mariée le 6 juin 1858 à Joseph de Jausselin de Brassay.

XVIII. Louis-François-Hector DE GALARD, dit le comte de Galard de Saldebru, né le 20 juillet 1828; épousa, le 3 juin 1853, Laure de Ségur, fille du comte Philippe, pair de France, et de Mˡˡᵉ de Vintimille du Luc, dont un fils, qui suit :

    Philippe-Marie-Hector, né en 1854, marié le 15 juin 1883 à Marie-Joséphine-Géraldine-Raymonde de Galard de l'Isle-Bozon, dont : Gérauld et Charles.

Cette branche porte pour armes : *d'or, à trois corneilles de sable, becquées et membrées de gueules.*

GALAUP

= Maintenue de noblesse en faveur de Pierre-Louis GALAUP, conseiller à la cour de Bordeaux, par lettres patentes du 9 novembre 1825, avec règlement d'armoiries : *d'or, à l'épervier essorant de sable, empiétant une branche d'olivier de sinople.*

= Maintenue de noblesse en faveur de Pierre-François GALAUP, frère du précédent, par lettres patentes du 16 décembre 1826, avec règlement d'armoiries : *d'or, à un épervier essorant de sable, empiétant une branche d'olivier de sinople; à la bordure componée d'argent et de sable.*

*
* *

La famille Galaup, originaire d'Agenais, a pour auteur Jean Galaup, écuyer,

1. Voir t. II, notice *Caïla*. En rectifiant pages 3 et 4 les prénoms de M. de Galard de Saldebru, appelé par erreur Louis-François-Hector.

sgr de Ligne, qui se maria à Bordeaux (contrat du 22 janvier 1672), à Isabeau Boumard. Leur fils, Jean Galaup, devint juge du marquisat de la Roche-Chalais, par son mariage avec Françoise de la Moulinasse, fille du juge de ce marquisat, et transmit ses fonctions à ses descendants.

IV. François GALAUP, avocat, juge du marquisat de la Roche-Chalais, après son père et son aïeul, qui précèdent, épousa Jeanne-Victoire Marot et mourut en septembre 1702, laissant deux fils :

1° Pierre-Louis, qui suit ;
2° Pierre-François, qui sera rapporté après la postérité de son frère aîné.

V. Pierre-Louis GALAUP, puis de Galaup, juge, puis président du tribunal civil de Ribérac, avocat général et conseiller à la cour d'appel de Bordeaux, ✠, fut maintenu dans sa noblesse par lettres patentes du 9 novembre 1825. Né à la Roche-Chalais (Dordogne) le 7 octobre 1762, † à Bordeaux le 28 avril 1830, il épousa à Bordeaux, le 27 septembre 1811, Marie-Thérèse-Marceline de Comet, † à la Tresne (Gironde) en 1852, fille d'Arnaud-Hyacinthe et de Marguerite de Valence, dont un fils unique, qui suit.

VI. Arnaud-François-Hyacinthe DE GALAUP, né à Bordeaux le 6 novembre 1812, † à New-York le 6 juillet 1860; épousa à Mézin (Lot-et-Garonne), le 26 février 1840, Marguerite-Rose-Emma de Tartas d'Haumont, † au château de Loménie (Lot-et-Garonne) le 7 avril 1895, fille de Joseph et de Philippine-Nancy de Loménie, dont trois enfants :

1° Joseph-Albert, né et décédé en 1841 ;
2° Catherine-Philippine-Marguerite, née le 31 décembre 1841, † le 8 septembre 1858;
3° Marie-Françoise-Thérèse, née le 9 novembre 1845, mariée à Bordeaux, le 22 janvier 1868, à Maxime, vicomte de Gombert, ancien préfet. Elle a adopté par arrêt de la cour d'appel de Bordeaux du 17 février 1898 :
Claude-Marie-Bonaventure-Xavier Bleynie, puis Bleynie de Galaup, né..., marié à Bordeaux le 1er juin 1896, à Gabrielle-Carmèle-Marie Guillard, dont deux enfants : a) Marie-Josèphe-Françoise-Henriette-Marguerite, née le 27 mars 1897; b) Marie-Louise-Françoise-Henriette, née le 23 décembre 1899.

V bis. Pierre-François GALAUP, puis de Galaup, sous-préfet, fut maintenu dans sa noblesse par lettres patentes du 16 décembre 1826. Né à la Roche-Chalais[1] le 18 septembre 1763, † audit lieu le 1er octobre 1840, il épousa à Coutras, le 27 mai 1794, Jeanne Fellonneau, † à la Roche-Chalais en 1858, dont trois filles :

1° Marie, née le 25 novembre 1796, † le 13 octobre 1813 ;
2° Jeanne-Sophie, mariée le 16 mai 1816, à André-Augustin d'Arlot de Saint-Saud, capitaine commandant des volontaires royaux de Ribérac ;
3° Jeanne-Suzanne-Victoire, baptisée le 20 décembre 1760, mariée le 20 novembre 1780, à Pierre-Léger Ratier [de Lussière].

GALBAUD [DU FORT]

☰ Maintenue de noblesse en faveur de Charles-Gaspard GALBAUD, capitaine du

1. Les lettres patentes de 1826 portent né à Saint-Michel-la-Rivière (Dordogne) le 19 décembre 1763.

génie (comme fils de Philippe-François GALBAUD, conseiller correcteur en la chambre des comptes et en vertu des privilèges de cet office), par lettres patentes de 27 décembre 1828, avec règlement d'armoiries : *d'azur, à trois noix de galle d'or, 2, 1.*

* *

La famille Galbaud, originaire du pays nantais, a donné deux conseillers auditeurs en la chambre des comptes de Bretagne.

II. Pierre GALBAUD, sieur du Fort au pays nantais, conseiller auditeur en la chambre des comptes de Bretagne (1702), né en 1672, † à Nantes en 1738; fils de Pierre, et de Perrine Dupas, épousa, le 5 avril 1701, Marie Giroust du Bois-Gervais, dont entre autres un fils qui suit.

III. Philippe-François GALBAUD, sieur du Fort, conseiller maître en la chambre des comptes de Bretagne (   ), puis conseiller au conseil supérieur de Saint-Domingue, né en 1703, † le 20 avril 1767, épousa, le 20 juin 1735, Agnès du Breuil, dont dix enfants :

1° François-Thomas, lieutenant d'artillerie, capitaine au régiment de Strasbourg-artillerie (1774), colonel, général de brigade, commandant de la ville de Caire, chevalier de Saint-Louis, né à Nantes le 25 septembre 1743, † en 1802 ; marié à Nantes, le 24 avril 1775, à Marie-Alexis Tobin, dont trois fils (l'un d'eux a laissé postérité représentée) ;

2° Pierre-Alphonse-Julien, lieutenant-colonel d'artillerie, émigré, conseiller de préfecture à Nantes, chevalier de Saint-Louis, né à Nantes le 2 juillet 1748, † même ville le 6 juin 1826 ; marié à Catherine-Martine-Rose Berindoague, dont trois fils et une fille (l'aîné a laissé postérité représentée de nos jours);

3° Jean-Baptiste-René-César, garde-marine, adjudant général, lieutenant-colonel d'artillerie (1er janvier 1793), colonel d'artillerie, né à Nantes le 24 juin 1751, † à Gênes (Italie) en 1805 ; marié en 1788 à Marie-Anne Simon de la Tillière, dont deux fils ;

4° Charles-Gaspard, qui suivra ;

5° Claude-Ange-Augustin, né le 2 août 1756 ; marié deux fois : 1° en 1790, à Marie-Émilienne Mariani, †..., sans postérité ; 2° à Marie-Anne-Gabrielle Chambon du Claud, dont un fils et une fille;

6° Marie-Anne-Agnès, née le 18 juin 1736 ; mariée le 7 mai 1759 à Guillaume Fouray, maître ordinaire en la chambre des comptes ;

7° Agnès-Antoinette-Françoise, née le 16 octobre 1738; mariée trois fois : 1° à Pierre-Louis Glaise de Maisonneul ; 2° à Hyacinthe-Charles de Loménie [marquis de Marine ?], capitaine ; 3° à Pierre-Antoine, comte d'Adhémar de Lantagnac, capitaine et chevalier de Saint-Louis ;

8° Thérèse-Louise-Guy, née le 28 janvier 1740 ; mariée le 9 août 1773, à Pierre-Guy Coustard, capitaine ;

9° Victoire-Philippine-Catherine, née le 20 mars 1743 ;

10° Sainte-Claire, née le 26 janvier 1747, mariée à Pierre-Jacques Coustard de Norbonne, capitaine et chevalier de Saint-Louis.

IV. Charles-Gaspard GALBAUD, puis Galbaud du Fort, capitaine du génie, chevalier de Saint-Louis, fut maintenu dans sa noblesse par lettres patentes du 27 décembre 1828 (en vertu du privilège de la charge de son père). Né à Nantes le 5 janvier 1754, † à Nantes en 1833, il épousa Jeanne-Luce Simon, dont deux fils :

1° Charles-Moïse, qui suivra ;

2° Joseph, lieutenant-colonel du génie, ✳, né en 1807, † à Rome le 11 juillet 1849 ; marié le 7 novembre 1842 à sa cousine Marie-Hélène-Caroline Galbaud du Fort, † le 24 mars 1845, dont une fille :

Luce-Henriette-Caroline-Hélène-Joséphine, née à Paris le 8 avril 1844.

V. Charles-Moïse GALBAUD DU FORT, capitaine d'infanterie, né le 5 juin 1805, †..., épousa en 1837 Eulalie-Jeanne Dujast des Alimes, † en 1865, dont six enfants :

1° Charles-Alexis-Lucien-Marie-Moïse-Paul, qui suivra ;
2° Bernard-Joseph-Émile ;
3° Étienne-Gustave ;
4° Caroline-Henriette-Julie-Luce-Eulalie ;
5° Marie-Hélène-Bernarde ;
6° Julie-Joséphine.

VI. Charles-Alexis-Lucien-Marie-Moïse-Paul GALBAUD DU FORT, major d'infanterie, ✠; né 1839; a épousé, le 20 janvier 1877, Antoinette de Béjarry, fille de Théobald et de Caroline de Béjarry.

GALLARD

Concession d'armoiries par lettres patentes du 12 juillet 1830, en faveur de Romain-Frédéric GALLARD, évêque de Meaux, pour porter : *d'azur, à la fasce d'or, chargée d'un losange d'argent et accompagnée de quatre étoiles d'argent, 2, 2.*

***

Romain-Frédéric GALLARD, grand vicaire de Paris, curé de la Madeleine de Paris (1825), évêque nommé du Mans (1829), puis de Meaux (avril 1831), O. ✠; coadjuteur avec future succession de l'archevêque de Reims (1838), né à Arthenay (Loiret) le 20 juin 1785, † à Reims le 14 janvier 1839; obtint par lettres patentes du 12 juillet 1820 un règlement d'armoiries.

GALLIEN DE CHABONS (DE)

Titre de pair, par ordonnance du 5 décembre 1824, en faveur de Jean-Pierre DE GALLIEN DE CHABONS, évêque d'Amiens [avec rang et préséance de comte-pair].

***

La famille Gallien de Chabons est citée en Viennois au lieu du Passage, depuis la fin du XV⁰ siècle. Marcelin Gallien fut gendarme de la compagnie du chevalier Bayard ; sa descendance a donné de nombreux conseillers et procureurs généraux de Dauphiné et acquit le 21 septembre 1521 la seigneurie engagiste de Chabons.

II. François DE GALLIEN DE CHABONS, sgr du Passage, avocat, conseiller au parlement du Dauphiné (2 décembre 1734-75), né à Chélieu le 29 août 1713, fils de Joseph et d'Anne-Claudine de Sibeud de Saint-Ferréol; épousa, le 25 septembre 1753, Madeleine-Françoise de Vidaud de Latour, fille de Joseph-Gabriel et de Jeanne-Madeleine Gallet de Montdragon, dont :

1° Jean-Jacques, dit le comte de Chabons, capitaine de cavalerie au régiment royal-Roussillon, né le 8 août 1754, †...; marié le 25 juin 1783 à Renée-Catherine de Marnay, dont un fils, Jean-Jacques, né le 31 juillet 1788, qui a laissé postérité représentée de nos jours, et deux filles, Mmes de Sibeud de Saint-Ferriol et de Monteynard-Monfrin ;

2° Joseph, dit le vicomte de Chabons, capitaine de vaisseau, né à Grenoble le 23 septembre 1757 (retraité à la Guadeloupe en 1817), marié à Marie-Anne de Lamouroux, dont deux enfants, qui suivent :

    a) Jean-André-Théodore, né le 25 janvier 1789 ;

    b) Anne-Joséphine, née le 3 avril 1796 ;

3° Jean-Pierre, qui suivra ;

4° Marie-Thérèse, chanoinesse ; baptisée le 15 octobre 1758 ;

5° Marthe, née le 11 octobre 1760 ; mariée à Achille Gelly de Montela, officier aux gardes du corps ;

6° Marie-Angélique, née le 6 septembre 1764, † le 18 octobre 1780.

Jean-Pierre DE GALLIEN DE CHABONS, comte de Chabons, premier aumônier de la duchesse de Berry (1821), évêque d'Amiens (17 novembre 1822-37), pair de France (15 décembre 1824), né à Grenoble le 11 mai 1756, † à Fontainebleau le 24 octobre 1838, fut appelé à la pairie avec rang, titre et dignité de comte-pair.

GALLIS DE MENILGRAND

= Titre de chevalier héréditaire en faveur de François GALLIS DE MENILGRAND, capitaine d'artillerie, par lettres patentes du 16 août 1823, avec règlement d'armoiries : *d'azur, à la levrette d'argent, colletée d'or ; au chef de gueules, chargé de trois croissants d'or.*

* *

François GALLIS DE MENILGRAND, chevalier Gallis de Menilgrand, capitaine d'artillerie, ✠, chevalier de Saint-Louis, né à Yvetot (Seine-Inférieure) le 14 janvier 1781, † à Paris le 17 mai 1830 ; fut créé chevalier héréditaire par lettres patentes du 16 août 1823.

GALLIX-MORTILLET

= Lettres de noblesse en faveur d'Alexandre GALLIX-MORTILLET, ancien avocat en parlement et député aux États généraux, par lettres patentes du 19 novembre 1825, avec règlement d'armoiries : *de gueules, à la croix d'argent, chargée de trois molettes de sable, posée en pal.*

* *

La famille Gallix-Mortillet est très anciennement citée à la Sône et à Romans, elle paraît avoir ajouté à son nom celui de Mortillet par suite d'une alliance avec cette dernière famille, et a formé plusieurs branches.

L'une d'elles était représentée au commencement du XVIIIᵉ siècle par :

Jean GALLIX-MORTILLET, décédé le 19 août 1760, père de :

II. Claude GALLIX-MORTILLET, habitant à Saint-Jean-d'Octavon, qui épousa le 1ᵉʳ juin 1737 Marie Faure, dont :

    1° Joseph-Alexandre, né à Châtillon-Saint-Jean le 3 mars 1738 ;

    2° Claude, qui suit.

III. Claude GALLIX-MORTILLET, avocat, épousa Claude Chaptal, dont au moins trois fils :

1° Alexandre, qui suivra ;

2° N..., marié et père de trois filles :

   a) N..., mariée à M. Rubichon ;

   b) Victorine-Thérèse-Hortense, née en 1807, † à Carpentras le 25 décembre 1898 ; mariée à M. de Tilia d'Olonne ;

   c) N..., mariée à M. de Casal ;

3° Claude-Romain, sous-lieutenant (25 janvier 1792), capitaine de cavalerie (1800), né à Saint-Jean-d'Octavon (Drôme) le 7 juin 1770, † le 30 octobre 1831 ; marié à Romans, le 18 juillet 1815, à Adélaïde Bernou de Montelegier, †. à Meylan le 19 février 1873, fille de Gaston-Achille, et nièce du maréchal de camp, dont :

   a) Paul-Romain-Adolphe, né à Meylan le 11 mai 1817, † même lieu le 25 septembre 1893 ; marié à Grenoble, le 8 février 1847, à Marie-Françoise-Hélène Morellet, dont deux fils et deux filles ;

   b) Louis-Gabriel-Laurent, ingénieur des mines, directeur du musée gallo-romain de Saint-Germain, maire de Saint-Germain-en-Laye, député de Seine-et-Oise (1885), ✳, né à Meylan le 29 août 1821, †..., marié à Fanny Ribert, dont deux fils et trois filles;

IV. Alexandre GALLIX-MORTILLET, puis de Mortillet, avocat, président du collège électoral de Saint-Marcellin (Isère), député de l'Isère (1824-27), conseiller d'arrondissement, ✳, fut anobli par lettres patentes du 19 novembre 1825. Né à Saint-Jean-d'Octavon, commune de Châtillon-Saint-Jean (Drôme), le 26 octobre 1764, † au château d'Alivet-sur-Renaye (Isère), le 3 mai 1834, il épousa Claire-Rosalie-Anne de Barletier de la Girarde, dont cinq enfants :

   1° N..., officier de cavalerie, marié à Mlle Chartron ;

   2° Arthur, qui suivra ;

   3°-4°-5° Trois filles.

V. Arthur GALLIX DE MORTILLET, garde du corps du roi Charles X. Né..., †...; épousa Mlle de Mareschal, dont quatre enfants :

   1° Alexandre, qui suivra ;

   2° Joséphine, religieuse ;

   3° Eugénie, religieuse.

VI. Alexandre GALLIX DE MORTILLET, capitaine aux gardes suisses pontificaux, a épousé à Romans, le 5 février 1872, Marie-Eugénie Garnier de Labareyre, dont trois enfants :

   1° Xavier; 2° Jeanne; 3° Saniutte.

GALZ DE MALVIRADE (DE)

= Titre personnel de baron en faveur de Jean-Pierre-Édouard DE GALZ DE MALVIRADE, consul général de France et maître des requêtes, par lettres patentes du 3 août 1824, avec règlement d'armoiries : *écartelé : aux 1er et 4e d'azur, au coq marchant d'or, crété, barbé et armé de gueules; aux 2e et 3e d'azur, au chevron d'or, accompagné de trois coquilles d'argent, 2, 1.*

= Titre de chevalier héréditaire en faveur de Léonard-Jacques-Stanislas des GALZ DE MALVIRADE, lieutenant-colonel de hussards, frère cadet du précédent, par lettres patentes du 16 avril 1825, avec règlement d'armoiries : *écartelé : aux 1er et 4e d'azur, au coq marchant d'or, crété, barbé et armé de gueules ; aux 2e et 3e d'azur, au chevron d'or, accompagné de trois coquilles d'argent, 2, 1.*

= Titre personnel de baron en faveur du même, par nouvelles lettres patentes du 7 août 1827, avec le même règlement d'armoiries.

*
*   *

La famille Degals, *alias* Degalz, originaire d'Agenais, établit sa filiation depuis Jean-Pierre Degalz, qui suit, frère de Pierre, président trésorier de France à Bordeaux, et qui paraissent fils de Jean Degals et de Mlle Desclaux de Lataponne [1].

I. Jean-Pierre DEGALZ, sgr du Faudon et du Cluzeau, avocat au parlement de Bordeaux, lieutenant de la grande louveterie de France, né à Tonneins vers 1701, † au Faudon le 28 mai 1786; épousa Marie-Anne Laperche, dont :

1° Alexandre, seigneur du Faudon, officier de cavalerie, né au Faudon le 2 octobre 1735, † audit lieu le 3 juillet 1803; marié en 1761 à Catherine Pefaud, dont postérité éteinte ;

2° Pierre-Denis, qui suivra ;

3° Jean-Alexandre, seigneur de Lagrave, † à Peyrières en 1805 ; marié le 23 février 1781 à Marie de Lorman, dont une fille unique, Mme de Ricard ;

4° Jacques-François-Alexandre, officier au régiment des Vosges, marié à Catherine Pesant ;

5° Pierre-Marie, sieur de Gajac, sous-lieutenant au régiment d'Aquitaine-infanterie (1774-77) ; marié le 18 septembre 1786, à Cécile-Angélique Tamisey de Lamothe, dont deux filles ;

6° Marie-Germaine, mariée à François Arnaud, inspecteur de la manufacture royale de Tonneins ;

7° Anne, mariée en 1761 à Pierre-Louis d'Escures, avocat en parlement;

8° Anne, mariée en 1786, à Pierre de Trévey, garde du corps.

II. Pierre-Denis DE GALZ, sgr de la Courrège et Malvirade, capitaine commandant au régiment de Vermandois (23 mars 1785), chevalier de Saint-Louis, né à Tonneins le 10 juin 1740, †...; épousa à Malvirade, le 10 mars 1779, Antoinette-Françoise Lecuillier de Beaumanoir, fille de François, capitaine et chevalier de Saint-Louis, gouverneur des pages de la reine, et de Marie-Antoinette Le Cul Le Febvre, dont :

1° Jean-Pierre-Édouard, qui suivra ;

2° Léonard-Jacques-Stanislas, qui sera rapporté après la descendance de son frère aîné ;

3° Pierre-Victor, chef d'escadron de dragons (16 octobre 1823), retraité en 1837, chevalier de Saint-Louis, ✳, né à Fauguerolles le 7 juillet 1790, † au même lieu le 19 octobre 1839 ; marié : 1° à Tonneins, le 14 janvier 1817, à Zélie-Alexandra-Élisabeth Duvigneau, † le 22 juin 1822, sans postérité ; 2° à Villeneuve-sur-Lot, le 27 janvier 1835, à Marie-Annely Garrau, † le 3 février 1878 ; sans postérité.

III. Jean-Pierre-Édouard DE GALZ, baron de Galz de Malvirade, maître des requêtes au Conseil d'État (1813), secrétaire d'ambassade, consul général de France (29 octobre 1819), O. ✳; fut créé baron, à titre personnel, par lettres patentes du 3 août 1824. Né à Fauguerolles (Lot-et-Garonne) le 11 septembre 1781, † au château de Malvirade le 15 juin 1843, il épousa à Saint-Pétersbourg, le 30 juillet 1822, Alexandrine de Swistounoff, † à Malvirade le 18 novembre 1891, fille de Nicolas, chambellan de l'empereur de Russie, et de Marie de Rgewsky, dont cinq filles :

1° Marie-Olga-Léonide, née à Paris le 24 janvier 1826, mariée à Paris, le 16 avril 1850, à Louis-Eugène, marquis de Lonlay;

2° Césarine, religieuse, née à Saint-Pétersbourg le 17 mars 1828 ;

1. D'après une tradition ? elle serait d'origine anglaise, cependant le nom de Degals est commun à plusieurs familles, citées en Agenais aux XVIe et XVIIe siècles.

3° Marie-Léontine-Alix, née à Saint-Pétersbourg, le 30 mars 1830, mariée à Paris, le 2 octobre 1856, à Hélie, marquis de Bourdeille ;

4° Victorine, née à Tonneins le 13 mars 1832 ; mariée le 13 septembre 1853, à Agénor, comte de Fayet ;

5° Marie-Léonide-Alexandrine-Aline, née à Bordeaux le 20 novembre 1834 ; mariée le 10 mai 1856 à Paul de Sepière.

III *bis*. Léonard-Jacques-Stanislas DE GALZ, chevalier de Galz et de l'Empire[1] (décret du 3 décembre 1809) ; puis baron de Galz de Malvirade, donataire de l'Empire, page de Napoléon Ier (2 août 1804), lieutenant de chasseurs à cheval (9 mars 1806), lieutenant-colonel (1827), colonel maréchal de camp (1837), C. ✳, chevalier de Saint-Louis, fut confirmé dans le titre de chevalier héréditaire par lettres patentes du 16 avril 1825, puis créé baron, à titre personnel, par nouvelles lettres patentes du 7 janvier 1827. Né à Fauguerolles le 7 septembre 1786, † à Agen le 2 mars 1847, il se maria deux fois : 1° à Paris, le 27 mai 1824, à Louise-Constance Posset, † le 7 mars 1825 ; 2° à Bordeaux, le 29 juillet 1827, à Marie-Élisabeth-Catherine-Pauline Phelan, † à Bordeaux le 14 mai 1874, fille de Bernard, et de Marie-Élisabeth Guestier, dont sept enfants :

[du 2° lit] : 1° Léon-Bernabé, qui suivra ;

2° François-Nathaniel-Albert, lieutenant d'infanterie, ✳, né le 17 mars 1838, † à... le 23 novembre 1888 ; marié deux fois : 1° le 4 mars 1878, à Marie-Eugénie-Lucie Jeanningros, † à Marseille le 20 décembre 1879 ; fille du général, dont un fils unique, qui suit ; 2° le 24 novembre 1880, à Rosa-Marie-Angèle Jeanningros, † le 11 mai 1882, sa belle-sœur ; [du 1er lit] : Raoul-René-Albert, né à Marseille le 20 septembre 1879 ;

3° Charlotte-Marie-Élisabeth-Antoinette-Léontine, née à Bordeaux le 26 juin 1828 ; mariée à Bordeaux, le 5 mars 1849, à Daniel Guestier ;

4° Élisabeth-Anne-Mathilde, née à Arras le 22 février 1832, † à Bordeaux le 16 août 1856 ; mariée même ville, le 23 juin 1851, à William Hutson-Violet ;

5° Anna-Daniela, née le 28 octobre 1834, mariée à Bordeaux le 22 avril 1857, à Harry Johnston ;

6° Mary-Élisabeth-Victorine, née le 28 octobre 1834 ; sœur jumelle de la précédente ;

7° Wilhelmine-Gabrielle-Catherine-Louise, née à Bordeaux le 29 février 1840, mariée à Bordeaux, le 18 mars 1859, à Louis-Abel Baour.

IV. Léon-Bernabé DE GALZ, dit le baron de Galz de Malvirade, né le 25 janvier 1830 ; marié et père d'un fils et de deux filles.

GAMBIER

= Lettres de noblesse en faveur d'Antoine-Noël GAMBIER, commissaire ordonnateur des guerres retraité et chef de division au Ministère de la guerre, par lettres patentes de septembre 1817, avec règlement d'armoiries : *de gueules, à l'épée d'argent montée d'or, posée en pal ; à la fasce d'or brochante et chargée d'un œil de carnation.*

I. Noël-André GAMBIER, marchand orfèvre à Paris, épousa Marie-Madeleine Lapaulide, dont :

1° Pierre ;

1. Cf. *Armorial du Ier Empire*, t. II, p. 205.

2° Antoine-Noël, qui suit.

II. Antoine-Noël GAMBIER, commissaire ordonnateur des guerres, chef de division au Ministère de la guerre, ✳, fut anobli par lettres patentes de septembre 1817. Né à Paris le 30 janvier 1757, †..., il épousa à Lille Catherine-Adélaïde Gorand, fille de François et de Catherine La Brierre, dont au moins un fils, qui suit.

III. Alexandre-Pierre GAMBIER, colonel d'artillerie (20 janvier 1840), O. ✳, né à Paris le 9 octobre 1791, † à Paris le 14 mars 1854.

GAMON DE MONVAL (DE)

= Titre de baron héréditaire en faveur de Charles-Antoine-Auguste DE GAMON DE MONVAL, colonel d'état-major, par lettres patentes du 27 septembre 1823, avec règlement d'armoiries : *d'argent, au chevron de gueules, accompagné de trois croisettes d'azur; au chef du même, chargé de trois croisettes d'or.*

* *

I. François GAMOND, *alias* Gamon de Monval, avocat consistorial du parlement de Dauphiné, † à Grenoble le 28 mai 1756; épousa Marie-Bonne de Bertrand de Marinière, dont :

1° Jean-Baptiste, qui suivra ;
2° Jeanne-Marie-Claire, née à Grenoble le 21 août 1747, mariée à M. de Saint-Vincent, colonel.

II. Jean-Baptiste GAMON DE MONVAL, chef de bataillon du génie, né à Grenoble le 16 juin 1749, † vers 1820; marié à Grenoble, le 23 décembre 1779, à Marie-Magdeleine Segond du Fay, fille de Paul-Antoine-Alexandre, avocat, et de Marie Jollier, dont :

1° Charles-Antoine-Auguste, qui suivra ;
2° Alexandre-Charles-Auguste, né à Grenoble le 7 mars 1783.

III. Charles-Antoine-Auguste GAMON DE MONVAL, baron Gamon de Monval, écuyer de Joseph Bonaparte, colonel d'état-major, O. ✳, chevalier de Saint-Louis, fut créé baron héréditaire par lettres patentes du 27 septembre 1823 ; né à Grenoble le 29 avril 1781, † à Sainte-Agnès le 25 octobre 1834 ; il épousa Marie Noël du Payrat, dont au moins trois filles :

1° Marie-Anne-Caroline, née en 1813, † à la Frette (Isère) le 3 septembre 1899, mariée à Henri Gavon-Berger de la Villardière ;
2° Paule-Marie, née à Paris le 23 novembre 1821 † le 27 septembre 1852 ; mariée, le 28 novembre 1858 à Louis-Archambauld, comte de Douglas ;
3° Marie-Françoise-Fanny ;

GAND (DE)

= Titre de pair héréditaire, par ordonnance du 17 août 1815, en faveur de Guillaume-Louis-Camille, comte DE GAND, maréchal de camp.

= Titre de comte-pair attaché à ladite pairie en faveur du même, par ordonnance du 31 août 1817 (sans lettres patentes ni institution majorat de pairie).

**

La maison de Gand, dit Vilain, est une des plus anciennes et des plus illustres des Pays-Bas et paraît sortir des premiers châtelains de Gand ; elle a pris le surnom de Vilain en 1254 et établit sa filiation depuis Siger de Gand, sgr de Bornhem, cité dans un acte de 1190.

Elle a donné un maréchal de France, et de nombreux généraux au service de l'Espagne et de l'Autriche, et de France.

La branche aînée des comtes d'Isenghien (par lettres patentes de mai 1582), princes d'Isenghien et de Masmines (par lettres du roi d'Espagne du 1er août 1652), comtes de Middelbourg et de Mérode, etc., s'est éteinte en 1758, et a fini par alliance dans les maisons de Brancas et de La Rochefoucauld.

La branche cadette, seigneurs de Hem, de Sailly et de Forest, marquis de Hem, par lettres du roi d'Espagne de 1660, a donné au dix-septième degré :

XVII. Jean-Guillaume-François-Marie DE GAND, dit Vilain, marquis de Hem, baron de Sailly, vicomte de Forest, etc., capitaine au régiment de Pric au service de l'impératrice reine de Hongrie, né à Bruxelles le 20 août 1709, †...; se maria deux fois : 1° le 23 janvier 1733, à Marie-Anne de Racs, † le 27 février 1746, sans postérité ; 2° le 30 avril 1748, à Angélique-Louise des Fossey, fille de Louis-Walleran, vicomte de Rouy, et de Marie-Madeleine-Diane de Hannocq de Quiry, dont trois enfants :

1° Guillaume-Louis-Camille, qui suivra ;

2° Charles-François-Gabriel, vicomte de Gand, comte du Saint-Empire (?), colonel du régiment de Champagne (1777), gentilhomme d'honneur du comte d'Artois (1780), colonel du régiment des gardes wallonnes, au service de l'Espagne, grand d'Espagne ; né le 27 décembre 1752, † le 24 mars 1818 ; marié à Paris, le 26 avril 1753, à Marie-Josèphe-Félicité de la Rochefoucauld-Bayers, fille de François-Jean-Charles, marquis de Bayers et de Fougeu, dont une fille, qui suit :

Louise, née..., mariée à Joseph-Maxime-Augustin-Martin-Ramon-Antoine-de-Padoue de la Cerda y Palafox, comte de Parcent y Contumina ;

3° Marie-Louise-Angélique, mariée en 1764, à Henri-Louis-Marie Jacops, seigneur d'Ailly e d'Aigremont.

VIII. Guillaume-Louis-Camille DE GAND, comte de Gand, marquis de Hem, seigneur de Lommé et de Launoy, comte du Saint-Empire, colonel-lieutenant du régiment royal (1er mars 1778), puis de Picardie, maréchal de camp de l'armée de Condé (1er janvier 1793), puis au service de Portugal et de l'Espagne, pair de France (17 août 1815), chevalier de Saint-Louis ; fut créé comte-pair héréditaire par l'ordonnance du 31 août 1817. Né à Lille le 26 août 1751, † à Paris le 9 juin 1818, sans laisser de postérité, il se maria deux fois : 1° à Paris, le 7 mai 1781, à Charlotte-Henriette de Vogüé, † à Paris en 1789 ; 2° le 20 janvier 1817, à Mathilde-Marie-Gertrude-Thérèse Cappé, † à Boulogne le 5 février 1844, veuve en premier mariage du comte Foschini.

La maison de Gand, porte pour armes : *de sable, au chef d'argent.*

GANTEAUME

= Titre de pair héréditaire par ordonnance du 17 août 1815, en faveur d'Honoré, comte GANTEAUME, vice-amiral.

= Titre de comte-pair héréditaire, attaché à ladite pairie en faveur du même, par ordonnance du 31 août 1817 ; confirmé (sans institution de majorat de pairie) par lettres patentes du 26 décembre 1818, avec règlement d'armoiries : *écartelé : au 1er d'azur, à une épée haute en pal d'argent, montée d'or ; au 2o d'argent, à un gant d'azur ; au 3e d'argent, à un heaume d'azur ; au 4o de sinople, à une ancre d'or* (Les lettres patentes n'ont pas été scellées par suite du décès du titulaire).

** **

I. Antoine GANTEAUME, capitaine de marine marchande, épousa Catherine Gasquet, dont au moins un fils, qui suit.

II. Honoré (*alias* Honoré-Joseph) GANTEAUME, comte Ganteaume et de l'Empire (lettres patentes du 10 juillet 1810), donataire de l'Empire[1], lieutenant de frégate (1779), lieutenant de vaisseau (1793), capitaine de vaisseau (1794), conseiller d'État (1801), vice-amiral (1806), président du collège électoral des Bouches-du-Rhône (1812), chambellan de Napoléon Ier, inspecteur général des classes, pair de France (17 août 1815), G. A. ✳, commandeur de Saint-Louis, fut créé comte-pair héréditaire, par l'ordonnance du 31 août 1817 ; né à la Ciotat (Bouches-du-Rhône) le 13 avril 1755, † à la Pauline, commune d'Aubagne (Bouches-du-Rhône) le 28 septembre 1818, il épousa à Aubagne, le 26 avril 1810, Pauline-Eugénie-Félicité Gobert de Neumoulin, † au château de Vaugrignon (Indre-et-Loire) le 3 novembre 1870, dont il n'eut pas postérité.

GARBÉ

= Titre de vicomte héréditaire en faveur de Marie-Théodore-Julien, baron GARBÉ, maréchal de camp, par lettres patentes du 11 janvier 1823, avec règlement d'armoiries : *coupé : au I parti d'azur, à la forteresse d'or, palissadée de sable, et de gueules, à l'épée haute en pal d'argent ; au II d'azur, au soleil couchant d'or, chargé d'un crocodile arrêté de sinople, armé et lampassé de gueules, soutenu de sinople, accompagné en chef, à dextre, d'un croissant contourné et, à senestre, d'une étoile, le tout d'argent.*

** **

I. Jacques-Théodore GARBÉ, maître boulanger à Hesdin, épousa Marie-Antoinette-Madeleine Wavrin, dont deux fils :

1o Marie-Théodore-Urbain, qui suivra ;
2o Charles-Antoine-Lambert, chevalier Garbé et de l'Empire[1] (lettres patentes du 8 janvier 1813), puis vicomte Garbé, donataire de l'Empire ; lieutenant de gendarmerie, chef d'escadron, ✳, créé vicomte héréditaire sur transmission du titre de vicomte de son frère

---

1. Cf. *Armorial du Ier Empire*, t. II, p. 207, pour les armoiries, dotations et titre de l'Empire.

aîné, par lettres patentes du 2 mai 1843; né à Hesdin le 17 septembre 1783, † à... le
6 octobre 1854, il épousa Marie-Marguerite Arson, dont un fils, qui suit :
Charles-Théodore, vicomte Garbé, préfet, né à Paris le 1er août 1814.

II. Marie-Théodore-Urbain GARBÉ, baron Garbé et de l'Empire (lettres patentes du 6 août 1812), puis vicomte Garbé, donataire de l'Empire[1], professeur de
mathématiques (1789), engagé volontaire (1790), capitaine du génie (1796), colonel,
général de brigade (24 novembre 1809), lieutenant général (30 octobre 1823),
député du Pas-de-Calais (1830), G. O. ✳, chevalier de Saint-Louis ; né à Hesdin
le 25 mai 1769, † à Bordeaux le 10 juillet 1831, sans alliance ; fut créé vicomte
héréditaire par lettres patentes du 11 janvier 1823.

GARCIAS

═ Lettres de noblesse en faveur de Laurent-Antoine-Jean GARCIAS, par lettres
patentes du 22 novembre 1817, avec règlement d'armoiries : *parti : au I d'azur, à
trois étoiles d'argent, 2, 1 ; au II d'argent, à la croix de sinople ; au chef d'or,
brochant sur le parti et chargé de deux drapeaux de gueules, posés en sautoir.*

⁎

I. Antoine GARCIAS, marchand de fer et deuxième consul à Saint-Laurent en
Roussillon (1753).

II. Laurent-Antoine-Jean GARCIAS, négociant à Saint-Laurent de Cerdans, fut
anobli par lettres patentes du 22 novembre 1817. Né à Saint-Laurent de Cerdans
(Pyrénée-Orientales) le 18 mars 1747, †..., il épousa Marguerite N..., dont un fils,
qui suit.

III. Laurent-André-Antoine GARCIAS, banquier en Espagne, député des Pyrénées-Orientales (1830-48), ✳ ; né à Saint-Laurent de Cerdans le 4 novembre
1779, † à Perpignan le 14 septembre 1859.

GARNIER

═ Règlement d'armoiries, par lettres patentes du 16 décembre 1826, en faveur
de Simon GARNIER, évêque de Vannes, portant : *d'azur, à la croix fleuronnée d'or ;
parti d'un burelé d'or et de gueules.*

⁎

Simon GARNIER, vicaire général de Rennes, évêque de Vannes (novembre
1826), né à Saint-Vallier (Haute-Marne) le 29 juillet 1765, † en août 1827, obtint,
par lettres patentes du 16 décembre 1826, un règlement d'armoiries.

GARNIER

═ Lettres de noblesse par ordonnance du 31 décembre 1814, en faveur de
Pierre-Dominique GARNIER, lieutenant général.

⁎

1. Cf. *Armorial du Ier Empire*, t. II, p. 208-209.

I. Joseph-Blaise GARNIER, entrepreneur-architecte à Marseille, épousa Thérèse Peyron, dont au moins un fils, qui suit.

II. Pierre-Dominique GARNIER, dit le baron[1] Garnier, lieutenant général (20 décembre 1793), C. ✳, chevalier de Saint-Louis, fut anobli par ordonnance du 31 décembre 1814. Né à Marseille le 19 décembre 1756, † même ville le 11 ma 1827, il épousa Marie-Blanche-Dominique-Madeleine Rocca-Cérésola.

GARNIER

= Titre de chevalier héréditaire en faveur de Jacques-Étienne-Joseph GARNIER référendaire au sceau de France, par lettres patentes du 19 décembre 1829, avec règlement d'armoiries : *d'azur, au chevron d'or, accompagné en chef à dextre d'une levrette passante et contournée, et à senestre d'un coq et, en pointe, d'une tige de lis, le tout d'argent.*

I. Jacques-Mathieu-François GARNIER, marchand épicier à Rebais (Seine-et-Marne), épousa Marie-François Levi, dont au moins un fils, qui suit.

II. Jacques-Étienne-Joseph GARNIER, chevalier Garnier, référendaire au sceau de France, ✳; fut créé chevalier héréditaire par lettres patentes du 19 décembre 1829. Né à Rebais (Seine-et-Marne) le 25 décembre 1770, † vers 1839.

GARNIER

= Titre de pair à vie par ordonnance du 4 juin 1814, en faveur de Germain, comte GARNIER; confirmé à titre héréditaire par l'ordonnance du 19 août 1815.

= Titre de marquis-pair héréditaire, attaché à ladite pairie, en faveur du même, par lettres patentes du 20 décembre 1817, sous promesse d'institution de majorat de pairie, avec règlement d'armoiries : *d'argent, à trois chevrons de gueules ; au chef d'or, chargé de trois étoiles de gueules.*

I. Georges GARNIER, notaire royal et apostolique à Auxerre, épousa Marie-Anne Boursin, dont au moins :

1° Charles-Georges-Thomas, auteur et écrivain, né à Auxerre le 21 décembre 1746, † en février 1795 ;

2° Germain, qui suivra ;

3° Marie-Anne, mariée à Jean-Bénigne Liégeard, et mère du général baron Liégeard.

II. Germain GARNIER, comte Garnier et de l'Empire[2] (lettres patentes du 26 avril 1808), puis marquis Garnier, procureur au Châtelet de Paris, député du tiers pour Paris aux États généraux (1789), préfet, sénateur de l'Empire (30 mars 1804), pair de France (4 juin 1815), membre du conseil du sceau de France, ministre d'État, G. O. ✳; né à Auxerre le 8 novembre 1754, † à Paris le 4 octobre 1821, sans alliance; fut créé marquis-pair héréditaire par lettres patentes du 20 décembre 1817.

1. Il aurait été créé baron de l'Empire d'après ses états de service ; mais nous n'avons pas trouvé la date d'un décret ou de lettres patentes relatives à ce titre.
2. Cf. *Armorial du Ier Empire*, t. II, p. 210.

GARNIER DE LABAREYRE

= Titre de baron héréditaire en faveur d'Alexandre-Laurent GARNIER DE LA-
BAREYRE, colonel de la garde nationale, par lettres patentes du 16 janvier 1818, avec
règlement d'armoiries : *d'azur, au chevron d'or, accompagné de trois étoiles d'argent, 2, 1; au chef du même, chargé de deux bandes de sinople, accostées de trois
tourteaux du même, posés en barre.*

I. Jacques GARNIER, avocat au parlement de Toulouse, juge royal de Boucieu-
en-Vivarais, châtelain d'Alixan (1731), épousa à Beaumont-lès-Valence, Madeleine
Boric, dont entre autres enfants, Jean-Jacques, qui suit.

II. Jean-Jacques GARNIER, sieur de Labareyre, substitut du procureur général
au parlement de Toulouse, juge en la viguerie de Boucieu, épousa Marie-Madeleine
Carrière, dont au moins trois fils :

1° Alexandre-Laurent, qui suivra ;

2° Jacques-Alexandre-François, capitaine de gendarmerie, maire de Beaumont-lès-Valence
en 1817 ;

3° Alexandre-Paulien, maire d'Étoile (1820) [marié à Mlle de Pélisson-Préville, dont un fils et
une fille].

III. Alexandre-Laurent GARNIER DE LABAREYRE, baron Garnier de Labareyre,
officier, aide de camp du général Dumouriez, colonel de la garde nationale de
Valence (1817), préfet (26 février 1817-1823), ✻, fut créé baron héréditaire par
lettres patentes du 16 janvier 1818. Né à Beaufon (Drôme), le 14 novembre 1767,
†..., il épousa en 1798 Jeanne-Françoise-Henriette-Eugénie Dubessé, dont trois
fils et cinq filles :

1° Jean-Henri-Louis-Eugène, qui suivra ;

2° Émile, magistrat ; sans alliance ;

3° Henri-Alexandre, chef de bataillon (27 avril 1846), ✻, né à Valence le 11 février 1807, † à
Versailles le 5 décembre 1851 ; marié vers 1846 à Marie-Caroline-Adèle de Fontanelle
du Contant, dont deux filles : a) N..., sans alliance ; b) Pauline, mariée à Félix de
Chaptal ;

4° Henriette, mariée à Casimir du Cros ;

5° Émilie, mariée à Théodore du Cros ;

6°, 7°, 8° Eugénie, Pauline et Alexandrine, sans alliance.

IV. Jean-Henri-Louis-Eugène GARNIER DE LABAREYRE, baron de Labareyre,
sous-lieutenant de dragons (1815), capitaine (28 septembre 1827), chef d'escadron
(28 juillet 1840), lieutenant-colonel (1846); colonel du 12° dragons (17 janvier 1850),
général de brigade (7 juin 1854), C. ✻, maire de Saint-Marcel-lès-Valence ; né
à Valence le 30 novembre 1799, † à Saint-Marcel-lès-Valence le 24 juin 1867, il
épousa en 1842 Mlle Gorsas, dont :

1° Georges, lieutenant de cavalerie, † en 1873 ;

2° Louis-Henri, qui suivra ;

3° Marie-Eugénie, mariée à Romans, le 5 février 1872; à Alexandre Gallix de Mortillet.

V. Louis-Henri GARNIER DE LABAREYRE, baron de Labareyre, ancien directeur de la Banque de France, a épousé, en octobre 1887, Amalia de Riollet de Morteuil, dont quatre enfants :

1° Eugène ; 2° René ; 3° Marie ; 4° Henriette.

GARREAU

= Titre de baron héréditaire confirmé en faveur du baron Pierre GARREAU, baron de l'Empire, ex-premier président de cour d'appel de Trèves, par lettres patentes du 11 novembre 1814, avec règlement d'armoiries : *d'hermine, à la fasce de sable chargée d'un coq passant d'or.*

I. Pierre GARREAU, notaire à Mosnac, fils de Jean, épousa à Bois, le 24 novembre 1746, Suzanne Cuppé, dont un fils, qui suit.

II. Pierre GARREAU, baron Garreau et de l'Empire[1] (lettres patentes du 9 mai 1811), procureur du roi en l'élection de Marennes (1788), administrateur, puis président du district de Marennes (25 juin 1790-92), député de la Charente-Inférieure (1796), puis premier président au Conseil des Cinq-Cents, président, puis premier président du tribunal d'appel de Trèves (1803-13), ✻, fut confirmé dans le titre de baron héréditaire par lettres patentes du 11 novembre 1814. Né à Bois (Charente-Inférieure) le 17 juin 1748, † à Marennes le 23 mars 1827, il épousa Élisabeth Drouet, dont un fils, qui suit.

III. Pierre GARREAU, président du tribunal civil de Marennes, conseiller à la cour d'appel de Poitiers (11 août 1819), né..., † à Poitiers le 18 avril 1836.

GARREAU

= Titre de baron héréditaire confirmé en faveur de Paul GARREAU, baron de l'Empire, ancien maire de la Rochelle, par lettres patentes du 12 octobre 1816, avec règlement d'armoiries : *d'azur, au chevron d'argent, accompagné en pointe d'un coq d'or.*

I. Jérémie GARREAU, négociant à Tonnay-Charente, épousa Anne Ballanger, dont un fils, qui suit.

II. Gabriel-Moïse GARREAU, négociant et marchand de drap de soie à la Rochelle, épousa Marie Dangirard, dont entre autres enfants :

1° Pierre-Jérémie, marchand mercier, marié en 1762, à Élisabeth Pouvert, dont neuf enfants, qui suivent :

   a) Gabriel-Moïse, né le 10 août 1763, marié à Jarnac à Mlle Delamain ;

   b) Pierre-Élie, lieutenant de vaisseau (1794), capitaine de vaisseau (1795), ✻, né le 2 septembre 1766, † à la Rochelle le 25 février 1841, sans alliance ;

   c) Paul, né le 13 octobre 1769, † à Lisbonne le 2 mars 1786 ;

   d) André-Benoît, né le 1er juillet 1775, †..., sans alliance ;

   e) f) g) h) i) Cinq filles ;

2° Élie-Moïse, marchand mercier, marié trois fois : 1° le 25 avril 1774, à Marie-Gabrielle Alaret, dont une fille morte jeune ; 2° à Marie-Jeanne Peyrusset, dont quatre fils et deux filles ; 3° à Marie Jouheaume ;

1. Cf. *Armorial du Ier Empire*, t. II, p. 212.

3° Paul, qui suivra ;

4° Anne-Marie, mariée en 1762 à Mathurin-Louis-Gustave Benoist, négociant.

III. Paul GARREAU, chevalier, puis baron Garreau et de l'Empire[1] (lettres patentes du 26 février 1814), négociant et membre de la chambre de commerce de la Rochelle, maire de la Rochelle (1802-15), ✳, fut confirmé dans le titre de baron héréditaire par lettres patentes du 12 octobre 1816. Né à la Rochelle le 18 juin 1750, † à la Mothe, près Dampierre, en 1823, il se maria deux fois : 1° le 27 juin 1772, à Marie-Gabrielle Peyrusset, fille d'Antoine et de Marie-Élisabeth Giraudeau, sans postérité ; 2° le 27 décembre 1776, à Marie Bernon, † le 17 octobre 1784, fille d'André, négociant, et de Madeleine-Henriette Rasteau, dont trois enfants, qui suivent :

[du 2ᵐ lit] : 1° Pierre, qui suivra ;

2° Jean-Jacques-André-Marcellin, secrétaire en chef de la mairie de la Rochelle, né à la Rochelle le 19 novembre 1782, marié à Belzie Gallot ;

3° Henriette-Pauline, née à la Rochelle le 15 octobre 1777, † à Paris le 6 juin 1833 ; mariée le 16 avril 1796 à Jacques-Auguste Filleau, président du tribunal de commerce de la Rochelle, ✳.

IV. Pierre GARREAU, baron Garreau, né le 8 août 1780, épousa Émilie Bonneau, dont un fils, qui suit.

V. Paul-Émile GARREAU, médecin en chef militaire, O. ✳ ; né en 1811, † en 1880, se maria deux fois : 1° à Dᵉˡˡᵉ Belgel, dont un fils ; 2° à Sophie Gallot.

GARREAU DU PLANCHAT

⹀ Maintenue de noblesse en faveur d'Abdon-Jean-René-Gabriel GARREAU DU PLANCHAT (comme petit-fils d'Abdon-Jean-René Garreau du Planchat, président trésorier de France et en vertu des privilèges de cette charge), par lettres patentes du 16 novembre 1816, avec règlement d'armoiries : *d'azur, à trois annelets d'or, 2, 1.*

⁎⁎

Cette famille Garreau paraît originaire d'Aubusson, où elle est citée dès le XVIᵉ siècle dans la bourgeoisie. Elle a formé plusieurs branches qui ont possédé les terres du Planchat, de Buffeix, des Iles, de la Villatte, de Chezelle, etc.

La branche du Planchat a pour auteur Antoine Garreau, sieur de la Busscrotte, marié vers 1576 à Françoise Cartaud, dont la descendance était représentée au cinquième degré par Abdon-Jean-René, qui suit.

V. Abdon-Jean-René GARREAU, écuyer, sgr du Planchat, élu en l'élection de Montluçon (1740-58), maire de Montluçon (17 janvier 1756-58), président trésorier de France, au bureau des finances de Moulins (1767-90), né vers 1713, † à Montluçon le 23 août 1794; fils de Gabriel, contrôleur des finances de la généralité de Moulins, et de Marguerite Fourcton de Margelay ; épousa vers 1738 Geneviève Charreton de Beaulieu, fille de François et de Louise-Marie Verrouquier de Feix, dont un fils, qui suit.

VI. Jean-René GARREAU DU PLANCHAT, sgr du Planchat et de Ronnet, avocat

---

1. Cf. *Armorial du Iᵉʳ Empire*, t. II, p. 212.

du roi au bureau des finances de Moulins (1767-89), né à Montluçon le 22 mai 1741, épousa vers 1775 Marie-Jeanne Barron de Chardin, fille de Gabriel-Alexandre, avocat, et de Françoise de Benoist, dont entre autres enfants :

> 1° Abdon-Jean-René-Gabriel, qui suivra ;
> 2° Gilbert-Hippolyte, maire de Ronnet, né vers 1780, † vers 1871 ; marié vers 1813 à Marie-Guillelmine Ligier de la Prade, † le 12 novembre 1869, dont une fille unique, qui suit : Marie-Jeanne-Blanche, née le 2 décembre 1814 ; mariée à Clermont-Ferrand, le 15 avril 1833, à Pierre-Eustache Pellissier de Féligonde, député ;
> 3° Gabriel, né en 1784.

VII. Abdon-Jean-René-Gabriel GARREAU DU PLANCHAT, conseiller général du Puy-de-Dôme, fut maintenu dans sa noblesse par lettres patentes du 16 novembre 1816. Né à Clermont-Ferrand le 19 juillet 1776, †..., il épousa vers 1803 N... Chevaugheon [du Viret], dont un fils, qui suit.

VIII. Gabriel-Alexandre-Frédéric GARREAU DU PLANCHAT, né vers 1804, † au château du Montel le 10 août 1867, épousa Caroline de Riberolles, fille de Barthélemy, député, conseiller maître à la cour des comptes, et de Marie-Thérèse-Charlotte Regardin, dont :

> 1° Adhémar, né..., † en 1861, sans alliance ;
> 2° Jeanny, mariée le 11 octobre 1859 à Espérance, vicomte de Châteauneuf-Randon.

GASPARD

= Titre de chevalier héréditaire confirmé par lettres patentes du 9 décembre 1814, en faveur d'André-Joseph GASPARD, adjudant-commandant, avec règlement d'armoiries : *parti au I d'or, à l'arbre terrassé de sinople, le fût chargé par le milieu d'un écureuil grimpant au naturel, et vers le bas de cinq petits écureuils commençant à grimper ; au II d'azur, au coq d'argent, tenant dans son bec une branche de riz d'or ; à la bordure de gueules, entourant la partition, chargée d'une étoile d'argent.*

I. — Joseph GASPARD, marchand [et député du corps des marchands poêliers à l'assemblée des notables de Fontenay], épousa Marie Garneraud (ou Garnereau), dont au moins un fils, qui suit.

II. André-Joseph GASPARD, chevalier Gaspard et de l'Empire[1] (lettres patentes du 3 juillet 1813), adjudant-commandant, puis inspecteur aux revues de 3° classe (1814), membre du collège électoral de Vendée, ✠, fut confirmé dans le titre de chevalier héréditaire par lettres patentes du 9 décembre 1814. Né à Fontenay-le-Comte le 6 février 1771, † à Paris-Batignolles le 11 mars 1848 ; marié le 20 mars 1795 à Geneviève-Louise-Fannie Ricot, fille du chevalier de l'Empire, président du tribunal de commerce de Saint-Valéry-sur-Somme, et de Mⁱⁱᵉ Masset, dont au moins deux fils :

> 1° Raoul ; 2° Achille.

GASSELIN DE RICHEBOURG

= Lettres de noblesse en faveur de Nicolas-Charles GASSELIN DE RICHEBOURG.

1. Cf. *Armorial du 1ᵉʳ Empire*, t. II, p. 213.

valet de chambre du roi Louis XVI, par lettres patentes du 18 avril 1818, avec règlement d'armoiries: *d'azur, à une fasce d'or, chargée d'une épée de gueules, accompagnée en chef d'un casque d'argent, taré de profil, adextré d'un soleil d'or, mouvant de l'angle de l'écu, et en pointe d'un lévrier aussi d'argent, soutenu d'une clef d'or.*

***

La famille Gasselin est originaire du Maine et a donné des notaires, des magistrats de grenier à sel, des officiers de la maison du roi, etc.; elle a possédé les terres de Richebourg, de la Charmoye, du Bignon, de Frenay, etc., dont les différentes branches ont retenu les surnoms.

Celle de Richebourg établit sa filiation depuis Nicolas Gasselin, sieur de Richebourg, notaire royal à Souligné-sur-Vallon (Sarthe), marié le 16 mars 1639, à Catherine Darain, dont le petit-fils, Nicolas, suit.

III. Nicolas GASSELIN, sieur de Richebourg, bourgeois du Mans, épousa le 3 avril 1737 Charlotte Le Maréchal, fille d'un notaire royal, dont un fils, qui suit.

IV. Nicolas-Charles GASSELIN, sieur de Richebourg, contrôleur du grenier à sel du Mans (1772), valet de chambre du roi Louis XVI (18 mars 1782), fut anobli par lettres patentes du 18 avril 1818. Né à Souligné (Sarthe), le 10 mai 1739, †..., il épousa à Bonnétable, le 29 juin 1772, Marie-Anne Le Romain, dont il eut six enfants :

1° Nicolas-Jean-Baptiste, qui suivra ;
2° Marie-Catherine, née le 2 janvier 1775 ;
3° Marie-Charlotte, née le 25 mars 1776 ; mariée à Olivier-Joseph-Henri Cerelot des Guyonnières ;
4° Louise-Marie, mariée, le 9 avril 1801, à Denis Foisy de Trémont, avocat ;
5° Monique, née le 5 octobre 1787;
6° Françoise-Alphonsine, née le 15 mai 1789.

V. Nicolas-Jean-Baptiste GASSELIN DE RICHEBOURG, capitaine de cavalerie (1er décembre 1813), chevalier de Saint-Jean-de-Jérusalem; né au Mans le 26 octobre 1779, † à Hombourg le 20 septembre 1852; épousa à Paris, le 18 juillet 1820, Josèphe-Marie-Madeleine Parisy, fille de M. et de Mme, née Lombardon, dont un fils, qui suit.

VI. Nicolas-Charles-Ernest GASSELIN DE RICHEBOURG, capitaine de hussards, né en 1822, † au Mans le 21 mars 1892 ; épousa Mlle de Fesquet de Baulche, dont un fils, unique qui suit.

VII. Nicolas-Marie-Xavier-Robert GASSELIN DE RICHEBOURG, sous-lieutenant de réserve (15 février 1881), a épousé Mlle Patas d'Illiers.

GASSENDI

= Titre de pair à vie en faveur de Jean-Jacques-Basilien GASSENDI, comte de l'Empire, par l'ordonnance du 4 juin 1814.

= Titre annulé par l'ordonnance du 19 juillet 1815.

= Titre de pair héréditaire rétabli, avec rang, titre et dignité de baron-pair, par l'ordonnance du 19 novembre 1819 (sans lettres patentes, ni majorat de pairie).

* *

La famille Gassend, *alias* Gassendi[1], paraît originaire de Digne et avoir une origine commune avec celle du célèbre philosophe, Pierre Gassendi (1592-1655), bien que cette parenté n'ait pas été établie d'une manière régulière.

II. André GASSEND, ou GASSENDI, baptisé à Digne le 2 mars 1614, fils d'un Jehan Gassend et de Marguerite Gros, épousa Laure de Puget, dont un fils, qui suit.

III. Jean-Pierre GASSENDI, dit de Gassendi, avocat du roi à Digne, conseiller à la cour des comptes de Provence, baptisé à Digne le 17 mars 1634, fut le filleul de l'illustre philosophe ; il épousa Catherine Bouyer, dont un fils, qui suit.

IV. Joseph GASSENDI, avocat en la cour, né à Digne le 1er 1663, épousa Annette Fabre, dont un fils, qui suit.

V. François GASSENDI, né à Digne le 26 février 1684, épousa à Varages, le 20 avril 1703, Élisabeth Pelissier, fille d'un avocat et de Marguerite d'Allemand, dont un fils, qui suit.

VI. Jean-François GASSENDI, avocat en la cour du parlement, né à Digne le 2 mars 1717, † à Varages le 27 août 1788 ; épousa Anne Francoul, dont au moins cinq enfants :

1º Jean-Jacques-Basilien, qui suivra ;

2º Jean-Gaspard, prêtre, curé de Barras, député de la sénéchaussée de Forcalquier aux États généraux (1789) et des Basses-Alpes (1800-1806), né à Tartonne (Basses-Alpes) le 30 mai 1749, † à Paris le 23 octobre 1806 ;

3º François-Basile : •

4º Françoise-Marguerite-Sabine, née vers 1746 ; mariée le 10 septembre 1770, à Louis-Ferdinand Bracquety, docteur en médecine ;

5º Anne-Marie, née à Varagés le 29 mars 1859, mariée le 11 juin 1782 à M. Feraud, avocat à la cour.

VII. Jean-Jacques-Basilien GASSENDI, comte Gassendi et de l'Empire[2] (lettres patentes du 15 août 1809), donataire de l'Empire, capitaine d'artillerie au régiment de la Fare (3 juin 1770), chef de bataillon (8 mars 1793), général de brigade (19 mars 1799), inspecteur général d'artillerie, général de division (novembre 1804), conseiller d'État (11 février 1806), sénateur de l'Empire (5 avril 1813) et pair des Cent-Jours (7 août 1815), pair de France (4 juin 1814-19 novembre 1819), G. A. ✳, fut rétabli dans sa pairie par l'ordonnance du 19 novembre 1815, avec rang de baron-pair héréditaire. Né à Digne (Basses-Alpes), le 18 décembre 1748, † à Nuits (Côte-d'Or) le 14 décembre 1828, il épousa à Nuits, le 4 mai 1790, Reine Soucelier, † à Nuits le 7 février 1829, dont une fille unique :

Jeanne-Caroline-Henriette-Reine-Sophie, née le 7 septembre 1791, † à Nuits le 19 février 1877 ;

1. Ce nom paraît répandu en Provence, car il existait également en la sénéchaussée de Digne une famille d'ancienne noblesse de ce nom, qui a possédé la seigneurie de Tartonne et qui portait pour armes : *d'azur, au dauphin d'argent; au chef d'or, chargé de trois membres d'aigle de sable.*

2. Cf. *Armorial du Ier Empire*, t. II, p. 214.

mariée à Nicolas-Claude-Joseph Marey, dont deux enfants, qui ont ajouté à leur nom celui de « de Gassendi » :

a) Henry Marey de Gassendi, marié à N..., dont une fille, Marie, mariée à N..., vicomte de Losse ;

b) Jeanne-Pierette-Sophie Marey de Gassendi, née en 1816, † en 1893; mariée à son cousin Ernest-Barthélemy Marey, officier d'artillerie.

GAUJAL (DE)

= Titre de baron héréditaire en faveur de Marie-Antoine-François DE GAUJAL, premier président à la cour de Limoges, par lettres patentes du 2 avril 1822, avec règlement d'armoiries : *de gueules, à une épée antique d'or ; au chef d'or, chargé de trois étoiles d'azur.*

* *

La famille Gaujal, originaire du Rouergue, établit sa filiation suivie depuis Jacob Gaujal, sgr d'Issis, vers 1612, marié à Suzanne d'Albis, et dont les quatre fils ont formé chacun une branche, dites d'Issis, de Grand'Combe, de Laferrière et de Tholet.

Cette dernière, seule existante de nos jours, était représentée au cinquième degré par Marc-Antoine, qui suit.

V. Marc-Antoine DE GAUJAL, sgr de la Blaquière et de la Plane, conseiller-correcteur en la chambre des comptes de Montpellier (1755), acquit la baronnie de Tholet en 1768 et mourut en 1782; il épousa Laure-Ursule de Beillert, dont un fils, qui suit.

VI. Marc-Antoine-Dominique DE GAUJAL, baron de Tholet, sgr de Blaquière et la Plane ; mousquetaire de la garde du roi, † en 1786; épousa en 1766 Marguerite Aldebert, dont :

1° Marc-Antoine-François, qui suivra ;

2° Alexandre-Marc-Antoine, né en 1775, † à Tholet le 8 avril 1845; sans alliance ;

3° Jacques-Charles-Victor-Casimir, conseiller à la cour d'appel de Limoges, ✳, né le 6 novembre 1777, † à Limoges le 27 février 1848, sans alliance ;

4° Hercule-François-Hippolyte, né le 1ᵉʳ novembre 1778, † vers 1855, sans alliance ;

5° Philibert-Louis-Maurice, maire de Millau, conseiller général de l'Aveyron, député de l'Aveyron (1841-47), O.✳, né à Millau le 15 avril 1782, † à Saint-Bauzély le 18 mars 1856 ; marié à Mélanie Poujade [de Ladevèze], † le 18 mars 1882, sans postérité;

6° Jean-Pierre-Achille-Ambroise-Nestor, né en 1783, † le 28 juin 1853, sans alliance.

VII. Marc-Antoine-François DE GAUJAL, baron de Gaujal et de Tholet, émigré et officier de l'armée de Condé, puis ingénieur au service de l'Angleterre, conseiller de cour d'appel (1808), président (1816), puis premier président de cour d'appel, conseiller d'État (1827), conseiller à la Cour de cassation (8 août 1839), député de l'Hérault (1830), O.✳, chevalier de Saint-Louis, membres de nombreuses Sociétés savantes, fut créé baron héréditaire par lettres patentes du 2 avril 1822. Né à Montpellier le 28 janvier 1772, † à Vias (Hérault) le 7 février 1856, il épousa, le 11 décembre 1809, Marie-Joséphine-Adélaïde-Élisabeth-Félicité Fabre, fille du baron, procureur général, et de Marie Barral, dont deux fils :

1° Marc-Antoine-Marie-Fulcrand-Eugène-Charles, qui suivra ;

2° Jean-Marie-Michel, général de brigade (14 juillet 1870), C. ✻; né le 28 septembre 1812,
    † à Strasbourg le 2 août 1870; marié à Marie-Félicité Cornuault, † le 10 mai 1895,
    dont une fille, qui suit :
        Marie-Louise-Amélie, née le 15 mai 1849, mariée le 6 avril 1874, à Arthur-Jules Brossier
           de Buros, colonel de cavalerie.
3° Antoine-Louis-Henri, conseiller de préfecture, né en 1820, † à Marseille le 20 avril 1868.

VIII. Marc-Antoine-Marie-Fulcrand-Eugène-Charles DE GAUJAL, baron de
Gaujal, avocat général à la cour d'appel de Paris (11 mars 1852), président de
chambre à la cour d'appel (10 novembre 1860), conseiller général de l'Aveyron,
conseiller à la Cour de cassation (20 décembre 1863), O. ✻; né le 20 mars 1811,
† à Paris le 19 août 1872; épousa à Paris, le 30 avril 1846, Joséphine-Mathilde
Lafonta, dont trois enfants :

    1° Marie-Maurice-Fernand, né le 5 octobre 1852, †... sans alliance ;
    2° Marie-Joséphine-Marguerite, née le 25 janvier 1847, † le 24 janvier 1895 ; mariée en
        1868 à Charles-Just-Félix Ménard-Jannel de Vauréal ;
    3° Marie-Thérèse-Joséphine-Hélène, née en 1848 ; mariée à Paris, le 4 juillet 1868, à son
        cousin Jean-Baptiste-Hilaire-Lucien Lafonta.

GAULLIER

= Anoblissement par ordonnance du 18 juin 1817, en faveur de Pierre-Marie
GAULLIER, ancien colonel des armées royales de l'Ouest.

= Lettres de noblesse en faveur de Pierre GAULLIER, lieutenant de la légion
de la Mayenne, fils du précédent, par lettres patentes du 18 avril 1818, avec règlement d'armoiries : *de gueules, à deux épées d'argent, passées en sautoir et accompagnées de quatre chouettes d'or.*

*
* *

I. Jacques GAULLIER, notaire royal à Morannes, épousa Madeleine Le Tessier,
dont un fils, qui suit.

II. Marin-Pierre GAULLIER, dit « Grand-Pierre », grenadier au premier bataillon de volontaires de l'Ouest, chef de division des armées de l'Ouest (1795-96), colonel, chevalier de Saint-Louis, fut anobli par l'ordonnance du 18 juin 1817. Né à
Morannes le 6 mars 1766, † à Bouère le 9 août 1817, il épousa Renée Le Tessier,
† à Bouère le 20 janvier 1857, dont un fils, qui suit.

III. Pierre GAULLIER, garde du corps, capitaine au 12° léger, démissionnaire
en 1830, né à Bouère le 16 janvier 1898, † à Bouère (Mayenne) le 25 novembre
1860; épousa Marie-Clotilde Le Doux, † le 28 décembre 1882, dont au moins un
fils [?]

GAULLIER [DES BORDES]

= Titre de baron héréditaire sur institution de majorat (rentes sur l'État) en
faveur de Gustave GAULLIER, capitaine d'artillerie, par lettres patentes du 18 mai
1825, avec règlement d'armoiries : *coupé : au I d'or, à trois croissants d'azur;
au II de gueules, au chevron d'argent.*

*
* *

I. Pierre-Luc GAULLIER, sieur de Senermont, conseiller du roi au bailliage d'Orléans, épousa vers 1712 Marie Savart, dont un fils, qui suit.

II. Pierre GAULLIER, écuyer, sgr de Thaïs, Saint-Cyr du Gault, la Celle-Guenand et les Bordes, avocat en parlement, procureur royal au bailliage de Tours (1767-75), fut anobli par lettres patentes du 12 octobre 1785. Né à Orléans en 1714, † à Tours le 27 juin 1789, il se maria trois fois : 1º le 4 mai 1749, à Madeleine Abraham, dont un fils, qui suit ; 2º le 3 juin 1755, à Blanche de Gallard, dont une fille ; 3º le 30 août 1758, à Marie-Louise de Marigny de Beagle, † en 1867, dont un autre fils :

[*du 1er lit*] : 1º Pierre-Adrien, qui suivra ;
[*du 2e lit*] : 2º Blanche, née en 1755, † à Saumur en 1765 ;
[*du 3e lit*] ; 3º Adrien-Michel, sgr de Saint-Cyr, juge au tribunal civil de Blois (1815), né à Saumur le 1er avril 1768, † à Blois le 26 octobre 1841 ; marié le 27 avril 1790 à Louise-Catherine Benoist de la Grandière, fille d'un maire de Tours, dont deux fils et une fille [le fils aîné a laissé postérité connue sous le nom de Gaullier de la Grandière].

III. Pierre-Adrien GAULLIER, sgr de la Celle-Guenand et des Bordes, procureur royal au siège présidial de Tours (1788), né à Saumur en 1751, † à Tours le 14 janvier 1810; épousa, le 26 juillet 1779, Françoise Mayaud, fille de René, contrôleur des guerres à Tours, dont trois enfants :

1º Gustave, qui suivra ;
2º Pierre, dit M. Gaullier de la Celle, auditeur au Conseil d'État, conseiller à la cour d'appe d'Orléans (1818), président du tribunal civil de Tours, ※, né à Tours le 2 octobre 1783, †..., marié en 1806 à Rosalie Le Camus, dont postérité, éteinte dans sa petite-fille, Mme de Vaulx de Chambord ;
3º Céleste, née en 1782, mariée le 26 juin 1801, à Augustin Jarno, baron de Pontjarno.

IV. Gustave GAULLIER, baron Gaullier, puis Gaullier des Bordes, garde du corps (1814), lieutenant d'artillerie (1815), capitaine (1818), chevalier de Saint-Louis, fut créé baron héréditaire sur institution de majorat, par lettres patentes du 18 mai 1825. Né à Saumur le 7 avril 1792, † au château des Bordes le 22 octobre 1842, il épousa, le 8 avril 1827, Hélène-Pulchérie Robelot, dont quatre enfants :

1º Gustave, qui suivra ;
2º Édouard-Augustin, substitut du procureur, puis chef du contentieux à la Cie du Canal de Suez, né à Paris le 1er octobre 1830, † le 30 août 1889 ;
3º Charles-Alfred, né à Paris le 28 avril 1837, marié le 23 juillet 1872 à Marie Chocheprat, †..., dont un fils : Charles, né en 1874 ;
4º [N.... mariée à Henri de Fontenay].

V. Gustave GAULLIER, baron Gaullier des Bordes, maire du Petit-Pressigny, conseiller général d'Indre-et-Loire (1858), né à Paris le 29 mars 1829, marié à Marie-Ernestine de Cacqueray de Lorme, dont quatre enfants :

1º Gustave, lieutenant d'infanterie ; né au Grand-Pressigny le 1er mars 1863 ; marié le 9 janvier 1895 à Jeanne-Étiennette-Charlotte Mabille de la Paumelière, dont : *a)* Gérard, né le 24 juillet 1899 ; *b)* Aliette; *c)* Huberte,;
2º Fernand, né le 11 novembre 1867 ;
3º Henri, né le 9 août 1875 ;
4º Geneviève-Marie-Camille, née en 1865, † au château des Bordes le 29 mai 1889.

GAULTIER DE RIGNY

= Titre personnel de comte, par ordonnance du 2 avril 1829, en faveur de Henri-Marie-Daniel GAULTIER DE RIGNY, vice-amiral.

***

La famille Gaultier, *alias* Gauthier, paraît originaire du Loudunois, où Jacques Gaultier, sieur de la Rochegenty, était lieutenant général de police au bailliage de Loudun en 1650, mais une tradition de famille la dit originaire de Provence.

II. Jean-Charles GAULTIER, écuyer, sgr de Rigny, la Tour, etc., né à Loudun le 8 juin 1705, fils de Jean-Pierre, sgr de Baussay, guidon des gendarmes de la garde du roi, fut père d'un fils, qui suit.

III. Jean-Claude GAULTIER, sgr. de Rigny, fut père d'au moins un fils, qui suit :

IV. Jean-François GAULTIER, chevalier, sgr de Rigny, la Tour-de-Bois-Gourmon, etc., capitaine d'infanterie au régiment de Penthièvre, chevalier de Saint-Louis, épousa à Toul, vers 1780, Perpétue Louis, fille d'un avocat au parlement et de Marianne Royer, et sœur du baron Louis et de l'Empire, dont six enfants :

1° Gérard-François-Marie, né à Toul le 19 octobre 1774 ;

2° Henri-Marie-Daniel, qui suivra ;

3° Charles-Stanislas, capitaine de dragons, né à Toul le 2 mai 1784 ;

4° Auguste-Édouard, préfet, conseiller d'État, O. ✳, né à Toul le 16 novembre 1785, † à Paris le 22 avril 1842 ; marié en 1814, à Charlotte-Élisabeth-Marie de Bassompierre, † en 1875, dont deux filles ;

    a) Édouard, né…; †…; sans alliance ;

    b) Amélie, née en 1827, † au château de la Bourdonnaye (Morbihan) le 3 janvier 1902 ; mariée le 10 mai 1854 à Victor de la Cropte, comte de Chantérac ;

    b) Marie-Noémi, mariée le 11 juin 1860 à Antoine-Geoffroy de Dampierre ;

5° Charles-Roger, receveur général des finances, ✳, né à Toul le 21 décembre 1787, † à Nontron le 9 novembre 1860 ; marié à Stéphanie-Henriette-Laure Laffitte, dont deux enfants :

    a) Charles-Albert, receveur général des finances, ✳, né vers 1811, † au château de la Tortinière (Indre-et-Loire) le 27 septembre 1902, marié le 30 mai 1866, à Louise Dalloz, dont deux fils : *aa)* Roger, et *bb)* Daniel, lieutenant de dragons, marié à Mᶥᶥᵉ Merlet ;

    b) Mathilde, née en 1825, † à Fontainebleau le 5 juin 1877 ; mariée le 23 octobre 1843 à Gaston-Robert Morin, marquis de Banneville, ambassadeur de France ;

6° Alexandre, maréchal de camp (28 octobre 1830), C. ✳, chevalier de Saint-Louis, né à Toul le 19 mars 1790, † en 1873 ; marié à Antoinette-Philippine-Joséphine de Zéa dont deux enfants, qui suivent :

    a) Max, dit le vicomte de Rigny ;

    b) Henriette-Berthe, née à Villiers-le-Bel (Seine-et-Oise) le 27 octobre 1827, mariée à Paris, le 30 novembre 1848, à Charles-Léon-Arthur Crublier de Fougères ;

7° Marie-Marguerite Perpétue, née à Toul le 28 juillet 1772, mariée à Stanislas-Louis, vicomte de Bassompierre, lieutenant général, † à Versailles le 30 mars 1817 ;

8° Geneviève-Marie-Auguste, née à Toul le 11 juillet 1776, †… ; sans alliance.

Henri-Marie-Daniel GAULTIER DE RIGNY, chevalier Gaultier de Rigny et de l'Empire[1] (lettres patentes du 4 janvier 1811), puis comte Gaultier de Rigny, enseigne

---

1. *Armorial du Iᵉʳ Empire*, t. II, p. 216.

de vaisseau (1803), lieutenant de vaisseau (1809), capitaine de frégate (1811), capitaine de vaisseau (1816), contre-amiral (1825), vice-amiral (1827), député de la Moselle (1831-35), ministre de la marine (1830-31-35), puis des affaires étrangères (4 avril 1834), G. O. ✵, chevalier de Saint-Louis, fut créé comte à titre personnel par ordonnance du 2 avril 1829. Né à Toul (Meurthe-et-Moselle) le 2 février 1782, † à Paris le 7 novembre 1835, il épousa Adèle-Narcisse de Fontaine, † au château de Ris (Seine-et-Oise) le 13 novembre 1875 (veuve en premier mariage de François-Florent Hounorez), dont une fille unique :

Marie-Amélie-Louise, née en 1836, † au château de Risle 5 juillet 1868 ; mariée deux fois ; 1° le 9 avril 1856, à Charles-Léon-Léonor-Henri de Galard, vicomte de Béarn, secrétaire d'ambassade, † le 15 juillet 1863 ; 2° le 2 août 1866, à Pierre-Paul Posuel, vicomte de Verneaux.

Cette famille porte pour armes : *d'azur, au chevron d'argent, accompagné en chef de deux étoiles à six rais du même et, en pointe, d'une perdrix d'or.*

GAUTHIER-ROUGEMONT [DE BRÉCY]

═ Titre personnel de baron en faveur de Charles-Edme GAUTHIER-ROUGEMONT, doyen des lecteurs de la chambre du roi, par lettres patentes du 26 février 1825, avec règlement d'armoiries : *d'azur, au chevron d'argent, accompagné en chef de deux étoiles du même et, en pointe, d'un cep de vigne d'or.*

═ Titre personnel de vicomte en faveur du même, par nouvelles lettres patentes du 4 septembre 1829, avec le même règlement d'armoiries.

* * *

La famille Gauthier, originaire de Tonnerre, a possédé les terres de Rougemont, de Lizoles, des Préaux, Vaudichères, etc., dont ses différentes branches ont retenu les surnoms.

Elle a pour auteur Pierre Gauthier, bourgeois de Tonnerre, marié à Marie Luyt, père de Pierre, receveur des tailles à Tonnerre, puis élu et échevin de cette ville, † en 1697, et de Jean, qui suit.

III. Jean GAUTHIER, né en 1605, † en 1663 ; épousa Françoise Cerveau, dont :

1° Jean, sieur de Vaudichères, qui a laissé postérité éteinte (?) ;
2° Regnault, qui suivra ;
3° Louis, qui a fait la branche des Préaux et d'Hauteserve, rapportée ci-après.

IV. Regnault GAUTHIER, sieur de Rougemont, fourrier de la petite écurie du roi, né en 1647, † vers 1725 ; marié et laissant onze enfants, entre autres :

1° Jean, fourrier de la petite écurie du roi (1727) ;
2° Charles, qui suivra ;
3° Anne-Françoise, mariée à Pierre Bordes de Garlet, avocat au parlement.

V. Charles GAUTHIER, sieur de Rougemont, un des 12 marchands de vins privilégiés du roi, aide de la fruiterie de la reine (1736-50), né en 1688, † à Paris le 7 janvier 1753 ; épousa Anne Bonnemet, † à Paris le 21 janvier 1767, dont quatre enfants :

1° Jean-Charles-Alexis, qui suivra ;

2°, 3°, 4° Mesdames Baudoin, Leblocteur et Liévain.

VI. Jean-Charles-Alexis Gauthier de Rougemont, sieur de Brécy, l'un des 12 marchands de vins privilégiés du roi, échevin de Paris (16 août 1764-88), né...,
✝ en 1788; épousa N... et laissa deux enfants :

1° Charles-Edme, qui suivra;
2° Marie-Thérèse, mariée à Charles Sandrié des Fosses, entrepreneur de bâtiments.

VII. Charles-Edme Gauthier de Rougemont, baron, puis vicomte Gauthier de Rougemont, appelé le vicomte de Brécy, contrôleur, puis directeur des douanes à Toulon (1786-93), inspecteur des douanes (1806), lecteur de la chambre du roi, ✳; né à Paris le 1er décembre 1753, ✝ à Paris le 10 octobre 1836; fut créé baron à titre personnel par lettres patentes du 26 février 1825, puis vicomte, également à titre personnel, par nouvelles lettres du 4 septembre 1829; il épousa vers 1780 Mlle Mortier, fille d'un magistrat, dont des enfants morts en bas âge.

GAUTHIER DES PRÉAUX [d'Hauteserve]

= Maintenue de noblesse (comme fils d'un conseiller secrétaire du roi, décédé en charge le 18 novembre 1773), en faveur d'Edme Gauthier des Préaux, conseiller général de la Seine, par lettres patentes du 8 février 1817, avec règlement d'armoiries : *d'argent, au chevron d'azur, accompagné en chef de deux étoiles du même et, en pointe, d'une grappe de raisin au naturel; au chef d'azur, chargé d'une fleur de lis d'or.*

= Titre personnel de baron par lettres patentes du 11 juin 1830, en faveur de Bernard Gauthier des Préaux, sous-préfet, régisseur de l'octroi, fils du précédent, avec même règlement d'armoiries que ci-dessus.

La famille Gauthier des Préaux est une branche de celle des Gauthier de Rougemont (voir ci-dessus, p. 137), détachée par Louis, qui suit.

III *bis.* Louis Gauthier, vérificateur des tailles à Tonnerre, puis lieutenant criminel en l'élection et grenier à sel de Tonnerre; né le 26 juillet 1658, ✝ en janvier 1710, épousa Anne de Mansy, fille d'un directeur des manufactures de Bourgogne, dont au moins trois enfants :

1° Jean-Louis, employé dans les fermes du roi;
2° Edme-Jean, qui suivra;
3° Charlotte, mariée à Laurent Doya de Viviers, lieutenant-colonel au régiment de Picardie, chevalier de Saint-Louis.

IV. Edme-Jean Gauthier, sieur des Préaux, commis aux aides, puis receveur des aides à Ay (1730) et directeur des aides à Rethel, conseiller-secrétaire du roi, maison et couronne de France (25 juin 1750), fermier général (1758), administrateur des postes (1766), né à Tonnerre le 16 juillet 1705, ✝ à Paris le 7 novembre 1772; épousa à Paris, en juillet 1745, Thérèse-Jacqueline Le Noir de Cindré, fille d'un fermier général, dont :

1° Louis-Isaac, fermier général après son père (1774);
2° Edme, qui suivra;
3° Pierre-François, dit M. de Lizolles, administrateur général des postes; marié à Amélie-

Henriette Le Noir et père de deux fils : *a)* Edme-Jean-Maxime Gauthier de Lizolles, né à Paris le 27 juillet 1797, conseiller-maître à la cour des comptes, marié à Adélaïde Robert; *b)* Maxime.

4° Anne-Thérèse-Nicole, mariée vers 1766 à Étienne Pasquier, sgr de Coulans, conseiller de grand'chambre au parlement de Paris, et mère du chancelier duc Pasquier.

5° Marie-Jacqueline-Pauline, mariée le 8 mai 1770 à Jean-Jacques-Maurice Michau de Montaran, maître des requêtes.

V. Edme GAUTHIER DES PRÉAUX, puis Gauthier d'Hauteserve, dit le baron d'Hauteserve, conseiller de préfecture, conseiller général de la Seine, ✻, né à Paris le 16 mai 1757, † à Épinay-sur-Seine le 26 octobre 1844; fut maintenu dans sa noblesse par lettres patentes du 8 février 1817; il épousa à Fontenay-aux-Roses, en janvier 1792, Éléonore-Sophie Doillot, dont au moins cinq enfants :

1° Edme-Bernard, qui suivra ;

2° Saint-Edme, conseiller-maître à la cour des comptes, né à Paris en 1795, † à Paris le 29 janvier 1868; marié, en mai 1822, à Amélie Dufresne, † à Paris le 16 avril 1855, dont deux filles, qui suivent : *a)* Rosa-Edmée, née en 1823, † à Paris le 5 mars 1893, mariée en 1850 à Athanase Barbuat Duplessis ; *b)* N..., mariée à Henri Bordet;

3° Adolphe, qui sera rapporté après la postérité de son frère aîné;

4° Sophie-Edmée, née en 1812, † en 1887; mariée à M. Nau de Silly ;

5° Magdeleine, sans alliance.

VI. Edme-Bernard GAUTHIER DES PRÉAUX, baron Gauthier des Préaux, puis d'Hauteserve, sous-préfet, régisseur, puis administrateur de l'octroi de Paris, député des Hautes-Pyrénées (1835), ✻, fut créé baron, à titre personnel, par lettres patentes du 11 juin 1830 ; né à Clichy-la-Garenne le 10 novembre 1792, † à Longueville (Manche) le 18 avril 1868; il épousa, le 20 février 1826, Marie-Claire de Goulard, † à Paris le 17 juin 1863, fille¹ d'un administrateur des domaines de la couronne et de Mlle Belletreux, dont deux fils :

1° Edme-Gaston, baron Gauthier d'Hauteserve, conseiller référendaire à la cour des comptes, ✻, confirmé dans le titre héréditaire de baron par arrêté ministériel du 7 avril 1873, né à Paris le 7 janvier 1827, † à Paris le 11 février 1886; marié à Paris, le 28 avril 1852, à Alice-Rose-Élisabeth Varin, dont deux filles, qui suivent :
a) Edme-Jacqueline-Odette, mariée le 25 janvier 1876, à Charles-René-Marie-Hugues, vicomte de Fontanges;
b) Anne-Baptistine-Edmée, mariée en avril 1892, à Arsène-Charles-Philippe-Marie de Brachet ;

2° Edme-Eusèbe-Savinien, qui suit.

VII. Edme-Eusèbe-Savinien GAUTHIER D'HAUTESERVE, baron Gauthier d'Hauteserve, maître des requêtes au Conseil d'État, né le 18 avril 1830, † au château de Neufmesnil (Seine-Inférieure), le 4 janvier 1895; épousa, le 22 avril 1862, Agathe-Georgette Le Marchand, dont une fille unique :

Geneviève, née en 1864, mariée le 16 septembre 1889 à Yves, comte du Plessis d'Argentré.

VI *bis.* Adolphe GAUTHIER D'HAUTESERVE, receveur des finances, né à Clichy-la-Garenne en décembre 1798, † à Gannat (Allier) le 10 février 1878; épousa, le 25 octobre 1830, Louise-Procule Fouet de Rouzières, † à Gannat le 22 septembre 1888, dont trois enfants :

1° Justin, qui suivra;

1. Voir ci-après notice *Goulard*.

2° Marthe, née à Gannat le 6 janvier 1832, † le 2 janvier 1893, mariée le 2 mai 1854 à Côme
Teyras de Granval;

3° Joséphine, née à Gannat le 4 octobre 1833, mariée, le 27 décembre 1863, à Henri Trutat.

VII. Justin GAUTHIER D'HAUTESERVE, baron d'Hauteserve, né à Gannat le
13 avril 1835, se maria deux fois : 1° le 19 novembre 1863 à Agathe-Lucile Bourdon,
† à Paris, le 14 janvier 1865, fille de Louis-Jean-Baptiste, et d'Agathe Duvigneau,
dont un fils, qui suit; 2° à Paris, le 10 juin 1867, à sa belle-sœur Marie-Agathe-
Adrienne Bourdon, dont deux autres enfants :

[du 1er lit] : 1° Adolphe-Louis-Pierre, né le 25 décembre 1864 ; marié à Paris, le 10 juin 1893,
à Alix-Marie-Renée de Seguier, dont deux enfants qui suivent :
a) Edme-Louis, né à Paris le 11 mai 1896 ; b Christine, née à Paris le 7 avril 1894 ;
[du 2e lit] : 2° Daniel, né le 25 février 1870 ;
3° Denise, née le 13 août 1875.

GAUTHIER DE LA VILLE-SUR-ILLON DE LACÉPÈDE

⹀ Titre héréditaire de comte de LACÉPÈDE et transmission de dotations du père
adoptif par ordonnance du 29 mai 1826, en faveur d'Auguste-Jean-Charles GAUTHIER
DE LA VILLE-SUR-ILLON DE LACÉPÈDE, beau-fils et fils adoptif du comte de LACÉPÈDE
et de l'Empire.

Bernard-Germain-Étienne DE LA VILLE-SUR-ILLON, comte DE LACÉPÈDE et de
l'Empire (lettres patentes du 26 avril 1808), membre du Sénat et conservateur de
l'Empire (24 décembre 1799), ministre d'État (1809), grand-chancelier de la Légion
d'honneur, pair de France (4 juin 1814-5 mars 1819), G. O. ✵, né à Agen le 24 décembre 1756, † à Épinay (Seine) le 6 octobre 1825; il épousa en 1795 Anne-Hubert-
Charlotte Jubé, † à Paris le 2 janvier 1803, veuve en premier mariage de François-
Toussaint Gauthier, † le 18 février 1793, et fille d'Augustin-Claude Jubé et de
Charlotte Eury de la Perelle.

Le comte de Lacépède n'eut pas d'enfants de son mariage et fut autorisé, par
décret impérial du 28 janvier 1809, à transmettre ses titres et dotations à son fils
adoptif, Auguste-Jean-Charles Gauthier, qui suit, fils du premier lit de sa femme.

II. Auguste-Jean-Charles GAUTHIER DE LA VILLE-SUR-ILLON, comte de Lacépède, né à Paris le 15 janvier 1780, †..., fut créé comte de Lacépède sur transmission du titre de son beau-père, par ordonnance royale du 29 mai 1826 ; il épousa
Victoire-Alphonsine de Jouy, † à Paris le 18 septembre 1822, dont il laissa une fille.

Alphonsine Gauthier de Lacépède, née..., †...; mariée en juin 1852 à François-Léon Boussod,
qui demanda sans résultat, en 1852, à ajouter à son nom celui de Lacépède.

GAUTIER

Anoblissement par ordonnance du 7 mars 1815, en faveur de Julien GAU-
THIER, propriétaire en Vendée.

I. Julien GAUTIER, maire de la Flocellière (1816-22), né le 15 janvier 1769,

1. Cf. *Armorial du 1er Empire*, t. III, p. 61 pour les armoiries, titre et dotations de l'Empire.

†...; fut anobli par ordonnance du 7 mars 1815 ; il épousa Silvie-Rose-Françoise Prévost-Sansac de la Roche-Touchimbert, dont une fille :

Louise-Adélaïde, née à Vouneuil (Vienne) le 14 juin 1803, mariée à la Flocellière le 17 septembre 1821, à Auguste-Henri de Theronneau.

GAUTIER

= Lettres de noblesse en faveur de Jean-Élie GAUTIER, négociant et président de la Chambre de commerce de Bordeaux, par lettres patentes du 8 août 1816, avec règlement d'armoiries : *d'azur, au chevron d'or, chargé de deux sabres d'azur et accompagné en pointe d'une bisse d'or, posée en pal.*

* *

I. Élie GAUTIER, négociant, épousa à Bordeaux Anne Landais, dont :

1° Jean-Élie qui suivra ;
2° Pierre-Antoine, marié à Royan, le 7 novembre 1786, à Suzanne-Esther Meinadier, dont postérité.

II. Jean-Élie GAUTIER, négociant et président de la chambre de commerce de Bordeaux, fut anobli par lettres patentes du 3 août 1816. Né à Vaux (Charente-Inférieure) le 27 septembre 1743, †..., il se maria deux fois : 1° le 28 juin 1773, à Marie-Esther-Louise Sageran, † à Bègles le 21 mai 1778, dont un fils, qui suit ; 2° à Paris, le 19 janvier 1781, à Marie-Émilie Laffon de Ladebat, dont trois autres enfants, qui suivent :

[*du 1er lit*] : 1° Jules, décédé sans postérité ;
[*du 2e lit*] : Jean-Élie, qui suivra ;
3° Jean-Jérémie, né le 21 juin 1788 [mort jeune] ;
4° Esther-Jenny, mariée le 20 mars 1817 à Bernard-Auguste Journu, député de la Gironde.

III. Jean-Élie GAUTIER, négociant et armateur, président de la chambre de commerce de Bordeaux (1831-33), conseiller général et député de la Gironde (1824-30), pair de France (11 octobre 1832), sous-gouverneur de la Banque de France (1833), ministre des finances (21 mars 1839), sénateur de l'Empire (26 janvier 1852), ✳, né à Bordeaux le 6 octobre 1784, † à Paris le 30 janvier 1858, il épousa, le 22 août 1818, Françoise-Antoinette-Amanda Dulamon, † à Paris le 25 mars 1862, dont cinq enfants :

1° Jules, mort sans postérité ;
2° Édouard, mort sans postérité ;
3° Marie-Thérèse-Émilie, née en 1820, † à Arcachon le 10 septembre 1867 ; mariée à Marie-Victor, baron Travot, député de la Gironde ;
4° Marie-Thérèse-Antoinette-Augustine, née en 1832, † à Montecarlo le 17 mars 1892 ; mariée à Henri, baron Poisson, receveur général des finances ;
5° Suzanne, née..., mariée le 16 août 1856 à Ernest Locré [de Saint-Julien].

GAUTIER DE CHARNACÉ

= Titre de baron héréditaire confirmé en faveur de Bonaventure-François GAUTIER DE CHARNACÉ, baron de l'Empire, juge au tribunal de la Seine, par lettres patentes du 23 mars 1816, avec règlement d'armoiries : *d'azur, au chevron d'or, accompagné en chef de deux étoiles du même, et en pointe d'une quintefeuille aussi d'or.*

* *

I. Timothée GAUTIER, valet de chambre de feu Mme la Grande-Duchesse[1], épousa Marie-Anne-Geneviève Legrand, dont au moins un fils, qui suit.

II. Jean-Bonaventure GAUTIER, puis Gautier d'Escurolles, sgr d'Escurolles, Charnacé, etc., secrétaire d'ambassade à Stockholm conseiller secrétaire du roi, maison et couronne de France en la grande chambre du parlement de Paris (5 janvier 1773), né à Saint-Germain-en-Laye le 3 juillet 1727, † ...; marié à N..., fut père d'un fils, qui suit.

III. Bonaventure-François GAUTIER, baron Gautier de Charnacé et de l'Empire[2] (majorat; lettres patentes du 27 septembre 1810), juge au tribunal civil de la Seine, conseiller à la cour d'appel de Paris, O. ✻; fut confirmé dans le titre de baron héréditaire, par lettres patentes du 28 mars 1816. Né à Paris le 26 février 1774, † à Paris le 23 avril 1843, il se maria deux fois : 1° à Marie-Thérèse Le Pileur de Brevannes, dont un fils, qui suit; 2° à Élisabeth-Amalie Vanin de Courville, dont deux autres fils :

[*du 1er lit*] : 1° Nicolas-Marie-Edmond, qui suivra;

[*du 2e lit*] : 2° Paul-François, conseiller à la cour d'appel de Paris, ✻, né en 1815. † à Paris le 22 février 1874; marié en 1851, à Marie-Angélique Billard de Lorière, † à Aulnoy (Seine-et-Marne) le 28 novembre 1901, dont deux enfants, qui suivent :

    a) Maurice, marié le 10 octobre 1882, à Lucie de Bigault de Granrut, dont un fils et quatre filles : Paul, Isabelle, née en 1884, Marie-Thérèse, Yvonne et Cécile;

    b) Berthe-Marie-Françoise, mariée en juin 1878 à Marie-Christian-Victor, vicomte de Villebois-Mareuil, ancien député;

3° Jean-Charles, avocat, né en 1817, † en 1873; marié à sa cousine Marie-Thérèse Le Pileur de Brevannes, † à Paris le 26 avril 1901, dont cinq enfants, qui suivent;

    a) Paul-Louis, auditeur, puis conseiller référendaire à la cour des comptes, né le 13 février 1846, marié en avril 1872 à Henriette-Louise-Marie Lorin, dont cinq enfants, qui suivent :

        aa) Charles-Henri-Marie, lieutenant au 3e chasseurs, né à Paris le 1er octobre 1876; marié le 24 avril 1900 à Yvonne Bertrand-Goslin, dont : Yves;

        bb) Antonin-Christian-Marie, sous-lieutenant de chasseurs, né à Paris le 8 janvier 1878; marié le 3 août 1902 à Madeleine-Clémentine-Marie Hullin de Boischevalier;

        cc) Hector;

        dd) Amélie-Marie-Mathilde, mariée en novembre 1893 à Joseph-Marie-Thomas Gosté de Bagneaux, officier d'infanterie;

        ee) Marthe-Marie-Madeleine, née en 1876, † à Fontainebleau le 13 mars 1902, mariée en juin 1897, à Robert-Marie Lavaurs;

    b) Gaston;

    c) Christian;

    d) Marie-Caroline, mariée le 18 avril 1876 à Philibert-Raoul Curial;

    e) Marie-Thérèse, mariée, le 26 août 1886, à Adolphe-Charles de Perseval.

IV. Nicolas-Marie-Edmond GAUTIER DE CHARNACÉ, baron Gautier d'Escurolles de Charnacé, né le 1er avril 1804, † ...; épousa D^lle Meiffren-Laugier de Chartrouse, fille de Guillaume-Michel-Jérôme, baron de Chartrouse et de l'Empire, et de Mlle Asselin, dont deux enfants :

1. État civil de Saint-Germain-en-Laye.
2. Cf. *Armorial du Ier Empire*, t. II, p. 218-19.

1° Henri-Marie-Michel, qui suivra ;
2° Lucie, mariée à Pamphile de Bouchaud.

V. Henri-Marie-Michel Gautier de Charnacé, baron Gautier d'Escurolles de Charnacé, né en 1838, † à Lyon le 10 janvier 1844; épousa le 19 décembre 1871 Céline de la Forest de Divonne, fille du comte Sylvain et de Céleste de Busseul, dont il a laissé deux fils :

1° Édouard-Marie-Sylvain, baron d'Écurolles de Charnacé, né en 1873, † à Tunis le 25 avril 1899; marié le 8 février 1899 à Marie-Henriette Millin de Grandmaison ;
2° Hubert, qui suit.

VI. Hubert-Marie Gautier de Charnacé, baron Gautier d'Escurolles de Charnacé, né en 1875.

GAUTIER D'URBIN

= Confirmation du titre de marquis héréditaire, sous la dénomination d'Urbin-Gautier, en faveur de Jean-Baptiste-Séraphin Gautier, premier président du conseil supérieur de la Corse, par lettres patentes du 13 janvier 1816, avec règlement d'armoiries : *d'azur, à trois poignards, la pointe basse, d'argent, montés d'or, 2, 1.*

***

I. Jean-Baptiste-Séraphin Gautier d'Urbin, marquis Gautier d'Urbin (dit le marquis d'Orbani et d'Urbin-Gautier), premier président au conseil souverain de Corse, procureur général, puis premier président honoraire à la cour d'appel de Paris, ❋, fut confirmé dans le titre de marquis héréditaire, par lettres patentes du 13 janvier 1816. Né à..., † à Paris le 12 novembre 1839, il épousa Thérèse-Radegonde de Normand de Garat, dont un fils, qui suit.

II. Charles-Rosalie Gautier d'Urbin, marquis d'Urbin-Gautier, directeur des contributions directes (1825), ❋, né.., †...; épousa le 26 juillet 1821 Josèphe-Julie-Caroline d'Arlot de Frugie de Cumond, † en 1827, fille de Louis, marquis de Cumond, et de Julie-Amélie Jourdain de Boistillé, dont deux enfants :

1° Carloman, dit le marquis d'Urbin, né..., †..., sans alliance ;
2° Pauline-Julie-Victoire-Séraphine, née..., † le 2 octobre 1871 ; mariée à Cumond, le 27 janvier 1851, à Paul-Alfred, comte d'Arlot de Saint-Saud.

GAUTTIER [d'Arc]

= Maintenue et confirmation de noblesse, comme descendants d'un frère de Jeanne d'Arc, en faveur de Louis-Auguste Gauttier et Eugénie-Catherine-Caroline Gauttier, et de leur postérité née et à naître, par lettres patentes du 30 août 1827, avec règlement d'armoiries : *d'azur, à l'épée haute en pal d'argent, montée d'or, soutenant une couronne royale du même et accostée de deux fleurs de lis aussi d'or.*

= Maintenue et confirmation de noblesse, comme descendant d'un frère de Jeanne d'Arc, en faveur de Rose-Adine Gauttier, épouse de M. Renaudeau, et d'Albertine Gauttier, sœurs des précédents, et de leur postérité née ou à naître, par lettres patentes du 24 novembre 1827, avec règlement d'armoiries ; *d'azur, à l'épée haute en pal d'argent, montée d'or, soutenant une couronne royale du même, et accostée de deux fleurs de lis aussi d'or.*

* *

La famille Delauney, *alias* de Launay (voir t. II, p. 317, notice Delauney), issue de la lignée des frères de Jeanne d'Arc, était représentée à la fin du XVIIIᵉ siècle par deux filles: la seconde, Adélaïde Delauney, épousa Henri Gauttier, ou mieux Gaultier, qui suit.

I. Henri Gauttier, ou Gaultier, né Saint-Malo[1] le 23 juillet 1770, †...; épousa Adélaïde-Catherine Delauney, née à Cherbourg le 7 septembre 1774, †...; fille de Jean-Louis-Charles Delauney, médecin en chef de l'hospice militaire de Cherbourg et issue de la lignée des frères d'Arc, dont il eut quatre enfants, qui seront rapportés les uns après les autres et qui ont été maintenus et confirmés en possession de noblesse, en vertu de cette descendance :

II. Louis-Auguste Gauttier, puis Gaultier d'Arc, orientaliste et historien, consul général de France, O. ✻, né à Saint-Malo le 19 mars 1799, † à bord de la Médée, 1843, sans alliance, fut maintenu et confirmé en possession de noblesse par lettres patentes du 30 août 1827.

II *bis*. Rose-Adine Gauttier, puis Gaultier d'Arc, fut maintenue et confirmée en possession de noblesse par lettres patentes du 24 novembre 1827; née à Cherbourg le 6 novembre 1800, †..., elle épousa Jean-Marie Renaudeau, conseiller à la cour d'appel de Rennes, † en 1834, dont trois fils, qui suivent et ont ajouté à leur nom celui d'Arc par décret impérial du 24 avril 1861 :

    1º Louis-Édouard Renaudeau d'Arc, né à Cherbourg le 2 novembre 1823, avocat, juge-suppléant à Rouen, † le 13 mai 1866 ; marié à Mˡˡᵉ Baudoin et père de deux enfants : a) Lucien ; b) Marthe;

    2º Charles Renaudeau d'Arc, ingénieur des ponts et chaussées, ✻, né à Neufchâtel-en-Bray le 22 avril 1825, † à Rouen le 8 février 1876; marié à N... et père de deux enfants : a) Georges ; b) Marie ;

    3º Ernest Renaudeau d'Arc, chef de gare, né en 1831 † le 14 novembre 1894 ; marié à Berthe de Passefons de Carbonal de Sedières, dont cinq enfants : aa) René ; bb) Marcel-Marie-Louis, lieutenant d'infanterie, né le 9 février 1868, marié le 17 janvier 1893 à Églé Pasquier de Franclieu, veuve de M. Sorin de Lespesse, dont : Jehan, né le 11 novembre 1893; cc) Jeanne; dd) Félicie; ee) Odette.

II *ter*. Albertine Gauttier, puis Gaultier d'Arc, fut maintenue et confirmée en possession de noblesse par lettres patentes du 24 novembre 1827, avec son frère et ses sœurs. Née à Cherbourg le 22 février 1803, † à Aix le 20 février 1866, elle épousa Édouard Julienne, avocat, secrétaire de la Faculté de droit d'Aix, dont trois enfants, qui suivent:

    1º Edgard-Julienne, puis Julienne d'Arc, lieutenant d'infanterie, né..., † à la bataille de Gravelotte, en 1870 ;

    2º Adèle Julienne ; mariée à Victor Lanery, puis Lanery d'Arc, sous-intendant militaire

---

[1]. Et non à Rouen, comme l'indiquent plusieurs historiens modernes ; il est fils de Thomas, négociant à Saint-Malo, et de Françoise-Anne Violette. Son cousin germain Pierre-Henri Gauttier, dit Gauttier du Parc, né à Saint-Malo le 16 août 1772, fils de Pierre-Henri, sieur du Parc, et de Perrine-Marie Loyson, fut capitaine de vaisseau et un hydrographe distingué.

O. ✳, † à Aix-en-Provence en novembre 1894, dont un fils : Pierre Lanery-d'Arc, avocat ;

3° Berthe-Julienne, mariée à Casimir-François-Marius Bouchet-Rivière, capitaine de frégate, † en Cochinchine, d'où postérité, dite Rivière d'Arc.

II *quater*. Eugénie-Catherine-Caroline GAUTTIER, puis Gaultier d'Arc, fut maintenue et confirmée en possession de noblesse avec son frère et ses sœurs par lettres patentes du 20 août 1827. Née à Cherbourg le 20 juin 1805, † en 1853 ; elle épousa N. FABRE DE PARREL, et n'a pas eu d'enfants.

GAUVILLE (DE)

= Titre de vicomte héréditaire en faveur d'Auguste-Louis DE GAUVILLE, capitaine de frégate, par lettres patentes du 16 août 1823, avec règlement d'armoiries : *de gueules, au chef d'hermine.*

* * *

La maison de Gauville, originaire de Normandie, établit sa filiation depuis Guillaume, sgr de Gauville, près Évreux, châtelain d'Orbec, cité dès 1354 et dont le fils, Guy de Gauville, fut gouverneur de Montpellier en 1378. Leur postérité a formé plusieurs branches : 1° celle des seigneurs de Pennery, éteinte au XIXe siècle ; 2° celle des barons de la Forêt-le-Roi, qui suivra ; 3° celle des seigneurs d'Argent, éteinte à la fin du XVIIIe siècle ; et 4° celle des seigneurs de Nonet et du Tésilly, éteinte.

La branche des seigneurs de la Forêt-le-Roi était représentée au treizième degré par Louis, qui suit.

XIII. Louis DE GAUVILLE, chevalier, sgr et baron de la Forêt-le-Roi, fils de Charles-François, capitaine au régiment de Sourches, et de Charlotte Le Clerc de Fleurigny, épousa à Orléans, le 20 avril 1746, Madeleine-Françoise de Chauveux, fille de Charles, sgr de Houville, et de Geneviève-Madeleine Jarron, dont cinq enfants :

1° Louis-Henri-Charles, dit le baron de Gauville, lieutenant-colonel de cavalerie (1784), émigré et colonel des gardes du corps de Monsieur, juge de paix, puis maire de Saint-Germain-en-Laye, maréchal de camp honoraire (1815), chevalier de Saint-Louis ; né à Orléans le 13 juillet 1750, † à Évreux le 10 janvier 1838 ; marié à Catherine-Pauline de la Plaigne, dont trois fils et trois filles ;

2° Richard-Nicolas, capitaine au régiment de la Fère-artillerie, émigré et officier de l'armée anglaise, † en Angleterre, sans postérité ;

3° Élie-Charles-François-Louis, qui suivra ;

4°-5° Marie-Anne et Madeleine-Geneviève, mortes sans postérité.

XIV. Élie-François-Charles-Louis DE GAUVILLE, dit le vicomte de Gauville, capitaine au régiment de la Reine-infanterie, émigré et officier de l'armée des princes, chevalier de Saint-Louis, né..., †...; épousa Élisabeth-Adélaïde de Larminat, dont un fils et quatre filles :

1° Auguste-Louis, qui suivra ;

2° Alexandrine-Louise-Marie-Charlotte-Pauline ;

3° Adélaïde-Marie-Eugénie-Joséphine ;

4° Émilie-Madeleine ;

5° Justine.

XV. Auguste-Louis DE GAUVILLE, vicomte de Gauville, capitaine de frégate, capitaine de vaisseau, chevalier de Saint-Louis, ✠, fut créé vicomte héréditaire par lettres patentes du 16 août 1823. Né à la Forest (Seine-et-Oise) le 10 juillet 1787, † le 8 février 1848; épousa, le 18 janvier 1823, Marie-Camille-Aimée de Campfort.

GAVARDIE [DUFAUR DE]

= Titre personnel de baron, par ordonnance du 5 décembre 1824, en faveur de Pierre [DUFAUR] DE GAVARDIE, lieutenant-colonel d'infanterie.

II. Bernard DUFAUR DE GAVARDIE, avocat en parlement, † en août 1763, fils de Bertrand, avocat en parlement, et de Catherine de Foulquet, épousa le 15 juin 1723 Marie-Anne de Labarrière, dont un fils, qui suit.

III. Jean-Bertrand DUFAUR DE GAVARDIE, avocat au Parlement, né à Riscle le 23 janvier 1725; épousa en 1756 Catherine Dufaur de Lucan, † en 1780, dont :

1° Pierre, qui a laissé postérité représentée de nos jours.
2° Pierre-Jean, qui suivra ;
3° Rose.

IV. Pierre-Jean [DUFAUR] DE GAVARDIE, chevalier de Gavardie et de l'Empire (décret impérial de mai 1808), puis baron de Gavardie et Dufaur de Gavardie, donataire de l'Empire, sous-lieutenant d'infanterie (1792), lieutenant de grenadiers de la garde impériale, capitaine, lieutenant-colonel (6 avril 1813), chevalier de Saint-Louis, ✠, fut créé baron à titre personnel, par ordonnance royale du 5 décembre 1824. Né à Riscle (Gers), le 27 juin 1771, † à Bretagne (Landes), le 15 avril 1842, il épousa Thérèse-Loyde Dufau, † à Cauneille le 1er octobre 1887, dont trois enfants :

1° Henri-Pierre-Edmond, qui suivra ;
2° Pierre-Charles-Armand, directeur des contributions directes, né le 2 juillet 1829, † le 7 février 1902, marié le 9 novembre 1858, à Jeanne-Marie-Thérèse Desperiers de Lagelouze, dont six enfants, qui suivent :
    a) Pierre, marié à Mlle Ytchazo-Carricaburu, dont deux enfants : Léon et Jeanne ;
    b) Ferdinand ;
    c) Maurice ;
    d) Emmanuel ;
    e) Edmond ;
    f) Marguerite, mariée en 1881 à Alfred Cavaignac, officier ;
3° Marie-Caroline-Noémie, née le 27 septembre 1821.

III. Henry-Pierre-Edmond DUFAUR DE GAVARDIE, procureur au tribunal civil, député des Landes (8 janvier 1871-76), sénateur des Landes (30 janvier 1876), né à Rennes le 2 décembre 1823, a épousé Marie-Henriette de Monclar, dont quatre enfants :

1. Cf. *Armorial du Ier Empire*, t. II, p. 220. On trouve un Pierre Dufaur, sieur de Lacoste, habitant Riscle, condamné le 30 avril 1697 pour usurpation de noblesse (Bibl. nat. mss. *Nobiliaire de Montauban*).

1° Jean-Pierre-Auguste, sous-lieutenant de cavalerie, né à Mayenne le 31 mai 1863, † à Limoges le 12 février 1891 ;

2° Pierre-Michel-Édouard-Gustave, dit M. de Gavardie-Monclar, lieutenant d'infanterie (1892) ; adopté par son oncle Henri de Monclar et par Marie Furne, son épouse, né le 13 mai 1868 ; marié le 8 avril 1896 à Louise Daviot, dont quatre enfants, qui suivent :
    a) Michel ; b) Pierre ; c) Marie ; d) Paule ;

3° Marie-Henriette-Thérèse-Élisabeth, née le 27 novembre 1859, mariée le 19 juillet 1873 à Edmond-Auguste-Maurice Jourdain de Muizon ;

4° Marie, mariée en avril 1885 à Étienne-Imbert-Dumas-Lacroix.

Cette famille porte pour armes : *d'azur, au chevron d'or, accompagné de trois étoiles d'argent.*

GAVOTY

= Titre de chevalier héréditaire confirmé en faveur de Célestin-André-Vincent Gavoty, colonel, par lettres patentes du 21 octobre 1815, avec règlement d'armoiries : *coupé : au I d'or, au lion naissant de gueules ; au II échiqueté de sable et d'argent.*

= Titre de baron héréditaire en faveur du même, maréchal de camp, par nouvelles lettres patentes du 15 février 1823, avec le même règlement d'armoiries que ci-dessus.

I. Joseph-Bruno Gavoty, inspecteur de la fourrière à Toulon, né à Toulon le 6 octobre 1738, † même ville le 18 décembre 1812, se maria deux fois : 1° à Toulon, le 27 avril 1772, à Angélique-Maria Crotti (*alias* de Crotti), dont il avait eu un fils, qui suit ; 2° à Marie-Anne Pasquier (divorcés), dont postérité.

II. Célestin-André-Vincent Gavoty, chevalier Gavoty et de l'Empire [1] (lettres patentes du 13 mars 1812), puis baron Gavoty, donataire de l'Empire, sous-lieutenant (1785), capitaine (1792), colonel (31 mars 1809), maréchal de camp (9 novembre 1814), C. ✠, chevalier de Saint-Louis ; fut confirmé dans le titre de chevalier héréditaire par lettres patentes du 21 octobre 1815, puis créé baron héréditaire par nouvelles lettres patentes du 15 février 1823. Né à Toulon le 22 janvier 1772, † à Marseille le 17 avril 1856, il épousa à Malte, le 18 mai 1800, Mathilde-Eugénie Isnard-Zuaret (*alias* Xeuret), dont :

1° Édouard-Fortuné-Guy-Gaspard, qui suivra ;

2° Antoine-André-Bruno-Gustave, né à Marseille le 19 décembre 1812 († avant 1856 sans alliance) ;

3° Angélique-Élise-Fortunée-Marie, née à Marseille le 12 juillet 1801, † même ville le 4 septembre 1801 ;

4° Marie-Sophie-Fortunée-Clémentine, née à Marseille le 1er mai 1804 ;

5° Angélique-Émilie, née à Alexandrie (Italie) le 5 août 1809.

III. Édouard-Fortuné-Guy-Gaspard Gavoty, baron Gavoty, directeur des contributions indirectes, ✠, né à Parme (Italie) le 27 juillet 1807, † à Marseille le 2 février 1878.

---

1. Cf. *Armorial du Ier Empire*, t. II, p. 221.

GAY DE TARADEL

= Titre personnel de baron par ordonnance du 21 février 1830, en faveur d'André-Antoine-Émilien GAY DE TARADEL, capitaine de frégate.

*
* *

La famille Gay est originaire de Marseille et a pour auteur :

I. Jean-Antoine GAY, négociant à Marseille, puis conseiller secrétaire du roi en la grande chancellerie, par provisions de février 1785, acquit les seigneuries de la Bastide, de Castellet et Carros avant 1761, puis le 7 mars 1785 celle de Taradel-Saint-Martin près de Draguignan ; né vers 1721, † à Marseille le 22 septembre 1787, il épousa Marguerite Couthier, *alias* Coutier, dont :

1° Antoine-François-Michel, qui suivra ;
2° Jean-Joseph, négociant à Marseille, marié deux fois : 1° à Marseille le 29 mai 1787 à Marie-Victoire Rey ; 2° à Marie-Antoinette de Tassy, et décédé à Marseille le 18 décembre 1816, laissant trois fils, dont la postérité est représentée de nos jours, et une fille, Mᵐᵉ Roux;
3° Marie-Marguerite-Colombe, mariée à Marseille, le 27 février 1784, à Jean-Gaspard-Henry de Lyle-Saint-Mortin.

II. Antoine-François-Michel GAY, sgr de Taradel, épousa à Aix, le 29 mars 1785, Marie-Thérèse-Émilie Ripert-Artaud de Montauban, fille d'André, sgr de Barret, et de Marie-Anne de Meyronnet-Saint-Marc, dont :

1° André-Antoine-Émilien, qui suivra ;
2° Marie-Fortunée, née à Marseille le 24 mai 1786 ; mariée le 4 juin 1816 à André-Lazare-Guillaume Garagnon, lieutenant de vaisseau ;
3° Adélaïde-Colombe, née à Marseille le 25 janvier 1790, mariée à Pierre-Martin Boyard des Marchais.

III. André-Victor-Émilien GAY DE TARADEL, baron de Taradel, capitaine de vaisseau (1832), O. ✠, chevalier de Saint-Louis, fut créé baron, à titre personnel, par l'ordonnance du 21 février 1830, né à Marseille le 11 décembre 1787, † à Toulon le 5 décembre 1846, il épousa le 26 avril 1837 Françoise-Cécile de Carondelet, † à Pornic (Loire-Inférieure) le 7 octobre 1888, dont deux enfants :

1° Marie-Émilien-Augustin, qui suivra ;
2° Pierre-Augustine-Marie-Lucie-Constance, née le 10 mai 1838; mariée le 21 juin 1861 à François-Marie-Charles de Roux-Déagent, comte de Morges.

IV. Marie-Émilien-Augustin DE GAY DE TARADEL, dit le baron de Taradel, né à Toulon le 13 octobre 1839, †..., sans alliance.

La famille Gay de Taradel porte pour armoiries : *d'azur, à la tour d'argent ronde et couverte d'argent, maçonnée de sable, ouverte de gueules, terrassée d'argent, accostée de deux coqs du même posés sur la terrasse ; au chef cousu de gueules, chargé de trois étoiles d'argent.*

GAY DE VERNON

= Titre de baron héréditaire confirmé en faveur de Simon-François GAY DE VERNON, baron de l'Empire, adjudant commandant, par lettres patentes du 27 janvier 1815, avec règlement d'armoiries : *d'azur, au chevron d'argent, accompagné de trois geais du même.*

= Titre de baron héréditaire et transmission de majorat, par ordonnance du 25 janvier 1830, en faveur de Jean-Louis-Camille GAY DE VERNON, fils puîné du précédent.

****

Cette famille Gay, originaire du Limousin, était représentée à la fin du XVIIe siècle par Léonard Gay, marié à Marie Lanouaille de Puygaubet, dont : 1° Simon, qui suivra ; 2° N..., sieur des Forges et du Pallant, auteur de la branche de Gay du Pallant ; 3° N..., sieur de la Bussière, qui a laissé trois fils ; 4° Léonard, auteur de la branche de Lage de Saint-Denis.

II. Simon GAY, sieur de Vernon et Chauvent, † le 27 juillet 1740, épousa : 1° D^{lle} du Cros ; 2° Françoise Dalesme de Salvanet, dont un fils, qui suit.

III. Charles-Antoine-Joseph GAY, écuyer, sgr de Vernon, né le 9 janvier 1726, † le 17 février 1797, épousa, le 8 février 1748, Valérie Fargeaud de Mortesaigues, dont :

1° Léonard, curé de Compreignac, député à l'Assemblée législative, à la Convention et au Conseil des Cinq-Cents, évêque constitutionnel de Limoges, puis consul général de France et secrétaire général de la République romaine (1799), né à Saint-Léonard le 3 décembre 1748, † à Vernon (Haute-Vienne) le 28 octobre 1822.

2° Jacques, né le 26 mars 1751, † le 15 mars 1828, sans postérité ;

3° Jean, curé de Linars, † à Paris le 29 avril 1805 ;

4° Guillaume, né en 1755, † en 1799, sans alliance ;

5° Simon-François, qui suivra.

IV. Simon-François GAY DE VERNON, chevalier, puis baron Gay de Vernon[1] (lettres patentes de mai 1808 et majorat, 18 mai 1811), capitaine d'artillerie, adjudant général (1793), colonel du génie et directeur des études à l'École polytechnique (1797-1804), adjudant commandant (1er avril 1813), maréchal de camp honoraire (19 novembre 1817), O. ✸, chevalier de Saint-Louis, fut confirmé dans le titre de baron héréditaire par lettres patentes du 27 janvier 1815. Né à Saint-Léonard (Haute-Vienne) le 24 novembre 1760, † à Paris le 3 octobre 1822, il épousa, 9 juillet 1788, Aimé-Thérèse-Éléonore-Rodrigue Balland, † le 6 mai 1863, dont trois enfants :

1° Antoine-Joseph-Charles-Henri, officier d'artillerie, né le 29 juin 1789, † à Polotsch le 9 août 1812 ;

2° Jean-Louis-Camille, qui suivra.

V. Jean-Louis-Camille GAY DE VERNON, baron Gay de Vernon, garde du corps (1814), capitaine d'état-major, ✸, fut confirmé dans la transmission des titre

---

1. Cf. *Armorial du Ier Empire*, t. II, p. 222.

et majorat de son père par l'ordonnance du 25 janvier 1830 ; né le 23 janvier 1796, † à.... le 25 avril 1863, il épousa, le 17 octobre 1821, Marie-Octavie Crouzaud de Latouche, dont deux enfants :

1° François-Simon-Marie-Jules, qui suivra ;

2° Aimée-Léonie-Rodrigue-Joséphine, née le 10 juin 1828 ; mariée le 26 juillet 1847 à François-Armand Mancel [de Valdouer].

VI. François-Simon-Marie-Jules GAY DE VERNON, baron Gay de Vernon, lieutenant de cavalerie, colonel de chasseurs, retraité en 1878, C. ✳, né à Saint-Léonard le 2 août 1822, † à Moissannes (Haute-Vienne) le 5 mars 1882 ; épousa le 26 décembre 1853 Marie-Angélique de Picquet de Vignolles de Juillac, dont trois enfants :

1° Henri-Marie-Éléonore-Rodrigue, qui suivra ;

2° Henriette-Rodrigue-Marie-Bienaimée-Léonie-Camille, née le 14 septembre 1855 ;

3° Léonie-Marie-Pierrette-Sylvestre, née le 31 décembre 1862.

V. Henri-Marie-Éléonore-Rodrigue GAY DE VERNON, baron Gay de Vernon, né le 2 septembre 1857, a épousé le... Mlle de Rocquigny de Fayel.

GAYE (DE)

= Titre personnel de baron en faveur de Pierre-Alexandre DE GAYE, directeur de l'enregistrement, par lettres patentes du 15 avril 1829, avec règlement d'armoiries : *d'or, à la bande d'azur, chargée de trois lis de jardin d'argent, grainés d'or, tigés et feuillés de sinople.*

** **

La famille Gaye, originaire du Bas-Limousin, paraît avoir formé de nombreux rameaux[1], qui, à la fin du XVIIe et au XVIIIe siècle, se sont distingués entre eux par des noms de terre et ont donné des magistrats de bailliage et des officiers et chevaliers de Saint-Louis.

I. Pierre-Zacharie GAYE, pensionnaire du roi, épousa Marie Chaigneau-Lagravière, dont au moins un fils, qui suit.

[Et ? Jean-Baptiste, † à Anglance le 27 février 1845 ; marié à Marie Tabuteau, † à Tarbes le 14 décembre 1829, dont une fille : Clotilde, née à Tarbes le 6 septembre 1829 ; mariée à Auxerre, le 7 mai 1851, à Étienne-Louis-Alfred Rozat de Mandres, inspecteur général des ponts et chaussées].

II. Pierre-Alexandre GAYE, puis de Gaye, baron de Gaye, directeur de l'enregistrement, ✳ ; fut créé baron, à titre personnel, par lettres patentes du 15 avril 1829. Né à Angoulême le 22 août 1783, † [à Auxerre vers 1850].

GAYE DE MARTIGNAC

= Titre personnel de vicomte en faveur de Jean-Baptiste-Sébastien GAYE DE MARTIGNAC, ministre et député, par lettres patentes du 18 novembre 1826, avec règlement d'armoiries : *d'or, à la bande d'azur, chargée de trois fleurs de lis des champs d'argent.*

** **

1. Elle a, croyons-nous, une origine commune avec celle de Gaye de Martignac, et le nom Gay, Gaye, et Degay et Degaye doit être considéré comme synonyme.

I. Clément GAYE, avocat conseiller du roi au présidial de Brive, lieutenant général en l'élection de la même ville, épousa à Brive, le 11 décembre 1727, Jeanne de la Jugie, veuve de François de Montjanel, dont un fils, qui suit.

II. Jean GAYE, sieur de Martignac, conseiller du roi au présidial de Brive, fut père d'un fils, qui suit.

III. Jean-Léonard GAYE DE MARTIGNAC, lieutenant au régiment de Flandre (1759), avocat à Bordeaux et bâtonnier, membre de la jurade, conseiller à la cour d'appel de Bordeaux (1816), conseiller général de la Gironde, épousa Marie-Thérèse Lanusse, † à Paris le 18 mars 1832, dont au moins deux enfants :

1° Jean-Baptiste-Sévère, qui suivra ;

2° Anne-[Marie], mariée à Bordeaux, le 19 juin 1800, à Pierre Degrange-Touzin, avocat [né en 1767, † en 1834], dont quatre enfants, qui suivent :

    a) Guillaume-Édouard Degrange-Touzin, président de cour d'appel, O. ✻, né en 1801 † en 1884 ; marié en 1832 à Jeanne-Cécilia La Rigaudie, dont postérité ;

    b) Jean-Baptiste-Gustave Degrange-Touzin, puis de Martignac, directeur de l'enregistrement et des domaines, ✻, né à Bordeaux le 16 février 1806, † à Poitiers le 6 janvier 1888, il fut autorisé à ajouter à son nom « de Martignac », par ordonnance royale du 8 septembre 1832 ; et épousa le 13 juillet 1840 Augustine-Anne Montié, dont un fils et une fille, qui suivent :

        aa) Louis-Georges Degrange de Martignac, chef de cabinet de préfet ; né en 1846, marié le 19 mai 1874 à Marie-Armande-Sarah-Louise Pron-Cugnot de Sainte-Radégonde, dont : 1° Auguste-Jean-Baptiste, officier de marine, né en 1875 ; 2° Pierre-Marie-Auguste, né en 1877 ; 3° Marie-Isabelle, née en 1878 ; 4° Philippe-Joseph-Pierre, né en 1881 ; 5° Louis-Jean-Hilaire, né en 1888 ;

        bb) Élisabeth-Louise, née en 1848, mariée en 1874 à Édouard Le Cousturier de Courcy ;

    c) Albert-François Degrange-Touzin, directeur de l'enregistrement, ✻, né à Bordeaux en 1809, † le 8 janvier 1889 ;

    d) Françoise-Élisabeth Degrange-Touzin, mariée à Pierre Blanc Dutrouilh.

III. Jean-Baptiste-Sévère GAYE DE MARTIGNAC, vicomte Gaye de Martignac, avocat en parlement, secrétaire de M. Siéyès, ambassadeur de France (1792), puis avocat général à la cour d'appel de Bordeaux (1818), procureur général à la cour d'appel de Limoges, député du Lot-et-Garonne (1ᵉʳ octobre 1821-32), ministre d'État, directeur général de l'enregistrement et des domaines, G. O. ✻, fut créé vicomte, à titre personnel, par lettres patentes du 18 novembre 1826. Né à Bordeaux le 20 juin 1778, † à Paris le 3 avril 1832 (sans postérité).

GAZAN

= Titre de baron en faveur de Marie-Joseph GAZAN, lieutenant-colonel, par ordonnance du 10 février 1824 (sans lettres patentes).

* *

I. Emmanuel-Gaspard GAZAN, marié à Marie-Thérèse Vial (sœur du général Honoré Vial, baron de l'Empire), dont :

1° Marie-Joseph, qui suit ;

2° Marie-Pauline, mariée à Antoine, baron Revel, maréchal de camp ;

3° Delphine, mariée à Claude-Joseph-Antoine Gérin.

II. Marie-Joseph G*AZAN*, baron Gazan, maréchal de camp (31 décembre 1735), lieutenant général (20 avril 1845), C. ✴, chevalier de Saint-Louis, retraité le 17 avril 1848, fut créé baron par ordonnance du 10 février 1824; né à Antibes le 23 mai 1785, † à Paris le 11 juin 1849, il épousa le 22 octobre 1822 Virginie de Saint-Pierre, † à Paris le 24 avril 1842, sans postérité, fille de Bernardin de Saint Pierre et de Désirée [de] Pellepore, et veuve en 1821 en premier mariage (à Paris le 21 juin 1818) de Gaspard-Victor Lacapelle, ancien capitaine de dragons.

GAZAN DE LA PEYRIÈRE

= Titre de comte héréditaire confirmé en faveur d'Honoré-Théodore-Maxime G*AZAN*, comte D*E* L*A* P*EYRIÈRE* et de l'Empire, lieutenant général, par lettres patentes du 11 novembre 1814, avec règlement d'armoiries : *écartelé : au 1ᵉʳ d'asur, à l'épée haute en pal d'argent, montée d'or; aux 2ᵉ et 3ᵉ, d'argent, au pin de sinople terrassé du même, fruité d'or et sénestré d'une pie de sable; au 4ᵉ d'azur, au château antique d'or, ruiné et chargé de la lettre D, d'azur.*

***

I. Joseph G*AZAN*, avocat, épousa Anne-Claire Luce, dont un fils, qui suit :

II. Honoré-Théodore-Maxime G*AZAN*, comte D*E* L*APEYRIÈRE* et de l'Empire (lettres patentes du 27 novembre 1808), donataire de l'Empire[1], sous-lieutenant garde-côtes (1780), capitaine d'infanterie (12 février 1792), chef de brigade (1796), général de brigade (1798), général de division (1800), pair des Cent-Jours (2 juin 1815), pair de France (19 novembre 1831), G. C. ✴, fut confirmé dans le titre de comte héréditaire par lettres patentes du 11 novembre 1814. Né à Grasse (Var) le 29 octobre 1765, † même ville le 9 avril 1845, il épousa à Schlestadt, en 1799, Marie-Madeleine Reist (*alias* Reys), † à Marseille le 8 mai 1831, dont :

1° Clémence-Adolphe, comte Gazan de la Peyrière, né à Grasse le 17 avril 1804, † le 2 juillet 1865 ;

2° Eugène-François-Henry, comte Gazan de la Peyrière, président du tribunal civil de Bône, ✴, né à Grasse le 16 juin 1806, † à Paris le... 1887; il a été confirmé dans le titre de comte héréditaire par décret impérial du 6 juillet 1865 et a épousé le 11 juillet 1839, Marie-Justine-Françoise Seytres, † le 11 février 1880, veuve en premier mariage de M. Alziary, dont deux enfants, qui suivent :

a) Achille, sous-préfet, né en 1843, † en 1873 ;

b) Marie-Laure-Pauline, mariée en janvier 1873, à Auguste-Joseph Ballero ;

3° Théodore-François, né à la Collé (Alpes-Maritimes), † le 17 mars 1829 ;

4° Jean-Théodore-Napoléon, qui suivra ;

5° Magdeleine-Claire, née à Grasse le 3 janvier 1803, † le 23 septembre 1853 ; mariée à Pierre-Joseph-Charles Amic.

III. Jean-Théodore-Napoléon G*AZAN* D*E* L*APEYRIÈRE*, né à Séville le 9 juin 1811, † à Grasse le 27 mars 1881 : épousa, en 1836, Pauline-Thérèse Seytres, dont trois enfants :

1° Jean-Théodore, qui suivra ;

2° Claire-Hélène, née le 3 septembre 1836, † le 29 décembre 1840;

1. Cf. *Armorial du 1ᵉʳ Empire*, t. II, p. 223.

3° Isabelle-Amélie, née le 26 juillet 1838 ; mariée le 20 mars 1860 à Anne-Alfred Lescouvé, conseiller à la cour d'appel.

IV. Jean-Théodore GAZAN DE LAPEYRIÈRE, comte de Lapeyrière, né le 1er avril 1834 ; marié le 26 octobre 1869 à Marie-Louise-Henriette Isnard, † le 1er septembre 1873, dont une fille :

Marie-Léonie-Henriette, née le 6 septembre 1870.

GEFFRIER

= Lettres de noblesse en faveur de Victor GEFFRIER, de François-Alexandre GEFFRIER et d'Ambroise GEFFRIER, frères, par lettres patentes du 10 mai 1820, avec règlement d'armoiries : *de sable, au triangle d'or, chargé en cœur d'une rose au naturel tigée de même.*

I. Jean GEFFRIER, marchand épicier en gros à Orléans, † à Orléans en février 1709 ; épousa Jeanne Mesland, dont un fils, qui suit.

II. Jean GEFFRIER, marchand épicier en gros, consul d'Orléans, puis conseiller secrétaire du roi, maison et couronne de France en la chancellerie du parlement de Paris (31 août 1778), né à Orléans le 25 septembre 1708, † à Orléans ; épousa Marie-Anne Olivier, dont trois fils et quatre filles :

1° Victor, qui suit ;
2° François-Alexandre, qui sera rapporté après la postérité de son frère aîné ;
3° Ambroise, qui sera rapporté après la postérité de ses deux frères ;
4°-5°-6° Madeleine, Thérèse et Élisabeth :
7° Anne-Madeleine, mariée à Daniel-Liphart-Henry Lefort.

III. Victor GEFFRIER, puis de Geffrier, percepteur des contributions, né à Orléans le 26 décembre 1742, † à Orléans le 10 janvier 1821 ; fut anobli avec ses deux frères, par lettres patentes du 10 mai 1820 ; il épousa Catherine-Pétronille Garnier, dont au moins un fils, qui suit.

IV. Jean-Victor-Joachim DE GEFFRIER, né..., †... ; épousa Anne-Jeanne-Philippe Beaux, dont au moins deux fils :

1° Philippe-Victor, qui suivra :
2° Joseph-Victor-Théophile, directeur des octrois, né..., †... ; marié à Anne-Marguerite-Nathalie Goueffon, † à Toulon le 5 mars 1898, dont deux enfants, qui suivent :
   a) Eugène-Victor, colonel (23 octobre 1890), général de brigade (30 mars 1876), O. ✳ né à Ouroux (Nièvre) le 14 novembre 1841, † le 10 février 1902 ; marié à Marie-Joséphine-Augustine-Émilie Titon, dont trois enfants : Jean, Paul et Yvonne ;
   b) N..., mariée à Paul Denans, avoué à Toulon.

V. Philippe-Victor DE GEFFRIER, officier de marine, ✳ né à Marseille en 1814, † à Orléans le 1er février 1886 ; épousa Françoise-Eugénie-Célina-Marie de Thibault du Vernay, † à Orléans le 24 février 1900, dont :

1° Étienne-Achille-Marie-Roger, qui suivra ;
2° Adalbert, marié le 11 août 1888, à Élisa Ribou, dont une fille : Renée ;
3° Marie-Gaston Bernard, né en 1868, † à Orléans le 25 avril 1888.

VI. Étienne-Achille-Marie-Roger DE GEFFRIER, lieutenant de chasseurs à pied (1881), chef de bataillon, ✠, né le 9 avril 1854, marié en février 1884 à Marie-Constance-Marguerite Rousselot de Saint-Céran, et père de trois enfants :

1° Alfred ; 2° Hubert ; 3° Marie-Alice.

III *bis*. François-Alexandre GEFFRIER, puis de Geffrier, prit quelquefois lui et ses enfants le nom de la terre de Pully qu'il avait acquise et fut anobli avec ses deux frères par les lettres patentes du 10 mai 1820. Né à Orléans le 13 novembre 1752, † à Orléans le 24 mai 1821, il épousa à Orléans, le 22 février 1776, Thérèse Le Normand, dont un fils, qui suit.

IV. Marie-François-Laurent DE GEFFRIER, né en 1788, † à Orléans le 17 septembre 1849, épousa le 18 mai 1807 Émilie-Monique Tassin de Beaumont, † en 1862, dont un fils, qui suit.

V. Marie-Augustin-Gustave DE GEFFRIER, avait été autorisé à ajouter à son nom « de Pully », par décret impérial du 10 novembre 1860, mais ce décret fut rapporté, sur opposition de la famille Randon de Pully. Né à Orléans le 15 juin 1808, † à Orléans le 26 avril 1875, il épousa le 22 septembre 1834 Marie-Octavie-Joséphine de Bertrand de Rivière, † au château de Pully le 7 août 1891, dont quatre enfants :

1° Marie-Fernand, qui suivra ;
2° Marie-Denis-Raoul, né le 7 octobre 1843, † à Pully le... janvier 1902 ; marié en septembre 1869 à Jeanne de Saignard de la Sasselange, dont quatre enfants, qui suivent :
  a) Antoine-Joseph-Marie-Georges, né le 5 mai 1876 ; marié à Paris, le 10 juillet 1901, à Adélaïde-Marie-Armande-Yvonne Le Beschu de Champsavin ;
  b) Guy-Marie-Amédée, lieutenant de dragons, né en 1872, † à Dijon le 25 octobre 1898 ;
  c) Denyse, mariée le 12 avril 1893, à Georges de la Fournière ;
  d) Gabrielle, mariée, le 27 septembre 1897, à Johan-Marie-François-Julien de Rancourt de Mimérand, comte romain, officier de cuirassiers ;
3° Marie-Charles-Joseph-Georges, officier, né le 28 février 1849 ;
4° Marie-Adèle-Jeanne, née le 24 juillet 1853.

VI. Marie-Fernand DE GEFFRIER DE PULLY, maire de Lailly (Loiret), né le 14 mars 1842, a épousé en juillet 1870 Marie-Adèle de Saivre, dont deux filles :

1° Henri ;
2° Jeanne, mariée à Lailly, le 20 avril 1895, à Serge de Saignard de la Fressange, lieutenant d'artillerie ;
3° Marie-Josèphe-Marguerite, née à Pully le 8 juillet 1874, mariée le 22 avril 1897 à Georges-Marie-Maxime de Menjot de Champfleur.

III *ter*. Ambroise GEFFRIER, dit Geffrier de Neuvy, négociant à Orléans, fut anobli avec ses deux frères aînés par les lettres patentes du 10 mai 1820. Né à Orléans le 26 mai 1756 ; épousa à Orléans, le 5 février 1787, Charlotte-Catherine Lasneau, fille de Nicolas, échevin d'Orléans et conseiller secrétaire du roi, et d'Anne-Françoise-Charlotte Amy [sans postérité ?].

GEFFROY DE VILLEBLANCHE

= Titre de vicomte, par ordonnance du 29 mai 1816, en faveur de René-Louis-Félicité GEFFROY DE VILLEBLANCHE, capitaine de cavalerie.

* *

La famille Geoffroy a donné Yves Geffroy, senéchal de Quimperlé, anobli en 1653, dont la postérité a été maintenue dans sa noblesse lors de la réformation en 1669 ; elle a donné quatre conseillers au parlement de Bretagne et a possédé les seigneuries de Kérisper, Kervegan, la Villeblanche, etc.

I. René-François GEFFROY, seigneur de la Villeblanche, conseiller au parlement de Bretagne, fils aîné de René, épousa le 25 mai 1711 Ursule du Bahuno de Kerolain, dont entre autres, un fils Paul-Jean, qui suit.

II. Paul-Jean GEFFROY, dit le chevalier de Villeblanche, brigadier des armées du roi, capitaine de vaisseau, chevalier de Saint-Louis, né en 1718, † à Brest le 26 janvier 1776, épousa Louise-Gaétane de Quélen, dont :

    1° René-Louis-Félicité, qui suivra ;
    2° Emmanuel-Armand-François, capitaine de frégate (31 décembre 1814), chevalier de Saint-Louis, marié à Flore-Suzanne-Adélaïde Le Gac de Larmorique ;
    3° Louise-Antoinette-Adélaïde, née à Brest le 3 avril 1770, † après 1832, mariée le 30 juin 1796, à Charles, comte de Chauvigny de Blot, maréchal de camp.

III. René-Louis-Félicité GEFFROY DE VILLEBLANCHE, officier au régiment Royal-cravattes, chef d'escadron de cavalerie, retraité en 1824, fut créé vicomte par ordonnance du 29 mai 1816. Né à Plouagat-Châtelaudren (Côtes-du-Nord) le le 30 avril 1765, †...; épousa à Saint-Senoux (Ille-et-Vilaine), le 1er juillet 1788, Armande-Jeanne Desclos de la Fonchais, fille de René-Bonabes, et de Marie Cottineau.

Cette famille porte pour armoiries : *d'argent, à l'aigle de sable, becquée et membrée de gueules, chargée sur la poitrine d'une croix pattée d'azur.*

GÉLIBERT

= Titre de baron, par ordonnance du 2 mars 1816, en faveur d'Honoré GÉLIBERT, colonel d'infanterie (sans lettres patentes).

* *

I. François GÉLIBERT, chirurgien à Cailhau, épousa Antoinette Caïssac, dont au moins un fils, qui suit.

II. Honoré GÉLIBERT, baron Gélibert, colonel d'infanterie, chevalier de Saint-Louis, fut créé baron par ordonnance du 2 mars 1816. Né à Cailhau (Aude), le 17 mars 1770, † à Paris le 8 décembre 1863, il se maria deux fois : 1° à Marie-Thérèse Graulle, dont un fils, Jean-Pierre-Paul, qui suivra ; 2° le 6 juillet 1825, à Anne Mouly.

III. Jean-Pierre-Paul GÉLIBERT, employé à la fourniture des armes (1824), artiste peintre, né à la Force (Aude) le 29 avril 1802, † vers 1875, laissa un fils :

Jules, artiste peintre, ✳, né à Bagnères-de-Bigorre le 27 novembre 1825.

GENET [de Chatenay]

= Lettres de noblesse en faveur d'Alexandre-Marie GENET, conseiller municipal d'Amiens, par lettres patentes du 11 janvier 1823, avec règlement d'armoiries : *d'argent, au chevron d'azur, accompagné en chef de deux étoiles de gueules et, en pointe, d'un genêt de sinople.*

I. Alexandre GENET, procureur royal († avant 1770), épousa Marguerite Baudoche, dont au moins un fils, qui suit.

II. Alexandre-Louis GENET, receveur des domaines du roi à Amiens et directeur des États de la généralité d'Amiens, puis directeur des étapes et trésorier provincial de l'artillerie, du génie et de la maréchaussée de Picardie. Né en 1735, il épousa à Amiens, le 27 novembre 1770, Marie-Anne-Madeleine Jacquin, fille de Gérard-Philippe, directeur des domaines de la généralité, et de Marie-Anne-Madeleine Degand, dont au moins deux fils :

1° Alexandre-Antoine-Gérard, chevalier Genet et de l'Empire[1] (lettres patentes du 16 mai 1813), directeur de l'enregistrement et des domaines; né à Amiens le 18 mai 1772, †...; marié à Marie-Eugénie Merlet, † le 14 juillet 1870, sœur du baron de l'Empire, dont deux enfants, qui suivent :

  a) Alexandre-Honoré-Joseph-Eugène, général de brigade (11 octobre 1870), C. ✳, né..., †...; marié à Élisabeth Merlet, dont trois filles ;

  b) Eugénie, mariée à M. de Stabenrath ;

2° Alexandre-Marie, qui suit.

III. Alexandre-Marie GENET, conseiller municipal d'Amiens, fut anobli par lettres patentes du 11 janvier 1823; né à Amiens le 23 juin 1775, †..., il épousa Claire-Sophie Morillot, dont deux fils :

1° N...

2° Jean-Baptiste-Joseph-Alexandre, qui suit.

IV. Jean-Baptiste-Joseph-Alexandre GENET, puis Genet de Châtenay, né en 1809, † à Douai le 1er juillet 1889; épousa Louise-Ursule de Wavrechin, †..., dont un fils, qui suit.

V. Alexandre-Marie GENET DE CHATENAY, conseiller général de l'Oise et député de l'Oise (1885-91-1895-99), né au château de Bénicourt (Oise) le 3 septembre 1830, † au château de Bonneleau (Oise) le 2 janvier 1902; épousa le 21 avril 1866 Louise-Marie-Caroline-Ghislaine-Agathe Descantons de Montblanc d'Ingelmunster, dont trois enfants :

1° Marie Alexandre-Charles-Léon-Ghislain, né le 12 mai 1869, †...;

2° Henri-Alexandre-Joseph-Marie-Charles-Ferdinand-Ghislain, qui suivra ;

3° Joseph ;

4° Marie-Caroline-Alexandrine-Ghislaine ;

1. Cf. *Armorial du Iᵉʳ Empire*, t. II, p. 226.

5° Louise; 6° Henriette ; 7° Marie-Berthe; 8° Geneviève; 9° Théodora.

VI. Henri-Alexandre-Joseph-Marie-Charles-Ferdinand GENET DE CHATENET,

GENEVAL

= Titre de baron héréditaire confirmé en faveur de Charles-François-Toussaint GENEVAL, baron de l'Empire, colonel de gendarmerie, par lettres patentes du 2 décembre 1815, avec règlement d'armoiries: *écartelé: au 1er d'azur, au cheval galopant d'argent ; au 2o de gueules, à l'épée haute en pal d'argent ; au 3o de sinople au chevron d'hermine, accompagné de trois molettes d'or, 2, 1 ; au 4o d'argent, au coq de sable surmonté d'un soleil rayonnant posé d'or au canton dextre.*

I. Charles GENEVAL, avocat à la cour de Lunéville et doyen, épousa Françoise Lemire, dont :

1° Charles-François-Toussaint, qui suivra ;
2° Claude, né à Lunéville le 25 février 1754 ;
3° Thérèse, mariée le 12 juin 1764 à Claude-Henri-Louis Duchesne, lieutenant de cavalerie.

II. Charles-François-Toussaint GENEVAL, baron Geneval et de l'Empire [1] (lettres patentes du 25 février 1813), donataire de l'Empire, dragon au régiment Dauphin (22 juillet 1767), lieutenant de cavalerie réformé en 1788, volontaire en 1789, capitaine de chasseurs à cheval (12 juin 1793), chef d'escadron de gendarmerie (20 août 1797), colonel (14 juin 1806), retraité maréchal de camp honoraire (4 septembre 1815), O. ✳, chevalier de Saint-Louis, fut confirmé dans le titre de baron héréditaire par lettres patentes du 2 décembre 1815. Né à Lunéville le 1er novembre 1750, † à Paris le 17 mai 1827, il épousa Agnès Lerais, † le 11 juillet 1815.

GENOUDE

= Lettres de noblesse en faveur d'Antoine-Eugène GENOUDE, homme de lettres, par lettres patenes du 28 juin 1822, avec règlement d'armoiries: *d'or, à une branche de lis au naturel, posée en bande, et à une épée de sable, montée d'argent, posée en barre et en sautoir, à la croix de gueules brochant sur le tout.*

I. Jacques GENOUD, dit Genoude, d'une famille originaire du Genevois, épousa Marguerite Jourdan, dont un fils, qui suit.

II. Antoine-Eugène GENOUDE, puis de Genoude, publiciste, volontaire royal en 1815, député de la Haute-Garonne (1846-48), entré dans les ordres en 1835, prêtre et curé de..., ✳, fut anobli par lettres patentes du 22 juin 1822. Né à Montélimar (Drôme) le 9 février 1792, † à Hyères le 19 avril 1849, il épousa à Paris, le 8 mai 1821, Fanny-Léontine Le Caron de Fleury, † à Paris le 27 février 1834, fille de

---

1. Cf. *Armorial du Ier Empire*, t. II, p. 226.

Louis-Frédéric, inspecteur aux revues, et de Louise-Angélique Disson, dont :

1° Henri-Jean-Emmanuel ; marié en janvier 1847, à Mlle de Lamourous ; sans postérité ;
2° René-Marie-Léon ; chancelier de consulat, né en 1824, † à Melbourne le 19 avril 1860 ;
3° Guy-Marie-Honoré, mort sans alliance.

GENTIL [Baichis]

= Lettres de noblesse en faveur de Vital GENTIL, maire de Limoux, par lettres patentes du 24 mai 1823, avec règlement d'armoiries : *parti, au 1 d'azur, à un saint André de carnation, vêtu d'argent, appuyé sur sa croix de sable, tenant de la sénestre une palme de sinople et soutenu du même ; au II d'or, au château de sable, soutenu de sinople et surmonté d'une étoile de gueules.*

I. Guillaume GENTIL, dit aussi Jeantil-Baichis, marchand tailleur à Limoux, épousa Marie-Anne Homps, dont au moins un fils, qui suit.

II. Vitalis, dit Vital GENTIL, puis de Gentil-Baichis, maire de Limoux (1815-26 ; Aude), fut anobli par lettres patentes du 24 mai 1823 ; né à Limoux (Aude) le 3 mai 1756, † même ville le 25 juin 1828, il épousa Anne-Lucie Labatut, † à Limoux le 23 janvier 1858, dont onze enfants, entre autres :

1° Louis-Hyacinthe-Auguste, qui suivra ;
2° Benjamin-Auguste, capitaine d'artillerie, président de la Société d'agriculture de la Haute-Garonne, ✳ ; né à Limoux le 11 décembre 1806, † à Grépiac ; marié à Jeanne-Pauline Bataille, † à Grépiac le 2 novembre 1882, dont un fils et une fille, qui suivent :
    a) Paul, président de tribunal civil, conseiller à la Cour d'appel de Toulouse (1885), ✳. né à Grépiac (Haute-Garonne) le 9 juin 1842, père de : 1° Geneviève, mariée le 11 janvier 1897 à M. Rouquairot de Boisse ; 2° Madeleine ; 3° Henriette.
    b) N..., mariée à Henri Soloniac ;
3° Léon, marié en 1845 à Aglaé d'Audéric, dont quatre enfants, qui suivent :
    a) François-Anne-Marie-Vital, lieutenant de vaisseau (1873), O. ✳ ; né le 22 août 1844 ; marié et père d'un fils ;
    b) Henri, marié à Mlle de Barthès de Lupérouse, dont : 1° Pierre ; 2° N..., mariée à M. de Malzac de Sengla, lieutenant d'infanterie ; 3° Lucienne ;
    c) N..., mariée à Albert Bernard, docteur en médecine ;
    d) N..., mariée à Louis-Aristide de Poumayrac ;
4° Adèle-Marie, mariée à Limoux le 16 novembre 1813, à Pierre-Roch Roussillon ;
5° Rose-Antoinette, mariée à Limoux le 4 novembre 1821 à Étienne-Henri-Marie, comte de Montaut-Brassac ;
6° Antoinette-Zénobie, née à Limoux le 19 mars 1805 ; mariée le 26 novembre 1826 à Pierre-Guillaume-Émile Martin ;
7° Zélia, née à Limoux le 28 mai 1809 ; mariée à N..., baron de Randal.

III. Louis-Hyacinthe-Auguste DE GENTIL, dit de Gentil-Baichis, né à Limoux en 1800, † à Limoux le 15 octobre 1878 ; épousa Mlle d'Omezon, dont :

1° Marie-Amable-Anne-Georges, qui suivra ;
2° N..., mariée à Xavier Delpech de Saint-Guilhem, officier du génie ;
3° Marguerite, mariée : 1° à Henri Belloc ; 2° en décembre 1881, à Joseph de Martrin-Donos ;

4° Marie-Zénobie-Mathilde, née en 1856, † à la Bogne (Tarn) le 4 juillet 1888; mariée à Albert-Louis-Joseph d'Alès de Boscaud.

IV. Marie-Amable-Anne-Georges DE GENTIL-BAICHIS, né en 1843, † à Toulouse le 26 février 1848; épousa N… Dupuy de Pauligne, dont trois fils :

1° Raoul; 2° Jean; 3° Roger.

GENTIL [DE CHAVAGNAC]

= Lettres de noblesse en faveur de Michel-Joseph GENTIL, lecteur honoraire du roi, par lettres patentes du 4 juin 1830, avec règlement d'armoiries : *tranché d'or et de sable, à une tour de l'un en l'autre, sénestrée en chef d'une étoile de sable.*

***

I. Claude-Joseph GENTIL, docteur régent, ancien professeur de la Faculté de médecine de l'Université de Paris, épousa Marie-Basile Chavagnac, fille de Michel, maître maçon, entrepreneur de bâtiments, et de Marguerite-Élisabeth Hamelin, dont un fils, qui suit.

II. Michel-Joseph GENTIL, dit le baron de Chavagnac, homme de lettres, lecteur du roi, ✳, né à Paris le 3 juillet 1770, † à Paris le 28 mai 1846, fut anobli par lettres patentes du 4 juin 1830; il se maria deux fois : 1° à Alexandrine-Marie Leroy; 2° à Marie-Madeleine Verniguet [née en 1761], et laissa au moins un fils, qui suit.

III. Alexandre-Théodore-Jean GENTIL, négociant à Paris, né en 1803.

GENTIL

= Titre personnel de baron en faveur d'Émery-Jean-Laurent GENTIL, gentilhomme ordinaire de la chambre du roi, par lettres patentes du 16 avril 1830, avec règlement d'armoiries : *écartelé, aux 1er et 4° d'azur, à trois épis de blé d'or, 2, 1; aux 2° et 3° d'or, à trois barrettes (ou mieux cotices en barre) de gueules et à l'orle de six grains de blé de froment au naturel (alias de sinople).*

***

I. Jean-Baptiste-Joseph GENTIL, colonel d'infanterie, chevalier de Saint-Louis, épousa Thérèse Villho de Castro, dont un fils, qui suit.

II. Émery-Jean-Laurent GENTIL, baron Gentil, gentilhomme ordinaire de la chambre du roi, fut créé baron à titre personnel par lettres patentes du 16 avril 1830. Né à Patna (Indes anglaises) le 12 octobre 1775, † à Versailles le 1er décembre 1838, il se maria deux fois : 1° à Parfaite-Éléonore-Césarine-Antoinette Leclerc, †…; 2° à Versailles, le 23 juillet 1822, à Anne-Perrine-Élie Le Terrier de Mennetot, † à Versailles le 8 juin 1859, fille de Jacques-Joseph-Pierre et d'Anne-Alexandrine Barbotteau [sans postérité].

GENTIL [de Saint-Alphonse]

= Titre de comte héréditaire en faveur d'Alphonse-Louis Gentil, maréchal de camp, par lettres patentes du 1er février 1817, avec règlement d'armoiries : *d'azur, à l'épée en pal d'or, accostée de deux étoiles du même, à la bordure crénelée d'argent.*

***

I. François-Antoine Gentil, officier ordinaire de la chambre de la reine, puis conseiller du roi, contrôleur général des rentes de l'Hôtel de Ville de Paris, épousa Françoise-Amable Molière, dont un fils, qui suit.

II. Antoine-Philippe Gentil, premier valet de chambre de la garde-robe du roi[1], ❋, né à Versailles le 4 novembre 1751, † ...; épousa à Versailles, le 15 mai 1775, Louise-Élisabeth-Marie Collet, fille de Jean-François, secrétaire des commandements de l'infante, Marie, et ancien chargé d'affaires à Parme, et de Louise-Élisabeth Jallot, dont un fils, qui suit.

III. Alphonse-Louis Gentil, comte Gentil de Saint-Alphonse, donataire de l'Empire (décret du 8 septembre 1808 : rentes 500), général de brigade (23 décembre 1813), lieutenant général (12 novembre 1820), G. O. ❋; fut autorisé par ordonnance du 28 mai 1817, à ajouter à son nom « de Saint-Alphonse » et fut créé comte héréditaire par lettres patentes du 1er février 1817. Né à Versailles le 6 décembre 1777, † à Toulouse le 7 août 1837, il épousa Amélie Filleul-Beaugé, dont :

1° Jules-Eugène-Désiré, qui suivra ;
2° Mathilde-Augustine-Lydie, née à Scalborough (île Tabago) le 3 juillet 1803, † au château de Diziers le 16 juillet 1887 ; mariée deux fois : 1° le 25 juin 1828, à Pierre-Charles Vuissière de Saint-Martin, receveur général des finances ; 2° le... 1836, à Auguste-Louis de Galleau, comte de Gadagne.

IV. Jules-Eugène-Désiré Gentil, comte Gentil de Saint-Alphonse, capitaine-commandant, ❋, né le 23 août 1811, † en Algérie le 23 septembre 1845 ; épousa le 8 mars 1837 Aimée Pailhès, †... ; remariée à Ferdinand-Auguste-Jean Nitot, général de brigade, et fille du baron Pailhès et de l'Empire, maréchal de camp, et d'Aimée Deshayes, dont deux fils :

1° Alphonse-Antoine-Xavier, qui suivra ;
2° Maurice, né en 1842, † en 1859.

V. Alphonse-Antoine-Xavier Gentil, comte Gentil de Saint-Alphonse, chef d'escadron de cuirasssiers en retraite, ❋, né le 22 mars 1838, sans alliance.

GEOFFROY D'ANTRÉCHAUX (de).

= Titre de baron héréditaire confirmé en faveur de Joseph, baron Geoffroy d'Antréchaux, baron de l'Empire, ancien lieutenant de vaisseau, membre du collège

1. Ces qualifications prises, à tort, lors du mariage en 1775 et en 1777, sur l'acte de naissance de leur fils, ont été biffées sur l'acte de baptême de ce fils, par l'officialité de Versailles.

électoral du Var, par lettres patentes du 11 novembre 1814, avec règlement d'armoiries : *parti : au I d'or, à l'aigle éployée de sable ; au II de sinople, au lévrier rampant d'argent, accolé de gueules, bouclé d'or.*

* *

Cette famille Geoffroy, anciennement Gauffredy, est originaire de Malaucène, en Provence, où elle est connue depuis la fin du XVe siècle sous le seul nom d'Antrechaus.

Une branche s'est fixée à Toulon et était représentée au cinquième degré par Jean, qui suit, arrière-petit-fils de Jean d'Antrechaus ou d'Antrechaux, bourgeois de Malaucène, marié le 14 avril 1604 à Lucrèce Garilli.

V. Jean d'Antrechaus, *alias* Geoffroy d'Antrechaux, consul de Toulon, chevalier de Saint-Louis, né le 12 avril 1693, † à Toulon le 13 janvier 1762 ; épousa : 1° le 14 mai 1719, Claire-Marquise de Guérin, dont un fils ; 2° le 12 janvier 1729, Aimée-Paule Grimaudet de Motheux, dont quatre autres enfants, qui suivent, et plusieurs morts jeunes :

[*du 1er lit*] : 1° Jean-Charles, qui suivra ;

[*du 2e lit*] : 2° Louis-Victor, né à Toulon le 18 janvier 1730 ;

3° Louis-Toussaint, officier de marine, né à Toulon le 18 novembre 1731, marié deux fois : 1° le 18 septembre 1770, à Magdeleine-Jeanne-Angélique de Rochemore ; 2° à Marie-Éléonore Roux de Laric, et dont la postérité est éteinte ;

4° Joseph-Augustin, lieutenant des vaisseaux du roi, chevalier de Saint-Louis, né à Toulon le 22 octobre 1732, † le 10 février 1786 ; marié à Toulon, le 31 juillet 1780, à sa cousine Delphine de Grimaudet de Motheux, sans postérité ;

5° Félicité-Thérèse, née en 1735, mariée à César d'Isnard, lieutenant de roi, chevalier de Saint-Louis.

VI. Jean-Charles Geoffroy d'Antrechaux, écrivain, puis commissaire de la marine, né en 1720, † mort à Toulon le 10 août 1770 ; épousa à Toulon, le 6 février 1759, Élisabeth-Anne Pourtrait, fille de François, écrivain de la marine, et de Claire Pomet, dont un fils, qui suit.

VII. Jean-Joseph Geoffroy d'Antrechaux, baron Geoffroy d'Antrechaux et de l'Empire[2] (lettres patentes du 26 avril 1811), lieutenant, puis capitaine de vaisseau, maire de Saint-Tropez, membre du collège électoral du Var et député du Var (1820...), chevalier de Saint-Louis, ✠, fut confirmé dans le titre de baron héréditaire par lettres patentes du 11 novembre 1814 ; né à Toulon le 3 juillet 1765, † à Sainte-Anastasie (Var) le 28 octobre 1834, il épousa Marie-Charlotte-Françoise-Eugénie Martin de Roquebrune, fille de Jean-François-Tropez, et d'Henriette Brémond de Léoubes, dont quatre enfants :

1° Jean-Baptiste-Louis-Charles, qui suivra ;

2° Félix-Joseph-Henri, né à Besse (Var) le 14 avril 1824, † au ch. de Pourcieux (Var), le 22 août 1894 ; marié le 24 mars 1856 à Marie-Claire d'Espagnet, †..., dont une fille : Rose-Marie-Joséphine-Geneviève, née à Aix le 12 février 1857, mariée le 20 juin 1882 à Jules Brémond de Léoubes ;

---

1. Sa courageuse conduite et son héroïsme pendant la peste de 1720 lui valurent l'estime et la reconnaissance des Toulonnais.

2. Cf. *Armorial du 1er Empire*, t. II, p. 228.

— 162 —

3° Louise-Henriette-Charlotte-Blanche, née à Saint-Tropez le 25 juillet 1805, mariée le 6 février 1837, à Joseph-Victor-Alexandre Mortier ;

4° Anne-Marie, née en 1807 ; † le 17 août 1819.

VIII. Jean-Baptiste-Louis-Claude Geoffroy d'Antrechaux, baron d'Antrechaux, officier au service de la Sardaigne ; né à Saint-Tropez le 7 octobre 1806, † à Marseille le 12 janvier 1882 ; épousa Marie-Laure-Stéphanie Branchon, † à Marseille en mars 1894, dont sept enfants :

1° Joseph-Honoré-Henri, né en 1834, † en mai 1884 ;

2° Charles-Amédée, né en 1841, † le 5 septembre 1879 ;

3° Henri-Léonce, † le 1er septembre 1894 ;

4° Paul-Sébastien, qui suivra ;

5° Raymond, † à Rouziers le 26 avril 1868 ;

6° Rose-Joséphine, mariée à Félix Sudre ;

7° Angèle, mariée en mai 1897 à Émile-Marie-Constant Bey, chef d'escadron.

IX. Paul-Sébastien Geoffroy d'Antrechaux, baron d'Antrechaux, employé des postes.

GEOFFROY D'ASTIER

= Titre de vicomte héréditaire, sur autorisation d'institution de majorat, et avec anoblissement, en faveur d'Antoine-François Geoffroy d'Astier, officier, par ordonnance du 24 décembre 1828.

*
* *

I. Jacques Geoffroy, marié à Claire Caussin, laissa un fils, François, qui suit.

II. François Geoffroy, commissaire des guerres, né à Mousson (Vosges) le 10 mars 1756 ; épousa à Grenoble, le 29 avril 1794, Marie-Antoinette-Adélaïde d'Astier, fille de Joseph, inspecteur et directeur des haras royaux, et de Marie-Anne Josse, et sœur du baron d'Astier de la Vigerie, dont un fils, qui suit :

III. Antoine-François Geoffroy, comte Geoffroy d'Astier, chef d'escadron d'état-major, chevalier de Saint-Jean-de-Jérusalem, ✠, fut autorisé, par ordonnance du 24 décembre 1828, à instituer un majorat au titre de vicomte héréditaire, avec lettres d'anoblissement, puis créé comte héréditaire par lettres patentes du 19 février 1842. Né à Vienne (Isère) le 20 juillet 1795, il épousa le 7 septembre 1835 Antoinette-Florentine-Marie-Bercaire de la Morre, † au château de Sonnois (Marne) le 11 décembre 1889, et mourut lui-même à Paris le 4 avril 1866, sans postérité, instituant pour héritier de son titre son neveu le baron d'Astier de la Vigerie (voir t. II, notice D'Astier de la Vigerie).

Le comte Geoffroy d'Astier reçut comme règlement d'armoiries par les lettres patentes de 1742 : *écartelé : aux 1er et 4e tranché de gueules et d'argent ; aux 2e et 3e d'or, à la bande alaisée de sable.*

GEOFFROY DU ROURET (DE)

= Titre de baron héréditaire en faveur d'Adolphe DE GEOFFROY DU ROURET, par lettres patentes du 5 juillet 1823, avec règlement d'armoiries : *tranché de gueules et d'argent.*

La famille Geoffroy du Rouret, originaire de Nice, a été maintenue dans sa noblesse à l'intendance de Provence, le 24 septembre 1694, sur preuves de sa filiation depuis Emmanuel Geoffroy, citoyen de Nice, marié à Honorade de Grimaldis et vivant en 1517 ; leur fils Maffred Geoffroy, sieur de la Camée, épousa le 5 mai 1517 Brigitte de Chabaud et sa descendance était représentée au huitième degré par César, qui suit.

VIII. César de GEOFFROY, sgr du Rouret, fils d'Honoré et de Thérèse de Moricaud, épousa à Grasse, le 26 avril 1745, Anne de Villeneuve-Bargemon, † à Grasse le 16 mai 1778, et mourut lui-même le 3 août 1774, laissant :

1° Joseph-Louis, qui suivra ;
2° Jean, chanoine d'Aix, curé d'Antibes (1800-30), né à Grasse le 24 avril 1749, † à Antibes le 15 juin 1835 ;
3° César-Henri-Joseph, chanoine de Draguignan et de Fréjus, né à Grasse le 16 novembre 1750, † à Fréjus le 8 février 1845 ;
4° Louis, chef de bataillon d'artillerie, ✳, né à Grasse le 19 juillet 1751, marié à Claire-Adélaïde Fanton d'Andon, dont un fils, qui suit :
    François-Félix, avocat, puis négociant, maire de Grasse, né à Grasse le 12 avril 1797, † même ville le 6 septembre 1865 ; marié à Mlle Boulay-Comte, dont deux fils, qui ont laissé postérité, et une fille, Mme de Mougins-Roquefort.

IX. Joseph-Louis DE GEOFFROY, chevalier, seigneur du Rouret, capitaine, puis major des vaisseaux du roi, retraité contre-amiral honoraire, chevalier de Saint-Louis ; né en 1746, †... ; épousa Marie-Catherine Gallimard, † à Grasse le 5 novembre 1850, dont un fils, qui suit :

X. Adolphe DE GEOFFROY DU ROURET, baron de Geoffroy du Rouret, dit le marquis du Rouret, né à Grasse le 30 août 1790, † à Paris le 19 mars 1877, fut créé baron héréditaire par lettres patentes du 3 juillet 1823. Il épousa Antoinette-Gabrielle Fagès d'Auzières de Saint-Martial, † à Versailles le 1er septembre 1886, fille de M. et de Mme, née de Bausset, dont une fille unique :

    Louise-Polyxène-Nathalie, née..., † au château de Querrieu (Somme) le 31 mai 1880 ; mariée deux fois : 1° le 3 juillet 1844, à Amédée-Gédéon-Ferdinand-Théodore, comte de Clermont-Tonnerre de Thoury, † le 21 avril 1855 ; 2° le 25 juin 1857, à Charles-Adolphe-Raoul de Gaudechart, marquis de Querrieu.

GEOFFROY DE MONTGAY

= Titre de comte héréditaire, sur institution de majorat (domaine de Bombon, canton de Mormant, Seine-et-Marne), en faveur de Louis GEOFFROY DE MONTGAY, capitaine de cavalerie, par lettres patentes du 29 mai 1826, avec règlement d'armoiries : *d'azur, au triangle renversé d'or, chargé d'une ombre de soleil de gueules.*

= Titre de comte héréditaire et transmission de majorat, par ordonnance du 18 octobre 1828, en faveur de Claude-Marie-Wilfrid Geoffroy de Montgay, fils du précédent.

* *

I. Louis Geoffroy, bourgeois de Paris, puis conseiller secrétaire du roi, maison et couronne de France, épousa Antoinette Vereux, dont un fils, qui suit.

II. Claude Geoffroy, écuyer, sgr de Bombon, Montgay, le Breuil, Assy, etc., conseiller secrétaire du roi après son père (19 août 1731), caissier des recettes gégérales des finances, né à Paris le 15 août 1690, † en 1770; épousa Madeleine Paignon, dont :

1° Louis, conseiller grand maître des eaux et forêts au département d'Alençon (1753), † sans alliance ;
2° Augustin-Claude, prêtre, né le 20 août 1732;
3° Claude-Gilbert, qui suivra ;
4° Jean-Claude, sgr d'Assy, trésorier général des recettes générales, mort sur l'échafaud révolutionnaire en 1793; marié le 17 janvier 1771 à Geneviève-Élisabeth Le Long, dont postérité qui a formé la branche dite d'Assy, et représentée de nos jours;
5° N..., mariée à M. Journet, intendant de la généralité d'Auch ;
6° Anne-Magdeleine, mariée à Marius-Jean-Baptiste-Nicolas Daine, intendant de la généralité de Tours.

III. Claude-Gilbert Geoffroy, chevalier, sgr de Montjay, conseiller au parlement de Paris, administrateur des domaines et bois de la généralité de Paris, né à Paris le 6 mars 1718, épousa le 23 février 1750 Catherine-Marguerite Chárron, dont :

1° Claude, qui suivra ;
2° Pierre-Félix, sgr du Charnois et de Robetz, conseiller au parlement de Paris (5 août 1783), marié deux fois : 1° à Louise-Modeste Poulletier de Perrigny, dont un fils, qui suit; 2° en 1817, à Nathalie de Joubert;
[*du 1er lit*] : Léon-Alexandre, marié à Éléonore Marie de la Motte-Ango de Flers.

IV. Claude Geoffroy, chevalier, sgr de Montjay, avocat du roi du Châtelet, conseiller au parlement et président de la cour des aides de Paris (19 février 1783), né en 1758, † à Paris, le 14 mars 1784 ; épousa le 24 août 1778 Isabelle-Renée Le Maistre, remariée à Robert-Guillaume Dillon, dont deux enfants :

1° Louis, qui suivra;
2° Renée, mariée à André-Étienne Chabenat, vicomte de Bonneuil.

V. Louis Geoffroy de Montjay, comte Geoffroy de Montjay, capitaine de cavalerie, né à Paris le 16 juillet 1782, † en 1828 ; fut créé comte héréditaire, sur institution de majorat, par lettres patentes du 29 mai 1826; il épousa Félicie-Timelée Fontaine de Cramayel, fille du baron de Cramayel et de l'Empire, préfet du palais de Napoléon Ier, et de Marie-Joséphine de Folard, dont trois enfants :

1° Claude-Marie-Wilfrid, comte de Montgay, † jeune, sans alliance ;
2° Édouard-Gaston, qui suivra ;
3° Joséphine-Renée-Valentine, née en 1821, † à Paris le 16 avril 1896; mariée le 30 avril 1838 à Pierre-Louis-Édouard-Alfred de Bardou, comte de Segonzac.

VI. Édouard-Gaston Geoffroy de Montjay, comte de Montjay, né en 1823,
† au château de Bombou le 24 octobre 1882.

GEORGES DE LEMUD

= Titre de baron héréditaire en faveur de François-Joseph Georges de Lemud, lieutenant colonel d'artillerie en retraite, par lettres patentes du 21 juillet 1818, avec règlement d'armoiries : *d'azur, à la fasce d'argent, chargée d'un croissant d'azur, accostée de deux croix pattées de gueules, et accompagnée de trois abeilles d'or, 2, 1.*

* *

La famille Georges de Lemud est originaire de Pont-à-Mousson et a pour auteur Nicolas Georges, notaire à Lumy, † le 20 janvier 1723.

II. Didier Georges, procureur royal et subdélégué à l'intendant, professeur à l'Université de Pont-à-Mousson, né le 18 juillet 1682, † le 17 janvier 1742, fils du précédent, acheta la terre de Lemud le 25 juillet 1737, et avait été anobli par lettres patentes du duc Léopold, en date du 4 juin 1715; il épousa Jeanne Rouyer, dont :

[*Du 2e lit*] : 1° François-Sébastien, qui suivra ;
2° Anne-Dorothée, mariée à Jacques Jadelot;
3° Charles-François, † sans alliance.

III. François-Sébastien Georges, sgr de Lemud et d'Alémont, conseiller du roi de Pologne et procureur au bailliage de Pont-à-Mousson, né le 24 janvier 1706, † le 10 juin 1791, se maria deux fois : 1° à Barbe Devaux, † sans postérité; 2° le 24 mai 1746, à Catherine Fort, † le 18 décembre 1793, dont quatre enfants :

1° François-Simon, qui suivra ;
2° Jean-Baptiste, dit M. des Aulnois, qui a laissé postérité, représentant la branche Georges des Aulnois ;
3° Louise-Catherine, mariée le 3 novembre 1774 à Charles-François du Mesnil ;
4° Jeanne-Marie, mariée le 6 août 1784 à Jean-Charles-Joseph Georges d'Alnoncourt, conseiller au parlement de Metz.

IV. François-Simon Georges de Lemud, né le 18 mai 1747, † en 1825 ; épousa le 28 juillet 1777 Marie-Catherine-Josèphe Georges, dont deux fils, qui suivent, et six autres enfants morts sans alliance :

1° François-Joseph, qui suivra ;
2° François-Xavier, né le 23 novembre 1779, † à Lorry-devant-le-Pont, le 25 octobre 1844 ; marié deux fois : 1° vers 1810, à Marie-Jeanne-Antoinette de Chazelles, dont cinq enfants (un seul marié et père d'une fille) ; 2° en 1822, à Madeleine-Émilie Lanty, † à Saint-Cyr-l'École le 8 septembre 1869, dont un autre fils, qui suit :
François-Ferdinand, lieutenant-colonel d'infanterie, O. ❉; né à Thionville le 14 février 1825, † à la Flèche, le 16 septembre 1874; marié le 3 novembre 1855 à Marie-Geneviève-Angèle Gaillard de Saint-Germain, dont six enfants.

V. François-Joseph, dit Aimé, Georges de Lemud, chevalier Georges de Lemud et de l'Empire (lettres patentes du 3 août 1810), puis baron Georges de Lemud, donataire de l'Empire[1]; capitaine-adjudant-major d'artillerie de la garde impériale (1810), lieutenant-colonel (1813), retraité en 1818, C. ❉, chevalier de

1. Cf. *Armorial du 1er Empire*, t. II, p. 229.

Saint-Louis; né à Pont-à-Mousson le 7 septembre 1778, † même ville en 1838, sans alliance; fut créé baron héréditaire par lettres patentes du 21 juillet 1818.

GEORGETTE DU BUISSON DE LA BOULAYE

= Titre de vicomte héréditaire en faveur de Jean-Baptiste-Antoine GEOR-GETTE DU BUISSON DE LA BOULAYE, commissaire de la marine, par lettres patentes du 8 janvier 1820, avec règlement d'armoiries: *d'azur, au chevron d'or, surmonté d'une étoile d'argent, accompagné en chef de deux cloches du même, et en pointe d'une branche de laurier au naturel.*

**

I. Thomas GEORGETTE-DUBUISSON, valet de chambre et barbier du roi; épousa Élisabeth-Marie Beauchamp, dont cinq enfants:

1° Louis, premier commis de la marine, né en 1727, † après 1810; marié à Versailles, le 29 octobre 1760, à Marie-Anne-Gabrielle Thierry, femme de chambre de Mme Adélaïde, dont aussi cinq enfants, qui suivent:
  a) Anne-François, né à Versailles le 12 août 1761;
  b) Antoine-François, né à Versailles le 31 mars 1763;
  c) Jacques-Philippe, né à Versailles le 4 octobre 1765;
  d) Alexandre-Victor, né à Versailles le 29 mai 1767;
  e) Louise-Éléonore, née à Versailles le 22 mars 1771;
2° Antoine-Jean, qui suivra;
3° Antoine-Thomas, valet de chambre et barbier du roi, né en 1721, † après 1790; marié à Jeanne Grosjean, dont un fils, qui suit:
  Antoine-Étienne, capitaine de vaisseau, retraité contre-amiral honoraire en 1831, O. ✳; chevalier de Saint-Louis, né à Versailles le 8 janvier 1772, † le 5 novembre 1833; marié à N..., dont huit enfants, qui suivent:
  aa) François-Antoine-Charles, né le 30 août 1814;
  bb) Antoine-Marie, capitaine de vaisseau, ✳; né le 13 novembre 1821, † à Toulon, le 25 mai 1870;
  cc) Henri-Charles-Louis; né le 16 avril 1824;
  dd) Louis-Alfred-Théodore, né le 30 septembre 1825;
  ee) Arthur-Julien-Armand, né le 25 juillet 1828;
  ff) Aloïse-Marie-Antoinette-Félicité, née le 17 juillet 1817;
  gg) Cécile-Adèle-Nicole, née le 14 juillet 1819;
  hh) Adèle-Henriette-Constance, née le 20 février 1827;
4° Marie-Michelle, née à Versailles le 2 janvier 1729; mariée à Thomas-Barthélemy Mancel, échevin de Cherbourg;
5° Charlotte-Rosalie, née à Versailles le 9 juin 1730.

II. Antoine-Jean GEORGETTE-DUBUISSON, écuyer, sieur de la Boulaye, premier valet de chambre, baigneur du roi et ordinaire de Monsieur le Dauphin, puis huissier ordinaire de la chambre et gouverneur des pages de la chambre du roi, né à Versailles le 16 août 1732, † mort le 6 octobre 1786, épousa à Versailles, le 6 janvier 1765, Marguerite du Tillet de Villars, fille de Jean-Joseph, gouverneur des pages de la chambre du roi, et de Catherine Tourette, dont:

1° Jean-Baptiste-Antoine, qui suivra;
2° Anne-Marie-Michelle, née à Versailles le 2 mars 1773;

3° Sophie-Léonarde, femme de chambre de Mme Sophie, née à Versailles le 12 février 1778, † à Versailles le 31 octobre 1848; mariée à Augustin Camusat de Riancey.

III. Jean-Baptiste-Antoine GEORGETTE-DUBUISSON DE LA BOULAYE, vicomte du Buisson de la Boulaye, commissaire de la marine, secrétaire général de la maison du roi (1815), intendant de la liste civile (1827), chevalier de Saint-Louis, O. ✸, né à Versailles le 11 novembre 1781, † à Bourg (Ain) le 20 février 1856, fut créé vicomte héréditaire par lettres patentes du 8 janvier 1820; il épousa en 1809 Marie-Aloyse de la Chapelle, † à Bourg le 26 novembre 1863, fille de Charles-Hippolyte, intendant de la maison du roi, député, et d'Hélène Taffu, dont un fils, qui suit :

IV. Charles-Louis-Eugène GEORGETTE DU BUISSON, vicomte de la Boulaye, conseiller général de l'Ain, né à Versailles le 17 janvier 1810, † le 13 août 1888, épousa vers 1832 Louise-Henriette-Adrienne de Graindorge d'Orgeville de Mesnil-Durand, † à Bourg le 13 juin 1859, fille de Louis-César-Adolphe, baron de Mesnil-Durand, et d'Antoinette-Henriette-Adèle Thibault de la Carte de la Ferté-Sennectère, dont cinq fils et une fille :

1° Charles-Louis-Edmond, qui suivra;

2° Charles-Auguste-Albert, baron de La Boulaye, capitaine d'état-major, ✸; né à Romenay (Saône-et-Loire) le 20 juin 1824, marié en novembre 1864, à Hélène-Blanche-Hélène Joannin, dont quatre enfants, qui suivent :

   a) Charles-Antoine-Henri, officier de cavalerie, né à Lyon le 25 décembre 1868;

   b) Louise-Marie-Yvonne, née à Pont-de-l'Ain le 21 août 1865, mariée le 8 février 1888 à Jean-Baptiste-Gabriel-Charles-Maxime Rüffer d'Épenoux, officier de cavalerie;

   c) Marthe-Marie-Stéphanie, née à Coligny le 26 avril 1872, † le 1er septembre 1899; mariée le 21 novembre 1893 à Pierre Frèrejean;

   d) Marie-Gabrielle-Marguerite, née à Lyon le 15 avril 1874;

   e) Jeanne-Marie-Édith, née à Ceyzeria (Ain) le 13 septembre 1876.

3° Charles-Marie, juge au tribunal civil de Bourg, né à Romenay le 30 septembre 1836 marié le 21 octobre 1861, à Jeanne-Marie-Claudine Coste, dont six enfants, qui suivent :

   a) Charles-Marie-Edmond, jésuite, né à Bourg le 26 décembre 1876;

   b) Charles-Jean-Louis, officier d'infanterie, né à Bourg le 7 janvier 1877;

   c) Jeanne-Marie-Victorine, née à Trévoux le 2 novembre 1862 mariée en décembre 1891 à Étienne Domboy;

   d) Mathilde-Marie-Joséphine, née à Trévoux le 27 novembre 1863, mariée en janvier 1889 à Eugène de La Chapelle, officier de cavalerie;

   e) Sabine-Marie-Louise, née en avril 1865, mariée le 4 janvier 1892, à Jean-Léon, baron Bouthillon de la Serve;

   f) Marguerite-Marie-Andrée, née en 1898, † jeune;

4° Charles-Henri-Gaston, capitaine d'état-major, ✸; né à Romenay le 20 avril 1840; marié à Marie Viot, dont quatre enfants, qui suivent :

   a) Charles-Louis-Antoine;

   b) Charles-Paul-Albert;

   c) Charles-Joseph-René;

   d) Élisabeth;

5° Charles-Antoine-Paul, né à Bourg le 24 janvier 1849; marié en novembre 1881 à Constance Chabot, dont trois enfants, qui suivent :

   a) Charles-Joseph-Hubert, né à Moulins le 14 janvier 1884;

   b) Marie-Louise, née à Moulins le 21 septembre 1882;

   c) Marie-Édmée, née à Moulins le 30 novembre 1891;

6° Marie-Élisabeth-Marguerite, née à Bourg le 10 mars 1854 ; mariée le 1er mai 1877 à Aimé Frèrejean.

V. Charles-Louis-Edmond Georgette du Buisson, vicomte de La Boulaye, né à Versailles le 30 mai 1831, sans alliance.

GÉRARD

= Titre de baron héréditaire en faveur de François-Paul-Simon Gérard, peintre, membre de l'Académie des beaux-arts, par lettres patentes du 17 août 1820, avec règlement d'armoiries : *d'or, à la fasce d'azur, chargée d'une tête de Minerve d'argent, posée de profil,* et la devise : Luna non e se non vien del sereno.

I. Jean-Simon Gérard, intendant et chef d'office du bailli de Suffren à Rome, puis du cardinal de Bernis et de M. de Breteuil, épousa N... (Italienne), dont trois fils :

1° François-Paul-Simon, qui suivra ;

2° Jacques-Alexandre, né le 13 avril 1780, † à Paris le 28 octobre 1832 ; marié à N..., dont un fils, qui suit :

Henri-Alexandre, baron Gérard, attaché à la direction des musées, maire de Barbeville, conseiller général du canton de Balleroy, député du Calvados (1882-1902), O. ❊ ; né à Orléans le 22 mars 1818 ; marié à Pauline Schnappers, † en 1885 ; il a été créé baron héréditaire sur-réversion du titre de son oncle, par décret impérial du 9 février 1870 et lettres patentes du 4 mai suivant, et a deux enfants qui suivent :

a) Maurice, maire de Maisons, conseiller général de Trévières (Calvados) ; marié en avril 1880 à Béatrix de Dampierre, dont trois enfants : François, Guillaume et Marguerite ;

b) Marie-Louise-Alexandrine, mariée le 3 juin 1879 à Auguste-Ferdinand Caillard d'Aillières, député de la Sarthe ;

1° N..., matelot, mort en mer.

II. François-Paul-Simon Gérard, baron Gérard, peintre, membre de l'Académie des beaux-arts, ❊, fut créé baron héréditaire par lettres patentes du 17 août 1820. Né à Rome le 17 mars 1770, † à Paris le 11 janvier 1837, il épousa Marguerite-Françoise Mattei, † à Paris le 1er décembre 1848, dont il n'a pas laissé d'enfants.

GÉRARD D'HANNONCELLES

= Titre personnel de baron en faveur de François-Gilbert Gérard d'Hannoncelles, premier président à la cour royale de Metz, par lettres patentes du 21 août 1828, avec règlement d'armoiries : *d'argent, à la jumelle de gueules, accompagnée en chef d'une aigle éployée de sable, allumée et armée de gueules, et en pointe de deux lions affrontés d'azur, armés, lampassés et allumés de gueules, le tout cantonné de quatre mâcles du même.*

La famille Gérard, originaire du pays de Liège, s'est fixée au XVIIIe siècle en Lorraine, où elle a possédé la seigneurie d'Hannoncelles, au diocèse de Verdun.

II. Jean GÉRARD, écuyer, seigneur d'Hannoncelles, officier au régiment colonel-général-cavalerie, né en 1698, † à Metz le 23 mai 1782, fils de Didier, capitaine au régiment de Boufflers-infanterie, et de Marie Colloz ; épousa à Neu-Brisach, le 16 juillet 1726, Marie-Antoinette de Rusque, † à Neu-Brisach le 14 mai 1744, fille de Jacques de Rusque, ou Rusca, ingénieur au service de l'empereur, et de Marie-Thérèse Angadrio, dont :

1° Jean-Baptiste-Gilbert, qui suivra ;
2° Jacques, lieutenant au régiment royal-Roussillon, † à Fulda le 3 septembre 1775 ;
3° Marie-Élisabeth, née en 1736, † le 18 septembre 1754 ; mariée à Claude-François-de-Paule de Millet de Chevers, conseiller du roi de Pologne.

III. Jean-Baptiste-Gilbert GÉRARD, écuyer, seigneur d'Hannoncelles, conseiller au parlement de Metz (1771), conseiller à la cour souveraine de Nancy ; né à Neu-Brisach le 12 mars 1730, † à Hannoncelles le 22 octobre 1807 ; épousa à Metz, le 22 avril 1755, Françoise-Thérèse Pacquin, † à Metz le 21 décembre 1809, fille de Jean-Baptiste, conseiller secrétaire du roi, et de Marie-Cécile Lefebvre, dont :

1° Jean-François-Gilbert, qui suivra ;
2° Claude-Étienne-Louis, lieutenant au régiment royal-suédois, né à Metz le 28 août 1769, † à Verdun le 3 avril 1846 ; marié à Verdun, le 9 septembre 1817, à Anne des Godins de Souhesmes, dont un fils, qui suit :
   François-Jules, président de chambre à la cour d'appel de Nancy, ✳ ; né à Verdun le 27 novembre 1818, † ... ; marié à Crépy, le 5 octobre 1847, à Louise-Élisabeth Pyrot de Crépy, † à Nancy le 5 mars 1878, dont deux fils et une fille, qui suivent :
   a) François-Louis, né le 16 juin 1854, † le 3 octobre 1860 ;
   b) Jean-Marie-François, né le 27 octobre 1861 ; marié : 1° le 27 septembre 1887, à Marie-Caroline-Henriette-Pauline-Françoise-Xavérine-Joséphine-Eugénie de Charette de la Contorie, † à Bourlemont, le 22 novembre 1889, sans postérité ; 2° le 7 mai 1893, à Marie-Marguerite de Gargan, dont deux enfants :
   c) Marie-Marguerite, née le 4 décembre 1850 ; mariée le 24 avril 1878 à Julien-Marie du Bouays de la Bégassière ;
2° Abraham-Joseph-Marie-Cécile, officier au régiment de Noailles-dragons, garde du corps, né à Metz le 14 avril 1749, † à Saint-Pétersbourg le 13 avril 1802 ; marié à Bayreuth en Franconie, le 16 novembre 1797, à Marie-Louise-Élisabeth Cachedenier de Vassimont, sans postérité ;
3° Jean-Baptiste-Barbe-François, capitaine aux chasseurs de Lœwenstein, né à Metz le 17 avril 1772, † à Groden (Allemagne) le 26 octobre 1795 ;
4° Marie-Cécile, née le 2 février 1756 ;
5° Jeanne-Madeleine, née et décédée en 1757 ;
6° Madeleine-Barbe-Cécile-Françoise, née le 22 novembre 1760 ; † le 1er janvier 1805 ; mariée à Metz, le 24 avril 1788, à François-Joseph des Guyots, officier au régiment royal-Bavière.

IV. Jean-François-Gilbert GÉRARD D'HANNONCELLES, baron Gérard d'Hannoncelles, conseiller au parlement de Nancy (13 juillet 1784), premier président à la cour d'appel de Metz (1820), O. ✳, fut créé baron, à titre personnel, par lettres patentes du 21 août 1828. Né à Metz le 15 avril 1758 † même ville le 3 mai 1838, il épousa le 3 octobre 1786, Charlotte-Thérèse Symon de la Treische, † à Hannoncelles le 7 novembre 1841, fille d'Hubert et de Mlle Cachenier de Vassimont, dont trois enfants :

1° Jean-Gabriel-Gilbert, officier d'infanterie, né à Nancy le 20 juin 1787, † à Torrero
(Espagne) le 23 décembre 1808 ;

2° Françoise-Thérèse-Étiennette, née le 15 octobre 1789, † le 31 décembre 1793 ;

3° Frédérique-Louise-Auguste, née à Anspach (Franconie) le 18 septembre 1795, † à Hannoncelles le 19 janvier 1884 ; mariée le 24 février 1821 à Joseph-Alexandre Tardif de Moidrey, chef d'escadron, ✳.

GÉRARD DE RAYNEVAL

= Titre personnel de comte, par ordonnance du 26 octobre 1828, en faveur de Maximilien-Alphonse Gérard de Rayneval, ambassadeur.

*
* *

I. Jean Gérard, officier de la juridiction de la seigneurie de Massevaux, laissa quatre enfants :

1° Conrad-Alexandre, premier commis de M. de Choiseul, secrétaire d'ambassade, premier commis au Ministère des affaires étrangères, ministre plénipotentiaire aux États-Unis (1778), préteur royal à Strasbourg, anobli par lettres de février 1778, né en 1730, † à Strasbourg en 1790 ; marié à Mariette-Nicole Grossart de Verly ;

2° Jean-Claude, bailli des ville et comté de Ferrette, subdélégué de l'intendant d'Alsace, maire de Belfort (1806), président du Conseil général du Haut-Rhin, anobli par lettres de décembre 1783, né en 1732, † en 1809 ; marié et ayant laissé postérité représentée de nos jours ;

3° Joseph-Mathias, qui suivra ;

4° Louis-Armand, lieutenant-colonel au régiment d'infanterie-Nassau, né en 1737, † en 1824, sans postérité ;

II. Joseph-Mathias Gérard, puis Gérard de Rayneval, consul de France à Dantzig (1770-74), secrétaire au Conseil d'État, littérateur, membre de l'Académie des beaux-arts. Né à Massevaux (Alsace) le 25 février 1736, † à Paris le 31 décembre 1812, fut anobli en même temps que son frère par lettres de décembre 1783, et épousa Sophie-Marie-Adélaïde Gaucherel, dont trois enfants :

1° Maximilien-Alphonse, qui suivra ;

2° Adélaïde, née à Versailles le 37 avril 1777, † à Paris le 28 mai 1860 ; mariée à André-Marie de Joguet ;

3° Sophie-Alexandrine, née à Versailles en juin 1780, † à Paris en octobre 1823 ; mariée en 1796, à Charles-François-Luce, baron Didelot et de l'Empire, préfet et chambellan de Napoléon Iᵉʳ.

III. Maximilien-Alphonse Gérard de Rayneval, comte Gérard de Rayneval, premier secrétaire d'ambassade (1805), ministre plénipotentiaire de France (1824), sous-secrétaire d'État au Ministère des affaires étrangères (1821), ambassadeur de France, pair de France (11 octobre 1832), G. O, ✳ ; fut créé comte à titre personnel, par ordonnance royale du 26 octobre 1828. Né à Versailles le 8 octobre 1778, † à Saint-Ildefonse (Espagne) le 15 août 1836, il épousa à Saint-Pétersbourg, le 14 août 1811, Alexandrine de Wlodeck, † à Paris le 29 octobre 1859, dont cinq enfants :

1° Alphonse-Marc, dit le comte de Rayneval, ambassadeur de France, né à Paris le 1ᵉʳ août 1813, † à Paris le 10 février 1858 ; marié à Louise-Marie Berlin de Vaux, dont deux filles, qui suivent ;

a) Angélique-Madeleine-Alexandrine, née le 30 juin 1851, † le 30 octobre 1880; mariée le 28 avril 1870 à Étienne-Henri Le Gouz de Saint-Seine ;

b) Jeanne-Marie, † à Malaga en 1860 ;

2° Eugène-Pierre-Alexandre, qui suivra ;

3° Charles Aloys-Maximilien, premier secrétaire d'ambassade, né le 26 novembre 1825 ;

4° Joseph-Eugène-Ernest, prêtre, protonotaire apostolique, né le 4 avril 1827, † à Neuilly-lès-Dijon le 5 août 1878 ;

5° Constance-Adèle, chanoinesse de Sainte-Anne de Munich, née le 2 novembre 1815, † à Ems le 19 août 1877.

IV. Eugène-Pierre-Alexandre GÉRARD DE RAYNEVAL, dit le comte de Rayneval, capitaine de frégate, chambellan de Napoléon III, O. ✳, né le 16 août 1814, † à... le 31 janvier 1871; épousa le 23 octobre 1849 Olga, princesse Cherbatoff, † le 3 mars 1858, dont trois enfants :

1° Hélène-Alexandrine-Anne-Maximilienne, née le 30 août 1851 ;

2° Olga-Eugénie-Anne-Alexandrine, née le 10 octobre 1855, † à Menton le 7 mars 1886; mariée le 29 septembre 1880 à Ludovic-Philippe-Auguste-Alexandre d'Ornano, officier de cavalerie ;

3° Marie-Eugénie-Béatrix-Constance, née le 19 octobre 1856 ; mariée le 5 décembre 1887 à Henri-Charles-Marie-Auguste Le Gendre d'Onzenbray.

Cette famille Gérard porte pour armoiries : *d'argent, à quatre tourteaux de gueules, posés, 2, 2.*

GERDY

= Titre personnel de baron, en faveur de François-Xavier GERDY, colonel d'artillerie de marine, par lettres patentes[1] du 16 avril 1830, avec règlement d'armoiries : *de sable, à une ancre d'argent surmontée de deux obus d'or, éclatants et enflammés de gueules; à la bordure componée d'azur et d'or.*

** **

I. Pierre GERDY, laissa au moins deux fils :

1° François-Xavier, qui suit ;

2° Pierre-Joseph-Philibert, baron Gerdy et de l'Empire (lettres patentes du 11 juin 1810), donataire de l'Empire[2], colonel d'artillerie (16 juin 1809), O. ✳, né à Dole (Jura) le 25 décembre 1775, † au combat de Kawicz le 16 décembre 1812, sans alliance.

II. François-Xavier GERDY, baron Gerdy, lieutenant d'artillerie à pied (1794), colonel d'artillerie de marine, directeur de Toulon, O. ✳, fut créé baron héréditaire par lettres patentes du 16 avril 1830. Né à Dôle (Jura), le 27 septembre 1770, †..., il épousa Cornélie de Granet, † à Paris le 19 février 1882 (remariée en second mariage à M. Le Ray, comte de Chaumont), dont :

1° Auguste, mort au berceau ;

2° Marie-Caroline, née en 1831, † à Sampans (Jura) le 27 octobre 1889 ; mariée le 3 février 1852 à François-Léon-Joseph, comte de Laurencel.

1. L'ordonnance royale de 1828, portait avec anoblissement.
2. Cf. *Armorial du Ier Empire*, t. II, p. 231.

GERMAIN DE MONFORTON

= Titre héréditaire de comte de Monforton, confirmé en faveur d'Auguste-Jean GERMAIN, comte de MONFORTON et de l'Empire, par lettres patentes du 17 février 1815, avec règlement d'armoiries: *d'azur, à la tour d'or, parti du même à la barre d'argent, chargée d'un lion passant de gueules et accosté de deux alérions du même.*

= Titre de pair héréditaire en faveur du même, par ordonnance du 5 mars 1819, confirmé au titre de baron-pair héréditaire, sur institution du majorat de pairie, par lettres patentes du 7 août 1828, avec même règlement d'armoiries que ci-dessus.

= Titre de comte héréditaire et transmission de majorat par ordonnance du 18 juillet 1829, en faveur de Louis-Auguste-Constance-Albert GERMAIN DE MONFORTON, fils du précédent.

* *

I. Jean-Pierre GERMAIN, banquier à Paris, † le 31 mai 1803, épousa Reine-Marthe Rousseau, dont un fils, qui suit.

II. Auguste-Jean GERMAIN, comte DE MONFORTON et de l'Empire (institution de majorat, lettres patentes du 19 décembre 1809)[1], surnuméraire au Ministère de l'intérieur (1801), chambellan et officier d'ordonnance de Napoléon Ier (1806), ministre plénipotentiaire (1813-14), préfet (1814-19), pair de France (5 mars 1819), O. ✻; fut confirmé dans le titre de comte héréditaire par lettres patentes du 17 février 1815, et institua sa pairie héréditaire aux rang, titre et dignité de baron-pair sur un majorat de pairie créé par lettres patentes du 7 août 1828. Né à Paris le 8 décembre 1786, † même ville le 26 avril 1821, il épousa le 24 février 1812 Constance-Jeanne-Stéphanie d'Houdetot, † aux Avenues, à Compiègne, le 8 juin 1872, fille de César-Louis-Marie-François-Ange, comte d'Houdetot, lieutenant général, et de Constance-Joséphine de Céré, dont :

1° Louis-Auguste-Constance-Albert, qui suivra ;
2° Camille-Marthe-Marie, née en 1814, † à Compiègne le 6 janvier 1866 ; mariée à Jules-Louis des Acres, vicomte de L'Aigle ;
3° Louise-Amable-Caroline-Albertine, née le 5 août 1815, † à Paris le 19 janvier 1862 ; mariée le 24 février 1838 à Maximilien-Sébastien-Auguste-Arthur-Louis-Fernand, comte Foy.

III. Louis-Auguste-Constance-Albert GERMAIN, comte de MONFORTON, ministre plénipotentiaire, pair de France (par hérédité, 13 juin 1842), né à Paris le 5 août 1815, † à Paris le 22 septembre 1883 ; sans alliance.

GERMEAU

= Titre de chevalier héréditaire en faveur d'Albert-Edmond-Pierre-Stanislas GERMEAU, chef de division au Ministère de la justice, par lettres patentes du 12 mai 1819, avec règlement d'armoiries : *tranché d'or et d'azur, à la croix ancrée de l'un en l'autre.*

1. Cf. *Armorial du Ier Empire*, t. II, p. 231.

= Lettres de noblesse par ordonnance du 28 octobre 1821, en faveur du même.

* *

I. Jean-Baptiste GERMEAUX, *alias* Germeau, bourgeois de Compiègne, épousa Marie-Magdeleine Dublocque, dont au moins un fils, qui suit.

II. Albert-Pierre-Edmond-Stanislas GERMEAU, secrétaire particulier du garde des sceaux (1820), sous-préfet (1831), préfet (1839-1848), ✻, fut créé chevalier héréditaire par lettres patentés du 12 mai 1819, puis anobli par ordonnance du 28 octobre 1821. Né à Compiègne (Oise) le 8 juillet 1800, † à... le... août 1867, il épousa N..., dont :

1° Léon, qui suivra;
2° Camille, mariée à Metz, le 1er août 1860, à Louis de Paroy de Lurcy, conseiller de cour d'appel.

III. Léon GERMEAU, secrétaire général de préfecture, né en 1841, † à Paris le 8 mai 1898; épousa N... Flury, dont un fils, qui suit.

IV. Louis GERMEAU, né...

GERMINY — *v.* LE BÈGUE DE GERMINY

GESTAS DE LESPEROUX

= Titre personnel de marquise autorisé, par ordonnance du 20 février 1823, en faveur d'Aimée-Louise-Caroline DE GESTAS DE LESPEROUX, chanoinesse du chapitre de Sainte-Anne de Munich (sans lettres patentes).

* *

La famille Gestas, originaire du pays de Soule, est d'ancienne noblesse et établit sa filiation suivie depuis Bernard de Gestas, damoiseau, seigneur de Floran et Sans, cité dans un hommage au comte de Comminges du 18 janvier 1474 et dont la postérité a formé plusieurs branches :

1° Celle des seigneurs de Montmaurin, qui est encore représentée de nos jours ;
2° Celle des seigneurs de Bretous, aussi représentée ;
3° Et celle des seigneurs de l'Esperoux, fixée en Lorraine, qui avait pour chef, au septième degré, Charles, qui suit.

VII. Charles DE GESTAS, chevalier, dit le marquis de Lesperoux, seigneur de Ferrières et de Bertrange, aide de camp du duc de Vendôme, en Espagne, né en 1688, † en 1710, fils de Georges, brigadier des armées du roi et gouverneur de Thionville, et de Marie-Thérèse Magnin; épousa à Donjeux-en-Bassigny, par contrat du 31 juillet 1706, Madeleine de Choisy, fille de Charles, seigneur de Thiéblemont, et d'Henriette de Thomassin, dont :

1° Georges, capitaine au régiment de Richelieu-infanterie, † avant 1740, sans postérité ;
2° Charles-Jean-Henri, qui suit.

VIII. Charles-Jean-Henri DE GESTAS, marquis de Lesperoux, seigneur de

Donjeux et de Bertrange, capitaine au régiment de la Ferté-Sennectère, brigadier de cavalerie (1er janvier 1748), maréchal de camp (10 février 1759), chevalier de Saint-Louis, né le 8 octobre 1709, † le 30 avril 1770 ; épousa à Vitry, le 15 avril 1744, Marie-Marguerite de Wignacourt, sa cousine, fille de Conrad-Robert, et de Marie de Choisy, dont :

1° Charles-Sébastien-Hubert, marquis de Lesperoux, brigadier d'infanterie, maréchal de camp (20 mai 1791) ; né le 2 octobre 1752, † à Bordeaux le 27 décembre 1793 ; marié à N..., dont un fils, qui suit :

Aymar, comte de Gestas, consul général de France, né..., † le 28 juillet 1835 ; marié le 13 mai 1823 à Alexandrine-Françoise-Marie du Plessis-Parscaud, dont un fils qui n'a laissé qu'une fille ;

2° David-Georges-Thomas-Charles, qui suit.

IX. David-Georges-Thomas-Charles DE GESTAS, dit le comte de Lesperoux, officier au régiment du roi-infanterie, chevalier de Saint-Jean-de-Jérusalem (1761), né..., †... ; épousa Marguerite Destrost le 13 février 1825, dont :

1° Charles-Henri-David, comte de Lesperoux, sous-préfet, né..., † le 18 avril 1847 ; marié le 26 avril 1819 à Aglaé-Julie Prévost de Vaudigny, † le 7 juin 1880, dont un fils unique, qui suit :

Marie-Jean-Gaston, né le 25 juin 1820, †... ; marié deux fois : 1° le 18 février 1846, à Amédée-Marie-Théodore-Aymarde-Charlotte de Clermont-Tonnerre, † en 1850 ; dont une fille, la marquise [de Pradin] d'Agrin ; 2° le 10 février 1862, à Louise-Valentine-Aimée de Bertoult d'Hautecloeque, dont deux autres filles ;

2° Aimée-Louise-Caroline, qui suit ;

[? Marie-Angélique-Amélie, née en 1805, † le 26 février 1829 ; mariée le 4 mars 1824 à Achille-François-Eléonore marquis de Jouffroy d'Abbans, ingénieur.]

X. Aimée-Louise-Caroline DE GESTAS DE LESPEROUX, chanoinesse de Sainte-Anne de Munich (24 septembre 1822), née en 1809, † à Guatémala le 9 septembre 1879, fut autorisée à porter, par ordonnance du 20 février 1823, le titre de marquise ; elle a épousé le 24 janvier 1826 Joseph-Henri-Césaire, baron du Teil, † le 29 juin 1856, dont postérité (voir t. II, notice DU TEIL, p. 511 et suiv.).

La famille de Gestas porte pour armes : *d'azur, semé de fleurs de lis d'or, à la tour ouverte, ajourée et crénelée d'argent, maçonnée de sable.*

GHAISNE DE BOURMONT (DE)

= Titre de pair héréditaire en faveur de Louis-Auguste-Victor DE GHAISNE, comte DE BOURMONT, par ordonnance du 9 octobre 1823, confirmé au titre de baron pair héréditaire, sur institution de majorat de pairie, en faveur du même, par lettres patentes du 26 janvier 1828, avec règlement d'armoiries : *écartelé : aux 1er et 4e vairé d'or et d'azur ; au franc-quartier de sable, chargé d'un chef d'argent ; aux 2o et 3e fascé de vair et de gueules de six pièces.*

****

Cette famille n'a point l'origine illustre qu'elle a cherché à s'attribuer depuis la fin du XVIIe siècle et qui en ferait une branche des comtes de Flandre, de la maison de Ghisnes.

Son nom est Gaine, ou Gaisne, ou Guesne, devenu Ghaisne, et elle est originaire de Sillé-le-Guillaume, au Maine[1], où l'on trouve Guillaume GAISNE, marchand à Sillé, fils de François et de Jeanne Guiniée, cité dans un acte du 16 décembre 1630, et marié à Françoise Aubert ; son fils, Pierre Gaine ou Gaisne, sieur du Genetay, avocat à Sillé-le-Guillaume, fut receveur général du duc de Brissac (acte devant Drouet, notaire au Mans du 24 juillet 1643) et épousa Marie Girard, dont :

1° Pierre, qui suivra ;

2° René, prêtre, curé de Saint-Pierre-de-la-Cour et doyen de Sillé, décédé en 1700 ;

3° Nicolas, sieur du Genetay, conseiller au présidial du Mans, puis conseiller secrétaire du roi en la grande chancellerie (14 juin 1702), décédé en 1715 ; marié à Marie Galodé, dont plusieurs fils, morts sans postérité, et des filles.

IV. Pierre GAINE, ou GAISNE, intendant du duc de Brissac, acquit, en 1670, le fief de Saint-Michel-du-Bois, en Anjou, et épousa Perrine du Rocher, inhumée à Saint-Michel-du-Bois le 12 avril 1688, dont un fils unique, qui suit :

V. Marie-Henri GAISNE, mousquetaire du roi, puis capitaine au régiment royal-Croate, se fit appeler le comte de Ghaisne[2], et fit enregistrer ses armoiries en juillet 1701 à l'Armorial général (Cf. Armorial général de 1696, reg. de Bretagne : Nantes) ; il épousa le 12 octobre 1697 Marie-Hélène de Maillé de la Tour-Landry, fille du marquis de Jalesne et de Mlle de Broc, qui lui apporta en héritage la seigneurie de Bourmont, dont ses descendants ont pris le nom, et dont il eut un fils, Louis-Henri, qui suit.

VI. Louis-Henri DE GHAISNE, dit le comte de Ghaisne, sgr de Freigné et de Bourmont, capitaine au régiment du roi, chevalier de Saint-Louis, baptisé le 27 novembre 1705, † le 2 novembre 1782 ; épousa à Laval, le 25 mai 1736, Marie-Catherine de Valory, fille d'Alexis et de Marie-Catherine Poisson, dont entre autres enfants :

1° Louis-Marie-Eugène, qui suivra ;

2° Marie-Josèphe-Hélène, mariée à Antoine-Henri de Surineau :

1. Cf. *Annuaire de la Noblesse*, année 1900, p. 190 et suivantes et le livre-journal de P. H. de Gaisne de Classé publié dans la *Revue historique et archéologique du Maine*, année 1883. Ce document, entre autres, passé sous silence dans la généalogie très brillante, mais un peu fantaisiste publiée dans la réimpression de l'Armorial général de d'Hozier (Firmin-Didot, 1860-73 registre septième, 1re partie), ne laisse aucun doute sur les degrés 21 à 26, établis d'après des notes fournies par la famille et en contradiction avec ce document. Du reste, cette généalogie prend soin de signaler (p. 7) un incendie qui a détruit le 4 octobre 1693 les archives du château de Saint-Michel-du-Bois, et empêché toute espèce de contrôle.

2. Il aurait obtenu ce titre par érection en « comté de Ghaisne » de la terre de Saint-Michel-du-Bois, par lettres patentes datées de Versailles, janvier 1691, et enregistrées le 22 mai 1693 (Cf. Célestin Port, *Dictionnaire historique de l'Anjou*, t. III, art. Saint-Michel-du-Bois). Or, on ne retrouve aucune trace de l'entérinement desdites lettres patentes, pas plus que de celles d'une confirmation de noblesse de décembre 1698, dont la copie, présentée à d'Hozier, porte la mention de toutes ces lacunes dans une note de la main de d'Hozier (Cf. Bibliothèque nationale, *Nouveau d'Hozier*, p. 8440).

Il résulte de tout ceci que le jeune Gaine, marié à une D^{lle} de Maillé, de la maison de la Tour-Landry, voulut se faire croire noble et comte ; en réalité, si la branche de son oncle, le secrétaire du roi, possédait la noblesse en vertu de cette charge, la sienne ne l'avait pas et ne pourrait la revendiquer que par les services militaires et plus exactement par le majorat seulement au titre de baron-pair héréditaire, institué par les lettres patentes du 26 janvier 1828.

3° Marie-Henriette, mariée à Charles-Gabriel de Charbonneau.

VII. Louis-Marie-Eugène DE GHAISNE, dit le comte de Ghaisne, sgr de Bourmont, la Cornuaille, etc., lieutenant de cavalerie et lieutenant des maréchaux de France; épousa à Nantes, le 28 avril 1772, Joséphine-Sophie de Coutances, fille de Louis, marquis de Coutances, et d'Anne Cochon de Maupas, dont:

1° Louis-Auguste-Victor, qui suivra;

2° Charles-Aimé-Louis-Joseph, mort jeune;

3° Donatienne-Sophie-Hélène, née à Paris le 1er mars 1778; mariée à Augustin-Pascal Lambert, conseiller au parlement de Paris.

IX. Louis-Auguste-Victor DE GHAISNE, dit le comte de Bourmont, enseigne aux gardes-françaises (1790), émigré et officier de l'armée de Condé (1793), commandant des armées royalistes de l'Ouest (1799), adjudant général de l'armée impériale (1812), général de brigade (28 septembre 1813), général de division (13 février 1814), maréchal de France (14 juillet 1830), ministre de la guerre (1829-30), gentilhomme honoraire de la chambre du roi, pair de France (9 octobre 1823), G. O. ✻, commandeur de Saint-Louis; fut créé baron-pair héréditaire sur institution de majorat de pairie, par lettres patentes du 26 janvier 1828. Né au château de Bourmont (Maine-et-Loire) le 2 septembre 1773, † au même lieu le 27 octobre 1846, il épousa à Paris (contrat du 2 avril 1800) Marie-Madeleine-Julienne de Becdelièvre, † à Nantes le 30 septembre 1840, fille d'Hilarion, marquis de Becdelièvre, et de Marie-Émilie-Louise-Victoire deCoutances, dont sept enfants:

1. Louis-Auguste-Joseph, qui suivra;

2° Louis-Fortuné-Amédée, officier d'infanterie, né en 1803, † à Sidy-Ferruch en 1830;

3° Louis-Paul-Charles, page du roi, lieutenant d'état-major (1830), puis officier au service de don Miguel de Portugal (1833-34), chevalier de Saint-Louis, né à Lisbonne le 30 avril 1807, † à Paris le 26 juin 1876; marié à Caen, en 1843, à Marie de Viette, dont trois fils, qui suivent:

a) Henri, officier de lanciers, né le 10 octobre 1844; marié à Paris, le 12 août 1882, à Jeanne Denion-Dupin, dont trois fils: aa) René; bb) Guy; cc) Carle;

b) Louis-Auguste-Victor-Charles-Amédée, lieutenant de vaisseau (28 janvier 1884), capitaine de frégate de réserve, ✻, né le 2 mai 1846; marié à Thérèse d'Indy, dont 1° Armand; 2° Henri, 3° Marguerite-Marie;

c) Marie-Adolphe-Armand-Charles-Henry-Amédée, archiviste-paléographe, né à Caen le 14 avril 1860, † à Paris le 19 mai 1901; marié en juillet 1885 à Christine de Quatrebarbes, dont: aa) Charles; bb) Dolly;

4° Philippe-Auguste-Adolphe, officier d'état-major (1830), né à Auray le 1er novembre 1809, † le... 1883;

5° César-Charles-Philippe-Anne-Marie, officier au service de don Miguel de Portugal (1833-34), né à Besançon le 2 septembre 1804, † en 1854;

6° Marie-Augustine-Juliette, née à Besançon en 1815; mariée en 1836 à Félix Pantin, vicomte de Landemont;

7° Marie-Thérèse-Ernestine, mariée à Bertrand-Marie-Fidèle-Louis-Henri, marquis de Langle.

IX. Louis-Auguste-Joseph DE GHAISNE, dit le comte de Bourmont, chef de bataillon (1830), chevalier de Saint-Louis, ✻, maréchal de camp au service de don Miguel de Portugal (1833-34), né le 9 février 1801, † au château de Bourmont le 8 février 1882; épousa le 20 novembre 1847 Marie-Anne de Crespat, † à Bourmont le 18 mai 1893, fille de Gabriel-Raymond-Alexandre et d'Anne-Joséphine de Cotignon, dont:

1° Henri-Louis-Marie-Dieudonné, qui suivra ;
2° Charles-Marie-Amédée, mort au berceau ;
3° César-Marie-Raoul, religieux cistercien ;
4° Marie-Augustine-Sophie, mariée à Maurice Mabille de la Paumelière ;
5° Marie-Caroline-Ernestine-Juliette, mariée à René Le Pays du Teilleul ;
6° Marie-Henriette, sans alliance.

X. Henri-Louis-Marie-Dieudonné DE GHAISNE, comte de Bourmont, capitaine d'infanterie (18 janvier 1876) ; a épousé à Nantes, en janvier 1877, Jeanne-Baptistine Say, dont :

1° Louis ; 2° Bertrand ; 3° Anne-Marie.

GIACOMONI

= Titre de baron, par ordonnance du 12 février 1817, en faveur de Gaspard-Vincent-Félix GIACOMONI, lieutenant général honoraire.

* *

Cette famille Giacomoni serait originaire de Corse, et une de ses branches y a été maintenue dans sa noblesse le 29 avril 1778.

I. Pierre-Marie GIACOMONI, épousa Maria-Antonia N..., dont au moins un fils, qui suit.

II. Gaspard-Vincent-Félix GIACOMONI, baron Giacomoni, volontaire (1768)-sous-lieutenant (22 février 1770), lieutenant (23 juillet 1770), capitaine de grenadiers (8 avril 1779), chef de bataillon (24 mai 1788), lieutenant-colonel (23 novembre 1791), colonel du 27ᵉ régiment de ligne (27 juillet 1792), chef de brigade (15 septembre 1792), général de division (12 septembre 1796), confirmé lieutenant général (27 mars 1816), prévôt de la cour prévôtale à Draguignan (1816-18), chevalier de Saint-Louis ; né à Savone le 17 septembre 1750, † à Aix (Bouches-du-Rhône) le 30 juillet 1818 ; fut créé baron par ordonnance du 12 février 1817.

Le baron Giacomoni portait pour armes, d'après un cachet[1] : *coupé : au I d'argent, à un sénextrochère et à un dextrochère de carnation, mouvants à dextre et à sénestre de nuées de gueules, posées aux deux flancs de l'écu, le sénextrochère tenant une balance dans laquelle s'enferre un trait du même tenu par le dextrochère ; au II d'azur, à la tour d'argent maçonnée et ajourée de sable.*

GIGAULT DE CRISENOY

= Titre de baron héréditaire, sur institution de majorat (domaine de Crisenoy), en faveur d'Étienne-Charles GIGAULT DE CRISENOY, aide-major des gardes nationales de Paris, par lettres patentes du 28 juin 1822, avec règlement d'armoiries : *tranché d'or et d'azur ; au chef de gueules chargé d'un lion passant d'or.*

* *

II. Étienne GIGAULT, écuyer, sgr de la Salle, conseiller-secrétaire du roi,

1. Cf. Colonna de Cesari Rocca, *Armorial Corse*, 1892.

maison et couronne de France en la grande chancellerie (28 janvier 1737-1787); né
à Toucy, au diocèse d'Auxerre, le 18 juillet 1695, fils de Jean Gigault, marchand-
chapelier, et de Marie Brouillard, laissa un fils, Étienne-Pascal, qui suit.

III. Étienne-Pascal GIGAULT, écuyer, sgr de la Salle et de Crisenoy, secrétaire
du roi, contrôleur général des audiences de la grande chancellerie, puis fermier
général, acquit vers 1754 la seigneurie de Crisenoy en Brie. Né en 1720, † à Paris
le 22 mai 1788, il épousa Marie-Jeanne Roulleau, dont :

> 1° Étienne-Jean, écuyer, sgr de la Salle, gentilhomme ordinaire du roi, maître des comptes,
> marié à Paris, le 2 mai 1770, à Catherine-Marguerite Vallée, † en 1836, dont un fils :
> Achille-Étienne, greffier en chef de la cour des comptes, né à Paris le 21 février 1772,
> qui a laissé postérité ;
> 2° Achille-Étienne-Marie, qui suit.

IV. Achille-Étienne-Marie GIGAULT, écuyer, sgr de Crisenoy, avocat au parlement, conseiller au Châtelet de Paris (14 février 1776), conseiller-lay au parlement
de Paris (9 février 1786), maître des requêtes ordinaire de l'hôtel du roi (1786),
député de la Somme aux Cinq-Cents (1797). Né à Paris le 24 août 1756, † le 7 septembre 1802; épousa Charlotte de Tourolle, dont :

> 1° Étienne-Charles, qui suivra ;
> 2° Hippolyte-Michel, capitaine d'état-major, O. ✻, né à Paris le 11 juin 1788, †...; marié à
> Amélie du Val du Manoir (remariée en 1851 à Charles-Marie-Louis, comte de Lyonne),
> fille du comte du Manoir et de Mlle de Lyonne, dont elle a eu un fils et une fille,
> qui suivent ;
>> a) Charles-Marie-Louis-Albert Gigault de Crisenoy de Lyonne, qui fut adopté par
>> le comte de Lyonne, son beau-père ; marié en juin 1862 à Rosalie-Mathilde de
>> Montesquiou-Fézensac, dont trois enfants : a) Charles ; b) Robert-Charles, né en
>> 1875, † à Colombo (Indes anglaises) le 9 janvier 1898 ; c) Charlotte-Jeanne, mariée
>> en septembre 1885 à Guillaume-Denis-Marie Achard de Bonvouloir ;
>> b) Marie-Amélie-Marguerite, mariée à César-François, marquis de Chaponay-Morancé ;
> 3° Amédée-Prosper, né vers 1789, † le 21 octobre 1804, sans postérité.

V. Étienne-Charles GIGAULT DE CRISENOY, baron Gigault de Crisenoy, aide-
major des gardes nationales de Paris, ✻, fut créé baron héréditaire, sur institution
de majorat, par lettres patentes du 28 juin 1822. Né à Paris le 23 février 1787, † le
28 septembre 1835, il épousa : 1° Caroline-Françoise de Tourolle, dont deux enfants,
qui suivent ; 2° en 1822, Marie-Euphrosine Eudes de Mirville, † au château de
Mirville (Seine-Inférieure) le 6 septembre 1887, fille d'Alexandre-Pierre-Marie,
marquis de Mirville, maréchal de camp, et d'Agathe-Élisabeth-Marie de Bouthillier
de Chavigny, dont trois autres enfants :

> [du 1er lit] : 1° Charles-Étienne-Amédée, baron Gigault de Crisenoy, sur transmission des
> titre et majorat, par ordonnance du 25 octobre 1835, né à Paris le 11 juin 1814, † au
> château de Crisenoy le 29 décembre 1863 ;
> 2° N..., mariée à Amédée, vicomte de Viart :
> [du 2° lit] : 3° Pierre, qui suivra ;
> 4° Jules-Étienne, né en 1822, † à Arcachon le 13 février 1901; marié à Marie Rufli de Pontevès-
> Gévaudan, dont deux enfants, qui suivent :
>> a) Étienne-Antoine-Charles, prêtre, né en 1858, † à Arcachon le 25 janvier 1902 ;
>> b) Marie, sans alliance ;
> 5° Agathe-Marie-Gabrielle, mariée le 16 mars 1846 à Louis-Charles de Frédy, baron de
> Coubertin.

VI. Pierre GIGAULT DE CRISENOY, baron de Crisenoy, préfet, marié en décembre 1869 à Marie Mathieu, dont :

1° Henri ; 2° Karl ; 3° Pierre.

GILBERT [DE GOURVILLE]

= Lettres de noblesse en faveur de Jean GILBERT, par lettres patentes du 25 novembre 1815, avec règlement d'armoiries : *d'azur, à trois roses d'argent, 2, 1; au chef du même chargé d'un croissant de sable, accosté de deux étoiles du même.*

I. Jean GILBERT, contrôleur de la monnaie de la Rochelle, juge-consul de la Rochelle (1779) et syndic de la chambre de commerce (1742); né en 1687, † le 21 août 1762; épousa Jeanne-Madeleine de Montils, dont :

1° Armand, conseiller au présidial de la Rochelle (1756), président trésorier de France au bureau des finances de ladite ville (1669), subdélégué de l'intendant ;
2° Henri, sgr du Beignon, président trésorier de France au bureau des finances ;
3° François, chanoine de la cathédrale de la Rochelle ;
4° Jean, qui suit.

II. Jean GILBERT, conseiller du roi, juge garde de la monnaie de la Rochelle, épousa en 1760 Marie-Jeanne Pelletan, dont :

1° Jacques-Armand, né à la Rochelle le 26 juillet 1766 [auteur de la branche dite de Jouy];
2° Jean, qui suit.

III. Jean GILBERT, écuyer, sieur du Gourville, président trésorier de France et conseiller au roi du siège présidial de la Rochelle, fut anobli par lettres patentes du 25 novembre 1815; né à la Rochelle le 13 mai 1763, †..., il épousa le 27 avril 1789 Françoise-Judith Maçault, dont :

1° Jean, qui suivra ;
2° Françoise-Émilie, mariée à Charles-Marie-Jean, baron Alquier et de l'Empire, ambassadeur de France.

IV. Jean GILBERT DE GOURVILLE, capitaine d'artillerie, ✳, né à la Rochelle le 2 mai 1790, † le 9 octobre 1861 ; épousa le 15 mars 1820 Marie-Claire Charlet, † à la Rochelle le 25 mars 1879, dont quatre enfants :

1° Omer-Eugène, lieutenant-colonel d'infanterie, O. ✳, né à la Rochelle le 30 mars 1825, marié le 18 janvier 1857 à Madeleine-Léopoldine Duchesne de Vauvert, dont quatre enfants, qui suivent :
  a) Raoul-Jean-Omer, né à Niort le 30 octobre 1861, † à la Rochelle le 21 juin 1886 ;
  b) Thérèse-Marie-Claire, née à Niort le 18 décembre 1858 ;
  c) Yvonne-Marie-Apolline, née à Niort le 16 avril 1867 ; mariée le 25 février 1897 à Alfred-Théodore Bellivier de Prin ;
  d) Marguerite-Élisabeth-Marie, née le 15 avril 1877 ; mariée le 3 avril 1902 à Félix Marie Dubois de la Patellière, officier de hussards ;
2° Emmanuel, qui suivra ;
3° Jean-Louis-Gustave, sous-intendant militaire, né:..., † le 28 juin 1869 ; marié le 25 juin 1855 à Marie-Alice Leclerc, dont deux enfants, qui suivent :
  a) Paul ; *b)* Marthe ;
4° N..., mariée à M. Serres.

V. Emmanuel GILBERT DE GOURVILLE, né en 1838, épousa en 1879 Irène de Courson de la Villeneuve, dont quatre enfants :

1° Jean, né en 1881 ;
2° Robert, né en 1882 ;
3° Denis, né en… ;
4° Claire, née en 1880, † en 1883.

GILLART

= Lettres de noblesse en faveur de Charles-Marie GILLART, procureur au tribunal civil de Brest, par lettres patentes du 12 septembre 1817, avec règlement d'armoiries : *d'azur, au sphinx ailé et couché d'or ; au chef d'argent chargé de trois mouchetures d'hermine.*

II. Charles-Louis GILLART, avocat en parlement, maire de Brest (1795-97), fils de Charles Constantin et de Marie-Françoise Le Sénéchal, épousa Marie-Jacquette-Yvonne Jamin, dont un fils, qui suit.

III. Charles-Marie GILLART, procureur, puis président du tribunal civil de Brest, fut anobli par lettres patentes du 12 septembre 1817. Né à Brest (Finistère) le 21 septembre 1767, †…, épousa Célestie-Marguerite Le Marant [de Boissauveur], dont deux fils :

1° Charles-Marie, né à Brest le 23 juin 1799 ;
2° Louis-Auguste-Marie, né à Brest le 25 octobre 1800.

GILLY

= Titre de baron héréditaire confirmé en faveur de Jacques-Laurent GILLY, baron de l'Empire, lieutenant général, par lettres patentes du 11 novembre 1814, avec règlement d'armoiries : *d'or, à la bande de gueules, accostée de deux lions rampants du même ; au franc-quartier à sénestre de gueules, à l'épée haute d'argent.*

La famille Gilly, est originaire de Fournès, près Remoulins (Gard).

II. Louis GILLY, négociant à Fournès, puis viguier de la baronnie de Remoulins, né à Fournès le 21 août 1740, † au même lieu le 20 janvier 1830, fils d'Antoine et de Marie Isnard ; épousa à Remoulins, le 18 octobre 1768, Suzanne Raison, † à Remoulins le 2 janvier 1791, fille de Jacques, chirurgien, et de Marie Gras, dont :

1° Jacques-Laurent, qui suivra ;
2° Jean-Étienne-Cyprien, retraité lieutenant-colonel, né à Remoulins le 27 décembre 1775, † à Uzès le 26 novembre 1838 ; marié à Uzès, en 1804, à Jeanne-Colombe-Louise Baschet, † à Uzès le 16 janvier 1853.

III. Jacques-Laurent GILLY, baron Gilly et de l'Empire[1] (lettres patentes du 24 novembre 1808), puis comte Gilly (décret impérial du 20 avril 1815), donataire de l'Empire, volontaire (1791), général de brigade (1er août 1799), général de division (16 août 1809), député du Gard (1815), G. O. ✳, chevalier de Saint-Louis ; fut confirmé dans le titre de baron héréditaire par lettre patentes du 11 novembre

1. Cf. *Armorial du 1er Empire*, t. II, p. 236.

1814. Né à Fournès (Gard) le 10 août 1769, † à la Vernède (commune d'Aramon, Gard) le 5 août 1829, il épousa à Carpentras, le 10 avril 1796, Marie-Thérèse Guillabert, † à Remoulins le 11 mai 1857, dont cinq enfants :

1° Cyprien-Polydore, né à Remoulins en 1800, † à Carcassonne en 1802 ;
2° Louis-Hector-Amédée, qui suivra ;
3° Albert-Hector-Ernest, juge de paix à Remoulins, né à Strasbourg le 9 septembre 1800 ;
4° Alfred, né..., † le 12 octobre 1881 ;
5° Zélia, née à Foix en 1798 ; mariée à M. Doin, architecte.

IV. Louis-Hector-Amédée GILLY, comte Gilly, receveur des finances, né le 14 juillet 1802, † à Pontarlier le 16 juillet 1870 ; épousa Mlle Hernoux, dont deux enfants :

1° Laurent, comte Gilly ;
2° Marie, mariée à M. Pillon, conservateur des hypothèques.

GINESTE-NAJAC (DE)

= Titre de baron héréditaire en faveur d'Antoine DE GINESTE-NAJAC, lieutenant et membre du collège électoral du Tarn, par lettres patentes du 3 février 1816, avec règlement d'armoiries : *d'azur, à un genêt d'or, soutenu par deux lions du même ; au chef de gueules chargé de trois étoiles d'argent.*

La famille de Gineste-Najac, originaire du Languedoc, est citée depuis Jean de Gineste, sgr d'Appelle, marié en 1543, à Marie de Salvignol, qui testa le 23 octobre 1588 ; sa postérité a été maintenue dans sa noblesse par jugement de M. de Bezons, intendant de Languedoc en 1670, et était représentée au sixième degré par :

VI. Étienne GINESTE DE NAJAC, chevalier, sgr d'Appelle, Perthe, Saint-Loup, Rouairet et Blau, lieutenant au régiment Richelieu, depuis Béarn (18 décembre 1730), capitaine de grenadiers, chevalier de Saint-Louis. Né le 7 août 1717, † le 14 octobre 1790, épousa en 1750 Marguerite de Gineste-Casselet, fille d'un officier, dont :

1° Antoine, qui suivra ;
2° Marc-Antoine, major, émigré et officier de l'armée des princes, chevalier de Saint-Louis, né en 1753, fusillé à Nieuport ;
3° Charles, capitaine au régiment d'Agenois, maire de Garrevagnes (1816), chevalier de Saint-Louis, né en 1754 ; marié à Ninette Dumas dont, un fils, officier d'artillerie, et deux filles ;
4° Étienne-Marguerite-Anne, lieutenant au régiment de Béarn, puis commandant de la garde nationale de Puylaurens, chevalier de Saint-Louis, né en 1759 ; marié à Henriette de France-Mandoul, dont des filles ;
5° François-Marie, sous-lieutenant, émigré, né en 1771 et fusillé à Nieuport ;
6° Jeanne-Philippe, mariée en 1776, à M. de Lapierre, mousquetaire, chevalier de Saint-Louis.

VII. Antoine DE GINESTE-NAJAC, baron de Gineste-Najac et de l'Empire[1] (décret du 2 janvier 1814), lieutenant au régiment de Condé-cavalerie, gouverneur de la

1, Cf. *Armorial du Ier Empire*, t. II, p. 236.

ville de Puylaurens (1767), juge de paix du canton de Puylaurens, conseiller général du Tarn, fut créé baron héréditaire par lettres patentes du 3 février 1816. Né à Puylaurens (Tarn) le 20 janvier 1751, † à Puylaurens le 21 juillet 1830, il épousa à Bordeaux, le 25 juillet 1775, Jeanne-Marie-Magdeleine de Poyen, fille de Pierre-Claude, marquis de Sainte-Marie, et d'Anne-Pauline Boyer, dont cinq enfants :

1° Étienne-Jean-Anne, qui suivra ;
2° Jean-Baptiste-Marguerite, qui sera rapporté après son frère ;
3° Jeanne-Pauline, mariée à Frédéric de Lapierre ;
4° Philippine, mariée à David-Henri Fargues ;
5° Jeanne-Charlotte, sans alliance.

VIII. Étienne-Jean-Anne DE GINESTE, baron de Gineste, maire d'Appelle et conseiller d'arrondissement du Tarn, capitaine de chasseurs à cheval (1815), né en 1778, † à Appelle le 7 octobre 1830 ; épousa Françoise-Bénédictine-Inès Fornier de Clausonne, dont entre autres enfants :

1° Antoine-Jean, né à Puylaurens le 25 mai 1826 ;
2° Paul-Gustave, né à Puylaurens le 12 juillet 1835 ;
3° Jean-Louis, né à Puylaurens le 2 décembre 1838.

VIII bis. Jean-Baptiste-Marguerite DE GINESTE-NAJAC, maire de Bertre (Tarn), né en 1870, † à Puylaurens le 4 avril 1855 ; épousa à Puylaurens, le 21 décembre 1807, Jenny-Magdeleine Pradelles de la Tour-Dejean, dont cinq enfants :

1° Louis-Étienne, né à Puylaurens le 22 septembre 1812 ;
2° Philippe, né à Puylaurens le 21 juillet 1815 ;
3° Alexandre, né à Puylaurens le 21 juillet 1815, † à Puylaurens le 22 décembre 1807 ; marié à Henriette-Jenny Colombel, dont :
Philippe, né à Puylaurens le 6 juillet 1843, marié à Castres, le..., à Adèle-M.-Mathilde Cornouls ;
4° Louise-Henriette, née le 9 novembre 1818, et 5° Nina.

GINOUX

= Lettre de noblesse en faveur d'Hippolyte-César GINOUX, propriétaire, par lettres patentes du 7 septembre 1816, avec règlement d'armoiries : *d'argent, au globe d'azur, cintré et croisé d'or, accompagné en chef de deux trefles de sable, et en pointe d'un croissant du même ; au chef d'azur, chargé de trois étoiles d'argent.*

**

I. Gabriel-François GINOUX, notaire et greffier du conseil de Malaucène, épousa à Malaucène, le 19 juillet 1764, Jeanne Canonge, dont au moins un fils, qui suit.

II. Hippolyte-César GINOUX, directeur de l'enregistrement et des domaines, fut anobli par lettres patentes du 7 septembre 1816 ; né à Malaucène (Vaucluse) le 27 novembre 1776, † à Montpellier le... 1852, il épousa Rosa-Grazia-Maria Bejuy de la Coche, fille de François-Joseph, dont deux fils :

1° Ernest, qui suivra ;
2° Oswald, dit M. Ginoux de la Coche, capitaine de frégate, O. ✳, né à Grenoble le 13 février 1814, retraité à Toulon en 1865.

III. Ernest Ginoux, dit M. Ginoux de la Coche, conservateur des hypothèques, né à Grenoble le 9 juillet 1808, retraité à Bastia en 1872.

GIRARD

= Lettres de noblesse en faveur d'Étienne-François-Frédéric Girard, maire de Fabrègues par lettres patentes du 11 mars 1820, avec règlement d'armoiries : *gironné d'azur et d'argent de six pièces ; au chef d'azur chargé d'un soleil d'or.*

**

Cette famille de bourgeoisie n'a aucune communauté d'origine avec celles du même nom et d'ancienne noblesse existant du Languedoc.

I. Étienne-François Girard, puis de Girard, maire de Fabrègues (Hérault). Né à Adge (Hérault) le 2 avril 1776, †... ; fut anobli par lettres patentes du 11 mars 1820 ; il épousa N... Brondel de Roquevaire, fille d'Alexandre, baron de Fabrègues, et de Mlle de Malbois de Caussonnel, dont deux fils.

1° François-Marie-Gustave, qui suivra ;
2° Frédéric, marié à N... Rouzier, dont deux enfants qui suivent :
    a) Joseph, docteur en médecine, marié à Clémentine Abric de Fenouillet, sans postérité ;
    b) Hortense-Zoé, mariée vers 1875 à Gustave Marès.

II. François-Marie-Gustave de Girard, avocat, représentant de l'Hérault à l'Assemblée législative (1849-51), né à Agde le 4 décembre 1805, † à Montpellier le 23 août 1863, marié à N... Fabre, dont :

1° Paul, qui suivra ;
2° Isabelle, mariée à Léopold Durand.

III. Paul de Girard, conseiller général de l'Hérault, a épousé Marguerite de Ricard, sans postérité.

GIRARD

= Anoblissement, par ordonnance du 6 décembre 1829, en faveur de Gabriel Girard, procureur général à la cour de l'Ile-Bourbon.

**

Gabriel Girard, procureur général à la cour d'appel de l'Ile-Bourbon (1823-31), ✠, né à Angoulême le 21 octobre 1765, † à l'Ile-Bourbon le 23 janvier 1831, fut anobli par ordonnance du 6 décembre 1829.

GIRARD

= Titre de chevalier héréditaire en faveur de Pierre-Simon Girard, ingénieur des ponts et chaussées, directeur du canal de l'Ourcq et des Eaux de Paris, membre de l'Académie des sciences, par lettres patentes du 17 août 1816, avec règlement d'armoiries : *d'argent, à la fasce de gueules, chargée d'une croix alaisée d'argent et accompagnée en chef d'une divise vivrée d'azur, et en pointe d'un sphinx couché de sinople.*

**

Pierre-Simon Girard, chevalier Girard et de l'Empire[1] (lettres patentes du
3 juillet 1813), ingénieur en chef des ponts et chaussées, directeur du canal de
l'Ourcq et des eaux de Paris, membre de l'Académie des sciences (12 juin 1815),
✻, né à Caen le 4 novembre 1765, † à Paris le 30 novembre 1836, fut confirmé
dans le titre de chevalier héréditaire par lettres patentes du 17 août 1816.

GIRARD DU ROZET

= Titre de vicomte héréditaire en faveur de Claude Girard du Rozet, capitaine d'infanterie, par lettres patentes du 19 avril 1817, avec règlement d'armoiries:
*d'or, au lion rampant de sable, armé et lampassé de gueules ; au chef de gueules chargé
de six besants d'or, posés en bande, 3, 3.*

Cette famille, originaire d'Auvergne, a pour auteur Pierre-Jacob Girard,
maître d'hôtel et gentilhomme du roi, anobli par lettres patentes de février 1583,
dont la postérité a formé deux branches: celle des seigneurs de Sainte-Radegonde
et la Tour-Saint-Vidal, et celle des seigneurs de Charbonnières et du Rozet; cette
dernière s'est subdivisée en deux rameaux, celui de Charbonnières encore représenté de nos jours et qui a donné un chevalier de l'Empire[2], et celui des seigneurs
du Rozet, qui était représenté au quatrième degré par Antoine, qui suit :

IV. Antoine Girard, écuyer, sgr de Charbonnières, gentilhomme servant du
roi, conseiller à la chambre des comptes de Dole (18 janvier 1769), né en 1711, † à
Saint-Pourçain le 20 février 1773; épousa Claude-Marie Bouquet, dont :

1° Louis-Charles-Antoine, qui suivra ;
2° Claude, écuyer, sgr de la Fayolle, capitaine au régiment d'Autun, chevalier de Saint-
Louis; marié vers 1766 à Agathe Deféré, dont deux fils et une fille, Marie-Anne, † à
Saint-Martin-d'Étrevaux en 1843, mariée à Antoine-Henri Fialin, et mère du duc de
Persigny.

V. Louis-Charles-Antoine Girard de Charbonnières, dit Girard du Rozet,
écuyer, sgr du Rozet et de Douzon, capitaine major de grenadiers royaux, chevalier de Saint-Louis, épousa (contrat du 30 mai 1763) Françoise Montanier, fille
d'Antoine[3], conseiller du roi à Gannat, avocat au bailliage de Montpensier, et de
Marie La Faye, dont :

1° Antoine, marié à Dlle O'Farrell, sans postérité ;
2° N..., mort sans postérité ;
3° Claude, qui suivra ;
4° Rosine, mariée à M. Barbat du Closel.

VI. Claude Girard du Rozet, vicomte Girard du Rozet, capitaine d'infanterie,
chevalier de Saint-Louis, fut créé vicomte héréditaire par lettres patentes du

1. Cf. *Armorial du 1er Empire*, t. II, p. 239.
2. Cf. *Armorial du 1er Empire*, t. I, p. 206, notice *Charbonnières*.
3. Antoine Montanier, d'abord avocat en parlement, avait eu de Marie-Hiéronyme Bérard
de Chazelle un fils naturel, Jacques, baptisé en l'église Saint-Jacques de Clermont-Ferrand le
23 juin 1738, et qui fut le poète Delille (cf. *Le Curieux*, 2e année, p. 55).

19 avril 1817. Né à Barberier (Allier) le 20 août 1766, †..., il épousa à Lyon, le 28 avril 1797, Philippine-Pierrette Perrin de Noailly, fille de Claude-Henry et de Jeanne-Marie Chavanne, dont :

> 1° Pierre-Ernest, qui suivra ;
> 2° Claudius, mort sans postérité.

VII. Pierre-François-Ernest Girard du Rozet, vicomte du Rozet, né à Pouilly-le-Fours (Loire) le 29 novembre 1798 ; épousa le 17 juillet 1827 Marie-Catherine Dussaussay, dont :

> 1° Louis-Achille-Léon, qui suivra ;
> 2° Marie-Philippine-Philomène, chanoinesse de Sainte-Anne de Bavière (1876), née à Lyon le 23 septembre 1839, † à Aix-les-Bains en 1885.

VIII. Louis-Achille-Léo Girard du Rozet, vicomte du Rozet, né le 28 janvier 1832.

GIRARD

═ Titre de baron héréditaire confirmé en faveur de Jean-Baptiste Girard, baron de l'Empire, lieutenant général, par lettres patentes du 23 décembre 1814, avec règlement d'armoiries : *d'or, au rocher de sable, mouvant du flanc dextre, et au lion contre-rampant de gueules ; au franc-quartier à sénestre de gueules, chargé d'une épée haute en pal d'argent.*

I. Jean-François Girard, marchand tanneur à Aups, épousa Françoise-Marguerite Chauvin, dont au moins un fils, qui suit.

II. Jean-Baptiste Girard, baron Girard et de l'Empire (lettres patentes du 20 octobre 1808), duc de Ligny [décret impérial du 21 juin 1815], donataire de l'Empire[1], volontaire (1792), général de brigade (13 novembre 1806), général de division (20 septembre 1809) ; pair des Cent-Jours (1815), général en chef (1815), G. O. �, chevalier de Saint-Louis ; fut confirmé dans le titre de baron héréditaire par lettres patentes du 23 décembre 1814[2]. Né à Aups (Var) le 21 février 1770, † à Paris le 25 juin 1815 (blessé mortellement à Ligny le 20 juin), il épousa, octobre 1799, Marguerite-Emmanuelle-Philippine, dite Perla, Consolo, † à Paris le 3 janvier 1833, dont trois filles :

> 1° Désirée-Marie, née le 1er septembre 1800, † le 6 novembre 1884, sans alliance ;
> 2° Élisa, née..., † en 1824, sans alliance ;
> 3° Augustine-Eugénie-Alfred, née le 14 février 1815, † à Paris le 31 décembre 1876 ; mariée le 2 décembre 1841 à Pierre-Emmanuel-Léon, baron Ducasse.

GIRARDOT

═ Titre de baron héréditaire en faveur de François Girardot, chirurgien-

---

1. Cf. *Armorial du Ier Empire*, t. II, p. 238, pour les armoiries, dotations et titre de l'Empire.

2. Il aurait été créé duc de l'Empire d'après une lettre du Ministère de la guerre du 21 juin 1815 et d'après une tradition conservée dans la famille Ducasse.

major, par lettres patentes du 17 février 1815, avec règlement d'armoiries : *parti :
au I d'or, à une tour de sable; au II de gueules, à la jambe coupée et éperonnée
d'argent, adextrée près du talon d'un boulet d'or; au chef d'azur, chargé de deux
lances avec guidon d'argent, croisées en sautoir.*

* *

II. François GIRARDOT, procureur au bailliage de Semur-en-Auxois, fils d'Élie
et de Charlotte Forestier, épousa le 11 avril 1769 Jeanne-Félicie Terre, dont un
fils, qui suit :

III. François GIRARDOT, baron Girardot et de l'Empire[1] (décret impérial du
5 avril 1814), puis de Girardot, officier de l'armée de Condé, chirurgien-major,
O. ✵, chevalier de Saint-Louis, créé baron héréditaire par lettres patentes du
17 février 1815. Né à Semur le 29 septembre 1774, †..., il épousa Henriette Sévin,
dont un fils, qui suit.

IV. Auguste GIRARDOT, baron de Girardot, sous-préfet, puis secrétaire général
de préfecture, O. ✵, né à Paris le 8 janvier 1815, † à Ferrières-en-Gâtinais le 3 mai
1883, il se maria deux fois : 1o à Pascale-Marie Delaguette, dont deux filles, qui
suivent; 2o en 1876, à Charlotte Nicas, sans postérité :

[du 1er lit] : 1o Marie-Antoinette-Lucie; mariée à Jules, baron Esmoingt;
2o Marie-Henriette, mariée en août 1869 à Jules Destable, inspecteur des Beaux-Arts.

GIRAULD DE SAINTE-JÊME

= Titre de chevalier héréditaire, sous la dénomination DE SAINTE-JÊME, confirmé
en faveur de Jean-Jacques GIRAULD[2], colonel d'état-major, par lettres patentes du
3 août 1816, avec règlement d'armoiries : *tiercé en pal : d'azur, chargé en chef d'un
mât de vaisseau d'or et; en pointe, de deux épées d'argent, posées en sautoir et sur
lesquelles broche une ancre d'or; de gueules, chargé d'une étoile d'argent; et d'or, à
deux cors de chasse de sable posés l'un au-dessus de l'autre.*

* *

René GIRAULD, commerçant et joaillier à Jonzac, épousa Élisabeth Jarossay,
dont au moins un fils, qui suit.

II. Jean-Jacques [*alias* Jean-Isaac] GIRAULD, chevalier de Sainte-Jême et de
l'Empire (lettres patentes du 10 juillet 1808), donataire de l'Empire[3], adjudant-
commandant, colonel d'état-major (retraité en 1816), O. ✵; fut confirmé dans le
titre héréditaire de chevalier de Sainte-Jême par lettres patentes du 3 août 1816.
Né à Jonzac (Charente-Inférieure) le 21 octobre 1763, † le 16 juillet 1832, il
épousa le 18 septembre 1796 Henriette-Alida Lefebvre de Forest, *alias* de la
Forest, dont un fils, qui suit.

1. Cf. *Armorial du Ier Empire*, t. II, p. 240. Une famille du même nom qui aurait une
origine commune, paraît vouloir relever le titre de baron, transmis cependant par le dernier
titulaire à l'aîné des enfants mâles de sa fille aînée par dispositions testamentaires.

2. Il est dit aussi Girauld de Coehorn, sans doute à cause du nom du lieu où était située sa
dotation en Westphalie?

3. Cf. *Armorial du Ier Empire*, t. II, p. 241.

III. Henri GIRAULD DE SAINTE-JÊME, né le 12 mars 1807.

GIRESSE [LA BEYRIE]

= Titre de baron héréditaire en faveur de Jean-Élie GIRESSE, secrétaire des commandements du duc d'Angoulême, par lettres patentes du 17 décembre 1818, avec règlement d'armoiries : *écartelé : aux 1er et 4e de gueules, au lion d'or ; aux 2e et et 3e d'azur, à la fasce abaissée d'or, surmontée de deux palmes d'argent, posées en sautoir.*

* *

La famille Giresse, originaire de Guyenne, a donné des jurats de la ville de Bazas, et des magistrats au présidial de cette ville, depuis Jean Giresse, bourgeois et jurat de Bazas en 1635, dont la postérité a recueilli la seigneurie de la Beyrie, en Bazadais, par suite d'héritage et d'alliance avec la famille de Brustis.

I. Jean-Élie GIRESSE, avocat au présidial de Bazas, épousa le 11 novembre 1748 Marie de Basterot, fille de François, avocat au parlement de Bordeaux, et de Jeanne-Élisabeth de Vilars, dont :

1° Jean, qui suivra ;
2° Guillaume, né le 23 octobre 1752; marié à Mlle de Saige, dont deux filles : Mmes Descures et Lafon.

II. Jean GIRESSE, sieur de la Beyrie, avocat au présidial de Bazas, conseiller du roi, lieutenant général civil et criminel en la sénéchaussée et siège présidial de Bazas, né vers 1750, † le 6 décembre 1788; hérita en 1787 de la seigneurie de la Beyrie de sa cousine la marquise de Tastes de la Barthe, née de Brustis ; il épousa en septembre 1788 Anne-Catherine Perès du Vivier, fille de Nicolas, conseiller, secrétaire du roi en la chancellerie du parlement de Guyenne, et de Thérèse-Geneviève Saint-Jean, dont un fils, qui suit.

III. Jean-Élie GIRESSE, baron Giresse, puis de Giresse-La Beyrie, conseiller auditeur à la cour d'appel de Paris (1812), secrétaire des commandements du Dauphin (1817), maître des requêtes (1820), préfet (1823-30), ❄, fut créé baron héréditaire par lettres patentes du 17 décembre 1818, puis comte romain par bref pontifical de 1818; né à Bazas (Gironde) le 27 juin 1789, † à Paris le 20 février 1870, il épousa en octobre 1818 Clémentine-Henriette Poissallol de Nanteuil de la Norville, † à Paris le 24 mars 1862, fille de Denis-Germain et de Marie Barbereux, dont quatre enfants :

1° Catherine-Germain-Épiphane-Marie-Ludovic, baron de Giresse-La Beyrie, né le 6 janvier 1821, sans alliance ;
2° Anne-Marie-Élie, qui suivra ;
3° Gaston-Marie-Jean-Anatole, né en 1832; marié le 14 mai 1861 à Jeanne-Marie Lacombe, † le 17 mai 1891, dont cinq filles, qui suivent :
   a) Marie-Henriette-Geneviève, née le 19 mars 1862 ; mariée à Cudos le 18 octobre 1881 à Jean-Bernard-Raymond-Luc-Philippe de Laborie ;
   b) Marthe, mariée le 7 juillet 1891 à Henri-Joseph-Clément-Jean-François de Coste ;
   c) Émilie-Wilhelmine-Marie-Éliette, née le 30 décembre 1865 ; mariée à Cudos, le 19 janvier 1892, à Jean-Baptiste-Louis-Edmond Lamothe de Mandion ;

d) Suzanne-Marie-Jeanne, née en 1872 ; mariée le 9 octobre 1893 à Charles-François-Marie-Gaspard Dablanc de la Bouyse ;

e) Henriette, mariée à Cudos en 1901 à Joseph Couperie ;

4° Jeanne-Marie-Émilie, née en 1824, † au château de la Paluelle en 1859 ; mariée le 15 juillet 1845, à Paul-Adrien de Carbonnel, comte de Canisy :

IV. Anne-Marie-Élie DE GIRESSE LA BEYRIE, capitaine aux mobiles de l'Oise, maire de Blescourt, né à Chartres en 1827, † au château d'Avelon (Oise) le 3 décembre 1881 ; épousa le 27 janvier 1863 Suzanne-Marie de Coucquault d'Avelon, fille de Gaétan-René Thélesphore, marquis d'Avelon, et d'Esther-Caroline de Biencourt, dont un fils unique, qui suit.

V. Jean-Marie-Élie-Gaétan DE GIRESSE, baron de Giresse-La Beyrie, né le 9 août 1870.

GIRONDE DE PILLES (DE)

== Titré de comte héréditaire en faveur de Bernard-Sylvain DE GIRONDE DE PILLES, par lettres patentes du 22 juin 1816, avec règlement d'armoiries : *écartelé : aux 1er et 4e d'or, à trois hirondelles de sable, becquées et membrées de gueules, 2, 1 ; aux 2e et 4e d'azur, à la croix treflée d'or.*

* *

La maison de Gironde est d'ancienne chevalerie et tire son nom de la seigneurie de Gironde, près de la Réole, en Guyenne, qui est passée en 1318 dans la maison d'Albret par le mariage de Giraude, dame de Gironde, héritière de la branche aînée, avec Bérard d'Albret, seigneur de Verteuil et de Veyres.

Les autres branches sont : 1° celle des seigneurs et marquis de Montcléra, par érection de cette terre et de la vicomté de Lavaur en marquisat par lettres de décembre 1616, éteinte en 1792 ; 2° celle des seigneurs de Floiras, de Montamel et d'Avignac, éteinte en 1803 ; 3° celle des seigneurs de Marminiac, éteinte au XVIIIe siècle ; 4° celle des seigneurs de Buron, comtes de Buron, vicomtes d'Embrief, éteinte à la fin du XVIIIe siècle ; 5° celle des seigneurs de Teyssonat, éteinte vers 1700 ; 6° celle des seigneurs de Piquet, marquis de Fézensac, éteinte à la fin du XVIIIe siècle ; 7° celle des seigneurs de Pille, éteinte en 1776 ; 8° celle des seigneurs de la Giscarie, héritière des deux précédentes, et qui suivra ; 9° celle des seigneurs de Castelsagrat, barons de Monicorneil, représentée de nos jours en plusieurs rameaux ; 10° celle des seigneurs de Sigoniac, éteinte à la fin du XVIIIe siècle ; 11° et celle des seigneurs de Bellegarde, éteinte après 1766.

La branche des seigneurs de la Giscarie était représentée au huitième degré par Marc, qui suit.

VIII. Marc DE GIRONDE, seigneur de la Giscarie, issu de la branche de Pilles, épousa le 4 juillet 1702 Marguerite Raymond, dame de la Giscarie, dont :

1° François, qui suivra ;

2° Jean-Baptiste, brigadier des armées du roi (25 juillet 1762) ; marié le 23 juillet 1758 à Marie-Damarie de Bessou, dame de Campagnac, dont une fille :

Anne-Élisabeth, mariée le 18 octobre 1777 à son cousin, Louis-Laurent-Balthazar de Gironde, seigneur de Lavaur, capitaine, dernier de sa branche ;

3° Jean, prieur de Laurinque, mort en 1799 ;

4°-5°-6° Trois filles, religieuses.

IX. François DE GIRONDE, seigneur de la Giscarie, officier au régiment royal-artillerie, † en 1768 ; épousa le 24 janvier 1748 Jacqueline de Carbonnières, fille de Gilbert et d'Anne Faure, dont :

1° Gilbert, dit le comte de Pilles, colonel du régiment de Viennois, né le 4 juillet 1750, † le 3 juillet 1813 ; marié le 1er août 1779 à Catherine de Caumont-Beauville, sans postérité ;

2° François-Gaston, capitaine au régiment de Picardie (1782), officier de l'armée de Condé, lieutenant-colonel, chevalier de Saint-Louis, né le 21 décembre 1752, † après 1829, sans alliance ;

3° Bernard-Sylvain, qui suit.

X. Bernard-Sylvain DE GIRONDE, comte de Gironde de Pilles, capitaine au régiment de Picardie (1785), émigré et officier de l'armée de Condé, né à Tournon le 12 juillet 1756, †... ; fut créé comte héréditaire par lettres patentes du 22 juin 1816. Il épousa le 23 mai 1803 Louise-Suzanne de la Chièze, fille d'Antoine-Philippe et de Marguerite-Françoise de Gironde-Montamel, dont :

1° Louis-Pierre, qui suivra ;

2° Jules, mort en bas âge ;

3° Paul-Louis-Balthazar, né le 25 janvier 1811 ;

4° Louis-Joachim-Paul-Alexandre, né le 22 juillet 1813 ;

5° Marie-Françoise-Irma, mariée en 1828 à Pierre-Isidore de Perry ;

6° Marie-Louise-Isaure, née le 17 octobre 1812, † à Milo (Haute-Garonne) le 9 juin 1893 ; mariée le 14 novembre 1830 à Jean-Pierre-Étienne-Édouard de Martel de la Galvagne.

XI. Louis-Pierre DE GIRONDE, comte de Gironde, né le 12 mai 1804, † au château de la Motte-Ferrensac le 10 août 1881, épousa Jeanne-Louise de Goulard, † à... le 14 octobre 1891, fille de Jules-François-Thomas et de Louise-Marie-Adélaïde Belletreux, dont quatre fils :

1° Gaston, qui suivra ;

2° Pierre-Louis-Jules, marié à Mlle de Laulanié de Sainte-Croix, dont quatre enfants : a) Bertrand ; b) Louis ; c) Béatrix ; d) Suzanne ;

3° Paul-Jean-Louis, capitaine de frégate (12 juillet 1883), O. ※, né le 9 novembre 1840 ;

4° Arnaud, secrétaire général de préfecture, né..., † à Toulouse en novembre 1893 ; marié deux fois : 1° en 1876, à Geneviève Desmoulins de Leybardie, † en 1877, sans postérité ; 2° le... juin 1880, à Thérèse de Resseguier, dont un fils, qui suit : [du 2e lit] : a) Gilbert.

XIII. Gaston DE GIRONDE, comte de Gironde, né en 1837 ; a épousé en mars 1869 Henriette-Valentine de Lur-Saluces, † à... le 30 septembre 1885, dont quatre enfants :

1° Arnaud ;

2° Louis, né...; † le... 1887 ;

3° Gaston ;

4° Gabrielle, religieuse.

GIROT [DE LANGLADE]

= Titre personnel de baron, en faveur de Joseph-Henri Girot, sous-préfet, par lettres patentes du 30 août 1827, avec règlement d'armoiries : *d'azur, au chevron d'or, chargé de trois étoiles de gueules et accompagné en chef, à dextre d'un mât d'argent, et à sénestre d'un pigeon du même, becqué, membré et allumé de gueules, et en pointe d'une tête de cheval aussi d'argent.*

I. Joseph Girot, docteur en médecine à Issoire, épousa Marie-Louis-Alexandrine Libois, dont un fils, qui suit.

II. Joseph-Henri Girot, baron Girot, puis Girot de Langlade, inspecteur général adjoint des forêts, député du Puy-de-Dôme (1834-45), pair de France (14 août 1845), O. ✳, fut créé baron à titre personnel, par lettres du 30 août 1827, et ajouta à son nom celui de sa première femme et de la terre de Langlade, dont il avait hérité d'elle. Né à Issoire le 6 novembre 1782, † à Paris le 14 avril 1856, il se maria deux fois : 1° en 1812, à Julie-Pauline Favart de Langlade, † à Issoire le 27 novembre 1846, sans postérité, fille du baron de Langlade et de l'Empire (voir ci-dessus, notice FAVARD, p. 37-38); 2° à Adélaïde-Agathe-Pauline Tézénas du Montcel, † au château de Langlade (Puy-de-Dôme) le 2 juillet 1881, dont deux enfants :

[du 2° lit] : 1° Henri-Joseph-Louis-Paul, qui suivra ;

2° Marie, mariée le 6 janvier 1867 à Marie-Edmond-Marcel de Bernard de la Fosse.

III. Henri-Joseph-Louis-Paul Girot, dit le baron Girot de Langlade, né...; a épousé à Paris, le 2 avril 1866, Françoise-Catherine-Mathilde-Valentine Le Lasseur dont :

1° Paul-Marcel-Edmond-Valentin, né en 1867, † à... le 13 juillet 1885 ;

2° Henri-Joseph-Paul, né en 1869; marié en juin 1895 à Marie-Joséphine-Caroline-Thérèse d'Adhémar de Lantagnac ;

2° Pierre.

GISORS

= Titre de chevalier héréditaire en faveur d'Alexandre-Pierre Gisors, par lettres patentes du 4 octobre 1822, avec règlement d'armoiries : *de sinople, au lion d'or, tenant de la patte dextre un sabre dentelé d'argent, monté d'or et portant sur la lame le chiffre 20 de sable.*

I. N... Gisors, architecte, dont :

1° Jacques-Pierre, qui suivra ;

2° Alphonse, né en 1761, sous-chef au Ministère de l'intérieur, marié à Julie-Henriette Lefebvre et père de :

a) Henri-Alphonse, dit de Gisors, architecte du Sénat, membre de l'Institut, O. ✳, né à Paris le 3 septembre 1796, † à Paris le 16 août 1866; marié à Gondouin, dont deux enfants, qui suivent :

aa) Henri, négociant, marié et père d'Amélie et Céline ;

bb) Alphonsine-Amélie, † à Paris le 12 février 1866; mariée à Georges-Scellier, architecte, dont les enfants ont ajouté à leur nom celui de Gisors.

II. Jacques-Pierre GISORS, architecte, pensionné du roi, épousa Marie Rivoire, dont un fils, qui suit :

III. Alexandre-Pierre GISORS, puis de Gisors, officier, ✻, né à Paris le 12 mai 1782, †... fut anobli par lettres patentes du 4 octobre 1822.

GLANDEVÈS (DE)

= Titre de baron héréditaire sur institution de majorat (rentes sur l'État), en faveur de Georges-François-Pierre DE GLANDEVÈS, maréchal de camp, par lettres patentes du 4 octobre 1822, avec règlement d'armoiries : *fascé d'or et de gueules de six pièces.*

= Titre de pair héréditaire en faveur du même, par l'ordonnance du 23 octobre 1823.

= Titre de baron-pair héréditaire, sur accroissement du majorat ci-dessus, en faveur du même, par nouvelles lettres patentes du 20 mars 1824, avec même règlement d'armoiries que ci-dessus.

*
* *

La maison de Glandevès tire son origine de l'ancienne ville de Glandevès et a pour premier auteur Anselme Féraud, seigneur de Thorame, vivant en 1235, qui possédait des droits considérables sur Glandevès, dont il prit le nom.

Sa descendance qui a donné de plus de soixante chevaliers et dignitaires de l'Ordre de Saint-Jean-de-Jérusalem, des évêques, etc., a formé plusieurs branches :

1° Celle des seigneurs de Cuers, éteinte ;

2° Celle des comtes de Pourrières, éteinte dans la maison de Villeneuve ;

3° Celle des seigneurs du Canet, rapportée ci-après ;

4° Celle des barons de Gréoux, éteinte ;

5° Celle des seigneurs de Montblanc et du Castelet ;

6° Celle des seigneurs de Cuges ;

7° Celle des seigneurs de Niozelles.

La branche des seigneurs du Canet était représentée au quatorzième degré par N... de Glandèves, sgr du Canet, qui épousa sa cousine N... de Glandèves de Pourrières, dont Raymond-Pierre, qui suit.

XV. Raymond-Pierre DE GLANDEVÈS, baron de Glandevès, sgr du Canet, capitaine des vaisseaux du roi, chevalier de Saint-Louis, épousa Marie-Désirée-Marseille de Roux, dont :

1° Georges-François-Pierre, qui suit ;

2° Lucie-Marie-Charlotte, † en septembre 1842; mariée : 1° à Charles-Mugloire-Dieudonné de Mercier ; 2° à Jean-François-Gaspard de Bellon, comte de Sainte-Marguerite.

XVI. Georges-François-Pierre DE GLANDEVÈS, baron de Glandevès, garde du corps (1783), émigré et officier de l'armée de Condé, maréchal de camp (28 août 1814), pair de France (23 décembre 1823), C. ✻, chevalier de Saint-Louis; fut créé baron héréditaire, sur institution de majorat, par lettres patentes du 4 octobre 1822, et établit sa pairie au titre de baron pair héréditaire sur accroissement dudit majorat par nouvelle lettres du 20 mars 1824. Né à Marseille le 28 avril 1768, ✝ à Paris le 21 avril 1832, il épousa le 7 avril 1791 Marie-Agathe-Adélaïde-Jeanne de Chabot, ✝ à Paris le 13 octobre 1817, veuve en premier de Joseph-Marie-Richard-Patrice, vicomte de Wall, ✝ à Fontainebleau le 26 novembre 1787, dont il n'a pas laissé postérité.

GOBERT

= Titre de baron héréditaire en faveur d'Armand-Louis GOBERT, colonel de cuirassiers, par lettres patentes du 3 février 1815, avec règlement d'armoiries : *d'azur, au chevron d'or, accompagné à dextre en chef d'un sabre d'argent, posé en pal et surmonté d'un casque du même, à sénestre d'une cuirasse d'argent frangée de gueules, et en pointe d'un croissant du même; au chef de gueules chargé de trois étoiles d'argent.*

II. Armand-Louis GOBERT, chevalier, puis baron Gobert et de l'Empire[1] (lettres patentes du 24 février 1809), sous-lieutenant hussards (19 avril 1807), chef d'escadron (25 janvier 1809), colonel de cuirassiers (9 septembre 1814), C. ✠, chevalier de Saint-Louis, fut créé baron héréditaire par lettres patentes du 3 février 1815. Né à Paris-Auteuil, le 5 juin 1785, ✝ en 1824, fils de N... et de Marie-Thérèse Boucard.

GODART

= Titre de baron héréditaire confirmé en faveur de Roch GODARD, baron de l'Empire, maréchal de camp, par lettres patentes du 17 février 1816, avec règlement d'armoiries : *coupé : au I d'argent, chargé à dextre d'un palmier arraché de sinople, et à sénestre d'une épée de sable, posée en pal; au II d'azur, au vaisseau d'or, soutenu d'une mer d'argent, chargée d'un banc de sable, mouvant du flanc dextre.*

I. Maclou GODART, *alias* Godard, épousa Marie-Jeanne-Austreberthe Musquinet, dont au moins Roch, qui suit.

II. Roch GODARD, baron Godard et de l'Empire (lettres patentes du 31 décembre 1809), donataire de l'Empire; soldat (1779), élu lieutenant-colonel de volontaires (1792), colonel, général de brigade (14 septembre 1809), C. ✠, chevalier de Saint-Louis; fut confirmé dans le titre de baron héréditaire par lettres patentes du 17 février 1816. Né à Arras le 29 mars 1761, ✝ à Tréguier (?) le 8 mai 1834, il épousa le 29 avril 1800 Zoé-Hélène-Jeanne Guyot-Duclos, dont deux enfants, morts en bas âge :

1° Alexandre-Ferdinand, qui suivra;
2° Jeanne-Françoise-Rosalie, née à Carcassone le 18 décembre 1803, ✝...; mariée à M. Dreuze.

1. Cf. *Armorial du Ier Empire*, t. II, p. 244-245 pour les titre et armoiries de l'Empire.

III. Alexandre-Ferdinand Godard, baron Godard, né à Carcassonne le 19 décembre 1802.

GODINOT

= Lettres de noblesse en faveur d'Adam-Pierre-Eustache Godinot, adjoint au maire de Lyon, par lettres patentes du 16 novembre 1816, avec règlement d'armoiries : *d'or, à la fasce de gueules, chargée d'une coquille d'argent et accompagnée de trois merlettes de sable, 2, 1.*

I. Pierre Godinot, négociant à Lyon, épousa en cette ville le 16 avril 1758, Marie-Élisabeth Le Sueur, dont un fils, qui suit.

II. Adam-Pierre-Eustache Godinot, négociant, adjoint au maire de Lyon, ✳, fut anobli par lettres patentes du 16 novembre 1816. Né à Lyon le 12 décembre 1760, †...; il épousa à Lyon, le 21 octobre 1798, Jeanne-Marie-Antoinette Guérin (de Saint-Chamond).

GODINOT DE VILAIRE

= Lettres de noblesse en faveur de Marie-Pierre-Adolphe Godinot de Vilaire, chef de bataillon, par lettres patentes du 21 août 1828, avec règlement d'armoiries : *d'azur, au chevron d'or, accompagné de trois cormorans du même, et à l'épée d'azur, montée d'or, brochant sur le chevron.*

I. Jean-Baptiste-Philibert Godinot de Vilaire, colonel d'infanterie, retraité en 1806, né..., † le 8 mars 1818 ; épousa à Saint-Domingue, en juin 1789, Louise-Charlotte-Élisabeth-Bernardine Prieur, fille de Bernard et de Marie-Élisabeth Moynat, dont un fils unique, qui suit.

II. Marie-Pierre-Adolphe Godinot de Vilaire, sous-lieutenant, chef de bataillon, chevalier de Saint-Louis, ✳, fut anobli par lettres patentes du 21 août 1828 ; né au Cap-Français (Saint-Domingue) le 16 novembre 1780, †..., il épousa Marie-Françoise Ardisson, dont au moins un fils, qui suit.

III. Eugène-Adolphe-Pierre Godinot de Vilaire, lieutenant au bataillon d'Afrique (30 septembre 1846), lieutenant-colonel, O. ✳. Né à Antibes le 15 juillet 1818 (retraité à Bastia en 1872).

GOISSON (de)

= Titre de comte héréditaire en faveur de Jean de Goisson, capitaine de cavalerie, gentilhomme de la chambre du roi, par lettres patentes du 10 mai 1819, avec règlement d'armoiries : *de gueules, au chevron d'argent, accompagné de trois croissants du même, 2, 1.*

La famille Goisson, originaire de Guyenne, établit sa filiation depuis Joseph

Goisson, écuyer, sgr de Lambeye, qui testa le 15 mars 1540 et avait épousé Marie de Ségur. Leur descendance, maintenue dans sa noblesse à l'intendance de Guyenne, le 16 février 1698, était représentée au sixième degré par Antoine, qui suit.

VI. Antoine Goisson, seigneur de Bellefon, lieutenant-colonel au régiment de Normandie, chevalier de Saint-Louis, épousa le 28 décembre 1729 Thérèse de Carles, fille de François et de Thérèse de Melet, dont un fils, qui suit.

VII. Jean-Antoine DE Goisson, seigneur de Maujan et Boisrac, capitaine au régiment de Normandie, chevalier de Saint-Louis, né à Mérignas en Bazadais le 27 avril 1731; épousa le 1er avril 1762 Jeanne-Sibylle de Paty, fille de Jacques et d'Anne de Cosson, dont :

    1° Pierre-Raymond¹, capitaine de cavalerie, né à Mérignas le 28 mars 1763, † en 1833 [sans postérité] ;
    2° Jean, qui suit ;

VIII. Jean DE Goisson, comte de Goisson, page de la petite écurie du roi, capitaine de cavalerie, gentilhomme ordinaire de la chambre du roi, chevalier de Saint-Jean-de-Jérusalem et de Saint-Louis, né à Mérignas le 16 février 1764, † vers 1844, fut créé comte héréditaire par lettres patentes du 10 mai 1819, et ne paraît pas avoir laissé postérité.

GOLL

═ Titre de baron, sur promesse d'institution de majoration, par ordonnance du 16 octobre 1825, en faveur de Joseph-Jacques-Samuel Goll, colonel du génie.

* *

Joseph-Jacques-Samuel Goll, baron Goll, donataire de l'Empire (décret du 18 octobre 1808 : rentes, 500), lieutenant du génie, lieutenant-colonel du génie 1822), ✲ né à Colmar le 11 août 1771, † à Belfort le...; fut créé baron, sur promesse d'institution de majorat, par ordonnance du 16 octobre 1825.

GOLZART

═ Titre de chevalier héréditaire confirmé en faveur de Nicolas-Constant Golzart, député et président du tribunal civil de Vouziers, par lettres patentes du 24 août 1816, avec règlement d'armoiries : *parti : au I d'azur, à une plante de colsa d'or; au II d'or, au cœur de gueules, surmonté de deux mains dextres appaumées au naturel.*

* *

1. Jean Golzart, notaire royal à Grandprey, épousa Marie-Louise Deheppe, dont au moins :

    1° Marie-Henri-Fulgent, receveur des domaines, né à Grandprey en 1764, † à Vouziers le 28 novembre 1827 ; marié à Catherine-Agnès Nicaise, dont un fils, qui suit :
    Charles-Alexis-Fulgence, conservateur des hypothèques, conseiller général des Ardennes, né en 1791 ; † à Vouziers le 26 novembre 1841 ; marié à Madeleine-Éliza Marchand, dont postérité ;

1. Il est dit vicomte de Goisson en 1825 et gentilhomme surnuméraire de la chambre du roi.

2° Nicolas-Constant, qui suivra ;

3° Marie-Cécile-Charlotte, mariée à Jean-Baptiste-Nicolas, baron Nicolas et de l'Empire, maréchal de camp.

II. Nicolas-Constant Golzart, chevalier Golzart et de l'Empire[1] (lettres patentes du 2 août 1811), juge royal, puis notaire à Grandprey, sous-préfet de Vouziers, député des Ardennes à l'Assemblée législative, au conseil des Cinq-Cents et au Corps législatif (1815-16), président du tribunal civil de Vouziers, ✠, fut confirmé dans le titre de chevalier héréditaire par lettres patentes du 24 août 1816. Né à Grandprey (Ardennes) le 3 juillet 1758, † à Vouziers (Ardennes) le 26 août 1827, il épousa Louise Toublanc, dont au moins une fille :

Françoise-Augustine-Balzane, née à Grandprey le 21 août 1790 ; mariée le 18 octobre 1814 à Nicolas Brucelle, lieutenant-colonel de cavalerie, O. ✱.

GOMBERT DE BAILLEUL

⚊ Lettres de noblesse en faveur de Narcisse-Édouard-Marie Gombert de Bailleul, par lettres patentes du 4 janvier 1828, avec règlement d'armoiries : *d'azur, au cygne d'argent, s'essorant et chargé d'un écusson d'azur, surchargé de trois fers de lance d'argent, 2, 1.*

⚊ Titre de baron héréditaire, sur promesse d'institution de majorat et sous la dénomination de Bailleul, par lettres patentes du 8 mars 1828 en faveur du même.

⚊ Titre de vicomte, sur promesse d'institution de majorat, par ordonnance du 15 avril 1829, en faveur du même.

I. Jean-Baptiste Gombert de Lebecq, né en 1754, † après 1830, laissa un fils, Narcisse-Édouard-Marie, qui suit.

II. Narcisse-Édouard-Marie Gombert, baron de Bailleul, négociant à Paris, fut anobli par lettres patentes du 4 janvier 1828, puis créé baron de Bailleul héréditaire par nouvelles lettres patentes du 7 mars 1828. Né à Armentières (Nord) le 25 octobre 1786, † à Paris le 18 mars 1863, il épousa Désirée Huimon de Bailleul, dont :

1° Emmanuel-Amédée-Édouard, qui suivra ;

2° Élodie, née en 1823, † à Paris en janvier 1894 ; mariée à M. Guérin.

III. Emmanuel-Amédée-Édouard Gombert, baron de Bailleul, commis principal de 3° classe au Ministère de la guerre (retraité en 1871), né à Paris le 16 septembre 1829.

GONTAUT DE BIRON (de)

⚊ Titre de pair héréditaire par ordonnance du 17 août 1815, en faveur d'Armand-Charles-Louis de Gontaut, marquis de Biron.

⚊ Titre de marquis-pair héréditaire en faveur du même, par ordonnance du

1. Cf. *Armorial du 1er Empire*, t. II, p. 247.

31 août 1817, confirmé par lettres patentes du 8 janvier 1818 (sans institution de majorat de pairie) avec règlement d'armoiries : *écartelé d'or et de gueules.*

⁎⁎

Cette illustre maison a pris son nom de la ville et baronnie de Gontaut, en Agenois, où elle est citée dans les chartes du Xe et du XIe siècle, parmi les hauts barons de la cour des ducs d'Aquitaine. La filiation suivie s'établit depuis Geofroy de Gontaut, sgr de Biron, cité avec son fils, Gaston, dans une charte de 1124 et dont la descendance a fourni de nombreuses branches, parmi lesquelles nous citerons :

1° La branche des seigneurs barons de Biron, qui a donné deux maréchaux de France, des lieutenants généraux, des maréchaux de camp, des évêques, etc., en faveur de laquelle la baronnie de Biron a été érigée en duché-pairie par lettres patentes de juin 1598, pour Charles de Gontaut, baron, puis duc de Biron, maréchal de France, décapité le 31 juillet 1602, sans laisser postérité ; ses deux frères fondèrent chacun un rameau, celui des ducs de Biron et Lauzun, et celui du marquis de Saint-Blancard.

2° Le rameau des ducs de Biron et Lauzun, marquis de Montferrand, etc., en faveur duquel le duché de Biron fut rétabli par lettres patentes de février 1723, et celui de Lauzun par brevet de 1766, et qui s'est éteint le 31 décembre 1793 par la mort sur l'échafaud révolutionnaire d'Armand-Louis de Gontaut, duc de Lauzun et de Biron.

3° Le rameau du marquis de Saint-Blancard, en Astarac, qui suivra.

4° La branche des seigneurs de Badefol, qui a formé plusieurs rameaux : l'aîné, éteint en 1702, et le cadet appelé en 1395 à la substitution des noms, armes et biens de la maison d'Hautefort, et qui s'est continué jusqu'à nos jours dans deux rameaux, celui de Surville, marquis d'Hautefort, et celui des comtes de Vaudre.

Le rameau des marquis de Saint-Blancard était représenté au XVII° degré par Charles-Aimeric, qui suit.

XVII. **Charles-Aimeric de Gontaut**, marquis de Saint-Blancard, seigneur de la Chapelle, etc., capitaine au régiment de Noailles-cavalerie, mestre de camp, né en 1682, † à la Barthe (Gers) le 16 septembre 1757, fils aîné de Jean-Louis, dit le marquis de Saint-Blancard, et de Marthe de Timbrune-Valence ; épousa au château de Bize en Comminges, le 7 octobre 1709, Julienne-Alexandrine de Mun-Cardaillac, fille d'Alexandre, marquis de Sarlabous, et de Brandelise de la Marque de Gensac, dont un fils, qui suit.

XVIII. **Armand-Alexandre de Gontaut**, marquis de Saint-Blancard, baron de la Chapelle, seigneur de la Barthe, etc., capitaine au régiment du roi-infant, commandant en Bigorre ; né à... le..., † en Espagne en 1804 ; épousa le 5 mars 1744 Françoise-Madeleine de Preissac d'Esclignac, fille de Jean-Henri, marquis d'Esclignac, et de Marguerite de Montréal de Monein, dont :

1° Jean-Armand-Henri-Alexandre, qui suivra ;
2° Charles-Michel, qui sera rapporté ci-après, après la postérité de son frère aîné ;

3° Madeleine-Antoinette-Charlotte, mariée le 29 octobre 1766 à Charles-Bernard-Joseph Percin de la Valette, marquis de Montgaillard, colonel du régiment de Guyenne ;

4° Marie-Jeanne-Bernarde, mariée le 20 novembre 1766 à Philippe-Maurice-Charles de Vissec de la Tude, marquis de Ganges ;

5° Louise-Anne-Victoire-Charlotte, née le 17 mars 1753 ; mariée le... 1774 à Jacques-Philippe du Hagel, comte de Vernon, mestre de camp.

XIX. Jean-Armand-Henri-Alexandre DE GONTAUT, marquis de Gontaut-Biron et de Saint-Blancard, comte de l'Empire français[1] (lettres patentes du 2 août 1811), maréchal de camp, lieutenant général (20 février 1815), membre du collège électoral de Seine-et-Marne ; chevalier de Saint-Louis, né à... le 6 novembre 1746, † à Pau le 5 mai 1826 ; il épousa à Paris, le 25 avril 1770, Marie-Joséphine Palerne, †..., fille de Simon-Zacharie, secrétaire de la chambre du roi, et de Marie-Gabrielle Le Subtil de Boisemont, dont :

1° Armand-Louis-Charles, qui suit ;

2° Fortuné-Jean-Louis-Charles-Gabriel, né à Paris le 25 novembre 1773, † le 19 novembre 1773 ;

3° Alexandre-Gabriel-Madeleine, né à Paris le 11 décembre 1774, † le 5 mai 1776 ;

4° Aimé-Charles-Zacharie-Élisabeth, qui sera rapporté après la postérité de son frère aîné.

XX. Armand-Louis-Charles DE GONTAUT, marquis de Biron et de Saint-Blancard, pair de France (17 août 1815), chevalier de Saint-Jean-de-Jérusalem, ✳, né à Paris le 11 septembre 1771, † à Paris le 20 mars 1851, fut créé marquis-pair héréditaire par lettres patentes du 8 janvier 1818 ; il épousa le 4 janvier 1802, Élisabeth-Charlotte de Damas-Cruz, † à... le 2 août 1827, dame pour accompagner Mme la Dauphine, fille du comte Louis-Étienne-François, pair de France, et de Mlle de Ligny, dont trois fils :

1° Henri, marquis de Saint-Blancard, né le 1er novembre 1802, † à... le... 1882 ; marié à Antonine-Flore-Émilie de Mun, † le 2 août 1827, sans postérité ;

2° Joseph, né le 1er novembre 1804, † à... le..., sans alliance ;

3° Étienne-Charles, qui suit.

XXI. Étienne-Charles DE GONTAUT-BIRON, comte de Gontaut-Biron, né le 5 juillet 1818, † à Paris le 6 janvier 1871 ; épousa à Paris, le 8 mai 1849, Charlotte-Marie de Fitz-James, fille du duc et de Mlle de Marmier, dont :

1° Guillaume-Marie-Étienne, qui suivra ;

2° Armand-Marie-Jacques, né le 11 janvier 1855, † à... le 30 octobre 1875 ;

3° Marguerite-Armande, née le 9 février 1850 ; mariée le 28 septembre 1871 à Bernard-Louis, comte d'Harcourt ;

4° Henriette-Sidonie, née le 20 mai 1851 ; mariée le 6 mai 1874 à Paul Henri-Raymond de Raffélis, marquis de Saint-Sauveur ;

5° Charlotte-Joséphine, née le 9 juillet 1852 ; mariée le 1er juin 1872 à Charles-Joseph-Lamoral, prince de Ligne.

XXII. Guillaume-Marie-Étienne DE GONTAUT-BIRON, marquis de Gontaut-Biron, né le 27 octobre 1859.

XX bis. Aimé-Charles-Zacharie-Élisabeth DE GONTAUT, comte de Gontaut et de l'Empire[2] (lettres patentes du 6 octobre 1810), chambellan de Napoléon Ier, colonel

1. Cf. *Armorial du Ier Empire*, t. II, p. 249-50-51, pour les armoiries et titre de l'Empire.
2. Cf. *Armorial du Ier Empire*, t. II, p. 249-50-51, pour les armoiries et titre de l'Empire.

de cavalerie, député de l'Orne (1822-27) et du Gers (1830-31), ✳, né à Paris le
5 novembre 1776, † à Paris le 14 février 1840, frère cadet du pair de France;
épousa le 24 novembre 1812 Adélaïde-Henriette-Antoinette de Rohan-Chabot, † à
Paris le 24 février 1859, fille du duc de Rohan, et de Mlle de Montmorency-
Fosseux, dont cinq enfants :

1° Armand-Louis-Henri-Charles, marquis de Saint-Blancard, né le 10 septembre 1813, † à
    Paris le 29 août 1897 ; marié le 11 novembre 1837 à Élisabeth-Laurence-Antoinette-
    Alexandrine-Félicie de Bauffremont, princesse du Saint-Empire, dont onze enfants, qui
    suivent :

    a) Armand-Marie-Laurent-Charles-Antoine, président du conseil général du Gers, né le
        4 mars 1839, † à Paris le 3 février 1884; marié le 12 mai 1864 à Désirée-Ferdinande-
        Joséphine-Jehanne de Clairambault (remariée le 23 décembre 1884 à Manuel de Pe-
        ralta), dont deux fils qui suivent :
        aa) Armand-Aimé-Louis-Jehan, né en 1865 ; marié le 12 juin 1889 à Élisabeth-
            Chantale-Marie-Anne Ferron de la Ferronnays, dont : Armand, Arnaud et Viane;
        bb) Ferdinand-Philippe, né en 1869, † le 6 décembre 1898; marié le 8 mai 1889 à
            Ferdinande-Hélène-Marie de Lesseps (divorcée et remariée au comte de Mira-
            mon), dont : Ferdinand-Armand, † en 1892 ;
    b) Marie-Théodore-Laurent-Charles, né le 28 juin 1843, † le 15 avril 1867;
    c) Marie-Joseph-Laurent-Antoine, secrétaire d'ambassade, ✳, né le 18 décembre 1844 ;
        marié le 22 juillet 1876 à Armelle-Anastasie-Marie-Cécile de la Panouse, † le
        30 juillet 1891, dont quatre enfants, qui suivent :
        aa) Louis, né en 1878; bb) Armand, né en 1880; cc) Marie, née en 1883; dd) Thérèse,
          née en 1888 ;
    d) Marie-Auguste-Théodore, officier de cavalerie, né le 2 mars 1846; marié le 3 juin 1874
        à Marie-Geneviève-Gabrielle de Cossé-Brissac, sans postérité;
    e) Marie-Auguste-François, né le 7 avril 1848 ; marié le 27 mai 1873 à Marie-Solange-
        Eugénie-Laurent de Maillé de la Tour-Landry, dont une fille : Louise.
    f) Marie-Henri, sous-lieutenant de hussards, né le 18 juillet 1849, † le 26 août 1876 ;
    g) Marie-Armand-Élie-Jacques, officier de cavalerie, né le 7 octobre 1851, marié le
        3 mars 1888 à Gabrielle-Augustine-Marie de Mailly-Châlons ;
    h) Raoul-Marie, né le 30 avril 1853 ;
    i) Marie-Bertrand-Charles-Stanislas, né le 25 octobre 1854, † à Paris le 28 mai 1898,
        marié le 4 juin 1883 à Jacqueline de Mailly-Châlons, dont : aa) Roger;
    j) Marie-Catherine-Adélaïde-Charlotte, née le 19 avril 1840, † le 12 octobre 1873 ; mariée
        le 24 octobre 1857 à Antoine-François, marquis de Cossé-Brissac;
    k) Marie-Caroline-Élisabeth, née le 15 janvier 1842; mariée le 20 juin 1863 à Galiot-
        Gabriel-Charles, baron de Mandat de Grancey.

2° Joseph-Alexandre-Roger, comte de Gontaut-Biron, né le 15 février 1815, † le 25 no-
    vembre 1877; marié le 26 novembre 1851 à Amélie-Louise-Léontine de Berton de Balbes
    de Crillon, † le 26 novembre 1867 (veuve du prince Jules de Clermont-Tonnerre), sans
    postérité ;

3° Anne-Armand-Élie, vicomte de Gontaut-Biron, ambassadeur de France, membre de
    l'Assemblée nationale, 1872-73, sénateur, G. C. ✳, né à Paris le 19 septembre 1817, † le
    3 juin 1890; marié le 31 mai 1841 à Augustine-Henriette-Mathilde-Radegonde de Lépinay,
    † le 19 mai 1867, dont quinze enfants, qui suivent :

    a) Pierre, né le 18 janvier 1844, † le 24 février 18..., sans alliance ;
    b) Paul-Anne-Armand-Marie-Charles, ancien officier de cavalerie, ✳, né le 14 sep-
        tembre 1845 ; marié le 24 novembre 1873 à Hélène, princesse Troubetskoï, sans
        postérité ;
    c) Jean-Armand-Marie-Charles, officier, né le 9 décembre 1849, † le 14 avril 1877 ;
    d) Armand-Gabriel-Marie-Joseph, ancien officier, maire de Navailles-Angos, conseiller

général (1889) et député des Basses-Pyrénées (1900), né à Navailles-Angos le 29 juin 1851; marié en août 1877 à Emma-Marie de Polignac, sans postérité;

e) Bernard-Marie, né le 30 juillet 1854 ; marié à N... Cabibel, dont postérité ;

f) Armand-Marie-François-Henri-Louis-Xavier, officier de cavalerie, né le 30 janvier 1859, † à Paris le 5 juillet 1897 ; marié le 26 novembre 1887 à Marie-Michelle-Stéphanie de Virieu, dont trois enfants qui suivent :

    aa) Henri ; *bb)* Charles-Armand, né le 16 janvier 1889, †...; *cc)* Judith;

g) Edmond-Marie, né le 23 février 1863 ;

h) Marie-Armand-Gaston, officier de cavalerie, né le 23 février 1863, † à Melun le 19 mars 1895 ; marié le 11 janvier 1883 à Béatrix-Marie-Solange de Virieu-Beauvoir, dont deux fils, qui suivent :

    aa) Charles-Armand, né en 1889; *bb)* Guillaume-Anne-Marie-Armand, né en 1893 ;

i) Anne-Marie-Armande-Christine, née le 31 juillet 1842; marié : 1° à Raoul Le Sage d'Hauteroche, comte d'Hulst; 2° en 1889, à Ernest Armand, comte romain ;

j) Marie-Anne-Charlotte-Élisabeth-Joséphine, née le 5 juillet 1847 ; mariée le 8 mai 1876 à Archambaud, comte de Talleyrand-Périgord ;

k) Adèle-Marie, née le 9 août 1848; mariée le 30 septembre 1875 à Marc, prince de Beauvau ;

l) Marie-Anne-Hermine-Félicité-Madeleine, née le 27 juillet 1852 ; mariée le 25 juin 1877 à Arthur-Anatole-Marie-Hilarion, comte de Liedekerke;

m) Thérèse, née le 15 janvier 1858, religieuse du Sacré-Cœur;

n) Geneviève, née le 11 janvier 1860, comtesse-chanoinesse du chapitre de Maria-Schull;

o) Agnès-Marie-Paule, née le 21 janvier 1862; mariée en octobre 1886 à Marie-Paul-Philippe-Maxime de Gaigneron-Morin :

4° Charles-Henri de Gontaut-Biron, né le 8 septembre 1822, † au berceau ;

5° Marie-Flavio-Auguste, comte de Gontaut-Biron, né le 9 avril 1833, † le 24 janvier 1894 ; marié le 30 juin 1863 à Marguerite-Louise Amys du Ponceau, † le 14 juin 1864, dont:

    Adèle-Marie-Viano, née le 9 juin 1865; mariée en mai 1884 à Henri-Marie, comte de Fitz-James.

GONTAUT-BIRON (de)

═ Titre personnel de duchesse, par ordonnance du 14 octobre 1826, en faveur de Joséphine de Montault de Navailles, gouvernante des enfants de France, veuve de Charles-Michel de Gontaut.

* *

XIX *bis*. Charles-Michel de Gontaut, vicomte de Gontaut-Biron-Saint-Blancard, capitaine-lieutenant des gardes-françaises (1790), lieutenant général (22 juin 1814), commandeur de Saint-Louis, né le 6 novembre 1751, † à Toulouse le 26 janvier 1825, fils cadet du marquis de Saint-Blancard (voir ci-dessus, p. 197) et de Mlle de Preissac d'Escignac, il épousa le... 1792 Marie-Louise-Joséphine de Montault de Navailles, créée duchesse de Gontaut-Biron par ordonnance du 14 octobre 1826.

Mme la duchesse de Gontaut, gouvernante des Enfants de France, fille d'Augustin-François, comte de Montault-Saint-Sivié, premier veneur de Monsieur, et de Marie-Cécile Simonet de Colomiers, est décédée à Paris le 6 août 1862, laissant deux filles :

    1° Joséphine-Françoise, née à... le...1794, † à... le... mars 1884; mariée à Paris, le 18 mai 1817, à Anne-Louis-Fernand de Rohan-Chabot, duc de Rohan, prince de Léon, maréchal de camp ;

2° Charlotte-Sabine-Louise-Gabrielle, née à Fields-Fixe à Londres (Pimlico) le 8 octobre 1796, † à Busset (Allier) le 6 mars 1887 ; mariée à Paris, le 14 juin 1818, à François-Louis-Joseph, comte de Bourbon-Busset, lieutenant général et pair de France.

GONTIER DE BIRAN

═ Anoblissement en faveur de Guillaume Gontier de Biran, ancien député, par ordonnance du 6 septembre 1814.

* *

La famille Gontier, qui a possédé les terres de Biran, du Chizeau, de la Seyssie, etc., serait originaire de Saint-Laurent-du-Bâton par Jean Gontier, notaire à Vicq, dont la postérité se fixa à la Monzie en Périgord. Elle a donné sept maires de Bergerac et de nombreux officiers à la sénéchaussée, deux députés, etc.

I. Pierre Gontier de Biran, sieur de Biran, second consul (1684), puis maire perpétuel de Bergerac (1694), † en 1710 ; épousa Dᴵˡᵉ de Chapelle, dont :

1° Guillaume, qui suivra ;

2° Élie-Jean, sieur du Cluzeau, maire perpétuel de Bergerac, après son père ;

3° Élie-Joseph, subdélégué à l'intendant, lieutenant criminel en la sénéchaussée de Bergerac (1728) ; marié et ayant laissé postérité représentée de nos jours ;

4° François, dit Laseyssie, avocat, procureur au bailliage de Bergerac (20 avril 1730).

II. Guillaume Gontier de Biran, procureur du roi au sénéchal, puis maire de Bergerac (1718-20), laissa entre autres enfants :

1° N..., curé de Saint-Sauveur ;

2° Pierre-Élie-Joseph, qui suivra ;

3° Jean, docteur en médecine, marié à Catherine Deville, dont deux fils, qui suivent, et deux autres, morts jeunes, ainsi qu'une fille :

    a) Marie-François-Pierre, dit Maine de Biran [chevalier Gontier de Biran[1]], garde du corps (1785), administrateur du département de la Dordogne (1795), sous-préfet de Bergerac (1806-11), député de la Dordogne au Corps législatif (1813-15-1823), conseiller d'État, littérateur et philosophe, C. ✻, chevalier de Saint-Louis ; né à Grateloup le 26 novembre 1766, † à Paris le 28 juillet 1824 ; marié deux fois : 1° le 21 novembre 1795, à Louise Fournier, † le 23 octobre 1803, veuve en premier mariage de M. du Cluzeau, dont trois enfants, qui suivent ; 2° à Louise-Anne Favareilhe, sans postérité ;

        [du 1ᵉʳ lit] : aa) Félix, officier de cavalerie, ✻ ; né..., † vers 1872, marié deux fois : 1° à Mˡˡᵉ Valleton de Garaube, dont une fille, mariée à Étienne Savy, et 2° le 29 mars 1838, à Marie-Jeanne-Céline de Bonfils de la Blénie, sans postérité ;

        bb) Élisa, † le 10 août 1838, sans alliance ;

        cc) Adine, † le 16 juin 1834, sans alliance ;

    b) Joseph-Casimir, marié à Suzanne-Victoire de Coustin de Caumont de Bourzolles, dont un fils et une fille, Mᵐᵉ Louise de Galabert.

III. Pierre-Élie-Joseph Gontier de Biran, sieur du Cluzeau, lieutenant criminel, puis procureur du roi au bailliage de la sénéchaussée de Bergerac (8 juillet 1754), maire de Bergerac ; épousa Marie de Lapouyade, fille de François, lieutenant général au sénéchal de Bergerac, dont huit enfants, entre autres :

1. Cf. *Armorial du Iᵉʳ Empire*, t. II, p. 251 ; il figure avec ce titre à l'*Almanach impérial* de 1813.

1° Guillaume, qui suivra ;

2° François, dit du Breuil, garde du corps, chevalier de Saint-Louis, † le 15 juin 1836 ; marié le 13 novembre 1796 à Johanna-Wilhelmine Demey van der Hœven, dont une fille ;

3° Guillaume, dit du Cluzeau, garde du corps, lieutenant-colonel, chevalier de Saint-Louis ; né à Bergerac le 7 février 1757 ;

4° Jean-François, le jeune, garde du corps, chevalier de Saint-Louis, marié à Marie Cosset, dont postérité ;

5° Marguerite, mariée à Pierre Cosset.

IV. Guillaume GONTIER DE BIRAN, lieutenant général au bailliage et siège présidial de Bergerac (1774), maire de Bergerac (1779), député du tiers pour cette sénéchaussée aux États généraux de 1789 et aux Cinq-Cents ; né à Bergerac le 18 août 1745, † à Bergerac le 15 juin 1822, fut anobli par l'ordonnance du 6 septembre 1814, et n'a pas laissé de postérité.

La famille Gontier de Biran porte pour armoiries : *d'argent, alias d'or, à trois bandes de gueules,* ou d'après l'Armorial général de 1696 (Reg. de Périgueux), *d'or, à trois fasces de sinople.*

GORNEAU

= Titre de chevalier héréditaire par ordonnance du 18 novembre 1815, en faveur de François-Joseph GORNEAU, chef de bataillon.

[Les lettres patentes non retirées[1] portaient le règlement d'armoiries : *d'argent, à la barre d'azur, chargée de trois étoiles d'or et accompagnée en chef d'une épée en pal de gueules et, en pointe, d'une ancre de sable.*]

***

I. Joachim GORNEAU, huissier royal à Varzy, épousa Jeanne Hayot, dont au moins un fils, qui suit.

II. Philippe-Joseph GORNEAU, chevalier Gorneau et de l'Empire[2] (lettres patentes du 10 septembre 1808), avocat en parlement, agréé et procureur aux conseils de la commune de Paris (1790), député de la Seine au Conseil des Anciens, membre de la cour d'appel de Paris, ✳, né à Varzy (Nièvre) le 17 août 1733, † à Paris le 7 juin 1810 ; épousa Marie-Jeanne Thibault, dont :

1° François-Joseph, qui suivra ;

2° Anne-Marie, née à Paris le 10 avril 1770, † à Paris le 11 septembre 1846 ; mariée en la même ville, en janvier 1789, à Pierre-Nicolas Berryer, avocat, dont quatre enfants, entre autres, Antoine-Pierre Berryer, l'orateur célèbre.

III. François-Joseph GORNEAU, chevalier Gorneau, chef de bataillon, maire de Pantin (1815-35), membre du collège électoral de la Seine, O. ✳, fut créé chevalier héréditaire par ordonnance du 18 novembre 1815 ; né à Paris le 17 septembre 1766, †...

---

1. Ces lettres n'ont pas été délivrées et scellées.
2. Cf. *Armorial du Ier Empire,* t. II, p. 251-252, pour les armoiries et titre de l'Empire.

GOSSE DE SERLAY

= Titre de baron héréditaire en faveur de Casimir Gosse de Serlay, lieutenant colonel, par lettres patentes du 14 avril 1824, avec règlement d'armoiries : *d'azur, au chevron d'or, accompagné en chef de deux papillons d'argent et, en pointe, d'un lion du même.*

*** ***

Cette famille Gosse, nombreuse en Artois, a formé plusieurs rameaux ; l'un d'eux a donné Joseph-Ignace Gosse d'Ostrel, député du tiers pour l'Artois, anobli par lettres patentes de novembre 1772.

I. Henri-Louis-François Gosse, conseiller du roi et trésorier des États d'Artois à Saint-Omer, né à Saint-Pol vers 1713, † à Saint-Omer le 13 janvier 1781, épousa Marie-Louise Thellier, † à Saint-Omer le 6 septembre 1789, dont :

1° Henri-Louis, dit Zurlis, avocat ne parlement ;
2° Marie-Bernard-Joseph, qui suit.

II. Marie-Bernard-Joseph Gosse, dit de Serlay, conseiller du roi et trésorier de la province d'Artois, à Saint-Omer, né à Saint-Omer le 17 septembre 1739, † même ville le 23 mars 1813 ; épousa Marie-Louise-Françoise Laurent, dont :

1° Casimir, qui suivra ;
2° Maurice, chef d'escadrons de cuirassiers, O. ✳, chevalier de Saint-Louis, né en 1788, † en 1868 ; marié à Jeanne-Charlotte-Élisabeth-Denise-Cécile Drouhot, † en 1873, dont quatre enfants, qui suivent :
    a) Oscar..., marié et père de trois enfants : *aa)* Georges-Maurice, lieutenant d'infanterie ; né le 6 août 1852 ; *bb)* Charles ; *cc)* Maurice ; *dd)* Marie ;
    b) Laurence, mariée en mars 1851 à Amédée Benoyton, comte romain ;
    c) Marie-Blanche, mariée à Joseph-Charles Rousselot, comte de Morville ;
    d) Alice, née en 1837, † à Chambéry le 24 février 1895 ; mariée à Maximilien-Auguste-Louis, baron de Kessling de Berg, conseiller à la cour d'appel ;
3° Camille, négociant à Paris ; né à Saint-Omer le 10 septembre 1792 ; marié à Versailles, le 17 juillet 1832, à Louise-Félicie Karcher.

III. Casimir Gosse de Serlay, baron Gosse de Serlay, colonel d'artillerie, O. ✳ ; chevalier de Saint-Louis, fut créé baron héréditaire, par lettres patentes du 14 avril 1824. Né à Saint-Omer le 10 juin 1783, † à... le 25 août 1855, il épousa le 16 septembre 1833 Marie-Charlotte-Eugénie Savary de Rovigo, † à Paris le 22 janvier 1869, fille d'André-Jean-Marie-René, duc de Rovigo, et de Marie-Charlotte-Félicité de Faudoas-Barbazan de Séguenville, dont deux enfants :

1° Raymond-Casimir-Eugène, qui suivra ; 2° N..., mariée à M. de Taillasson.

IV. Raymond-Casimir-Eugène Gosse de Serlay, baron de Serlay, colonel du 1er dragons (24 juillet 1879), général de brigade (28 février 1887), C. ✳. Né à Mézières le 20 août 1834, a épousé à Pont-à-Mousson, le 2 juin 1862, Antoinette-Marthe-Lucie Noisette, dont :

1° René-Paul-Marie, né en 1864, marié à Paris, le 31 janvier 1891, à Bonne-Cécile-Charlotte-Marie de Salviac de Vielcastel, dont une fille ;
2° Anne.

GOSSELIN

═ Anoblissement par ordonnance du 13 juin 1830, en faveur d'Alexandre-Louis Gosselin.

La famille Gosselin serait originaire de Saint-Pierre-d'Authie, en Picardie ; l'une de ses branches s'est fixée à Lille vers 1749 ; une autre est connue sous le vocable de Gosselin de Bénicourt.

I. Joseph Gosselin, libraire à Lille vers 1740, épousa N..., dont au moin deux fils :

> 1° Pascal-François-Joseph, savant géographe, administrateur et conservateur de la Biblio-thèque impériale, membre de l'Institut, ✳ ; né à Lille le 6 décembre 1751, † à Paris le 7 février 1830 ; marié à Anne-Thérèse Houzé, † à Paris en avril 1810, sans postérité ;
> 2° Henri, qui suit.

II. Henri Gosselin, épousa Marie Allain, dont deux enfants :

> 1° Alexandre-Louis, qui suivra ;
> 2° Louise-Adélaïde, née en 1788, † le 16 octobre 1868 ; mariée à Louis Mertian.

III. Alexandre-Louis Gosselin, puis de Gosselin, né à... le... 1790, † à Paris, le 2 mai 1863, fut anobli par ordonnance royale du 13 juin 1830, il épousa à Paris le 8 janvier 1829, Lucie-Léonie de Bousquet, † à Paris le 1er mai 1893, fille de Jean-Charles-Laurent (Cf. notice *Bousquet*, t. I), dont deux fils :

> 1° Alexis-Charles, qui suivra ;
> 2° Louis-Joseph, marié le 1er mai 1860 à Lydie-Gabrielle-Camille Panon des Bassayns de Ri-chemont, † à Paris le 4 mai 1897, dont trois enfants, qui suivent :
> > a) Marcel ;
> > b) Sabine (mariée à M. Todoler) ;
> > c) Agnès, née en 1875, † à Paris le 4 mai 1897 (incendie du Bazar de la Charité) ; mariée le 11 décembre 1894 à Auguste-Armand, comte Mimerel.

IV. Alexis-Charles de Gosselin, né en 1832, a épousé le 8 décembre 1857, Marie Panon des Bassayns de Richemont, fille d'Alfred, vicomte de Richemont, et d'Athénaïs-Eudoxie-Julie-Joséphine-Antoinette de Renty, dont deux fils :

> 1° Maurice, marié le 16 mai 1893 à Élisabeth de Sainte-Marie d'Aignoaux, dont un fils : Jacques ;
> 2° Gabriel, marié le 22 mai 1894 à Marie Thirouin.

Cette famille porterait pour armoiries : *d'or, à la tour de sable, ouverte, ajou-rée et maçonnée du champ, le sommet des créneaux enflammé de gueules ; au chef d'azur, chargé de deux étoiles d'argent.*

GOUEY DE LA BESNARDIÈRE (de)

═ Titre de comte héréditaire sur institution de majorat (domaine de Longue-plaine, Indre-et-Loire), en faveur de Jean-Baptiste de Gouey de la Besnardière, conseiller d'État, par lettres patentes du 20 novembre 1816, avec règlement d'armoiries: *d'argent, à trois losanges de gueules, tranché de sinople, à trois bandes d'or.*

I. Jean-Baptiste DE GOUEY, sieur de la Besnardière, avocat au siège présidial de Périers, en Cotentin, épousa Claire-Bernardine Le Hougais, dont au moins un fils, qui suit

II. Jean-Baptiste DE GOUEY DE LA BESNARDIÈRE, comte de Goucy, de la Besnardière, avocat, chef de division et directeur de la chancellerie au Ministère des affaires étrangères, conseiller d'État (1812), O. ✳; fut créé comte héréditaire, sur institution de majorat, par lettres patentes du 30 novembre 1816; né à Périers (Manche) le 1er octobre 1765, † à Paris le 30 avril 1843.

GOUGEON

= Titre de baron héréditaire en faveur de Jean GOUGEON, maréchal de camp, par lettres patentes du 20 mars 1824, avec règlement d'armoiries : *de gueules, au lion d'or, lampassé de gueules, tenant de la patte dextre une épée d'argent, montée d'or, et soutenu d'une batterie crénelée et baignée par la mer, l'une et l'autre au naturel et mises en champagne.*

I. Nicolas GOUGEON, maître distillateur à Metz, épousa vers 1763 Catherine Simon, dont entre autres enfants :

1° Nicolas, conservateur des hypothèques, né à Metz le 11 février 1764, † à Briey le 10 août 1847; marié à Metz, le 11 mars 1793, à Anne-Jeanne-Ségolène Grosset, dont cinq enfants;
2° Pierre, colonel du 18e régiment d'infanterie, O. ✳, chevalier de Saint-Louis; né à Metz le 21 novembre 1767, † à Metz le 10 novembre 1840;
3° Louis, président du tribunal de commerce de Metz, puis juge de paix; né à Metz le 12 novembre 1768, † le 4 novembre 1858; marié à Françoise Simon, dont un fils et deux filles;
4° Jean, qui suivra;
5° Françoise, mariée à Martin-Joseph Vesco.

II. Jean GOUGEON, baron Gougeon, volontaire (1789), capitaine (28 février 1795), chef de bataillon (1799), colonel d'infanterie (2 juillet 1813), maréchal de camp (25 avril 1821), C. ✳, chevalier de Saint-Louis; fut créé baron héréditaire par lettres patentes du 20 mars 1824. Né à Metz le 28 septembre 1773, † à Paris-les-Ternes le 1er mars 1836, il épousa le 19 décembre 1810 Marie-Hélène-Gérardine Vivario, † à Liège le 20 août 1853, dont il n'eut pas d'enfants.

GOUJON DE GASVILLE

= Titre de marquis héréditaire en faveur de Pierre-Charles-Auguste GOUJON DE GASVILLE, maréchal de camp, par lettres patentes du 25 octobre 1816, avec règlement d'armoiries : *d'azur, à deux goujons d'argent, posés en sautoir, et à une rivière du même, mouvante du bas de l'écu.*

Cette famille établit sa filiation depuis Jean Goujon, conseiller du roi et directeur de ses finances en 1693, qui acquit la baronnie de Châteauneuf et était fils de Jean Goujon, sgr du Guay, et de Jeanne Quentin.

III. Jean-Prosper Goujon, chevalier, sgr de Gasville, de Ris, etc., baron de Châteauneuf, conseiller du roi et avocat général aux requêtes du palais (1706), maître des requêtes (1708), intendant de la généralité de Rouen (1715), né à Paris le 31 juillet 1684, † en 1756, petit-fils de Jean, qui précède; épousa, 22 juin 1713, Anne Faucon, † à Paris le 1er février 1763, fille de Charles-Jean-Louis, sgr de Ris, marquis de Charleval, et de Françoise de Bar, dont sept enfants :

1° Charles-Jean-Louis-Claude, qui suivra ;

2° Prosper-Anne, dit M. de Ris, conseiller du roi au grand conseil, † à Paris en 1763, sans alliance ;

3° Jean-Baptiste-Denis, dit le marquis de Gasville, capitaine au régiment de Bresse-infanterie, chevalier de Saint-Louis ; marié le 19 mars 1765 à Hélène-Françoise-Félicité Martinet, dont deux enfants, morts au berceau ;

4° Marie-Françoise, mariée à Charles-Auguste Le Tonnelier de Breteuil, baron de Preuilly ;

5° Marie-Anne-Françoise, † à Mathieu en Normandie le 19 novembre 1782 ; mariée 11 février 1750 à Pierre-François Chevalier, marquis de Fresnel ;

6° Anne-Bénigne, mariée le 5 avril 1755 à Louis-François d'Izarn, marquis de Villefort ;

7° Charlotte, mariée le 13 mai 1764 à Charles-Philippe-Aymard, marquis de Fontaines, mestre de camp.

IV. Charles-Jean-Louis-Claude Goujon de Gasville, dit le marquis d'Iville, capitaine de cavalerie, chevalier de Saint-Louis, épousa le 5 avril 1752 Antoinette-Rosalie Babaud de la Chaussade, † le 20 juillet 1759, fille de Pierre, sgr de Guérigny, et d'Anne-Rose Le Conte de Nonant de Pierrecourt, dont deux fils :

1° Pierre-Charles-Auguste, qui suivra ;

2° Jean-Prosper-Camille, vicomte de Gasville, colonel d'infanterie, consul de France, chevalier de Saint-Louis ; né le 4 décembre 1754 ; marié à Paris, le 13 mai 1789, à Jeanne-Élisabeth Sophie Texier, dont un fils et deux filles, mariées au baron Berthier de Bizy et à M. Franceschini.

V. Pierre-Charles-Auguste Goujon de Gasville, marquis de Gasville, mousquetaire, officier au régiment du roi-dragons, maréchal de camp (25 août 1814), commandeur de Saint-Louis, O. ✳ ; fut créé marquis héréditaire par lettres patentes du 26 octobre 1816 ; né le 14 novembre 1753, † en 1829, il épousa le 9 mai 1785 Charlotte-Marie de Maurès de Malartic, fille d'Amable-Gabriel-Louis-François, comte de Malartic, premier président au conseil souverain de Perpignan, et d'Élisabeth de Faventines, dont deux fils :

1° Marie-Jean-Maurice, qui suivra ;

2° Joseph-François-Eugène, sous-préfet des Andelys, né le 1er mars 1794 (marié et père d'une fille, épouse de Paul Janicot).

VI. Marie-Jean-Maurice Goujon, marquis de Gasville, maître des requêtes, puis conseiller d'État, préfet, gentilhomme honoraire de la chambre du roi, C. ✳, né le 8 septembre 1789, † au château de Boisgibault le 27 mars 1865 ; épousa le 15 juin 1812 Antoinette-Pélagie-Céleste Dambray, † au château d'Erville le 7 février 1874, fille du marquis Dambray, chancelier de France, garde des sceaux, dont il n'a pas laissé de postérité.

GOULARD

= Anoblissement par ordonnance du 9 novembre 1814, en faveur de Jules François-Thomas GOULARD, député.

= Lettres de noblesse en faveur de Marie-Thomas-Eugène GOULARD, fils du précédent, par lettres patentes du 18 mars 1829, avec règlement d'armoiries : *d'argent, au chevron d'azur, accompagné en chef de deux roses de gueules, tigées et feuillées de sinople, et, en pointe, d'un bâton d'Esculape d'or, entortillé d'un serpent de sable, au chef de de sable, chargé d'un livre ouvert d'or.*

***

I. Thomas GOULARD, professeur démonstrateur de chirurgie et d'anatomie à la Faculté de Montpellier, épousa Françoise Vaissière, dont un fils, quit suit.

II. Jean-François-Thomas GOULARD, administrateur général des domaines de la couronne d'au delà des Alpes (1808), député de Seine-et-Oise (1810-15), né à Montpellier le 7 décembre 1755, † le 10 septembre 1817; fut anobli par ordonnance royale du 9 novembre 1814; il épousa Louise-Marie-Adélaïde Belletreux, dont quatre enfants :

1° Marie-François-Eugène, *alias* Marie-Thomas-Eugène, qui suivra ;
2° Jeanne-Marie-Claire, née à Versailles le 23 septembre 1803;
3° Louise-Marie-Adélaïde, née à Versailles le 19 mai 1807, † à Paris le 23 mai 1885 ;
4° Mélanie-Claire, née à Versailles le 5 juillet 1805, † à Paris le 17 mars 1868; mariée à Bernard Gauthier d'Hauteserve.
5° Jeanne-Louise, née en 1816, † le 14 octobre 1891; mariée à Louis, comte de Gironde.

III. Marie-François-Eugène GOULARD, puis de Goulard, avocat, député des Hautes-Pyrénées (1846-48-50-51 et 1871-74), ministre de l'agriculture (1872). Né à Versailles le 28 octobre 1808, † à Versailles le 4 juillet 1874, fut anobli par lettres patentes du 18 mars 1829, il épousa Germaine-Dominiquette-Amélina Férand, † à Touille le 17 mars 1884, fille d'Anne-François-Tiburce, préfet, dont deux enfants :

1° Marc, qui suivra ;
2° Marie.

IV. Marc DE GOULARD, a épousé le 5 septembre 1888 Marie Jayr, petite-fille du pair de France, dont trois filles :

1° Josèphe ;
2° Germaine ;
3° Antoinette.

GOULHOT [DE SAINT-GERMAIN-LE-VICOMTE]

= Lettres de noblesse en faveur de Philippe-Jean-Baptiste-Nicolas GOULHOT, sous intendant militaire, par lettres patentes du 15 novembre 1817, avec règlement d'armoiries : *d'azur, à la croix alaisée et ancrée d'or, posée en abyme et accompagnée de trois coquilles d'argent, 2, 1.*

***

I. Nicolas-François GOULHOT, cavalier de la maréchaussée de Mortain, épousa Jeanne-Ambroise Roger, fille de Philippe-Jean-Baptiste, bourgeois de Vire, dont un fils, qui suit.

II. Philippe-Jean-Baptiste-Nicolas GOULHOT, chevalier Goulhot et de l'Empire[1], puis Goulhot de Saint-Germain-le-Vicomte, chef de division au Ministère de la guerre, sous-intendant militaire, O. ✳, chevalier de Saint-Louis, fut anobli par lettres patentes du 15 novembre 1817, et autorisé par ordonnance royale du 3 décembre 1817, à ajouter à son nom « de Saint-Germain-le-Vicomte ». Né à Mortain (Manche) le 2 juin 1764, †..., il épousa Marie-Françoise-Charlotte-Sophie Demarne [fille d'un maréchal de camp], dont :

1° Achille-Félicité, qui suivra ;
[2° Antoinette-Sophie, mariée vers 1820 à Auguste de Mirebeau, officier de cavalerie].

III. Achille-Félicité GOULHOT DE SAINT-GERMAIN, sous-préfet, député de la Manche (1849), maire de Saint-Germain-sur-Fèves (Manche), sénateur de l'Empire (26 janvier 1852), O, ✳. Né à Paris 21 février 1803, † à Saint-Germain (Manche), le 18 juin 1875, épousa en juin 1830 Anne-Marie-Rosine Bronnet, † le 10 juillet 1882, dont deux enfants :

2° Léonce, née en 1834, † à Spa 25 septembre 1865 ;
[2° Hélène-Marie-Wilhelmine-Charlotte, née en..., † à Paris le... juillet 1902; mariée le 29 novembre 1865 à Jules, baron Finot].

GOUPIL DES PALLIÈRES

= Lettres de noblesse en faveur de Claude-Antoine GOUPIL DES PALLIÈRES, docteur-médecin et maire de Nemours, par lettres patentes du 26 mai 1820, avec règlement d'armoiries : *d'azur, au lis de jardin au naturel, terrassé de sinople et chargé au pied d'un lévrier couché d'or, la tête levée.*

***

I. Étienne-Auguste GOUPIL DES PALLIÈRES, conseiller du roi, inspecteur de la police et de la librairie de Paris ; épousa Anne-Marguerite Payen, dont :

1° Charles-Antoine, qui suivra ;
2° Pierre-Marie, né à Versailles le 28 juin 1776.

II. Claude-Antoine GOUPIL DES PALLIÈRES, docteur en médecine, maire de Nemours, ✳, fut anobli par lettres patentes du 26 mai 1820. Né à Paris le 28 juin 1771, †..., il épousa N..., dont :

1° Jules-Auguste, docteur en médecine (1er février 1821), membre correspondant de l'Académie de médecine, marié à Nemours le 14 septembre 1850, à Félicité Sainte-Claire-Deville, † à Nemours le 3 août 1898, dont une fille, qui suit, Jeanne-Marie-Charlotte, mariée en juin 1870, à Henry Baubigny ;
2° Alexandre, docteur en médecine (20 novembre 1824) à Montereau, né..., †...; marié à N..., dont un fils, Jules, officier de santé (9 novembre 1864) à Montereau ;
3° Eugène, docteur en médecine (22 août 1825) à Aéricy, marié à Nemours le 9 février 1825, à Eugénie Winterhoff, dont postérité ;
4° Hippolyte, docteur en médecine, marié...

1. Cf. *Armorial du Ier Empire*, t. II, p. 252-53.

GOURDON (DE)

= Titre de comte héréditaire en faveur d'Antoine-Louis DE GOURDON, contre-amiral, par lettres patentes du 3 février 1815, avec règlement d'armoiries : *d'azur, au chevron d'or, chargé de trois étoiles de gueules et accompagné de trois gourdes de pèlerin d'or, 2, 1.*

La famille Gourdon a pour auteur Philippe Gourdon, avocat au parlement, reçu conseiller-secrétaire du roi, maison et couronne de France, et décédé le 20 janvier 1710 ; il se maria deux fois, 1° en 1676, à Marie Husson, et 2° à Anne Boileau le 6 mai 1737, et laissa trois fils, entre autres, Jean-Baptiste, qui suit.

II. Jean Baptiste GOURDON, conseiller au grand conseil (23 février 1704), né le 12 janvier 1679, † le 15 octobre 1735 ; épousa à Paris, le 18 mai 1713, Marie-Constance-Adélaïde Chevalier, fille d'un conseiller au parlement de Paris, dont trois enfants :

1° Jean-Baptiste-Louis, qui suivra ;
2° Antoine-Jean ;
3° Charlotte-Athénaïs.

III. Jean-Baptiste-Louis DE GOURDON, écuyer, capitaine et premier aide-major de la marine, chevalier de Saint-Louis, né au château de la Bretonnière le 25 avril 1729, épousa à Paris, le 25 octobre 1764, Marie-Jeanne Boullanger, fille d'Antoine Boullanger, bourgeois de Paris, et d'Angélique Hocart, dont un fils, qui suit.

IV. Antoine-Louis DE GOURDON, comte de Gourdon, contre-amiral (1er mars 1805), vice-amiral (1820), G. O. ✠, commandeur de Saint-Louis ; fut créé comte héréditaire par lettres patentes du 3 février 1815. Né à Paris le 20 juillet 1765, † à... le 28 juin 1833, il épousa le 1er juin 1795 Antoinette-Rosalie Gaunet-Gazeau, dont trois enfants :

1° Joseph-Adolphe, qui suivra ;
2° Frédérica-Eugénie-Antoinette, née en 1800, † en 1880 ; mariée à Pierre Trotté de Maisonneuve ;
3° Flavie-Antoinette, née en 1811, † le 28 avril 1895 ; mariée à M. Perrin.

V. Joseph-Adolphe DE GOURDON, comte de Gourdon, contre-amiral, préfet maritime, G. O. ✠, né en 1796, † à Saint-Valéry-sur-Somme le 5 septembre 1872, épousa le 1er avril 1835 Marie-Palmyre Léger, † au château de Beaumanoir (Côtes-du-Nord) le 17 avril 1899, dont deux enfants :

1° Eugène, qui suivra ;
2° Louise-Marie-Antoinette, mariée le... 1853 à Louis-Anne-Tristan, marquis de L'Angle-Beaumanoir, ancien sous-préfet.

VI. Eugène DE GOURDON, comte de Gourdon, né en 1840, a épousé en 1869 Marie-Thérèse-Antoinette-Marguerite Lusson, † à Vannes le 11 novembre 1898, dont :

1° Tancrède, né en 1871 ;

2° Marie-Marthe-Frédérica-Marie-Eugénie-Louise, née en 1870, † à Vannes le 15 septembre 1896;

3° Yvonne.

GOURGUE (DE)

= Titre de pair héréditaire par ordonnance du 5 novembre 1827, en faveur d'Armand-Dominique-Ange-Louis, marquis DE GOURGUE (sans institution de majorat de pairie et établi alors avec rang, titre et dignité de baron-pair).

* *

La famille de Gourgue, *alias* Gourgues, originaire de Guyenne, établit sa filiation suivie depuis Jean de Gourgue, marié à Isabeau de Lévy, dont le fils Jean fut ministre et général des finances d'Henri d'Albret en 1570; mais son nom est plus anciennement connu par un Geoffroy de Gourgue, secrétaire du roi Philippe le Bel en 1285.

La descendance de Jean a donné des conseillers d'État, des maîtres des requêtes et des présidents au parlement, un évêque de Bazas, des intendants, etc.; elle a obtenu l'érection de la seigneurie de Vayres en marquisat en 1683 et a formé plusieurs rameaux : l'aîné était représenté au septième degré par Jean-François-Joseph, qui suit.

VII. Jean-François-Joseph DE GOURGUE, marquis de Vayres et d'Aulnay, conseiller au parlement (1691), maître des requêtes (1696), né en 1670, † en 1734; épousa : 1° le 16 août 1696, Gabrielle-Élisabeth Barillon de Morangis; † en 1700, dont une fille; 2° le 30 avril 1709, Catherine-Françoise Le Marchand de Bardonville, dont deux fils, qui suivent, et trois filles :

[*du 1er lit*] : 1° Louise-Marie-Gabrielle, mariée le 1er octobre 1717 à Louis-François de Saint-Simon, marquis de Sandricourt ;

[*du 2e lit*] : 2° Armand-Pierre-Marc-Antoine, qui suivra ;

3° Alexis-François-Joseph, dit le comte de Saint-Julien, chevalier de Malte de minorité, né en 1721; marié le 29 juin 1747 à Marie-Angélique Pinon, dont postérité, qui représente seule la famille de nos jours.

VIII. Armand-Pierre-Marc-Antoine DE GOURGUE, chevalier, seigneur marquis d'Aulnay, de Vayres, etc., conseiller du roi en ses conseils, maître des requêtes, né..., † à Paris le 31 juillet 1743; épousa Louise-Claire de Lamoignon de Courson, fille d'Urbain-Guillaume, comte de Courson, et de Marie-Françoise de Méliand, dont un fils, qui suit.

IX. Armand-Guillaume-François DE GOURGUE, marquis de Vayres et d'Aulnay, comte de Bouret, seigneur de la baronnie de Rabaine, etc., conseiller du roi en ses conseils et commissaire aux requêtes du palais, puis président au parlement de Paris (4 mars 1763). Né à Paris le 10 juin 1736, † à Paris le 20 avril 1794; épousa : 1° à Paris, le 16 mai 1756, Élisabeth-Olive de Lamoignon, † le 10 juin 1773, sans postérité ; 2° le..., Agnès-Catherine Pinon, dont :

1° [*du 2e lit*] : Armand-Dominique-Ange-Louis, qui suivra ;

2° Auguste-François, dit le marquis d'Aulnay, né..., † le 2 juin 1839; marié le 12 avril 1819 à Aymardine-Henriette-Émilie de Fouquet, dont trois enfants, qui suivent :

a) René-Dominique, marquis de Gourgue, né en 1821, †...; marié à Pauline de Meyronnet, † à... le... 1877, sans postérité;

b) Dominique-Armand, comte, puis marquis de Gourgue, ✳, né en 1823, † au château
d'Aulnay-lès-Bondy le 12 mars 1893; marié en 1849 à Jenny de Chazelles-Lunac, sans
postérité;

c) Aimar-Charles, né..., † en 1831;

3° Anne-Joseph, né..., † en 1802.

4° Agnès-Françoise, née vers 1776, † à Paris le 30 juin 1862; mariée en 1790 à Guy-Jacques,
comte de Bullion, marquis de Conrcy.

X. Armand-Dominique-Ange-Louis de Gourgue, vicomte, puis marquis de
Gourgue et de Vayres; maître des requêtes au Conseil d'État, gentilhomme ordi-
naire de la chambre du roi, député du Tarn-et-Garonne (1820-27), pair de France
(5 novembre 1827), chevalier de Saint-Louis, ✳; né à Paris le 5 juillet 1777, † à
Vayres (Gironde) le 10 août 1841; épousa le 2 mai 1809 Anne-Charlotte-Albertine
de Montboissier-Beaufort-Canillac, † à Vayres le 11 décembre 1861, fille de
Charles-Philippe-Simon, vicomte de Montboissier, maréchal de camp, et de
Françoise-Pauline de Lamoignon de Malesherbes, dont quatre filles:

1° Albertine-Françoise-Pauline, née..., †...; mariée en janvier 1835 à Charles-Henri-Roger-
Joseph-Paul, comte de Preissac;

2° Agnès-Gabrielle-Mélanie, née..., †...; mariée le 4 août 1840 à Henri-Adrien, comte de
Grailly;

3° Agnès-Alice;

4° Eugénie-Cécile-Jacqueline, née en 1819, † au château de Vayres le 20 novembre 1894;
mariée à Albert-Alexandre, baron de Bony.

Cette famille porte pour armes: *d'azur, au lion d'or, armé et lampassé de
gueules, accosté de deux étoiles du même.*

GOURLET

= Lettres de noblesse en faveur de Pierre-Michel Gourlet, lieutenant de
gendarmerie, par lettres patentes du 10 juillet 1824, avec règlement d'armoiries:
*d'azur, au chevron d'or, accompagné en chef de deux croisettes d'argent et, en pointe,
d'une tige de lis d'argent, posée en barre, et d'une épée du même, posée en bande et en
sautoir.*

I. Jean-Louis Gourlet[1], bourgeois de Paris, épousa Marie-Jeanne Dorgeval,
dont au moins un fils, qui suit.

II. Pierre-Michel Gourlet, puis de Gourlet, lieutenant, puis capitaine de gendarmerie, chevalier de Saint-Louis, fut anobli par lettres patentes du 10 juillet
1824. Né à Paris le 9 juin 1771, † à Avranches le 18 février 1853, il épousa Anne-
Cécile Juston.

GOUVION (DE)

= Titre de pair à vie, en faveur de Louis-Jean-Baptiste, comte DE GOUVION,
lieutenant général, par ordonnance du 4 juin 1814, et confirmé à titre héréditaire,
par l'ordonnance du 19 août 1815.

1. A cette famille paraît se rattacher celle de M. Degourlet, *alias* de Gourlet, dont le fils fut
régisseur des palais nationaux jusqu'en 1900.

 Titre de comte héréditaire confirmé en faveur du même, comte de l'Empire, par lettres patentes du 28 décembre 1816, avec règlement d'armoiries : *de sinople, au sabre d'or en pal, surmonté d'une étoile du même, accosté à dextre d'un casque d'argent, taré de profil, la visière relevée et montrant quatre grilles d'argent, et à sénestre d'une grenade enflammée aussi d'argent.*

 Titre de comte-pair héréditaire attaché à la pairie en faveur du même, par ordonnance du 31 août 1817, et confirmé par lettres patentes du 20 décembre 1817, sans institution de majorat de pairie, mais avec même règlement d'armoiries que ci-dessus.

 Titre de baron héréditaire en faveur de Pierre GOUVION, capitaine du génie, frère du précédent, par lettres patentes du 24 août 1816, avec règlement d'armoiries : *de sinople, au sabre d'or dans son fourreau, surmonté d'une étoile aussi d'or et posé en pal, la pointe basse, accompagné à dextre d'un pot en tête d'argent et à sénestre d'une grenade enflammée du même.*

* *

I. François GOUVION, marchand boucher à Toul, né vers 1628, † à Toul le 21 mai 1700, laissa au moins cinq enfants :

1° François, qui suivra;

2° Nicolas, marchand boucher, † à Toul le 15 juin 1705 ; marié à Mme Cuchelet, qui est le bisaïeul du maréchal de France et qui sera rapporté ci-après;

3° Étienne;

4° Françoise, née vers 1657, † à Toul le 26 juillet 1729;

5° Marie, née vers 1663, † à Toul le 30 septembre 1713.

II. François GOUVION, épousa à Toul, le 20 février 1680, Catherine Lance, dont cinq enfants :

1° François, † à Toul le 14 décembre 1680 ;

2° Richard-Barthélemy, né le 23 août 1683;

3° Estienne, qui suivra ;

4° Catherine, née à Toul le 18 mars 1685;

5° Marguerite-Marie, née à Toul le 10 mars 1689, † même ville le 23 décembre 1759; marié à François Desroches, chirurgien à Toul.

III. Étienne GOUVION, procureur au présidial, puis conseiller du roi, assesseur et échevin de l'hôtel commun de Toul; né à Toul le 8 juin 1687, épousa, le 9 juin 1716, Jeanne Marcou, dont au moins trois fils :

1° Jean-François, avocat, lieutenant criminel honoraire au bailliage de Toul, né à Toul le 16 août 1717, † même ville le 1er mars 1794; marié à Toul, le 27 mars 1746, à Marguerite-Catherine Ohry, dont treize enfants, qui suivent :

    a) Jean-Baptiste, capitaine du génie, major général de la garde nationale de Paris (1789); député de Paris à la Législative (7 septembre 1791), maréchal de camp (30 juin 1791); né à Toul le 8 janvier 1747, † à Maubeuge le 19 juin 1792;

    b) Joseph, né à Toul le 11 juin 1748;

    c) Louis, capitaine au corps royal du génie, né à Toul le 17 juillet 1749 ; marié le 30 juin 1778 à Marie-Charlotte Vaultrin, dont deux enfants : *aa)* Jean, né à Toul le 12 avril 1779, † le 15 novembre 1785; *bb)* Catherine-Joséphine, née à Toul le 9 mai 1782, † même ville le 13 mai 1857; mariée le 23 mai 1804 à Pierre-Alexis de Pinteville, général de brigade;

    d) Joseph, né à Toul le 21 février 1752;

c) Jean-François-Léon, né à Toul le 19 avril 1759 ; marié le 23 août 1802 à Marie-Geneviève Pilotte de la Barollière ;

f) Charles, né à Toul le 20 février 1762 ;

g) Louis-Victor, inspecteur des eaux et forêts, né à Toul le 2 juin 1765 ; marié le 5 août 1793, à Anne Raguel, dont une fille : Magdeleine-Adélaïde, née à Toul le 30 décembre 1796, † même ville le 20 janvier 1884, mariée à Jacques d'Archambault ;

h) Marie-Magdeleine, née à Toul le 16 novembre 1754, † même ville le 14 septembre 1841 ; mariée deux fois : 1° à Jacques-Luc Pilotte de la Barollière ; 2° le 14 avril 1794, à Antoine de Saint-Hillier, général de division ;

i) Marie-Geneviève, née le 12 février 1751, † le 6 décembre 1753 ;

j) Madeleine-Constance, née à Toul le 18 septembre 1756, † à Toul le 6 janvier 1831 ; mariée à Dominique Deguilly, capitaine ;

k) Madeleine, née à Toul le 27 septembre 1757 ;

l) Marie-Geneviève, née à Toul le 16 septembre 1760 ; mariée à son cousin, le baron Pierre Gouvion, rapporté ci-après ;

m) Anne-Thérèse, née à Toul le 14 septembre 1763 ;

2° Jean-Baptiste, qui suivra ;

3° Jean-Charles, né à Toul le 24 juin 1727, † même ville le 21 avril 1728.

IV. Jean-Baptiste Gouvion, lieutenant au régiment de Thianges-infanterie (1755), capitaine au régiment royal-Barrois (1762), né à Toul le 14 août 1723, † le 10 janvier 1786, se maria deux fois : 1° le 7 octobre 1749, à Marie-Geneviève Bas, dont six enfants, qui suivent ; 2° le 16 novembre 1779, à Marie Liouville, fille de Charles et de Marie-Louise-Estienne, sans postérité :

[*du 1ᵉʳ lit*] : 1° Louis-Jean-Baptiste, qui suivra ;

2° Pierre, qui sera rapporté après son frère aîné ;

3° François, né à Toul le 24 mars 1755 ;

4° Joseph-Victor, né à Toul le 14 octobre 1757 ;

5° Marie-Julie, née à Toul le 19 septembre 1750, mariée à Jean-Baptiste Devoisin, lieutenant au régiment de Berry-infanterie ;

6° Françoise-Victoire, née à Toul le 17 juillet 1756, † le 29 décembre 1762.

V. Louis-Jean-Baptiste Gouvion, comte Gouvion et de l'Empire[1] (lettres patentes du 26 août 1808), lieutenant d'artillerie (10 novembre 1768), capitaine (1ᵉʳ juillet 1787), chef de bataillon (11 octobre 1791), général de brigade (20 juin 1793), général de division (19 septembre 1799), inspecteur général de la gendarmerie, président du collège électoral de la Drôme, sénateur de l'Empire (2 février 1805), pair de France (4 juin 1814), G. A. ✠, chevalier de Saint-Louis ; fut confirmé dans le titre de comte héréditaire par lettres patentes du 28 décembre 1816, et créé comte-pair héréditaire par autres lettres patentes du 20 décembre 1817. Né à Toul le 6 février 1752, † à Paris le 22 novembre 1823, il se maria deux fois : 1° à Firmine Deaux ; 2° à Anne-Josèphe Archinard, † à Paris le 4 juin 1811, et n'a pas laissé de postérité.

V *bis*. Pierre Gouvion, baron Gouvion, capitaine chef du génie à Toul, né à Toul le 1ᵉʳ septembre 1753, † même ville le 29 mars 1819 ; fut créé baron héréditaire par lettres patentes du 24 août 1816, il épousa le 6 novembre 1790 sa cousine germaine Marie-Geneviève Gouvion, dont trois enfants :

1° Louis-Firmin, qui suivra ;

2° Clélie-Honorée-Constance, née vers mars 1794, † à Toul le 23 septembre 1797 ;

1. Cf. *Armorial du 1ᵉʳ Empire*, t. II, p. 256.

3ᵉ Françoise-Julie, née à Toul le 10 décembre 1796, mariée à Henri Cournault.

VI. Louis-Firmin Gouvion, baron Gouvion, né à Toul, le 14 mai 1801, † même ville le 15 juillet 1860, sans alliance.

GOUVION-SAINT-CYR

= Titre de pair à vie, par ordonnance du 4 juin 1814, en faveur de Laurent, comte Gouvion-Saint-Cyr et de l'Empire, confirmé à titre héréditaire par l'ordonnance du 19 août 1815.

= Titre de marquis-pair héréditaire attaché à ladite pairie en faveur du même, par ordonnance du 31 août 1817, et confirmé par lettres patentes du 29 mars 1819 (sans institution de majorat de pairie), avec règlement d'armoiries : *coupé : au 1ᵉʳ d'azur, à l'étoile d'or ; au 2ᵉ de sable plein.*

*
* *

II *bis*. Nicolas Gouvion, marchand boucher, † à Toul le 15 juin 1705, deuxième fils de François (voir ci-dessus, p. 211) ; épousa à Toul, le 5 mars 1696, Jeanne Cuchelet, dont cinq enfants, qui suivent :

1º Nicolas, né à Toul le 17 janvier 1699, † le 18 mars suivant ;
2º Jean-Baptiste, né à Toul le 2 octobre 1702, † le 26 octobre suivant ;
3º Claude, qui suivra ;
4º Nicolas, né à Toul le 27 octobre 1705, † le 5 septembre 1708 ;
5º Jeanne, sœur jumelle du précédent, née le 27 octobre 1705.

III. Claude Gouvion, marchand boucher, né à Toul le 8 octobre 1703, † le 28 avril 1747 ; épousa le 27 janvier 1728 Marguerite Houot, dont :

1º Jean, né à Toul le 29 octobre 1728, † le 8 juillet 1730 ;
2º Claude, marchand chandellier, marié le 16 juin 1750 à Louise Dauphin, dont un fils : Laurent, né à Toul le 14 juin 1751 ;
3º Dominique, né à Toul le 16 février 1732, † le 19 août 1733 ;
4º Jean, né à Toul le 30 août 1734, † le 12 août 1739 ;
5º Nicolas, marchand cirier, né à Toul le 3 mai 1738, † le 6 mai 1820 ; marié à Marguerite Mursal, dont six fils et sept filles ;
6º Jean-Baptiste, né à Toul le 5 juillet 1739 ;
7º François-Charles, marchand boucher, né à Toul le 3 octobre 1740, marié deux fois : 1º à Marie Gault, dont trois enfants, qui suivent ; 2º à Toul, le 7 janvier 1767, à Anne Liouville, dont autres enfants :
    [*du 1ᵉʳ lit*] : a) Laurent, capitaine retraité, en 1833, né à Toul le 30 septembre 1763 ;
    b) Mathias, né à Toul le 1ᵉʳ novembre 1765 ;
    c) Marguerite, née à Toul le 17 octobre 1764 ;
    [*du 2ᵉ lit*] : d) Joseph, né à Toul le 14 février 1769, † le 4 mai 1773 ;
    e) Nicolas, né à Toul le 24 mars 1770 ;
    f) Claude, né à Toul le 12 juillet 1772 ;
    g) Nicolas, né à Toul le 12 avril 1774 ;
    h) Jean-Baptiste-Augustin, né à Toul le 27 juillet 1778 ;
    i) Françoise, née à Toul le 3 novembre 1767 ;
    j) Marguerite, née à Toul le 29 avril 1771 ;
    k) Anne, née à Toul le 2 novembre 1775, mariée à son cousin germain, le maréchal de France, Laurent Gouvion, qui suit ;
    l) Françoise, née à Toul le 23 décembre 1776 ;
    m) Marie-Félicité, née à Toul le 28 octobre 1779, † le 9 mai 1796 ;
    n) Marie-Joséphine, née à Toul le 17 mars 1781 ;

8° Jean-Baptiste, qui suivra ;

9° Anne, née à Toul le 12 janvier 1731 ;

10° Marie, religieuse, née à Toul le 18 juin 1733, † le 4 avril 1797 ;

11° Catherine, née à Toul le 12 janvier 1736 ;

12° Marie-Anne, née à Toul le 27 mai 1737 ;

13° Charlotte-Claudotte, née à Toul le 23 juillet 1743, † le 22 juin 1765 ; mariée à Louis-Ignace Le Bègue, apothicaire ;

14° Marie, née à Toul le 21 janvier 1745, † le 13 novembre 1827 ;

15° Cécile, née à Toul le 27 août 1746.

IV. Jean-Baptiste Gouvion, marchand tanneur, né à Toul le 24 avril 1742, † à Toul le 21 août 1821, se maria deux fois : 1° à Toul, le 8 février 1763, à Anne-Marie Mercier, divorcée pour cause d'absence le 2 janvier 1795, dont deux fils, qui suivent ; 2° le 19 décembre 1804, à Madeleine Friry, dont une fille :

[du 1er lit] : 1° Laurent, qui suivra ;

2° Lolly, né à Toul le 13 août 1765 ;

[du 2e lit] : 3° Jeanne-Françoise-Joséphine, née à Toul le 18 juin 1810.

V. Laurent Gouvion, dit Gouvion-Saint-Cyr [1], comte Gouvion-Saint-Cyr et de l'Empire (lettres patentes de mai 1808), puis marquis de Gouvion-Saint-Cyr, donataire de l'Empire [2], volontaire aux chasseurs de Paris (1er septembre 1792), capitaine (1er novembre 1792), chef de bataillon (11 septembre 1793), chef de brigade (10 janvier 1794), général de brigade (10 juin 1794), général de division (2 septembre 1794), conseiller d'État (22 septembre 1800), ambassadeur en Espagne (1804), maréchal de l'Empire (27 août 1812), ministre de la guerre (1815-1817-19), de la marine et des colonies (1817), pair de France (4 juin 1814), G. C. ✠, grand-croix de Saint-Louis ; fut créé marquis-pair héréditaire par l'ordonnance du 31 août 1817 et confirmé sans institution de majorat de pairie par lettres patentes du 29 mars 1819. Né à Toul le 13 mars 1764, † aux îles d'Hyères le 17 mars 1830, il épousa le 26 février 1795 Anne Gouvion, † à Paris le 18 janvier 1844, fille de François-Charles et d'Anne Liouville, dont un fils unique, qui suit.

VI. Laurent-François Gouvion-Saint-Cyr, marquis de Gouvion-Saint-Cyr, pair de France (à titre héréditaire, 23 avril 1841), né à Paris le 30 décembre 1815 ; a épousé à Saint-Bouize (Cher), le 17 juillet 1847, Marie-Adélaïde Bachasson de Montalivet, † à Paris le 24 avril 1880, fille de Marthe-Camille, comte de Montalivet ministre d'État, et de Clémentine-Françoise Paillart-Ducléré, dont cinq enfants :

1° Laurent-Camille, comte de Gouvion-Saint-Cyr, capitaine d'infanterie, né le 20 août 1851, † au château de Reverseaux (Eure-et-Loir) le 7 octobre 1902 ; marié le 21 octobre 1879 à Jeanne-Pauline-Caroline-Marie Murat, † à Paris 6 février 1895, dont deux enfants, qui suivent :

a) N..., né en 1882, † à Paris le 4 octobre 1886 ;

b) Marie-Anne, née le 27 janvier 1884 ;

2° Henri-Louis, né en 1854, † à Paris le 15 juin 1888 ;

3° Maurice-Joseph, vicomte de Gouvion-Saint-Cyr ; marié le 14 juin 1881 à Marie Boisseau, dont cinq enfants, qui suivent :

a) Robert, né le 6 juin 1882 ; b) Marie-Magdeleine ; c) Solange ; d) Agnès ; e) Gertrude ;

1. Il aurait pris le surnom de « Saint-Cyr », porté par sa mère, pour se distinguer des autres Gouvion.

2. Cf. *Armorial du Ier Empire*, t. II, p. 256, pour les titre, dotations et armoiries de l'Empire.

4° Paul-Jean-François, baron de Gouvion-Saint-Cyr, marié en avril 1894 à Anne-Louise-Florence-Jeanne Simonis de Dudezèele, dont :
    a) Laurent; *b)* Marie-Louise, née en 1895, † à Paris le 25 avril 1898;
5° Antoinette-Anne-Marie, mariée en janvier 1886 à Aimé-Henri Jordan de Sury.

GOYON (DE)

= Titre de vicomte héréditaire sur institution de majorat (terre de la Roche-Goyon et autres, Côtes-du-Nord), en faveur de Michel-Augustin, baron DE GOYON, par lettres patentes du 3 août 1824, avec règlement d'armoiries : *de gueules, au lion d'or.*

= Titre de baron héréditaire sur institution d'un nouveau majorat (terres dans l'arrondissement de Meaux), en faveur du précédent, pour son second fils, par nouvelles lettres patentes du 4 août 1827 (sans règlement d'armoiries).

***

Cette famille Goyon, anciennement du Goujon, devenue du Gouyon, puis de Goyon, n'a aucune communauté d'origine avec l'illustre maison des Gouyon, de Bretagne; elle est originaire du Condômois, où l'on trouve Jean du Goujon, marié en 1564 à Marthe Caumont, dont la postérité a formé plusieurs branches : 1° celles des seigneurs du Brichot; 2° celle des seigneurs d'Arzac, éteinte au XIX° siècle; 3° celle des seigneurs de Verduzan; 4° celle des seigneurs de la Mellinière et de l'Abbaye, fixée en Bretagne.

Cette dernière était représentée à la fin du XVII° siècle au quatrième degré, par Arnaud, qui suit.

IV. Arnaud DU GOUJON, puis du Gouyon, sieur de la Mellinière, conseiller secrétaire du roi en la chancellerie du parlement de Metz (17 août 1699-1722), se maria deux fois : 1° à Magdeleine Deschamps, sans postérité; 2° à Vitré, le 28 avril 1699, à Émilie-Bernardine Geffrard, fille de Joseph, auditeur en la chambre des comptes, et de Renée Billon, dont :
    1° Joseph-Martin, qui suivra;
    2° Pierre, mousquetaire, lieutenant au régiment de Champagne-infanterie, † à Parme en 1734 ;
    3° Arnaud-François, sgr des Hurlières, avocat général en la chambre des comptes de Bretagne (1734-56), né en 1708, † à Taillis le 15 janvier 1768; marié en 1736 à Renée de Luynes, dont postérité éteinte dans ses onze enfants.

V. Joseph-Martin DU GOUYON, seigneur de l'Abbaye, trésorier général des finances de Bretagne (1739); épousa en 1729 Marie-Thérèse de Luynes, fille d'Augustin, et de Renée Guillet de la Brosse, dont :
    1° Augustin-Joseph, qui suivra;
    2° René-Pierre, capitaine au régiment, colonel général dragons (1775); marié à Mlle Colin de Biochaye;
    3° Charles-François, sgr de la Saulais et Rochefort, lieutenant au régiment de Lorraine-infanterie, marié à sa cousine germaine, Victoire-Ursule du Gouyon des Hurlières, dont trois filles;

1. Cf. *Armorial du Iᵉʳ Empire*, t. II, p. 257 pour les titre, dotations et armoiries de l'Empire.

4° Bernard-Jean, capitaine au régiment d'Enghien-infanterie, major du château de Nantes (1786) ; marié à Mlle de Kergu, dont un fils et deux filles ;

5° François-Fulgence, dit M. de Mallèvre, enseigne de vaisseau, 1770 ;

6° Victor-Benjamin, né en 1745 ;

7° Arnaud-Marie, capitaine au régiment d'Aunis, † à Vandovachy (?) en 1759 ;

8° Prosper-Prudent-François, lieutenant au régiment d'Aunis ;

9° Thérèse-Adrienne, mariée en 1774 à Jacques Langlois, sgr de la Roussière.

VI. **Augustin-Joseph de Gouyon**, puis de Goyon, sgr de l'Abbaye et de la Bretesche, capitaine au régiment des gardes-françaises (1778), colonel d'infanterie, maréchal de camp (1er janvier 1784), chevalier de Saint-Louis, né..., †...; épousa en 1764, Louise-Amable Foucault, dont quatre enfants :

1° Michel-Augustin, qui suivra ;

2° N..., mariée à M. Hochedé de la Guémerais ;

3° Henriette-Perrine-Modeste, mariée en 1790 à Pierre-Louis-Jean-Baptiste-Alexandre, comte de Becdelièvre du Brossay ;

4° Jeanne, mariée en 1801 à Charles-Armand-Joseph de la Vallée, baron de Pimodan, colonel de cavalerie.

VII. **Michel-Augustin de Goyon**, baron de Goyon et de l'Empire[1] (lettres patentes du 25 mars 1810), puis vicomte de Goyon, dit le comte de Goyon, donataire de l'Empire, auditeur au Conseil d'État, préfet, gentillhomme honoraire de la chambre du roi, C. ✳, chevalier de Saint-Louis, fut créé vicomte héréditaire sur institution de majorat, par lettres patentes du 3 août 1824 et établit pour son second fils un autre majorat au titre de baron héréditaire par nouvelles lettres patentes du 4 août 1827 ; né au château de l'Abbaye, à Chantenay (Loire-Inférieure), le 25 novembre 1764, † au même lieu le 22 novembre 1851 ; il épousa, en 1801, Antoinette-Hippolyte-Pauline de la Roche-Aymon, † le 16 juillet 1825, fille d'Antoine-Charles-Guillaume, marquis de la Roche-Aymon, et de Colette-Marie-Paule-Hortense-Bernardine de Beauvillier de Saint-Aignan, dont deux fils :

1° Charles-Martial-Augustin, qui suivra ;

2° Charles-Adrien-Paul-Victoric, baron de Goyon, sur dévolution du majorat au titre de baron institué par son père le 4 août en 1827, né en 1809, †...; marié le 7 juin 1831 à Catherine-Antoinette Achard de la Haye, † le 13 mars 1885, fille d'Édouard, et de Mlle Carrefour de la Pelouze, dont une fille, qui suit :

Catherine-Pauline, née le 12 mars 1832 ; mariée le 12 novembre 1850 à Auguste-Henri-Fernand, comte de Montesquiou-Fézeusac.

VIII. **Charles-Martial-Augustin de Goyon**, vicomte de Goyon, dit le comte de Goyon, colonel du 12e dragons (1846), général de brigade (15 avril 1850), général de division (5 novembre 1853), aide de camp de Napoléon III, sénateur de l'Empire (25 mai 1862), conseiller général des Côtes-du-Nord, G. O. ✳, chevalier de Saint-Jean-de-Jérusalem, né à Nantes le 13 septembre 1803, † à Paris le 17 mai 1870 ; épousa à Paris, le 16 novembre 1836, Oriane-Henriette de Montesquiou-Fézensac, † à Prunoy (Yonne) le 14 juillet 1887, fille du duc de Fézensac et de Mlle Clarke de Feltre ; dont cinq enfants :

1° Charles-Marie-Michel, qui suivra ;

2° Aimery-Marie-Médéric, comte de Goyon, ancien officier, né en 1849 ; marié le 23 novembre

---

1. Cf. *Armorial du Ier Empire*, t. II, p. 287 pour les titre et armoiries de l'Empire.

1880 à Marie-Lucie de Raigecourt, † au château de Fleurigny (Yonne) le 20 février 1889, dont deux filles, qui suivent :

a) Jeanne-Marie ; b) Oriane ;

3° Marie-Mathilde-Henriette, mariée à Paris le 23 mai 1857 à Philippe-Marie-Henri Roussel, comte de Courcy, général ;

4° Marie-Philippine-Antoinette-Charlotte, mariée le 6 août 1857 à Antoine-Joseph-Maurice, baron Séguier ;

5° Marie-Victoire-Ida, née le 3 mai 1842, † le 16 décembre 1851.

IX. Charles-Marie-Michel DE GOYON, duc de Feltre, député des Côtes-du-Nord (1876-85) et conseiller général, né à Chantenay (Loire-Inférieure), le 14 septembre 1844, a été créé duc de Feltre héréditaire sur dévolution du titre de son aïeul maternel (Voir t. II, p. 145, notice CLARKE), par décret impérial de juillet 1864 ; il a épousé le 5 juin 1879 Jeanne-Marie-Léonie de Cambacérès, fille du comte de Cambacérès et de la princesse Bathilde Bonaparte, dont un fils :

Auguste, né le 1er juillet 1884.

Les armes primitives de cette famille étaient : *d'azur, à trois goujons d'argent.*

GRAILHE DE MONTAIMA

= Titre de baron héréditaire en faveur de Jean-Marie-Martin GRAILHE DE MONTAIMA, ancien secrétaire des assemblées de la noblesse du Forez, par lettres patentes du 17 février 1815, avec règlement d'armoiries : *d'argent, à l'arbre de sinople terrassé du même, sommé de deux oiseaux perchés et affrontés de sable, le fût chargé d'un lion passant de gueules ; au chef d'azur, chargé de deux étoiles d'argent.*

* * *

I. Jean-Antoine [DE] GRAILHE, viguier de la Couverturade, au diocèse de Vabres, épousa Marie de la Tour, dont un fils, qui suit.

II. Jacques GRAILHE, sieur de Montaima, contrôleur et receveur des consignations du comté de Forez, épousa à Montbrison, le 16 janvier 1715, Marguerite Salles, fille de Denis, avocat en parlement et d'Antoinette Genet, dont :

1° Jean-Marie-Martin, qui suivra ;

2° Marguerite-Reine, mariée en 1775 à Pierre-Alexandre-François Mey de Chales, élu en l'élection de Forez.

III. Jean-Marie-Martin GRAILHE DE MONTAIMA, baron Grailhe de Montaima, secrétaire des assemblées de la noblesse du Forez en 1789, ❋, fut créé baron héréditaire par lettres patentes du 17 février 1815 ; né à Montbrison (Loire) le 9 septembre 1751, †..., il épousa Françoise Dupuy, dont :

1° Jacques-Jean-Antoine-Marie-Martin, qui suivra ;

2° Jean-Baptiste-Alexandre, baptisé à Montbrison le 5 avril 1792.

II. Jacques-Jean-Antoine-François-Marie-Martin GRAILHE DE MONTAIMA, baron Grailhe de Montaima, né à Montbrison le 8 juin 1782.

GRAILLET DE BEINE

= Titre de baron héréditaire confirmé en faveur de Nicolas GRAILLET DE BEINE, baron de l'Empire, colonel et maréchal des logis de la maison du roi, par lettres patentes du 11 juin 1816, avec règlement d'armoiries : *d'azur, au lion d'or, tenant de la patte dextre une épée d'argent, montée d'or.*

= Titre de baron héréditaire et transmission de majorat par ordonnance du 15 octobre 1825, en faveur de Claude GRAILLET DE BEINE, fils du précédent.

* *

I. Pierre GRAILLET, conseiller au bailliage et siège présidial de Chaumont, épousa Marie-Françoise Puissant, dont un fils, qui suit.

II. Nicolas GRAILLET DE BEINE, baron Graillet de Beine et de l'Empire (institution de majorat par lettres patentes du 20 octobre 1810)[1], maréchal des logis de la maison du roi, maire de Chaumont (1797-1816), président du collège électoral de la Haute-Marne, chevalier de Saint-Louis, fut confirmé dans le titre de baron héréditaire par lettres patentes du 11 juin 1816 ; né à Chaumont (Haute-Marne) le 18 mai 1749, † en 1825, il épousa Marguerite-Anne-Marie Arragebois, dont :

1° Claude, qui suivra ;
2° Gertrude, née à Buxières-les-Villiers le 10 décembre 1789 ; mariée le 24 octobre 1818 à Laurent Martin, baron Duval de Fraville, maire de Chaumont.

III. Claude GAILLET DE BEINE, baron de Beine, officier supérieur, ✻, né à Chaumont le 14 janvier 1778, † le 14 août 1853 ; épousa le 12 mai 1811 Marie-Madeleine Tardif de Petiville, † à Paris le 29 novembre 1881, dont un fils, qui suit.

IV. Nicolas-Auguste GRAILLET DE BEINE, baron de Beine, né le 22 juillet 1812, † à Paris le 25 mars 1887 ; marié à Louise-Constance-Marguerite du Bouexic de Pinieux, † au château de Marmousse (Eure-et-Loir), le 12 octobre 1865, dont une fille unique :

Alix-Marie-Charlotte, mariée le 19 mai 1862 à Adolphe-Odoard, vicomte Le Rebours.

GRAMONT (DE)

= Titre de pair à vie en faveur d'Antoine-Louis-Marie duc DE GRAMONT, par ordonnance royale du 4 juin 1814 ; confirmé à titre héréditaire par l'ordonnance du 19 août 1815.

= Titre de duc-pair héréditaire attaché à ladite pairie en faveur du même, par l'ordonnance du 31 août 1817 (sans lettres patentes, ni institution de majorat de pairie).

* *

Cette illustre maison (cf. J. de Jaurgain, *la Vasconie*, t. I, p. 94, et t. II, p. 77

---

1. Cf. *Armorial du Ier Empire*, t. II, p. 258.

et suivantes), est issue en ligne directe des rois de Navarre, par Aznar-Sanche, premier vicomte d'Oloron, quatrième fils de Sanche IV Garcia, duc de Gascogne, sorti au neuvième degré de Loup, duc d'Aquitaine et de Vasconie vers 670 et auteur des vicomtes de Dax et d'Orthe[1].

Bergon Ier Garcia, premier seigneur de Gramont ou Agramont, second fils de Garcie-Arnaud, vicomte de Dax, et d'Auria, sa femme, fut apanagé vers 1040 des baronnies de Gramont, de Bergouey et de Garris (cf. cartulaire de Sorde) et son descendant au sixième degré, Brun de Gramont, paraît être le premier seigneur de Bidache vers 1180, et c'est à partir de lui que ses descendants figurent comme ricombres de Navarre.

Roger, seigneur de Gramont, obtint par lettres de Louis XI, d'août 1479, l'érection en baronnie des terres et seigneuries de Came, Sames, Saint-Pierre et Liren.

Antoine de Gramont, gentilhomme ordinaire de la chambre du roi et son lieutenant général aux royaume de Navarre et souveraineté de Béarn, est le premier qui prit la qualification de souverain de Bidache dans une ordonnance qu'il rendit le 13 novembre 1570 pour le règlement de la justice de Bidache.

Son fils Philibert de Gramont, comte de Guiche, seigneur et baron de Gramont, Bidache, etc., épousa à Pau (contrat du 16 août 1567) Diane d'Andouins, dite la belle Corisande, baronne d'Andouins, de Lescun et d'Hagetmau, comtesse de Louvigny, fille et héritière de Paul, baron d'Andouins.

Leur postérité était représentée au dix-neuvième degré par Louis, qui suit.

XXIX. Louis de Gramont, duc de Gramont, pair de France, lieutenant général, chevalier de Saint-Louis, né le 29 mai 1689, † le 16 mai 1741, épousa le 11 mars 1720 Geneviève de Gontaut, fille du duc de Biron et de Mlle de Bautru, dont trois enfants :

> 1° Antoine-Antonin, duc de Lesparre par brevet de 1736, puis duc de Gramont, né le 19 avril 1722, † à Orbec (Calvados) 1799 ; marié trois fois : 1° le 1er mars 1739, à Anne-Louise-Victoire de Créyant d'Humières, dont deux fils, morts jeunes ; 2° le 16 août 1759 à Béatrix de Choiseul-Stainville, dont une fille, morte en bas âge ; 3° en 1794, à N... du Merle, † avant 1814, sans postérité ;
>
> 2° Antoine-Adrien-Charles, qui suivra ;
>
> 3° Marie-Chrétienne-Christiane, mariée en 1732 à Yves-Marie de Ligne, comte de Rupelmonde.

XXX. Antoine-Adrien-Charles de Gramont, comte d'Aster, colonel du régiment de Hainaut (1745), menin du dauphin (1752), maréchal de camp (1er mai 1758), né le 22 juillet 1726, † à Bayonne le 23 septembre 1762 ; épousa le 15 mai 1748 Marie-Louise-Sophie de Faoucq, † à Brunswick le 2 novembre 1798, fille de Guy-Étienne-François, marquis de Garnetot, et de Charlotte-Sophie de Gonning, dont :

> 1° Antoine-François, né le 3 octobre 1752, † le 23 janvier 1759 ;
>
> 2° Antoine-Louis-Marie, qui suivra ;
>
> 3° Antoine-François, comte d'Aster, qui a fait le rameau d'Aster, rapporté ci-après ;

1. Cette filiation établit la descendance des Gramont d'une façon plus correcte que celle donnée à travers plusieurs quenouilles dans l'Histoire généalogique de cette maison, publiée en 1874 avec des lacunes pour les degrés modernes.

4° Geneviève, née le 23 juillet 1750, † à Paris le 26 juillet 1794 ; mariée le 26 janvier 1766 à Charles-Pierre, comte d'Ossuna.

XXXI. Antoine-Louis-Marie DE GRAMONT, dit le comte de Louvigny, puis duc de Guiche et enfin de Gramont, mestre de camp du régiment de la reine-dragons (1790), capitaine d'une compagnie des gardes du corps (1814), lieutenant général (8 août 1814), premier gentilhomme de la chambre du roi, ambassadeur extraordinaire de France (1820), pair de France (4 juin 1814), chevalier commandeur de l'Ordre du Saint-Esprit, fut créé duc de Guiche par brevet du 16 avril 1780, puis hérita des titres de la branche aînée éteinte en 1799, et fut créé duc-pair héréditaire par l'ordonnance du 31 août 1817. Né à Paris le 17 août 1755, † à Paris le 28 août 1836, il épousa à Paris, le 11 juillet 1780, Louise-Gabrielle-Aglaé de Polignac, † à (Holy-Rood) Édimbourg le 30 mars 1803, fille d'Armand-Jules-François, duc de Polignac, et Gabrielle-Yolande-Claude-Martine de Polastron, dont :

1° Antoine-Héracline-Geneviève-Agénor, qui suivra ;
2° Corisande-Armandine-Sophie-Léonice-Étienne, née à Paris le 7 octobre 1782, † à Londres le 20 janvier 1865 ; mariée le 28 juin 1806 à Charles-Augustus Bennet, comte de Tankerville ;
3° Aglaé-Angélique-Gabrielle, née à Versailles le 17 janvier 1787, † à Paris le 21 janvier 1842 ; mariée deux fois ; 1° le... octobre 1805, à Alexandre Davidoff ; 2° en 1831, à François-Horace-Bastien, comte Sébastiani della Porta et de l'Empire, maréchal de France.

XXXII. Antoine-Héraclius-Agénor DE GRAMONT, duc de Gramont, sous-lieutenant de hussards anglais (1802), colonel, aide de camp (12 mars 1814), maréchal de camp (4 avril 1815), lieutenant général (10 décembre 1824), menin du dauphin (1824), chevalier de Saint-Louis, G. O. ✳ ; né à Versailles le 15 juin 1789, † à Paris le 4 mars 1855 ; épousa (contrat du 19 juillet 1818) Anna-Quintina-Albertine-Ida Grimod d'Orsay, † à Paris le 2 janvier 1882, fille de Jean-François-Albert-Louis-Marie-Gaspard, comte d'Orsay, et d'Éléonore, baronne de Franquemont, dont :

1° Antoine-Alfred-Agénor, qui suivra ;
2° Antoine-Philibert-Léon-Auguste, dit le duc de Lesparre, général de brigade (31 juillet 1867), général de division (11 octobre 1873), O. ✳, né le 1ᵉʳ juillet 1820, † au château de Mauvières (Seine-et-Marne) le 4 septembre 1877 ; marié le 4 juin 1844 à Marie-Sophie de Ségur, dont trois filles, qui suivent :
    a) Antonine-Joséphine-Marie, née à Paris le 31 mars 1855 ; mariée le 28 mai 1866 à Albert-Frédéric-Emmanuel des Acres, comte de l'Aigle ;
    b) Antonine-Félicie-Anne-Aglaé, née le 11 juin 1848 ; mariée le 4 mai 1869 à Jean-Étienne-Louis-Marie-Cyrus Dexmier, comte d'Archiac ;
    c) Antonine-Marie-Joséphine-Ida, née à Paris le 28 avril 1859 ; mariée le 22 juin 1881 à Jacques-Jean-Baptiste, comte de Bryas ;
3° Antoine-Alfred-Anérius-Théophile, comte de Gramont, général de brigade (27 octobre 1870), O. ✳ ; né le 2 juin 1823, † à Paris le 18 décembre 1881 ; marié à Paris, le 21 novembre 1848, à Charlotte-Louise-Cécile de Choiseul-Praslin, petite-fille du maréchal de France, comte Sébastiani della Porta, et de Mᵐᵉ de Franquetôt de Coigny, dont un fils, qui suit :
Antoine-Alfred-Arnaud-Xavier-Louis, comte de Gramont de Coigny, autorisé par décret du ... 1902, à ajouter à son nom celui de Coigny, né à Paris le 21 avril 1861 ; marié le 2 octobre 1886 à Anne-Marie Brincard, dont deux enfants, qui suivent :
    aa) Antoine-Louis-Marie-Arnaud-Sanche, né à Paris le 2 juillet 1888 ;
    bb) Diane-Antoinette-Corisande-Anne-Marie-Louise, née au Vignal le 3 octobre 1889 ;

4° Antonia-Aglaé-Ida-Armandine, née le 5 octobre 1826, † au château de Chambourcy le 6 septembre 1871; mariée le 26 novembre 1850, à Antoine-Théodore, marquis du Prat de Rouez;

5° Antonia-Gabrielle Léontine, dame du chapitre de Sainte-Anne-de-Bavière, née à Paris le 8 mars 1829, † à Chambourcy le 15 octobre 1897.

XXXIII. Antoine-Alfred-Agénor de Gramont, duc de Gramont, sous-lieutenant d'artillerie (1839-40), secrétaire d'ambassade, ministre plénipotentiaire (1852), ambassadeur de France, G. C. ✳, né à Paris le 14 août 1819, † à Paris le 17 janvier 1880,; épousa le 27 décembre 1848 Emma-Marie Mackinnon, † à Paris le 15 décembre 1891, fille de William-Alexandre, et d'Emma-Mary Palmer, dont quatre enfants :

1° Antoine-Alfred-Agénor, qui suivra ;

2° Antoine-Auguste-Alexandre-Alfred-Armand, comte de Gramont, duc de Lesparre, né à Turin le 30 janvier 1854; marié le 18 décembre 1879 à Hélène-Louise-Eugénie Duchesne de Gillevoisin de Conégliano, dont trois enfants, qui suivent ;

    a) Antoine-Bon-Adrien-Louis-Armand, né à Paris le 12 mai 1885 ;

    b) Antoine-Armand-Bon-Jacques, né à Paris le 29 mai 1889 ;

    c) Antoinette-Emma-Hélène-Louise, née à Paris le 3 octobre 1883.

3° Antoine-Albert-William-Alfred, comte de Gramont, officier d'infanterie, né à Turin le 24 septembre 1856, marié le 2 août 1882 à Jeanne-Marie-Marguerite Sabatier, dont deux enfants, qui suivent :

    a) Antoine-Agénor-Armand-Raymond-Guilhem, né à Saint-Cloud le 21 août 1883 ;

    b) Antonie-Corisande-Claude, née à Nancy le 23 août 1885 ;

4° Antonia-Corisande-Ida-Marie, née à Paris le 27 avril 1850 ; mariée le 7 janvier 1871 à Gaston-Georges-Marie-Emmanuel, comte de Brigode de Kemlandt.

XXXIV. Antoine-Alfred-Agénor de Gramont, duc de Gramont et de Guiche, prince souverain de Bidache, lieutenant de cavalerie démissionnaire, né à Paris le 22 septembre 1851; s'est marié deux fois: 1° le 21 avril 1874, à Isabelle-Marie-Blanche-Charlotte-Victurnienne, princesse de Beauvau, † à Paris le 27 avril 1875, dont une fille, qui suit; 2° à Paris, le 10 septembre 1878, à Marguerite-Alexandrine, baronne de Rothschild, dont trois autres enfants :

[*du 1er lit*] : 1° Antonia-Corisande-Élisabeth, née à Nancy, le 23 avril 1875 ; mariée le 3 mai 1896 à Aimé-François-Philibert, marquis de Clermont-Tonnerre ;

[*du 2e lit*] : 2° Antoine-Armand, comte de Gramont, duc de Guiche, né à Paris le 29 septembre 1879 ;

3° Louis-René, comte de Gramont, né à Paris le 10 janvier 1883 ;

4° Antonia-Corisande-Louise-Emma-Ida, née à Chaumes le 8 août 1880 ; mariée à Paris, le... juin 1901, à Hélie-Guillaume-Hubert, comte de Noailles.

La maison de Gramont porte pour armes : *écartelé : au 1er d'or, au lion d'azur, armé et lampassé de gueules, qui est de Gramont ; aux 2e et 3e de gueules, à trois flèches d'or, posées en pal, empennées et armées d'argent, qui est d'Aster ; au 4e d'or, à la levrette accolée et bouclée d'azur, à la bordure de sable, chargée de huit besants d'or, qui est d'Aure. Sur le tout : de gueules, à quatre otelles d'argent, qui est de Comminges.*

L'écu posé sur un faisceau de dix drapeaux, les deux premiers blancs, les extrémités couronnées d'une couronne royale [pour la branche aînée], et les autres d'azur semés de fleurs de lis d'or, à une croix blanche [lettres patentes du 10 décembre 1745].

GRAMONT D'ASTER (DE).

= Titre de pair héréditaire par ordonnance du 5 mars 1819, en faveur d'Antoine-Louis-Raymond-Geneviève, comte DE GRAMONT D'ASTER (sans institution de majorat de pairie, et établi avec rang, titre et dignité de baron-pair).

= Titre de comte-pair héréditaire en faveur d'Antoine-Eugène-Amable-Stanislas-Agénor DE GRAMONT, fils du précédent, par succession et transmission du majorat de pairie comtale du marquis DE CATELLAN, son aïeul, en vertu des lettres patentes d'institution dudit majorat, du 4 janvier 1826 (Voir t. II, notice CATELLAN DE CAUMONT, p. 48 et suiv.), portant aussi règlement d'armoiries : *écartelé : au 1er d'or, au lion d'azur, armé et lampassé de gueules ; aux 2e et 3e de gueules, à trois flèches d'or, posées en pal, empennées et armées d'argent ; au 4e d'or, à la levrette accolée et bouclée d'azur, à la bordure de sable, chargée de huit besants d'or. Sur le tout : de gueules, à quatre otelles d'argent.*

*
* *

XXXI *bis*. Antoine François DE GRAMONT, chevalier, puis comte d'Aster, lieutenant-colonel du régiment du roi-dragons, né à Paris le 1er septembre 1758, † à Londres en février 1795, frère puîné du duc de Gramont, pair de France (voir ci-dessus, p. 219) épousa à Paris, le 13 septembre 1781, Gabrielle-Charlotte-Eugénie de Boisgelin, fille de Charles-Eugène, vicomte de Phéhédel, et de Sainte de Boisgelin, dont :

1° N..., né le 27 et † le 28 septembre 1782 ;

2° Antoine-Louis-Raymond-Geneviève, qui suivra ;

3° Antoinette-Sainte-Eugénie-Cornélie, supérieure du Sacré-Cœur, née à Paris le 17 septembre 1785, † à Paris le 19 décembre 1846 ;

4° Antoinette-Jeanne-[Eugénie], supérieure du Sacré-Cœur au Mans, née à Londres en 1794, † à Paris le 19 décembre 1846.

XXXII. Antoine-Louis-Raymond-Geneviève DE GRAMONT, comte d'Aster, sous-lieutenant de dragons (1809), colonel (1814), lieutenant aux gardes du corps (1816), pair de France (5 mars 1819), né à Paris le 24 juillet 1787, † à Fort-de-France (Martinique) le 26 juillet 1825, épousa le 15 août 1811 Amable de Catellan de Caumont, † à Bagnères-de-Bigorre le 22 juillet 1841, fille du marquis-pair de France, et de Mlle Julien, dont quatre enfants :

1° Antoine-Eugène-Amable-Stanislas-Agénor, qui suivra ;

2° Antoinette-Claire-Amélie-Gabrielle-Corisande, mariée à Roger Gabéléono, comte de Salmour ;

3° Thérèse, née le 28 juin 1815, † à Toulouse le 14 septembre 1879 ; mariée le 2 juillet 1835 à Claude-Marie-Gustave, marquis Dadvisard ;

4° Antoinette-Marie-Madeleine-Amable-Amélie, née en 1817, mariée le 17 mars 1840 à Edmond-Jean-Guillaume Gravier, comte de Vergennes.

XXXIII. Antoine-Eugène-Amable-Stanislas-Agénor DE GRAMONT, comte de Gramont d'Aster, pair de France par hérédité (18 janvier 1826) ; fut également héritier de la pairie et du majorat au titre de comte-pair héréditaire, institué en sa faveur par son aïeul maternel, le marquis de Catellan ; né à Rouen le 8 mars 1814,

† à Paris le 11 janvier 1884, il épousa à Paris, le 15 mai 1843, Marie-Augustine-Coralie Durand, † à Paris le 10 décembre 1846, fille d'Auguste, baron Durand, et de Mlle Durand, dont un fils, qui suit.

XXXIV. Antoine-Eugène-Amable-Stanislas DE GRAMONT, comte de Gramont d'Aster, né le 3 décembre 1846, † à Paris le 6 février 1894; épousa le 16 juin 1874 Odette-Marie-Anatole de Montesquiou-Fézensac, dont il n'a pas laissé de postérité.

GRAMONT DE CADEROUSSE (DE)

= Titre de duc DE CADEROUSSE héréditaire, confirmé sur institution de majorat (domaine de Caderousse, Vaucluse), en faveur d'Emmanuel-Marie-Pierre-Félix-Isidore DE GRAMONT, duc de CADEROUSSE, colonel de cavalerie, par lettres patentes du 28 avril 1827, avec règlement d'armoiries : *d'or, au lion d'azur, armé et lampassé de gueules*.

****

Cette maison de Gramont, fixée en Dauphiné, aurait une communauté d'origine avec l'illustre maison du même nom qui précède, mais aucun document authentique n'a pu être fourni à l'appui de cette tradition. Elle établit sa filiation suivie depuis Robert de Gramont, écuyer et capitaine châtelain de Gigors (4 mars 1446), puis de Montmeyanct de Crest, et grand bailli du Gévaudan, qui acquit la seigneurie de Vachères, érigée en marquisat par lettres patentes de 1688, en faveur d'un de ses descendants, Philippe-Auguste de Gramont.

Sa descendance était représentée au huitième degré par Marie-Philippe, qui suit.

VIII. Marie-Philippe DE GRAMONT, marquis de Vachères, mousquetaire du roi (1736), gouverneur des ville et château de Crest, hérita par testament d'André-Joseph d'Ancezune, duc de Caderousse, du 12 octobre 1757, de ses biens et duché et prêta hommage à la chambre apostolique d'Avignon, le 2 juin 1768, ainsi que pour la baronnie du Thor et le marquisat de Codolet, en Languedoc ; il épousa Louise-Marie Gonthier, fille d'André, baron d'Auvillars, et de Catherine-Hippolyte de Brisay, dont :

1° Joseph-François-Marie-René, né en 1756, † en 1773 ;
2° André-Joseph-Hippolyte, qui suivra ;
3° Louis-Marie-Philippe, chevalier de Malte, né en 1767, † à Lyon en 1771;
4° Jeanne-Marie-Antoinette, née en 1765, † à Lyon en 1771.

IX. André-Joseph-Hippolyte DE GRAMONT, marquis de Vachères, seigneur de Caderousse, chevalier de Malte, né en 1761; épousa le... 1770 Marie-Gabrielle de Sinety, † au château de Caderousse le 24 avril 1832, dont :

1° Emmanuel-Marie-Pierre-Félix-Isidore, qui suivra ;
2° Eulalie, née..., † vers 1808 ; mariée en 1805 à Adélaïde-Louis-Reimbold, marquis d'Estourmel ;
3° Amélie-Marie-Louise, née à Paris le 16 août 1781, †...; mariée à Léonor, marquis de Pracomtal.

X. Emmanuel-Marie-Pierre-Félix-Isidore DE GRAMONT, comte de Gramont et de l'Empire[1] (lettres patentes du 9 octobre 1810), duc de Caderousse, marquis de Vachères, sous-lieutenant de cuirassiers (1809), chambellan de Napoléon Ier, colonel de cavalerie (5 juillet 1814), maréchal de camp (1er juillet 1827), pair de France (10 octobre 1831), chevalier de Saint-Louis, ✠, fut confirmé dans le titre de duc héréditaire de Caderousse, sur institution de majorat, par lettres patentes du 28 avril 1827; né à Paris le 25 juin 1783, † à Paris le 25 octobre 1841, il épousa le 28 mars 1805 Armande de Vassé, † au château de Caderousse le 24 septembre 1839, fille d'Alexis-Bruno-Étienne, marquis de Vassé, et de Louise, princesse de Broglie, dont trois enfants :

    1° Charles-Marie-Léonce-Robert, qui suivra ;

    2° Louise-Henriette-Hippolyte-Gabrielle, née le 14 mars 1806, † à Paris le 21 février 1844 ; mariée à Paris, le 26 juin 1828, à Louis-Ernest-Gustave, comte de Sparre, officier;

    3. Augustine-Marie-Théodora, née le 6 janvier 1810, † en juillet 1810.

XI. Charles-Marie-Léonce-Robert DE GRAMONT, duc de Caderousse, marquis de Vachères, né à Paris le 7 avril 1808, † à Paris le 11 décembre 1847, épousa à Paris Hélène-Lorette Paulze d'Ivoy, † à Paris le 20 janvier 1851, fille de Jacques-Christian, pair de France, et d'Agathe de la Poype, dont deux fils :

    1° Robert-Jacques-Férand, duc de Caderousse, attaché d'ambassade, né à Paris le... février 1838, † en mer (à bord de l'Artie), le 28 septembre 1854 ;

    2° Emmanuel-Jean-Ludovic, duc de Caderousse, né à Paris le... 1834, † à Paris le 25 septembre 1865.

GRANAL (DE)

═ Lettres de noblesse en faveur de Jean-Baptiste-Simon-Julien-Marie DE GRANAL, juge au tribunal de Montauban, par lettres patentes du 16 janvier 1818, avec règlement d'armoiries : *parti, au I d'argent, à trois tiges de maïs de sable, terrassées du même et surmontées d'un soleil de gueules; au II d'azur, à trois roses, tigées et feuillées d'argent; au chef aussi d'argent chargé d'un croissant de gueules, accosté de deux étoiles du même.*

I. Jean-Baptiste-Simon-Julien-Marie DE GRANAL, juge, puis vice-président du tribunal civil de Montauban, fut anobli par lettres patentes du 16 janvier 1818. Né à Montech (Tarn-et-Garonne) le 16 février 1783, †..., il épousa N..., dont il a eu au moins un fils, qui suit.

II. Alexandre-Louis DE GRANAL, maire de Saint-Loup, né en 1820, † à Toulouse le 15 octobre 1887; épousa Caroline-Marie-Françoise de Sahuqué, † à Toulouse le 4 janvier 1899, dont:

    1° Pierre-Jules-Alexandre, qui suivra ;

    2° N..., mariée à Alphonse de Sarrieu, chef de service à la Cie du chemin de fer du Midi.

III. Pierre-Jules-Alexandre DE GRANAL, né à Toulouse le 16 septembre 1851, épousa à Montauban le 5 décembre 1888, Marie-Louise-Eugénie de Cruzy-Marsillac, fille du baron Henri et de Mlle Vialètes de Mortarieu, dont six enfants :

    1° Louis ; 2° Marie-Louise ; 3° Henriette ; 4° Yvonne ; 5° Germaine ; 6° Odette.

1. Cf. *Armorial du Ier Empire*, t. II, p. 259.

GRAND

= Titre de baron héréditaire en faveur d'Henri-Maximilien-Élisabeth-Marguerite GRAND, par lettres patentes du 31 décembre 1816, avec règlement d'armoiries : *de gueules, à deux chevrons d'or, au pal d'azur brochant et chargé d'un soleil d'or.*

= Titre de baron héréditaire en faveur de Jean-François-Paul GRAND, frère aîné du précédent, par lettres patentes du 17 avril 1819, avec règlement d'armoiries : *de gueules, à deux chevrons d'or, au pal d'azur brochant et chargé d'un soleil d'or.*

**

I. Ferdinand GRAND, banquier, ancien de la chapelle de Hollande, né à Lausanne (Suisse), épousa Marie Sylvestre, dont deux fils :

1° Jean-François-Paul, qui suivra :
2° Henri-Maximilien-Élisabeth, qui sera rapporté après son frère.

II. Jean-François-Paul GRAND, baron Grand, né à Paris le 21 septembre 1752, †... ; fut créé baron héréditaire par lettres patentes du 17 avril 1819.

II *bis*. Henri-Maximilien-Élisabeth-Marguerite GRAND, baron Grand, puis Grand d'Esnon, acquit en 1802 la terre d'Esnon, en Bourgogne et fut créé baron héréditaire par lettres patentes du 31 décembre 1816. Né à Paris le 4 mars 1757, † à... le... 1827, il épousa vers 1812 Marie-Jeanne-Élisabeth de Witt, † à Nîmes le 2 décembre 1863, dont deux fils :

1° Guillaume-Daniel-Henri, qui suivra ;
2° Guillaume-Charles-Cornélis, né en 1817, † à Esnon (Yonne) le 26 juin 1877 ; marié en 1850 à Antoinette-Juliette-Albertine de Boileau de Castelnau ; sans postérité ;

III. Guillaume-Daniel-Henri GRAND, baron Grand d'Esnon, né en 1815, † en avril 1898 ; épousa vers 1840 Jeanne-Juliette de Boileau de Castelnau, dont trois enfants :

1° Charles-Antoine, qui suivra ;
2° Albert-Gonzalve-Henri, chef de bataillon d'infanterie (12 juillet 1899), né le 23 juin 1855 ; marié en juillet 1889 à Henriette-Gabrielle-Louise Talandier.
3° Henriette-Marie-Marguerite, mariée le 3 mai 1854 à Édouard de Billy.

IV. Charles-Antoine GRAND, baron Grand d'Esnon, lieutenant-colonel d'infanterie (10 novembre 1897), ✵, né le 3 février 1850 ; a épousé le 20 mai 1878 Marie-Gabrielle Velay, dont :

1° Henri, né le 15 octobre 1880 ;
2° William, né le 29 août 1882 ;
3° Roger, né le 3 novembre 1884 ;
4° Madeleine, née le 29 mars 1879.

GRANDEAU [D'ABANCOURT]

= Titre de baron héréditaire confirmé en faveur de Louis-Joseph GRANDEAU, baron de l'Empire, lieutenant général, par lettres patentes du 12 octobre 1816, avec règlement d'armoiries : *écartelé : au 1er d'azur, au lion d'argent, la tête contournée, lampassé de gueules, tenant de la patte dextre une épée d'argent, montée d'or, et de la sénestre un bouclier de sable, chargé d'une étoile à cinq rais d'or ; au 2e de gueules, à l'épée haute en pal d'argent ; au 3e de gueules, au lévrier courant d'or, colleté et bouclé d'argent, terrassé de sinople ; au 4e d'azur, au fort flanqué de deux tours ruinées d'argent, le tout ajouré, maçonné et ouvert de sable.*

I. Théodore GRANDEAU, ancien maître de la poste de Metz, épousa Anne Crespin, dont :

1. Henry-Claude, qui suivra :
2. Marguerite, mariée le 8 janvier 1754, à Joseph-Clément-Marie Cochois, inspecteur des fermes du roi.

II. Henri-Claude GRANDEAU, sieur du fief d'Abancourt, lieutenant au régiment d'Orléans-cavalerie, épousa Anne-Marguerite de Verpy, fille de Claude, officier de cavalerie, et de Marie Moineville, dont au moins un fils, qui suit, et une fille, mariée à M. Cauchois.

III. Louis-Joseph GRANDEAU, baron d'Abancourt et de l'Empire (lettres patentes du 27 novembre 1808), puis baron Grandeau, donataire de l'Empire[1], officier d'état-major, colonel de gendarmerie, général de brigade (29 août 1804), général de division (24 août 1812), G. O. ✳, chevalier de Saint-Louis ; fut confirmé dans le titre de baron héréditaire par lettres patentes du 12 octobre 1816 ; né à Metz le 5 décembre 1762, † à Paris le 30 mars 1832, il épousa le 4 avril 1808 Marie-Anne-Dorothée Dumas, sans postérité.

GRANDJEAN

☰ Titre de chevalier héréditaire confirmé en faveur de Balthazar GRANDJEAN, maréchal de camp, par lettres patentes du 28 décembre 1816, avec règlement d'armoiries : *d'azur, au dextrochère armé d'or, mouvant du flanc sénestre et tenant une épée d'argent, et accostée de deux étoiles aussi d'or ; à la bordure de gueules.*

I. François GRANDJEAN, concierge de la comédie à Nancy, épousa Françoise Kély, dont au moins un fils, qui suit.

II. Balthazar GRANDJEAN, chevalier des Grands-Chenets et de l'Empire[2] (lettres patentes du 23 juin 1810), puis chevalier Grandjean, volontaire en 1777, adjudant-major de la garde nationale (1792), général de brigade (29 août 1803), maire d'Orléans (1815-16), C. ✳ ; fut confirmé dans le titre de chevalier héréditaire par lettres patentes du 28 décembre 1816. Né à Nancy le 26 janvier 1760, † à Orléans le 3 décembre 1824, sans postérité ; il se maria deux fois : 1º à Claudine Deselle, † à Orléans le 22 octobre 1816 ; 2º à Orléans, le 13 août 1817, à Sophie Guillot Desbordeliers.

1. Cf. *Armorial du Ier Empire*, t. II, p. 259.
2. *Ibid.*, p. 260.

GRANDSIRE

= Lettres de noblesse en faveur de Louis-Jacques-Antoine GRANDSIRE, par lettres patentes du 19 avril 1817, avec règlement d'armoiries: *de gueules, à la bande d'or, accompagnée en chef d'une toque de sable, retroussée d'hermine et, en pointe, d'une épée d'argent, montée d'or, posée en bande.*

I. Jacques GRANDSIRE, épousa à Boulogne-sur-Mer, le 8 mars 1735, Louise Mause, dont quatre enfants :

    1° Louis-Marie-Jacques-Antoine, qui suivra ;
    2° Pierre-Louis, né à Boulogne le 21 septembre 1742 ;
    3° Marie-Louise-Françoise, née à Boulogne le 1er novembre 1738 ;
    4° Marie-Louise-Apolline, née à Boulogne le 2 avril 1741.

II. Louise-Marie-Jacques-Antoine GRANDSIRE, né à Boulogne le 6 juin 1736, † même ville le 3 juillet 1816 ; épousa aussi à Boulogne, le 6 juin 1764, Marie-Jeanne Dublaisel, † à Boulogne le 25 janvier 1780, dont deux enfants :

    1° Louis-Jacques-Antoine, qui suivra ;
    2° Madeleine-Antoinette-Charlotte, née à Boulogne le 16 janvier 1768, † même ville le 11 janvier 1861 ; mariée le 26 octobre 1794 à Louis-Robert-Victor Ternaux.

III. Louis-Jacques-Antoine GRANDSIRE, avocat, président du tribunal civil de Boulogne et du tribunal des douanes, ✳, fut anobli par lettres patentes du 19 avril 1817. Né à Boulogne-sur-Mer le 14 mai 1765, † même ville le 31 janvier 1819, il épousa le 16 juillet 1793, Françoise-Catherine Le Porcq (de Belzalle), † à Boulogne le 18 janvier 1842, dont trois fils :

    1° Jacques-Théodore, qui suivra ;
    2° Louis, né à Wimille le 5 juillet 1795, † à Boulogne le 2 décembre 1875; marié à Boulogne le 27 décembre 1827 à Sophie-Éléonore Audibert, dont trois enfants, qui suivent :
        a) Louis, né à Boulogne le 13 janvier 1829, † à Saint-Étienne le 22 août 1894 ; marié à Boulogne le 7 juin 1864 à sa cousine germaine, Louise-Sophie Grandsire, dont trois enfants : aa) Louis-Théodore-Paul, né à Boulogne le 11 octobre 1867, † le 21 septembre 1870 ; bb) Marie-Louise-Julie, née le 4 avril 1865, † à Saint-Étienne en 1900 ; cc) Marie-Julie, née à Boulogne le 1er octobre 1872 ;
        b) Sophie-Julie, née à Boulogne le 1er juin 1830 ; mariée à Boulogne le 7 mai 1856 à Joseph-Albert-Gustave de Lattaignant de Ledinghen ;
        c) Marie-Gabrielle, née à Boulogne le 22 avril 1840, † même ville le 11 juillet 1901 ;
    3° Jules, capitaine d'artillerie, né à Boulogne le 3 février 1799, † à Berchem le 22 décembre 1832.

IV. Jacques-Victor GRANDSIRE, né à Wimille le 8 août 1794, † à Boulogne le 1er mai 1861 ; épousa à Boulogne, le 26 mai 1829, Joséphine-Sophie-Julie Audibert, † à Boulogne le 8 novembre 1879, dont trois enfants :

    1° Jules-Théodore, qui suivra ;
    2° Julie-Marie, née à Boulogne le 26 novembre 1833, † même ville le 25 août 1901 ; mariée à Auguste-Victor Huguet, sénateur ;
    3° Louise-Sophie, née à Saint-Léonard le 3 août 1838, † à Saint-Étienne en 1900 ; mariée à Boulogne, le 7 juin 1864, à son cousin germain, Louis Grandsire, ci-dessus rapporté.

V. Jules-Théodore **Grandsire**, né à Boulogne le 25 juillet 1830, † même ville le 12 décembre 1889 ; marié à Jeanne-Françoise-Euphémie Moleux, dont deux filles :

> 1° Louise-Sophie-Marie, née à Boulogne le 7 novembre 1865 ; mariée même ville, le 6 décembre 1893, à Victor-Camille-Joseph de Lattaignant de Ledinghen ;
> 2° Jeanne-Euphémie-Marie, née à Boulogne le 24 octobre 1866 ; mariée le 14 octobre 1891 à Alfred-François-Marie-Louis Franchet d'Esperey, officier.

GRANGIER

= Lettres de noblesse en faveur de Pierre-Joseph **Grangier**, ancien député aux États généraux et conseiller de préfecture, par lettres patentes du 16 janvier 1818, avec règlement d'armoiries : *d'azur, au chevron d'or, accompagné de trois gerbes liées du même ; au chef vairé d'or et de sable.*

** **

I. Étienne-Antoine **Grangier**, procureur du comté de Sancerre, épousa Anne-Suzanne Simon, dont :

> 1° Pierre-Joseph, qui suivra ;
> 2° Guillaume-François, homme de lois, receveur des droits d'enregistrement du district de Sancerre, marié à Marie-Suzanne Bagnaye-Presle, dont postérité rapportée ci-après.

II. Pierre-Joseph **Grangier**, avocat et subdélégué à l'intendant de Berry à Sancerre, élu du bailliage pour le tiers aux assemblées provinciales (1789), administrateur du département du Cher (1790), député du Cher au Conseil des Cinq-Cents (1797), conseiller général du Cher, puis conseiller de préfecture, ✠, né à Sancerre le 12 mars 1758, † à Bourges le 25 juin 1821 ; fut anobli par lettres patentes du 16 janvier 1818 ; il épousa Marie-Jeanne Chaptal.

GRANGIER

= Lettres de noblesse en faveur de Jean-Jacques-Jules **Grangier**, par lettres patentes du 16 janvier 1818, avec règlement d'armoiries : *d'azur, au chevron d'or, accompagné de trois gerbes liées du même ; au chef vairé d'or et de sable.*

** **

II. Guillaume-François **Grangier**, homme de lois, receveur des droits d'enregistrement du district de Sancerre, frère de Pierre-Joseph Grangier qui précède, épousa Marie-Suzanne Bagnaye-Presle (*alias* Bagnat de Presle), dont :

> 1° Jean-Jacques-Jules, qui suivra ;
> 2° Esther-[Dolphine], née à la Charité le 21 juin 1795 ; mariée en 1820, à Saint-Hilaire-de-Gondilly, à Camille-Denis de Bonnault de Villemenard ;
> 3° Élisabeth, née à la Charité le 26 mai 1803.

III. Jean-Jacques-Jules **Grangier**, docteur en médecine, à Cosne-sur-Loire, né à la Charité-sur-Loire (Nièvre) le 20 février 1793, † ... ; fut anobli par lettres patentes du 16 janvier 1818.

GRASLIN

= Maintenue de noblesse en faveur de Louis-François Graslin, consul de France, par lettres patentes du 10 mai 1819, avec règlement d'armoiries : *d'argent, au chevron d'azur, accompagné en chef de deux étoiles du même, et en pointe d'un coq au naturel ; au chef de sinople, chargé d'un croissant d'argent, accosté de deux cloches d'or, bataillées de sable.*

*** ***

Cette famille est originaire de Tours et a donné :

II. Joseph-Louis Graslin, greffier en chef au bureau des finances de Tours (après son père Louis Graslin), né le 28 août 1683, † le 25 octobre 1743 ; marié et père de Jean-Joseph-Louis, qui suit, et de Jeanne-Catherine, sans alliance.

III. Jean-Joseph-Louis Graslin, écuyer, avocat au parlement, receveur général des fermes du roi à Nantes, né à Tours le 13 décembre 1728, † à Nantes le 10 mars 1790 ; épousa Madeleine-Jeanne Guymont, fille de Gatien, directeur des vivres de la marine, dont cinq enfants :

1° Hugues-Jean ;
2° Louis-François, qui suivra :
3° Louis-Antoine, appelé M. Graslin de Séréac, conseiller municipal de Nantes (1833-38) marié à Marie-Joséphine-Thérèse Le Valois de Séréac, dont une fille : Thérèse-Joséphine, mariée le 22 avril 1833 à Frédéric-Charles Le Lou de la Biliais ;
4° Renée-Jeanne, mariée en 1786 à Philibert Doré ;
5° Sophie-Rose, mariée à Nantes le 16 janvier 1792 à Louis-Marie Rivet, négociant.

IV. Louis-François Graslin, puis de Graslin, consul général de France, ✳, fut maintenu dans sa noblesse par lettres patentes du 10 mai 1819, né à Nantes le 25 avril 1769, † en novembre 1850 ; épousa Marthe Picault, dont deux fils :

1° Gustave, élève consul, né en mars 1799, † le 5 septembre 1832 ; marié à Isabelle del Mayo, dont une fille unique, qui suit :
Eulalie, née le 25 décembre 1831 ;
2° Adolphe-Hercule, qui suit.

V. Adolphe-Hercule de Graslin, ne le 11 avril 1802, † au château de Malitourne le 31 mai 1882 ; épousa Céline-Marie-Eugénie de Rorthays, † à Malitourne le 11 mai 1893, dont deux enfants :

1° Adolphe-Louis-Alfred, qui suivra ;
2° Roger-Clair-Adolphe-Marie, né à Tours le 3 mars 1858, † au château de la Savarière le 30 janvier 1898 ; marié à Mlle Rouet de Clermont, dont deux filles :
a) Yvonne ; b) Germaine.

VI. Adolphe-Louis-Alfred de Graslin, né à Tours le 16 juin 1845, a épousé à Marçon, le 24 septembre 1872, Blanche-Isabelle de Stellaye de Courcival, fille de Louis-Timoléon, et de Mlle Dubois de Montullé, dont deux filles :

1° Geneviève-Marie-Blanche-Isabelle-Adolphine, née le 14 juillet 1873 ; mariée le... juillet 1895 à Raymond Bigot de la Touanne ;
2° Odette.

GRATELOUP

= Lettres de noblesse en faveur de Jean-Pierre-Sylvestre GRATELOUP, docteur médecin, par lettres patentes du 10 juin 1828, avec règlement d'armoiries : *de gueules, au dextrochère d'or, mouvant du flanc sénestre et grattant sur le dos un loup ravissant d'or.*

** **

Cette famille Grateloup paraît originaire de Dax.

I. Pierre GRATELOUP, marchand et bourgeois de Dax, épousa Catherine Ducournau et laissa plusieurs enfants, entre autres :

1° Jean-Joseph, qui suivra ;
2° Pierre, médecin à Dax, mort sur l'échafaud révolutionnaire en 1793 ;
3° Jean-Baptiste, graveur célèbre, né à Dax le 25 février 1735, † le 22 février 1817 ; sans alliance ;
4° Guillerie, mariée à M. Seguin ;
5° Marie-Gracie ;
6° N..., mariée à M. Segas.

II. Jean-Joseph GRATELOUP, négociant et lieutenant, puis capitaine des milices bourgeoises de Dax (1762-64-1783-1815), laissa plusieurs enfants, entre autres :

1° Jean-Pierre-Sylvestre, qui suivra ;
2° Pierre-Auguste ;
3° Ignace-Gabriel ;
4° Gabriel-Hippolyte ;
5° Pierre-Robert ;
6° Catherine, mariée à M. Fauche ;
7° Marie.

III. Jean-Pierre-Silvestre GRATELOUP, puis de Grateloup, docteur en médecine, graveur distingué et président de l'Académie de Bordeaux (1831), fut anobli par lettres patentes du 10 juin 1828 ; né à Dax (Landes) le 31 décembre 1782, † à Bordeaux le 25 août 1862 ; il épousa à Saintes, le 28 décembre 1822, Marie-Victoire-Emma Carré de Sainte-Gemme, fille de Marie-Louis-Jean-Gaspard et d'Angélique-Hélène-Suzanne de Meynard, dont un fils et une fille :

1° Marie-Auguste-Arthur, qui suivra ;
2° Clémentine, née..., † à Arcachon.

IV. Marie-Auguste-Arthur DE GRATELOUP, capitaine de cavalerie, puis sous-intendant militaire de 1re classe, O. ✳, né le 31 août 1824 ; a épousé le 16 décembre 1854 Pauline Chesneau de la Haugrenière, † à Arcachon le 9 septembre 1896, dont sept enfants :

1° Maurice, né en 1855 ;
2° Bernard, né en 1865 ; marié en juillet 1900 à Ermance de Bosredon-Combrailles, dont : Gabriel, né en avril 1902 ;
3° Alain, né en 1870 ; marié le 4 septembre 1894 à Jeanne de Monteil, dont : a) René, né le 8 septembre 1901 ; b) Marie-Antoinette, née le 25 janvier 1896 ; c) Jacqueline, née le 6 juin 1897 ; d) Nicolle, née le 15 octobre 1899;
4° Marie-Thérèse, mariée à Arthur Desgrées du Lou ;

5° Anne, née..., †...; mariée à Albert de Fleuret;

6° Marie-Valentine-Isabelle, née en 1862, † au château de Lestang (Hérault) en novembre 1890, mariée à Jean Daudé d'Alzon.

7° Yvonne, née à Nantes le 27 septembre 1863; mariée à Bordeaux le 16 août 1899 à Gaston de Gironde;

8° Marguerite, mariée le 26 juin 1900 à Charles Coumau.

GRATET DU BOUCHAGE (DE)

= Titre de pair héréditaire par ordonnance du 28 juin 1817, en faveur de François-Joseph DE GRATET, vicomte DU BOUCHAGE, ministre de la marine.

= Titre de vicomte-pair héréditaire attaché à ladite pairie en faveur du même, par ordonnance du 21 août 1817, et confirmé par lettres patentes du 26 décembre 1818 (sans institution de majorat de pairie) avec règlement d'armoiries : *d'azur, au griffon d'or*.

= Titre de pair héréditaire par ordonnance du 23 décembre 1823, en faveur de Gabriel DE GRATET, vicomte DU BOUCHAGE, neveu du précédent, confirmé au titre de baron-pair héréditaire, sur institution de majorat de pairie, par lettres patentes du 14 février 1825, avec même règlement d'armoiries : *d'azur, au griffon d'or*.

*
* *

La famille Gratet, originaire du Bugey, s'est fixée en Dauphiné où elle établit sa filiation suivie depuis Antoine Gratet, qui acquit le 19 juin 1545 la seigneurie de Granieu. Sa postérité a formé deux branches : l'aînée, celle des seigneurs de la baronnie du Bouchage, qui viendra ci-après, et la cadette, celles des seigneurs de Dolomieu, dont était le célèbre membre de l'Institut et géologue, et qui s'est éteinte au XIX° siècle.

Celle des seigneurs du Bouchage, était représentée au sixième degré par Claude, qui suit.

VI. Claude DE GRATET, dit le chevalier du Bouchage, sgr de Brangues, chevalier d'honneur au parlement de Dauphiné (17 décembre 1705) ; épousa le 5 avril 1710 Françoise de Virieu, fille du seigneur des Pupetières, dont :

1° Claude-François, qui suivra;

2° Amable-Hector, dit M. de Granieu, capitaine au régiment de la couronne ;

3° Philippine-Louise, mariée en 1728 à Jacques d'Yze de Rozans, président à mortier.

VII. Claude-François DE GRATET, dit le comte du Bouchage, sgr de Brangues, Vézeronce, Granieu, etc., avocat en la cour, chevalier d'honneur au parlement de Dauphiné (18 avril 1738); né à Grenoble le 27 juin 1715, † en 1760 ; épousa le 13 février 1737 Françoise de Bally, fille de François-Joseph, sgr de Clerivaux, premier président en la chambre des comptes de Dauphiné, et de Françoise Pourroy de l'Aubérivière de Quinsonnas, dont six enfants :

1° Louis-Philippe-Humbert, qui suivra;

2° Jean-Jacques-Pierre, chevalier du Bouchage, chevalier de Malte, lieutenant de vaisseau, né en 1741, † à l'Isle-de-France le 26 novembre 1768 ;

3° Marie-Joseph, baron du Bouchage et de l'Empire[1] (décret impérial du 15 août 1809), puis comte du Bouchage, capitaine du génie, procureur général syndic de la noblesse aux

1. Cf. *Armorial du Ier Empire*, t. II, p. 262.

États généraux de Dauphiné (1788-89), préfet (1802-15), conseiller d'État (1822), conseiller général et président du conseil général de l'Isère, chevalier de Saint-Jean-de-Jérusalem et de Saint-Louis, O. ✳, né à Grenoble le 18 septembre 1746, † le 21 avril 1829; marié en 1791 à Marie-Julie de Gras de Preigne, † à Grenoble le 18 décembre 1849, dont quatre enfants, qui suivent :

 a) Antoine-Louis-Joseph-Flodoard, comte du Bouchage, chef d'escadron de cavalerie, député de la Drôme (1846-48), né à Grenoble le 20 mars 1794, † à Paris le 25 septembre 1855 ; marié en 1825 à Cécile de Lage, dont postérité qui représente aujourd'hui la branche aînée de cette famille;

 b) François-Louis-Gustave, vicomte du Bouchage, sous-préfet, né le 12 mars 1796, †...; marié le 29 juin 1824 à Amélie Bigot de la Touanne, † en juin 1887, dont deux fils, morts sans postérité, et deux filles;

 c) Éléonore, née le 8 août 1792, † en 1853; mariée : 1° en 1816, à N... comte de Sayn-Wittgenstein-Berlebourg ; 2° en 1822, à Armand, comte Reynaud de Villeverd;

 d) Albine, née en 1797, † en 1835, sans alliance;

4° François-Joseph, pair de France, qui sera rapporté après la postérité de son frère aîné;

5° Marie-Josèphe-Françoise, mariée le 9 mars 1763 à Joseph-François de Manuel de Locatel ;

6° Lucrèce, † en 1828 ; mariée le... 1765 à Joseph Planelly de Mascrani, marquis de la Valette, écuyer du roi.

VIII. Louis-Philippe-Humbert DE GRATET, comte du Bouchage, seigneur de Brangues, Vézeronce, Granieu, etc., conseiller au parlement de Dauphiné (29 juillet 1760), né le 29 juillet 1739), † en 1779 ; épousa le 10 septembre 1771 Catherine-Bonne de Regnauld de Parcieu, † en 1819, fille de Jean-Antoine, et de Bonne de Pont-Saint-Pierre, dont quatre enfants :

1° Ange-Jean-François-Humbert, comte du Bouchage, officier de l'armée de Condé, né en 1772, †...; marié en 1814 à Marie-Gabrielle de Beauvoir-Grimoard du Roure de Beaumont, † le 15 mars 1848, veuve en premier mariage de M. de Bellegarde, dont une fille unique, Gabrielle, mariée en 1834 au marquis de Grille d'Estoublon ;

2° [François]-Gabriel, qui suivra;

3° Bonne, née en 1774, †...; mariée deux fois : 1° en 1801, à Jean-Claude-Marie de la Croix-Guerre de Chevrières, comte de Saint-Vallier, capitaine de vaisseau; 2° à Charles-Laurent Planelli de Mascrani, marquis de La Valette, préfet et député ;

4° Joséphine, née en 1775, †...; mariée le 30 septembre 1800 à Anne-Joseph-Louis-Marie de Grille, marquis d'Estoublon, officier de marine.

IX. [François] Gabriel DE GRATET, dit le vicomte du Bouchage, maire de Brangues (1802), député de l'Isère (1815-16), pair de France (23 décembre 1823), chevalier de Saint-Jean-de-Jérusalem de minorité; fut créé baron-pair héréditaire, sur institution de majorat de pairie par lettres patentes du 14 février 1825. Né à Grenoble le 8 juin 1777, † à Paris le 11 février 1872, il épousa en 1817 Caroline Planelli de La Valette, † à Varces (Isère) le 25 juin 1868, fille de Charles, marquis de la Valette, et de Pierrette-Françoise de Corbeau de Vaulserre, dont il n'eut pas d'enfants.

VIII *bis*. François-Joseph DE GRATET, dit le chevalier de Vézeronce, puis vicomte du Bouchage, chef de brigade d'artillerie (1784), maréchal de camp, général de division (13 octobre 1796), ministre de la marine (21 juillet-12 août 1792 et 21 septembre 1815-1817), inspecteur général des fonderies de la marine (1792-1814), ministre d'État et pair de France (28 juin 1817), grand'croix de Saint-Louis et de la Légion d'honneur, chevalier de Saint-Jean-de-Jérusalem, fut créé vicomte-pair héréditaire par lettres patentes du 26 décembre 1818. Né à Grenoble le 1er avril 1749, † à Paris le 11 avril 1821, il épousa à Paris, le 27 octobre 1787, Charlotte de Roland de Saulx, † à Paris en 1804, veuve en premier mariage de François-Nicolas de Namuroy, dont il n'a pas eu de postérité.

GRATIEN DE COMORRE

= Titre de baron sur transmission du titre de son beau-père, le baron Molini (voir notice MOLINI, t. V), en faveur d'Alphonse GRATIEN DE COMORRE, inspecteur de la marine, par ordonnance du 7 juillet 1830 (sans lettres patentes).

* *

La famille Gratien serait, d'après une tradition, originaire de Bourgogne et se serait fixée en Bretagne au commencement du XVIII° siècle, par un de ses membres, directeur des devoirs à Morlaix en 1753.

I. Alexis-Théodore GRATIEN, sieur de Comorre et des Bordes, avocat, épousa Marie-Rose Bruyères de Kerbino, dont :

    1° Louis-Alexis-Théodore, marié à Mlle de Lannux, dont un fils : Jean-Théodore, né à Morlaix en 1775, marié le 5 octobre 1795 à Rose-Marie-Angélique-Augustine Urvoy de Porzampare, dont au moins un fils, qui a laissé postérité, représentée de nos jours ;

    2° François-Alexis-Eusèbe, qui suivra ;

    3° Cécile-Marie-Rose, mariée à Augustin-Jean-Marie Le Vicomte, chevalier de la Houssaye, capitaine au régiment du Dresnay, † à Vannes en 1795.

II. François-Alexis-Eusèbe GRATIEN DE COMORRE, trésorier de la marine, né à Guingamp le 19 avril 1755, † à Lorient le 17 mai 1826 ; épousa à Lorient, le 4 janvier 1780, Marie-Françoise Bourgeois, † à Hennebont le 5 octobre 1831 (remariée à François-Romuald-Alexandre, baron de Molini, contre-amiral), fille de Laurent Bourgeois, trésorier de la marine, et de Françoise-Marie Chantoiseau, dont entre autres enfants :

    1° Alphonse, qui suivra ;

    2° Armand, capitaine de frégate (1829), retraité en 1832, chevalier de Saint-Louis, ✳, né à Lorient le 25 avril 1786 ; marié en 1830 à Mlle du Couëdic du Cosquer, fille du maire de Lorient.

III. Alphonse GRATIEN DE COMORRE, baron Gratien de Comorre, sous-commissaire de la marine (28 août 1808), inspecteur de 2e classe de la marine (9 novembre 1814), commissaire général (6 janvier 1835), chevalier de Saint-Louis, O. ✳, né à Paris le 6 mai 1784, † en 1872 ; fut créé baron sur transmission du titre de baron de son beau-père le contre-amiral de Molini, par l'ordonnance du 7 juillet 1830 ; il épousa en novembre 1836 Cécilia-Caroline-Marie-Jacqueline de Kerouartz, fille de Jacques-Louis-François-Marie-Toussaint, marquis de Kerouartz, colonel de cavalerie, et de Cécile-Marie-Augustine Le Vicomte de la Houssaye.

Cette famille porte pour armoiries : *d'azur, au chevron d'argent accompagné de trois aiglettes d'or.*

GRAVAL

= Titre de chevalier héréditaire en faveur d'Aimé-Jean-Baptiste GRAVAL, maire de Roye, par lettres patentes du 14 décembre 1822, avec règlement d'armoiries : *d'azur, à une branche de chêne d'or, posée en bande, et à un lis d'argent, posé en barre et en sautoir, soutenus d'une muraille crénelée d'argent, la porte chargée de la lettre R d'azur.*

** **

I. Jean-Baptiste GRAVAL, officier de la maison du roi, épousa Marie-Louise Asselin de Becordel, dont un fils, qui suit.

II. Aimé-Jean-Baptiste GRAVAL, chevalier Graval, maire de Roye, ✠, fut créé chevalier héréditaire, par lettres patentes du 14 décembre 1822; né à Roye le 27 septembre 1769, †..., il épousa à Roye, le 29 mai 1805, Louise-Éléonore Aubert de Montoviller, fille de Louis-Clair Florent, capitaine du génie, et de Catherine-Françoise-Éléonore Dangest, dont quatre enfants :

1° Paul-Éléonore-Octave, curé-doyen de Picquigny, né à Roye le 24 février 1816 ;
2° Louis-Alfred, qui suivra ;
3° Louise-Adélaïde, née à Roye, le 27 novembre 1807 ; mariée le 7 septembre 1829 à Louis-Joseph Henquez, président du tribunal civil de Montdidier ;
4° Louise-Victoire-Sophie, née à Roye le 29 mars 1811 ; mariée à Roye, le 21 avril 1834, à Louis-Charles-Henri Optat Sciout, procureur du roi à Montdidier.

III. Louis-Alfred GRAVAL, né à Roye le 8 décembre 1819, épousa à Fontaine, près Montdidier, le 29 mai 1852, Louise-Ernestine Criès de Saint-Fussien, dont quatre enfants :

1° Jean-Baptiste-Marie-Vincent-de-Paul, qui suivra ;
2° Jeanne-Louise-Victoire, née à Montdidier le 16 mars 1853, mariée le 20 janvier 1875 à Henri Regnouf de Vains ;
3° Marie-Joséphine-Paule, née à Montdidier le 1ᵉʳ juin 1855 ; mariée à Fontaine-lès-Montdidier le 12 mai 1883, à Théodore-Émile-Louis de la Grèverie, officier d'état-major.
4° Françoise-Louise, née à Montdidier le 17 août 1861, † à Paris le 23 décembre 1897, sans alliance.

IV. Jean-Baptiste-Marie-Vincent-de-Paul GRAVAL, né à Montdidier le 26 mai 1858; marié à Quend (Somme), le 28 juin 1898, à Louise-Marie-Jeanne-Thérèse Lefebvre de la Houplière, fille d'Alphonse-Antoine, et de Léonie-Louise-Marie du Bos d'Hornicourt, dont trois enfants :

1° Alfred-Jean-Baptiste-Marie, né à Fontaine-lès-Montdidier le 7 mars 1901 ;
2° Jean-Baptiste-Marie-Louis, né audit Fontaine le 5 mai 1902;
3° Louise-Thérèse-Marie, née audit Fontaine le 12 octobre 1889.

GRAVE [DE]

= Titre de pair héréditaire par ordonnance du 17 août 1815, en faveur de Pierre-Marie, marquis DE GRAVE.

= Titre de marquis-pair héréditaire en faveur du même, par ordonnance du

31 août 1817, confirmé par lettres patentes du 8 janvier 1818 (sans institution de majorat de pairie) avec règlement d'armoiries : *écartelé : aux 1er et 4e d'azur, à trois fasces ondées d'argent ; aux 2e et 3e d'or, à cinq merlettes de sable, 2, 1, 2.*

** **

La maison de Grave, qui tire son nom du château de Grave, en Languedoc, paraît être sortie des Amales, famille souveraine de la nation gothique. Armand de Grave assista à la prise de Jérusalem en 1099. Sa filiation suivie s'établit depuis Raymond de Grave, seigneur de Peyriac, qui se maria trois fois et dont la postérité a donné les branches principales suivantes :

1° Les seigneurs de Peyriac et Durfort, dont était le pair de France et qui suivra ;

2° Celle des seigneurs des Palais, éteinte vers 1760 ;

3° Celle des seigneurs de Félines, encore existante ;

4° Celle des seigneurs de Saint-Martin, barons de Ville-Fargeau, marquis de Solas ;

5° Celle des seigneurs de Saint-Martin-d'Aumez, barons de Cabreroles, puis marquis de Grave, encore existante ;

6° Et celle des seigneurs de Saint-Martin de la Garrigue, éteinte vers 1789.

La branche de Peyriac et Durfort était représentée au quinzième degré par Charles, qui suit.

XV. Charles DE GRAVE, seigneur de Durfort, capitaine, puis lieutenant-colonel au régiment de Languedoc, baptisé le 26 juillet 1667 ; épousa le 7 avril 1719 Mlle Le Vasseur, dont :

1° Charles-Antoine, mort jeune ;

2° Fiacre-François, abbé de Satre et des Alleus, député du clergé de Valence (1760), évêque de Valence (26 avril 1772), né le 8 janvier 1724, † à Paris le 5 juillet 1788 ;

3° François, qui suit.

XVI. François DE GRAVE, dit le comte de Grave, seigneur de Durfort et Combebelle, colonel du régiment de Provence-infanterie (10 février 1759), brigadier d'infanterie (25 juillet 1762), maréchal de camp (3 janvier 1770), lieutenant général (1er mars 1784), commandeur de Saint-Louis, né à Blaye le 5 août 1726, † à Paris le 28 mai 1788 ; épousa le 26 novembre 1749 Marie-Anne-Éléonore de Grave de Solas, sa cousine, fille du marquis de Solas, dont deux fils et deux filles :

1° Edme-Charles-François, dit le marquis de Grave, colonel du régiment de la Couronne-infanterie (3 juin 1779), émigré et aide de camp de Monsieur, frère du roi, † à Quiberon en 1795 ; marié en 1781 à Adélaïde-Henriette-Élisabeth de Besiade d'Avaray, † à Paris le 24 juillet 1785, dont trois filles, qui suivent :

    a). Henriette-Adélaïde, née en décembre 1782, † le 6 octobre 1783 ;

    b) Antoinette-Charlotte-Éléonore-Zoé, née à Paris le 5 octobre 1783, †..., mariée à Claude-Pierre-Casimir, marquis de Guerry, † au combat de Mulestroit en 1815 ;

    c) Claire-Mélanie-Françoise, née à Paris le 21, † le 26 juillet 1785 ;

2° Pierre-Marie, qui suivra ;

3° Augustine, née à Paris le 18 octobre 1759, †... ; mariée en 1772 à N..., marquis de Cambis ;

4° Marie-Antoinette, née à Paris le 1er octobre 1763, †... sans alliance.

XVII. Pierre-Marie DE GRAVE, marquis de Grave, mousquetaire, colonel du régiment d'Auxerrois-infanterie (1782), maréchal de camp (13 décembre 1791), ministre de la guerre (9 mars-9 mai 1792), lieutenant général (23 août 1814), pair de France (17 août 1815), commandeur de Saint-Louis, ✳, fut créé marquis-pair héréditaire par lettres patentes du 8 janvier 1818. Né à Paris le 27 septembre 1755, † à Paris le 6 janvier 1823, il épousa à Paris, en 1818, Adélaïde Daru, † à Coubron (Seine-et-Oise) le 12 novembre 1852 (veuve[1] en premier mariage de Pierre Le Brun, conseiller à la cour d'appel, et sœur du comte Daru et de l'Empire), sans postérité.

GRAVIER

= Anoblissement par ordonnance du 25 avril 1816 en faveur d'Antoine-Jean-Baptiste-Joseph GRAVIER, ancien député.

**

I. Jean-Baptiste-Joseph GRAVIER, marié à Jeanne-Thérèse-Élisabeth Grange, fut père d'un fils, Antoine-Jean-Baptiste-Joseph, qui suit.

II. Antoine-Jean-Baptiste-Joseph GRAVIER, banquier, caissier général de la caisse d'amortissement (1816), député des Basses-Alpes (22 août 1815-16, 1827-46), pair de France (21 juillet 1846), ✳, fut anobli par l'ordonnance du 25 avril 1816. Né à Gréoux (Basses-Alpes) le 3 septembre 1784, † à Paris le 8 mars 1850, il se maria deux fois : 1º à Catherine Dornier, † à Paris le 17 février 1842; 2º à Gréoux, le 9 décembre 1844, à Clémence-Louise-Victoire Vallet, †..., remariée à M. Jourdan.

GREFFULHE

= Lettres de noblesse en faveur de Jean-Henri-Louis GREFFULHE, maire de Fontenailles, par lettres patentes du 7 janvier 1818, avec règlement d'armoiries : *écartelé : au 1er coupé de gueules, à quatre barres d'argent, et d'azur, à trois molettes d'or ; au 2e d'argent, au chevron d'azur, chargé de trois étoiles d'or, et surmonté d'un globe d'azur, cerclé d'or ; au 3e d'argent, au griffon de sable, et au 4º, fascé de gueules et d'argent de huit pièces.*

= Titre de pair de France héréditaire en faveur du même, par ordonnance du 31 janvier 1818.

= Titre de comte héréditaire, sur institution de majorat (rentes sur l'État) en faveur du même, par lettres du 14 février 1818, avec même règlement d'armoiries que ci-dessus.

= Transmission des rang, titre et dignité de pair de France et du majorat de comte en faveur de Louis-Charles GREFFULHE, fils du précédent, par ordonnance du 22 décembre 1820.

**

1. Elle avait eu de ce premier mariage trois filles : 1º Nathalie Le Brun, née en 1797, † en 1818 ; 2º Pulchérie Le Brun, mariée à M. Broissard ; 3º Adine Le Brun, mariée à Félix Cornut de Coincy, receveur des finances.

I. Simon Greffulhe, ou Greffülhe, originaire de Sauves en Languedoc, épousa Marguerite Portalès, dont Louis, qui suit :

II. Louis Greffulhe, banquier, né à Genève le 1er janvier 1741, † à Paris le 8 avril 1810 ; se maria deux fois : 1º à Judith Dumoulin, fille de M. et de Mme, née Michel, dont deux fils ; 2º à Londres, le 14 octobre 1793, à Jeanne-Pauline-Louise Randon de Pully, † le 21 mai 1859 (remariée le 12 octobre 1821 à Pierre-Raymond-Hector d'Aubusson, comte de la Feuillade, ambassadeur et pair de France), fille de Charles-Joseph-Randon, comte Randon de Pully et de l'Empire, général de division, et de Marie-Anne-Joséphine Desmier d'Archiac, dont une fille :

[du 1er lit] : 1º Jean-Henri-Louis, qui suivra ;

2º Jean, né à Amsterdam en 1776, † à Paris le 5 avril 1867 ;

[du 2e lit] : 3º Louise-Cordilia-Eucharis, née à Londres en 1796, † à Paris le 8 avril 1847 ; mariée à Paris, le 22 juin 1813, à Esprit-Victor-Élisabeth-Boniface, comte de Castellane, maréchal de France.

III. Jean-Henri-Louis Greffulhe, comte Greffulhe, maire de Fontenailles, pair de France (31 janvier 1818), ✳, fut anobli par lettres patentes du 7 janvier 1818, et créé comte héréditaire sur institution de majorat, par lettres du 14 février 1818. Né à Amsterdam le 21 mai 1774, † à Paris le 23 février 1820, il épousa à Paris, le 23 avril 1811, Marie-Françoise-Célestine-Gabrielle de Vintimille du Luc, † à Paris le 1er mars 1862 (remariée le 2 mars 1826, à Philippe-Paul, comte de Ségur), fille de Charles-Félix-René, comte du Luc, et de Marie-Gabrielle-Artois de Lévis, dont deux fils et une fille :

1º Louis-Charles, qui suivra ;

2º Henri-Adrien, dit le comte Greffulhe, conseiller général de Seine-et-Marne, député de Seine-et-Marne (15 novembre 1877), sénateur inamovible (1877-79), ✳, né à Londres le 29 juillet 1815, † à Paris le 8 avril 1879 ;

3º Jeanne-Joséphine-Amélie, née en 1812, † à Paris le 8 mars 1902 ; mariée en 1833 à Paul-Charles-Louis-Philippe, comte de Ségur, député.

IV. Louis-Charles Greffulhe, comte Greffulhe, pair de France (à titre héréditaire, 16 avril 1839), ✳, né à Rouen le 9 février 1814, † à Paris le 27 septembre 1888 ; épousa à Paris, le 29 avril 1846, Félicie-Pauline-Marie de La Rochefoucauld d'Estissac, fille d'Alexandre-Jules, duc d'Estissac, et d'Hélène-Charlotte-Pauline Dessoles, dont un fils et deux filles :

1º Henri-Jules-Emmanuel, qui suivra ;

2º Jeanne-Marie-Louise, née en 1850, † à Paris le 24 mars 1891 ; mariée le 18 juin 1868 à Auguste-Louis-Albéric, prince d'Arenberg.

3º Louise, née en 1851 ; mariée le 3 avril 1871 à Robert-Arthur-Espérance des Acres, marquis de l'Aigle, ancien député.

V. Henri-Jules-Charles-Emmanuel Greffulhe, comte Greffulhe, député de Seine-et-Marne et conseiller général, né à Paris le 25 décembre 1848, a épousé le 25 septembre 1878 Marie-Anatole-Élisabeth-Louise Riquet, comtesse de Caraman-Chimay, fille de Joseph, prince de Chimay, et de Marie de Montesquiou-Fézensac, dont une fille :

Élain, née à Paris le 25 mars 1882.

GRÉGOIRE DE ROULHAC

= Titre de baron héréditaire confirmé en faveur de Guillaume GRÉGOIRE DE
ROULHAC, baron de l'Empire, procureur général de la Cour royale de Limoges,
par lettres patentes du 20 juillet 1816, avec règlement d'armoiries : *parti : au
I d'azur, à trois étoiles d'or, 2, 1 ; au chef cousu de gueules, chargé d'un croissant d'argent ; au II de gueules, à la tige de lis arrachée d'argent, chargée d'un lion rampant
d'or.*

**

I. Joseph GRÉGOIRE DE ROULHAC, sieur de Thias (?), lieutenant général civil et
criminel au présidial de Limoges, puis président et maire de Limoges, conseiller
secrétaire du roi en la chancellerie du parlement de Metz (26 avril 1766-1782),
épousa Jeanne-Marie Dumas, dont au moins huit enfants, entre autres :

1° Guillaume, qui suivra ;
2° Autre Guillaume, ingénieur des ponts et chaussées en la sénéchaussée de Limoges (1789) ;
3° Joseph, prêtre, né le 10 novembre 1759, † le 1er mai 1883 ;
4° Charles-Martial, dit de M. de Monthély, administrateur des hospices de Limoges, né le
21 septembre 1762, † à Limoges le 5 décembre 1842, sans alliance ;
5° Jean-Ignace, docteur en médecine, † le 18 novembre 1832, marié à Françoise de Bruchard,
dont postérité ;
6° Léonarde, née en 1756, † à Limoges le 8 avril 1828, mariée à Pierre-Georges Guybert de
la Beausserie, négociant.

II. Guillaume GRÉGOIRE DE ROULHAC, dit M. Roulhac de Laborie, puis chevalier
et ensuite baron de Roulhac et de l'Empire[1] (lettres patentes du 2 janvier 1809 et
13 avril 1811), lieutenant général de la sénéchaussée au présidial de Limoges (1781),
député du tiers de la sénéchaussée aux États généraux (1789), député de la Haute-
Vienne (1802-9), procureur général à la Cour d'appel (1811), ✠, fut confirmé dans
le titre de baron héréditaire, par lettres patentes du 20 juillet 1816. Né à Limoges
le 7 mai 1751, † à Limoges le 6 octobre 1824, il épousa sa cousine Catherine Grégoire de Roulhac de Fangnes, † à Limoges le 28 mai 1828, dont trois enfants :

1° Charles, avocat, né en 1799, † à Limoges le 3 mai 1823 ;
2° Joséphine-Catherine, née en 1787, † le 18 juillet 1879 ; mariée le 26 août 1805 à Jean-
Baptiste Lamy de la Chapelle, conseiller à la cour d'appel ;
3° Catherine-Pauline, née en 1799, † à Limoges le 28 décembre 1855 ; mariée le 4 juin 1810 à
François Dumont-Saint-Priest.

GRELING (DE)

= Maintenue de noblesse, en faveur de François-Casimir GRELING et de Michel-
Marie DE GRELING, par lettres patentes du 10 mars 1817, avec règlement d'armoiries : *parti : au I d'or, au corbeau de sable ; au II d'azur, à la sirène d'argent, couronnée du même, tenant de chaque main un poisson aussi d'argent.*

**

1. Cf. *Armorial du Ier Empire*, t. IV, p. 179.

Cette famille, originaire du canton de Berne en Suisse, s'est établie à Marseille avec Jean-Michel, qui suit.

II. Jean-Michel DE GRELING, fils de Jean, officier du régiment de Sparre, et d'Élisabeth de Goulon, épousa à Marseille, le 5 septembre 1729, Thérèse Ripert de Cordier, nièce de Jean Cordier, maire de Marseille, dont :

> 1° Jean-Michel-Ignace, officier supérieur aux gardes-suisses, chevalier de Saint-Louis; marié le 11 janvier 1782 à Françoise Allègre, sans postérité ;
> 2° Jean-Marie, marié le 30 janvier 1774 à Rose de Philip, dont postérité éteinte dans la famille Boniface de Fombeton ;
> 3° Justinien, qui suit.

III. Justinien DE GRELING, né..., † en 1794 ; épousa en 1776, Marie-Anne Philip, dont deux fils :

> 1° François-Casimir, qui suivra ;
> 2° Michel-Marie, maintenu dans sa noblesse avec son frère par les lettres patentes de 1817 ; né à Marseille le 19 novembre 1785, †.., sans postérité.

IV. François-Casimir DE GRELING, fut maintenu dans sa noblesse avec son frère, par lettres patentes du 10 mars 1817. Né à Marseille le 16 novembre 1774, †..., il épousa le 11 juillet 1821 Marie-Honorine Millot, † à Nîmes le 12 mai 1869, dont quatre enfants :

> 1° Alfred-Hilarion, né le 15 septembre 1822, † en 1822 ;
> 2° Jean-Marie-Ferdinand, qui suivra ;
> 3° Aude-Marie-Albert, né le 8 septembre 1829, † à Marseille le 26 juillet 1879 ; marié le 6 septembre 1858 à Angèle-Marie-Joséphine Sauvaire, sans postérité ;
> 4° Marie-Jules, né le 8 novembre 1839, sans alliance.

V. Jean-Marie-Ferdinand DE GRELING, secrétaire d'ambassade, ✠, né le 17 janvier 1825, † à Marseille le 25 avril 1863 ; épousa le 10 février 1861 Clémentine de Forton, fille du marquis, et de Mlle de Guibert, dont deux fils :

> 1° Ferdinand-Marie, qui suivra ;
> 2° Louis-Marie, né le 3 janvier 1865, marié à Auvillars (Tarn-et-Garonne), le 10 décembre 1896, à Jacqueline de Saint-Exupéry.

VI. Ferdinand-Marie DE GRELING, né à Marseille le 7 septembre 1863.

GREM [DE CLÉRY]

═ Lettres de noblesse, en faveur de Thomas-Roch GREM, époux d'Hubertine HANET-CLÉRY, fille du premier valet de chambre du feu roi Louis XVI, par lettres patentes du 16 novembre 1816, avec règlement d'armoiries : *d'azur, au chien braque d'or, couché sur une terrasse de sable, surmonté d'une épée d'argent, montée d'or, et d'une branche de lis de jardin au naturel, posés en sautoir.*

⁂

I. Thomas-Roch GREM, directeur des postes à Charleville, né en Pologne le 15 août 1777, † à Charleville le 2 janvier 1830 ; fut anobli par lettres patentes du 16 novembre 1816 ; il épousa Hubertine Hanet-Cléry, directrice des postes à Charleville après son mari, fille de Jean-Baptiste Hanet-Cléry (*alias* de Cléry), valet de chambre dn roi Louis XVI, et de Mlle Duverger, dont quatre enfants, autorisés par ordonnance du 13 février 1815 à ajouter à leur nom celui de « Cléry » :

> 1° Alfred ;
> 2° Charles-Jules ;
> 3° Augustine-Clémentine, née à Dreux le 12 octobre 1819; mariée à Charleville, le 28 octobre
>   1846, à Henri-Joseph-Marie Giovanelli, directeur des douanes ;
> 4° Louise-Zoé.

II. Alfred GREM DE CLÉRY, employé des postes, né à Vienne (Autriche) en 1814, † à Charleville le 23 décembre 1843, sans alliance.

GRÉMION (DE)

≡ Titre de vicomte héréditaire, en faveur d'Adrien DE GRÉMION, officier, par lettres patentes du 26 octobre 1816, avec règlement d'armoiries : *tiercé en fasce ; d'azur, à deux glands d'or ; d'argent, à une croisette de gueules, et d'or, au chêne arraché de sinople.*

≡ Anoblissement, par ordonnance du 6 janvier 1815, en faveur de N... DE GRÉMION, ancien chargé d'affaires à Hambourg.

*_**

I. Adrien DE GRÉMION, écuyer, premier lieutenant de la lieutenance colonelle des Cent-Suisses, colonel d'infanterie, chevalier de Saint-Louis, épousa Louise-Geneviève Piot, † à Orléans le 1er février 1810, dont un fils et une fille :

> 1° Adrien, qui suit ;
> 2° Marguerite.

II. Adrien DE GRÉMION, vicomte de Gremion, capitaine de cavalerie, adjoint au maire d'Orléans, chevalier de Saint-Louis, fut créé vicomte héréditaire, par lettres patentes du 26 octobre 1816. Né à Orléans le 20 novembre 1759, † à Orléans le 21 septembre 1834, il épousa Flore Boillève, dont deux enfants :

> 1° Adrien, qui suivra ;
> 2° Flore, née à Orléans le 11 janvier 1821, † même ville le 13 juin 1870 ; mariée le 2 mai 1838
>   à Antoine-Alexandre-Joël de Laage de Meux.

III. Adrien DE GRÉMION, vicomte de Gremion, né à Orléans le 21 septembre 1817, a épousé à Vizille, en 1845, Hermine de Gratet du Bouchage, fille du vicomte du Bouchage et de Mlle Bigot de la Touane, dont une fille :

> Marie-Thérèse, mariée à Vizille, le 30 octobre 1880, à N..., comte Greffyé de Bellecombe.

GREPINET

≡ Titre de chevalier héréditaire en faveur d'Honoré-Casimir GREPINET, directeur des contributions directes, par lettres patentes du 16 janvier 1818, avec règlement d'armoiries : *de sinople, à trois épis de blé d'argent ; à la champagne du même.*

*_**

I. Jean-Baptiste GREPINET, contrôleur des vingtièmes de la généralité de

Champagne, né à Langres le 23 janvier 1741, † à Châlons-sur-Marne le 21 juillet 1824; épousa Marie-Josèphe Dalmassy, dont un fils, qui suit.

II. Honoré-Casimir Grepinet, chevalier Grepinet, directeur des contributions directes, ✠ ; né à Langres (Haute-Marne) le 22 mai 1774, †...; fut créé chevalier héréditaire par lettres patentes du 16 juin 1818, il épousa à Châlons, le 19 mai 1811, Hortense Aubourg, dont deux enfants :

1° Auguste-Paul-Oswald-Casimir, né à Châlons le 27 janvier 1845, † le 29 décembre 1815;
2° Hortense, née à Châlons le 21 janvier 1813.

GREUZARD-DAMADIEU

= Titre personnel de baron en faveur de Jean-Antoine Greuzard-Damadieu, colonel et gouverneur des pages du roi de Bavière, par lettres patentes du 6 avril 1826, avec règlement d'armoiries : *d'azur, au chevron d'or, surmonté d'un besant d'argent et accompagné en pointe d'un lion couronné aussi d'argent.*

***

I. Claude Greuzard, bourgeois d'Armagnac, en Quercy, épousa Marianne Amadieu, dont Louis-Sulpice, qui suit.

II. Louis-Sulpice Greuzard, bourgeois, épousa à Beaumat-en-Quercy, le 24 novembre 1767, Marguerite Maynial, fille de Joseph et de Jeanne Zendat, dont :

1° Jean-Antoine, qui suivra; 2° Louis, né à Beaumat le 10 mars 1770, qui a laissé postérité.

III. Jean-Antoine Greuzard, baron Greuzard-Damadieu, colonel et gouverneur des pages du roi de Bavière, chevalier de Saint-Louis, né à Beaumat (Lot) le 3 octobre 1768, †...; fut créé baron, à titre personnel, par lettres patentes du 6 avril 1826.

GRÉZARD

= Titre de baron héréditaire confirmé en faveur de Joseph-Claude Grézard, baron de l'Empire, colonel de dragons, par lettres patentes du 20 décembre 1817, avec règlement d'armoiries : *écartelé : au 1ᵉʳ d'azur, au casque taré de profil d'or ; au 2ᵉ de gueules, à l'épée haute en pal d'argent ; au 3ᵉ de gueules, à l'étoile d'argent ; au 4ᵉ d'azur, à la croix denchée [et mieux endentée] d'argent et de gueules, cantonnée de quatre têtes de léopard d'or.*

***

I. Louis-Nicolas Grézard, employé à cheval aux fermes aux Abrets, né à Gex, en Savoie, épousa Agathe Griffon, dont au moins un fils, qui suit.

II. Joseph-Claude Grézard, baron Grézard et de l'Empire[1] (lettres patentes du 11 juin 1810), donataire de l'Empire, soldat (1784), lieutenant (12 février 1794), capitaine (13 juillet 1794), chef d'escadron (11 mai 1800), major (29 octobre 1804), colonel de dragons (1807), retraité en 1810, C. ✠, chevalier de Saint-Louis, fut confirmé dans le titre de baron héréditaire par lettres patentes du 20 décembre

1. Cf. *Armorial du Iᵉʳ Empire*, t. II, p. 268.

1817. Né aux Abrets (Isère) le 31 juillet 1767, † à Dijon le 11 mars 1826, il épousa le 25 octobre 1804 Louise-Charlotte-Sophie Le Lieur de Ville-sur-Arce, fille de Jean et de Mlle Chapperon.

GRIFFON [D'OFFOY].

═ Lettres de noblesse en faveur de Claude-Philippe-Charles GRIFFON, par lettres patentes du 7 mars 1818, avec règlement d'armoiries : *de gueules, au griffon d'or.*

═ Lettres de noblesse en faveur de François-Joseph GRIFFON, frère cadet du précédent, par lettres patentes du 7 mars 1818, avec règlement d'armoiries : *de gueules, au griffon d'or, surmonté d'une étoile du même.*

**

Cette famille a donné des échevins et des mayeurs d'Abbeville depuis 1547 jusqu'en 1776. Sa filiation suivie s'établit depuis Jean Griffon, mort en 1541, dont la postérité était représentée au septième degré par Nicolas, qui suit.

VII. Nicolas GRIFFON, sieur de Saint-Séverin, conseiller au présidial, puis mayeur d'Abbeville (1727), marié à Marie-Jeanne du Bourguier, dont :

1° Jean-Nicolas, sans alliance :
3° Claude, qui suit ;
3° Charles, dit M. de Vaux, officier au régiment de Flandre, chevalier de Saint-Louis.

VIII. Claude GRIFFON, écuyer, sgr d'Offoy, capitaine au régiment de Flandre chevalier de Saint-Louis, mayeur d'Abbeville (1775-76), épousa le 6 octobre 1774 Marie-Josèphe-Thérèse-Xavier Donjon de Saint-Martin, dont :

1° Claude-Philippe-Charles, qui suivra ;
2° François-Joseph, qui sera rapporté après la postérité de son frère aîné.
3° Marie-Charlotte, † le 14 décembre 1852 ; mariée en août 1803 à Paul-François-Joseph de Baissy d'Yvrench, vicomte du Mesnil.

IX. Claude-Philippe-Charles GRIFFON, puis Griffon d'Offoy, né à Abbeville le 31 août 1781, †...; fut anobli par lettres patentes du 7 mars 1818 ; il épousa en 1806 Marie-Louise-Josèphe Le Sergeant d'Hendecourt, dont un fils, qui suit.

X. Claude-Aimé GRIFFON D'OFFOY, né..., †...; épousa Marie-Euphémie Le Blond du Plouy, dont une fille unique :

Claudine, mariée au château de Merélessart, le 17 octobre 1865, à Léon vicomte de Bonnault d'Houët.

IX bis. François-Joseph GRIFFON, appelé Griffon de Saint-Séverin, né à Abbeville le 10 mai 1783, †..., fut anobli avec son frère aîné par les lettres patentes du 7 mars 1818.

GRIMALDI DE VALENTINOIS

═ Titre de pair à vie, par ordonnance du 4 juin 1814, en faveur d'Honoré-Gabriel GRIMALDI, duc de VALENTINOIS, prince DE MONACO, confirmé à titre héréditaire par l'ordonnance du 19 août 1815.

= Titre de duc-pair héréditaire attaché à ladite pairie en faveur du même, par ordonnance du 31 août 1817 (sans majorat de pairie, ni lettres patentes).

* *

Cette branche des ducs de Valentinois, de l'illustre maison de Grimaldi, de Gênes, est tombée en quenouille dans la maison de Goyon-Matignon, originaire de Bretagne, qui en a relevé le nom et les armes.

I. Jacques-François-Léonor Goyon, comte de Thorigny, sire de Matignon, puis duc de Valentinois et pair de France (14 décembre 1716), prince de Monaco, marquis de Baux, né en 1689, † à Paris le 23 avril 1751, épousa le 20 octobre 1715 Louise-Hippolyte Grimaldi, † le 29 décembre 1731, fille aînée d'Antoine, prince de Monaco, duc de Valentinois, marquis des Baux, etc., dont il eut :

    1° Honoré-Camille-Léonor, qui suivra :
    2° Marie-Charles-Auguste, né le 1er janvier 1722 ;
    3° N..., † à Paris le 9 juin 1723 ;
    4° François-Charles-Madeleine-Joseph, né à Paris le 4 février 1726 ;
    5° Charles-Maurice, né à Paris le 14 mai 1727;
    6° Charlotte, née le 19 mai 1719 ;
    7° Louise-Françoise, née à Paris le 21 juillet 1724, † le 15 septembre 1725 ;
    8° Louise-Françoise-Thérèse, née à Paris le 20 juillet 1728, † le 19 juin 1743.

II. Honoré III-Camille-Léonor Grimaldi, prince souverain de Monaco, Menton et Roquebrune, duc de Valentinois, marquis des Baux, etc., pair de France, etc., colonel du régiment de Monaco-infanterie (1740), maréchal de camp (1748), lieutenant général au gouvernement du Havre (1751), né à Paris le 10 septembre 1720, † à Paris le 1795, épousa le 15 juin 1757, Marie-Catherine de Brignole de Sale, † à Wimbledon (Angleterre), le 28 mars 1813 (remariée le 24 octobre 1798, à Louis-Joseph de Bourbon, prince de Condé), fille de Joseph-Marie, marquis de Brignole-Sale, dont :

    1° Honoré-Anne-Charles-Maurice, qui suivra ;
    2° Joseph-Jérôme-Marie-Honoré, né à Paris le 10 septembre 1763, † le 28 juin 1816 ; marié le 6 avril 1782 à Thérèse-Félicité de Choiseul-Stainville, fille de maréchal de France, dont trois filles, qui suivent :
        a) Honorine-Camille-Athénaïs, née à Paris le 22 avril 1784, †... ; mariée le 20 juillet 1803 à René-Louis-Victor, marquis de la Tour-du-Pin, lieutenant-colonel ;
        b) Athénaïs-Euphrosine-Louise-Philippine, née à Paris le 22 juin 1786, † au château de Fontaine-Française le 11 septembre 1860 ; mariée le 8 août 1806 à Auguste-Michel-Félicité Le Tellier de Souvré, marquis de Louvois, pair de France ;
        c) Delphine-Aimée-Charlotte, née à Paris le 22 juillet 1788, †..., sans alliance.

III. Honoré IV-Aimé-Charles-Maurice Grimaldi, prince de Monaco, duc de Valentinois, marquis des Baux, etc., colonel du régiment royal cravattes-cavalerie (1782); né à Paris le 17 mai 1758, † à Paris le 16 février 1819 ; épousa à Paris, le 15 juillet 1877, Louise-Félicité-Victoire d'Aumont, † à Paris le 11 décembre 1826 (divorcée le 22 juin 1793, et remariée le 6 février 1801 à René-François Tirand des Arcis[1]), fille du duc de Mazarin et de Mlle de Durfort-Duras, dont deux fils :

    1° Honoré-Gabriel, qui suivra ;
    2° Tancrède-Florestan-Roger-Louis, prince de Monaco et duc de Valentinois (à la mort de

____

1. Voir t. I, p. 72, notice *Aumont.*

son frère aîné), né le 10 octobre 1785, † à Paris le 20 juin 1856 ; marié le 27 novembre 1827 à Marie-Louise-Caroline-Gabrielle Gibert, † à... le... 1880, dont un fils qui a laissé postérité, représentant de nos jours la maison des princes souverains de Monaco, et une fille, comtesse de Wurtemberg.

IV. Honoré V-Gabriel GRIMALDI, d'abord baron de Monaco et de l'Empire (décret impérial du 15 mars 1810[1]), puis duc de Valentinois et pair de France (4 juin 1814), prince souverain de Monaco, grand d'Espagne, etc., premier écuyer de l'impératrice Joséphine, maréchal de camp (4 juin 1814), ✚, fut créé duc-pair héréditaire par l'ordonnance du 31 août 1817. Né à Paris le 13 mai 1778, † à Paris le 2 octobre 1841, il ne se maria pas et laissa un fils naturel, qui suit, reconnu[2] par acte devant M. Delacour, notaire à Paris, le 28 novembre 1814 :

Louis-Gabriel-Oscar Grimaldi, marquis des Baux, sous-préfet, O. ✚, né à Paris le 9 juin 1814, † à Saint-Germain-en-Laye, le 15 juillet 1894; sans alliance.

GRIMOARD DE BEAUVOIR DU ROURE

= Autorisation d'institution de majorat au titre de vicomte héréditaire, en faveur de Scipion de GRIMOARD BEAUVOIR DU ROURE DE BEAUMONT-BRISON, marquis du ROURE, officier aux gardes du corps, par ordonnance du 18 décembre 1817.

* *

La maison de Beauvoir originaire du Viennois est citée depuis le XIe siècle, en Vivarais et Gévaudan, où elle a possédé la seigneurie du Roure. Guillaume de Beauvoir, sgr du Roure et de Bannes, épousa vers 1440 Urbaine de Grimoard, héritière de sa maison et de la seigneurie de Grisac; leur postérité, qui depuis cette époque a fait précéder son nom de celui de Grimoard, a possédé : la baronnie de Beaumont, qui donnait entrée aux États de Languedoc, le comté du Roure (érigé par lettres patentes de 1608, en faveur de Jacques de Grimoard), etc., etc.

Elle a formé plusieurs branches: 1° celle des marquis de Grisac, barons de Barjac, éteinte en 1814; 2° celle des sgrs de Florac, existante au commencement du XIXe siècle ; 3° celle des barons du Beaumont et des États de Languedoc, marquis du Roure, qui suit ;

Cette dernière branche était représentée au vingtième degré par:

XX. Denis-François-Auguste DE GRIMOARD-BEAUVOIR DU ROURE, baron de Beaumont et des États de Languedoc, comte de Brison, capitaine de cavalerie, né en 1725, qui testa en 1810 et épousa en 1752 Anne-Françoise de Chaponay, dont :

1° Nicolas-Louis-Auguste, qui suivra ;
2° Louis-Joseph, mort en bas âge ;

1. Cf. *Armorial du Ier Empire*, t. II, p. 269.

2. Il est né, de *père et mère inconnus* à Paris, rue Bonaparte, 15, où résidait à cette date Félicité-Madeleine-Honorée-Gabrielle de Rouault de Gamaches, née à Paris le 20 avril 1781, † au château de Fayet le 13 juillet 1819. Elle était fille de Joachim-Valéry-Thérèse-Louis, marquis de Gamaches, grand d'Espagne, et de Marie-Catherine-Hyacinthe de Choiseul-Beaupré, et avait épousé le 19 avril 1800 Jacques-Philippe-Achille-Louis-Auguste-Barthélemy-François, comte d'Héricy, dont elle avait eu deux filles : 1° la marquise de Walsh-Serrant ; 2° la marquise de la Tour-du-Pin-Montauban.

3° Scipion, capitaine de vaisseau, chevalier de Saint-Jean-de-Jérusalem, marié en 1811 à
Mlle de Tombebœuf, dont deux enfants, qui suivent :
    a) Marie-Scipion-Gabriel, marié à sa nièce et rapporté plus loin.
    b) N...

XXI. Nicolas-Louis-Auguste DE GRIMOARD-BEAUVOIR DU ROURE, vicomte du
Roure, maréchal de camp. Né en 1753, † en 1843; épousa à Paris, le 26 août 1782,
sa cousine Françoise-Antoinette-Catherine-Denise de Grimoard de Beauvoir, qui
était héritière de la branche aînée par la mort de son frère, le marquis du Roure; il
laissa cinq enfants :

   1° Auguste-François-Louis-Scipion, qui suivra ;
   2° Augustine-Marie-Antoinette-Nathalie, née le 1er, † le 8 septembre 1784 ;
   3° Marie-Charlotte-Nathalie, née à Paris le 20 février 1786, † à Blois le... avril 1868,
      mariée à Antoine-Éléonore-Victor Le Clerc, comte de Juigné ;
   4° Pauline-Anne-Claude, née à Paris le 15 septembre 1787, † à Paris le 24 décembre 1881 ;
      mariée en 1810 à Anne-Marie-Alexandre-Thomas-Scipion Le Sage, comte d'Hauteroche
      d'Hulst ;
   5° Victorine-Louise-Charlotte, née en 1791, † à Paris le 16 mai 1847 ; mariée à Paris, le
      29 mai 1809, à Louis-Clair Beaupoil, comte de Sainte-Aulaire, pair de France.

XXII. Auguste-François-Louis-Scipion DE GRIMOARD-BEAUVOIR, vicomte du
Roure et de Brison, lieutenant-colonel et officier des gardes du corps (1814), ma-
réchal de camp (... 1820), O. ✠, chevalier de Saint-Louis, fut autorisé par or-
donnance du 18 décembre 1817 à instituer un majorat au titre de vicomte. Né à
Paris le 10 août 1783, † à Paris le 1er février 1858, il épousa le 14 avril 1806
Élisabeth-Olive-Félicité Le Clerc de Juigné †, à Paris le 30 juin 1854, fille de Léon-
Marguerite, baron de Juigné, et de Mlle de Saint-Simon-Courtomer, dont :

   1° Scipion, né en 1810, † en 1826 ;
   2° Antoinette-Désirée-Pauline, née en 1807, † à Paris le 20 juin 1870 ; mariée le 25 mars 1829
      à son cousin, Joseph-Maurice Le Sage, comte d'Hauteroche d'Hulst et de Boisseron ;
   3° Philiberte-Urbaine, dame d'honneur de la duchesse d'Aumale, née en 1817, † à Paris le
      20 avril 1847 ; mariée en 1837 à son oncle germain, Marc-Scipion-Gabriel de Grimoard-
      Beauvoir du Roure de Beaumont-Brisson, marquis du Roure, conseiller général de
      l'Yonne, né en 1810, †..., cité plus haut, dont quatre enfants, qui suivent :
      a) Guy, † jeune ;
      b) Pierre-Scipion, né le 29 avril 1845 ; marié en 1869 à Catherine Walb ;
      c) Auguste-Marguerite, mariée deux fois ; 1° en 1857, à Pierre-Edgard Langlois de
        Chévry ; 2° le 9 février 1888, à Léon-Alexandre de la Roche, marquis de Fontenilles ;
      d) Marie-Alix, mariée en 1888 à Octave d'Oberlin, baron de Mittersbach.

Cette maison porte pour armes : *écartelé : aux 1 et 4e d'or, au lion de gueules,*
qui est de Beauvoir ; *aux 2e et 3e de gueules, à l'emmanché d'or de 4 pièces mouvantes*
du chef, qui est de Grimoard. *Sur le tout : d'azur, au chêne d'or à quatre branches*
passées en sautoir et à trois racines, qui est du Roure.

GROS

= Titre personnel de baron, avec anoblissement, en faveur de Jean-Baptiste-
Louis GROS, ministre des affaires étrangères, par lettres patentes du 8 mai 1830;

portant aussi règlement d'armoiries : *d'argent, au chevron d'azur, accompagné de trois demi-vols de sable; au chef de gueules, chargé de trois besants d'argent.*

I. Joseph-Antoine Gros, secrétaire de Mme de Bourbon, épousa Adélaïde-Victoire Dumassy, dont un fils, qui suit.

II. Jean-Baptiste-Louis Gros, baron Gros, secrétaire d'ambassade, chargé d'affaires (1834), ministre plénipotentiaire, puis ambassadeur extraordinaire (1857), sénateur de l'Empire (20 septembre 1858), G. O. ✵; né à Évry-sur-Seine (Seine-et-Oise) le 8 février 1793, † à Paris le 17 août 1870, fut créé baron à titre personnel et anobli par lettres patentes du 8 mai 1830.

GROS

═ Titre personnel de baron en faveur d'Antoine-Jean Gros, peintre d'histoire et membre de l'Institut, par lettres patentes du 22 janvier 1825, avec règlement d'armoiries : *coupé : au I d'azur, au génie de carnation, naissant d'une nuée d'argent, tenant une bandelette du même, chargée d'un lis au naturel, accompagné des lettres SG de sable; au II d'or.*

I. Jean-Antoine Gros, peintre miniaturiste, né à Toulouse, † à Paris en 1793; épousa à Paris, le 2 avril 1770, Pierrette-Madeleine-Cécile Durand, † à Paris le 7 octobre 1831, fille d'Antoine-Sébastien, marchand orfèvre, et de Cécile Vanbredael, dont un fils, qui suit, et une fille, Jeanne-Marie-Cécile, baptisée à Paris le 12 mars 1774, † à Paris le 10 mai 1848, sans alliance.

II. Antoine-Jean Gros, baron Gros, engagé volontaire et officier d'état-major (1796), inspecteur aux revues (1798), artiste peintre, membre de l'Institut et de l'Académie des beaux-arts, O. ✵, chevalier de Saint-Michel; né à Paris, le 16 mars 1771, † à Meudon (par suicide) le 25 juin 1835, fut créé baron à titre personnel par lettres patentes du 22 janvier 1825; il épousa à Paris, le 31 juillet 1809, Augustine Dufresne, † à Paris le 5 janvier 1842, fille d'un agent de change; sans postérité.

GROUVEL

═ Titre de baron héréditaire en faveur de François Grouvel, maréchal de camp, par lettres patentes du 11 juin 1816, avec règlement d'armoiries : *tiercé en fasce; d'or, chargé à dextre d'un griffon de sable, lampassé de gueules, et à sénestre d'une tour de sable; d'azur, chargé d'une croisette d'or, soutenue d'un besant du même et accostée de deux croissants d'argent ; et d'argent, chargé d'un navire de sable, habillé d'or et voguant sur des ondes de sinople.*

═ Titre personnel de vicomte en faveur du même, par ordonnance du 11 novembre 1824 (sans lettres patentes).

I. François Grouvel, épousa Marie-Constance Flambart, dont deux enfants :

1° François, qui suivra ;
2° [Une fille].

II. François, *alias* François-Pierre Grouvel, chevalier Grouvel et de l'Empire[1] (lettres patentes du 14 juin 1810), puis baron et vicomte Grouvel, donataire de l'Empire, soldat (1791), sous-lieutenant (1794), colonel de dragons (20 janvier 1810), général de brigade (30 mai 1813), lieutenant général (22 mai 1825), inspecteur général de cavalerie, G. O. ✠, chevalier de Saint-Louis, fut créé baron héréditaire par lettres patentes du 11 juin 1816, puis vicomte, à titre personnel, par ordonnance du 11 novembre 1824 ; né à Rouen (Seine-Inférieure) le 17 octobre 1771, † à Strasbourg le 26 octobre 1836, il épousa le 9 avril 1809 Marie-Anne-Hélène Nebel, † à Strasbourg le 3 février 1854, fille d'un ancien receveur du prince de Rohan, dont :

1° François-Félix-Jules, qui suivra ;
2° François-Xavier-Léon, président de la chambre de commerce de Strasbourg, né le 23 novembre 1820, † à Osthoffen le 11 novembre 1891 ; marié le 8 mai 1862 à Léonie Coyard, † en 1872, dont deux filles, qui suivent :
  a) Marie-Madeleine-Henriette, née le 23 août 1863, mariée en juillet 1890, à Ange Désormeaux, capitaine ;
  b) Joséphine-Marie-Anne, née le 27 octobre 1868 ;
3° Marie-Adélaïde-Constance, née le 17 juin 1816, † à Compiègne le... 1845 ; mariée le 4 avril 1832 à Gabriel Aufry, général de brigade ;
4° Marie-Laure-Clémence, née le 9 juin 1826, † à Strasbourg le 31 juillet 1857 ; mariée en 1856 à Adolphe d'Avenay, chef d'escadron d'artillerie.

III. François-Félix-Jules Grouvel, baron, dit aussi le vicomte Grouvel, général de brigade (3 juin 1879), général de division (26 février 1886), C. ✠ ; né le 14 novembre 1818, † au château d'Otthoffen le 13 juin 1895 ; marié le 6 novembre 1862 à Joséphine-Françoise-Marie Nebel, dont :

1° François-Marie-Pierre, qui suivra ;
2° François-Jules-Léon, né le 26 octobre 1874, marié à Fontainebleau en juin 1902 à Marie-Hortense-Victoire-Émilie Mégard-le-Pays-de-Bourjolly ;
3° Françoise-Joséphine-Marie, née le 1er septembre 1863, † le 24 juin 1884.

IV. François-Marie-Pierre Grouvel, baron, puis vicomte Grouvel, officier d'artillerie, né le 28 mai 1867, a épousé le 25 avril 1895 Jeanne-Gabrielle-Dieudonnée-Eugénie de Coëhorn, dont :

1° François-Jules-Léon-Marie-Jean, né le 27 décembre 1897, † le 25 février 1899 ;
2° Françoise-Marie-Antoinette, née le 11 janvier 1897.

GRUNDLER

⚏ Titre de comte héréditaire en faveur de Louis-Sébastien Grundler, maréchal de camp, par lettres patentes du 17 décembre 1818, avec règlement d'armoiries : *d'argent, à cinq cotices d'azur, posées en barre ; sur letout : d'or, au vaisseau antique de sable.*

* *

I. N... Grundler, épousa N..., dont au moins un fils, Jean-Sébastien, qui suit.

1. Cf. *Armorial du 1er Empire*, t. II, p. 273.

II. Louis-Sébastien GRUNDLER, baron Grundler et de l'Empire[1] (lettres patentes du 9 octobre 1813), puis comte Grundler, donataire de l'Empire ; soldat (1792), lieutenant (1793), général de brigade (10 septembre 1812), lieutenant général (23 juillet 1823), G. O. ✲, chevalier de Saint-Louis, fut créé comte héréditaire par lettres patentes du 17 décembre 1818. Né à Paris le 26 juillet 1774, † le 27 décembre 1833, il épousa le 11 mars 1817 Sophie-Françoise Avalle, dont :

1° Louis-Ernest-Paul-Émile, qui suivra ;

2° Victor-Alexandre-Oscar-Arthur, vicomte Grundler, conseiller de préfecture, né le 6 février 1822, † à Troyes le 21 octobre 1876 ; marié à Félicie-Anne Ferraud, † à Paris le 29 mars 1889, dont trois filles, qui suivent :

    a) Louise-Valentine, mariée le 18 août 1880 à Louis-Charles-Adolphe Desrousseaux de Médrano ;

    b) Juliette, mariée le 26 juillet 1885, à Pierre Larribe, officier ;

    [c) N..., mariée à M. Martenot] ;

3° Joséphine-Louise-Sophie-Isaure, née le 22 novembre 1818, † à Paris le 28 février 1893 ; mariée en 1838 à Paul-Louis-Marie-Athanase-Léonard Vallon, préfet ;

4° Charlotte-Eugénie-Inès-Thécla, religieuse, née le 6 avril 1823.

III. Louis-Ernest-Paul-Émile GRUNDLER, comte Grundler, chef de bataillon, ✲, né le 14 janvier 1818, † le 20 janvier 1881 ; sans alliance.

GRUYER

= Titre de baron héréditaire en faveur d'Antoine GRUYER, maréchal de camp, par lettres patentes du 21 mars 1819, avec règlement d'armoiries : *d'azur, au chevron d'or, chargé de trois étoiles de sinople, et accompagné en chef, à dextre d'une grue d'argent, la patte levée et tenant sa vigilance d'or, et à sénestre d'une épée d'argent, montée d'or, et en pointe de deux tubes de canon d'or, posés en sautoir.*

* *

I. Jean-Henri GRUYER, maréchal-ferrant à Saint-Germain-en-Beaujolais, épousa Thérèse Chotard, dont au moins un fils, qui suit.

II. Antoine GRUYER, baron Gruyer et de l'Empire[1] (décret du 22 juin 1813), volontaire (1793), lieutenant-colonel (1807), colonel (12 mai 1802), général de brigade (23 février 1813), député de la Haute-Saône (1815), C. ✲, chevalier de Saint-Louis, fut créé baron héréditaire par lettres patentes du 21 mars 1819 ; né à Saint-Germain (Haute-Saône) le 14 mars 1774, † à Strasbourg le 27 août 1822, il épousa le 8 mars 1815 Élisabeth Chassignet, † le 9 novembre 1860, dont trois fils :

1° Gilbert-Joseph-Gaspard-Constance-Henri-Charles-Maximilien, qui suivra ;

2° Charles, employé des douanes ;

3° Raoul.

III. Gilbert-Joseph-Gaspard-Constance-Henri-Charles-Maximilien GRUYER, baron Gruyer, receveur général des finances, O. ✲, fut confirmé dans le titre de baron par décret impérial du 6 juillet 1862 ; né à Strasbourg le 23 octobre 1816, † à Amphion (Haute-Savoie) le 18 juillet 1892, il épousa le 18 mars 1862 Octavie-Élisabeth Heiligenthal, veuve de M. N... Bastien, dont il n'eut pas d'enfants.

1. Cf. *Armorial du 1ᵉʳ Empire*, t. II, p. 274.

— 249 —

Il aurait adopté un neveu de sa femme, qui suit :

Marie-Joseph-Charles-Alfred Hervé-Gruyer, auditeur à la cour des comptes, né à Strasbourg
le 19 août 1860, fils d'Alfred Hervé et d'Anne-Hortense Heiligenthal, qui a épousé le
20 mai 1895, Marie-Eugénie-Louise-Napoléone Murat.

GUDIN

= Titre de vicomte héréditaire en faveur de Pierre-César, baron GUDIN, lieutenant général, par lettres patentes du 4 novembre 1822, avec règlement d'armoiries: *d'argent, au croissant d'azur, sommé d'un coq au naturel, accompagné en chef de trois étoiles de gueules, rangées en fasce.*

I. Gabriel-Louis GUDIN, contrôleur ambulant des aides, épousa Marie-Anne Humery de la Boissière, dont deux fils :

1° César-Charles-Étienne, comte Gudin et de l'Empire (lettres patentes du 7 juin 1808), donataire de l'Empire[1], général de division (6 juillet 1800), G. A. ✳, né à Montargis le 11 février 1768, † à la bataille de Valoutina le 21 août 1812 ; marié à Marie-Jeannette-Caroline-Christine Creutzer, † au château de Rentilly (Seine-et-Marne), le 26 juillet 1868, dont cinq enfants, qui ont laissé postérité;

2° Pierre-César, qui suit.

II. Pierre-César GUDIN, baron Gudin et de l'Empire[1] (lettres patentes du 14 février 1810), puis vicomte Gudin, donataire de l'Empire ; colonel (1807), général de brigade (11 janvier 1812), lieutenant général (25 avril 1821), gentilhomme ordinaire de la chambre du roi, G. O. ✳, chevalier de Saint-Louis; né à Gien le 30 décembre 1775, † à Montargis, le 13 février 1855, sans alliance, il fut créé vicomte héréditaire par lettres patentes du 4 novembre 1822.

GUÉAU DE GRAVELLE DE REVERSEAUX DE ROUVRAY

= Titre personnel de comte en faveur de Denis-Jacques-Léopold GUÉAU DE GRAVELLE DE REVERSEAUX DE ROUVRAY, capitaine de vaisseau, par lettres patentes du 8 mai 1830, avec règlement d'armoiries : *écartelé : aux 1er et 4e d'azur, à la croix de Jérusalem d'or ; au chef cousu de gueules chargé d'un gland feuillé d'or, la tige en haut ; aux 2e et 3e d'azur, au chevron accompagné de trois croissants, le tout d'argent.*

La famille Guéau, originaire de Chartres, est citée depuis le commencement du XVe siècle et a donné de nombreux officiers au bailliage et au siège présidial de cette ville.

II. Jacques-Étienne GUÉAU, écuyer, seigneur de Reverseaux et de Rouvray, avocat en parlement et conseiller du duc d'Orléans, conseiller secrétaire du roi, maison et couronne de France (2 mars 1732), né à Chartres le 8 août 1706, † le 19 avril 1738 ; était fils de Philippe, lieutenant général civil et criminel au bailliage

1. Cf. *Armorial du Ier Empire*, t. II, p. 275-76 pour les armoiries, dotations et titre de l'Empire et pour la postérité du comte de l'Empire.

de Chartres, et de Marie-Marguerite-Françoise de Milleville; il épousa en 1733 Marie-Angélique Le Noir, dont :

1° Jacques-Philippe-Jean, marquis de Reverseaux, conseiller au parlement de Paris, puis président au grand conseil (4 janvier 1768), qui obtint l'érection en marquisat de la seigneurie de Reverseaux et autres, par lettres patentes du 12 septembre 1771 et épousa Élisabeth-Charlotte Barthélemot-Sorbier, dont deux fils, qui ont laissé postérité, éteinte dans les mâles, et cinq filles ;

2° Gabriel-Jacques-Nicolas, qui suivra ;

3° Marie-Henriette-Gabrielle, mariée à Charles Brouillet de la Carrière.

III. Gabriel-Jacques-Nicolas Guéau de Reverseaux, sgr de Gravelle et de Rouvray, mousquetaire du roi et lieutenant des maréchaux de France au bailliage de Châteaudun et de Dunois, épousa Marie-Thérèse-Honorine Montginot, dont cinq enfants :

1° André-Jacques-Frédéric, officier, chevalier de Saint-Louis, né le 6 juin 1773, † ...; marié à Luce-Charlotte-Élisabeth Bernard de Marigny, dont postérité, qui représente aujourd'hui la branche aînée, dit des marquis de Reverseaux ;

2° Édouard-Jacques, né en 1774, † le 28 février 1794 ;

3° Jacques-Ferdinand, directeur des contributions directes, né le 3 mai 1783, † le 3 novembre 1839; marié à Sophie de Laussat, dont quatre enfants: un fils, qui a laissé postérité représentant aujourd'hui la branche cadette; un autre fils, mort sans postérité ; Mme Leroy de la Brière, et une autre fille religieuse ;

4° Denis-Jacques-Léopold, qui suivra ;

5° N...

IV. Denis-Jacques-Léopold Guéau de Gravelle, comte de Reverseaux de Rouvray, capitaine de vaisseau, chevalier de Saint-Louis, ✠, fut créé comte, à titre personnel, par lettres patentes du 8 mai 1830; né à Chauvigny le 9 février 1788, † ..., il épousa : 1° le 5 avril 1826, sa cousine issue de germaine, Léontine Guéau de Reverseaux, dont une fille; 2° le 7 février 1830, Aimée-Léontine-Éléonore Charin, dont quatre enfants :

[du 1er lit] : 1° Marie-Antoinette-Frédérique-Léonie, née le 31 janvier 1826 ; mariée le 22 février 1847 à François-Éléonore de Plan, marquis de Siéyès ;

[du 2e lit] : 2° Pierre-Charles-Jacques-Édouard, qui suivra ;

3° Marie-Augustine-Mathilde, née le 19 février 1831 ; mariée en avril 1869, à Roger-Augustin de Froidefond des Farges, magistrat.

4° Marie-Françoise-Amélie, née le 29 mai 1836, † à... le... 1877, mariée en 1861 à Antoine-Marie-Ernest, vicomte de Vullier, officier ;

5° Marie-Cécile-Alix, née le 3 septembre 1838 ; mariée le 30 mars 1868 à Marie-René-Augustin-Louis de Franqueville.

V. Pierre-Charles-Jacques-Édouard Guéau de Gravelle, dit le comte de Reverseaux de Rouvray, auditeur au Conseil d'État; né le 1er décembre 1834, a épousé le 24 juin 1860 Jeanne-Gabrielle Molitor, † à Paris le 18 décembre 1869, fille du comte Molitor et de l'Empire et de Mlle Thouvenel, dont :

1° Léopold, né en 1869;

2° Henriette-Léonce-Marie-Clémence, née en 1861 ; mariée le 4 mars 1884 à Jean-Joseph-Guy de Sémallé ;

3° Mathilde-Gabrielle-Jeanne, née en 1862 ; mariée : 1° le 18 juin 1884, à Gaston-Henri Rosset, comte de Letourville, † le 27 juin 1884 ; 2° en octobre 1886, à son beau-frère Charles-Henri Rosset, vicomte de Letourville.

GUÉBRIANT — ꝟ. Budes

GUELLE (de)

≡ Anoblissement en faveur des deux frères, [Jean-Claude] de Guelle, capitaine d'infanterie, et Denis-Marie de Guelle, maire de Saint-Amour, par ordonnance du 9 juillet 1817.

≡ Lettres de noblesse en faveur de Denis-Marie de Guelle, maire de Saint-Amour, par lettres patentes du 16 août 1817, avec règlement d'armoiries : *de sable, au chevron d'or, accompagné de trois étoiles du même, 2, 1.*

* * *

Cette famille Guelle paraît originaire de Pesmes.

II. Jean-Claude-Isidore Guelle, puis de Guelle, juge châtelain de la justice de Pesmes, puis juge au bailliage de Saint-Amour (1760-89), fils de Claude-François-Xavier Guelle, avocat en parlement, lieutenant au bailliage de Pesmes, épousa à Saint-Amour Françoise-Guillemette Le Vieux de Courcelles dont :

1° Denis-Marie, qui suivra ;

2° Jean-Claude, capitaine d'infanterie, anobli avec son frère par l'ordonnance du 9 juillet 1817, né..., †...; marié à Marie Bretou, dont un fils, qui suit : –

Claude-François, chef d'escadron de cavalerie, né à Gray le 25 juin 1798, † à la Chaussée (Seine-et-Marne), le 12 septembre 1858 ; marié le 11 janvier 1843 à Sophie Sandré, dont une fille.

III. Denis-Marie de Guelle, maire de Saint-Amour (Jura), né à Saint-Amour le 19 novembre 1761, † à Saint-Amour le 30 juillet 1841, fut anobli par lettres patentes du 16 août 1817 ; il épousa Marie-Hyacinthe-Véronique Joly, dont postérité.

GUENIFEY

≡ Lettres de noblesse, avec titre de chevalier héréditaire, en faveur d'André-Laurent Guenifey, membre du conseil général de la Banque de France, par lettres du 9 décembre 1814, avec règlement d'armoirie : *d'azur, au léopard d'argent, armé, lampassé et couronné de gueules.*

≡ Titre de baron héréditaire, sur institution de majorat (rentes sur l'État) en faveur du même, par lettres patentes du 3 août 1822, avec même règlement d'armoiries que ci-dessus.

* * *

I. André Guenifey, marchand à Paris, épousa Marie-Anne-Thérèse Vidier, fille de M. et de Mᵐᵉ, née Marguerite Hallé, dont un fils, qui suit.

II. André-Laurent Guenifey, baron de Guenifey de Savonnières, membre du conseil général de la Banque de France et du conseil des manufactures, ✠, fut anobli par lettres patentes du 9 décembre 1814, puis créé baron héréditaire, sur institution de majorat, par autres lettres patentes du 3 août 1822. Né à Paris le

19 mai 1759, †..., il épousa le 4 octobre 1797 Catherine-Claude de Savonnières, fille du marquis, dont cinq enfants :

1° André-Claude-Alphonse, qui suivra ;
2° Lucien, né le 15 janvier 1800 ;
3° Jacques-Emmanuel, né le 15 avril 1801 ;
4° Louis-Alexandre, né le 22 mars 1815 ;
5° Catherine-Claude-Estelle, née le 17 janvier 1803.

III. André-Claude-Alphonse DE GUENIFEY, baron de Guenifey, page du roi Louis XVIII, garde du corps ; né le 1er juillet 1798, † au château de Landin (Eure) le 24 août 1877, épousa Marie-Claudine Barbet de Jouy, dont deux enfants :

1° André-Jacquelin-Just-Henri, qui suivra ;
2° Victoire-Marguerite-Yolande, mariée le 9 juin 1859 à Marie-Raoul, comte d'Argy.

IV. André-Jacquelin-Just-Henri DE GUENIFEY, baron de Guenifey, a épousé le 5 mai 1872 Simplice-Élisabeth-Marie Roslin d'Ivry, fille du baron de l'Empire et de Mlle Mouton de Lobau, dont quatre enfants :

1° Robert, 2° Charles, 3° Fernand, 4° Élisabeth.

GUENOT

= Lettres de noblesse en faveur de Jean-Dominique-Germain GUENOT, membre du collège électoral de la Nièvre, par lettres patentes du 28 janvier 1826, avec règlement d'armoiries : *d'or, à l'orme de sable, accompagné de deux branches de cyprès de sinople et surmonté d'une croisette de gueules.*

* *

Cette famille de marchands de Corbigny, en Nivernais, a formé plusieurs branches qui se sont distinguées entre elles sous les noms de Grandpré, Laforest, etc.

I. Nicolas-François GUENOT, avocat en parlement, l'un de sept enfants de Guillaume Guenot, marchand de bois à Corbigny, et de Jeanne Simon ; épousa à Corbigny (contrat du 14 février 1763) Aimé Guillemain, dont au moins :

1° Jean-Dominique-Germain, qui suivra ;
2° Guillaume-François, dit Guenot-Grandpré, né à Corbigny le 10 avril 1773 ; marié à Anne Jacquette-Pauline Guillemain, dont : Sébastien, né à Corbigny le 2 mars 1792 ; marié à Anne Laforest.

II. Jean-Dominique-Germain GUENOT, membre du collège électoral de la Nièvre, fut anobli par lettres patentes du 28 janvier 1826. Né à Corbigny (Nièvre) le 21 février 1766, †..., il épousa Louise-Joséphine-Ferdinande Pernin, dont au moins :

Nicolas-François, licencié en droit (1814), né à Corbigny le 12 avril 1794.

GUÉRARD [DES ÉPINAUX]

= Lettres de noblesse en faveur d'Honoré-Joseph GUÉRARD, négociant et membre du tribunal de commerce d'Amiens, par lettres patentes du 25 juillet 1822, avec règlement d'armoiries : *d'argent, à la croix engreslée de gueules, chargée en abyme d'une étoile d'argent, et cantonnée de quatre roses de gueules.*

Cette famille originaire d'Amiens a formé plusieurs branches, celle qui suit, et une autre, dite d'Estombelle, qui a donné de nos jours un conseiller de cour d'appel.

I. Pierre-Jean-Baptiste-Joseph Guérard, dit M. des Épinaux, sieur d'Estombelle, lieutenant des eaux et forêts (1769), et président du tribunal de commerce d'Amiens (1787-89), épousa Marie-Élisabeth-Opportune Cannet, dont au moins un fils, Honoré-Joseph, qui suit.

II. Honoré-Joseph Guérard, puis Guérard des Epinaux, négociant, membre et président du tribunal de commerce d'Amiens, administrateur des hospices, fut anobli par lettres patentes du 25 juillet 1822. Né à Amiens le 19 février 1772, † à Amiens le 10 juillet 1841, il épousa à Amiens, le 11 mars 1798, Jeanne-Pauline Roux, † à Amiens le 4 avril 1855, dont quatre enfants :

1° Charles, qui suivra ;
2° Pauline, mariée le 12 mai 1824 à Jean-Baptiste-Joseph Herbet [de Raincheval] ;
3° Émilie, née le 26 avril 1803, † à Amiens le 1er juin 1804 ;
4° Hortense, née le 18 juillet 1812, † en 1872, sans alliance.

III. Charles Guérard, né à Amiens le 11 mars 1801, épousa en août 1831 Élisa Proyart, dont quatre enfants :

1° Anatole, qui suivra ;
2° Paul, marié à Arras, à Sophie Lejosne, dont six enfants, qui suivent ;
    a) Charles, marié à Marie Aubé de Bracquemont.
    b) Joseph ;
    c) Jeanne, mariée à Joseph Flahault ;
    d) Sophie, mariée à Charles Pillous ;
    e) Camille ;
    f) Pauline ;
3° Blanche, mariée à Armand de Bonnières ;
4° Marie, mariée à Joseph Pillous.

IV. Anatole Guérard, avocat, juge d'instruction au tribunal civil de Saint-Quentin ; a épousé Alix Lefranc, dont il n'a pas d'enfants.

GUÉRARD [de Rouilly]

= Titre de baron héréditaire confirmé (sur majorat institué le 14 avril 1810, par le père) en faveur d'Antoine Guérard, auditeur au Conseil d'État, par lettres patentes du 29 juillet 1818, sans règlement d'armoiries.

I. Edmond Guérard, conseiller du roi, contrôleur du grenier à sel de Troyes, épousa Claude-Anne Daudier, dont au moins un fils, qui suit.

II. Edmond-Joachim Guérard, baron Guérard et de l'Empire[1] (institution de majorat, lettres patentes du 14 avril 1810), conseiller du roi et président en l'élec-

1. Cf. *Armorial du Ier Empire*, t. II, p. 277.

tion de Troyes (1776), membre du collège électoral de l'Aube, né à Troyes le 30 mai 1730, † le 10 janvier 1818 ; épousa Jeanne Nicole Labrun, dont au moins un fils, qui suit.

III, Antoine GUÉRARD, baron Guérard de Rouilly, auditeur au Conseil d'État, fut confirmé dans le titre de baron héréditaire, sur transmission du majorat fondé par son père, par lettres patentes du 29 juillet 1818. Né à Troyes le 13 septembre 1777, † le 31 janvier 1839, il épousa le 21 septembre 1813 Modeste-Antoinette-Pauline Maury, † à Paris le 19 février 1867, dont une fille :

Pauline-Ernestine, née à Paris le 28 août 1814, † le 29 octobre 1880 ; mariée à Eugène-Joseph-Napoléon-Louis, comte Dubois, conseiller d'État.

GUÉRIN

= Titre personnel de baron, avec anoblissement, par ordonnance du 15 février 1829, en faveur de Pierre-Narcisse GUÉRIN, membre de l'Institut.

**

I. François GUÉRIN, marchand mercier à Paris, épousa Françoise Le Fresne, dont au moins :

1° N..., capitaine, tué en 1794 ;
2° Pierre-Narcisse, qui suit.

II. Pierre-Narcisse GUÉRIN, baron Guérin, artiste peintre, membre de l'Académie des beaux-arts (27 mai 1815), directeur de l'École française de Rome, chevalier de Saint-Michel, ✠. Né à Paris le 13 mars 1774, † à Rome le 16 juillet 1833, fut anobli et créé baron à titre personnel par ordonnance du 15 février 1829.

GUÉRIN D'ÉTOQUIGNY

= Titre de baron, par ordonnance du 2 mars 1826, en faveur de René-Florimond-François GUÉRIN D'ÉTOQUIGNY, lieutenant général.

**

I. Denis-Louis GUÉRIN, avocat en parlement, notaire royal à Dieppe, épousa Anna-Félicité Roger, dont au moins un fils, qui suit.

II. René-Florimond-François GUÉRIN, baron Guérin d'Étoquigny, dit le vicomte Guérin d'Étoquigny, sous-lieutenant de dragons (15 septembre 1891), lieutenant (23 décembre 1792), capitaine (20 juin 1793), chef d'escadron (26 septembre 1794), chef de brigade (15 septembre 1796), général de brigade (30 juin-18 octobre 1799), lieutenant général (25 avril 1821), C. ✠, chevalier de Saint-Louis, fut créé baron par ordonnance du 2 mars 1826. Né à Dieppe (Seine-Inférieure) le 28 avril 1762, † à Saint-Germain-en-Laye le 28 avril 1831, il épousa à Charleville, le 10 septembre 1804, Charlotte-Alexise-Anne-Alexandrine-Louise-Adélaïde Becguin de Suzémont.

GUÉRIN DE WALDERBACH

= Titre de baron héréditaire confirmé en faveur de Jacques-Julien GUÉRIN DE WALDERBACH, maréchal de camp, baron de l'Empire, par lettres patentes du 31 mai 1817, avec règlement d'armoiries : *écartelé : au 1er d'azur, à deux chevrons d'or, accompagnés de trois étoiles du même ; au 2e de gueules, à l'épée haute en pal du même ; au 3e d'hermine, au lion rampant de gueules ; au 4e de sable, au cerf courant d'argent sur une terrasse de sinople d'où sortent deux arbres du même, accostés chacun au pied d'une plante de fougère au naturel.*

*
* *

I. Jacques-Julien GUÉRIN, baron Guérin de Waldersbach et de l'Empire (lettres patentes du 21 décembre 1808), donataire de l'Empire, soldat (1774), sous-lieutenant (1791), général de brigade (3 novembre 1799), C. ✳, chevalier de Saint-Louis, fut confirmé dans le titre de baron héréditaire par lettres patentes du 31 mai 1817 ; né au Loroux (Ille-et-Vilaine) le 26 janvier 1757, † à... le 7 avril 1844, épousa le 2 décembre 1802, Dorothée-Joséphine-Antoinette Defréron, dont :

    1° Jean-Jacques-Guillaume, qui suivra ;
    2° Adrien-François-Marie-René, né à... le 7 avril 1807 ;
    3° Marie-François, né à... le 26 octobre 1808 ;
    4° Marie-Julie-Lisette, née le 21 juin 1805.

II. Jean-Jacques Guillaume GUÉRIN, baron Guérin de Walderbach, major de cavalerie, colonel, général de brigade, C. ✳ ; né à Coblentz le 9 décembre 1803, † à Guénétrange le 19 juillet 1877 ; épousa le 21 novembre 1842 Anne-Catherine Pion, dont une fille.

GUERNON-RANVILLE (DE)

= Titre personnel de comte en faveur de Martial-Côme-Annibal-Perpétue-Magloire DE GUERNON-RANVILLE, ministre des affaires ecclésiastiques, par lettres patentes du 28 avril 1830, avec règlement d'armoiries : *d'azur, au leurre d'or, surmonté de deux molettes du même.*

*
* *

Cette famille Guernon, originaire de Normandie, a été maintenue dans sa noblesse, à l'intendance de Caen en 1666 et établit sa filiation suivie depuis Jean Guernon, marié à Isabeau Avoyne, dont la postérité était représentée au sixième degré par Barnabé, qui suit et a formé la branche de Ranville.

VI. Barnabé DE GUERNON, sgr du Saussay, épousa le 18 février 1718 Cécile Languille, dont un fils, qui suit.

VII. Pierre-Antoine-Barnabé DE GUERNON, sgr de Ranville, de Forges, etc., né le 26 décembre 1718, † le 25 novembre 1777, épousa le 26 avril 1746 Catherine-Françoise-Jacqueline Borcy, dont au moins un fils, qui suit.

VIII. Roger-François-Barnabé DE GUERNON, sgr de Ranville, mousquetaire noir, officier supérieur, chevalier de Saint-Louis; né le 9 septembre 1750, † à Caen le 18 décembre 1820, épousa Henriette-Louise-Durand, dont au moins trois fils :

1° N..., conseiller référendaire à la cour des comptes, né en 1780, † à Caen le 18 février 1868; marié, dont entre autres, deux enfants, qui suivent :

    a) Charles-Martial-Louis-Joseph, auditeur au Conseil d'État (1852), secrétaire général de préfecture, ✻, né en 1829, † au château de la Girardière (Mayenne) le 10 janvier 1890; marié en février 1850 à D^{lle} Perès-Roldan, dont postérité ;

    b) N..., mariée à Albert Colmiche :

4° Martial-Côme-Annibal-Perpétue-Magloire, qui suivra ;

3° Aimable-Rose-Perpétue-Magloire.

IX. Martial-Côme-Annibal-Perpétue-Magloire DE GUERNON-RANVILLE, comte de Guernon-Ranville, vélite de la garde impériale (1806), président de tribunal (1820), avocat général (11 décembre 1822), puis procureur général de cour d'appel (16 avril 1823), député de Maine-et-Loire (1830), et ministre des affaires ecclésiastiques et de l'instruction publique (1829), ✻, fut créé comte à titre personnel par lettres patentes du 28 avril 1830. Né à Caen le 3 mai 1787, † au château de Ranville (Calvados) le 27 avril 1866 ; il épousa en 1817 Joséphine Féraud, † à Ranville le 2 janvier 1873, veuve en premier mariage d'Aimé-Sulpice-Victor Pelletier de Montmarie, baron de l'Empire, général de brigade, dont il n'a pas eu postérité[1].

GUÉROULT [DU VALMET, D'HUBERVILLE ET DE SAINT-DENIS]

= Lettres de noblesse en faveur d'Armand-Victor-Désiré GUÉROULT, chef d'escadron, par lettres patentes du 29 mai 1826, avec règlement d'armoiries : *de gueules, à la fasce d'or, chargée de deux boucles (ou fermaux) d'azur et accompagnée de trois boucles d'or, 2, 1.*

= Lettres de noblesse en faveur de Nicolas-François GUÉROULT, brigadier des gardes du corps, et de Marie-Denys GUÉROULT, brigadier des gardes du corps, chef d'escadron, par lettres patentes du 29 mai 1826, avec règlement d'armoiries : *de gueules, à la fasce d'or, chargée de deux boucles d'azur et accompagnées de trois boucles d'or ; à la bordure d'argent.*

* * *

1. Jean-François GUÉROULT, avocat général et procureur fiscal au bailliage d'Eu, épousa à Eu, le 18 février 1721, Pauline-Charlotte Félix, fille de Claude, avocat en parlement, et de Louise-Thérèse Carpentier, dont deux fils :

1° Louis-Armand, qui suivra ;

2° Balthazar-Paul-Laurent, qui sera rapporté à l'article suivant, p. 258.

II. Louis-Armand GUÉROULT, né à Eu le 29 décembre 1732, †...; épousa à Abbeville, le 28 avril 1755 (contrat devant Vignon, notaire), Françoise-Geneviève Le Febvre des Amourettes, fille de Nicolas-François et de Jéanne Meulebecq, dont entre autres enfants :

1. Son beau-fils, Aimé-André-Ernest Pelletier de Montmarie, né en 1810, décédé à Paris le 13 mars 1856, était connu sous le nom de baron de Montmarie-Guernon-Ranville.

1° Nicolas-Armand, dit M. Guéroult de Noyelles, garde du corps du roi, chevalier de Saint-Louis, né à Abbeville le 11 janvier 1756, †…; marié à Amiens, le 29 mars 1793 (contrat devant Delattre), à Marie-Marie-Firminie-Raymonde Vrayet de Morainvilliers, fille d'un trésorier de France, dont une fille, qui suit :

Adélaïde-Marie-Firminie, mariée deux fois : 1° en 1813, à Adrien-Marie-Louis-Florent de Sachy de Marcellot, † en 1822 ; 2° en 1826, à Albert-Joseph des Lyons de Feuchin, † en 1876 ;

2° Armand-Victor-Désiré, frère jumeau du précédent, qui suivra ;

3° Nicolas-François, qui sera rapporté après la postérité de son frère aîné ;

4° Marie-Denys, qui sera rapporté après la postérité de ses deux frères ;

5° Louis-Alexandre, dit M. Guéroult des Amourettes, officier de dragons, émigré et marié en Allemagne, laissant un fils, mort jeune.

III. Armand-Victor-Désiré GUÉROULT, dit M. Guéroult du Valmet, garde du corps, capitaine de cavalerie, chevalier de Saint-Louis, ✠, fut anobli avec ses frères par lettres patentes du 29 mai 1826. Né à Abbeville le 11 janvier 1756, † le 31 mars 1842, il épousa à Abbeville (contrat devant Vallois, notaire) le 25 novembre 1801, Marie-Charlotte-Mélanie-Aldégonde de Belloy de Cordonnoy, † le 2 avril 1833, fille de Philippe-Nicolas, et de Marie-Anne-Bonne de Lamiré de Retz, dont deux fils :

1° Ferdinand-Jean-Charles-Alexandre, qui suivra ;

2° Victor-Henri-Nicolas, né à Nouvion le 28 juillet 1809, † le 27 avril 1847 à Forestmoustier ; marié à Montreuil-sur-Mer, le 27 août 1839, à Marie-Françoise-Octavie de Bernes de Longvilliers d'Héricourt ; sans postérité.

IV. Ferdinand-Jean-Charles-Alexandre GUÉROULT DE VALMET, né à Nouvion le 9 septembre 1802, † à Nouvion-en-Ponthieu le 13 février 1857 ; épousa à Arry (Somme), le 21 février 1831, Charlotte-Lucie-Regnaude de Courteville d'Hodicq, fille d'Alexandre-François-Joseph et de Laure-Éléonore-Julienne-Wilhelmine de Romberg, dont trois enfants :

1° N…, mort jeune ;

2° N…, mort jeune ;

3° Marie-Charlotte-Albertine, née à Nouvion le 15 janvier 1836 ; mariée le 2 février 1857 à Henri de Saint-Vincent.

III bis. Nicolas-François GUÉROULT, dit M. Guéroult d'Huberville, brigadier des gardes du corps, chef d'escadron, maire de Bellencourt (Somme), chevalier de Saint-Louis, fut anobli avec ses frères par les lettres patentes du 29 mai 1826. Né à Abbeville le 29 août 1758, † le 18 septembre 1827, il épousa à Abbeville (contrat devant Vallois, notaire), le 27 juillet 1800, Élisabeth-Joséphine-Françoise Michaut de Vienne, veuve en premier mariage de Louis-Balthazar-Frédéric Sanson de Berville, et fille de François-Pierre Michaut de Vienne et de Marie-Catherine-Élisabeth de la Haye, dont deux fils :

1° Camille-Amédée, qui suivra ;

2° Charles-Alexandre, né à Bellancourt en 1806, † le 28 août 1875 ; marié à Nibas, le 23 février 1832, à Antoinette-Henriette Boutron, dont un fils, N…, né en 1832, † jeune.

IV. Camille-Amédée GUÉROULT D'HUBERVILLE, né vers 1802, † à Billancourt le 7 juin 1858 ; épousa Lucienne-Iphigénie Le Clerc du Tot, † au Havre le 20 juillet 1893, fille de Maximilien-David et d'Adélaïde-Iphigénie-Irène Duboulery, dont :

1° Charles-Maximilien-Alexandre, qui suivra ;

17

2° Marie, mariée deux fois : 1° en 1855, à Marie-Emmanuel-Désiré Lambert, lieutenant-co lonel du génie ; 2° à Pierre Côte, chef de bataillon.

V. Charles-Maximilien-Alexandre GUÉROULT D'HUBERVILLE, né le 28 août 1830, † à Billancourt le 11 novembre 1858 ; marié à Caen, le 18 mai 1858, à Marie de David des Étangs, fille de Léonard-Marius et d'Hélène-Calixte Lechaudé d'Anisy, dont :

Charlotte-Marie-Calixte, née à Caen le 16 avril 1859 ; mariée à Caen, le 3 décembre 1879, à Édouard-Aimé-Marie Urvoy de Portzamparc, inspecteur des douanes.

III *ter*. Marie-Denys GUÉROULT, dit M. Guéroult de Saint-Denis, brigadier des gardes du corps du roi, chef d'escadron, chevalier de Saint-Louis, ✠, fut anobli avec ses frères par les lettres patentes du 29 mai 1826 ; né à Eu le 24 janvier 1765, † à Eu en février 1849, il épousa en cette ville, le 6 septembre 1800, Adélaïde Quentin de Gromard, † à Eu le 2 mai 1826, fille de Jean-Baptiste-Joseph et de Marie-Françoise-Félicité de Wadicourt, dont une fille :

Victoire, née en 1805, †...; mariée en 1826 à Eugène Dumouchel de Prémare, garde du corps du roi.

GUÉROULT-DENEL

Lettres de noblesse en faveur de Ferdinand GUÉROULT-DENEL, par lettres patentes du 7 septembre 1826, avec règlement d'armoiries : *de gueules, à la fasce d'or, chargée de deux boucles d'azur et accompagnée de trois boucles d'or, 2, 1 ; à la bordure dentelée d'argent.*

**

II *bis*. Balthazar-Paul-Laurent GUÉROULT, sieur d'Énel, garde du corps, capitaine de cavalerie, chevalier de Saint-Louis, né à Eu le 4 janvier 1738, † vers 1827, fils cadet de Jean-François et de Mlle Félix (voir ci-devant, p. 256) ; épousa Marie-Thérèse-Eugénie-Antoinette Martin de Romesnil, fille de Charles-Antoine et de Marie-Félicité de Villers, dont :

1° Ferdinand, qui suivra ;
2° Eugénie, née le 29 janvier 1781 ; † à Eu le 20 juin 1828, sans alliance.

III. Ferdinand GUÉROULT DENEL, *alias* d'Énel, né à Eu le 19 octobre 1783, † à Nice le 19 avril 1864, sans alliance, fut anobli par lettres patentes du 7 septembre 1826.

GUÉROULT (DE)

Titre de vicomte héréditaire, sur institution de majorat (domaine de Guesprey, Orne), en faveur de Louis-Alexandre DE GUÉROULT, cadet-gentilhomme, par lettres patentes du 7 septembre 1826, avec règlement d'armoiries : *d'argent, au chevron de gueules, accompagné de trois glands de sinople, tigés et feuillés du même.*

**

Cette famille Guéroult, originaire de Normandie, est d'ancienne noblesse et établit sa filiation suivie depuis Jacques Guéroult, écuyer, marié en 1360 à D^lle de Vassy

de la Forest, dont la postérité a été maintenue dans sa noblesse le 12 avril 1666 et
en 1670, dans l'élection de Mortagne, et a formé plusieurs branches entre autres :
1° celles des seigneurs de Bois-Robert; 2° celle des seigneurs de Chevalines, qui sera
rapportée ci-après ; 3° celle des seigneurs de la Ferrière, Gohière, etc.

La branche de Chevalines était représentée au neuvième degré, par Louis-Gabriel, qui suit.

IX. Louis-Gabriel DE GUÉROULT, chevalier, seigneur de la Giboudière, garde-
marine (1700-10), né à Boissy-le-Sec le... juillet 1684, † audit lieu le 19 mai 1760 ;
épousa le 31 janvier 1728 Marguerite Léger, dont un fils, qui suit, et une fille,
Marguerite-Catherine-Madeleine.

X. Louis-Charles DE GUÉROULT, chevalier, seigneur de Chevalines, du Menil,
de Voville et des Croisilles, mousquetaire, capitaine au régiment de Charost-cava-
lerie (1761), chevalier de Saint-Louis, né à Verneuil le 11 août 1734, †..., épousa à
Caen, le 22 septembre 1763, Marie-Adèle Reynault d'Argouges, dont quatre enfants :

1° Louis-Alexandre, qui suivra ;
2° Louis-César, né le 1er avril 1771 ;
3° Auguste, né au Ménil le 17 septembre 1775 ;
4° Marie-Zéphyrine, née le 5 janvier 1778.

XI. Louis-Alexandre DE GUÉROULT, vicomte de Guéroult, cadet gentilhomme,
maire de Guesprey, membre du collège électoral de l'Orne, chevalier de Saint-
Louis, fut créé vicomte héréditaire sur institution de majorat, par lettres patentes
du 7 septembre 1826. Né à Boissy-le-Sec (Eure-et-Loir), le 30 janvier 1767, † le
24 novembre 1837, il épousa Charlotte-Élisabeth de Marguerit, † à Lisieux le
16 septembre 1851, dont un fils, qui suit.

XII. Georges-Alphonse DE GUÉROULT, vicomte de Guéroult, né le 20 août 1806,
† à Paris le 21 avril 1851; épousa le 14 avril 1828 Aline de Montesquiou-Fézensac,
† à Paris le 10 novembre 1871, fille du baron Rodrigue-Charles-Eugène et d'Aline-
Alexandrine-Louise d'Harcourt, dont une fille unique :

Isabelle-Louise-Marie, née en 1829; mariée le 15 mai 1848 à Bruno-Louis-Marie-Victor, marquis de Boisgelin.

GUERRIER DE DUMAST

= Titre de baron héréditaire, avec anoblissement, en faveur de Charles-Fran-
çois-Joseph GUERRIER DE DUMAST, commissaire ordonnateur, par lettres patentes
du 27 novembre 1817, avec règlement d'armoiries : *parti : au I d'azur, à la fasce
d'or, accompagnée de deux croissants d'argent ; au II de gueules, à trois épées posées
en pal, 2, 1.*

I. Claude DUMAST, dit Guerrier du Mast, capitaine au régiment d'Albigeois, puis
celui de la Couronne en 1728, épousa N...; dont un fils, qui suit, et deux filles.

II. Claude-François-Joseph GUERRIER DE DUMAST, baron Guerrier de Dumast et de l'Empire (décret du 2 janvier 1814) [1], commissaire ordonnateur des guerres (1780), président de l'administration municipale de Nancy et du conseil général de la Meurthe; O. ✠, chevalier de Saint-Louis, fut créé baron héréditaire par lettres patentes du 27 novembre 1817. Né à Warneton (Flandres), le 8 septembre 1737, † à Nancy le 24 avril 1824, il épousa le 2 janvier 1773 Jeanne-Renée Guilleu, dont un fils, qui suit; et un autre mort en bas âge.

III. François-Louis-Marie-Jean-Népomucène-Joseph-Fortuné GUERRIER DE DUMAST, baron Guerrier de Dumast, intendant militaire divisionnaire, chevalier de Saint-Louis, ✠, né à Paris le 31 mars 1775, † à Nancy le 26 octobre 1854; épousa à Nancy, le 6 avril 1795, Marie-Françoise Nicole, † le 7 mars 1796, dont un fils, qui suit; 2° à Toul, le 3 octobre 1801, Jeanne-Louise-Eulalie Grégeois, † à Paris le 7 juillet 1825, dont une fille :

> [du 1er lit] : 1° Auguste-Prosper-François, qui suivra;
> [du 2e lit] : 2° Clémence-Jeanne-Françoise, née à Nancy le 7 septembre 1802, † à Paris le 13 septembre 1856; mariée le 9 avril 1822 à Charles-Aymé de Saint-Martin, receveur des finances.

IV. Auguste-Prosper-François GUERRIER DE DUMAST, baron Guerrier de Dumast, sous-intendant militaire, puis avocat, membre correspondant de l'Institut, né à Nancy le 26 février 1796, † à Nancy le 26 janvier 1883; épousa à Nancy, le 30 janvier 1826, Marie-Louise-Charlotte Buquet, † le 28 octobre 1878, fille du baron Buquet et de l'Empire, et de Mlle Billecart de Walh, dont quatre enfants :

> 1° François-Léopold-Maurice, sous-officier de zouaves, né à Nancy le 15 décembre 1829, † à Sébastopol le 7 juin 1855;
> 2° Raymond-Louis-Joseph, qui suivra;
> 3° Prosper-Raoul-Léopold, commandant d'infanterie, O. ✠, né à Nancy le 3 octobre 1836, † (affaire de Châtillon) le 18 avril 1871;
> 4° Christine-Renée-Clara-Marie, née le 23 août 1844, † le 3 mai 1856.

V. Raymond-Louis-Joseph GUERRIER DE DUMAST, baron Guerrier de Dumast, conservateur des forêts; né à Nancy le 29 septembre 1831; a épousé le 8 septembre 1856, Marie-Gabrielle-Lucie Gossin, dont :

> 1° Charles-Louis-Maurice, né à Nancy le 28 août 1857;
> 2° Charles-François-René, avocat, né le 21 septembre 1858; marié à Nancy, le 12 janvier 1889, à Mathilde de Joybert;
> 3° Raoul-Marie-Marcel, né le 20 novembre 1867, † en novembre 1890.

GUESDON [DU ROCHER]

= Lettres de noblesse en faveur de Michel GUESDON, chef de bataillon, par lettres patentes du 28 juin 1821, avec règlement d'armoiries : *d'azur, au chat-huant d'argent, tenant dans ses serres une aigle d'or; au chef du même, chargé d'une épée de sable, montée d'argent.*

I. Michel GUESDON, marié à Michelle Boëda, laissa entre autres enfants, Michel, qui suit.

1. Cf. *Armorial du Ier Empire*, t. II, p. 278.

II. Michel GUESDON, dit Guesdon du Rocher, officier des armées de l'Ouest, retraité en 1815 lieutenant-colonel, maire de Craon (Mayenne, 1825-35), chevalier de Saint-Louis, fut anobli par lettres patentes du 28 juin 1821, Né à Mantilly (Orne) le 14 mai 1775, † en 1843; il épousa le 28 septembre 1808, Marie-Prigente Bodard de la Jacopière, fille d'Henri-Louis et de Marguerite Frémont de la Merveillière, dont sept enfants.

GUESNET

= Lettres de noblesse en faveur d'Armand-Aimé-Marie GUESNET, chef de bataillon du génie et ingénieur en chef, par lettres patentes du 21 juin 1817, avec règlement d'armoiries : *d'azur, à une cuirasse d'or, surmontée d'un casque aussi d'or, orné de trois panaches d'argent; au chef d'hermine.*

**

I. François-Marie GUESNET, avocat en parlement, notaire en la sénéchaussée royale de Brest, conseiller de ladite ville, épousa Marie-Annne-Michelle Flambe, dont un fils, qui suit.

II. Amant-Aimé-Marie-René GUESNET, puis de Guesnet, chef de bataillon du génie et ingénieur en chef, retraité en 1826, chevalier de Saint-Louis, ✵, fut anobli par lettres patentes du 21 juin 1817. Né à Brest le 27 novembre 1774, † à Gripavas le 29 novembre 1854, il épousa le 15 mai 1804 Caroline-Louise-Marie-Hyacinthe-Félicité de Forestier, dont :

1° N..., qui suivra ;
2° Pauline-Perpétue-Pélagie, née en 1810, † à Quimper fin décembre 1893; mariée à Henry-Christophe Estienne de Montluc de la Rivière, capitaine de frégate ;
3° N..., sans alliance.

III. N... DE GUESNET laissa cinq enfants, qui suivent :

1° Louis, qui suivra ;
2° Henri-Charles-Marie, sous-commissaire de la marine, ✵, né le 5 janvier 1857 ; marié...
3° Anna ; 4° Henriette ; 5° Marie, religieuse.

IV. Louis DE GUESNET, receveur de l'enregistrement. Né en 1854, marié à Mlle de Saint-Méloir, fille de Cyr et d'Hermance de Trémaudan, dont deux enfants:

1° Louis; 2° Clotilde.

GUESPEREAU

= Lettres de noblesse en faveur de Jacques-Pierre GUESPEREAU, ancien notaire à Paris et conseiller secrétaire du roi, par lettres patentes du 7 septembre 1816, avec règlement d'armoiries : *d'azur, à trois guêpes d'or, 2, 1.*

**

I. Jacques GUESPERAU, procureur au châtelet de Melun et substitut du procureur royal, épousa Marie Poissalolle, dont un fils, Jacques-Pierre, qui suit.

II. Jacques-Pierre GUESPEREAU, notaire à Paris (1769), conseiller secrétaire du roi, maison et couronne de France (1783), fut anobli par lettres patentes du 7 septembre 1816. Né à Melun (Seine-et-Marne) le 15 novembre 1736, † à Melun le 12 février 1827; laissa au moins deux enfants, qui suivent :

1° Claude-Jacques-Denis, qui suit;
2° N..., née à Paris le 2 juillet 1777, † à Versailles le 21 décembre 1855 ; mariée à Sébastien-André Tarbé des Sablons, chef de division à l'administration des douanes.

III. Claude-Jacques-Denis GUESPEREAU, inspecteur des douanes, épousa Antoinette-Pauline Moreau de la Rochette, † à Paris le 8 octobre 1834, dont au moins un fils, qui suit.

IV. Pierre-Paul-Gustave GUESPEREAU, inspecteur des douanes, né à la Rochette (Seine-et-Marne) le 5 juin 1798, † en 1889, épousa à Paris, le 31 janvier 1835, Barbe-Joséphine Delaboulinière, fille de Pierre, sous-préfet, et de Marie-Françoise Debaig, dont quatre enfants :

1° Paul, † sans postérité ;
2° Charles-Henri, qui suivra;
3°-4° Marie et Jeanne, décédées sans alliance.

V. Charles-Henri GUESPEREAU, sous-lieutenant d'artillerie, lieutenant-colonel d'artillerie, O. ✳. Né le 27 novembre 1837, † en 1896; a épousé à Paris, le 30 novembre 1868, Élisabeth Cetty, fille d'Antoine-Joseph-Edmond, intendant militaire, et de Mathilde Le Marchand, dont sept enfants :

1° Edmond, qui suivra ;
2° Pierre ;
3° Paul ;
4° Adrien ;
5° Henriette, religieuse ;
6° Madeleine, mariée au vicomte de Poutier;
7° Élisabeth, mariée à Louis Doré, enseigne de vaisseau.

VI. Edmond GUESPEREAU, lieutenant au 6e chasseurs à cheval (18 octobre 1899), né à Hanches (Eure-et-Loir) le 5 juillet 1871; a épousé Mlle Thil, dont une fille.

GUESTIER

= Lettres de noblesse en faveur de Daniel GUESTIER, président du tribunal de commerce de Bordeaux, par lettres patentes du 3 août 1816, avec règlement d'armoiries : *de gueules, à l'aigle d'or, le vol abaissé, regardant un soleil levant du même, mouvant du flanc dextre de l'écu (ou de l'angle dextre du chef); au chef cousu d'azur, chargé de trois croissants d'argent, celui du milieu surmonté d'une étoile du même.*

I. Pierre-François GUESTIER, avocat, lieutenant de juge de M. de Ségur à Pauillac, né vers 1705, † à Bordeaux le 2 mai 1789; épousa Jeanne Conte, dont :

1° Pierre-François, qui a laissé postérité représentée de nos jours ;
2° Daniel, qui suit.

II. Daniel GUESTIER, capitaine de navire marchand, armateur, président du tribunal de commerce de Bordeaux, ✳, fut anobli par lettres patentes du 3 août 1816; né à Bordeaux le 2 septembre 1755, † le 6 septembre 1845, il épousa à Bordeaux, le 29 décembre 1787, Marie-Élisabth Lys, fille de Daniel et de Marie Merzeau, dont quatre enfants :

1° Pierre-François, qui suivra ;
2° Marie-Élisabeth, née à Bordeaux le 2 février 1789, mariée à M. Phélan ;
3° Jenny-Adolphine, née à Bordeaux le 6 avril 1790 ; mariée en 1816 à M. Beasley ;
4° Jenny-Adolphine-Suzette, née à Bordeaux le 8 juin 1791; mariée à M. Francis Brown.

III. Pierre-François GUESTIER, armateur à Bordeaux, pair de France (4 mai 1843) ; né à Bordeaux le 16 mars 1793, † à Bordeaux le 16 mars 1874; épousa à Bordeaux, le 16 mai 1818, Anna-Élisa Johnston, † à Floirac le 21 août 1873, dont sept enfants :

1° Daniel, qui suivra ;
2° William, né à Bordeaux le 13 décembre 1829, † le 1er avril 1874 ; marié le 4 mai 1869 à Suzanne-Louisa Brown, sans postérité ;
3° Marie-Nathalie, née en 1822 ; mariée en 1842 à Pierre-Scott Phélan ;
4° Anna-Daniela, mariée à Joseph-François Brown ;
5° Georgina-Élisabeth, née en 1826, †… ; mariée en 1846 à Daniel Lawton ;
6° Anna, mariée le 20 mars 1849 à Antoine-François-Alexis Baour ;
7° Élisabeth-Suzanne-Charlotte, née à Floirac (Gironde) le 24 juin 1831; mariée le 22 janvier 1849 à Guillaume-Henri-Louis Lawton.

IV. Daniel GUESTIER, né à Bordeaux le 17 décembre 1820, † à Floirac le 11 septembre 1900, épousa le 15 mars 1849 Charlotte de Galz de Malvirade, † à Bordeaux le 24 juin 1902, dont quatre enfants :

1° Daniel, qui suivra ;
2° Georges, marié le 10 janvier 1886 à Marguerite Cruse, † en 1901, sans postérité ;
3° Anne-Élisabeth-Marguerite, née en 1850, mariée deux fois : 1° à Pierre-Charles-Antoine Baour ; 2° à Édouard Cruse ;
4° Gabrielle, née le 9 août 1856; mariée le 15 octobre 1877 à Hermann Cruse.

V. Daniel GUESTIER, né le 15 mai 1851, s'est marié deux fois : 1° le 26 novembre 1874, il à Marie-Suzanne Johnston, sans postérité ; 2° le 24 février 1889, à Marthe Piganneau, dont cinq enfants :

[*du 2e lit*] : 1° Daniel ; 2° Valentine ; 3° Marie ; 4° Jacqueline ; 5° Anne.

GUEULLUY DE RUMIGNY

⚊ Titre de marquis héréditaire en faveur de Louis-Gabriel-Philippe-Augustin GUEULLUY DE RUMIGNY, par lettres patentes du 27 février 1819, avec règlement d'armoiries : *d'or, au chevron de gueules, accompagné en pointe d'une aiglette au vol abaissé d'azur.*

**

La famille Gueulluy, ou Gueully de Rumigny, a pour auteur Philippe de Gueulluy, écuyer, sieur de Villers-au-Bocage et de Villaines-au-Bois, grènetier au magasin à sel d'Amiens et maître de verrerie à la Broye, près de Hesdin, qui fut anobli par lettres patentes du mois de décembre 1577, et dont la postérité fort nombreuse a été maintenue dans sa noblesse en la généralité de Picardie les 14 juillet 1667 et 29 août 1669.

La branche aînée, éteinte de nos jours, était représentée au sixième degré par Louis-François-Élisabeth, qui suit.

VI. Louis-François-Élisabeth DE GUEULLUY, écuyer, sgr de Rumigny, commissaire d'artillerie (1736), lieutenant, puis capitaine au régiment du roi-infanterie (6 juin 1758), né le 19 octobre 1715, épousa le 14 janvier 1736, Marie-Marguerite de Revelois, † le 7 mars 1753, fille de Jean-Baptiste, sgr de Buire, et de Marguerite Imbert, dont :

1° Louis-François-Gabriel, capitaine au régiment du roi-infanterie, † au combat de Corbac le 10 juillet 1760 ;
2° Jean-Baptiste-Marc-Élisabeth, qui suivra ;
3° Marie-Jeanne-Françoise, morte jeune et sans alliance.

VII. Jean-Baptiste-Marc-Élisabeth DE GUEULLUY, dit le chevalier de Rumigny, capitaine au régiment du roi-infanterie (1760), né vers 1740, † devant Giessen le 29 mai 1761 ; épousa le 17 mars 1761 Noëlle-Adélaïde-Gabrielle d'Ainval, fille de Louis, officier aux gardes-françaises, et de Marie-Louise Dodé, dont un fils unique, qui suit.

VIII. Louis-Gabriel-Philippe-Augustin DE GUEULLUY, marquis de Rumigny ; page de la reine (1776), capitaine au régiment royal-Roussillon (1789), major (1814), chevalier de Saint-Louis ; fut créé marquis héréditaire, sur institution de majorat, par lettres patentes du 27 février 1819. Né à Braches (Somme) le 18 décembre 1761, † le 4 octobre 1835, il se maria deux fois : 1° en 1783, à Marie-Julie Hatte de Chevilly, † à Rumigny le 2 septembre 1808, fille de Louis-Robert, officier aux gardes-françaises, et de Floride-Thérèse-Catherine de Séré, dont quatre enfants ; 2° à Amiens, le 31 mai 1815, à Églantine-Natalie-Emma Sicard, fille d'Anselme, colonel, et de Marie-Françoise-Agathe Cordier, dont une fille :

[du 1er lit] : 1° Marie-Hippolyte, qui suivra ;
2° Marie-Théodore, comte de Rumigny, lieutenant d'infanterie (1809), chef de bataillon (1812), colonel (1814), maréchal de camp (1830), lieutenant général (21 juin 1840), député de la Somme (1830-34), G. O. ✳, chevalier de Saint-Jean-de-Jérusalem de minorité, né à Paris le 12 mars 1789, † à Gagny (Seine-et-Oise) le 24 juin 1860, sans laisser postérité ; marié deux fois : 1° en 1819, à Louise Segretain, † en 1848 ; 2° en octobre 1851, à Eulalie-Amable-Aglaé Dubois (remariée en 1868 à Jules Falatieu, député des Vosges) ;
3° Marie-Aline, religieuse, née le 17 février 1787, † en 1810 ;
4° Marie-Esther, née en 1791, † à Lavespierre le 4 septembre 1859 ; mariée à Alphonse-Paul-François Durcy, comte de Noinville ;
[du 2e lit] : 5° Jeanne-Marie-Mathilde, née à Amiens le 24 mars 1816 ; mariée le 21 avril 1834 à Benjamin-Barthélemy, vicomte Dejean, général de division.

IX. Marie-Hippolyte DE GUEULLUY, marquis de Rumigny, auditeur au Conseil d'État, secrétaire d'ambassade, puis ministre plénipotentiaire et ambassadeur de France, pair de France (11 octobre 1832), G. O. ✳ ; né à Paris le 7 septembre 1784, † à Bruxelles le 14 février 1871, il épousa le 7 mars 1819 Caroline-Marie-Anne-Ève-Marguerite Mortier de Trévise, † à Bruxelles le 1er mai 1842, fille du maréchal de France, duc de Trévise, dont trois filles :

1° Marie-Louise-Ève, née le 19 mars 1820, † le 5 mars 1872; mariée le... 1842 à Ludovic comte d'Ursel ;

2° Marie-Antoinette-Julie-Eugénie, née à Dresde le 12 mars 1823, †...; mariée en avril 1843 à Félix-Édouard, comte de Sercey, ministre plénipotentiaire ;

3° Marie-Julie-Sophie, née à Dresde le 20 octobre 1825, † à Paris le 9 avril 1893; mariée en 1845, à Aymard-Charles-Marie Hébert, marquis de Beauvoir.

GUEUREL

= Titre de chevalier héréditaire confirmé en faveur de Nicolas-Noël GUEUREL, colonel d'infanterie, par lettres patentes du 9 décembre 1814, avec règlement d'armoiries : *parti : au I d'or, à une palme de sinople; au II d'azur, à une épée d'argent en pal; au chef de gueules brochant sur la partition et chargé d'une étoile d'argent.*

⁎ ⁎

I. Nicolas-Noël GUEUREL, maître taillandier à Verneuil, épousa Marie-Louise-Barbe Chollet, dont un fils, qui suit.

II. Nicolas-Noël GUEUREL, chevalier Gueurel et de l'Empire[1] (lettres patentes du 6 octobre 1810), donataire de l'Empire, soldat (1793), chef de bataillon, colonel de la légion du Gers, maréchal de camp (25 avril 1821), O. ✠, chevalier de Saint-Louis; fut confirmé dans le titre de chevalier héréditaire par lettres patentes du 9 décembre 1814. Né à Verneuil (Eure) le 17 août 1771, † le 2 août 1827; il épousa Angélique-Anne-Placide-Oliva de Kerpaen [de Kersalo de Kerousseau de Gueven], † en 1829, dont au moins un fils, qui suit.

III. Nicolas GUEUREL, marié, laissa un fils, qui suit :

Léon-Aristide, né à Verdun le 12 septembre 1843.

GUEYFFIER DE TALAIRAT

= Titre de baron héréditaire en faveur de Jean-François GUEYFFIER DE TALAIRAT, maire de Brioude, par lettres patentes du 12 juillet 1830, avec règlement d'armoiries : *d'azur, bordé d'or, à six trèfles du même, 3, 2, 1; et au chef d'argent [bordé de gueules], chargé d'un lion issant au naturel.*

⁎ ⁎

La famille Gueyffier appartient à l'ancienne bourgeoisie de Brioude et a formé plusieurs branches connues sous les noms de terre de Taleyrat, de Lespinasse, de Lamotte, etc.

I. Jean GUEYFFIER, avocat en parlement et bailli de Brioude, épousa Marie-Françoise Soleliage, dont au moins un fils, qui suit.

II. Jean GUEYFFIER DE TALAIRAT, subdélégué de l'intendant d'Auvergne à Brioude, épousa Marie-Gabrielle Marie, dont un fils, qui suit.

III. Jean-François GUEYFFIER DE TALAIRAT, avocat, maire de Brioude, conseiller

---

1. Cf. *Armorial du Ier Empire*, t. II, p. 279.

général de la Haute-Loire, ✳, né à Brioude le 19 avril 1766, † à Brioude le 2 juillet 1850, sans alliance ; fut créé baron héréditaire par lettres-patentes du 12 juillet 1830.

GUIBERT

= Lettres de noblesse en faveur de Jean-Nicolas GUIBERT, officier portemanteau du roi, par lettres patentes du 2 novembre 1818, avec règlement d'armoiries : *d'azur, au lévrier rampant et accolé d'argent.*

** **

I. Jacques-Pierre GUIBERT, officier du roi, épousa Marie-Marguerite Castel, dont un fils, qui suit.

II. Jean-Nicolas GUIBERT, écuyer, officier portemanteau du roi, fut anobli par lettres patentes du 2 novembre 1818. Né à Versailles le 19 août 1750, † à Versailles le 18 avril 1825, il épousa en la même ville, le 24 avril 1780, Agathe Gilbert, femme de chambre de Mme la comtesse d'Artois, et fille de Louis-Edme, sgr de Montjeu, valet de chambre de Madame, et de Charlotte Bréant, dont au moins un fils, qui suit.

IV. Charles-Marie-Casimir-Philippe GUIBERT, professeur à l'école royale d'état-major, capitaine au corps des ingénieurs-géographes, chevalier de Saint-Louis ; né à Versailles le 14 juin 1783.

GUICHARD

= Titre de chevalier héréditaire confirmé en faveur de Laurent GUICHARD, chevalier de l'Empire, chef de bataillon en retraite, par lettres patentes du 3 juillet 1818, avec règlement d'armoiries : *d'azur, à l'épée d'argent, montée d'or, posée en pal, et accompagnée de trois têtes de lion arrachées d'or, lampassées de gueules.*

** **

I. Georges GUICHARD, épousa Jacobée Landgtoll, dont un fils, qui suit.

II. Laurent GUICHARD, chevalier Guichard et de l'Empire (lettres patentes du 15 octobre 1809), donataire de l'Empire, soldat, chef de bataillon, ✳, fut confirmé dans le titre de chevalier héréditaire par lettres patentes du 3 juillet 1818. Né à Bitche (Meuse) le 19 octobre 1763, † à Saint-Avold le 13 avril 1837, il épousa Marie-Antoinette-Gabrielle Knœpffler.

GUIGNARD DE SAINT-PRIEST

= Titre de pair héréditaire, par ordonnance du 17 août 1815, en faveur de François-Emmanuel GUIGNARD, comte DE SAINT-PRIEST.

= Titre de comte-pair attaché à ladite pairie en faveur du même par ordon-

1. Cf. *Armorial du Ier Empire*, t. II, p. 250 pour les armes, titre et dotations de l'Empire, il aurait épousé, peut-être en premier mariage, le 16 avril 1792, Marie-Josèphe Maufroy.

nance du 31 août 1817, et confirmé par lettres patentes du 20 décembre 1817, sous promesse d'institution de majorat de pairie, avec règlement d'armoiries : *écartelé : aux 1er et 4e d'argent, à trois molettes de sable; 2, 1 ; aux 2e et 3e d'azur, au chevron d'argent, accompagné en chef de deux tours d'or, maçonnées de sable.*

* *

Cette famille, originaire du Gâtinais, a possédé la terre de Saint-Priest, érigée en vicomté par lettres patentes de novembre 1646, en faveur de Jacques Guignard, prévôt des marchands de la ville de Lyon (1654-57), président en la cour des aides de Vienne, puis au parlement de Metz ; elle établit sa filiation suivie depuis Jean, sgr d'Arbonne et d'Oncy, en Gâtinais, qui démembra ses fiefs en 1543, et épousa Michelle de Béthemont, puis Françoise de Meun, dame de Saint-Martin.

La descendance était représentée au sixième degré par Jean-Emmanuel, qui suit, fils de Denis-Emmanuel, président à mortier au parlement du Dauphiné (1715), et de Catherine de Lescot de Chasselay.

VI. Jean-Emmanuel DE GUIGNARD, vicomte de Saint-Priest, conseiller au parlement de Dauphiné (mars 1733), président au grand conseil (28 mai 1747), commissaire du roi à la Compagnie des Indes (1749), intendant de Languedoc (27 janvier 1751-84), conseiller d'État (1764), né à Paris le 20 mars 1714, † en 1784; épousa à Grenoble, le 11 mai 1731, Louise-Jacqueline-Sophie de Barral de Montferrat, fille de Joseph-Marie, marquis de la Bastie d'Arvillard, et de Marie-Françoise de Blondel de Sissone, dont :

1° Marie-Joseph, vicomte de Saint-Priest, comte de Ferrières, etc., maître des requêtes, premier écuyer tranchant du roi, colonel de cavalerie, marié à Marie-Julie de Manissy, dame du comté de Ferrières, dont quatre filles, qui suivent :
    a) Marie-Sophie-Christine-Émilie-Xavier, mariée à Gabriel-Jean-Guillaume de Paschal, marquis de Saint-Juéry, capitaine de cavalerie ; b) Marie-Joséphine-Louise-Xavier-Émilie, chanoinesse ; c) Marie-Pauline-Chantale, mariée à Aymar, comte de Saint-Ferréol ; d) Marie-Thérèse-Antoinette-Charlotte, mariée à Thomas-Marie-Catherine, baron de Masclary ;
2° François-Emmanuel, qui suivra ;
3° Charles-Languedoc-Antoine-Emmanuel, commandeur de Saint-Jean-de-Jérusalem, officier supérieur de dragons, chambellan de l'empereur d'Autriche, chevalier de Saint-Louis ; né le 6 avril 1738 et tenu sur les fonts baptismaux par les États du Languedoc ;
4° Jeanne-Marie-Émilie, mariée le... octobre 1753 à Thomas-Marie Bocaud, sgr de Jacou, président en la chambre des comptes de Montpellier ;
5° Marie-Jeanne-Sophie, mariée à Alexandre-Jules de Launay, comte d'Entraigues ;
6° Mathurine-Julie, née..., † le 10 mai 1814 ; mariée le 14 février 1756, à Ange de Dax, marquis d'Axat ;
7° Marie-Xavier, mariée à François-Hippolyte, marquis du Vivier, comte de Lansac.

VII. François-Emmanuel DE GUIGNARD, dit le chevalier, puis le comte de Saint-Priest, chevalier de Malte de minorité (20 février 1739), colonel de cavalerie (1761), ministre plénipotentiaire (1763-68), puis ambassadeur de France (1768-88), pair de France (17 août 1815), chevalier de Saint-Louis, fut créé comte-pair héréditaire, sur promesse d'institution de majorat de pairie, par lettres patentes du 20 décembre 1817. Né à Grenoble le 12 mars 1753, † à Lyon le 26 février 1821, il épousa à Constantinople, en septembre 1775, Constance-Wilhelmine de Ludolf, † à Mœlar (Suède) le 12 janvier 1807, dont six enfants :

1° Guillaume-Emmanuel, officier de l'armée de Condé, major général au service de la Russie (1813), né à Constantinople le 4 mars 1776, † devant Laon le 29 mars 1814 ;

2° Armand-Emmanuel-Charles, qui suivra ;

3° Louis-Emmanuel-Marie, qui sera rapporté après la postérité de son frère aîné ;

4° Marie-Caroline, *alias* Marie-Sophie-Constance, mariée en 1791 à Claude-Louis, marquis de Castillon-Saint-Victor ;

5° Anastasie-Émilie, née en 1787, †..., mariée le 21 février 1797, à Ange-Bonaventure, marquis de Dax d'Axat, chef de bataillon ;

6° Pulchérie-Cécile, née à Paris le 23 juillet 1786, † à Vézenobre (Gard) le 26 novembre 1846, mariée à Jacques-Alexis, marquis de Calvière, pair de France.

VIII. Armand-Emmanuel-Charles de Guignard, comte de Saint-Priest, officier au service de la Russie, gouverneur d'Odessa et de Podolie (1811), gentilhomme de la chambre de l'empereur de Russie, et conseiller d'État russe, pair de France (par hérédité 23 juin 1822), O. ✠, né à Constantinople le 29 septembre 1782, † à Paris le 15 juin 1863; épousa à Moscou, en août 1800, Sophie, princesse Galitzin, † en Podolie en 1814, dont trois enfants :

1° Alexis, qui suivra ;

2° Emmanuel, comte de Saint-Priest, né à Saint-Pétersbourg en 1806, † à Rome le 6 avril 1828 ;

3° Olga, née en 1807, † à Saint-Pétersbourg le 27 décembre 1853 ; mariée en 1829, à Basile, prince Dolgorouski, général major russe.

IX. Alexis de Guignard, vicomte de Saint-Priest, ministre plénipotentiaire, pair de France (25 décembre 1841), C. ✠, né à Saint-Pétersbourg le 20 avril 1805, † à Moscou le 19 septembre 1851, épousa à Paris, le 5 mai 1827, Antoinette-Marie-Henriette de Laguiche, † à Paris le 1er mars 1865, fille de Louis-Henri-Casimir, marquis de Laguiche, et de Mlle de Cléron d'Haussonville, dont trois enfants :

1° Georges-Charles-Alexis, qui suivra ;

2° Amandine-Marie-Sophie, née le 21 août 1828, † à Feugerolles (Haute-Loire) le 24 juin 1883 ; mariée : 1° en juin 1845, à Aimé-Gaspard, vicomte de Clermont-Tonnerre ; 2° en 1862, à Hippolyte-André-Suzanne-Marie-Régis, comte de Charpin-Feugerolles, marquis de la Rivière ;

3° Élisabeth-Marie-Casimire, née le 9 avril 1832 ; mariée, le 13 mai 1851, à Bernard-Hippolyte-Marie, comte d'Harcourt, ambassadeur de France.

X. Georges-Charles-Alexis de Guignard, comte de Saint-Priest, né le 9 décembre 1835, † à Cannes le 11 avril 1898, sans alliance.

VIII *bis*. Louis-Emmannel-Marie de Guignard, vicomte de Saint-Priest, duc d'Almazand et grand d'Espagne de 1re classe (30 septembre 1830), colonel, maréchal de camp (9 avril 1815), lieutenant général (23 juin 1823), ambassadeur de France (1827), député de l'Hérault (1849), C. ✠, commandeur de Saint-Louis ; né à Paris le 6 décembre 1789, † au château de la Motte (Loir-et-Cher), le 27 octobre 1881, épousa le 30 juin 1817 Auguste-Charlotte-Louise de Riquet de Caraman, † le 15 avril 1849, fille de Victor, duc de Caraman, et de Joséphine, comtesse de Mérode-Westerloo, dont :

1° Emmanuel-François-Marie-Joseph, vicomte de Saint-Priest, duc d'Almazan, grand d'Espagne de 1re classe, né le 11 avril 1818, † à Saint-Saens (Seine-Inférieure) le 17 mars

1894 ; marié le 27 mars 1841 à Louise-Émilie Michel de Saint-Albin, † au château de Saint-Saëns (Seine-Inférieure) le 9 novembre 1878, dont deux filles :

    a) Marguerite, grande d'Espagne de 1re classe (1895), née le 15 décembre 1842 ;

    b) Thérèse, née le 1er mars 1848 ; mariée le 2 mai 1865 à Ambroise-Marie-Ferdinand de la Forest, comte de Divonne ;

2° Charles-Marie-Ferdinand, qui suivra ;

3° Marie-Amanda, née à Paris le 20 juin 1824, †...; mariée le 23 juillet 1844 à Edmond-Marie-Aimé Collinet, comte de la Salle.

IX. Charles-Marie-Ferdinand DE GUIGNARD, vicomte de Saint-Priest, né le 19 janvier 1831, † à Avignon le 28 juin 1871, épousa à Conflans (Seine), le 30 juin 1859, Éléonore-Marguerite Lavergne de Cerval, † à Neuilly (Seine) le 18 juin 1883, fille de Marie-Alexandre-Eugène et de Constance-Marguerite Green de Saint-Marsault, dont un fils unique, qui suit.

X. Marie-Franck-Emmanuel-Henri DE GUIGNARD, comte de Saint-Priest, né le 13 octobre 1860 ; a épousé à Saint-Maixent, octobre 1894, Madeleine Guy.

GUILHEM DE LAGONDIE (DE)

⚊ Titre de comte héréditaire, en faveur de Noël-André de GUILHEM DE LA-GONDIE, lieutenant général, par lettres patentes du 16 mai 1817, avec règlement d'armoiries : *d'azur, à deux lions affrontés d'or; au chef de gueules, chargé de trois croissants d'argent.*

*
* *

I. Yrieix GUILHEM, sieur de la Gondie, capitoul de Toulouse (1754), épousa Anne de Labonne, dont trois fils :

1° André, écuyer, sgr de la Gondie, Liauron, Baugibaud, marié à Thérèse Martin de Compreignac, dont postérité ;

2° Noël-André, qui suivra ;

3° Yrioix, chevalier de la Gondie, colonel de cavalerie, chevalier de Saint-Louis, né à Excideuil (Dordogne) le 25 mai 1750, † après 1827.

II. Noël-André DE GUILHEM DE LA GONDIE, comte de Guilhem de la Gondie, sgr de la Beneichie et Lalis, lieutenant-colonel au régiment de dragons-Chartres (1788), émigré et officier de l'armées des princes, maréchal de camp (23 janvier 1815), lieutenant général (9 octobre 1816), chevalier de Saint-Louis, fut créé comte héréditaire par lettres patentes du 16 mai 1817. Né à Excideuil (Dordogne), le 10 décembre 1746, † le 3 juin 1835 (dans la Sarthe), il épousa à Londres, le 5 août 1806, Henriette Trail, fille d'un général anglais, dont trois enfants :

1° Joseph, qui suivra ;

2° Henri, né le 18 mars 1812 ;

3° Thérèse, née le 10 avril 1807.

III. Joseph DE GUILHEM, comte de Guilhem de la Gondie, colonel d'état-major, O. ✳; né à Londres le 28 février 1809, †...

GUILHERMY (DE)

= Anoblissement en faveur de Jean-François-César GUILHERMY, par ordonnance du 6 septembre 1814.

= Titre de baron héréditaire en faveur du même Jean-François-César DE GUILHERMY, conseiller d'État, premier président à la cour de la Guadeloupe, par lettres patentes du 16 juillet 1819, avec règlement d'armoiries : *parti : au I d'argent, à une branche de rosier de sinople, boutonnée et fleurie de gueules; au II d'azur, à deux lions affrontés et tenant une couleuvre, le tout d'or ; au chef d'azur, chargé d'un croissant d'or, accosté de deux étoiles du même ; à la bordure partie de sable et d'argent, chargée de huit mouchetures de l'un en l'autre.*

***

Cette famille se dit originaire du Comtat-Venaissin et d'ancienne noblesse, bien qu'elle ne figure à aucune des manifestations de la noblesse jusqu'en 1789.

I. François DE GUILHERMY, sieur du mas Saint-Puel, Montferrant, la Bastide-d'Anjoux ; épousa Jeanne-Anne Dassié, dont un fils, qui suit.

II. Jean-François-César DE GUILHERMY, baron de Guilhermy, lieutenant particulier, civil et criminel à la sénéchaussée de Castelnaudary (1783), procureur du roi en ladite sénéchaussée (1784), député du tiers de ladite sénéchaussée aux États généraux (1789), émigré, maître des requêtes (1814), intendant de la Guadeloupe (1815), conseiller d'État, puis président à la cour des comptes (1821), membre de la commission de répartition de l'indemnité des émigrés, O. ✳; fut anobli par l'ordonnance du 6 septembre 1814, puis créé baron héréditaire par lettres patentes du 16 juillet 1819. Né à Castelnaudary le 19 janvier 1761, † à Paris le 11 mai 1829, il se maria deux fois : 1º à Gabrielle-Pétronille de Latger, fille de Raymond, sgr de Gaja, la Selve, etc., et d'Anne Dat ; 2º à Londres, le 13 février 1803, à Adélaïde-Mélanie-Marie-Angélique-Félicité de Lambertye, † à Paris le 11 octobre 1855, fille de Joseph-Emmanuel-François-Auguste, marquis de Lambertye, et de Suzanne-Victoire Farrouilh, dont postérité :

[*du 2e lit*] : 1º Ferdinand, baron de Guilhermy, conseiller référendaire à la cour des comptes, ✳, né en 1809, † à Paris le 27 avril 1878 ;

2º Henri-Alexis-Emmanuel, qui suivra ;

3º Élesban, jésuite ;

4º Gustave-Louis-Marie-Gonzalve, colonel d'artillerie de marine, O. ✳; né le 21 février 1823, marié deux fois : 1º en 1860, à Marguerite Braccini, † à Paris le 23 mars 1866, dont deux enfants, qui suivent; 2º à Joigny, en novembre 1878, à Marie-Pauline Pastourel ;

    [*du 1er lit*] : a) Jean-Joseph-Marie-Ferdinand, lieutenant d'infanterie de marine, né le 2 juin 1861; marié le 18 août 1894 à Marie-Marguerite Birouste, veuve d'Armand Genestet de Planhol ;

    b) Marguerite ;

5º N..., mariée à Louis-Marie-Adolphe de Raymond-Cahusac ;

6º Clémentine-Marie-Thérèse-Françoise, chanoinesse, née en 1813, † en 1889.

III. Henri-Alexis-Emmanuel DE GUILHERMY, baron de Guilhermy, capitaine de vaisseau, O. ✠, né à Londres le 4 juin 1814, †...; a épousé Mlle de Kerguisiau de Kervasdoué; dont deux enfants :

   1° Emmanuel, baron de Guilhermy ;
   2° Marie.

GUILLAUME DE CHAVAUDON

= Titre de comte héréditaire en faveur d'André-Étienne-Pierre-Laurent GUILLAUME DE CHAVAUDON, par lettres patentes du 27 janvier 1816, avec règlement d'armoiries : *d'azur, au chevron d'or, accompagné de trois besants du même.*

*
* *

La famille Guillaume est fort anciennement connue à Troyes, où elle est citée dès le XV° siècle, dans des charges de bailliage et de judicature. Pierre Guillaume, sgr de Chavaudon, lieutenant général civil et criminel au bailliage de Troyes (18 mars 1677), a été anobli par lettres patentes de septembre 1704 et s'est marié deux fois : en 1677, à Angélique Gossier, puis le 20 novembre 1686, à Marie Péricard, laissant deux fils : 1° Louis, président au grand conseil (25 mars 1728), marié à Élisabeth Masson, dont postérité représentant la branche aînée ; 2° Pierre-Nicolas, qui suit.

V. Pierre-Nicolas GUILLAUME DE CHAVAUDON, sgr de Sainte-Maure, Charley, Dosches, Droup, etc., conseiller à la cour des aydes de Paris, né le 19 juillet 1695, épousa le 11 avril 1723 Marie-Agnès Verany de Varennes, dont :

   1° Pierre, qui suivra;
   2° Louis, lieutenant au régiment du roi, † à Fontenoy le 11 mai 1745;
   3° Étienne-Paul, capitaine de dragons, chevalier de Saint-Louis, marié à Rennes, le 24 avril 1770, à Jeanne Hocart de Renneville, dont postérité;
   4° Jeanne-Antoinette, mariée le 12 septembre 1751 à Jean-François Berthou de la Violaye, capitaine au régiment du roi.

VI. Pierre GUILLAUME DE CHAVAUDON, sgr de Sainte-Maure, conseiller du parlement de Paris, président en la chambre des comptes de Paris, né le 26 février 1724, †...; épousa à Paris, le 21 mai 1755, Catherine-Denise Chaillou de Jonville, dont six enfants :

   1° André-Pierre-Étienne-Laurent, qui suivra;
   2° Marie-Andrée Eugénie, née en 1759, † le 26 janvier 1778;
   3° Agnès-Nicole, chanoinesse de Migette (1777), née en 1765, † le 23 mai 1786;
   4° Augustine-Jeanne, chanoinesse de Migette, née en 1768, † le 24 avril 1789;
   5° Suzanne-Louise;
   6° Anne-Périnette, née en 1769, † le 24 février 1788; mariée à Charles-Louis de Thimonet, comte des Gaudières, officier aux gardes-françaises.

VII. André-Étienne-Pierre-Laurent GUILLAUME DE CHAVAUDON, comte de Chavaudon de Sainte-Maure, chevalier de Saint-Jean-de-Jérusalem, né à Paris le 31 décembre 1772, † à... le... 1847 ; fut créé comte héréditaire par lettres patentes du 27 janvier 1816.

GUILLEAU [DE FORMONT]

= Titre de baron, sur autorisation d'institution de majorat, en faveur de Samuel-Jean-Baptiste-François GUILLEAU DE FORMONT, consul de France à Cagliari, par ordonnance du 7 avril 1830 [majorat réalisé, par lettres patentes du 15 janvier 1831].

**

Samuel-Jean-Baptiste-François GUILLEAU, baron Guilleau de Formont, consul général de France, O. ❋, fut autorisé à instituer un majorat, au titre de baron héréditaire, par ordonnance du 7 avril 1830, et réalisa cette institution de majorat, par lettres patentes du 15 janvier 1831. Né au Cap-Français (Saint-Dominique) le 27 mai 1785, † en 1842.

GUILLEMINOT

= Titre de pair héréditaire, par ordonnance du 9 octobre 1823, en faveur d'Armand-Charles, baron GUILLEMINOT, lieutenant général.

= Titre de comte héréditaire, en faveur du même, par lettres patentes du 10 mars 1824, avec règlement d'armoiries : *parti, au I d'azur, à une épée d'argent, montée d'or et entourée d'une filière d'argent ; coupé de pourpre au chevron d'or, accompagné de trois roses d'argent, 2, 1 ; au II d'azur, à l'étoile rayonnante d'or.*

= Titre de baron-pair héréditaire, sur expectative d'institution de majorat de pairie, en faveur du même, par nouvelles lettres patentes du 4 août 1829, sans règlement d'armoiries.

**

I. Claude GUILLEMINOT, né à Étais en Bourgogne, épousa Isabelle-Barbe Lanscotte (*alias* Landschoote), dont au moins :

1° Armand-Charles, qui suivra ;
2° Amable-Joseph-Claude, né à Dunkerque le 4 mai 1778 ;
3° Pierre-Marie, né à Dunkerque le 17 septembre 1779 ;
4° Anne, née même ville le 29 septembre 1771 ;
5° Julie-Anne, née même ville le 15 janvier 1776 ;
6° Marie-Françoise, née même ville le 16 mars 1777 ;
7° Isabelle, née même ville le 8 février 1781 ;
8° Adélaïde-Thérèse, née même ville le 7 décembre 1783,

II. Armand-Charles GUILLEMINOT, baron Guilleminot et de l'Empire[1] (lettres patentes du 26 octobre 1808), puis comte Guilleminot (décret impérial du 19 novembre 1813), donataire de l'Empire, volontaire (1792), général de brigade (19 juillet 1808), général de division (28 mars 1813), ambassadeur de France, pair de France (9 octobre 1823, G. C. ❋ ; commandeur de Saint-Louis, fut créé comte héréditaire par lettres patentes du 10 mars 1824, puis baron-pair héréditaire, sur expectative d'institution de majorat de pairie, par nouvelles lettres patentes du

1. Cf. *Armorial du Ier Empire*, t. II, p. 281, pour les titre, armoiries et dotations de l'Empire.

4 août 1829. Né à Dunkerque (Nord) le 12 mars 1774, † à Bade le 14 mars 1840,
il se maria deux fois : 1º vers 1798, à Adrienne-Élisabeth-Aimée Joséphine Fernig,
† le 11 décembre 1837, fille de François-Louis et de Madeleine-Joseph Bussy [1], dont
trois enfants ; 2º en 1838, à Henriette-Aimée, dite Mary, Ébray, † au château de
Vaudrevanges, près Sarrelouis, le 16 avril 1870, veuve en premier mariage de
Louis Villeroy, sans postérité.

[du 1er lit] : 1º Charles-Élie-Théophile-Léonidas-Aimé, né le 30 janvier 1800, † jeune;
2º Charles-Amédée-Eugène-Napoléon-Auguste, officier, ✻, né le 6 novembre 1806, † à Constantinople le 21 novembre 1825;
3º Henriette-Aimée, née le 8 décembre 1811, † à Paris le 20 novembre 1882; mariée à Édouard-
Léon, comte Roger du Nord;
4º Augustine-Hortense, née le 8 décembre 1811 (sœur jumelle de la précédente), †...; mariée
à Jules-Émile Humann.

GUILLET DU PRÉAU

= Lettres de noblesse en faveur d'André Guillet du Préau, maire de Saint-
Denis-du-Maine et conseiller général de la Mayenne, par lettres patentes du 27 septembre 1823, avec règlement d'armoiries : *d'azur, à une fasce d'argent, accompagnée
en chef d'une levrette couchée du même et, en pointe, d'une gerbe d'or.*

*
* *

I. André Guillet, sieur du Préau, bourgeois de Laval, licencié ès lois, † en
1758, épousa Anne Martin, dont trois fils et deux filles :

1º André, né en 1739, † à Laval le 21 juillet 1759;
2º Jacques, gendarme de la garde du roi, † à Saint-Dizier en 1770;
3º François-Joseph, qui suivra;
4º-5º Anne et Madeleine, sans alliance.

II. François-Joseph Guillet, sieur d'Ardennes et du Préau, † en 1790; épousa
en 1772 Renée-Jeanne Martin de Beauregard, sa cousine, dont trois enfants :

1º André, qui suit;
2º François, sans alliance;
3º Paul-Anne, sans alliance.

III. André Guillet du Préau, maire de Saint-Denis-du-Maine et conseiller
général de la Mayenne, fut anobli par lettres patentes du 27 septembre 1823. Né à
Laval le 30 octobre 1776, †..., il se maria deux fois : 1º le 7 août 1799, à Anne-
Urbaine d'Espagnol, fille d'Urbain et d'Anne Boury de la Fautelais, dont quatre
enfants, qui suivent; 2º à Amélie de Bernouilly, dont un fils, qui suivra;

[du 1er lit] : 1º-2º Charles et Camille, morts jeunes;
3º André-Augustin-Édouard, qui suivra;
4º Clotilde-Anne-Renée, née le 18 mars 1805, † en 1885; mariée à Édouard Le Mounier de
Lorière;
[du 2e lit] : 5º Paul, mort sans alliance;

IV. André-Augustin-Édouard Guillet du Préau, né le 19 octobre 1806, †...;
épousa, en Suisse, Élisabeth Houlde, dont deux enfants :

1. Voir ci-dessus notice Fernig, p. 48.

1° Charles-André-Stanislas, qui suivra;
2° Mathilde-Louise-Émilie, mariée à Maxime-Marie-Louis-Gustave de Coninc.

V. Charles-André-Stanislas GUILLET DU PRÉAU a épousé Mlle Le Blanc de Boisricheux, dont quatre filles :

1° Louise; 2° Marie; 3° Yvonne; 4° Antoinette.

GUILLIER [DE SOUANCÉ]

= Maintenue de noblesse en faveur de Charles-Jacques-Gabriel GUILLIER (comme fils de Jacques-Pierre-Gabriel GUILLIER, conseiller auditeur en la chambre des comptes de Paris et en vertu des privilèges de cet office), par lettres patentes du 24 août 1816, avec règlement d'armoiries : *d'azur, au chevron d'or, surmonté d'un casque du même, taré de profil et accompagné de trois roses d'argent, tigées et feuillées du même; au chef d'argent, chargé d'un lion rampant de gueules.*

*** ***

I. Pierre-Claude GUILLIER, seigneur de Souancé (en 1760) et de Montdoucet, conseiller du roi et avocat en l'hôtel de ville de Nogent-le-Rotrou, contrôleur ordinaire des guerres ; épousa Jeanne-Louise Guerrier, dont quatre enfants :

1° Jacques-Pierre-Gabriel, qui suivra ;
2° Jacques-Marie, sgr de la Prouterie, conseiller auditeur en la chambre des comptes de Rouen ;
3° Louise-Marguerite; mariée à Charles Bessirard de la Touche ;
4° Hilairie, mariée en avril 1772, à Philibert de Carpentin.

II. Jacques-Pierre-Gabriel GUILLIER DE SOUANCÉ, seigneur de Souancé, Montdoucet, etc., conseiller auditeur en la chambre des comptes de Paris (1788), député d'Eure-et-Loir (1802-12); né à Nogent-le-Rotrou le 2 octobre 1749, † à Souancé le 16 février 1812 ; épousa le 15 février 1786 Louise-Charlotte Durant, dont un fils Charles-Jacques-Gabriel, qui suit.

III. Charles-Jacques-Gabriel GUILLIER DE SOUANCÉ, dit le baron de Souancé, fut maintenu dans sa noblesse, par lettres patentes du 24 août 1816. Né au château de Montdoucet, commune de Souancé (Eure-et-Loir), le 25 janvier 1794, † à Paris le 25 septembre 1831, il se maria deux fois : 1° à Pontlieu (Sarthe), le 14 février 1819, à Élisa Bérard-Bonnière, † à Pontlieu le 1er novembre 1819, fille de Dominique et de Victoire Delaveau, sans postérité; 2° à Paris, le 5 septembre 1822, à Suzanne-Tilmé de Belle, † à Paris le 18 avril 1877, fille de Jean-François-Joseph, général de division, et de Justine Dechaux, dont deux enfants :

1° Charles-Gabriel-Hubert, né le 10 mai 1824, † à Hyères le 23 janvier 1896 ; marié en 1863, à Suzanne Boyer; sans postérité ;
2° Henri-Étienne-François, qui suit.

IV. Henri-Étienne-François GUILLIER DE SOUANCÉ, dit le comte de Souancé, colonel de cavalerie, officier d'ordonnance de Napoléon III, O. ※, né à Paris le 10 février 1826; a épousé à Paris, le 26 avril 1860, Léonie-Sophie Mortier, fille d'Hector, comte Mortier, pair de France, et de Léonie Cordier, dont trois enfants :

1° Hector-Joseph-Henri, vicomte de Souancé, capitaine de cavalerie, né le 14 février 1861;

marié à Angers, le 5 mai 1886, à Magdeleine-Anne Le Motheux, dont trois enfants, qui suivent :

a) Henri-Hector, né le... janvier 1892 ;

b) Marie-Françoise, née à Angers le 30 septembre 1887 ;

c) Anne-Léonie, née à Lunéville le 24 janvier 1890 ;

2° Jean-Joseph-Hector, baron de Souancé, né au château de Montdoucet le 21 juillet 1864 ; marié à Sonchez le 28 septembre 1891, à Louise-Henriette-Charlotte-Pauline-Josèphe Jonglez de Ligne, dont une fille, qui suit :

Renée-Marie-Léonie-Louise-Charlotte, née le 30 juillet 1892 ;

3°. Gabrielle-Émilie-Jeanne-Renon, née le 17 mars 1862 ; mariée le 7 mars 1885 à Henri-Aimé-Jacques La Caze.

GUILLOT DE LA POTTERIE

= Lettres de noblesse, en faveur de Jacques-Pierre-André GUILLOT DE LA POTTERIE, colonel de la légion de la Mayenne, par lettres patentes du 31 mai 1817, avec règlement d'armoiries : *de gueules, au chien passant d'argent.*

= Titre de baron héréditaire, par lettres patentes du 14 août 1818, en faveur du même, avec même règlement d'armoiries que ci-dessus.

***

La famille Guillot est connue à Château-du-Loir depuis Jean Guillot, avocat, vivant en 1530.

I. Jacques-Christophe GUILLOT, sieur de la Poterie (*alias* Potterie), épousa Françoise Dervillé, dont un fils, qui suit.

II. Jean-Joseph-Pierre-Jacques GUILLOT DE LA POTERIE, gendarme de la garde du roi, retraité lieutenant d'infanterie ; né à Château-du-Loir (Sarthe) le 16 novembre 1743, † après 1827 ; épousa à Château-du-Loir, le 20 janvier 1767, Frédérique-Barbe-Marguerite d'Avensdorff, fille du baron Frédéric, capitaine au régiment royal-allemand, dont trois fils :

1° Jacques-Pierre-André, qui suivra ;

2° René-Timoléon, capitaine d'infanterie, retraité en 1827, né à Château-du-Loir le 21 mars 1771, †..., marié...

3° Urbain-Joseph-Alexandre, capitaine d'infanterie retraité en 1823, né à Château-du-Loir le 13 septembre 1775.

III. Jean-Pierre-André GUILLOT DE LA POTERIE, officier, colonel de la légion de la Mayenne, chevalier de Saint-Louis, ✵, fut anobli par lettres parentes du 31 mai 1817 et créé baron héréditaire, par autres lettres du 14 août 1818. Né à Château-du-Loir (Sarthe) le 30 novembre 1767, † à Caen le 20 octobre 1826, il laissa un fils, qui suit.

IV. Henri-Jacques GUILLOT DE LA POTERIE, baron de la Poterie, capitaine d'infanterie (1829), ✵, né le 17 juin 1791, † à Chinon le 22 décembre 1879 ; épousa Arthémise-Élisabeth Le Clerc de la Rongère, dont une fille unique :

Marie-Clémentine.

GUIRAUD [Delpas de Saint-Marsal]

— Titre personnel de baron, avec anoblissement, en faveur de Raymond-Marc-Antoine Guiraud, colonel du génie, par lettres patentes du 29 mai 1826, avec règlement d'armoiries : *d'or, à deux perroquets de sable, adossés, la tête contournée et accompagnés de deux étoiles, de gueules, une en chef et une en pointe.*

** **

I. Alexandre Guiraud, marchand drapier et fabricant de draps à Limoux, se maria deux fois : 1° à Rose Gelin, dont au moins deux fils, qui suivent ; 2° à Thérèse Laffon, dont quatre autres enfants, qui suivront :

[*du 1ᵉʳ lit*] : 1° N..., marié à Mˡˡᵉ Fournil, dont sept enfants, qui suivent, et remarié à Mˡˡᵉ de Beaucaine, sans postérité ; a) Jacques-Magdeleine-Melchior-Hyacinthe, né à Limoux le 11 juillet 1814 ; b) Zélie ; c) Amélie ; d) Louise ; e) Mᵐᵉ de Sainte-Valière ; f) Mᵐᵉ d'Uston ; g) Mᵐᵉ d'Andrieu ;

2° Raymond-Pierre-Antoine, qui suivra ;

[*du 2ᵉ lit*] : 3° Pierre-Marie-Jeanne-Alexandre-Thérèse, qui sera rapporté ci-après ;

4° Martin ; † sans alliance ;

5° Rose ; mariée à M. de Marion-Gaja ;

6° N..., mariée à M. Dupuy de Pauligne.

II. Raymond-Pierre-Antoine Guiraud, baron Guiraud, puis Guiraud de Saint-Marsal, lieutenant du génie (1802), capitaine (1805), colonel du génie (1824), directeur des fortifications à Perpignan, maire de Perpignan (1841-46), conseiller d'arrondissement de Prades, C. ✠, chevalier de Saint-Louis, fut créé baron héréditaire par lettres patentes du 29 mai 1826, puis autorisé, par ordonnance du 30 juillet 1828, à ajouter à son nom « Delpas de Saint-Marsal » ; né à Limoux le 20 janvier 1780, † à Perpignan le 3 août 1857, il épousa Angélique-Rose-Eudale Delpas de Saint-Marsal (remariée au comte Calouin de Tréville), fille du comte Ange et de Mˡˡᵉ de Gazangola, dont cinq filles :

1° Thérèse-Ange-Jeanne-Honorine, née le 14 avril 1822, † sans alliance ;

2° Jacquette-Gabrielle-Nathalie, née le 1ᵉʳ juillet 1823, † à Carcassonne le 28 novembre 1896 ; mariée le 16 octobre 1843, à Charles Laperrine [d'Hautpoul] ;

3° Jeanne-Honorine-Marie-Gabrielle, née le 20 mars 1826, † vers 1892 ; mariée le 16 octobre 1849, à Alexandre Lemercier de Chalonge ;

4° Gabrielle-Alexandrine, née le 9 juillet 1827, mariée le 24 septembre 1851 à Raymond de Cagarriga, officier de marine ;

5° Henriette-Antoinette-Angélique, née le 28 janvier 1834, † sans alliance.

GUIRAUD

— Titre de baron héréditaire, sur institution de majorat (domaine de Chalet et autres, Aude), avec anoblissement, en faveur de Pierre-Marie-Jeanne-Alexandre-Thérèse Guiraud, par lettres patentes du 17 mars 1827, avec règlement d'armoiries : *d'or, à deux perroquets de sable, adossés et la tête contournée et accompagnés en chef d'un croissant, accosté de deux étoiles, le tout de gueules, et en pointe d'une étoile aussi de gueules.*

* *

II *bis*. Pierre-Marie-Jeanne-Alexandre-Thérèse GUIRAUD, baron Guiraud, membre de l'Institut, ✠, fut créé baron héréditaire, sur institution de majorat, par lettres patentes du 17 mars 1827 ; né à Limoux le 24 décembre 1788, † à Paris le 24 février 1847, frère cadet du précédent, il épousa à Limoux, le 21 août 1826, Marie-Élisabeth-Thérèse Espardelier, † à... le... 1880, dont quatre enfants :

1° Raymond-Élisabeth-Alexandre-Léonce, qui suivra ;
2° Louise ; mariée le 24 août 1848, à Jean-Joseph-Gustave, baron de Croze ;
3° Thérèse ; mariée en novembre 1846 à Albert Cousin de Mauvoisin ;
4° Eudoxie ; mariée à M. Pontier de la Prade.

III. Raymond-Élisabeth-Alexandre-Léonce GUIRAUD, baron de Guiraud, député de l'Aude (1870-71), né à Limoux le 23 mars 1829 ; † à Paris le 23 juillet 1873 ; épousa le 3 juin 1862 Adrienne-Adèle Benoist de Laumont (remariée le 23 octobre 1876 à Fernand de Parseval, colonel), dont il n'a pas eu d'enfants.

GUITTON (DE)

═ Titre de vicomte héréditaire, sur institution de majorat (domaine des Guittons, Manche) en faveur de Gilles-Anne-René DE GUITTON, par lettres patentes du 28 octobre 1826, avec règlement d'armoiries : *d'azur, à trois carsèques (ou angons) d'argent, 2, 1.*

* *

La maison de Guiton, *alias* Guitton, originaire de l'Avranchin, est d'ancienne chevalerie et citée depuis le XII⁰ siècle ; elle a été maintenue dans sa noblesse d'ancienne extraction à l'intendance de Caen en 1666.

I. Joseph DE GUITTON, ou de Guiton, écuyer, sgr de la Villeberge, capitaine général des Côtes de la Basse-Normandie (3 décembre 1726), épousa à Fougères, le 17 mars 1713, Julienne-Anne de la Villette, dont deux fils, entre autres Gilles-François, qui suit :

II. Gilles-François DE GUITTON, chevalier, sgr de la Villeberge, de Montanel, etc., capitaine d'infanterie, chevalier de Saint-Louis, né en 1716 ; épousa le 19 juin 1745 Françoise-Marie de Clinchamp, fille de René, sgr de la Pigacière, et de Jeanne de la Porte, dont un fils unique, qui suit.

III. Gilles-Anne-René DE GUITTON, vicomte de Guitton de la Villeberge, page du roi de la grande écurie (27 avril 1766), lieutenant dans la Cⁱᵉ de Soubise (1770) ; né à Montanel (Manche) le 20 août 1749, †...; fut créé vicomte héréditaire sur institution de majorat, par lettres patentes du 28 octobre 1826. Il épousa le 17 mai 1779 Anne-Andrée du Quesnoy, fille du comte, aide-major aux gardes-françaises, et d'Anne de Verdun, dont trois enfants :

1° Crescent, qui suivra ;
2° Eusébie, mariée à Victorien-Charles-Marie Luette de la Pilorgerie ;
3° Élise-Charlotte, mariée à Marie-Charles Hay, comte de Nétumières.

IV. Gilles-Anne-René-Crescent DE GUITTON, vicomte de Guiton de la Villeberge, né le 10 avril 1781, † à Montanel (Manche) le 8 avril 1873 ; épousa le 23 juillet 1828 Pauline-Étiennette de Carbonnel de Canisy, † au château de Bonnefontaine le 17 février 1895, fille de François, comte de Canisy, et d'Anne-Charlotte-Constance e Carbonnel de Canisy, dont un fils unique, qui suit.

V. François-Anne-René DE GUITTON, vicomte de Guiton de la Villeberge, né au château de Montanel le 11 juin 1832 ; marié le 11 janvier 1837 à Françoise Hay des Nétumières, fille du comte Charles-Exupère-Louis et de Mlle de Montbourcher; sans postérité.

GURBER

= Maintenue de noblesse en faveur de François-Gaspard GURBER, chef de bureau du Trésor royal (comme fils de Mathias-Gaspard GURBER, conseiller secrétaire du roi et en vertu du privilège de cette charge), par lettres patentes du 26 octobre 1816, avec règlement d'armoiries : *d'azur, à trois rochers d'argent, sommés de trois roses du même, tigées et feuillées de sinople.*

= Maintenue de noblesse en faveur d'Anne-Jean-Gaspard GURBER, chef de bureau du Trésor royal, frère du précédent, en vertu du même privilège, par lettres patentes du même jour 26 octobre 1816, avec règlement d'armoiries : *d'azur, à trois rochers d'argent, sommés de trois roses du même, tigées et feuillées de sinople ; à la bordure crénelée d'or.*

I. Jean-Gaspard GURBER, épousa Jeanne Gaignon, dont un fils, qui suit.

II. Mathias-Gaspard GURBER, conseiller secrétaire du roi, maison et couronne de France, né en 1722, † à Paris le 5 octobre 1806 ; épousa à Paris, le 10 novembre 1760, Anne-Rose Yllharart de la Chambre, dont trois enfants :

1° François-Gaspard, qui suivra ;
2° Anne-Jean-Gaspard, qui sera rapporté après son frère;
3° Marie-Rose, née en 1765, † à Paris le 24 décembre 1828 ; mariée à Paris, le 21 juin 1785, à Maximilien-Joseph Casanea de Mondouville.

III. François-Gaspard GURBER, chef du bureau du Trésor royal, contrôleur de la Dette publique, fut maintenu dans sa noblesse avec son frère par lettres patentes du 26 octobre 1816. Né à Paris le 28 septembre 1763, † à Versailles le 3 mars 1826, il épousa Victoire-Zoé-Françoise Brocard.

III *bis.* Anne-Jean-Gaspard GURBER, chef de bureau du Trésor royal ; né à Paris le 20 octobre 1765, †...; fut maintenu dans sa noblesse avec son frère aîné par lettres patentes du 24 octobre 1816.

GUYON

= Lettres de noblesse en faveur de Léopold-Nicolas GUYON, inspecteur des forêts, par lettres patentes du 24 mai 1821, avec règlement d'armoiries : *de sable, à deux jumelles d'argent.*

I. **Léopold-Nicolas Guyon**, inspecteur des forêts à Dieuze, fut anobli par lettres patentes du 24 mai 1821. Né à Dieuze (Lorraine) le 11 novembre 1752, †..., il laissa un fils, qui suit.

II. **Joseph-Yves Guyon**, puis de Guyon, épousa le 8 décembre 1829 Françoise Georgin de Mardigny, fille de Joseph-Pierre et de Marie-Bathilde Jannez, dont :

1° Prosper, né à Metz le 4 novembre 1830, † même ville le 5 juillet 1861 ; marié le 17 février 1857 à Marie-Louise d'Estienne de Chaussegros de Lioux ; sans postérité ;

2° Hubert, qui suivra ;

3° Anne, née à Metz le 6 juin 1833 ; mariée le 5 juin 1856 à Charles-Louis-Constantin, comte de Mahuet.

III. **Hubert Guyon**, puis de Guyon, lieutenant de cuirassiers ; né à Dieuze (Lorraine) le 17 novembre 1841.

GUYOT [du Clos]

= Lettres de noblesse en faveur de René-César Guyot, colonel, maréchal de camp honoraire, par lettres patentes du 20 juillet 1829, avec règlement d'armoiries : *d'azur, au lion d'or, lampassé et couronné de gueules, adextré de deux ancres d'argent, posées en sautoir.*

***

I. **Alexandre Guyot**, sieur du Clos, épousa Marie Seigneurie, dont :

1° Jean-Alexandre-Christophe, né à Saint-Malo le 3 janvier 1726 ;

2° Alexandre-Michel, né à Saint-Malo le 28 juillet 1727 (? Alexandre, cité p. 280) ;

3° Pierre-Louis, né à Saint-Malo le 26 août 1731, lieutenant de vaisseau (pensionné en 1790) ;

4° Nicolas-Pierre, qui suivra ;

5° Jeanne, née en 1739, † le 25 avril 1785 ; mariée à Pierre-Jean-Macé Leroide, chirurgien de marine.

II. **Nicolas Guyot**, sieur du Clos, épousa Jeanne Buet, dont deux enfants :

1° René-César, qui suivra ;

2° Jeanne-Madeleine-Julienne-Thérèse, née le 10 mai 1764.

III. **René-César Guyot**, dit Guyot du Clos, sous-lieutenant du génie (1er juin 1782), lieutenant (19 octobre 1788), capitaine (1er avril 1791), commandant de l'École du génie (1802-3), colonel (17 mars 1804), retraité maréchal de camp honoraire, C. ✳, chevalier de Saint-Louis, fut anobli par lettres patentes du 20 juillet 1829. Né à Saint-Malo le 30 août 1762, † en 1846 ; il épousa N..., dont au moins un fils, Timoléon, qui suit.

IV. **Timoléon Guyot du Clos**, dit Duclos-Guyot, lieutenant du génie (1816), capitaine (1827), chef de bataillon (1840), lieutenant-colonel (1843), colonel du génie (1848), C. ✳, né à Avesnes le 27 février 1794, † à la Rochelle le 3 novembre 1874, épousa le 22 avril 1825 Charlotte-Emma Daverton, dont postérité.

GUYOT [Duclos]

= Lettres de noblesse en faveur d'Alexandre-Charles Guyot-Duclos, lieutenant de vaisseau, par lettres patentes du 16 avril 1830, avec règlement d'armoiries : *d'or, au lion couronné de gueules, accompagné en chef, en flancs et en pointe d'une étoile de sable ; au chef d'azur, chargé de deux ancres d'or, posées en sautoir.*

II. Alexandre GUYOT DU CLOS, dit Duclos-Guyot, capitaine de brûlot (peut-être fils d'Alexandre et de Marie Seigneurie, ci-dessus cités, p. 279), épousa Hélène-Monique Dubois, dont :

1° Alexandre-Charles, qui suivra ;
2° Pierre-Hilaire, officier de flottille, né à Saint-Servan en 1785, † à Brest le 14 août 1860 ; sans alliance.

III. Alexandre-Charles GUYOT DU CLOS, dit DUCLOS-GUYOT, lieutenant de vaisseau (1822), retraité en 1832 capitaine de corvette, ✳, chevalier de Saint-Louis, fut anobli par lettres patentes du 16 avril 1830. Né à Saint-Servan (Ille-et-Vilaine) le 7 février 1783, † à Brest le 29 mars 1872, il épousa à Saint-Servan, le 27 octobre 1819, Célinée-Élisabeth-Antoinette Rahier, dont au moins une fille :

Célinie-Zoé-Marie Duclos-Guyot, née à Saint-Servan le 1er janvier 1823, † à Brest le 18 juin 1861, mariée à Victor-Marie-Louis Bassière, capitaine de vaisseau, † en Crimée le 24 septembre 1855.

GUYOT

〓 Titre de comte héréditaire en faveur de Claude-Étienne GUYOT, baron de l'Empire, lieutenant général, par lettres patentes du 24 février 1815, avec règlement d'armoiries : *coupé : au I de gueules, chargé à dextre d'une cuirasse et à sénestre d'une épée haute en pal, le tout d'argent ; au II de sinople, au cheval galopant d'argent adextré en chef d'une étoile d'or.*

I. Claude-Étienne GUYOT, laboureur à la Villevieux (Jura), épousa Sébastienne Maillot, dont au moins un fils, qui suit.

II. Claude-Étienne GUYOT, baron, puis comte Guyot et de l'Empire (lettres patentes de mai 1808 et décret du 23 novembre 1813), donataire de l'Empire[1], soldat (1790), sous-lieutenant (16 mai 1793), lieutenant (1797), capitaine (9 février 1799), major (18 décembre 1806), colonel de chasseurs à cheval de la garde impériale (16 février 1807), général de brigade (9 août 1809), général de division (16 décembre 1811), chambellan de Napoléon 1er, C. ✳, chevalier de Saint-Louis ; fut créé comte héréditaire par lettres patentes du 24 février 1815. Né à Villevieux (Jura) le 5 septembre 1768[2], † à Paris le 28 novembre 1837, il épousa le 14 février 1800, Françoise Guy, dont six enfants :

1° Eugène, qui suivra ;
2° Pierre-Frédéric, né à Paris le 30 décembre 1804 ;
3° Napoléon, né à Paris le 26 décembre 1810 ;
4° Claude-Georges-Étienne, né à Hayondange le 22 décembre 1817 ;
5° Charlemagne-Alfred, né à Arcueil le 2 août 1821 ;
6° Sophie, née à Paris le 14 octobre 1806.

1. Cf. *Armorial du Ier Empire*, t. II, p. 284, pour les armoiries, dotations et titre de l'Empire.
2. Son parrain fut Claude Guyot, fourrier au régiment de Champagne, et sa marraine, Jeanne-Claudine Guyot.

III. Eugène Guyot, comte Guyot, préfet, C. ✵, né à Paris le 29 avril 1803,
† le mai 1868 ; épousa Cécile-Amélie Lavocat; † à Paris le 8 juin 1891, dont :

1° Eugène-Gaspard-Napoléon, qui suivra ;
2° Cécile-Stéphanie, mariée à Arthur-Antoine Lachasse, colonel d'infanterie.

IV. Eugène-Gaspard-Napoléon Guyot, comte Guyot, né à Morlaix le 9 novembre 1848, a été confirmé dans le titre de comté héréditaire par décret impérial
du 12 juin 1869 ; il a épousé le 17 juin 1875 Anne-Marie Voisin.

GUYOT [D'ÉTALEVILLE]

= Maintenue de noblesse en faveur de deux frères, Alexandre-Louis-François
Guyot et Pierre-Laurent Guyot, officiers, par lettres patentes du 25 octobre
1821, avec règlement d'armoiries : *d'azur, au chevron d'argent, accompagné de trois
champignons d'or, 2, 1.*

Cette famille Guyot, originaire de Rouen, a une communauté d'origine avec
les Guyot d'Amfreville et elle établit sa filiation depuis Robert Guyot, marié en 1550
à Catherine Le Beauvalet; Étienne Guyot, leur fils, obtint en novembre 1635 des
lettres de relief de dérogeance[1], mais sa postérité fut néanmoins déboutée, lors
de la réformation par jugement de l'intendant de Rouen du 3 juillet 1667. Elle
était représentée au dixième degré par Alexandre-Toussaint, qui suit.

VI. Alexandre-Toussaint Guyot, maître des comptes à la chambre de Rouen,
épousa le 20 juin 1707 Antoinette-Barbe de Moy, dont un fils, qui suit.

VII. Alexandre-Laurent Guyot, sgr d'Étalleville, Guilleville, etc., conseiller
au parlement de Rouen, né à Rouen le 4 février 1718 ; se maria deux fois : 1° le
11 mai 1751, à Anne-Charlotte-Catherine Dyel de Marcilly du Parquet, fille de
Louis-François, sgr de Marcilly, et de Jeanne-Claude-Françoise-Élisabeth de Grillet
de Brissac, dont deux fils; 2° à Geneviève-Léonie de la Broise :

[du 1ᵉʳ lit] : 1° Alexandre-Louis-François, qui suivra ;
2° Pierre-Laurent, qui sera rapporté après son frère.

VIII. Alexandre-Louis-François Guyot, dit le comte d'Étalleville, capitaine
de cavalerie, chevalier de Saint-Louis, fut maintenu dans sa noblesse avec son
frère par lettres patentes du 25 octobre 1821 ; né à Illiers (Eure) le 6 mars 1752.

VIII bis. Pierre-Laurent Guyot, dit le chevalier d'Étalleville, officier, chevalier de Saint-Louis, fut maintenu dans sa noblesse avec son frère aîné par les
lettres patentes de 1821 ; né à Rouen le 29 avril 1753.

GUYOT DE CHENIZOT

= Titre de baron héréditaire confirmé en faveur de François-Vincent Guyot
DE Chenizot, baron de l'Empire, maître des requêtes honoraires et membre du

---

1. Cf. carrés d'Hozier, art. Guyot (Bibl. nat.).

collège électoral de Seine-et-Marne, par lettres patentes du 16 novembre 1816, avec règlement d'armoiries : *écartelé, aux 1er et 4o de gueules, à trois poissons d'or, posé en fasce, celui du milieu contourné, soutenus d'une rivière en champagne d'argent; aux 2e et 3o de sable, à trois fontaines d'argent, 2, 1.*

Cette famille Guyot paraît originaire de Châlons ; elle établit sa filiation suivie depuis Jean Guyot, sieur des Chesnes, avocat en parlement, marié à Geneviève Guyner et père de : 1o Léonard, qui a fait la branche des sgrs de Montchouny, aujourd'hui marquis de Saint-Amand ; 2o François, qui suit.

II. François GUYOT, sieur de Chenizot, conseiller du roi et receveur général des finances (10 juillet 1720), épousa Jeanne-Julie Bergès, dont François-Léonard, qui suit, et Marie-Thérèse-Julie, née en 1705, † le 11 octobre 1772, mariée à André Jobert, comte de Bouville.

III. François-Léonard GUYOT DE CHENIZOT, sgr de Chenizot, conseiller au parlement et maître commissaire aux requêtes du palais, conseiller secrétaire du roi, maison et couronne de France (20 août 1731), né à Paris le 15 mai 1708, †... ; se maria deux fois : 1o en 1733, à Félicité Jubert de Bonville, dont une fille, morte jeune; 2o en 1736, à N... Beausergent, † en novembre 1737, fille d'un garde-français, dont il avait eu un fils François-Vincent, qui suit, et légitimé par mariage.

IV. François-Vincent GUYOT DE CHENIZOT, baron de Chenizot et de l'Empire[2] (majorat, lettres patentes du 18 mai 1811), baron de Châtillon-sur-Marne, vicomte du Buisson, sgr d'Arquigny et de Mitry, maître des requêtes (1766), conseiller du roi en l'hôtel de ville de Paris (1764), conseiller d'État, membre du collège électoral de Seine-et-Marne, ✠, fut confirmé dans le titre de baron héréditaire par lettres patentes du 16 novembre 1861 ; né à Paris le 12 février 1735, † à Paris le 25 juillet 1820, il épousa Marie-Magdeleine Engilbert, dont une fille :

Charlotte-Marie-Françoise, née à Paris le 12 janvier 1768 [morte jeune et sans alliance ?]

GUYOT DE CHAMPFERRANT

= Lettres de noblesse en faveur de Jean-Marie GUYOT DE CHAMPFERRANT, par lettres patentes du 21 juin 1817, avec règlement d'armoiries : *de gueules, au sautoir d'argent, cantonné de quatre besants d'or.*

I. Jean-Alexis GUYOT DE CHAMPFERRAND, épousa Catherine Clerier, dont :

1o Jean-Marie, qui suivra ;

2o Catherine-Françoise-Marie, mariée à Lyon le 9 novembre 1772 à Joseph-Henry Lambert.

II. Jean-Marie GUYOT DE CHAMPFERRANT, né à Lyon le 11 août 1756, †... ; fut anobli par lettres patentes du 21 juin 1817.

1. Cf. Bibl. nat. Dossiers Chérin.
2. Cf. *Armorial du Ier Empire*, t. II, p. 285.

GUYOT DE LA COUR

= Titre de baron héréditaire confirmé en faveur de Charles-Prosper Guyot de la Cour, fils du baron de l'Empire [Nicolas-Bernard, baron Guyot de Lacour, général de division, tué à Wagram], par lettres patentes du 14 août 1818, avec règlement d'armoiries : *écartelé : au 1er d'azur, à une tête de coq arrachée d'or, crêtée et barbée de gueules; au 2e de gueules, à l'épée haute en pal d'argent, au 3e de gueules, au rocher d'argent, surmonté d'une tour du même ; au 4e d'or, à une rose au naturel.*

* *

Cette famille Guyot, originaire de Franche-Comté, serait d'après une tradition un rameau des Guyot de Vercia éteints en 1860.

I. Jean-Baptiste Guyot, sieur de Villy et de la Cour, capitaine au régiment de la Rochelambert, chevalier de Saint-Louis, épousa Marie-Catherine de Bleschamp, dont un fils, qui suit.

II. Bernard-Nicolas Guyot, baron Guiot de La Cour et de l'Empire[1] (lettres patentes du 29 juin 1808), donataire de l'Empire, cadet-gentilhomme au régiment royal-Auvergne (20 septembre 1787), sous-lieutenant (15 septembre 1791), lieutenant (1792), capitaine aide de camp (1793), adjudant général (1797), général de brigade (   ), général de division (6 juillet 1809), C. ✸ ; né à Ivroy-Carignan le 25 janvier 1771, † près de Vienne le 25 juillet 1809 ; épousa à Maubeuge, le 6 novembre 1795, Grâce-Désirée-Adélaïde-Antoinette Picquery de Waronval, sœur du chevalier de l'Empire, dont :

1° Charles-Prosper, qui suivra ;

2° Marie-Louis-Hippolyte, baron Guyot de Lacour, garde du corps (5 août 1814), sous-lieutenant (23 décembre 1815), capitaine (16 décembre 1830); confirmé dans le titre de baron héréditaire par décret impérial du 14 mars 1866 ; né à Liège le 6 décembre 1797, † à Paris le 17 novembre 1879 ; marié à Vieux-Condé (Nord), le 25 juin 1834, à Hedwige-Bernardine-Hyacinthe de Gheugnies, † à Maisons-Laffitte le 15 août 1879, dont il laissa un fils, qui suit :

Edmond-Fortuné, baron de Lacour, sous-inspecteur des haras, né à Vieux-Condé le 5 juin 1835 ;

3° Adèle, né en 1798, † à Versailles; mariée deux fois : 1° à N... Nau, officier de la garde royale ; 2° à Gabriel-Marie-Jean-Benoît, comte de Lantivy, préfet, puis consul de France.

III. Charles-Prosper Guyot, baron Guyot de La Cour, page de Napoléon Ier, colonel de cavalerie, C. ✸, fut confirmé dans le titre de baron héréditaire par lettres patentes du 14 août 1818. Né à Maubeuge le 22 octobre 1796, † à Paris le 21 septembre 1864, il épousa à Nancy, le 28 août 1823, Cécile Oyon, dont deux filles :

1° Blanche, née en 1825, † à Pau le 20 février 1851 ; mariée le 23 avril 1845 à Albert Belhomme de Franqueville;

2° Cécile-Louise-Camille, née le 9 mai 1829; mariée le 30 avril 1855 à Ernest, marquis de la Corbière de Juvigné.

1. Cf. *Armorial du Ier Empire*, t. II, p. 285.

HACHE DE LA CONTAMINE

= Titre personnel de baron en faveur de Pierre-Isidore HACHE DE LA CONTAMINE, colonel d'infanterie, par lettres patentes du 9 septembre 1824, avec règlement d'armoiries : *d'azur, au lion d'argent, au chef du même chargé de trois étoiles d'azur.*

* *

I. Joseph HACHE, fils de Pierre Hache, marié à Françoise Chaupy, fut père d'un fils, qui suit.

II. Pierre-Isidore HACHE, baron Hache de la Contamine, colonel d'infanterie, chevalier de Saint-Louis, ✠, fut autorisé à ajouter « de la Contamine » à son nom, par ordonnance du 20 avril 1825, et créé baron à titre personel par lettres patentes du 9 septembre 1824. Né à Grenoble (Isère) le 11 janvier 1773, † à Chaumont-le-Bois (Côte-d'Or) le 28 octobre 1849, il épousa Mlle Le Mercier de Caricul, dont cinq enfants :

1° Victor ;
2° Gustave ;
3° Isidore ;
4° Sidonie, mariée le 24 avril 1843 à Hugues Bernard d'Arbigny de Chalus ;
5° Élise.

HAFFRENGUES (D')

= Titre personel de baron en faveur de Charles-Ferdinand-Joseph D'HAFFRENGUES, colonel en retraite, par lettres patentes du 4 décembre 1819, avec règlement d'armoiries : *d'azur, à la fasce d'or, accompagnée en chef de trois étoiles d'argent, et en pointe d'une merlette du même.*

* *

La famille Daffrengues, puis d'Haffrengues, est originaire d'Artois et a pour auteur Jacques-Adrien d'Haffrengues, conseiller du roi, premier pensionnaire en la châtellenie de Lille et subdélégué de l'intendant, qui était fils de Jacques Daffrengues, ou d'Affrengues, conseiller et avocat général au conseil d'Artois, et qui fut anobli par lettres patentes de décembre 1705.

III. Michel-Pélage D'HAFFRENGUES, seigneur de la Bricque, fils de Jacques-Adrien, qui précède, et de Marie-Catherine Gambier, épousa Isabelle-Sylvie Cardon, dont :

1° Louis-François-Joseph, sgr de la Bricque, marié le 22 octobre 1735 à Marie-Henriette Walrave, dont postérité représentée ;
2° Jacques-Adrien, qui suit.

IV. Jacques-Adrien D'HAFFRENGUES, seigneur de Launay, conseiller du roi, pensionnaire des États de la châtellerie de Lille ; épousa à Lille, le 19 février 1753,

Marie-Agnès Wartelle, fille de Jean-Ignace, sieur de Lianne, et de Marie-Marguerite Mairesse, dont :

> 1° Louis-Marie, né le 18 septembre 1755;
> 2° Jacques-Philippe-Henri-Marie [vivant à Hambourg en 1826], né le 16 février 1759;
> 3° Charles-Ferdinand, qui suit.

V. Charles-Ferdinand d'HAFFRENGUES, baron d'Haffrengues, colonel d'infanterie, fut créé baron héréditaire par lettres patentes du 4 décembre 1819. Né le 23 août 1761, † à Paris le 8 août 1843, il épousa le 2 mai 1807 Anne-Léontine-Tranquille de Mazancourt, † à Orléans en novembre 1845.

HAINGUERLOT

= Titre de baron, sur promesse d'institution de majorat, avec anoblissement, par ordonnance du 4 janvier 1829 en faveur de James-Georges HAINGUERLOT (sans lettres patentes).

* *

La famille Hainguerlot, originaire de Seuil dans les Ardennes, a donné des notaires et des juges de bailliage et procureurs fiscaux à Sorbon aux XVII° et XVIII° siècles.

I. Pierre-Laurent HAINGUERLOT, banquier à Paris, conseiller général d'Indre-et-Loire; né à Caen en 1777, † à Paris le 16 avril 1841, épousa Marie-Antoinette Faucon, veuve de M. Vassal, dont :

> 1° James-Georges, qui suivra ;
> 2° Rose-Auguste-Émilie-Paméla, née en 1803, † en 1881 ; mariée à Alphée Bourdon de Vatry, chef d'escadron, agent de change et député.

II. James-Georges HAINGUERLOT, baron Hainguerlot, fut anobli et créé baron, sur promesse d'institution de majorat, par ordonnance du 4 janvier 1829. Né à... en 1795, † le 26 octobre 1868, il épousa Stéphanie Oudinot de Reggio, † au château de Villandry le 18 octobre 1893, fille du maréchal de France, duc de Réggio, et de Marie-Charlotte-Eugénie-Julienne de Coucy, dont trois fils :

> 1° Édouard, baron Hainguerlot, confirmé dans le titre héréditaire de baron par décret impérial du 20 mars 1870, né le 22 novembre 1832, † à Gannes le 6 mars 1888 ; marié à Mⁱˡᵉ Blount, †, dont trois filles, qui suivent :
> > a) Marguerite, née..., † en 1878;
> > b) Stéphanie-Éléonore-Gertrude, née en 1860, † à Villandry le 26 mai 1886; mariée à Villandry, le 17 janvier 1873, à Maurice-Auguste de Gay, baron de Nexon.
> > c) Alice-Fanny-Nelly-Marie, mariée le 20 août 1894 à Jean-Charles-Elzéar-Marie, comte Pontevès-Sabran, ancien officier ;
> 2° Charles-Arthur, né en 1834, † à Villandry le 6 août 1892; marié à Lydia Hervey, † au château de Chaalis le 25 septembre 1901 (remariée au prince Joachim Murat), sans postérité ;
> 3° Alfred, qui suit.

III. Alfred HAINGUERLOT, dit le baron Hainguerlot, né en 1838, épousa en novembre 1868 Madeleine-Louise Jerningham, † au château de Paillé (Indre-et-Loire) le 5 décembre 1898, dont quatre enfants :

> 1° Georges-Joseph-Édouard, marié le 5 janvier 1894 à Blanche d'Adhémar, dont :

a) Édouard; *b*) Madeleine;

2° Arthur-James, né le 20 novembre 1874, marié le 14 janvier 1902 à Inès Lambert-Champy;

3° Jeanne, mariée le 8 décembre 1892 à Édouard-Sosthène-Maurice Begé;

4° Claire-Joséphine, née le 2 septembre 1873, mariée le 6 décembre 1898 à Jean de La Rue du Can, baron de Champcheyrier.

Cette famille porte pour armoiries : *écartelé : aux 1ᵉʳ et 4° d'azur, à une trirème d'or ; au 2° de gueules, à trois casques d'argent, tarés de profil. au 3ᵉ de gueules, à trois besants d'or.*

HALLEZ (Claparède)

= Titre de baron héréditaire confirmé en faveur de Paul-Christophe HALLEZ, baron de l'Empire, propriétaire, par lettres patentes du 26 octobre 1816, avec règlement d'armoiries : *écartelé : au 1ᵉʳ d'or, à la bande d'azur chargée de trois étoiles du champ ; au 2ᵉ de gueules, à une branche de chêne d'argent posée en bande : au 3ᵉ d'argent, à une quintefeuille en abyme de gueules ; au 4ᵉ d'azur, au lion rampant d'or.*

* *

I. François-Xavier HALLEZ, receveur et notaire royal à Haguenau, laissa deux fils :

1° François-Xavier, marié et père de trois fils, qui suivent :
    a) Hippolyte, préfet, marié le 26 mars 1840 à Charlotte-Léonie d'Arros, dont il a relevé le nom par ordonnance d'avril 1841, et dont postérité ;
    b) Théophile, président de tribunal civil, marié à Mˡˡᵉ Dejean de la Batie, dont des filles;
    c) Anatole, marié à Mˡˡᵉ Janot et père de deux fils ;
2° Philippe-Christophe, qui suit.

II. Philippe-Christophe HALLEZ, baron Hallez et de l'Empire[1] (majorat, lettres patentes du 20 février 1814), pair comte Hallez-Claparède ; député du Bas-Rhin (4 novembre 1837), général de la garde nationale de Paris, C. ✖, fut confirmé dans le titre de baron héréditaire par lettres patentes du 26 octobre 1816, puis créé comte héréditaire par lettres patentes du 18 janvier 1843. Né à Haguenau (Bas-Rhin) le 1ᵉʳ mai 1778, † à Andlaw (Bas-Rhin) le 18 novembre 1844, il se maria deux fois : 1° à Marie-Camille Claparède, † à Paris le 21 février 1835, fille du comte de l'Empire, pair de France, et de Mˡˡᵒ Tecklenbourg, dont deux filles, qui suivent.; 2° le... à Andrée-Anne-Jenny Le Camus de Moulignon, † à Paris le 12 octobre 1838 (veuve en premier mariage de Jean-Pierre-Abel de Rémusat), sans postérité.

[du 1ᵉʳ lit]: 1° Philippe-Marie-Michel-Joseph-Amédée, comte Hallez-Claparède, auditeur au Conseil d'État, inspecteur des finances, et conseiller général, ✖, né à Paris le 16 juin 1812, † à Aix-les-Bains le 24 août 1858, sans alliance ;
2° Xavier-Alphonse-Emmanuel-Léonce, qui suit.

III. Xavier-Alphonse-Emmanuel-Léonce HALLEZ, baron, puis comte Hallez-Claparède, maître des requêtes au Conseil d'État, conseiller général du Bas-Rhin et député du Bas-Rhin (1842-48 et 1858-69), ✖, fut créé baron héréditaire (sur transmission du titre institué par le majorat de 1816), par lettres patentes du 2 mai

---

1. Cf. *Armorial du Iᵉʳ Empire*, t. II, p. 292.

1843. Né à Paris le 13 juin 1813, † à Colmar le 9 avril 1870, il épousa Fabeleine-Livinie Darriule, fille du pair de France et de Mlle Barbier-Walb onne, dont un fils unique, qui suit.

IV. Philippe-Raymond HALLEZ, comte Hallez-Claparède, né le 16 janvier 1846.

HANMER-CLAYBROOKE (b')

= Titre de baron héréditaire sur confirmation du titre de baron accordé au père (par lettres patentes de juillet 1778) et sur institution de majorat (terres dans l'arrondissement de Péronne), en faveur d'Antoine-Albert-Joseph D'HANMER-CLAYBROOKE, ancien conseiller au parlement de Paris, par lettres patentes du 10 mai 1820, avec règlement d'armoiries : *d'argent, à la croix patiée de gueules.*

= Titre de baron héréditaire et transmission de majorat, par ordonnance du 23 août 1824, en faveur d'Édouard D'HANMER-CLAYBROOKE, fils du précédent.

Cette famille Claybrooke, depuis Hanmer, est originaire du comté de Middlesex, en Angleterre, et d'ancienne noblesse d'après des diplômes des rois d'armes d'Angleterre des 2 février 1664 et 9 février 1702, la disant issue de l'ancienne maison de Brooke, originaire de Canterbury. Thomas Claybrooke, *alias* Hanmer, du nom de sa mère, né à Fulham le 13 septembre 1619, fils de Thomas et de Marie Hanmer, dite Chaloner, épousa à Valenciennes, en Flandres, le 26 janvier 1666, Marie-Claude Desmazières; son fils, Guillaume-Antoine, obtint de Jacques III, roi d'Angleterre, par diplôme du 9 février 1702, la confirmation de sa descendance depuis 1430; il épousa à Mons, le 22 octobre 1697, Élisabeth Renel de Savreux, dont un fils, qui suit.

III. François-Albert-Joseph D'HANMER-CLAYBROOKE, sg^r de Béthencourt, membre de la chambre de noblesse aux États du Cambrésis, né le 15 janvier 1699; † à Cambrai le 30 août 1731 ; épousa le 19 février 1718 Marie-Jeanne Luyttens de Bossu, dont trois fils, entre autres, Maximilien-Albert-Joseph, qui suit, et huit filles.

IV. Maximilien-Albert-Joseph D'HANMER-CLAYBROOKE, baron d'Hanmer-Claybrooke, sg^r de Béthencourt, Liéramont, etc., capitaine au régiment de Boufflers (19 février 1745), né à Valenciennes le 7 octobre 1726, obtint l'érection des seigneuries de Liéramont et autres en baronnies sous le titre d'Hanmer-Claybrooke, par lettres patentes de juillet 1778 ; il épousa à Péronne, le 9 février 1745, Hélène-Antoinette Dufeu, dont :

1° Antoine-Albert-Joseph, qui suivra;
2° Gabriel-Jean, dit le comte d'Hanmer-Claybrooke, chef d'escadron au régiment de la reine-dragons (28 avril 1788), chevalier de Saint-Louis, né le 13 mai 1759; marié le 1er octobre 1787 à Charlotte-Jeanne-Camille Ballet de la Chenardière, dont un fils Camille qui a laissé postérité représentée de nos jours, et une fille, Virginie, mariée à M. Deville ;
3° Agnès, mariée en mars 1791 au marquis d'Espiernes, capitaine au régiment du roi.

V. Antoine-Albert-Joseph D'HANMER-CLAYBROOKE, baron d'Hanmer-Claybrooke, conseiller au parlement de Paris (21 juillet 1769), fut confirmé dans le titre de baron héréditaire sur institution de majorat, par lettres patentes du 10 mai 1820, né à Liéramont (Somme) le 21 novembre 1750, † à... le... 1823; il épousa le 8 février 1781 Marie-Françoise-Charlotte Hugueny de Novion, dont un fils, qu suit.

V. Édouard D'HANMER-CLAYBROOKE, baron d'Hanmer-Claybrooke, sous-lieutenant de dragons (19 avril 1806), capitaine (août 1813), né à Paris le 3 août 1787, † à Paris le 5 mai 1841; épousa à Paris, le 4 janvier 1813, Adèle Bernard, dont trois fils et une fille :

1° Alexandre, qui suivra;
2° Alphonse, née en 1819, † à Paris le 27 décembre 1881; marié à Claire de Beaurepaire-Berion, dont deux enfants, qui suivent :
    a) Jean-Alphonse-Édouard-Thomas, ancien attaché au Ministère des finances, ✳; marié le 25 juin 1885 à Madeleine Tournois, dont un fils et trois filles : Édouard, Jeanne, Marie et Hélène;
    b) Claire-Adèle-Marguerite, mariée le 10 mars 1895 à Joseph-Hippolyte Bru d'Esquille, préfet, trésorier payeur général;
3° Adolphe;
4° Augustine-Félicité, née en 1814, † au château de Marieux le 31 août 1892; mariée le 3 mars 1834 à Antoine-Jean-Baptiste-Augustin Le Caron de Chocqueuse.

VI. Alexandre D'HANMER-CLAYBROOKE, baron d'Hanmer-Claybrooke, né le 3 mars 1815, †...; se maria deux fois : 1° le 24 avril 1843, à Mélanie-Louise-Amélie Desponty de Saint-Avoye, † à Rouen le 21 décembre 1850, fille du baron et de Mlle Rousseau de Chamoy, dont un fils, qui suit; 2° en avril 1852, à Stéphanie Mac-Dermott, dont deux filles :

[*du 1er lit*] : 1° Charles-Georges, qui suivra;
[*du 2° lit*] : 2° Marie, sans alliance;
3° Stéphanie, sans alliance.

VII. Charles-Georges D'HANMER-CLAYBROOKE, baron d'Hanmer-Claybrooke, enseigne de vaisseau (1861) démissionnaire, né le 20 décembre 1844, marié en Amérique.

HAPDÉ

= Titre de chevalier héréditaire, en faveur de Jean-Baptiste-François-Augustin HAPDÉ, auteur dramatique, par lettres patentes du 16 décembre 1826, avec règlement d'armoiries : *d'azur, au chevron d'argent, chargé de trois étoiles de gueules et accompagné de trois croix recroisettées d'or, 2, 1; au chef aussi d'or, chargé d'un griffon naissant de gueules,*

***

Jean-Baptiste-François-Augustin HAPDÉ, chevalier Hapdé, secrétaire du général comte d'Hédouville et de l'Empire, administrateur des hôpitaux militaires, auteur dramatique et publiciste, ✳; fut créé chevalier héréditaire, par lettres patentes du 16 décembre 1826. Né à Paris le 27 août 1777, † à Paris le 1er juin 1839, sans alliance.

HARBELOT

= Lettres de noblesse en faveur de Louis-Urbain Harbelot, capitaine d'état-major, par lettres patentes du 24 décembre 1825, avec règlement d'armoiries : *d'azur, à quatre chevrons d'or, accompagnés en chef de deux épées aussi d'or, posées en sautoir et accostées de deux molettes d'argent.*

*
* *

I. Louis-Urbain Harbelot, marchand de bois, épousa Catherine Rayet, dont au moins, Louis-Urbain, qui suit.

II. Louis-Urbain Harbelot, puis d'Harbelot, capitaine d'état-major, chef d'escadron (17 janvier 1831), retraité en 1844, O. ✵, fut anobli par lettres patentes du 24 décembre 1825. Né à Blois le 26 août 1785, † même ville le 21 juillet 1847, il épousa, à Paris, le 30 mai 1836 Anne-Caroline-Hortense Damas.

HARCOURT (d')

= Titre de pair à vie par ordonnance du 4 juin 1814, en faveur de Charles-Louis-Hector, marquis d'Harcourt ; confirmé à titre héréditaire par l'ordonnance du 19 août 1815.

= Règlement d'armoiries en faveur du même, par lettres patentes du 29 mars 1817, l'autorisant à ajouter à ses armes un écu : *d'azur, à une fleur de lis d'or.*

= Titre de marquis-pair héréditaire attaché à la pairie en faveur du même, par ordonnance du 31 août 1817 (sans lettres patentes ni institution de majorat de pairie).

*
* *

La maison d'Harcourt, originaire de Normandie, a pour auteur Bernard, dit le Danois, parent de Rollon, duc de Neustrie ; elle a donné quatre maréchaux de France, un amiral, deux grands maîtres des eaux et forêts, six chevaliers du Saint-Esprit, un chevalier de la Toison d'or, etc., et formé deux souches principales ; l'une fixée en Grande-Bretagne où elle a été appelée à la pairie, et l'autre restée en France.

Cette dernière s'est divisée en plusieurs grandes lignes :

1° Celle des comtes d'Harcourt, d'Elbeuf, de Brionne, de Lillebonne et d'Aumale, vicomtes de Châtellerault, maréchaux héréditaires de Poitou, éteinte au milieu du XVe siècle ;

2° Celle des barons d'Olonde, séparée au XIVe siècle, appelée à la pairie en 1814 et rapportée ci-après.

3° Celle des barons, puis marquis de Beuvron, puis ducs d'Harcourt et pairs de France, qui sera rapportée plus loin.

La branche d'Olonde avait pour chef au vingt-deuxième degré, Jacques, qui suit.

XXII. Jacques D'HARCOURT D'OLONDE, dit le comte d'Harcourt, puis marquis d'Olonde, sgr d'Escausseville, fils de Guillaume, marquis d'Harcourt, et d'Anne-Rose de Poesrie; épousa le 26 novembre 1740, Anne-Charlotte Maillart, fille de Louis-Henri, baron d'Hanesse, et de Catherine-Charlotte de Choiseul d'Isches, dont :

1° Guillaume, dit le marquis d'Olonde, mestre de camp, né le 10 décembre 1742, † à Paris le 24 juin 1764, sans alliance ;
2° Charles-Louis-Hector, qui suit.

XXIII. Charles-Louis Hector D'HARCOURT, marquis d'Harcourt d'Olonde, colonel du régiment mestre de camp général (1764), maréchal de camp (1781), lieutenant général (10 mars 1815), conseiller général de la Seine (1812), pair de France (4 juin 1814) ⚜ ; fut créé marquis-pair héréditaire par l'ordonnance du 31 août 1817, mais n'institua pas de majorat et avait été autorisé à ajouter à ses armes un écusson « d'azur, à une fleur de lis d'or », par lettres patentes du 29 mars 1817, Né au château d'Escausséville (Manche) le 15 juillet 1743, † à Salin le 3 juin 1820, il épousa à Paris, le 16 février 1767, AnneMarie-Louise-Catherine d'Harcourt de Beuvron, † au Boulay (Seine-et-Marne) le 28 septembre 1823, fille du duc de Beuvron et de Mlle Rouillé de Jouy; dont huit enfants :

1° Amédée-Louis-Charles-François, qui suivra ;
2° Claude-Emmanuel, vicomte d'Harcourt, maire de Souppes (Seine-et-Marne), député de Seine-et-Marne (1822-27), né à Paris le 29 mai 1774, † à Paris le 4 octobre 1840; marié à Élisabeth de Montesquiou-Fézensac, †.., sans postérité ;
3° François-Charles-Henri, né en décembre 1772, † à Paris le 3 septembre 1774 ;
4° Henri-Cécile-Casimir, né le 25 janvier 1779, † à Paris le 13 février 1779 ;
5° Marie-Anne-Henriette, née en 1768, † à Paris le 21 septembre 1769 ;
6° Anne-Charlotte-Victorine, née à Paris le 1er juillet 1769, † à Paris le 15 avril 1842; mariée en novembre 1800 à Alexandre-Joseph-Gabriel, comte de Boisgelin, maréchal de camp ;
7° Alexandrine-Louise, née à Paris le 3 avril 1782, †..., mariée en 1803, à Rodrigue-Charles Eugène, baron de Montesquiou-Fézensac et de l'Empire, colonel de chasseurs à cheval ;
8° Charlotte-Rose-Françoise, née le 3 août 1783, †...; mariée à Henry-Geoffroy-Cyrus de Briqueville, marquis de la Luzerne.

XXIV. Amédée-Louis-Charles-François D'HARCOURT-OLONDE, marquis d'Harcourt, pair de France (par hérédité, septembre 1830), officier de l'armée britannique (1796-1800); né à Paris le 17 juillet 1771, † à Saint-Léonard-la-Clever (comté de Berker, Angleterre) le 21 septembre 1831; épousa au même lieu, le 12 juin 1800, sa cousine Élisabeth-Sophie d'Harcourt, † à Saint-Léonard le 25 juin 1846, dont trois enfants :

1° William-Bernard, né le 3 décembre 1808, † à Saint-Léonard le 25 mai 1846; marié le 3 février 1837 à Élisabeth-Georgiana-Harriet Cavendish (remariée, 30 juin 1852, à James Cranfurd), fille d'Henri-Frédéric-Compton, et de Sarah Fawkener, dont :
  a) Marie ;
  b) Marie ;
  c) Marie-Armande-Adélaïde-Aline, mariée le 27 juillet 1874 à Louis-Bertrand, baron de Langsdorff ;
2° Georges-Douglas-Trévor-Bernard, qui suivra ;

3° Maria-Augusta, née..., †...; mariée le 23 avril 1833 à Armand-Charles-Henri de la Croix, comte de Castries.

XXV. Georges-Douglas-Trévor-Bernard D'HARCOURT-OLONDE, marquis d'Harcourt, ambassadeur de France (1873-79), pair de France (à titre héréditaire, 9 mars 1842), O. ✳, né à Brighton (Angleterre) le 4 novembre 1808, † à Gurcy (Seine-et-Marne) le 30 septembre 1883; épousa le 4 août 1848 Jeanne-Paule de Beaupoil de Sainte-Aulaire, † à Paris le 17 décembre 1893, fille du comte, pair de France, et de Mlle de Beaumont-Brison, dont six enfants :

1° Pierre-Louis-Bernard, qui suivra;
2° Louis-Emmanuel, vicomte d'Harcourt, ancien secrétaire d'ambassade, O. ✳; né le 24 juin 1844; marié le 25 octobre 1887 à Iphigénie Sina, veuve en premier mariage d'Edmond-Charles-Auguste de la Croix, duc de Castries, sans postérité;
3° Victor-Amédée-Constant, comte d'Harcourt, lieutenant-colonel d'état-major, O. ✳, né le 16 février 1848; marié le 20 juin 1881 à Anne-Aimée-Victurnienne-Gabrielle de Laguiche, dont huit enfants, qui suivent :
  a) Georges-Henri-Robert, né le 9 septembre 1882;
  b) Jean-Bernard-Armaud, né le 10 octobre 1883;
  c) Jean;
  d) Philippe;
  e) Gérard;
  f) Jacques;
  g) Amédée;
  h) Jacqueline;
4° Louis-Marie-Georges, capitaine de cavalerie, né à... le... mai 1856; marié le 11 janvier 1886 à Marie-Juliette-Louise Lanjuinais, dont deux enfants, qui suivent :
  a) Guillaume; *b)* Madeleine;
5° Eulalie-Eugénie-Pauline, née à Paris le 4 mars 1846; mariée le 24 octobre 1865 à Gabriel-Paul-Othenin de Cléron, comte d'Haussonville, membre de l'Académie française;
6° Marie-Armande-Adélaïde;
7° Victorine-Eulalie-Catherine, mariée le 23 juillet 1890 à Henri-François-Joseph Boudet, comte de Puymaigre.

XXVI. Pierre-Louis-Bernard D'HARCOURT-OLONDE, marquis d'Harcourt, lieutenant de cavalerie (1871), représentant du Loiret à l'Assemblée nationale (1871), ✳, né à Paris le 20 août 1842, a épousé le 27 septembre 1871 Marguerite-Armande de Gontaut-Biron, dont six enfants :

1° Étienne;
2° Marie-Georgina-Monique, née le 27 février 1875;
3° Marie-Gabrielle-Paule-Hélène, née le 24 mars 1882; mariée le... juillet 1899 à Jean-Charles-Gabriel-Marie, marquis de Montholon-Semonville;
4° Marie-Emmanuela-Marguerite-Henriette, née en 1883;
5° Amélie;
6° Marie-Amélie.

HARCOURT (D')

⚊ Titre de pair à vie par ordonnance du 4 juin 1814 en faveur de Marie-François, duc D'HARCOURT; confirmé à titre héréditaire par l'ordonnance du 19 août 1815.

═ Titre de duc-pair héréditaire attaché à ladite pairie en faveur du même, par ordonnance du 31 août 1817 (Sans lettres patentes ni institution de majorat de pairie)..

*
* *

La branche des ducs d'Harcourt était représentée au vingt-troisième degré par Anne-François, qui suit).

XXIII. Anne-François D'HARCOURT, chevalier, puis marquis de Beuvron et duc de Beuvron, par brevet de 1784, colonel du régiment d'Harcourt (1749), gouverneur du Poitou, maréchal de camp (1761), lieutenant général (1780), chevalier des ordres du roi, né à Paris le 4 octobre 1727, † à Amiens le... 1797, fils puîné du duc d'Harcourt, pair et maréchal de France, et de Mlle de Beaupoil de Sainte-Aulaire ; épousa à Paris, le 13 janvier 1749, Marie-Catherine Rouillé de Jouy, †..., fille du comte de Jouy, secrétaire d'État, et de Marie-Anne-Catherine Pallu, dont :

1° Marie-François, qui suivra ;
2° Anne-Marie-Louise, née le 13 janvier 1750 ; mariée le 16 février 1767 à son cousin Charles-Louis-Hector, marquis d'Harcourt-d'Olonde ;
3° Cécile-Marie-Charlotte-Gabrielle, née à Paris le 27 février 1770, † à Paris le 12 octobre 1844 ; mariée le 22 avril 1788 à Bruno-Gabriel-Paul, marquis de Boisgelin, pair de France ;
4° Anne-Marie-Lydie, née en 1772, † à Paris le 10 juin 1773.

XXIV. Marie-François D'HARCOURT, duc d'Harcourt, pair de France (4 juin 1814), colonel du régiment commissaire général, maréchal de camp (1788), lieutenant général (28 février 1815), gentilhomme de la chambre du duc de Berry, fut créé duc-pair héréditaire par ordonnance du 31 août 1817 ; né à Jouy-en-Josas (Seine-et-Oise) le 25 mai 1755, † à Marseille le 21 novembre 1839, il épousa à Paris, le 3 juillet 1780, Jacqueline-Madeleine Le Veneur de Tilières, † à Paris le 18 décembre 1825, fille de François-Jacques-Tanguy, comte de Tillières, maréchal de camp, et d'Aynardine-Marie-Antoinette de Nicolay de Goussainville, dont :

1° François-Marie-Alphonse-Aynard, duc d'Harcourt, né à Paris le 30 janvier 1785, † à... le 5 octobre 1840, sans alliance ;
2° François-Eugène-Gabriel, qui suivra ;
3° Aynardine-Marie-Juliette, née à Paris le 29 juillet 1784, † au château de Chalmaison (Seine-et-Marne) le 18 septembre 1859 ; mariée le 31 janvier 1801 à Clément-Louis-Hélion, marquis de Villeneuve-Vence, pair de France ;
4° Anne-Michelle-Eulalie, née à Paris le 15 décembre 1790, † en 1832 ; mariée le 11 juin 1811 à Roland-Marie Le Gras, marquis du Luart.

XXV. François-Eugène-Gabriel D'HARCOURT, marquis, puis duc d'Harcourt, chef d'escadron de hussards (1815), gentilhomme ordinaire de la chambre du roi, ambassadeur de France (1830), député de Seine-et-Marne (1827-37), pair de France (3 octobre 1837), O. ✻ ; né à Jouy-en-Josas le 22 août 1786, † à Paris le 2 mai 1865 ; épousa à Paris, le 14 mai 1807, Aglaée Trary, † à Paris le 11 août 1867, fille d'Antoine-Jean, intendant des finances, et de Marie-Nicole Perrency, dont :

1° Henri-Marie-Nicolas-Charles, qui suivra ;
2° Bruno-Jean-Marie, marquis d'Harcourt, capitaine de vaisseau, C. ✻, né le 14 octobre 1813, † à Paris le 2 novembre 1891 ; marié le 11 décembre 1856 à Marie-Caroline-Juliette d'Andigné de la Chasse, † à Rennes le 8 mars 1871, dont un fils, qui suit.

Anne-Marie-Eugène, comte d'Harcourt, né à Paris le 20 mai 1859; marié à Marseille le 28 juillet 1898, à Armande de Pierre de Bernis, dont deux enfants, qui suivent :

    a) Marie-Hervé-Jean-Bruno, né à Vevey le 20 septembre 1899;

    b) Marie-Gabrielle-Juliette-Viane, né à Saint-Marcel-d'Ardèche le 26 août 1900.

3° Bernard-Hippolyte-Mario, comte d'Harcourt, ancien ambassadeur de France, G. ✹, né à Paris le 23 mai 1821 ; marié le 13 mai 1851 à Élisabeth Guignard de Saint-Priest, † au château de Metz-sur-Seine le 3 mars 1900, dont une fille, qui suit:

    Gilonne-Henriette-Marie, née à Metz-sur-Seine, le... 1867; mariée le 27 novembre 1888 à Auguste Cutoire de Bioncourt ;

4° Henriette-Marie, née à Paris le 8 octobre 1828; mariée le 6 octobre 1847 à Léon, duc d'Ursel.

XXVI. Henri-Marie-Nicolas-Charles D'HARCOURT, marquis d'Harcourt, né à Paris le 14 novembre 1808, † à Metz-sur-Seine le... octobre 1846 ; épousa à Paris, le 30 novembre 1829, Césarine-Charlotte-Laure-Flavie de Choiseul-Praslin, † le 29 novembre 1843, fille du duc de Praslin et de Mlle Le Tonnelier de Breteuil, dont quatre enfants :

1° Charles-François-Marie, qui suivra ;

2° Louis-Marie;

3° Charles-Marie-Pierre, comte d'Harcourt, ancien capitaine d'état-major, né le 25 octobre 1842; marié le 29 avril 1874, à Alix-Adélaïde de Mun, dont quatre enfants, qui suivent:

    a) Joseph, né à Lumigny, le 23 décembre 1879;

    b) Robert, né à Lumigny le 20 novembre 1881;

    c) Stanie-Françoise-Marie, née à Paris le 23 février 1875 ; mariée à Paris, le 5 avril 1894, à Alexandre-Marie-Jean Potier de Courcy, officier d'infanterie;

    d) Adrienne-Élisabeth-Jeanne-Marie, née à Paris le 30 mars 1876; mariée à Paris, le 23 février 1899, à Maurice-Charles-Marie-René de Voyer, marquis d'Argenson;

4° Ernestine-Jeanne-Marie, née à Paris le 25 mars 1840; mariée le 15 avril 1864 à Henri, comte de la Tour-du-Pin-Chambly de la Charce.

XXVII. Charles-François-Marie D'HARCOURT, duc d'Harcourt, officier de chasseurs à pied, représentant du Calvados à l'Assemblée nationale (1871), député du Calvados (1876-81), né à Paris le 21 juin 1835, † à Paris le 5 novembre 1895 ; épousa le 27 mai 1862 Marie-Ange-Thérèse-Caroline-Aline de Mercy d'Argenteau, dont :

1° Eugène-François-Marie-Henri, qui suivra ;

2° Charles-Félix-Marie, comte d'Harcourt, lieutenant au 20° chasseurs à pied, né à Paris le 18 avril 1870; marié à Paris, le 2 septembre 1896, à Henriette-Marie-Lucie-Victurnienne de Beauvau, dont une fille, qui suit :

    Françoise-Marie, née à Paris le 2 novembre 1901.

XXVIII. Eugène-François-Marie-Henri D'HARCOURT, duc d'Harcourt et de Beuvron, ancien capitaine de chasseurs à pied, né à Paris le 15 août 1864 ; a épousé le 27 juillet 1892 Amélie-Françoise-Henriette-Marie de la Rochefoucauld, dont trois enfants :

1° N..., né au château d'Harcourt le 11 juillet 1902 ;

2° Lydie, née à Paris le 25 octobre 1898;

3° Élisabeth, née à Paris le 12 mars 1901.

HARDOIN

= Titre de chevalier héréditaire en faveur de Claude Hardoin, conseiller à la cour de Paris, par lettres patentes du 3 août 1816, avec règlement d'armoiries : *de gueules, au cygne d'argent, soutenu d'une rivière du même et surmonté d'un croissant accosté de deux étoiles, le tout d'argent.*

* *

I. Claude Hardoin [de la Reynerie], avocat au parlement, épousa Marie-Louise Legueux, dont un fils, Claude, qui suit.

II. Claude Hardoin, chevalier Hardouin, conseiller à la cour d'appel de Paris, ✠, né à Joigny (Yonne) le 6 décembre 1738, †...; fut créé chevalier héréditaire par lettres patentes du 3 août 1816.

HARDOUINEAU

= Titre de vicomte héréditaire, sur promesse d'institution de majorat, en faveur de Philippe-Louis-César Hardouineau, maréchal de camp, avec transmission à un neveu, Jules-Philippe Hardouineau, par lettres patentes du 28 décembre 1821, avec règlement d'armoiries : *d'argent, au griffon de sable.*

* *

Cette famille Hardouineau, originaire du Maine, se rattacherait, d'après une tradition, à une famille de Bretagne de ce nom, qui a été déboutée de sa noblesse, par arrêts des commissaires des 27 novembre 1668 et 15 mai 1669; elle a pour auteur :

I. Michel Hardouineau, bailli de Lucé, né à Lucé le 30 novembre 1682, † le 29 novembre 1726; marié deux fois : 1° le 16 juin 1706, à Marie Bonnier, dont une fille ; 2° à Montoire, le 7 novembre 1711, à Marie Frédureau, dont un fils :

[*du 1er lit*]: 1° Marie-Anne-Françoise, née le 27 mars 1707, mariée le 11 février 1726 à Charles Le Pelletier, sieur de Feumasson ;

[*du 2e lit*]: 2° Michel-Jacques, né à Lucé le 3 novembre 1712, marié le 12 décembre 1741 à Marguerite Vacher, † le 2 octobre 1781, dont cinq filles;

3° Philippe, qui suit.

II. Philippe Hardouineau, confirmé dans ses privilèges par sentence de l'élection d'Orléans du 17 septembre 1774, assista aux assemblées de la noblesse du bailliage d'Orléans (1789), né le 18 janvier 1722, † le 21 septembre 1800; épousa le 30 novembre 1745 Marie Culleré, † le 9 février 1781, dont quatre enfants:

1° Philippe-Louis-César, qui suivra ;

2° Michel-Philippe-Étienne, qui sera rapporté après son frère aîné ;

3° Marie, née le 27 novembre 1747; mariée le 14 mai 1771, à François Johanneton;

4° Marie-Anne, née à Orléans le 9 novembre 1749.

III. Philippe-Louis-César Hardouineau, vicomte d'Hardouineau, capitaine de cavalerie (31 décembre 1785), émigré et officier de l'armée des princes, lieutenant-colonel (15 février 1798), colonel (20 janvier 1810), maréchal de camp (27 juin 1814), chevalier de Saint-Louis, fut créé vicomte héréditaire, par lettres patentes du 28 décembre 1821, sur promesse d'institution de majorat, transmissible à son neveu, Jules-Philippe Hardouineau; né à Orléans le 12 octobre 1750, †...; il épousa le 2 novembre 1802 Andrée-Suzanne-Mélanie Le Clerc de Douy, dont il n'a pas eu d'enfants.

III *bis*. Michel-Philippe-Étienne HARDOUINEAU, émigré et major de cavalerie (janvier 1800), lieutenant-colonel, chevalier de Saint-Louis, né à Orléans le 9 mars 1761, †...; épousa le 25 mars 1786 Marie-Charlotte-Colombe de Pellerin de Saint-Loup, fille de Louis-Victor-Jacques et de Marie-Anne de Tilly-Blaru, dont :

1° N..., garde du corps (3 janvier 1800);
2° Jules-Philippe, qui suit.

IV. Jules-Philippe HARDOUINEAU, dit le vicomte d'Hardouineau, garde du corps, ✠, fut déclaré héritier du majorat (non institué) au titre de vicomte héréditaire, que devait créer son oncle, le vicomte d'Hardouineau, par les lettres patentes de 1821; né en 1790, † à Orléans le 1er mars 1855, il épousa le 6 mai 1817 Marie-Adeline du Gaigneau de Champvallins, † à Orléans le 16 septembre 1880.

<h3 style="text-align:center">HARDY DE LA LARGÈRE</h3>

= Lettres de noblesse en faveur de Jean-Baptiste HARDY DE LA LARGÈRE, fils de Mathurin-François-Mathieu HARDY DE LA LARGÈRE, député aux États généraux en 1789, par lettres patentes du 10 mai 1819, avec règlement d'armoiries : *d'azur, à deux épées d'or, posées en sautoir; au chef d'hermine.*

* *

La famille Hardy, originaire de Vitré, y est anciennement citée ; elle établit sa filiation suivie depuis Jacques Hardy, marié avant 1553 à Magdeleine Farruel et dont la postérité a formé les branches suivantes : 1° celle de la Chauftière, fondue au XVIIe siècle dans la famille Aubin de Kerbouchard ; 2° celle de Beauvais, fondue au XIXe siècle dans les Rolland de Rengervé ; 3° celle de la Martinière, dans la famille Barrabé, et 4° enfin de la Largère, qui était représentée au sixième degré par Pierre, qui suit.

VI. Pierre HARDY, sieur de la Largère, né à Vitré le 24 octobre 1694, † même ville, le 7 septembre 1767, y épousa Marie Reste, dont :

1° Mathurin-François-Mathieu, qui suivra ;
2° Joseph-Pierre-Eutrope, né le 29 avril 1742 ;
3° Suzanne-Anne-Sainte, née le 1er novembre 1735 ; mariée le 23 août 1751 à Gilles Le Maczon.

VII. Mathurin-François-Mathieu HARDY, sieur de la Largère, maire de Vitré, député du tiers de la sénéchaussée de Rennes aux États de Bretagne et États généraux (1789), né à Vitré le 21 septembre 1739, † à Paris le 6 novembre 1792; épousa le 3 juin 1760 Jeanne-Aimée Lemoyne, fille de Jean et de Marie de Baudouard, dont entre autres enfants :

1° Joseph-René, né à Vitré le 16 décembre 1764 (mort jeune);

2° Augustin-Mathurin-Pierre, né le 12 août 1766;
3° François-Mathieu, né à Vitré le 28 février 1769 (mort jeune);
4° Jean-Baptiste, qui suivra;
5° Pierre-Hyacinthe, né à Vitré le 21 juillet 1773;
6° Joseph-Alexis, né le 15 janvier 1776 (mort jeune);
7° Athanase, né le 11 janvier 1777 (mort jeune);
8° Athanase-François, né le 21 avril 1778;
9°-14° Cinq filles.

VIII. Jean-Baptiste Hardy de la Largère, né à Vitré le 19 juillet 1772, fut anobli par lettres patentes du 10 mai 1819, il épousa à Vloto, le 17 décembre 1797, Marie-Thérèse, *alias* Magdeleine Dardan, dont au moins deux fils :

1° Louis, prêtre, né à Stolz (Silésie), le 1er mars 1801, † en 1887;
2° Charles-Ernest-Édouard, qui suit;
[3° Frédéric, marié à Mlle Cordelet et père de : *a*) Joseph, marié le 19 novembre 1891 à Paule Fournier de Bellevue; *b*) Blanche].

IX. Charles-Ernest-Édouard Hardy de la Largère, capitaine (18 décembre 1832), colonel, général de brigade (7 janvier 1860), C. ✻, né à Breslau (Prusse) le 13 décembre 1802, † à Rennes le 22 octobre 1880; épousa Zoé-Marie-Sainte Le Gall de Kerlinou, dont trois filles :

1° Marie-Thérèse-Madeleine, née en 1844, † le 20 septembre 1897, mariée à Ernest Le Grontec;
2° Céline, mariée en 1867 à Gustave Dorange;
3° Clotilde, religieuse.

HAREMBERT

= Titre personnel de baron en faveur d'Hidulphe-François-Marie Harembert, colonel de chasseurs, par lettres patentes du 10 juin 1828, avec règlement d'armoiries : *d'argent, au chevron de gueules, accompagné de trois trèfles de sinople ; au chef de gueules chargé d'une croix alaisée d'argent, rayonnante d'or.*

= Titre de chevalier héréditaire, en faveur d'Ange-Armand Harembert, lieutenant de gendarmerie, frère cadet du précédent, par lettres patentes du 11 avril 1818, avec règlement d'armoiries : *d'argent, au chevron de gueules, accompagné de trois trèfles de sinople; au chef de gueules chargé d'un soleil d'argent.*

* * *

Cette famille, originaire de Rennes, a pour auteur : Jean-Baptiste Harembert, rapporté ci-après.

II. Jean-Baptiste-Pierre Harembert, sieur de la Bazinière, maître des eaux, bois et forêts de Rennes, né en 1718, † à Vitré le 10 juillet 1765, fils de Jean-Baptiste, conseiller au siège présidial de Rennes, et de Jeanne-Marie Rubin, épousa à Vitré, le 22 décembre 1750, Marie-Thérèse Goret, dame de la Mézangère, dont :

1° Pierre-Jean-Marie, qui suivra;
2° François-Jean-Pierre, marié le 2 septembre 1783 à Marie-Anne Boutry, dont postérité représentée de nos jours.

III. Pierre-Jean-Marie Harembert, puis d'Harembert, sieur de la Mézangère, exempt de la connétablie des maréchaux de France, administrateur des hospices à

Fougères, né à Fougères le 6 juillet 1752, † même ville le 26 mars 1789 ; épousa à Tours le 3 août 1779, Marie-Rose-Charlotte Gault de la Galmandière, † à Fougères en 1848, fille de Pierre-Michel, receveur général des fermes du roi à Tours, et de Marie-Prudence du Bois de la Cotardière, et sœur du baron de l'Empire, dont :

1° Pierre-Marie, armateur et maire de Paramé, né à Vitré le 9 août 1780, † à Paramé en 1857, sans alliance ;

2° Hidulphe-François-Marie, qui suivra ;

3° Ange-Armand, qui sera rapporté après son frère ;

4° Armand, sous-lieutenant d'infanterie (30 avril 1807), puis inspecteur des eaux et forêts, retraité en 1848, né à Avranches le 14 juillet 1789, † à Alençon le 23 septembre 1871 ; marié à Rennes, le 20 février 1811, à Victoire-Jeanne Savouré des Rivières, † à Alençon le 9 mars 1840, dont trois enfants, qui suivent :

    a) Armand-Ange, receveur de l'enregistrement, né le 6 juillet 1812, † le 24 août 1882, sans alliance ;

    b) Camille-Marie, née à Fougères le 24 mai 1814, † à Bernay le 16 mai 1863 ; mariée à Saint-Lo, le 12 décembre 1832, à Marie-François-Gabriel Collier, dont un fils et une fille, Mᵐᵉ Frédéric Saulnier ;

    c) Virginie-Ange, née à Fougères le 2 mai 1818, † le 26 août 1871 ; mariée deux fois : 1° le 16 décembre 1840, à Charles-Louis de Bastide ; 2° le 19 avril 1848, à son beau-frère Ferdinand de Bastide, commandant.

IV. Hidulphe-François-Marie HAREMBERT, baron d'Harembert, donataire de l'Empire[1], sous-lieutenant de cavalerie (8 septembre 1803), chef d'escadron (20 novembre 1813), lieutenant-colonel, sous-aide major aux mousquetaires (1ᵉʳ juillet 1814), colonel commandant en second l'école de Saumur (1815), puis le 2ᵉ chasseurs à cheval, O. ✻, chevalier de Saint-Louis, fut créé baron, à titre personnel, par lettres patentes du 10 juin 1828 ; né à Fougères le 4 septembre 1782, † à Givey le 7 septembre 1828, il épousa le 18 avril 1810 Catherine Tourel, † à Saint-Hilaire-Saint-Florent (Maine-et-Loire) le 3 mars 1854, dont il n'a pas eu d'enfants.

IV *bis.* Ange-Armand HAREMBERT, chevalier d'Harembert, garde du corps (1814), lieutenant de gendarmerie, puis capitaine commandant, ✻, fut créé chevalier héréditaire par lettres patentes du 11 avril 1818. Né à Fougères le 8 juin 1785, † au château de Saint-Florentin, par Septeuil, le 15 juillet 1857, il se maria deux fois : 1° à Vitré, le 9 janvier 1825, à Thérèse-Gabrielle-Françoise de Gennes, † en 1816, sans postérité ; 2° à ᵒⁿ, le 27 juillet 1824, à Élise Lescuyer de la Place, † à Paris le 21 mai 1873, dont un fils, qui suit.

V. Arthur D'HAREMBERT, né en 1831, † le 11 novembre 1889, sans postérité.

HARGENVILLIER (D')

⚞ Titre de baron héréditaire confirmé en faveur de Joseph-Étienne-Timoléon D'HARGENVILLIER, baron de l'Empire, conseiller général et membre du collège électoral du Tarn, avec jouissance de la noblesse héréditaire comme fils et petit-fils de chevaliers de Saint-Louis, par lettres patentes du 3 février 1816, portant règlement d'armoiries : *d'hermine, papelonné de gueules.*

**

1. Il reçut une dotation de 500 fr. de rentes sur le mont de Milan, par décret du 1ᵉʳ février 1808.

Cette famille Hargenvillier, ou Hargenvilliers[1], serait originaire de Picardie, d'après une tradition, et fixée en Rouergue à la fin du XVII⁰ siècle ; elle a donné des viguiers de Villeneuve-de-Berg et de nombreux officiers et des chevaliers de Saint-Louis.

I. Joseph-Jacques d'Hargenvillier, conseiller du roi et viguier de Villeneuve-de-Berg, épousa Marguerite de Raoux, dont :

1° Esprit-Timoléon, qui suivra :

2° Joseph-Antoine-Martin, lieutenant des maréchaux de France, chevalier de Saint-Louis † en 1793, marié à N... et père d'un fils, tué au siège de Saragosse.

II. Esprit-Timoléon d'Hargenvillier, lieutenant-colonel au régiment de Penthièvre, chevalier de Saint-Louis, épousa Louise O'Rourke, dont un fils, qui suit.

III. Joseph-Étienne-Timoléon d'Hargenvillier, baron d'Hargenvillier et de l'Empire[2] (majorat par lettres patentes du 16 décembre 1810), maire de Cuq-Toulza, conseiller général et membre du collège électoral du Tarn, chevalier de Saint-Louis, ✹, fut confirmé dans le titre de baron héréditaire par lettres patentes du 3 février 1816, avec confirmation de ses privilèges de noblesse ; né à Ganges (Hérault) le 18 janvier 1767, †..., il épousa Adélaïde-Sophie-Pierrette de Labarthe, dont :

1° Félix-Aimar-Timoléon, qui suivra ;

2° Adélaïde-Joséphine-Honorine ;

3° Sophie-Louise-Mathilde.

IV. Félix-Aimar-Timoléon d'Hargenvillier, baron d'Hargenvillier, lieutenant de cavalerie, né le 31 janvier 1798.

HARMAND D'ABANCOURT

⸗ Titre de vicomte héréditaire, sous la dénomination de vicomte d'Abancourt, confirmé en faveur d'Anne-Pierre-Louis Harmand, baron d'Abancourt et de l'Empire, préfet, par lettres patentes du 20 avril 1822, avec règlement d'armoiries : *coupé : parti, au I d'azur, à huit étoiles d'or posées en orle, et de gueules, à une muraille crénelée d'argent, posée en champagne · surmontée d'un lion naissant du même ; au II de sinople, au pélican avec sa piété d'or.*

* * *

I. Étienne Harmand[3], avocat au Parlement, épousa Zélie-Marianne Robert, dont au moins un fils, qui suit.

1. On trouve fixée à Paris aux XVII⁰ et XVIII⁰ siècles une famille bourgeoise de ce nom, venue aussi de Picardie.

2. Cf. *Armorial du I⁰ʳ Empire*, t. II, p. 294.

3. A la même famille paraît se rattacher Jean-Dieudonné Harmand, marchand à Souilly, marié à Françoise Baudet, et père de : Jean-Baptiste, soldat au régiment de Vivarais, puis avocat à Bar-le-Duc (1787), juge de paix (1792), député de la Meuse à la Convention (7 septembre 1792), au Conseil des Anciens et aux Cinq-Cents, préfet (1799-1805), ✹ ; né à Souilly le 10 novembre 1751, † à Paris le 24 février 1816.

— 299 —

II. Nicolas-François Harmand, baron d'Abancourt et de l'Empire[1] (lettres
patentes du 14 avril 1810), avocat au conseil supérieur de Châlons-sur-Marne, puis
au bailliage de Châteauthierry, député du bailliage de Châteauthierry aux États
généraux et à la Constituante (1789), préfet (1800-14), ✳ ; né à Souilly (Meuse) le
9 janvier 1747, † à Senlis (Oise) le 31 décembre 1821, il épousa Marie-Benoîte-
Valentine Gaussart, dont au moins un fils, qui suit.

III. Anne-Pierre-Étienne Harmand, baron, puis vicomte d'Abancourt, auditeur
au Conseil d'État, sous-préfet, préfet (1815-1824), député des Ardennes (1824-31),
conseiller référendaire (7 août 1825), puis président à la cour des comptes (21 novembre 1846), pair de France (3 octobre 1837), C. ✳ ; fut créé vicomte héréditaire d'Abancourt par lettres patentes du 20 avril 1822 ; né à Châlons-sur-Marne le
23 août 1774, † à Paris le 23 mars 1850, il épousa en 1812 Anne-Émilie Desèvre,
† à Saint-Cloud le 14 juin 1837, dont trois filles :

1° Marie-Louise-Amélie, née à Savenay le 8 décembre 1812, † 27 décembre 1887 ; mariée à
son cousin germain, Étienne-Jules-François Harmand, vicomte d'Abancourt, greffier de
la cour des comptes, créé vicomte héréditaire par lettres patentes du 30 janvier 1841 ;
né à Briey le 18 juin 1807, † en 1874 ou 1875, dont un fils, qui suit :
Étienne-Louis-Marie-Émile Harmand, vicomte d'Abancourt, conseiller maître à la cour
des comptes, conseiller général de la Meuse, confirmé dans le titre de vicomte
d'Abancourt par décret impérial du 28 juin 1852 ; marié le 24 février 1869 à Augus-
tine-Claire-Gabrielle Crignon de Montigny, dont une fille unique : Claire-Juliette,
mariée le 20 juillet 1893 à Gaston-Charles de Dompierre d'Hornoy, officier de marine ;
2° Virginie-Léonie, née à Tulle le 16 juin 1817, †... ; mariée en 1847, à M. Rostan, docteur
en médecine ;
3° N..., mariée à M. Boucher, conseiller référendaire à la cour des comptes.

HARMAND-HERMANN

═ Lettres de noblesse en faveur de Jacques-Dominique-Marie Harmand-Hermann, par lettres patentes du 9 novembre 1816, avec règlement d'armoiries : *parti,
au I de gueules, à l'épée haute d'argent ; au II d'azur, à la tour d'argent, maçonnée de
sable, ouverte et ajourée du champ.*

═ Titre de baron héréditaire sur institution de majorat (maison à Paris) en
faveur du même, par lettres patentes du 24 mai 1821, avec même règlement d'armoiries que ci-dessus.

** **

Jacques-Dominique-Marie Harmand-Hermann, baron Harmand-Hermann, dit
le baron Hermann, membre du collège électoral de la Seine, ✳, chevalier de Saint-
Jean-de-Jérusalem, fut autorisé à ajouter à son nom celui d'Hermann, par ordonnance du 2 octobre 1816, puis anobli par lettres patentes du 9 novembre 1816 et
créé ensuite baron héréditaire, sur institution de majorat, par autres lettres patentes du 24 mai 1821. Né à Metz le 4 novembre 1764, † à Paris le 2 janvier 1852,
il épousa Désirée Blandin [sans postérité].

1. Cf. *Armorial du Iᵉʳ Empire*, t. II, p. 295.

HARTY DE PIERREBOURG

═ Titre de baron héréditaire de Pierrebourg, confirmé en faveur d'Olivier HARTY, baron DE PIERREBOURG de l'Empire et lieutenant général honoraire, par lettres patentes du 16 juin 1818, avec règlement d'armoiries : *d'argent, chargé au 2e point du chef d'une merlette (et mieux une cannetic) de sable, becquée et onglée d'or.*

I. Thomas HARTY, *alias* O'Hartyl, épousa Marguerite Shee, dont un fils, qui suit :

II. Olivier HARTY, baron de Fleckenstein, ou de Pierrebourg et de l'Empire (lettres patentes des 12 avril 1812 et 1er janvier 1813), donataire de l'Empire, sous-lieutenant, puis capitaine au régiment irlandais, adjudant chef de brigade (1792), général de brigade (15 mai 1793), retraité lieutenant général honoraire (9 décembre 1815), C. ✳, chevalier de Saint-Louis ; fut confirmé dans le titre de baron de Pierrebourg héréditaire par lettres patentes du 16 juin 1818. Né à Knoc-Anny, Irlande) le 20 juin 1746, ✝ à Strasbourg le 2 janvier 1823, il épousa à Chantenay-sur-Loire près Nantes, le 6 octobre 1787, Marie de Groenweldt, dont :

1° Guillaume-Henry, qui suivra ;

2° Julie, née en 1789, ✝ à Paris le 3 juin 1881 ; mariée le 24 septembre 1812 à André-Louis Élisabeth-Marie, vicomte de Briche, baron de l'Empire, général de division.

III. Guillaume-Henri HARTY, baron de Pierrebourg, chef d'escadron, ✳, né à... le... septembre 1796, ✝ à Paris le 8 mars 1877 ; épousa Amélie-Françoise Gravier de Vergennes, ✝ le 6 septembre 1854, fille du comte et de Mlle Thierrat, dont dix enfants :

1° N..., mort au berceau ;

2° Louis-Olivier, qui suivra ;

3° Gustave-Henry, chef de bataillon, ✳, né le 1er octobre 1835 ; marié le 25 septembre 1871 à Charlotte-Marie-Marguerite Heriot de Vroïl, dont quatre enfants, qui suivent :

   a) Olivier, né le 21 octobre 1877 ;

   b) Jules-Louis, né le 18 janvier 1880 ;

   c) Élisa-Jacqueline, née le 10 juin 1874 ; mariée le 12 juillet 1897 à Marie-Joseph-Eu-gène-Jean Guignard, lieutenant ;

   d) Suzanne, née en novembre 1882 ;

4° Septime, lieutenant de chasseurs à pied, ✝ à l'affaire de Châtillon le 18 avril 1871 ;

5° Ernest-Pierre-Joseph, capitaine de cavalerie (1880), ✳, né à Bourges le 8 décembre 1845 ; marié à Alice-Henriette-Louise Thomas-Galline, dont quatre enfants, qui suivent :

   a) René-Olivier, né en 1876 ;

   b) Charles, né en 1878 ;

   c) Jeanne-Amélie-Mathilde, née en 1874 ; mariée le 18 avril 1898 à Marie-Philippe-Étienne Lubbe de Champgrand ;

   d) Gabrielle, née en 1882 ;

6° Aimery-Denis-Jules, officier de cavalerie, né... ; marié le 8 avril 1876 à Marguerite-Lise-Eugénie Thomas, dont deux enfants, qui suivent :

   a) Frédéric-Henri, né en mars 1877 ;

   b) Madeleine, née en octobre 1879, mariée à Paris, le 16 avril 1899, à Louis de la Salle ;

7° Élisabeth-Marie, née en 1831, ✝ en 1854 ; mariée à M. de Bogard ;

8° Marie-Julie-Octavie, née..., ✝... ; mariée à Just-Albert Froger-Deschênes ;

9° Marie-Amélie-Anna, mariée en décembre 1856 à N... Gaston de Bourge, avocat; depuis
veuve et religieuse;

10° Anna-Suzanne, né en 1836, † le 22 décembre 1901, mariée en janvier 1858 à Pierre-Joseph-
Émile Pouget de Saint-André.

IV. Louis-Olivier HANTY, baron de Pierrebourg, colonel (1885), général de
brigade (29 décembre 1889), C. ✳, né à Paris le 6 mai 1833; a épousé le 4 septembre 1886 Cécile-Rachel-Marie-Amélie Riffault, dont :

1° Frédéric-Henry-Marie, lieutenant à la Légion étrangère, né en 1869, † à Androngomy (Ma-
dagascar) le 15 août 1898 ;

2° Cécile-Eugénie, mariée en mai 1890 à Henry Le Bret, officier de hussards ;

3° Marie, mariée deux fois : 1° le 9 février 1891 à Armand-Jules-Achille Begé, comte romain ;
2° le 18 mars 1895, à Guy-Marie-Amédée Megret de Devise, officier de cuirassiers.

HARVILLE (DE)

═ Titre de pair à vie en faveur de Louis-Auguste Juvénal, comte DE HARVILLE,
lieutenant général, par l'ordonnance du 4 juin 1814.

***

La maison de Harville est d'ancienne chevalerie et tire son nom de la seigneurie de Harville, près de Janville-en-Beauce ; elle établit sa filiation suivie depuis
Pierre, sgr de Harville, vivant en 1325, dont la descendance a formé plusieurs
branches, celles de Harville, de la Selle, de la Grange-aux-Bois, etc., toutes éteintes
aujourd'hui.

Celle du pair de France a possédé la baronnie de Nainville, le marquisat de
Trainel (par suite d'alliance avec les Jouvenel des Ursins), la seigneurie de Palai-
seau, etc., et était représentée au onzième degré par Esprit, qui suit.

XI. Esprit DE HARVILLE, dit de Jouvenel de Harville des Ursins, marquis de
Trainel et de Doue, etc., colonel des dragons d'Orléans, né en 1698, † le 11 juillet
1726, fils d'Esprit, lieutenant général, et de Marie-Anne de Gomont; épousa le
24 mai 1717 Marie-Anne Le Blanc, † à Versailles le 13 avril 1727, fille de Claude,
maître des requêtes, et de Madeleine Le Petit de Passy, dont :

1° Simon-Marie-Tristan, né..., † le 9 juillet 1728 ;

2° Claude-Constant-Juvénal-Esprit, qui suivra ;

3° Claude-Constance, née le 11 mars 1723 ;

4° Isabelle-Louise, née en 1725, décapitée le 22 juillet 1794; mariée le 18 février 1744 à
Charles-Louis, marquis de la Châtre ;

5° N..., né posthume le 17 décembre 1726.

X. Claude-Constant-Esprit Juvénal DE HARVILLE DES URSINS, dit le comte des
Ursins, marquis de Trainel, maréchal de camp (23 juillet 1756), lieutenant général
(24 juillet 1762), né le 12 mars 1723, †...; épousa le 10 février 1744 Marie-Antoinette
de Goyon de Matignon de Gacé, † à Paris le 8 mars 1770, fille de Marie-Thomas-
Auguste, marquis de Matignon, et d'Edme-Charlotte de Brenne, dont :

1° Louis-Auguste-Juvénal, qui suivra ;

2° Marie-Antoinette-Louise-Esprit-Juvénal-Claude, née à Paris le 29 juillet 1745, †...; mariée
deux fois ; 1° à Fulgence-Octave-Augustin de Rosen-Kleinropp, marquis de Bolweiller ;
2° le 20 avril 1770, à Louis-François de Perusse, comte des Cars ;

3° Marie-Edmée, né à Paris le 21 novembre 1747 ;

4° Marie-Louise-Madeleine-Gabrielle, née à Paris le 31 mai 1754, †... ; mariée le 6 février 1774 à Jean-René-Henri, comte de Chasteigner, mestre de camp ;

5° Marie-Françoise-Éléonore, née à Douc le 25 septembre 1760, † à Paris le 25 novembre 1837 ; mariée en 1779 à Donatien-Marie-Joseph de Vimeur, comte de Rochambeau, baron de l'Empire, lieutenant général.

XI. Louis-Auguste Juvénal D'HARVILLE, comte d'Harville et de l'Empire (lettres patentes de mai 1808), marquis de Trainel, lieutenant aux gendarmes d'Artois (1783), maréchal de camp (9 mars 1788), lieutenant général (6 février 1792), inspecteur général d'armée (1798), chevalier d'honneur de l'impératrice Joséphine, membre du Sénat conservateur (12 mars 1801), gouverneur des Tuileries et du Louvre (1810), pair de France (4 juin 1814), G. A. ✳ ; né à Paris le 23 avril 1743, † à Lizy-sur-Ourcq le 8 mars 1815, il épousa le 9 avril 1766 Marie-Henriette-Augustine-Renée dal Pozzo de la Trousse, † à Lizy-sur-Ourcq le 19 janvier 1836, fille de Jacques-Auguste-Laurent-Ferdinand-Philippe, marquis de la Trousse, et de Marie-Anne-Augustine de la Vieuville, dont il n'a pas eu de postérité.

La maison de Harville porte pour armes : *de gueules, à la croix d'argent, chargée de cinq coquilles de sable.*

HASTIER DE LA JOLIVETTE

= Maintenue de noblesse en faveur d'Antoine-Marie HASTIER DE LA JOLIVETTE, membre du collège électoral de l'Allier et maire de Cindré (comme fils et petit-fils de trésorier de France et en vertu des privilèges de cette charge), par lettres patentes du 24 août 1816, avec règlement d'armoiries : *d'azur, au croissant d'argent, posé en abyme et accompagné de trois étoiles du même.*

* *

I. Antoine HASTIER, seigneur de la Presle et de Corgenay, trésorier de France au bureau des finances de la généralité de Moulins (4 septembre 1738), né à Moulins le 30 décembre 1691 ; se maria deux fois : 1° à Jeanne Crozet, dont un fils ; 2° à Moulins, le 9 avril 1742, à Élisabeth Moderat, dame de Corgenay, fille de Jean, seigneur de Corgenay, et d'Antoinette Farjonel.

[*du 1er lit*] : 1° Jean-Joseph, qui suivra ;

2° Jean, né à Moulins le 7 juin 1839 ;

[*du 2e lit*] : 3° Geneviève, mariée à Paris (contrat du 29 septembre 1757) à Charles-Marie-Cléobane Le Roux, chevalier de Kerninon, capitaine au régiment de la reine-dragons ;

4° Marie, mariée : 1° à Moulins le 27 novembre 1754, à Paul-Amable-Jean-Baptiste Panay du Daffand, lieutenant-colonel de dragons, chevalier de Saint-Louis ; 2° à Paris, le 25 juin 1789, à Pierre-Jean Le Roux, chevalier, sgr de Kerninon, veuf de Mlle de Coëtlosquet.

II. Jean-Joseph HASTIER, écuyer, sgr de la Jolivette, trésorier de France après son père (11 février 1761), baptisé à Moulins le 18 mars 1735, †... ; épousa à Saint-Pierre-des-Ménestraux, le 22 janvier 1770, Jeanne-Gilberte-Antoinette Pelletier, fille de Jean-Baptiste, avocat au parlement, et de Magdeleine Houdry, dont :

1° Antoine-Marie, qui suivra ;

2° Anne-Geneviève, mariée à Pierre-Gilbert-Aimé Lucas.

III. Antoine-Marie HASTIER DE LA JOLIVETTE, officier de hussards, puis garde du corps du roi, maire de Cindré et membre du collège électoral de l'Allier, fut maintenu dans sa noblesse comme fils et petit-fils de trésoriers de France, par lettres patentes du 24 août 1816. Né à Moulins le 18 mars 1771, †..., il épousa vers 1802 Gabrielle-Éléonore-Victoire Devaulx de Chambord, dont un fils unique, qui suit.

IV. Jean-Joseph-Flavie HASTIER DE LA JOLIVETTE, né au château de Chambord (Allier) le 25 décembre 1803, † au château des Escures le... 1884; épousa vers 1825 sa cousine germaine Marie-Antoinette Lucas, dont quatre enfants :

   1° Pierre-Paul-Étienne, qui suivra :
   2° Nicolas-Auguste, chef de bataillon de mobiles de l'Allier (1870-71), né à la Forêt (Allier) en mai 1841, † à Moulins en 1879; marié le 7 janvier 1872 à Julie-Alexandrine-Octavie Mullot, sans postérité ;
   3° Claudine-Anne-Agarithe, née en septembre 1830; mariée le 26 octobre 1852 à Marie-Auguste-Raoul, comte de Louvencourt, général de brigade ;
   4° Claudine-Anne, chanoinesse de Sainte-Anne de Munich, née le 9 avril 1844.

V. Pierre-Paul-Étienne HASTIER DE LA JOLIVETTE, né à Moulins le 28 septembre 1833, † à Moulins le...; épousa à Moulins, le 25 novembre 1867, Louise de Champfeu, fille du comte et de Mlle Béraud des Rondards, dont un fils unique, qui suit.

VI. Jean-François-Étienne HASTIER DE LA JOLIVETTE, né le 7 avril 1870.

HATRY

= Titre personnel de baron en faveur d'Ange-Charles-Joseph HATRY, lieutenant-colonel, par lettres patentes du 25 février 1830, avec règlement d'armoiries.
d'or, à trois cors de sable, 2, 1.

* *

II. Joseph-Maurice HATRY, capitaine au régiment de la Marck (1789), général de division (1794), général en chef de l'armée de Mayence (8 janvier 1797), membre du Sénat conservateur (25 décembre 1799), né à Strasbourg le 13 février 1742, † à Paris le 30 novembre 1802, fils de Jacques et de Marie-Agathe Reincyin; il épousa à Strasbourg, en 1777, Marie-Françoise Engelmann, † à Strasbourg le 2 janvier 1818, fille de François-Joseph et de Mlle Vogel, dont trois fils :

   1° Alexandre-Jacques-Christophe, chevalier Hatry et de l'Empire[1] (lettres patentes du 26 avril 1810), lieutenant-colonel (1828), O. ✳, né à Strasbourg le 25 septembre 1778, † le 26 janvier 1830; marié le 28 août 1806, à Anna-Éléonore Villetard de Prunières, fille du sénateur et comte de l'Empire; sans postérité ;
   2° Charles-Joseph-Jean-Baptiste-Georges, chevalier Hatry et de l'Empire[1] (lettres patentes du 26 avril 1810); colonel du 3° chevau-léger, O. ✳, né à Strasbourg le 18 janvier 1781 † à la bataille de Leipzig le 14 août 1813; sans alliance ;
   3° Auguste-Charles-Joseph, qui suit.

III. Auguste-Charles-Joseph HATRY, chevalier Hatry et de l'Empire[2] (lettres

---

1. Cf. *Armorial du Ier Empire*, t. II, p. 298-99, pour les titre et armoiries de l'Empire.
2. Cf. *Armorial du Ier Empire*, t. II, p. 299.

patentes du 26 avril 1810); puis baron Hatry, sous-lieutenant (6 février 1806), colonel de cavalerie (11 septembre 1830), maréchal de camp (12 août 1839), général de division (12 juin 1848), C. ✷, chevalier de Saint-Louis ; fut créé baron à titre personnel, par lettres patentes du 25 février 1830. Né à Strasbourg le 5 avril 1788, † même ville le 7 septembre 1863, il épousa le 30 septembre 1829 Marie-Pauline Princeteau, sœur du général, dont une fille, qui suit, et plusieurs autres mortes jeunes :

Charlotte-Marie-Alice, née le 1ᵉʳ juin 1840; mariée le 25 août 1862 à Christophe-Marie-Alfred Schmitt.

HAUBERSART (D')

= Titre de pair à vie, en faveur d'Alexandre-Claude-Joseph-Séraphin, comte D'HAUBERSART, par l'ordonnance du 4 juin 1814.

= Confirmation de pairie à titre héréditaire en faveur du même, par l'ordonnance du 19 août 1815.

= Titre de comte-pair héréditaire en faveur du même, par l'ordonnance du 31 août 1817 et confirmé par lettres patentes du 8 janvier 1818 (sans institution de majorat de pairie), avec règlement d'armoiries : *d'azur, au chevron d'or, chargé de deux épées de sable, accompagné en chef de deux étoiles d'argent, et en pointe d'une balance du même.*

= Transmission de pairie au titre de baron-pair héréditaire, sur institution de majorat de pairie (terres, arrondissement de Cambrai-Nord), en faveur du fils du précédent, Alexandre-Florent-Joseph, comte D'HAUBERSART, par lettres patentes du 14 février 1825 [sans règlement d'armoiries].

***

II. Louis-François DAUBERSART, *alias* d'Haubersaert, bailli des dames de Bourbourg, fils de Michel Daubersart et de Marie Gouyelle, épousa Anne Favier, dont quatre enfants :

1° Alexandre-Claude-Joseph, qui suivra;
2° N... procureur du tribunal civil de Douai (1811);
3° N... major de dragons;
4° Marie-Élisabeth, mariée à Alexandre-Théophile-Joseph Dubois, procureur à la cour.

III. Alexandre-Claude-Joseph-Séraphin HAUBERSAERT, *alias* Haubersart, successivement chevalier, puis baron et comte d'Haubersart et de l'Empire[1] (lettres patentes des 28 janvier 1809, 25 mars et 19 juin 1813), substitut du procureur général au parlement de Flandre, conseiller pensionnaire de la ville de Douai, et subdélégué de l'intendant (1789), puis président du bureau de paix et de conciliation, et premier président de la cour d'appel de Douai, député du département du Nord (1804), avocat général à la cour d'appel de Douai (6 avril 1811), membre du Sénat conservateur (14 avril 1813), pair de France (4 juin 1814), O. ✷; fut créé comte-pair héréditaire par lettres patentes du 8 janvier 1818, sans institution de majorat. Né à Coutiches (Nord) le 18 octobre 1732, † à Douai le 16 août 1823; il

1. Cf. *Armorial du Iᵉʳ Empire*, t. II, p. 299.

épousa à Douai le 29 août 1768, Rosalie-Claire-Ursule Raison, † à Douai le 17 juillet 1788, dont :

1° Alexandre-Florent-Joseph, qui suivra ;

2° Charles-Louis-Joseph, baron d'Haubersart, inspecteur des contributions directes, né le 4 avril 1775, † le 28 octobre 1856 ; marié à Marie-Clémentine Dolespaul, † en mars 1893, dont deux enfants, qui suivent :

    a) Alexandre-Paul-Joseph, baron d'Haubersart, secrétaire d'ambassade, ✳, né..., †...; marié en 1864 à Laurence Quecq d'Henriprot, dont deux enfants, qui suivent ;

        aa) un fils, mort au berceau ;

        bb) Marthe-Marie, née à Cambrai le 5 septembre 1866 ; mariée, le 12 janvier 1886, à Raoul-Gabriel-Ghislain des Rotours ;

    b) Marthe-Catherine-Charlotte, née en 1834 ; mariée le 22 août 1855, à Amédée de Beuguy d'Hagerue ;

3° Catherine-Ursule-Josèphe, mariée le 2 février 1795 à Philippe-Antoine Drousart, directeur du mont-de-piété de Douai.

III. Alexandre-Florent-Joseph D'HAUBERSART, comte d'Haubersart, pair de France (par hérédité, 17 avril 1824), directeur général de l'enregistrement, C. ✳ ; fut confirmé dans la pairie héréditaire, au titre de baron-pair, sur institution de majorat, par lettres patentes du 14 février 1825. Né à Douai le 22 janvier 1771, † à Paris le 4 avril 1855, il épousa à Douai, le 3 mai 1801, Ursule-Brigitte-Marie Merlin, † à Paris le 5 mars 1858 (veuve en premier mariage, mars 1800, de Jean-Baptiste Dubois de Crancé, chef de brigade, † le 27 avril 1800), fille de Philippe-Antoine Merlin, de Douai, comte de l'Empire, et de Brigitte-Jeanne-Joséphine Dumonceaux, dont :

1° Alexandre-Auguste, qui suivra ;

2° Lodoïse-Marie, née le 18 mars 1804, † en 1884 ; mariée à Victor-Alexis Bérard ;

3° Clémence-Hermance, née en 1805, † en 1879 ; mariée à Marie Louis-François-Constant Himbert, baron de Flégny.

IV. Alexandre-Auguste D'HAUBERSART, conseiller d'État, député du Nord (1835-1842-48), O. ✳ ; né à Douai le 8 août 1803, † à Paris le 30 mai 1868, sans alliance.

HAUSSONVILLE — *v.* CLÉRON D'HAUSSONVILLE.

HAUTECLOCQUE (DE)

⚏ Titre personel de baron en faveur de Léopold-Valentin-François DE HAUTECLOCQUE, lieutenant de cavalerie, par lettres patentes du 14 mai 1822, avec règlement d'armoiries : *d'argent, à la croix de gueules, chargée de cinq coquilles d'or.*

*
* *

La maison de Hauteclocque, originaire d'Artois, tire son origine de la seigneurie de ce nom, au comté de Saint-Pol, où elle est citée dès le XIIᵉ siècle dans des chartes de donations aux abbayes de Cercamps, de Saint-Jean d'Amiens et de Saint-André-du-Bois ; elle établit sa filiation suivie depuis Jacques, marié à Jeanne de Hallin, et cité en 1366 avec son fils, dont la postérité était représentée au quatorzième degré par Charles-François, qui suit.

XIV. Charles-François de Hauteclocque, sgr de Wail, Quatre-Veaux, Flins-en-Auberchicourt, etc., créé, avec son frère, chevalier par lettres patentes le 22 décembre 1752, avec permission de timbrer ses armes d'une couronne de comte ; épousa le 25 janvier 1744, Marie-Josephe-Yolande Le Caron de Rollois, dont :

1° Adrien-François-Marie, chevau-léger de la garde du roi, né le 7 novembre 1744 ;
2° François-César-Auguste, mort jeune ;
3° François-Louis-Joseph, qui suivra ;
4° Marie-Yolande-Philippine, née le 25 août 1745 ;
5° Valentine-Védastine-Victoire, née le 25 juillet 1748 ;
6°-7° Deux filles, mortes au berceau.

XV. François-Louis-Joseph de Hauteclocque, chevalier, sgr de Wail, se maria deux fois : 1° le 14 juillet 1785, à Reine-Védastine de Lassus, dont trois enfants, qui suivent ; 2° en 1796, à Catherine-Philippe-Julie de Monet de la Marck ; dont deux autres fils, qui suivront :

[du 1er lit] : 1° Stanislas-François-Joseph, né à Arras en 1786, † à... le 1er janvier 1856 ; marié le 6 novembre 1822 à Rosalie-Gabrielle de Beugny d'Hagerue, dont deux fils, qui ont laissé postérité, représentant de nos jours la branche aînée, et une fille, sans alliance ;
2° César-Louis-François-Joseph, chef de bataillon, né le 24 août 1787, † le 11 février 1871 ; marié en 1819, à Eugénie du Bois de Bellejame, dont un fils, qui a laissé postérité représentant la branche cadette, et une fille, Mme Deschères ;
3° Constantin-Gabriel, officier, conseiller de préfecture, ✳, créé comte romain par bref pontifical du 11 mai 1857 ; né le 9 août 1788, † à Arras le 22 mars 1884 ; marié, le 5 février 1822, à Félicité-Élisabeth Rouvroy de Libersart, † en 1877, dont deux fils, qui représentent la deuxième branche cadette ;
[du 2e lit] : 4° Alphonse-François-Philippe, officier, né au château de Bourgogne-lès-Fismes le 19 juillet 1796, † à Abbeville le 4 avril 1874 ; marié en 1825 à Marie-Sidonie Le Fébure de Hodent, dont deux fils, qui ont laissé postérité, représentant la troisième branche ;
5° Léopold-Valentin-François, qui suit.

XVI. Léopold-Valentin-François de Hauteclocque, baron de Hauteclocque, lieutenant de cavalerie, maire d'Arras (1830), chevalier de Saint-Jean-de-Jérusalem, chevalier de Saint-Louis, ✳, fut créé baron à titre personnel, par lettres patentes du 14 mai 1822. Né au château de Bourgogne-lès-Fismes le 19 juillet 1797, † le 11 août 1865, il épousa en 1823 Marie-Joséphine-Clémence de Navighaer, dont il n'a pas eu postérité.

HAVRÉ — v. Croy

HECQUET DE ROCQUEMONT

☰ Lettres de noblesse en faveur de Clément-Charles Hecquet de Rocquemont, adjoint au maire d'Abbeville, par lettres patentes du 16 juin 1818, avec règlement d'armoiries : *de gueules, au pélican avec sa piété sur son nid d'or ; au chef du même, chargé de trois croisettes de gueules.*

Cette famille était fort nombreuse à Abbeville aux XVIIe et XVIIIe siècles.

I. Clément Hecquet, doyen des médecins d'Abbeville, échevin de cette ville, † le 25 février 1784, épousa à Abbeville, le 28 novembre 1730, Anne-Jeanne Glachaist, dame de Roquemont et de Beaufort, dont trois enfants :

 1° Jean-Clément, qui suivra ;
 2° Clément-Nicolas, sieur de Beaufort et de Pommereuil-lès-Gapennes, avocat du roi en la sénéchaussée et siège présidial d'Abbeville, † en 1780, marié en 1768 à Catherine-Augustine Pappin, dont postérité représentée de nos jours ;
 3° Marie-Anne, mariée en 1757, à Jean-François Dargnies, sieur d'Hesbon, subdélégué de l'intendant, puis conseiller au conseil supérieur d'Artois.

II. Jean-Clément Hecquet, sieur de Roquemont, procureur du roi en la sénéchaussée de Ponthieu et au présidial d'Abbeville (1761-83), † en 1811 ; épousa à Amiens, le 4 juin 1776, Marie-Marguerite-Charlotte Jourdain, † en 1812, dont :

 1° Clément-Charles, qui suivra ;
 2° Augustine, mariée le 21 novembre 1811 à Jean-Baptiste-Charles-Alexandre Gresset.

III. Clément-Charles Hecquet de Rocquemont, adjoint au maire d'Abbeville (1816-30), fut anobli par lettres patentes du 16 juin 1818. Né à Abbeville (Somme) le 14 avril 1779, †..., il épousa à Abbeville, le 11 septembre 1805, Apolline Vincent d'Hautecourt, †... 1878, fille de Gabriel-Pierre-André-Christophe Vincent, marquis d'Hautecourt, et de Marie-Catherine-Élisabeth Tillette d'Offrucourt, dont :

 1° Aloph-Albert-Clément-Charles, qui suivra ;
 2° Apolline-Élisabeth-Clémentine-Léonide, mariée en 1829, à André-Marie-Léon van Robais, commis des douanes ;
 3° Armande-Charlotte-Bénigne née en 1813, † le 27 août 1878, mariée le 16 mars 1832 à Charles-Adrien Wignier de Beaupré, capitaine de chasseurs à cheval ;
 4° Augustine-Gabrielle-Emmeline, née en 1817, † le 17 mars 1892 ; mariée le 20 janvier 1840 à son cousin Alfred-Clément Hecquet de Beaufort.

II. Aloph-Clément-Albert-Charles Hecquet de Rocquemont, conseiller à la cour d'appel d'Amiens, puis président de chambre, ✳ ; né à Abbeville le 12 octobre 1813, † à Amiens le 3 mars 1893 ; épousa à Noyon (Oise) Caroline Michault, dont il n'a pas eu postérité.

HÉDOUVILLE (de)

═ Titre de pair à vie par ordonnance du 4 juin 1814, en faveur de Gabriel-Marie-Joseph-Théodore, comte de Hédouville ; confirmé à titre héréditaire par l'ordonnance du 19 août 1815.

═ Titre de comte-pair héréditaire en faveur du même, par ordonnance du 31 août 1817, et confirmé par lettres patentes du 20 décembre 1817 (sans institution de majorat de pairie), avec règlement d'armoiries : *d'or, au chef d'azur chargé d'un lion léopardé d'argent, lampassé de gueules.*

═ Titre de comte héréditaire confirmé en faveur de Théodore-Charles-Joseph de Hédouville, comte de l'Empire, colonel d'infanterie, ancien ministre plénipotentiaire, frère du cadet précédent, par lettres patentes du 21 juin 1817, avec même règlement d'armoiries : *d'or, au chef d'azur chargé d'un lion léopardé d'argent, lampassé de gueules.*

*
* *

Cette famille d'ancienne noblesse, originaire du Vexin, paraît tirer son nom de la seigneurie d'Hédouville, près de Chambly-sur-Oise, où des seigneurs de ce nom sont cités dès le XII⁰ siècle. Elle a été maintenue dans sa noblesse le... 1666 sur preuves, depuis Louis, sgr de Frémecourt-Sandricourt, qui était bailli de Caux en 1503 et marié à Jeanne de la Bretonnière. Leur descendance a formé deux branches : celle des seigneurs de Bièvres, Bray, etc., encore représentée de nos jours par plusieurs rameaux, et celle des seigneurs de Sainte-Croix, représentée au sixième degré par César-Antoine, qui suit.

VI. César-Antoine DE HÉDOUVILLE, sgr de Sainte-Croix, né le 13 juillet 1689 ; épousa le 17 octobre 1720 Françoise Chantreau, dont un fils, qui suit :

VII. Théodore-Marie-César-François DE HÉDOUVILLE, sgr de Sainte-Croix, colonel, commandant la place de Laon, ✳, né le 22 juillet 1721, † le 27 janvier 1807, épousa le 10 décembre 1753 Scholastique-Joséphe de Fariaux de Maulde, dont :

1° Gabriel-Marie-Joseph-Théodore, qui suivra ;
2° Théodore-Charles-Joseph, qui sera rapporté après son frère aîné.

VIII. Gabriel-Marie-Joseph-Théodore DE HÉDOUVILLE, comte d'Hédouville et de l'Empire (lettres patentes de mai 1808), donataire de l'Empire[1], page de la reine (1770), sous-lieutenant au régiment de Languedoc-dragons (1773), adjudant-général (1792), général de brigade (8 mars 1793), général de division (12 juin 1795), inspecteur général d'infanterie, ministre plénipotentiaire et ambassadeur de France, membre du Sénat conservateur (1er février 1805), pair de France (4 juin 1814), grand'croix de Saint-Louis, G. O. ✳, fut créé comte-pair héréditaire par lettres patentes du 20 décembre 1817. Né à Laon le 27 juillet 1753, † au château de la Fontaine (Seine-et-Oise) le 30 mars 1825, il épousa le 29 mai 1799, Charlotte-Ernestine de Courbon de la Roche, † à Paris le 28 septembre 1846, fille de Sophie-Jacques, marquis de Courbon et de la Roche-Courbon, et de Léontine-Marie de Verdelin, dont :

1° Charles-Théodore-Ernest, comte d'Hédouville, pair de France (par hérédité 9 janvier 1835), ✳, né à Paris le 18 mai 1809, † à Chantilly (Oise) le 27 février 1890 ; marié à Paris, le 28 janvier 1845, à Fanny Sansom de Colworth, † à Paris le 6 mars 1889 ; sans postérité ;
2° Hippolyte-Marie-Théodore, qui suit.

IX. Hippolyte-Marie-Théodore DE HÉDOUVILLE, vicomte de Hédouville, chef d'escadron d'état-major, ✳, né à... le... 1810, † à Paris le 25 avril 1859 ; épousa le... 1846 Alix de Rouvroy de Saint-Simon, fille d'Henri-Jean-Victor, marquis de Saint-Simon, pair de France, et d'Anne-Marie Seguin de la Salle, dont deux fils :

1° Louis-Victor, qui suivra ;
2° François, abbé.

X. Louis-Victor DE HÉDOUVILLE, comte d'Hédouville ; a épousé le 15 septembre 1881, Amélie-Marie-Louise de Clermont-Tonnerre, fille du comte et de la comtesse, née Rigaud de Vaudreuil, dont deux enfants :

1. Cf. *Armorial du I⁰ʳ Empire*, t. II, p. 302-303.

1° Amédée-Hippolyte-Marie-Théodore-Henri, né en 1881, † à Paris le 9 septembre 1889;
2° Françoise.

* *

XIII *bis*. Théodore Charles-Joseph DE HÉDOUVILLE, comte d'Hédouville et de l'Empire (lettres patentes du 15 août 1809[1]), sous-lieutenant d'infanterie (1780), capitaine (20 octobre 1800), colonel d'infanterie, ministre plénipotentiaire (1804-26), O. ✠, chevalier de Saint-Louis ; fut confirmé dans le titre de comte héréditaire par lettres patentes du 21 juin 1817. Né à Laon le 3 septembre 1767, † à Paris le 19 janvier 1846 ; sans alliance.

HÉMART DE LA CHARMOYE

= Titre de baron héréditaire, sous la dénomination de baron DE LA CHARMOYE, sur institution de majorat (rentes sur l'État), en faveur de Pierre-Charles HÉMART, maire de Montmort, par lettres patentes du 19 avril 1817, avec règlement d'armoiries : *d'azur, à trois têtes de profil d'or,* 2, 1.

= Titre de baron héréditaire DE LA CHARMOYE confirmé, sur modification du majorat précédemment institué, en faveur de Pierre-Charles HÉMART DE LA CHARMOYE, capitaine d'état-major, par lettres patentes des 22 mars et 30 juin 1829.

* *

I. Isaac-Pierre HÉMART, notaire royal à Ay en Champagne, épousa Marie-Louise Jaunet, dont deux fils :

1° Pierre-Charles, qui suivra ;
2° Claude-Nicolas-Louis, chevalier Hémart et de l'Empire[2] (lettres patentes du 28 juin 1809), conseiller, puis président de la cour d'appel de Paris, C. ✠, né à Ay le 3 juillet 1757, † en 1834 ; marié à Caroline-Henriette Lejeune, dont au moins une fille, qui suit :
Caroline, née en 1813, † au château de Paillet le 31 janvier 1881 ; mariée à Charles-Louis-Zacharie Fery d'Esclands, avocat ;

II. Pierre-Claude HÉMART, baron Hémart et de l'Empire[2] (décret du 2 janvier 1814), puis baron de la Charmoye, notaire au châtelet de Paris (1779), député de la Marne au Conseil des Cinq-Cents et à l'Assemblée législative, maire de Montmort, ✠, fut créé baron héréditaire, sous la dénomination de la Charmoye, sur institution de majorat par lettres patentes du 19 août 1817 ; né à Ay (Marne) le 26 juillet 1752, † à Paris le 15 janvier 1825, il épousa Dorothée-Adélaïde Durand, † à Paris le 25 juin 1845, dont deux fils :

1° Pierre-Charles, qui suivra ;
2° Émile, qui sera rapporté après son frère aîné.

III. Pierre-Charles HÉMART, baron DE LA CHARMOYE, capitaine d'état-major, fut confirmé dans le titre de baron héréditaire par lettres patentes du 30 juin 1829 ; né à Paris le 3 octobre 1794, † à Paris le 28 mars 1858, il épousa Benjamine Frotier de la Coste, † en 1844, fille du comte de la Coste-Messelière et de Mlle Jard-Panvilliers, dont un fils :

1. Cf. *Armorial du Ier Empire*, t. II, *ut supra.*
2. Cf. *Armorial du Ier Empire*, t. II, p. 305.

Pierre-Hélie, baron de la Charmoye, né..., † le 20 juillet 1871 ; marié le 21 décembre 1868 à Marthe Hémart, sans postérité.

III *bis*. Émile Hémart de la Charmoye, juge de paix, autorisé par décret du 26 juin 1872 à ajouter à son nom celui de « de la Charmoye ». Né le 1er mai 1799, † le 15 novembre 1872 ; épousa Françoise-Élisabeth-Clarisse Villot, dont un fils et une fille :

1° Lazare-Élisée, qui suivra ;
2° Marie-Françoise, mariée en juin 1876 à Marie-Joseph-Paul de Bengy.

IV. Lazare-Élisée Hémart de la Charmoye, baron de la Charmoye, à la mort de son cousin, né le 23 octobre 1849 ; a épousé le 25 mai 1880 Marie Treilhard, fille du vicomte Treilhard, ministre plénipotentiaire, et de Mlle Austin, dont deux enfants :

1° Pierre ; 2° Jeanne.

HÉNIN (d')

= Titre de baron héréditaire confirmé en faveur de François-Nivard-Charles-Joseph d'Hénin, baron de l'Empire, lieutenant général, par lettres patentes du 12 octobre 1816, avec règlement d'armoiries : *écartelé : au 1er d'or, à trois pals de gueules, chargés de trois créneaux de sable ; au 2e de gueules, à l'épée haute en pal d'argent ; au 3e d'azur, à l'ancre bouclée d'argent, flanquée de deux branches de laurier d'or et accompagnée de trois étoiles d'azur, 2, 1 ; au 4e d'azur, au lion rampant d'or.*

= Titre personnel de vicomte, en faveur du même, par nouvelles lettres patentes du 25 février 1830, avec le même règlement d'armoiries.

I. Charles-Constatin d'Hénin, négociant à Lille, marié à Antoinette-Sabine Dourlen, laissa :

1° François-Nivard-Charles-Joseph, qui suivra ;
2° Philippe-Joseph-Constantin ;
3° Augustine-Mélanie ;
4° Adélaïde-Henriette-Josèphe, mariée à M. Grandel.

II. François-Nivard-Charles-Joseph d'Hénin, baron d'Hénin et de l'Empire [1] (lettres patentes du 16 mai 1813), puis vicomte d'Hénin, général de brigade (16 octobre 1802), lieutenant général (18 octobre 1815), G. O. ✠, chevalier de Saint-Louis ; fut confirmé dans le titre de baron héréditaire, par lettres patentes du 12 octobre 1816, et créé vicomte à titre personnel par autres lettres patentes du 25 février 1830 ; né à Lille le 21 août 1771 ; † à Paris le 21 novembre 1847, il épousa le 1er mai 1806 Éléonore-Jeanne Dickson, dont :

1° Alfred, né en décembre 1813, † le 3 septembre 1814 ;
2° Arthur-Jules-Alexandre, qui suivra ;
3° Sophie-Anne-Hamilton, née à Chesterfield (Angleterre) le 12 novembre 1808 ;
4° Adèle-Éléonore, née à Chartres le 15 mars 1815.

III. Arthur-Jules-Alexandre d'Hénin, baron d'Hénin, né à Périgueux (Dordogne) le 15 novembre 1825.

1. Cf. *Armorial du Ier Empire*, t. II, p. 305.

HÉNIN DE CUVILLERS (de)

= Titre de baron héréditaire confirmé en faveur d'Étienne-Félix d'Hénin de Cuvillers, baron de l'Empire, adjudant commandant, par lettres patentes du 30 décembre 1814, avec règlement d'armoiries : *de gueules, à la bande d'or, chargée en chef d'un lion lampassé d'azur.*

= Titre de baron héréditaire, confirmé en faveur du même, avec transmission à son neveu, Jean-Marie-Victor d'Hénin de Cuvillers, par lettres patentes du 30 juin 1830.

***

La famille d'Hénin de Cuvillers, fixée en Champagne depuis 1410, est issue de Bauduin de Quincy[1], cité comme témoin à un traité passé en 1187, entre l'abbé de Saint-André-du-Cateau et Gérard, prévôt de Douai ; sa postérité prit le surnom d'Hénin en 1229, et plus tard celui de Cuvillers avec la qualité de pair du Cambrésis en 1309, par l'acquisition de ces fiefs ; elle a formé deux rameaux : l'aîné, connu aujourd'hui sous le nom de comtes d'Alsace et de prince d'Hénin[1], et le cadet, sous celui d'Hénin de Cuvillers.

Ce dernier a formé lui-même plusieurs rameaux, dont un, qui a possédé les seigneuries de Cherel, de Chalo-Saint-Mars et de Longuetoise, dans la Beauce, était représenté au neuvième degré par Jean-Baptiste, qui suit.

IX. Jean-Baptiste d'Hénin de Cuvillers, chevalier, sgr de Balloy, Longuetoise, Cherel, Chalo-Saint-Mars, etc., capitaine au régiment de Limousin-infanterie (16 juin 1737), chevalier de Saint-Louis, né le 26 août 1709, † le 3 janvier 1776 ; épousa à Paris, par contrat du 3 février 1749, Antoinette-Jeanne-Élisabeth-Marguerite de Pinteville d'Écury, fille du baron de Cernon et de Marguerite de Châlons de Vaugency, dont sept enfants :

1° Jean-Baptiste-Claude, maître ordinaire en la chambre des comptes de Paris (14 janvier 1774), né le 6 septembre 1751, † au château de Longuetoise le 19 mai 1785, sans alliance ;

2° Marie-Jean-Baptiste-Claude, chevalier, sgr de Longuetoise et Cherel, maître en la chambre des comptes de Paris (12 mars 1776), sous-préfet d'Étampes, maire de Chalo-Saint-Mars et député de Seine-et-Oise (1804), né le 24 mai 1753, † le 17 janvier 1850 ; marié le 2 janvier 1788 à Eulalie-Geneviève Carpentier de Sonneville, dont cinq fils, qui suivent :

    a) Marcellin-Henri-Félix, président du tribunal civil d'Étampes, né le 19 octobre 1788, † en mars 1871, marié à Louise-Amélie Pommeret de Varenues, dont un fils et une fille ;

    b) Augustin, né au château de Longuetoise le 20 octobre 1789 ;

    c) Jean-Baptiste-Gilles, sous-lieutenant d'infanterie, né le 29 août 1791, † le 5 janvier 1812 ;

    d) Alexis, lieutenant de cavalerie, né le 30 août 1793, † à Étampes le 20 septembre 1782 ; marié à Blanche-Geneviève Robin de Cologne, † à Paris le 31 mai 1873, sans postérité ;

---

1. Cf. *La Tombe élevée d'un pannetier de Saint Louis, P. Orighe, chevalier,* par F. Brassart, Lille, 1897, et l'*Annuaire de la Noblesse,* année 1899, p. 208. Il ne nous a pas été possible de retrouver la trace historique et authentique de l'ordonnance royale du 2 mars 1828, autorisant le titre de prince d'Hénin, invoqué par cette branche ; ce qui nous oblige à ajourner l'article que nous pensions lui consacrer.

e) Hippolyte, sous-lieutenant de cavalerie, né le 16 juillet 1797, † à Étampes le 4 mars 1880, sans alliance;

3° Étienne-Félix, qui suivra;

4° Claude-Savinien, né le 2 juillet 1757, † au château de Cernon le 14 septembre 1774;

5° Marie-Catherine-Marguerite, née le 19 août 1759, † le 14 février 1788; mariée le 20 avril 1780 à Pierre-Étienne Le Couteulx, sgr de Puy-la-Vallée;

6° Marie-Anne-Radegonde, née au château de Balloy le 12 mars 1762; mariée le 21 avril 1780 à Jacques-Abraham Silvestre;

7° Marie-Françoise, née le 4 mars 1764; mariée le 18 novembre 1801, à Pierre-Ari-Marin Gourgeon de Guisbourg, capitaine de cavalerie, chevalier de Saint-Louis.

X. Étienne-Félix d'Hénin de Cuvillers, chevalier, puis baron d'Hénin de Cuvillers et de l'Empire[1] (lettres patentes des 10 septembre 1808 et 3 août 1810), donataire de l'Empire, sous-lieutenant au régiment des dragons de Languedoc (7 avril 1780), puis secrétaire d'ambassade (13 novembre 1785) et chargé d'affaires de France, ensuite capitaine de dragons (18 juin 1797), chef d'escadron (19 juin 1799), adjudant-commandant (18 novembre 1803), maréchal de camp (4 mars 1819), O. ✱, chevalier de Saint-Louis; fut confirmé dans le titre de baron héréditaire par lettres patentes du 30 décembre 1814, avec transmission à son neveu, Jean-Marie-Victor d'Hénin de Cuvillers, par nouvelles lettres patentes du 30 juin 1830. Né au château de Balloy (Yonne) le 27 avril 1755, il est décédé à Paris le 2 août 1841, sans alliance.

IX *bis*. Jean-Claude-Justin d'Hénin de Cherelles, chevalier, sgr du Luat, maître d'hôtel du roi (4 septembre 1753); né le 3 février 1722, † en 1808, frère puîné de Jean-Baptiste, qui précède, il épousa le 26 avril 1752 Marie-Anne Blanchard, dont un fils unique, qui suit.

X. Claude-Joseph d'Hénin de Cuvillers, conseiller et maître ordinaire en la chambre des comptes de Paris (29 novembre 1775); né le 16 mars 1753, †...; épousa à Paris, le 16 août 1781, Angélique-Geneviève Le Bègue de Muids, dont:

1° Jean-Baptiste-Joseph, né le 8 octobre 1785, † le 10 janvier 1786;

2° Jean-Marie-Victor, qui suivra;

3° Angélique-Geneviève, religieuse, née le 22 août 1782;

4° Joséphine, née le 21 août 1784.

XI. Jean-Marie-Victor d'Hénin de Cuvillers, baron d'Hénin de Cuvillers, capitaine d'artillerie (23 avril 1813), ✱; né à Paris le 16 juin 1787, †...; fut créé baron héréditaire sur transmission du titre de son oncle, Étienne-Félix, qui précède, par les lettres patentes du 30 juin 1830.

HENNEQUIN D'ECQUEVILLY

= Titre de pair héréditaire, par ordonnance du 17 août 1815, en faveur d'Armand-François Hennequin, comte d'Ecquevilly.

= Titre de comte-pair héréditaire en faveur du même, par l'ordonnance du 31 août 1817; confirmé, sans institution de majorat, par lettres patentes du 24 mai 1821, avec règlement d'armoiries: *vairé d'or et d'azur; au chef de gueules chargé d'un lion léopardé d'argent.*

1. Cf. *Armorial du I*er *Empire*, t. II, p. 306.

= Autorisation de transmission des rang, titre et dignité de comte-pair héréditaire après institution d'un majorat de pairie, en faveur du même, pour son neveu Armand-François HENNEQUIN, marquis d'Ecquevilly, par l'ordonnance du 27 janvier 1821 (lettres patentes de transmission de comte-pair en ligne collatérale préparées le 22 juillet 1829 ; non scellées).

* *
*

Cette famille Hennequin est connue en Champagne depuis Oudinot Hennequin, qui fut anobli pour services rendus par lettres patentes du 24 juillet 1359, signées par Charles, duc de Normandie, régent de France. Il était fils de Pierre Hennequin, cité en 1319 avec sa femme Jeanne de Raisy, dans un don à la cathédrale de Troyes, et sa postérité a fourni de nombreuses branches, toutes éteintes aujourd'hui :

1° Celle des seigneurs de Mathan et de Blines ;
2° Celle des seigneurs d'Espagne et de Croissy ;
3° Celle des seigneurs du Perray et de Chauvigny ;
4° Celle des seigneurs de Dammartin ;
5° Celle des seigneurs d'Ozon et de la Merie ;
6° Celle des seigneurs de Joindre ;
7° Celle des seigneurs d'Ecquevilly, près Meulan, qui a donné le pair de France et sera rapportée ci-après ;
8° Celle des seigneurs d'Assy et de Sermoise ;
9° Celle des seigneurs de Pullenay et de Gellenoncourt, comte de Curel, etc., en faveur de laquelle les terres et seigneuries de Fresnes, de Cury et des Salles furent érigées en comté par lettres patentes du 10 décembre 1718.
10° Celle des seigneurs de Luntage ;
11° Celle des seigneurs de Charmont et de Collaverdy.

La branche des seigneurs d'Ecquevilly a possédé depuis 1642 la charge héréditaire de capitaine du vautrait et de lieutenant de la capitainerie et des toiles de chasses de Saint-Germain et était représentée au treizième degré par Auguste-Vincent, qui suit.

XIII. Auguste-Vincent HENNEQUIN, marquis d'Ecquevilly, sgr de la Motte-Verigny, Gouzon, Presles, baron de Hez, etc., capitaine du vautrait et des chasses de Saint-Germain après son père (1727), fils d'André, dit le mis d'Ecquevilly, et d'Euphrasie de Marillac, épousa 1714 Madeleine du Monceau, fille de Charles, sgr de Nollent, et de Marie-Charlotte Camus des Touches, dont :

1° Charles-Marie, né en 1716, † à Paris le 8 mars 1720 ;
2° Augustin-Louis, qui suit.

XIV. Augustin-Louis HENNEQUIN, marquis d'Ecquevilly, sgr de la Motte-Verigny, Gouzon, Presles, etc., lieutenant au régiment du roi-infanterie (27 mai 1738), capitaine du vautrait et lieutenant de la capitainerie de Saint-Germain (24 juin 1741), brigadier des armées du roi (1er janvier 1748), maréchal de camp (10 février 1759), lieutenant général (2 mars 1780), lieutenant général des provinces de Champagne et de Brie, chevalier commandeur du Saint-Esprit (1er janvier 1784) et des ordres du roi ; né le 5 septembre 1720, † à Amiens en mars 1794 ;

épousa en 1741 Honorée de Joyeuse, fille de Jean-Gédéon-André, comte de Grandprey, et d'Antoinette de Villers, dont :

1° Armand-François, qui suivra ;

2° Amable, qui sera rapporté après son frère ;

3° Achille-Augustin, dit le comte d'Ecquevilly, d'abord abbé de Chéery (1776-1790), puis marié à Marie-Louise-Reine de la Barre, † à Paris le 5 décembre 1858, sans postérité ;

4° Adélaïde-Honorée ; mariée en 1769 à Antoine-Joseph-Philippe-Régis, comte d'Esterno, mestre de camp ;

5° Aglaé-Marie, née à Paris en 1750, † à Versailles le 25 avril 1833 ; mariée en 1772 à François-Emmanuel de Capendu, comte de Boursonne, capitaine de cavalerie.

XV. Armand-François Hennequin, comte d'Ecquevilly, chevalier de Saint-Jean-de-Jérusalem de minorité, mousquetaire du roi, capitaine au régiment royal-cavalerie (1765), brigadier (1er janvier 1784), maréchal de camp (9 mars 1788), capitaine du vautrait et des chasses de Saint-Germain, officier de l'armée des princes et maréchal général des logis de cavalerie (1794), lieutenant général (30 août 1814), inspecteur général des ingénieurs géographes, chevalier du Saint-Esprit (21 février 1830), grand'croix de Saint-Louis, ✠ ; fut créé comte-pair héréditaire par l'ordonnance de 1817, et confirmé dans ce titre par lettres patentes du 24 mai 1821, avec autorisation de transmission de ses rang, titre et dignités de pair en faveur de son neveu, Armand-François Hennequin, par l'ordonnance du 27 janvier 1821. Né à Paris le 1er octobre 1747, † à Paris le 19 septembre 1830, il épousa à Paris, 18 avril 1775, Amable-Cécile de Durfort-Civrac, † à Paris le 22 juin 1819, fille de François-Aimery, marquis de Civrac, et de Marie-Françoise de Pardaillan de Gondrin, dont il n'eut pas d'enfants.

XV bis. Amable Hennequin, vicomte d'Ecquevilly, chevalier de Saint-Jean-de-Jérusalem de minorité, capitaine au régiment royal-cavalerie (1775), colonel en second au régiment de Deux-Ponts-dragons (1er mars 1783), émigré et officier de l'armée de Condé ; né..., †...; épousa Marie-Anne-Joséphine-Antoinette, comtesse d'Eyck et du Saint-Empire, fille de Maximilien-Emmanuel-François, comte d'Eyck et du Saint-Empire, envoyé extraordinaire de l'électeur de Bavière, et de Jeanne-Anne-Joséphine-Antoinette-Marie comtesse de Kœnigsfeld, dont quatre enfants :

1° Armand-François, qui suivra ;

2° Alfred Armand-Frédéric, comte, puis marquis d'Ecquevilly, chef d'escadron d'état-major, O. ✠, chevalier de Saint-Louis ; né en 1787, † au château du Quesnoy (Calvados) le 16 avril 1870 ; marié à Paris le 7 novembre 1821, à Madeleine-Françoise Porée de Valhébert, dont trois filles, qui suivent ;

a) Claire-Isabelle, † à Orléans le 22 juillet 1885 ; mariée à Caen le 2 février 1846, à Daniel-Augustin-Edmond, vicomte de Trimond, capitaine d'artillerie ;

b) Marguerite-Clémentine, mariée à Caen en novembre 1852, à Charles-Marie-Armand d'Izarn ;

c) Mathilde-Louise ; mariée à Caen le 8 mai 1859, à Louis-Henri de Beaurepaire de Louvagny, officier ;

3° Augustine-Antoinette-Zéphyrine ; mariée à Henri-Marie Davy de Balloy ;

4° Honorine-Madeleine, mariée à Charles de Bouraine.

XVI. Armand-François Hennequin, marquis d'Ecquevilly, lieutenant-colonel, chevalier de Saint-Louis, fut appelé à succéder aux rang, titre et dignité de comte-pair héréditaire de son oncle par l'ordonnance du 17 janvier 1821 ; mais il ne fut pas admis. Né à Paris le 25 juin 1784, † à Paris le 21 octobre 1853, il épousa à Paris, le 24 octobre 1824, Amandine-Sophie Le Forestier, † au château de Vert (Eure-et-Loir) le 21 décembre 1853, dont il n'a pas eu d'enfants.

HENNET

— Lettres de noblesse en faveur d'Albert-Joseph-Ulpien HENNET, ancien député aux États généraux de 1789 et commissaire du cadastre, et de Louis-Farnèse-Platon HENNET, ancien officier d'artillerie et inspecteur général des contributions, son frère cadet, par letres patentes du 9 décembre 1815, avec règlement d'armoiries : *d'azur, au casque d'argent taré de face ; au chef d'hermine.*

* *

Cete famille Hennet est originaire des environs de Sarreguemines, et a pour auteur Charles Hennet, marié à Landrecies, vers 1618, à Noëlle Bouché, dont la postérité a donné des maires et échevins de cette ville, et a formé plusieurs branches ; l'une d'elles était représentée au quatrième degré par Philippe-François-Théophile, qui suit.

IV. Philippe-François-Théophile HENNET, premier échevin de Maubeuge, né à Maubeuge le 29 mai 1698, † même ville le 31 janvier 1739 ; épousa le 23 janvier 1728 Marie-Josèphe Picquéry, dont :

1° François-Augustin-Pompée, qui suivra;
2° Ferdinand-Joseph-Othon, régisseur général des étapes, né à Maubeuge le 29 août 1732 : marié le 11 novembre 1765 à Anne-Thérèse de Marguerit, dont la postérité est connue sous le vocable de Hennet de Goutelles ;
3° Jean-Thomas-Laurence, dit M. de Lambresson, capitaine d'artillerie, retraité colonel en 1793; né à Maubeuge le 11 septembre 1736, † à Paris en 1821 ; marié à Marguerite Carrier de Monstrière, dont un fils, mort sans alliance, et une fille, mariée au baron Taviel et de l'Empire;
4° Pélagie-Aglaé, mariée à Paris, le 19 septembre 1752, à Jean-Baptiste de Berluc-Pérussis, contrôleur des saisies au parlement de Paris;
5° Sabine-Ferdinande-Olympe, mariée le 20 novembre 1763 à Louis-Augustin Gratian, capitaine de grenadiers.

V. François-Augustin-Pompée HENNET, prévôt de Maubeuge, député de bailliage d'Avesnes aux États généraux (1789), né à Maubeuge le 15 décembre 1728, † à Paris le 2 mars 1792 ; épousa le 3 avril 1758 Barbe-Constance Darets, fille d'un directeur de la manufacture d'armes de Maubeuge, dont quatre enfants, qui suivent, et trois autres morts sans alliance :

1° Albert-Joseph-Ulpion, qui suivra ;
2° Louis-Farnèse-Platon, qui sera rapporté après son frère ;
3° Louis-Aristide, dit M. de Frasnoy, officier du génie, né à Maubeuge le 30 avril 1767, † à Menin le 18 septembre 1793 ;
4° Marie-Louise-Constance-Flore, mariée le 7 juin 1784 à Eugène-Joseph-Ghislain Félix, directeur de la manufacture d'armes de Maubeuge.

VI. Albert-Joseph-Ulpien HENNET, chevalier Hennet et de l'Empire[1] (lettres

1. Cf. *Armorial du Ier Empire*, t. II, p. 307 pour les armoiries et titre de l'Empire.

patentes du 2 juin 1808), commissaire impérial de la confection du cadastre, puis receveur particulier, O. ✠, chevalier de Saint-Jean-de-Jérusalem, fut anobli avec son frère, par lettres patentes du 9 décembre 1815. Né à Maubeuge le 25 décembre 1758, † à Paris le 10 mai 1828 ; il épousa à Paris, le 8 janvier 1794, sa cousine, Anne-Marie-Virginie Hennet, † à Fontainebleau en 1819, veuve en premier mariage de N... Doré, et fille de Ferdinand-Joseph-Othon et d'Anne-Thérèse de Marguerite, dont :

    1° Adolphe ;
    2° N...

VI *bis*. Louis-Farnèse-Platon HENNET, puis Hennet du Vigneux, capitaine au régiment de la Fère-artillerie (1788), puis inspecteur général du cadastre, directeur des contributions directes, chevalier de Saint-Louis, ✠, fut anobli avec son frère aîné, par lettres patentes du 9 décembre 1815. Né à Maubeuge le 4 juillet 1765, † à Olivet (Loiret) le 16 mai 1845, il épousa à Paris, le 27 février 1812, Élisabeth-Joséphine Faulte de l'Étang, dont :

    1° Louis-Jean-Maurice, qui suivra ;
    2° Louis-Farnèse, né en 1816, † en 1818 ;
    3° Hélène-Joséphine, née le 12 septembre 1812 ; mariée à Amédée-Paul-Marie Kermel.

VII. Louis-Jean-Maurice HENNET DU VIGNEUX ; a épousé Amélie Le Febvre, dont une fille :

    Antoinette-Pauline-Amélie-Louise, mariée en avril 1878 à Marcelin Dujaric de la Garde.

HENNEZEL DE VALEROIS (DE)

= Titre de baron héréditaire, par lettres patentes du 14 août 1818, en faveur de Charles-Nicolas DE HENNEZEL DE VALEROIS, maréchal de camp en retraite, avec règlement d'armoiries : *de gueules, à trois glands d'argent, les queues en bas, et à l'orle du même.*

***

Cette famille d'Hennezel, originaire de Lorraine, établit sa filiation suivie depuis Henry d'Hennezel, écuyer, maître d'hôtel du duc de Lorraine, qui acquit, par contrat du 30 mai 1392, les seigneuries du Bouvillers et de Belrupt, et épousa Isabeau d'Esch. Sa postérité a formé plusieurs lignes :

1° La première, qui a donné naissance aux branches de la Sybille, de Francogney et de Gemmelaincourt ; à celles du Tholoy, de Beaumont et de Beaujeu ; à celle d'Ormoy et à celle d'Attignéville, qui est rapportée ci-après ;

2° La deuxième, qui a formé celle de Champigny, de Bazoilles et d'Essert ;

3° Et la troisième, celle de la Rochère, d'Avrecourt et de Ranguilly.

La branche d'Attignéville, maintenue dans sa noblesse le 21 janvier 1760, était représentée au onzième degré par Charles, qui suit.

XI. Charles D'HENNEZEL, sgr de Belleroche et d'Attignéville, né le 2 mars 1681, épousa le 22 janvier 1707 sa cousine Antoinette d'Hennezel de Champigny, dont :

    1° Jean-Claude, qui suivra ;

2° Charles-Nicolas, sgr de Puncrot, marié le 25 novembre 1729 à Catherine de Maillart, dont
une fille unique.

XII. Jean-Claude D'HENNEZEL, sgr d'Attignéville et Valleroy, *alias* Valérois,
capitaine des gardes du duc de Lorraine ; né le 22 juin 1721 ; épousa (contrat du
18 juin 1746) Thérèse de Thomassin, fille de Claude-Nicolas, conseiller d'État du
duc de Lorraine et de Marguerite Soufflet, dont :

1° Charles-Nicolas, qui suivra ;
2° Charles-Nicolas-Antoine, né le 21 juillet 1748.

XIII. Charles-Nicolas D'HENNEZEL, chevalier d'Hennezel et de l'Empire[1]
(lettres patentes du 20 juillet 1810), puis baron d'Hennezel de Valerois, cadet gentilhomme du roi Stanislas (29 décembre 1759), lieutenant d'artillerie (8 mai 1764),
capitaine (1er novembre 1774), chef de bataillon (22 août 1791), adjudant général,
chef de brigade (1er juin 1793), général de brigade (24 avril 1796), inspecteur
général d'artillerie, chevalier de Saint-Louis, �; fut créé baron héréditaire par
lettres patentes du 14 août 1818. Né à Attignéville (Meurthe) le 11 mai 1747, † à
Neufchâteau (Vosges) le 3 octobre 1833 ; il se maria deux fois : 1° le 15 février 1786,
à Marie-Madeleine Roussel, † le 11 octobre 1790, dont un fils, qui suit ; 2° le
26 novembre 1796, à sa belle-sœur, Anne-Eulalie Roussel, † à Neufchâteau le
25 octobre 1858, fille de Louis, sgr du Han, Moncel et Happoncourt, et de Marie
Bouchon, dont quatre autres enfants :

[*du 1er lit*] : 1° Gabriel-Félicien-Louis, lieutenant de la garde impériale, né à Neufchâteau le
25 juillet 1787, † à Leon (Espagne) le 21 décembre 1811 ;
[*du 2e lit*] : 2° Gabriel-Thélesphore-Babylas, né à Rennes le 25 septembre 1793, † à Paris le
16 mai 1807 ;
3° Sosthène-Romaric, qui suivra ;
4° Charles-Fuscien-Ludger, maître de forges, né à Neufchâteau le 16 février 1804, † au château de Couvonges (Vosges) le 18 décembre 1836 ; marié le 4 février 1834 à Louise-Ca-
therine-Marie Jacquiné, † à Nancy le 20 février 1835, dont une fille, qui suit :
Marie-Joséphine-Denise, née à Nancy le 14 février 1835, mariée le 12 juin 1855 à Nicolas-
Charles Ponton, conseiller de cour d'appel.
5° Eulalie-Algine, né le 26 février 1801, † à Neufchâteau le 17 mai 1835 ; mariée le 29 mai
1820 à Charles-Séraphin-Joseph Gangnier, député des Vosges.

XIV. Sosthène-Romaric D'HENNEZEL, baron d'Hennezel, sous-lieutenant de cuirassiers, né à Neufchâteau le 20 juin 1796, † à Dijon le 9 mars 1855 ; épousa à Veuvey
(Côte-d'Or), le 19 mars 1821, Pierrette-Edmée Mollerat, † à Dijon le 24 août
1871, fille de Jean-Mathieu et de Françoise-Adélaïde Guyot, dont quatre filles :

1° Valry d'Hennezel, née à Veuvey 23 novembre 1826, † à Neufchâteau 14 septembre 1832 ;
2° Ludovic d'Hennezel, née à Veuvey 20 février 1823, † à Dijon, 13 juin 1891 ; mariée à Neufchâteau, 11 avril 1842, à Alexandre-Pierre-Antoine Cornereau, juge d'instruction, † 14 février 1856 ; dont deux fils :
a) Pierre-Armand, juge suppléant au tribunal de Dijon ; marié, 16 avril 1867, à Alice-
Louise-Jeanne Peschart d'Ambly ;
b) Pierre-Raoul, capitaine de cuirassiers ; marié, 31 juillet 1898, à Marie-Alexandrine-
Adèle-Amélie d'Ersu ;
3° Aline d'Hennezel, née, 5 mars 1825 ; mariée, 5 février 1850, à Henry Vincy, conservateur
des forêts en retraite ;

1. Cf. *Armorial du 1er Empire*, t. II, p. 307-8.

Valérie d'Hennezel, née à Dijon, 6 mars 1826; mariée, 3 juin 1856, à Gabriel-Henri-Jules Simonnet, conseiller à la cour d'appel de Dijon.

HENRI [DES TOURNELLES]

= Titre de baron, sur promesse d'institution de majorat, en faveur de Marie-Vital HENRI DES TOURNELLES, par ordonnance du 26 juillet 1823.

**

I. Mathieu HENRI, *alias* Henry, directeur d'une Compagnie de transport par eau à Lyon, acquit une charge de conseiller-secrétaire du roi à Colmar (30 avril 1784) et épousa Jeanne-Marianne Fourgon de Maisonforte; il laissa deux fils : l'un, Marie Vital, qui suit, et le cadet dont la postérité a retenu le nom de la terre de Bellevue, et une fille, Mme du Hautoy, † le 3 août 1826.

II. Marie-Vital HENRI, baron Henri des Tournelles, fut créé baron sur autorisation d'institution d'un majorat, par ordonnance du 26 juillet 1823. Il épousa à Lyon, le 20 juin 1811, Amélie-Pierrette-Joséphine de Regnault de Parcieu, dont :

1° Michel-Gabriel-Alfred, qui suivra;
2° Jean-Michel, marié en octobre 1856 à Charlotte-Julia Janvre de la Bouchetière, veuve en premier mariage de Gonzalve de Jarno.

III. Michel-Gabriel-Alfred HENRI, dit le baron des Tournelles, né en 1812, † en 1888 ; épousa Marie-Antoinette-Athénaïs du Myrat, fille de Pierre-Émile-Marie et de Thérèse-Victoire de Brosses, dont deux enfants :

1° Jean-Marie-Vital, qui suivra;
2° Jeanne-Amélie, mariée en 1865, à Jean-Louis-Henri Andras de Béost.

IV. Jean-Marie-Vital HENRI, baron des Tournelles, conseiller général de Saône-et-Loire, né le 30 juillet 1844 ; marié le 22 avril 1868 à Louise-Camille Neyrand, fille de Camille, et de Jenny David, dont un fils :

Alfred, né en 1870.

La famille Henri a pris pour armoiries : *d'argent, au lion de sable.*

HENRIOD

= Titre de baron héréditaire confirmé en faveur de Jean-François HENRIOD, baron de l'Empire, maréchal de camp en retraite, par lettres patentes du 3 août 1816, avec règlement d'armoiries : *d'azur, au lion armé d'or, issant d'une rivière en fasce d'argent et accompagné en chef de deux fleurs de pensée du même.*

**

Jean-François HENRIOD, baron Henriod et de l'Empire[1] (lettres patentes du 18 mars 1809), donataire de l'Empire ; soldat au régiment de Berwick (1782), chef de bataillon (1794), colonel (30 décembre 1806), général de brigade (3 juillet 1810), C. ✳, chevalier de Saint-Louis ; fut confirmé dans le titre de baron héréditaire par lettres patentes du 3 août 1816. Né à la Rivière-Envers (Suisse-Savoie)

---

1. Cf. *Armorial du Ier Empire*, t. II; p. 309.

le 21 octobre 1763, † à Néris le 20 juin 1825, fils de Jean-François et de Michelle Burtin, il épousa en juin 1793 Henriette-Françoise Jolicard [sans postérité].

HENRIQUÈS [DE MONTVERT]

= Lettres de noblesse en faveur de François-Simon HENRIQUÈS, lieutenant-colonel de cavalerie, par lettres patentes du 22 novembre 1817, avec règlement d'armoiries : *parti, au I d'argent, à la tour crénelée de gueules ; au II d'azur, à une tige de lis d'argent, brochant sur deux épées d'or, posées en sautoir ; au chef de sinople chargé à dextre de deux branches de laurier d'or, posées en sautoir, et à sénestre d'un cheval effrayé et contourné d'argent.*

* *

I. Antoine-François HENRIQUÈS, négociant à Saint-Chamas, épousa Agnès Chapus, dont au moins un fils, François-Simon, qui suit.

II. François-Simon HENRIQUÈS, puis Henriquès de Montvert, lieutenant-colonel de cavalerie et brigadier des gardes du corps, colonel, chevalier de Saint-Louis, ✣, fut anobli par lettres patentes du 22 novembre 1817, puis autorisé par ordonnance du 22 février 1821 à ajouter à son nom « de Montvert ». Né à Saint-Chamas (Bouches-du-Rhône) le 4 décembre 1769, †...

HENRY

= Titre de baron héréditaire par lettres patentes du 15 février 1821, en faveur de Jean-Étienne HENRY, chirurgien en chef des hôpitaux, par lettres patentes du 15 février 1821, avec règlement d'armoiries : *d'or, au palmier terrassé de sinople, accosté de deux grenades ouvertes de gueules, feuillées de sinople ; au chef d'azur, chargé à dextre de la lettre H couronnée d'or, et à senestre d'une croix de Lorraine d'argent.*

= Titre de baron confirmé par ordonnance du 29 septembre 1821, en faveur de Dieudonné-Charles-Alexandre HENRY, fils du précédent.

* *

I. Jean-Étienne HENRY, baron Henry, médecin militaire des armées et chirurgien en chef des hôpitaux de la Martinique (1815-1820), chevalier de Saint-Louis, ✣, fut créé baron héréditaire par lettres patentes du 15 février 1821 ; né à Tincry (Meurthe) le 5 janvier 1730, † à Nancy le 5 mai 1821, il épousa en 1805 Marie-Suzanne Lafargue, † à Nancy le 12 février 1841, dont :

1° Dieudonné-Charles-Alexandre, qui suivra ;
2° Jean-Antoine-Léopold, inspecteur des forêts, né à Saint-Pierre (Martinique) le 10 septembre 1812, † à Pau en 1886 ; marié le 8 novembre 1860 à Adélaïde-Marie-Joséphine Gaudard † le 6 décembre 1872, dont une fille, qui suit :
Caroline, née le 12 octobre 1861 ;
3° Aimée-Barbe-Félicité-Suzanne, née à Saint-Pierre Martinique) le 27 février 1806 ; mariée à Julien Baudot, notaire ;
4° Clémentine-Jeanne-Henri, née à Saint-Pierre le 18 octobre 1807 ; mariée à Paul de Bresson, conseiller à la Cour de cassation.

II. Dieudonné-Charles-Alexandre Henry, directeur des prisons, fut confirmé dans le titre de baron par ordonnance du 29 septembre 1821; né à Saint-Pierre (Martinique) le 15 décembre 1809, † le 19 octobre 1874, il épousa le 22 juin 1834 Adélaïde-Marie-Claudine Tourniaire, dont un fils, qui suit.

III. Edgar-François Henry, baron Henry, capitaine de chasseurs à cheval, né à Carlsruhe (Bade) le 28 novembre 1835 ; a épousé le 24 novembre 1869 Marie-Aimée Drouet, dont :

1° Paul-Louis-Charles-Marie, né le 2 octobre 1870;
2° Germaine-Jeanne-Marie, née le 4 novembre 1871, † le 24 novembre 1872.

HENRY [de Nissole]

= Titre de baron héréditaire confirmé en faveur de Nicolas-Édouard Henry, baron de l'Empire, fils de Claude-François Henry, colonel, par lettres patentes du 23 décembre 1814, avec règlement d'armoiries : *coupé : au I parti d'azur, au casque antique taré de profil d'or, et de gueules, à l'épée haute d'argent en pal ; au II de sable, à la cuirasse d'or, percée et ensanglantée de gueules.*

I. Claude-François Henry, notaire royal à Champlitte, épousa Jeanne-Claude Millerand, dont un fils, qui suit.

II. Claude-François Henry, colonel du génie, ✳, né à Champlitte (Haute-Saône) le 12 mai 1773, † au siège de Valence le 2 janvier 1812 ; épousa Jeanne-Marie-Josèphe Blanc, dont un fils, qui suit.

III. Nicolas-Édouard Henry, baron Henry et de l'Empire (lettres patentes du 23 avril 1812), donataire de l'Empire[1], fut confirmé dans le titre de baron héréditaire par lettres patentes du 23 décembre 1814. Né à Besançon le 18 janvier 1809, † même ville le 2 mai 1892, il épousa Marie-Herminie Royer de Fontenay, † à Besançon le 15 septembre 1870, fille d'Auguste Royer de Fontenay et de Louise-Élisabeth-Herminie de Reiset, dont un fils, qui suit.

IV. Gaston-Joseph-Auguste Henry, capitaine d'artillerie, né à Besançon le 6 avril 1848, † à Pierrefonds (Oise) le 30 août 1880; épousa le 10 octobre 1872 Félicité-Émilie-Adélaïde-Marie Sabatier, fille de Guillaume-Galdéric-Marie-Antonin, et d'Adélaïde-Émilie Gennequin, dont un fils, qui suit.

V. Édouard-Émile-Gaston Henry, baron Henry, prince de Nissole (bref pontifical du 30 mars 1896), né à Loulans (Haute-Saône) le 22 octobre 1874; a épousé à Londres, le 30 mars 1898 Blanche-Eugénie de Gouyon-Coypel, fille d'Armand-Marie, comte de Gouyon-Coypel et de Marie Le Floch, dont :

Serge-Gaston-Armand-Édouard, né à Paris le 25 octobre 1899.

HENRY

= Titre de baron héréditaire sur institution de majorat (rentes sur l'État),

1. Cf. *Armorial du Ier Empire*, t. II, p. 310.

en faveur d'Alexandre-Denis HENRY, secrétaire général de l'administration du mont-de-piété, par lettres patentes du 27 septembre 1823, avec règlement d'armoiries : *d'azur, à la fasce d'argent, chargée d'un serpent rampant de sinople, et accompagnée en chef d'une pomme d'or et, en pointe, d'un lion du même.*

**

I. Alexandre-Pierre HENRY, conseiller secrétaire du roi, maison et couronne de France (1775), greffier en chef de la cour des comptes, administrateur du mont-de-piété de Paris, puis secrétaire général du mont-de-piété ; épousa Marie-Anne Debeaune, dont au moins un fils, Alexandre-Denis, qui suit.

II. Alexandre-Denis HENRY, baron Henry, secrétaire général de l'administration du mont-de-piété de Paris, fut créé baron héréditaire, sur institution de majorat, par lettres patentes du 27 septembre 1823. Né à Paris le 7 avril 1767, † le 3 octobre 1833, il épousa Julie-Thérèse Paulinier [sans postérité].

HENRY DE LONGUÈVE

= Lettres de noblesse en faveur de Jean-Louis HENRY DE LONGUÈVE, maître des requêtes, ancien député aux États généraux de 1789, par lettres patentes du 10 mars 1815, avec règlement d'armoiries : *de sinople, à deux chaînes d'or adossées, à la fasce d'argent, brochante et chargée de deux quintefeuilles de sinople.*

= Titre personnel de baron, en faveur du même, député et conseiller d'État, par nouvelles lettres patentes du 17 mai 1828, avec même règlement d'armoiries que ci-dessus.

**

I. Jean HENRY, marchand à Orléans, épousa Marie-Anne Huët, dont au moins un fils, qui suit.

II. Jean-Louis HENRY, baron Henry de Longuève, conseiller et avocat du roi aux bailliage et siège présidial d'Orléans, député du tiers pour le même bailliage aux États généraux (1789), député du Loiret au Cinq-Cents et de 1815 à 1825, conseiller d'État (14 août 1815), O. ✳, chevalier de Saint-Jean-de-Jérusalem, fut autorisé par ordonnance du 31 janvier 1815 à ajouter à son nom « de Longuève », puis anobli par lettres patentes du 10 mars 1815 et enfin créé baron à titre personnel, par autres lettres patentes du 17 mai 1828. Né à Orléans le 23 novembre 1752, † à Vaugereau, par Briare (Loiret,) le 23 juillet 1841, il épousa à la Ferté Saint-Aubin (Loiret), le 12 février 1782, Élisabeth-Gabrielle Lhuillier de Tigy.

HERBOUVILLE (D')

= Titre de pair héréditaire par ordonnance du 17 août 1815, en faveur de Charles-Joseph-Fortuné, marquis D'HERBOUVILLE.

= Titre de marquis-pair attaché à ladite pairie en faveur du même, par ordonnance du 31 août 1817.

= Autorisation de transmission de ladite pairie par ordonnance du 28 août

1828, en faveur du même, pour son gendre Louis-Marie-Félix-Prosper Berton des
Balbes de Crillon.

La maison d'Herbouville, originaire de Normandie, a pour auteur Colard, sgr
d'Herbouville, vivant en 1225 que la tradition dit être un puîné de la maison de
Mortemer. La filiation suivie s'établit depuis un de ses descendants, Robert, qui
épousa Jeanne d'Houdetot et dont la postérité était représentée au dixième degré
par Adrien, qui suit.

X. Adrien d'Herbouville, dit le marquis d'Herbouville, baron de Longueval-
Lagny, sgr de Saint-Jean-du-Cardonnay, la Cour-le-Comte, etc., mestre de camp de
cavalerie, né en 1676, † au château de Saint-Jean-du-Cardonnay le 8 juin 1762;
épousa en mai 1701 Christiane Dauvet des Marais, † à Paris le 6 juin 1742; fille de
Louis-Anne, comte d'Éguilly, et de Marie-Madeleine de Chambes-Montsoreau,
dont quatre enfants :

1° François-Fortuné, qui suivra ;
2° Louis-François, abbé, né en 1717 ;
3° N..., capitaine de gendarmes, † à la bataille de Minden le 1er août 1759 ;
4° Jeanne-Louise, † le 27 mai 1737 ; mariée en novembre 1731 à Charles, comte d'Houdetot.

XI. François-Fortuné d'Herbouville, comte d'Herbouville, sgr de Longueval,
etc., mestre de camp, sous-lieutenant des gendarmes d'Anjou (1762); épousa
Anne-Victoire de Gambis de Velleron, † à Paris le 22 septembre 1756, fille de
Louis-Dominique, comte de Velleron, et de Catherine-Nicole Gruin, dont un fils,
qui suit.

XII. Charles-Joseph-Fortuné d'Herbouville, baron d'Herbouville et de l'Empire[1] (décret du 15 août 1809), puis marquis d'Herbouville, capitaine au régiment
royal-Navarre (1774), colonel de cavalerie (1780), mestre de camp (1787), commandant des gardes nationales de Rouen (1789), maréchal de camp (1er mars 1811),
préfet (1805-10), lieutenant général (6 juillet 1814), directeur général des postes et
président du collège électoral du Rhône (1816), pair de France (17 août 1815),
G. O. ✠, chevalier de Saint-Louis, fut créé marquis-pair héréditaire par l'ordonnance
du 21 août 1817 et autorisé, après institution d'un majorat de pairie, par autre ordonnance du 28 août 1828, à transmettre ses rang, titre et dignité de marquis-pair
héréditaire, à son gendre, M. de Crillon; né à Paris le 14 avril 1756, † même ville
le 1er avril 1829, il s'y maria le 15 avril 1788 à Marie-Louise-Victoire Le Bascle
d'Argenteuil, † à Paris le 15 février 1829, fille de Jean-Louis-Nicolas, marquis
d'Argenteuil, et de Marie-Angélique-Philippe Le Veneur, dont deux filles :

1° Caroline-Louise, née à Saint-Jean-du-Cardonnay (Seine-Inférieure) le 28 avril 1789, † à
Paris le 2 juin 1863; mariée en février 1816 à Louis-Marie-Félix-Prosper Berton des
Balbes, marquis de Crillon, pair de France (par hérédité le 11 juillet 1829) ; (voir notice
Berton, t. I, p. 210);
2° Éléonore-Louise, née le 22 octobre 1791, † à Paris le 4 novembre 1878; mariée, le
31 juillet 1811 à Albéric-César-Guy, comte de Choiseul-Praslin, pair de France.

La maison d'Herbouville porte pour armes : *de gueules, à la fleur de lis d'or.*

1. Cf. *Armorial du Ier Empire*, t. II, p. 311.

HÉRICART-FERRAND

== Titre de vicomte héréditaire sous la dénomination HÉRICART-FERRAND, en faveur de Louis-Élisabeth HÉRICART, en récompense des services de son oncle maternel, par lettres patentes du 28 mai 1819, avec règlement d'armoiries : *écartelé : aux 1er et 4e d'or, au volcan de sinople, mouvant de la pointe de l'écu, chargé de six flammes d'argent, 1, 2, 3, sommé de trois masses de fumée d'azur; au chef de gueules, chargé de trois étoiles d'argent; aux 2o et 3o d'azur, à trois épées en pal d'argent, celles de dextre et de senestre renversées et chargées d'une fasce d'or brochante.*

* *

La famille Héricart, originaire de la Ferté-Milon, a donné de nombreux officiers de judicature au bailliage de cette ville, un maire de la Ferté-Milon, des conseillers à la cour des aides de Paris, etc.

Une de ses branches a possédé la terre de Thury en Valois, et a donné :

I. Jacques-Louis-Sébastien HÉRICART, sieur de Thury, conseiller à la cour des aides de Paris, † le 14 octobre 1757; il se maria : 1o à N.., † le 21 février 1737; 2o à Anne-Madeleine Leschassier de Morel, † à Paris le 21 décembre 1788, fille de Christophe, conseiller à la cour des aides, et de Charlotte-Geneviève Soufflot, et laissa six fils, dont les quatre aînés morts sans alliance.

[*du 1er lit*] : 1o Louis-Guillaume, né à Paris le 18 juillet 1731, décédé sans alliance;

2o Louis-Jean-Baptiste, né à Paris le 3 avril 1734; † sans alliance;

3o Jean-Baptiste-Louis, né à Paris le 5 avril 1735, † sans alliance;

4o Louis-Nicolas, né à Paris le 8 avril 1736, † sans alliance;

5o Louis-Christophe, qui suivra;

6o Louis-François, sieur de Thury et Lanoue, major au régiment d'Orléans-dragons, né en 1741, marié et ayant laissé postérité.

II. Louis-Christophe HÉRICART, vicomte de Thury, correcteur (1763), puis conseiller maître en la chambre des comptes de Paris (17 juin 1776); se maria deux fois : 1o le 17 février 1772, à N... de Rosset, sans postérité; 2o le 22 août 1775, à Élisabeth-Michelle-Charlotte Ferrand, † en 1808, fille de Michel-Antoine-Germanique, conseiller au parlement, et d'Élisabeth-Catherine Nouet, dont deux fils :

[*du 2e lit*] : 1o Louis-Étienne-François, vicomte Héricart de Thury, ingénieur des mines (1802), ingénieur en chef (1810), inspecteur général des mines, conseiller d'État, gentilhomme honoraire de la chambre du roi, conseiller général de la Seine et député de la Seine (1815-16, 1820-27), membre de l'Académie des sciences (1824), O.※; né à Paris le 3 juin 1776, † à Rome le 15 janvier 1854; marié à Reims, le 9 novembre 1825, à Marie-Louise-Christine de Noue, † à Saint-Cloud (Seine), le 11 mai 1864, dont postérité existante;

2o Louis-Élisabeth, qui suivra.

III. Louis-Élisabeth HÉRICART, vicomte Héricart-Ferrand, fut créé vicomte héréditaire, sous la dénomination « Héricart-Ferrand », par lettres patentes du 28 mai 1819; né à Paris le 21 avril 1779, † le 3 mai 1858, il épousa le 23 mai 1819 sa cousine germaine, Caroline-Eugène-Marie Ferrand, † le 7 février 1868, fille du comte Ferrand, pair de France, et de Mlle Rolland, dont trois filles :

1° Marie-Antoinette-Élisabeth, religieuse, née le 4 juillet 1820, † le 1er mai 1863 ;

2° Henriette-Marie-Louise-Geneviève, née le 26 septembre 1823, † à Paris le 3 février 1882 ; mariée le 6 avril 1841, à Ernest-Denis Rolland, comte d'Erceville ;

3° Christine-Marie-Zoé, née le 26 février 1827, † le 27 mars 1830.

HÉRIOT DE VROÏL

⹀Lettres de noblesse en faveur de Marie-François-Nicolas-Théodore Hériot de Vroïl et d'Henri Hériot de Vroïl, ancien officier de cavalerie et maire de Courcy-la-Neuvilette, frères, par lettres patentes du 12 avril 1828, avec règlement d'armoiries : *d'azur, au chevron d'argent, chargé en pointe d'une étoile d'azur et accompagné en chef de deux étoiles d'or.*

*

I. François Hériot, officier du Gobelet de la reine par brevet du 21 octobre 1736, acquit par acte devant M. Guyard, notaire à Saint-Dizier, le 26 mai 1752, les seigneuries de Bettancourt et de Vroïl; né vers 1706, † à Paris le 1er mai 1788, il se maria trois fois: 1° à Catherine-Angélique Torcel, † à Léogane le 7 mai 1736, dont deux fils, qui suivent; 2° à Paris, le 10 octobre 1737, à Marie-Anne-Jeanne Bessières, sans postérité; 3° (contrat devant M. Roger, notaire à Paris, 4 juin 1751) à Jeanne-Marguerite Rémy, † à Paris le 6 juin 1807, fille d'un armateur de Saint-Domingue, dont deux autres fils :

[du 1er lit] : 1° Pierre-François-Mathurin, écuyer, conseiller secrétaire du roi, maison et couronne de France (9 mai 1770). Né à Boucassin (Saint-Domingue), décédé à Paris le 5 août 1790, il reçut (17 septembre 1770) comme règlement d'armoiries : *d'azur, au chevron d'argent, accompagné en chef de deux étoiles d'or, et en pointe d'un croissant du même;*

2° N..., mort au berceau.

[du 2e lit] : 3° N..., né à Saint-Dizier en octobre 1752, † en novembre 1753 ;

4° Jean-François-André, qui suit.

II. Jean-François-André Hériot, seigneur de Vroïl, conseiller correcteur en la cour des comptes de Paris (30 juillet 1776), maire de Bettancourt, conseiller général et président du conseil général de la Marne ; né à Paris le 26 février 1755, † à Bettancourt le 3 septembre 1816; épousa Adélaïde-Catherine Cappelet, † à Bettancourt le 12 décembre 1803, dont trois enfants :

1° Marie-François-Nicolas-Théodore, qui suivra ;

2° Henri, qui sera rapporté après son frère;

3° Adélaïde, née à Étrépy le 20 octobre 1784, † à Bettancourt le 5 avril 1799.

III. Marie-François-Nicolas-Théodore Hériot de Vroïl, avocat, fut anobli avec son frère par lettres patentes du 12 avril 1828; né à Paris le 6 décembre 1781, † à Bettancourt le 12 mai 1859, il épousa Catherine-Henriette-Philippine Le Masson, † à Bettancourt le 24 septembre 1842, dont une fille :

Marie-Alix, né à Wassy le 31 janvier 1817, † à Bettancourt le 26 avril 1879; mariée le 11 avril 1847 à François-Louis-Léopold, marquis de Varagne-Gardouch, comte de Bolestat.

III bis. Henri Hériot de Vroïl, chevau-léger de la garde du roi, puis lieutenant de dragons (31 décembre 1815), maire de Bettancourt (1813-15), puis de Courcy-la-Neuvilette (1822-30), ✠ fut anobli avec son frère aîné par les lettres patentes du 12 avril 1828; né à Étrépy le 11 septembre 1785, † à Rocquincourt le 18 novembre 1855, il épousa à Reims, le 17 février 1817, Anna-Mary Ruinart de Brimont, † à Rocquincourt le 18 novembre 1825, fille de Jean-François-Irénée, vicomte de Brimont, maire de Reims, député et gentilhomme de la chambre du roi, et de Marie-Élisabeth-Brigitte O'Garwey, dont trois enfants :

1° Jules-Marie, qui suivra ;

2° Marie-François-Alban, né le 29 avril 1824, † le 28 février 1845 :

3° Adélaïde-Jeanne, née le 27 décembre 1821, † le 28 avril 1895 ; mariée le 20 juin 1842 à Louis-Victor Perrier de Savigny.

IV. Jules-Marie HÉRIOT DE VROÏL, avocat, maire de Courcy-la-Neuvilette (1857-63), né à Reims le 13 septembre 1820, † à Paris le 26 décembre 1893 ; épousa le 1er juin 1842 Charlotte-Hélène-Adélaïde Parent du Châtelet, † à Paris le 11 septembre 1892, fille d'Alexandre-Jean-Baptiste-Benjamin et d'Anne-Antoinette-Euphrasie Le Chanteur, dont huit enfants :

1° François-Henri-Alban-René, né à Roquincourt le 5 juin 1850, † à Paris le 19 mars 1869 ;

2° Charles-Théodore-Emmanuel, né à Paris le 28 janvier 1852, † à Roquincourt le 17 juillet 1853 ;

3° Martial-Léon, lieutenant de chasseurs d'Afrique, né à Paris le 22 janvier 1855, † à Paris le 15 juin 1886 ; marié le 15 septembre 1884 à Marie-Sophie-Joséphine de Brives (remariée à M. de Pélacot), sans postérité ;

4° Marie-Alban, né à Paris le 21 mai 1860, y décédé le 31 mai 1860 ;

5° Marie-Joseph-Alban, qui suivra ;

6° Charlotte-Marie-Marguerite, née à Roquincourt le 17 juillet 1848, mariée le 26 septembre 1871 à Gustave-Henri Harty de Pierrebourg, officier supérieur ;

7° Victorine-Marie-Henriette, née à Paris le 27 juin 1856 ; mariée le 15 mai 1877 à Victor, comte de Tremouge de la Roussière ;

8° Gabrielle-Adrienne-Marie, née à Roquincourt le 19 septembre 1858 ; mariée le 12 octobre 1880 à Pierre-Raymond Dufayet de la Maisonneuve.

V. Marie-Joseph-Alban HÉRIOT DE VROÏL, né à Paris le 12 décembre 1862 ; marié le 12 juin 1894 à Marie-Constance Le Compasseur-Créquy-Montfort de Courtivron, sans postérité.

HÉRON DE VILLEFOSSE

═ Titre personnel de baron, avec anoblissement, en faveur d'Antoine-Marie HÉRON-DE VILLEFOSSE, conseiller d'État et membre de l'Institut, par lettres patentes du 25 mars 1830, avec réglement d'armoiries : *d'azur, au chevron d'or, accompagné de trois grenades, tigées et feuillées d'or, ouvertes de gueules, 2, 1.*

* *

Cette famille Héron, d'ancienne bourgeoisie parisienne, a formé de nombreuses branches, dites de la Comterie, de la Thuilerie, d'Argeville et de Villefosse. Cette dernière a pour auteur :

II. Jacques-Philippe HÉRON, sieur de la Thuilerie, trésorier provincial de l'extraordinaire des guerres à Pignerol, conseiller du roi, secrétaire contrôleur de la cavalerie légère ; né à Paris en 1652, † en 1730, fils de Nicolas, consul des marchands à Paris ; épousa Marguerite du Poirier de Cottereau, dont un fils, qui suit.

III. Joseph-Augustin HÉRON, sgr de la Thuilerie, lieutenant au régiment de Pons-infanterie; né..., † à Saint-Dizier en 1739, laissa un fils, qui suit.

IV. Jean-Baptiste-Claude HÉRON, sgr de la Thuilerie, receveur des tailles à Béziers et Pézenas (1760), puis receveur des consignations de la ville de Paris; épousa en 1762, sa cousine, N... Héron de Courgy, dame de Villefosse, fille de Jean-Baptiste-Philippe, receveur des consignations de Paris, dont :

    1° Antoine-Marie, qui suivra ;
    2° Charles, officier au service d'Espagne, maréchal de camp et gouverneur de Madrid.

V. Antoine-Marie HÉRON DE VILLEFOSSE, baron Héron de Villefosse, ingénieur en chef des mines, puis inspecteur général des mines, conseiller d'État, membre de l'Académie des sciences (10 juin 1816), O. ✳, chevalier de l'Ordre de Saint-Michel, fut anobli et créé baron, à titre personnel, par lettres patentes du 25 mars 1830. Né à Paris le 30 juin 1774, † à Caen le 6 juin 1852, il épousa en 1810 Angélique-Joséphine-Louise Chaumont de la Millière, fille d'Antoine-Louis, sieur de la Millière, intendant de Limoges, et d'Angélique-Joséphine-Françoise Poulletier de Périgny, dont :

    1° Antoine-Félix, qui suivra ;
    2° Pierre-Marc-René ; né en 1826, † en 1870; marié à Marie-Mathilde de l'Espine, dont cinq enfants, qui suivent :
        a) Antoine-Marie-Albert, conservateur des musées du Louvre, marié le 14 avril 1889 à Marie-Prospère-Lucie de Thomassin, dont deux enfants :
            aa) Henry ; bb) Marguerite ;
        b) Marc-Marie-Étienne, chef de bureau au Ministère de la justice; marié le 12 mai 1891 à Adèle-Gustavie-Laurence-Herminie Moret de Nion ;
        c) Claire-Isabelle-Guillemette, † à Rennes le 12 mai 1894; mariée le 10 avril 1866 à Charles-Joseph-Marie de Lantivy du Trédion.
        d) Jeanne-Delphine-Julie; sans alliance ;
        e) Madeleine-Claire-Antoinette, sans alliance.
    3° Étienne-Marie, archiviste-paléographe, né à Paris le 10 juin 1825, † à Nevers le 10 juin 1892; marié le... 1862, à Marcelle-Henriette-Fanny Le Bègue de Germiny, † en 1865, dont une fille unique, qui suit:
        Clémence, mariée à Guy-Jean-Charles Duploix de Cadignan, officier de cavalerie.

VI. Antoine-Félix HÉRON DE VILLEFOSSE, dit le baron de Villefosse, avocat, né à Paris en 1814, † au château de Féricy le 30 novembre 1887; épousa Louise-Charlotte-Eudoxie de Grosourdy de Saint-Pierre, fille de Stanislas et d'Arthémise Le Roy du Livet du Theil, dont quatre enfants :

    1° Léon-Marie-Stanislas, qui suivra ;
    2° Anatole-Marie-Antoine (dit Tony), secrétaire général de préfecture; marié en mai 1863 à Mathilde-Laure Moreau de Beauvière, dont quatre fils:
        a) Marcel, b) Pierre; c) François ; d) Fernand ;
    3° Marie; mariée en 1868, à Édouard Moreau de Beauvière ;
    4° Clémence-Charlotte, mariée en 1879 à Raoul, vicomte d'Isoard de Chénérilles.

VII. Léon-Marie-Stanislas HÉRON DE VILLEFOSSE, officier de chasseurs d'Afrique, maire de Féricy et conseiller général de Seine-et-Marne, ✳; né en 1840, † à... le... 1881; épousa en 1872 Anne de Maussion-Pinson de Ménerville, † en 1874, fille de Gaétan et d'Antoinette de Rulhières, et fille adoptive de sa grand'tante, Élisa Pinson de Ménerville, dont un fils, qui suit.

VIII. Félix-Marie-Jean HÉRON DE VILLEFOSSE, officier des haras, né en 1874.

HERRY DE MAUPAS

= Titre de vicomte héréditaire, sur promesse d'institution de majorat, en faveur d'Auguste HERRY DE MAUPAS, officier supérieur, par lettres patentes du 10 juin 1828, avec règlement d'armoiries : *d'or, au lion de sable* [Majorat institué par lettres patentes du 30 octobre 1830 sur le château de la Guérinière et autres biens, commune de Dammarie, Indre-et-Loire].

* *

II. Paul HERRY, conseiller secrétaire du roi en la chancellerie d'Artois (5 mai 1740), fils de Paul et de D^lle Le Charron, épousa Louise Pelluys, dont :

1° Paul, procureur au siège présidial et bailliage de Blois ; marié deux fois : 1° Anne de Coulanges, dont un fils, qui suit ; 2° à Marie-Louise Sourrat, veuve de M. Cardin de la Haye, dont une fille, qui suivra :

[*du 1er lit*] : *a*) Bernard-Gabriel, capitaine au régiment de Bourbon, chevalier de Saint-Louis, marié à Marie-Catherine-Élisabeth Chevalier, dont une fille unique : Catherine-Louise, née à Blois le 26 décembre 1767, mariée deux fois en 1786 à Pierre-Jacques Cools-Desnoyers, puis à Antoine Jobal de Villiers, colonel ;

[*du 2 lit*] : *b*) Louise, mariée le 17 avril 1765 à Jean-François de la Saussaye, maire de Blois ;

2° Bernard, qui suivra.

III. Bernard-Gabriel HERRY, sieur DE MAUPAS, major au régiment royal-dragons, lieutenant de roi pour la ville de Blois (1784), chevalier de Saint-Louis ; né vers 1734, épousa Catherine-Julie Rangeard de la Germonnière, dont un fils, qui suit.

IV. Auguste HERRY DE MAUPAS, vicomte Herry de Maupas, chef d'escadron de cavalerie, chevalier de Saint-Louis, ✻, fut créé vicomte héréditaire par lettres patentes du 10 juin 1828 ; né à Blois le 5 mai 1788, †..., il épousa vers 1812 Aimée de Juglart, † au château de la Guérinière (Indre-et-Loire) le 30 mai 1880 ; dont quatre enfants :

1° Anatole, qui suivra ;
2° Augusta, née en 1813, † à Tours le 10 décembre 1893 ; mariée à Anatole-Charles-Marie de la Pierre, marquis de Frémeur ;
3° Marie, mariée à Philippe-Édouard Labbé de Champgrand ;
4° Esther, mariée en février 1842, à Armand-Just, comte de la Fare.

V. Anatole HERRY DE MAUPAS, vicomte Herry de Maupas, né..., †...; épousa vers 1850 Alix de Nettancourt, dont trois enfants :

1° Roger, qui suivra ;
2° Bernard-Henry, dit M. de Maupas du Juglart, camérier du Saint-Père, marié à Clermont-Ferrand, le 15 avril 1885, à N... Paret, fille d'un docteur en médecine ;
3° Marie-Augustine-Jeanne ; mariée le 3 mai 1865 à Charles-Marie-Enguerrand Butel de Sainteville.

VI. Roger HERRY DE MAUPAS, vicomte Herry de Maupas, né..., a épousé le ... juillet 1884 Jeanne Desboudards.

HERSAN

= Lettres de noblesse en faveur de Jean-Louis HERSAN, lieutenant colonel, par lettres patentes du 31 août 1819, avec règlement d'armoiries : *de gueules, à trois sautoirs, posés 2, 1, et formés, ceux du chef par deux tubes de canon d'or, et celui de la pointe par trois tubes de canon du même ; au chef d'argent chargé d'une épée en fasce, la pointe à senestre, de sable.*

Jean-Louis HERSAN, volontaire au bataillon du Maine-et-Loire (15 septembre 1791), capitaine (18 novembre 1792), chef de bataillon (16 avril 1799) ; major (21 février 1812), lieutenant-colonel (4 septembre 1816), O. ✸, chevalier de Saint-Louis ; fut anobli par lettres patentes du 31 août 1819 ; né à Saumur (Maine-et-Loire) le 27 septembre 1798, † à Marseille le 14 octobre 1845, fils d'un maître menuisier, il épousa à Marseille, vers 1817, N...

HERSANT-DESTOUCHES

= Titre de baron héréditaire confirmé en faveur d'Alexandre-Étienne-Guillaume HERSANT-DESTOUCHES, baron de l'Empire, préfet, par lettres patentes du 3 février 1815, avec règlement d'armoiries : *d'azur, à une rose d'argent, feuillée, tigée et boutonnée du même, accompagnée de dix-neuf étoiles d'or mal ordonnées ; à la bordure componée d'or et de sable.*

I. Alexandre HERSANT, ou Hersan, sieur des Touches, lieutenant de dragons au régiment d'Armenonville, né en 1677, † à Chartres le 28 août 1732, épousa Marguerite Le Magnen, dont un fils, qui suit.

II. Alexandre-Louis HERSANT DESTOUCHES, régisseur, puis secrétaire général des aides et des droits réunis et premier commis des finances, conseiller secrétaire du roi, maison et couronne de France (28 janvier 1789) ; né à Chartres le 19 octobre 1731, †..., épousa Claudine-Alexandrine-Maximilienne Le Louchier de Jéricot, fille de Nicolas-François, député des États de la ville de Mons, et de Marie-Étiennette Maupassant, dont au moins un fils, qui suit.

III. Alexandre-Étienne-Guillaume HERSANT-DESTOUCHES, baron Hersant Destouches et de l'Empire[1] (lettres patentes du 9 mars 1809), préfet, gentilhomme honoraire de la chambre du roi, maître des requêtes, membre du collège électoral de la Sarthe, O. ✸, fut confirmé dans le titre de baron héréditaire par lettres patentes du 3 février 1815. Né à Paris le 31 mars 1773, † à Brestel le 8 juin 1826, il épousa Rose Launay, † le 19 mai 1806, dont deux enfants :

1° Ernest, né..., † le 12 mai 1826 ;

2° Stéphanie, née en 1797, † à Paris le 15 février 1853 ; mariée en mars 1818, à Armand-Maximilien, comte d'Houdetot.

1. Cf. *Armorial du Ier Empire*, t. II, p. 312-313.

HERVÉ

= Titre de chevalier héréditaire confirmé en faveur de Christophe Hervé, colonel en retraite, par lettres patentes du 19 juillet 1825, avec règlement d'armoiries : *d'azur, au chevron d'or, accompagné en pointe d'une épée haute d'argent.*

I. Christophs Hervé, propriétaire à Cérans, au Maine, épousa Louise Portebœuf, dont un fils, qui suit.

II. Christophe Hervé, chevalier Hervé et de l'Empire[1] (lettres patentes du 15 janvier 1809), donataire de l'Empire, soldat (1785), chef de bataillon, colonel (22 décembre 1813), O. ✺, chevalier de Saint-Louis, fut confirmé dans le titre de chevalier héréditaire par lettres patentes du 19 juillet 1825 ; né à Cérans (Sarthe) le 15 avril 1766, † au Mans le 8 octobre 1840.

HERVÉ

= Titre de chevalier héréditaire en faveur d'Amant-Marie-Fidèle-Charles Hervé, capitaine d'artillerie, par lettres patentes du 31 mai 1817, avec règlement d'armoiries : *d'azur, au château donjonné d'une tour d'argent, maçonné et ajouré de sable, sommé d'un lion d'or tenant de la patte dextre un badelaire d'argent, accosté à dextre d'une grenade d'or, ouverte de gueules, et à senestre d'une molette d'or; à la champagne d'or chargée d'une pile de boulets de sable.*

I. Hyacinthe-Jean-Baptiste Hervé, trésorier de la ville de Strasbourg, épousa Reine Hartmann, dont un fils, qui suit.

II. Amant-Marie-Fidèle-Charles Hervé, colonel d'artillerie (13 janvier 1827), ✺, né à Strasbourg le 28 septembre 1769, † à Dachstein (Bas-Rhin), fut créé chevalier héréditaire par lettres patentes 31 mai 1817 ; il épousa, le 21 octobre 1817, Marie-Caroline-Sophie Magnier-Grandprey.

HERVÉ-CHEFDUBOIS [du Penhoat]

= Lettres de noblesse en faveur de Jean-Louis Hervé-Chefdubois, député, et de Jean-Marie Hervé-Chefdubois, frères, par lettres patentes du 18 novembre 1815, avec règlement d'armoiries : *échiqueté d'argent et de gueules, au croissant d'argent, posé en abyme.*

La famille Hervé, qui a possédé les terres de Kergoff, de Mezeven, de Tremoguer, du Tertre, de Kerguz, de Penhoat, etc., a été déboutée lors de la réformation de 1666 et a fait enregistrer ses armes à l'Armorial général de 1696 : *d'argent, à trois trèfles de sable.* Elle a formé plusieurs branches, celle de Kergoff, fondue dans la famille de Tanouarn, et celle du Penhoat (Chefdubois), qui suit.

I. N... Hervé, sieur du Penhoat, sénéchal de Léon, subdélégué de l'intendant et commissaire des États, † sur l'échafaud révolutionnaire ; laissa deux fils, qui suivent :

1. Cf. *Armorial du Ier Empire*, t. II, p. 313.

1º Jean-Louis, qui suit;

2º Jean-Marie, qui sera rapporté après son frère.

II. Jean-Louis HERVÉ DU PENHOAT [CHEF DU BOIS], avocat, juge de paix de Saint-Pol-de-Léon, député du Finistère (1815-16), fut anobli avec son frère, par lettres patentes du 18 novembre 1815. Né à Saint-Pol-de-Léon (Finistère) le 18 juin 1766, †...

II bis. Jean-Marie HERVÉ CHEF-DU-BOIS, dit Hervé de Penhoat, fut anobli avec son frère par les lettres patentes du 18 novembre 1815. Né à Saint-Pol-de-Léon (Finistère) le 9 juin 1776, †..., il épousa le 21 novembre 1805 Joséphine-Anne-Renée de Lestang du Rusquec, fille de Jean-François-Mathurin et Marie-Gabrielle Huon de Lesguern, dont quatre enfants :

1º Joseph, qui suivra;

2º Francis, né..., †...; marié à Marie-Françoise-Stéphanie Barazer de Launurion, † le 4 février 1890, dont cinq enfants, qui suivent :

    a) Francis, receveur de l'enregistrement et des domaines;

    b) Jean, notaire, né à Saint-Pol-de-Léon le 28 mars 1848, † même ville le 29 mars 1897; marié le 1er août 1883, à Marie-Joséphine-Louise-Françoise de Parcevaux, dont cinq enfants: *aa*) Jean-Marie-Anne, né à Saint-Pol-de-Léon le 30 juillet 1885; *bb*) Paul-Marie-Raoul, né à Saint-Paul-de-Léon le 13 décembre 1888; *cc*) Jacques-Marie, né à Saint-Pol-de-Léon le 24 juillet 1892; *dd*) Germaine-Marie-Louise-Françoise, née à Saint-Pol le 30 octobre 1886; *ee*) Madeleine-Marie-Stéphanie, née à Saint-Pol-de-Léon le 18 septembre 1890;

    c) Joseph, sous-inspecteur de l'enregistrement, né...; marié à N..., Jacquelot de Boisrouvray;

    d) Céline; *e*) Françoise, religieuse;

3º Ernest, né..., †... marié, et père de six enfants qui suivent:

    a) Ernest, marié;

    b) Michel, † sans alliance;

    c) Louis, receveur de l'enregistrement; marié le 20 octobre 1885 à Marie Lainé, dont postérité;

    d) Marie; *e*) Anne; *f*) Marie-Jenny, mariée à Étienne-Jean-Joseph de Chabre;

4º Marie-Aimée, née en 1808, † à Saint-Pol-de-Léon le 11 mars 1883; sans alliance.

III. Joseph HERVÉ DU PENHOAT, directeur de l'enregistrement et des domaines, né...; épousa Jeanne-Laure Viosney, dont une fille:

Gabrielle, mariée le 22 janvier 1877 à Hilarion-Marie de Lestang du Rusquec, ancien officier aux zouaves pontificaux.

HERVIER DE ROMAND

= Maintenue de noblesse en faveur de Jean-Pierre HERVIER DE ROMAND, lieutenant de cavalerie, par lettres patentes du 1er février 1817, avec règlement d'armoiries : *d'azur, au lion léopardé d'argent, armé et lampassé de gueules, et tenant dans sa gueule un lis d'or.*

= Titre de baron, sur promesse d'institution de majorat, par ordonnance du 3 juin 1823, en faveur de Jean-Louis Hervier de Romand [sans patentes ni institution de majorat].

La famille Hervier, originaire de Saint-Paul-en-Jarez, y est citée depuis Estienne Hervier, lieutenant de la juridiction de Saint-Paul en 1550. Son descendant au cinquième degré, Jérôme Hervier, bourgeois de Saint-Paul, épousa le 26 janvier 1699 Jeanne Vachier et fut père de deux fils, Jean-Paul, qui suit, et Antoine, qui sera rapporté ci-après (p. 332), à la notice Hervier-Charrin.

VI. Jean-Pierre HERVIER, bourgeois de Lyon, né en 1700, † à Lyon le 1er octobre 1780 ; épousa à Saint-Chamond, le 30 janvier 1739, Gabrielle Favre des Varennes, fille de Marc-Antoine et de Gasparde de Lafond, dont :

1° Marc-Antoine-Marie, qui suivra ;
2° Gilbert, marié à Lyon, le 20 février 1775, à Marguerite Girardon ;
3° Antoine, fixé à Fontainebleau et laissant deux filles : Mmes Pujos et Brossard ;
4°-5° Gabrielle et Jeanne-Marie, religieuses.

VII. Marc-Antoine-Marie HERVIER DE BAROLIÈRE, né à Saint-Chamond en 1740, † à Lyon en juillet 1821 ; épousa le 14 mai 1769 Benoîte Bouchardier, dont :

1° Jean-Pierre, qui suivra ;
2° Antoinette, née le 4 avril 1774 ; mariée le 21 janvier 1793 à Antoine Flachat ;
3° Adélaïde, née le 9 décembre 1776 ; mariée à Nicole-François Mornant.

VIII. Jean-Pierre HERVIER, dit Hervier de Romans, puis baron Hervier de Romans, lieutenant de cavalerie, fut maintenu dans sa noblesse par lettres patentes du 1er février 1817, puis créé baron, sur promesse d'institution de majorat, par ordonnance du 3 juin 1823. Né à Saint-Chamond (Loire) le 10 juillet 1770, †...; l épousa le 22 février 1795 Marie-Anne-Victoire Peronnet de Beaupré, fille de Claude-Joseph, lieutenant-colonel, et de Catherine de Romans, dont :

1° Marc-Antoine, qui suivra ;
2° Félix, né à Lyon le 21 août 1801 ; † même ville le 25 juin 1876 ; marié le 21 juillet 1831 à Louise Montagnier, dont douze enfants qui suivent :
    a) Léon, † le 16 mai 1833 ;
    b) Jean-Baptiste-Marie, né le 26 novembre 1835 ; † février 1848 ;
    c) Victor-Félix, né le 6 février 1837 ; marié en 1858, à Marie Soulier, dont une fille unique : N..., mariée à M. Chevreau ;
    d) Amédée, né le 15 avril 1838, † le 25 août 1893 ;
    e) François-Xavier, né le 11 août 1843, † jeune ;
    f) Ennemond-Philippe, né le 11 août et décédé le 11 octobre 1844 ;
    g) Sainte-Marie, née le 30 mai 1848 ; mariée le 7 février 1882, à Charles Buyot ;
    h) Marie-Bénédicte, mariée le 4 juillet 1860, à Vespasien de Masin ;
    i) Jeanne-Paule-Olympe, née le 14 avril 1839, † février 1848 ;
    j) Louise-Gabrielle, née le 15 juillet 1840 ;
    k) Marie-Marthe, née le 15 octobre 1841 ;
    l) Angèle, née le 15 mars 1846 ; mariée le 15 décembre 1873 à Antonin Colomban ;
3° Bénédicte, née à Saint-Chamond le 10 mars 1796, mariée 26 février 1813 à Louis-Maximilien Finaz ;
4° Maria, née à Lyon le 4 février 1806, † en 1824 ;
5° Antoinette, religieuse, née le 4 juillet 1814 ;
6° Anne-Marie, née le 14 août 1818, † le 24 août 1883 ; mariée le 8 février 1836 à Claude-Joseph-Gaspard Poidebard.

IX. Marc-Antoine HERVIER DE ROMANS, né le 17 mai 1798, † à Lyon en 1858 ; épousa Félicité-Marie-Pierrette Corderier, dont :

1° Paul, qui suivra ;
2° Adrienne, religieuse ;
3° N..., mariée à M. Scheuring ;
4° N..., mariée à M. Champanhet.

X. Paul HERVIER DE ROMANS, né:.., †... (sans postérité).

HERVIER-CHARRIN

= Maintenue de noblesse en faveur de Gabriel HERVIER-CHARRIN, par lettres patentes du 20 janvier 1820, avec règlement d'armoiries : *d'azur, au lion léopardé d'argent, lampassé de gueules et tenant dans sa gueule un lis d'or, à la bordure de gueules.*

*
* *

VI *bis*. Antoine HERVIER, deuxième fils de Jérôme et de Jeanne Vachier (voir ci-dessus, p. 331), épousa le 21 septembre 1834 Marie-Anne Coste, dont :

1° Joseph, qui suivra ;
2° Catherine, née le 19 août 1735 ; mariée le 16 janvier 1759 à Joseph Mauiquet ;
3° Élisabeth, née le 15 juillet 1736 ; mariée le 30 janvier 1760 à Claude Terrasson ;
4° Marie-Madeleine, née le 13 mars 1748 ; mariée le 16 avril 1776 à Louis Finaz.

VII. Joseph HERVIER, né le 17 mars 1741, † le 7 mars 1780 ; épousa le 1er juin 1770 Françoise Garaud, dont un fils, qui suit.

VIII. Gabriel HERVIER, dit Hervier-Charrin, fut maintenu dans sa noblesse par lettres patentes du 20 janvier 1820. Né à Saint-Chamond (Loire) le 15 mars 1775, †..., il épousa à Lyon, le 10 avril 1809, Jeanne-Anne-Pierrette-Justine de Charrin, fille d'Étienne-Marc-Antoine-Mathieu et d'Anne-Marie de Quatrefages de la Roquette, dont :

1° Charles-Marie, qui suivra ;
2° Gabriel-Marie, marié le 10 février 1846 à Marie-Olympe Serre, dont trois enfants, qui suivent :
   a) Jean-Marie-Pierre, prêtre, né le 9 avril 1847 ;
   b) Marthe-Marie-Madeleine, née en octobre 1850 ;
   c) Anne-Marie-Antoinette, née en 1857, † en 1879 ;
3° Anaïs, mariée à M. Coulet ;
4° Annette, religieuse.

IV. Charles-Marie HERVIER-CHARRIN, né à Saint-Chamond le 3 décembre 1812, a épousé à Saint-Étienne, le 21 décembre 1841, Anne-Marie-Antoinette Brusson, dont :

1° Louis-Marie-Joseph, prêtre, né le 23 juillet 1846 ;
2° Guillaume-Aubin, qui suivra ;
3° Anne-Marie-Antoinette, née le 27 décembre 1842 ; mariée le 26 novembre 1863 à Jules-Victor Ginot.

X. Guillaume-Aubin HERVIER-CHARRIN, né le 11 janvier 1851, a épousé Marie-Antoinette Mauffroy, dont trois enfants :

1° Paul ; 2° Albert ; 3° Marthe.

HERWYN

= Titre de baron héréditaire confirmé en faveur de Philippe-Jacques HERWYN, par lettres patentes du 16 novembre 1816, avec règlement d'armoiries : *écartelé : au 1er d'or, au lion [léopardé] passant de sable, lampassé de gueules ; au 2o d'azur, au hérisson d'argent, soutenu de sinople et surmonté d'une épée haute d'argent, montée d'or, flanquée de deux étoiles à six rais d'argent ; au 3e de sable, à trois molettes d'or, 2, 1 ; au 4e d'argent, à la bande de gueules, accompagnée de dix billettes du même, posées cinq en chef, 3, 2, et cinq en pointe, de même* (alias 2, 3).

* *

I. **Auguste-Dominique HERWYN**, épousa Cornélie Vanloo, dont trois enfants :

1o Philippe-Jacques, qui suivra ;

2o Pierre-Antoine, qui sera rapporté ci-après ;

3o N..., née..., † à Paris le 5 mai 1827, mariée à M. Lauweryns.

II. **Philippe-Jacques HERWYN**, baron Herwyn et de l'Empire[1] (lettres patentes du 5 août 1812), membre du collège électoral de la Lys, député de la Lys (1807-14) ; fut confirmé dans le titre de baron héréditaire, par lettres patentes du 16 novembre 1816. Né à Hondschoote (Nord) le 13 juin 1750, † à Furnes le 24 mars 1836, il se maria deux fois : 1o à Marie-Madeleine Derue, *alias* de la Rue, dont deux enfants, qui suivent ; 2o à Anne-Marie de Pruyssenaere, sans postérité :

[*du 1er lit*] : 1o Philippe-Jacques, qui suivra ;

2o Émilie-Sophie, née à Hondschoote le 9 juin 1782, † à Dunkerque le 22 juillet 1856 ; mariée à Éloi-François Martin.

III. **Philippe-Jacques HERWYN**, né le 18 avril 1776, † le 2 décembre 1814, marié à Charlotte-Louise-Geneviève-Joséphine Van der Meersch, dont un fils, qui suit.

IV. **Napoléon-Diodore-Dorothée HERWYN**, baron Herwyn, puis comte Herwyn, né le 17 janvier 1807, † à Furnes le 9 février 1892, a été confirmé dans le titre de baron héréditaire par diplôme du roi des Belges du 27 avril 1853, puis créé comte héréditaire par autre diplôme du 31 juillet 1891 ; il a épousé le 17 mai 1832 Caroline-Marie Ollevier, fille d'un bourgmestre de Furnes, dont quatre enfants :

1o Louis-Philippe-Charles-François, né le 16 avril 1833, † à Saint-Gilles-lès-Bruxelles le 22 mai 1862 ; sans alliance ;

2o Julien-Charles-Gabriel-Marie, né le 31 juillet 1836, † à Furnes le 12 septembre 1886 ; sans alliance ;

3o Gustave-Alphonse-César, qui suivra ;

4o Édouard-Ignace, né à Furnes le 26 août 1851 ; marié à Furnes le 18 juin 1883 à Olga-Marie-Gélestine van Crombrugge, dont trois enfants, qui suivent :

a) Auguste-Marie-Édouard-Odile, né le 7 juillet 1884 ;

b) Yvonne-Clémentine-Lucine, née le 25 mars 1886 ;

c) Laure-Justine-Odile-Édouarde, née le 28 août 1888.

---

1. *Armorial du Ier Empire*, t. II, p. 314-15.

V. Gustave-Alphonse-César Herwyn, comte Herwyn, né à Furnes le 13 octobre 1843, s'est marié deux fois : 1° à Ixelles, le 15 mai 1867, à Marie-Josèphe-Sophie-Alphonsine Van Vossem, † à Saint-Gilles le 15 mars 1869, dont une fille, qui suivra ; 2° à Saint-Omer, le 29 septembre 1871, à Augusta-Georgine-Marie Van den Broingne, dont cinq autres enfants :

[*du 1er lit*] : 1° Léonie-Marie-Augustine-Sophie, née à Saint-Gilles le 10 mai 1868 ;
[*du 2e lit*] : 2° Alice-Marie-Augusta, née le 9 octobre 1872 ;
3° Hélène-Marie-Marguerite, née le 18 décembre 1873 ;
4° Marie-Delphine-Colette, née le 13 mai 1875 ;
5° Marguerite-Colette-Charlotte, née le 4 février 1877 ;
6° Clotilde-Anna-Marie-Julie, née le 2 juillet 1879.

HERWYN DE NÉVÈLE

═ Titre de pair à vie par ordonnance du 4 juin 1814, en faveur de Pierre-Antoine, comte Herwyn de Névèle, et confirmé à titre héréditaire par l'ordonnance du 19 août 1815.

═ Titre de comte héréditaire confirmé par lettres patentes du 17 mars 1815, en faveur du même.

═ Titre de comte pair héréditaire en faveur du même par ordonnance du 31 août 1817 et confirmé par lettres patentes du 20 décembre 1817, sans institution de majorat de pairie, mais avec règlement d'armoiries : *écartelé : au 1er d'or, au lion de sable, lampassé de gueules ; au 2e d'argent, à la croix de gueules cantonnée en chef d'une molette de sable ; au 3e de sable, à trois molettes d'or ; au 4e d'azur, à la fasce d'or, accompagnée en chef de deux pigeons affrontés d'argent, et en pointe, d'un serpent d'or mis en pal.*

⁂

II *bis.* Pierre-Antoine Herwyn, comte d'Arène, et de l'Empire[1] (lettres patentes du 26 avril 1808), puis comte Herwyn de Névèle, commissaire des guerres, conseiller pensionnaire à Hondschoote et député du tiers du bailliage de Bailleul aux États généraux (1788), membre du Conseil des Anciens, membre du Sénat conservateur (26 décembre 1799), pair de France (14 juin 1814), G. O. ✠ ; fut créé comte-pair héréditaire par lettres patentes du 20 décembre 1817 et autorisé à ajouter à son nom « de Nevèle », par ordonnance du 11 février 1820. Né à Hondschoote le 18 septembre 1757, † à Paris le 24 mars 1824, frère puîné du baron qui précède et deuxième fils d'Auguste-Dominique et de Mlle Vanloo, il se maria deux fois ; 1° en 1776, à Marie-Walpurge Coignez, † à Paris le 20 janvier 1801, sans postérité ; 2° en 1805, à Angèle-Constance-Persévérance van de Moersch de Névèle, † à Paris le 5 juillet 1849, dont quatre enfants :

[*du 2e lit*] : 1° Napoléon-Pierre-Marie, qui suivra ;
2° Marie-Joséphine-Félicité, née à Paris le 19 août 1807, † à Paris le... janvier 1832 ; mariée le 23 septembre 1830 à Jules Didot, † le 18 mai 1871 ;
3° Hortense-Constance-Marie, née à Paris le 12 juin 1809, † à Paris le 3 mars 1827 ;
4° Félicité-Constance-Marie, née à Paris le 12 juin 1812, † à Paris le 23 juin 1813.

1. Cf. *Armorial du 1er Empire*, t. II, p. 315.

III. Napoléon-Pierre-Marie HERWYN, comte Herwyn de Névèle, pair de France par hérédité 16 août 1831), né à Paris le 25 avril 1806, † à Ivry (Seine) le 29 août 1800, sans postérité.

HESPEL (D')

= Titre de comte héréditaire en faveur de Romain-Séraphin-Joseph-Marie D'HESPEL, maréchal de camp honoraire, par lettres patentes du 4 août 1818, avec règlement d'armoiries : *écartelé : aux 1er et 4e d'or, à trois lis renversés de gueules et de sinople, aux 2e et 3e d'argent, au chevron d'azur surchargé d'un chevron d'or.*

** **

Cette famille est anciennement connue en Flandres. François Hespel, inscrit au registre des bourgeois de Lille le 28 janvier 1628, puis conseiller maître en la chambre des comptes de Lille, obtint du roi d'Espagne des lettres de confirmation de son ancienne noblesse, en date du 6 juillet 1663 ; il épousa Marguerite Poulle, dont il eut trois fils : François-Séraphin Anselme et Ferdinand, qui ont formé plusieurs branches représentées de nos jours et distinguées entre elles sous les noms d'Harponville, de Flenques, de Givenchy, d'Haubourdin et de la Vallée, etc.

Celle de Lestoquois était représentée au cinquième degré par Ferdinand-Ignace, qui suit.

V. Ferdinand-Ignace D'HESPEL, sgr de Lestocquois, Blangard, etc., épousa à Lille, le 4 septembre 1723, Marie-Élisabeth de Fourmestraux, fille de Pierre-François, sgr de Guermanez, et de Marie-Anne Baye, dont :

1° César-Auguste-Joseph, qui suivra ;
2° Marie-Clémentine-Henriette, née en 1728, † le 17 février 1792 ; mariée le 14 février 1748 à François-Joseph-Marie Dusart de Bouland ;
3° Marie-Thérèse-Séraphine-Josèphe, mariée à Jean-François-Joseph de Maleingrau, sgr d'Heimbise.

VI. César-Auguste-Joseph D'HESPEL, écuyer, sgr de Guermanez, conseiller-pair des pays de Hainaut, épousa à Lille, le 5 juin 1756, Marie-Charlotte-Josèphe Fruict, fille de Bon, conseiller au bailliage de Lille, et de Marie-Anne Cardon, dont huit enfants :

1° Ferdinand-Auguste-Joseph-Marie, né le 16 mai 1757, † le 16 juin 1775 ;
2° Bon-César-Joseph-Marie, né le 10 novembre 1759, † le 10 novembre 1759 ;
3° Romain-Séraphin-Joseph-Marie, qui suivra ;
4° Jean-Baptiste-Joseph, officier, chevalier de Saint-Louis ; né à Lille le 10 mai 1767, † au château de Rancignies (Hainaut) le 30 décembre 1840 ; marié le 28 septembre 1791 à Félicité-Dorothée d'Arras, sans postérité ;
5° Henriette-Charlotte-Sophie, née le 28 janvier 1761 ; mariée le 22 janvier 1791 à Gérard-Louis de Preudhomme ;
6° Marie-Catherine-Joséphine, née en 1764, † en 1767 ;
7° Marie-Ernestine-Josèphe, née en 1765, † en 1772 ;
8° Marie-Josèphe-Henriette, née à Lille le 22 août 1768 ; † à Tournai le 1er février 1837 ; mariée le 12 février 1801 à François-Joseph de la Croix d'Ogimont.

VII. Romain-Séraphin-Joseph-Marie D'HESPEL, comte d'Hespel, retraité maréchal de camp honoraire, chevalier de Saint-Louis, ✳, fut créé comte héréditaire par lettres patentes du 4 août 1815 ; né à Lille le 13 février 1762, † à Haubourdin le 29 avril 1831, il épousa à Tournai, le 8 juin 1805, Louise-Joséphine-Angéline-Omérine de la Croix, † à Haubourdin le 27 avril 1830, fille d'Alexandre-François-Joseph, sgr d'Ogimont, et d'Angéline-Cécile-Françoise des Enffans, dont :

> 1° Adalbert-Charles-Louis-Auguste, qui suivra ;
> 2° Pauline-Clara, née à Tournai le 6 décembre 1807, † à Paris le 6 octobre 1868 ; mariée le 15 juin 1831, à Edmond-Charles-Hubert, comte de Bertoult.

VIII. Adalbert-Charles-Louis-Auguste D'HESPEL, comte d'Hespel, maire d'Haubourdin, représentant du Nord en 1849, conseiller général du Nord ; né à Velaines (Meuse) le 3 juin 1806, † à Haubourdin le 12 mai 1858 ; épousa le 28 septembre 1826 Claire-Marie-Constance de Tenremonde, † à Lille le 12 décembre 1881, fille de François-Auguste-Ghislain, comte de Tenremonde, et d'Amour-Charlotte-Désirée-Françoise-Antoinette-Albertine-Josèphe de Dion, dont quatre enfants :

> 1° Octave-Joseph, qui suivra ;
> 2° Edmond-Charles-Louis, maire d'Haubourdin, conseiller général du département du Nord et secrétaire général de préfecture ; né à Haubourdin le 13 décembre 1828 ; † même ville, le 14 novembre 1902 ; marié le 14 novembre 1854 à Louise-Josèphe des Enffans de Ponthois, dont six enfants, qui suivent :
>> a) Adalbert-Philippe, capitaine d'infanterie, né à Tournai le 24 décembre 1857 ; marié le... juillet 1886 à Gabrielle de Rouvroy ; sans postérité ;
>> b) Ludovice-François-Joseph, officier de marine, né à Tournai le 20 mars 1859 ; marié le 2 août 1892 à Marie Guillet de Châtelus, dont un fils ;
>> c) Georges-Octave-Ghislain, né à Tournai le 8 mai 1860, † en 1873 ;
>> d) Gaston-Marie-Olivier, né à Kain le 13 octobre 1861 ; marié ;
>> e) Hélène-Louise, née le 30 avril 1863 ; mariée le 29 juillet 1891 à son cousin germain Maurice d'Hespel, ci-après ;
>> f) Alix-Jeanne-Marie-Clotilde, née à Paris le 12 décembre 1855 ; mariée à M. Douville de Franssu ;
> 3° Fernand-Omer-Joseph-Maurice-Charles, né à Haubourdin le 20 décembre 1830, † à Tournai le 22 décembre 1893 ; marié à Tournai le 27 avril 1853, à Célina-Léopoldine-Marie Le Vaillant du Châtelet, dont quatre enfants, qui suivent :
>> a) Olivier-Charles-Hubert, né à Tournai le 14 mars 1858 ; marié, et père de Hervé ;
>> b) Maurice-Arthur-Octave, lieutenant de cavalerie belge, né à Tournai le 20 avril 1861 ; marié le 29 juillet 1891 à sa cousine germaine Hélène-Louise d'Hespel, dont : Edmond ;
>> c) Jeanne-Marguerite-Marie-Claire, née à Tournai le 10 mars 1854 ; mariée au vicomte de Cossée de Maulde ;
>> d) Marie-Anne, née le 17 septembre 1855, † le 9 avril 1858 ;
> 4° Marie-Claire-Charlotte, née en 1836 ; mariée le 2 juillet 1861, à Gérard-Louis-Charles, comte de Cherisey, officier de cavalerie ;
> 5° Anna, née en 1837, † à Landrethum le 20 mars 1884 ; mariée le 26 mai 1863 à Gaston de Saint-Just d'Antingues.

IX. Octave-Joseph D'HESPEL, maire de Wavrin, conseiller général et député du département du Nord (1871), sénateur du Nord (1876-79), né à Haubourdin le 11 août 1827, † au château de Wavrin le 19 avril 1885 ; épousa le 11 août 1847 Céline-Marie de Croix, fille de Joseph-Marie et de Narcisse Urietta, dont six enfants :

> 1° Christian, qui suivra ;
> 2° René-Octave-Roger, lieutenant de vaisseau, (20 mars 1880), né le 31 juillet 1850 ;

3° André, né..., marié...;
4° Jean-Frédéric, né en 1859, † à Hyères, le 15 janvier 1886;
5° Madeleine, mariée le 20 mai 1874 à Gaëtan Le Petit de Sérans;
6° Marie-Thérèse, mariée en juin 1883 à Albert Hyrvoix.

X. Christian d'Hespel, comte d'Hespel, a épousé le... juin 1874 N... Lebon, dont quatre enfants :

1° Octave ;
2° Hubert ;
4° Élisa-Marie-Geneviève, mariée le 23 avril 1895, à Pierre-Jean-René Guillet de Chatellus;
4° Marie-Louise.

HEUDELET

= Titre de comte héréditaire confirmé en faveur d'Étienne Heudelet, comte de l'Empire, lieutenant général, par lettres patentes du 2 décembre 1814, avec règlement d'armoiries : *d'argent, à cinq cotices d'azur, chargées de trèfles d'or; au franc-quartier d'azur chargé d'une épée d'argent, montée d'or.*

* * *

I. Nicolas Heudelet, commis des fermes royales à Dijon, épousa Claire Bonouvrier, dont un fils, qui suit.

II. Étienne Heudelet, comte Heudelet et de l'Empire[1] (lettres patentes du 2 juillet 1808), donataire de l'Empire volontaire (1792), général de brigade (5 février 1799), général de division (24 décembre 1805), pair de France (11 octobre 1832), G. O. ✳, chevalier de Saint-Louis, fut confirmé dans le titre de comte héréditaire, per lettres patentes du 2 décembre 1814. Né à Dijon le 13 novembre 1770, † à Paris le 20 avril 1857, il épousa à Bucey-les-Gy (Haute-Saône), le 9 novembre 1800, Marie-Thérèse Villequez, † à Dijon le 8 mars 1834, dont:

1° Léon-Victor-Ferdinand, qui suivra ;
2° Félicie, née à Dijon le 24 avril 1801; mariée le 30 juin 1823 à Aristide Bastide;
3° Anne-Luce, née à Cressey le 30 mai 1807; mariée en 1828 à Prosper-Bernard Gillet de Thorey.

III. Léon-Victor-Ferdinand Heudelet, comte Heudelet, officier de cavalerie, né à Cressey (Côte-d'Or) le 1er janvier 1804, † le 5 juillet 1883; épousa Aimée-Claude-Adèle Le Muet, † le 10 septembre 1839, dont une fille :

Laure, mariée en mai 1850 à son cousin germain Anatole Bastide.

HIGONET

= Titre de baron héréditaire en faveur de Philippe Higonet, colonel, par lettres patentes du 24 octobre 1820, avec règlement d'armoiries : *coupé : au I d'azur, chargé à dextre d'un cygne d'argent, accolé et couronné d'or, et à senestre d'un dextrochère, armé d'or, tenant une épée d'argent, surmontés en chef, d'une*

---

1. Cf. *Armorial du 1er Empire*, t. II, p. 315.

croix recroisettée d'or, accostée de deux étoiles du même ; au II de gueules, chargé de cinq épées d'argent, posées en fasce et les pointes rapprochées.

I. Joseph Higonet, cultivateur à Saint-Geniès, épousa Marie Massebuau, dont :

1° Joseph, capitaine de volontaires de l'Aveyron (4 juillet 1792), chef de bataillon (11 octobre 1801), adjudant-commandant (7 janvier 1802), colonel du 108e d'infanterie (21 décembre 1803), ✳, né à Saint-Geniès-d'Olt (Aveyron) le 12 décembre 1771, † à la bataille d'Auerstaedt le 14 octobre 1806, sans alliance ;

2° Philippe, qui suivra ;

3° Marie-Jeanne.

II. Philippe Higonet, baron Higonet, volontaire (1803), colonel (1er mars 1814), maréchal de camp (11 août 1823), député du Cantal (1827-30), C. ✳, chevalier de Saint-Louis, fut créé baron héréditaire par lettres patentes du 24 octobre 1820. Né à Saint-Geniès-d'Olt (Aveyron) le 5 mai 1782, † au château de Vayrac (Cantal) le 12 février 1859, il épousa Marie-Françoise-Augustine Peyrac de Jugeols de Veillan, dont il n'a pas eu postérité.

HIMBERT DE FLÉGNY

= Titre de baron héréditaire et transmission de majorat par ordonnance du 9 mars 1826, en faveur de Marie-Louis-François-Constant Himbert de Flégny, fils du baron de l'Empire.

I. N... Himbert, sieur de Flégny ou Fleigny, laissa au moins trois enfants :

1° Pierre-Félix, conseiller du roi en l'élection de Meaux, marié, père de Thérèse-Denise-Mélanie, mariée le 4 février 1706 à son cousin Sébastien-Louis Regnard de Lagny, baron de l'Empire ;

2° Jean-Antoine, qui suivra ;

3° Étienne-Simon, prieur de Saint-Sort et de Beaulieu, † en émigration.

II. Jean-Antoine Himbert, sieur de Pérolles, conseiller du roi et receveur des octrois de la Ferté-sous-Jouarre, épousa Louise-Constance Buisson, dont un fils, qui suit.

III. Louis-Alexandre Himbert, chevalier Himbert de Flégny et de l'Empire (lettres patentes du 5 octobre 1808[1]), puis baron Himbert de Flégny et de l'Empire (majorat ; lettres patentes du 12 avril 1813), négociant à la Ferté-sous-Jouarre, maire de la Ferté-sous-Jouarre, député de Seine-et-Marne à la Convention, aux Cinq-Cents et au Tribunat, préfet, ✳ ; né à la Ferté-sous-Jouarre (Seine-et-Marne) le 12 décembre 1750, † même ville le 11 juin 1825 ; épousa Marie-Françoise-Victoire Chardon, dont un fils, qui suit.

IV. Marie-Louis-François-Constant Himbert de Flégny, baron Himbert de Flégny, auditeur au Conseil d'État, sous-intendant militaire, puis sous-préfet, ✳, fut investi des titre héréditaire et majorat de son père par ordonnance du 9 mars 1826. Né à la Ferté-sous-Jouarre le 3 juin 1785, † à Paris le 4 mai 1849, il épousa Clémence-Hermann d'Haubersart, † en 1879, sans postérité.

1. Cf. *Armorial du Ier Empire*, t. II, p. 316, pour les titre et armoiries de l'Empire.

ADDITIONS ET CORRECTIONS

VOLUME PREMIER

BOUTEVILLE (DE), pages 326-327.

ajouter page 327, degré V :

V. Eugène-Marie-Robert DE BOUTTEVILLE, baron de Bouteville, né à Peronne le 11 juin 1778, a été autorisé avec son frère aîné, Jean-Charles-François, par jugement du tribunal de Peronne du 20 janvier 1820, à faire rétablir dans les actes d'état civil l'orthographe ancienne de leur nom « Bouteville », au lieu de « Boutteville ».

VOLUME DEUXIÈME

CASTILLON-SAINT-VICTOR (DE), page 47.

ligne 2º, lire : lettres patentes du 18 mars 1829 (et *non* 1819).

CAUMONT DE LA FORCE (DE), pages 53 et 54.

page 54, ligne 9º, lire :

VII. Louis-Joseph-Nompar DE CAUMONT, duc de la Force, épousa le 11 mai 1784 Sophie-Pauline d'Ossuna (et *non* Tollez-Giron d'Ossuna).

CAYEUX, page 56.

page 56, ajouter :

II. Jean-Louis-René CAYEUX, vicomte de Cayeux, né à Morlaix le 1er décembre 1767, † à Versailles le 30 janvier 1826 ; marié en 1813 à Mⁱˡᵉ de Rochechouart ; laissa un fils légitimé par mariage :

Agénor-René de Cayeux, né à Paris le 17 juin 1896, reconnu par acte du 8 mars 1809.

CHAPELAIN DE SÉRÉVILLE, pages 88 et 89.

rectifier page 88, ligne 8º :

II. Charles-Pierre CHAPELAIN, conseiller secrétaire du roi, né à Paris le 7 janvier 1723 (et *non* 1823).

CHARETTE DE LA CONTERIE (DE), pages 96-97-98.

rectifier page 98 :

XIV. Athanase-Charles-Marie DE CHARETTE DE LA CONTERIE, baron de Charette, né le 18 septembre 1832, a épousé : 1º à Paris, le 19 juillet 1862, Antoinette de Fitzjames, † à Rome le 22 janvier 1865 (et *non* 1864) ; 2º..., etc.

[*du 1er lit*] : 1º François-Athanase, etc. ;
2º Henriette, née le 30 novembre 1864 (et *non* 1865), etc.

CHATELAIN (TRANQUILLE), page 117.
ajouter :

II. Jean CHATELAIN, dit Tranquille, né à Cholet le 30 septembre 1765, † à Échemiré, par Beaugé, le 11 juin 1848.

CLIQUET DE FONTENAY, page 163.
ajouter :

I. Claude-Philippe-Marie CLIQUET DE FONTENAY, entrepreneur des hôpitaux du roi à Bergues et à Dunkerque (et *non* armateur), épousa à Dunkerque, le 16 avril 1749, Marie-Madeleine Pol, dont deux fils, etc.

COLLINET DE LA SALLE, pages 178-179.
rectifier page 179 :

VIº degré : 2º fils de Marie-Aimé-Edmond Collinet, vicomte de la Salle, et de Mlle Guignard de Saint-Priest :

2º Paul-Marie-Joseph-Adolphe, né le 26 octobre 1855 ; marié : 1º à Paris, le 23 janvier 1878 (et *non* 1882), à Mlle Perier ; 2º ..., etc.

CROZE, pages 238-239.
ajouter :

I. Jean-François CROZE, avocat en parlement, contrôleur ordinaire des guerres, épousa Antoinette Rochette, dont : Jean-Joseph, qui suit, né le 9 novembre 1753.

DESCHAMPS DE LA PORTE, page 347.

IIIº degré. Paul-Marie DESCHAMPS DE LA PORTE, né en 1765 est décédé le 8 janvier 1844, et avait épousé le 30 octobre 1795 Euphrosine-Françoise Potier de la Germondaye.

DES MONSTIERS DE MÉRINVILLE, pages 355 et suiv.
page 356, XIIº degré, rectifier une confusion par omission d'un degré :

XIIIº degré (et *non* XII). François-Martial (et *non* François-Louis-Martial) DES MONSTIERS, sgr du Fraisse, etc., né au Fraisse le 9 décembre 1697, † au même lieu le 5 mars (et *non* le 5 mai) 1765, fils unique de François (et *non* Roch), dit le marquis de Mérinville, et de Marie de Marsanges, dame de la baronnie de Montrocher ; épousa le 10 septembre 1718 Marie-Françoise de Jaucen de la Perrière, dame de la vicomté de Brigueuil, fille de Jean-Martial, sgr de Crosne et Noisy-sur-Seine, fermier général, et de Marie de la Live, dont :

1º François-Louis-Martial (et *non* François-Louis), qui suivra ;
2º ..., etc.

XIV (et *non* XIII). François-Louis-Martial DES MONSTIERS, dit le vicomte de Mérinville, né en 1721, etc., etc.

XV (et *non* XIV). François-Louis-Augustin, DES MONSTIERS, décédé à Paris (et *non* à Rouen) le 25 novembre 1834.

DES ROYS, pages 369 et suiv.

page 371, XVIIᵉ degré, ligne 3°, rectifier :

XVII. Ernest-Gabriel, marquis DU ROYS, né à Paris le 4 avril 1836 ; marié à Paris, le 19 janvier 1861 (et *non* 1862), à Marie-Jeannette-Mathilde Parent.

DUBRETON, pages 425-426.

page 426, IVᵉ degré ; rectifier :

IV. Amédée-Charles-Ernest DUBRETON, baron Dubreton, né en 1833, † à Paris le 4 janvier 1900 (et *non* en décembre 1899) ; épousa Henriette Schefer, dite de Pembroke et Montgomery, fille de Françoise Schefer, dont deux fils seulement :

1° Henri-Jean-Louis-Amédée, né en 1866, et 2° Louis ;

[André et Marie-Louise sont les enfants de son frère puîné et de Mˡˡᵉ Dufraine de la Chassaigne].

DU FOU, pages 443-444.

page 444, XVᵉ degré, rectifier :

XV. Yves, comte DU FOU, né en 1830 (et *non* 1850), etc.

DU HOUX DE GORHEY, pages 454-455.

pages 454-55, XIVᵉ degré, ajouter :

Charles DU HOUX, comte de Gorhey, né en 1756, † à Nancy le 5 mars 1837 ; épousa le 7 janvier 1817 Louise-Thérèse de Wignacourt † à Nancy le 26 juillet 1863, fille de Louis-Joseph, et d'Anne-Geneviève de Nettancourt, dont une fille unique :

Ayne-Caroline-Ernestine du Houx de Gorhey, née le 26 février 1818, † au château du Tremblois le 29 mai 1894 ; se maria le 2 octobre 1837 à Alfred-René-Germain, comte de Bizemont, † au Tremblois le 28 août 1884.

DU PUY [MELGUEIL] DE LA RIVEROLE, pages 484-85.

page 485, XIIIᵉ degré, ajouter :

XIII. Antoine-Louis DU PUY, vicomte du Puy-Melgueil, né à Saint-Paul (Tarn) le 10 octobre 1776, † à Montauban le 23 janvier 1852 ; épousa Charlotte-Laure-Angélique-Justine Laburgade de Belmont, † à Montauban le 25 novembre 1852 (veuve en premier mariage de Cyprien Bertrand), sans postérité.

DU VERGIER DE LA ROCHEJAQUELEIN, pages 523 et suiv.

rectifier : La Rochèjaquelein (et *non* La Rochejacquelein).

page 524, XIVᵉ degré, rectifier :

XIV. Henri-Louis-Auguste DU VERGIER, marquis de la Rochejaquelein, père de :

> ligne 22e : 1° Henri, le héros vendéen, tué près de Cholet le 28 janvier 1794 (et *non* près de Trémentines le 9 février).

page 525, XVe degré,
rectifier :

ligne 4e : 3° Henri-Louis-Lescure, † le 5 septembre 1833 (et *non* 1835).
ligne 6e : 4° Louise-Marie-Laurence, † le 20 septembre 1881 et mariée le 15 juillet (et *non* 13 juin) 1822 au comte d'Albertas ;.
ligne 10e . 6° Régine-Victoire-Rosalie, † le 18 novembre 1820, mariée au comte de Foucault ;
ligne 13e : 7° Anne-Angélique, née à Citran (et *non* Atran) le 20 septembre 1810 et décédée à Rilly en juillet 1889, épouse du marquis de Chauvelin ;
ligne 14e : 8° Marie-Julia-Romaine, née à Citran (et *non* Atran) le 29 octobre 1813, † au Guy en 1871, épouse du marquis de Malet.

XVI. Henri-Auguste-Georges DU VERGIER, marquis de la Rochejaquelein, ✲, et non O. ✲), père de :

1° Julien-Marie-Gaston, né le 27 mars 1833 (et *non* 1834) ;
2° Marie-Auguste-Caroline-Victoire-Adine (et *non* Adélaïde-Marie), chanoinesse régulière de Saint-Augustin, née le 24 février 1882, † à Paris le 20 juin 1896 ;
3° Marie-Anne-Laurence (et *non* Marie-Isabelle), née le 28 octobre 1834 (et *non* 1838).